Kazuhisa Todayama
戸田山和久【著】

# 論理学をつくる

Learning

Logic

through Building it

名古屋大学出版会

# はじめに

　分厚い論理学の教科書を書いてみたいとずっと思っていた。でも日本ではなぜか教科書はコンパクトなものと決まっているので，無理だろうなと思っていたら，「出しましょう！」と言ってくれる話の分かる編集者が現れ，うれしさのあまり書いてしまったのがこの本だ。はじめはおおよそこの倍の分量の原稿があった。「それはいくらなんでも……」ということで，泣く泣く削っていってもこれだけの分量になった。論理学の教科書としては異例の厚さではないかと思う。きっと日本最厚（？）だ。

　なぜ厚くなったかというと，次の4点を目指したからだ。

　(1)　これまでまったく論理学というものを学んだことのない人のための教科書を書こう。だから，重要なことがらはくどいくらいに説明をした。いろいろな証明も途中で省略せず，最初に見通しを述べた上で行うようつとめた。そうしたら，厚くなった。

　(2)　1人で読みながら練習問題を解いていくだけで，初歩の論理学がマスターできる教科書を書こう。こういうのを self-contained な教科書と言う。だから，練習問題をたくさん用意し，そのすべてに解答をつけた。そうしたら，ますます厚くなった。

　(3)　こまかなテクニックの習得だけでなく，なぜそのようなテクニックが必要なのか，そのテクニックの有効性と限界はどこにあるか，論理学のどこが面白いのかということを分かってもらえる教科書を書こう。そのため，すでにできあがっている論理学を天下り式に解説するというやり方はやめた。まず論理学の目的をはっきりさせた上で，それを果たすにはどのような道具だてをつくっていけばよいかを考え，次にその道具だては目的をきちんと果たしているかを調べ，限界があればさらによい道具に改善していく……といった叙述の進め方を採用した。ようするに，この本の中で論理学をつくってみよう，と考えたのだ。そうしたら，どんどん厚くなった。

　(4)　欲張った教科書を書こう。この本はタブロー，わりとちゃんとした述語論理のセマンティクス，自然演繹，非古典論理，第2階の論理など，初心者向けとしてはかなりたくさんの内容を含んでいる。こう言ってはなんだが，論理学のごく初歩的なところは，あまり面白くない。ある程度進んでパッと道が開けたところに面白い話題がたくさんある。どうしてもそこまでの話題は盛り込みたかった。そうしたら，こんなに厚くなった。

　大学で教え始めた頃，論理学の授業はたいてい2学期間をかけて行われていた。そのときには，私はこの本に盛り込んだ内容をざっとカヴァーすることができた。しかし，その後のカリキュラム「改革」の中で，1〜2年生向けの科目は内容や到達目標を考えもせずにほとんどが機械的に半年間で終了する授業科目になった。こうして，論理学の本当に面白いところに到達する前に授業期間が終了，ということになってしまった。そこで，基本事項の確認とか論理学のテク

ニック的なところはできるかぎり学生諸君の自習にまかせて，授業ではそのようなテクニックを用いることの意味とか，論理学特有の方法のおもしろさについて触れることにしたらどうか，と考えるようになった。これが，この本を書きたいと思ったそもそもの理由だ。

〈教員の皆さんに〉

……というわけで，この本を授業のテキストとして使っていただく場合，なるべく基礎的・技術的なことは自習に任せて，講義ではここに盛り込むことのできなかった話題を扱って，論理学のおもしろさを伝えていただければと思う。例えば，20世紀はじめの「数学の危機」と数理論理学の始まりの関連とか，論理回路とコンピュータの基礎の話とか，思考は計算に他ならないという計算主義とAIの話とか，可能世界意味論を用いた虚構の分析とか，対象となる学生の関心に応じておもしろい話はいくらでもある。

〈学生の皆さんに〉

英語圏の初心者向けのすぐれた教科書には分厚いものが多い。サミュエルソンの『経済学』しかり，ワトソンの『遺伝子の分子生物学』しかり。とはいえ，次の推論は正しくない。「すぐれた教科書はすべて分厚い。そして，この教科書は分厚い。したがって，この教科書はすぐれている」。

なぜ正しくないのだろう。そもそも推論が正しいとか正しくないということはどういうことだろう。そしてそれを確かめるにはどのような方法を用いればよいだろう。そしてその方法はいつでも，どんな推論に対しても有効だろうか。かりに有効だとしたら，そのことをどのように確認したらよいだろう。……といったことがこの本のテーマだ。関心をもった人は論理学の勉強を始めよう。論理学は簡単に学べてすぐに役立つといったものではないけれど，少なくとも学ぶに値するおもしろさに満ちている。

この本をつくるに当たっては多くの方々にお世話になった。松原洋さんには，論理学の授業で本書に収められた練習問題を実際に使ってみていただいた。杉原桂太くんは，初学者の立場で草稿を読み質問やコメントをびっしり電子メールで送ってくれた。金子洋之さんからも貴重な助言をいただいた。名古屋大学出版会の長畑節子さんには，ズボラな筆者は校正の段階でその丁寧な仕事ぶりにたいへん助けられた。そして，本書執筆の機会を与えてくださった名古屋大学出版会編集部の橘宗吾さんには感謝の言葉もない。ふだんから橘さんの編集者としての姿勢と能力を尊敬している私は，この本が彼の手がけた数多くの優れた書物たちに仲間入りできることをとても誇りに思っている。

2000年7月20日

戸田山 和久

# 目　次

はじめに　i

## 第 I 部　論理学をはじめる

### 第 1 章　What is THIS Thing called Logic？ ……………………………… 2
- 1.1　論理とは何か？　そして論理学は何をするのか　2
- 1.2　論証の正しさをどこに求めたらよいか　9

### 第 2 章　論理学の人工言語をつくる ……………………………………… 16
- 2.1　自然言語から人工言語へ　16
- 2.2　人工言語 **L**　22

### 第 3 章　人工言語に意味を与える──命題論理のセマンティクス ………… 37
- 3.1　結合子の意味と真理表　37
- 3.2　論理式の真理値分析　41
- 3.3　トートロジー　43
- 3.4　「何だ，けっきょく同じことじゃない」を捉える──論理的同値性　49
- 3.5　真理表を理論的に反省する　54
- 3.6　矛盾とは何か　58
- 3.7　論証の正しさとは何か　61
- 3.8　論理的帰結という関係　67
- 3.9　真理関数という考え方　72
- 3.10　日本語の「ならば」と論理学の「→」　81
- 3.11　コンパクト性定理　83
- 3.12　メタ言語と対象言語をめぐって　88

### 第 4 章　機械もすなる論理学 ……………………………………………… 92
- 4.1　意味論的タブローの方法　92
- 4.2　タブローの信頼性　102

第 I 部のまとめ ................................................................ 108

## 第 II 部　論理学をひろげる

### 第 5 章　論理学の対象言語を拡張する ................................ 112
5.1　なぜ言語の拡張が必要なのか　112
5.2　述語論理での命題の記号化　113
5.3　述語論理のための言語をつくる　122
5.4　タブローの方法を拡張する　126

### 第 6 章　おおっと述語論理のセマンティクスがまだだった ......... 133
6.1　述語論理のセマンティクスをつくらなければ　133
6.2　セマンティクスとモデル　136
6.3　存在措定と会話の含意　153
6.4　伝統的論理学をちょっとだけ　158

### 第 7 章　さらに論理言語を拡張する ................................ 164
7.1　**MPL** の限界　164
7.2　**PPL** のセマンティクス　175
7.3　**PPL** にタブローを使ってみる　185
7.4　論理学者を責めないで——決定問題と計算の理論　197

### 第 8 章　さらにさらに論理言語を拡張する ......................... 202
8.1　同一性を含む述語論理 **IPL**　202
8.2　個数の表現と同一性記号　206

第 II 部のまとめ ............................................................... 212

## 第 III 部　論理をもう 1 つの目で見る

### 第 9 章　自然演繹法を使いこなそう ................................ 214
9.1　自然演繹法をつくる　214
9.2　他の結合子のための推論規則　223
9.3　矛盾記号を導入した方がよいかも　233
9.4　述語論理への拡張　236

9.5　同一性記号を含む自然演繹　246

# 第10章　シンタクスの視点から論理学のゴールに迫る　248
10.1　公理系という発想　248
10.2　シンタクスとセマンティクス　260
10.3　命題論理の公理系の完全性証明　265

## 第Ⅲ部のまとめ　277

### 第Ⅳ部　論理学はここから先が面白い！　進んだ話題のロードマップ

# 第11章　めくるめく非古典論理の世界にようこそ！　280
11.1　古典論理は神の論理である——2値原理と排中律のいかがわしさ　281
11.2　多値論理　284
11.3　直観主義論理　292
11.4　古典論理の拡張としての様相論理　304

# 第12章　古典論理にもまだ学ぶことがたくさん残っている　319
12.1　完全武装した述語論理の言語 **FOL**　319
12.2　**AFOL** の完全性とそこから得られるいくつかの結果　322
12.3　第1階の理論　329
12.4　モデル同士の同型性　332
12.5　第2階の論理　338

## 第Ⅳ部のまとめ　345

# 付　録　349
A．A little bit of mathematics　350
B．練習問題解答　366
C．ブックガイド　422

第 I 部

# 論理学をはじめる

　第 I 部ではまず，論理学の目標をはっきりさせる。その上で，そうした目標を果たすにはどのような理論的仕掛けをつくっていったらよいかを考えながら初歩の論理学をだんだんとつくり上げていくことにする。帰納的定義とか帰納法による証明，真理表，真理関数など耳慣れない言葉が出てくるが，読者諸君は，なぜこのような論理学特有の方法や概念を導入する必要があるのか？ということに注意しながら読み進めてほしい。

# 第 1 章
# What is THIS Thing called Logic ?

## 1.1 論理とは何か？ そして論理学は何をするのか

### 1.1.1 どのようにスタートを切るかが実は難しい

　論理学ってどういう分野なのか。この問いに，「それは論理とは何かを研究する学問だよ」と答えたとしよう。ン？　この答え方って万能じゃない？　生物学って何をするの？　生物を研究するんだよ。……**万能だということは，何も答えていない証拠である**。

　ところが，「そうでしたそうでした。論理学を始める前に，まず論理とは何かをはっきりさせておかないとね」という具合にコトが進むかというと，そうでもない。まずはじめに生命とは何かを明確にしておかないと生物学の授業がスタートしない，というのではタイヘンに困る。なぜなら生物学にとって生命とは何かを明確にするというのは**究極目標であって出発点ではない**からだ。それに，生物学が進展すればするほど生物と無生物の境界はぼやけてくるという事情もある。ウイルスはどうだろう。狂牛病の病原体として世間を騒がせたプリオンってのはただのタンパク質だけれど，あれは生物なのか？

　同じことは論理学にも言える。論理とは何かという問いに対して，あらかじめ100％納得のいく厳密な答えを出しておくことはできない。なぜならそれはまだ誰にもわかっていないのだから。むしろ，そういう問いを発することの**センスの悪さ**に気づいてほしい。

　それでも，バラタナゴやクスノキが典型的な生物であって，生物学がこれらを扱わないことはありえない，というのと同じ意味で，**典型的に「論理的」と呼べるような現象**を指摘することはできるかもしれない。論理学の出発点はそれで十分だ。では，典型的に論理的と言ってよい現象って何だろう。ところが，これについて考えてみてもまだまだぼんやりしているのだから困る。なぜならば，論理的に考えるといったことはあまりにありふれている上に，我々はふだん，おおむね論理的に物事を処理してしまっている。だから，論理ということが改めて意識や話題に上ることはたいへんに少ない。そこで，ことが論理的にみて順調に進んでいない状態，「おいおい論理的に考えてくれよ」と言いたくなるような状態の典型例，つまり**論理的でないものの典型**を考察することから，論理とは何かを裏側から透かして見ることにしよう。

## 1.1.2. 論理学の3つの顔

**論証の正しさについての学としての論理学**

> 【典型例1】
> ジャック：そりゃ俺の絵が世間から理解されていないのはわかってる。だがな，ゴッホを見てくれ，キース・ヘリングやバスキアを見てくれ。偉大なアーティストはみんな最初は受け入れられなかったじゃないか。だから，この俺だっていつかは偉大なアーティストになるのさ。
> キャル：おいおい。**もっと論理的にしゃべってくれよ**。かりに偉大な芸術家がみんな若い頃は無視されていたということが正しいとしてもさ，それとお前の絵が理解されていないということから，お前が偉大な芸術家になるということは出てこないんじゃないの？

なにをかくそう，ここに登場した，**出てくる**（follow）とか出てこないという概念が論理学の第1の主題だ。いくつかの言葉を導入しておこう。ジャック君の行ったことは**論証**（argument）とか**推論**（inference）と呼ばれる。彼は自分の絵が世間に理解されないということと，偉大なアーティストはみな最初は世間に理解されなかったという2つの**前提**から，自分がいつかは偉大なアーティストになるという**結論**を論証（推論）しているのだ。わかりやすく書くと，

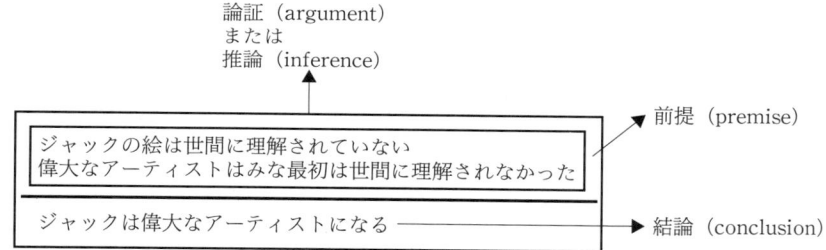

そして，その論証はうまくいっていないぞ，とキャルは指摘しているわけだ。そこで，次のように論理学を特徴づけよう。しかじかの前提からかくかくの結論が**論理的にでてくる**というのはどういうことか，言い換えれば，**論理的帰結**（logical consequence）という概念の研究が論理学である。このことは次のように言ってもよい。**正しい論証とは何か，正しい論証とそうでない論証とをどのように区別するかについての系統的な研究が論理学である。**

本書では「論証」という言葉と「推論」という言葉をしばらくは区別しないで使うことにする。

**命題・文・考えの集まりの整合性の学としての論理学**

論理的に見てどうこうということが問題になる場面は，以上のようなものだけとは限らない。

【典型例2】

ミドリ：あのね。お父さん。わたし哲学か思想史の勉強をしたいから，大学は文学部を受けようと思うんだけど。

父：ん。ミドリはもう大人なんだから，自分で考えて決めたんならそうしなさい。お父さんは応援するから。

ミドリ：ありがとう。それでね，やっぱり哲学の勉強をするんなら，東京の○○大か京都の××大にいい先生がいるみたいだから，そこを受けたいの。だから，もし受かったら下宿させてよね。

父：ナニ。一人暮らし？　そんな話は聞いとらんぞ。お前なあ，まだ子どもなんだから親元を離れて1人でやっていけるわけがないじゃないか。名大にしとけ，名大に。あそこにも適当な先生はいるんだろ。その……何だ，テツガクの。（はい。います）

ミドリ：ンー，もう。何よ，それ。さっきと言っていることがちがうじゃない。大人だと言ったり，まだ子どもだと言ったり，**矛盾してるじゃないの**。**もっと論理的にしゃべってよねっ**。

　論理学の第2の主題は，ミドリさんが父親に向かって投げつけた**「矛盾」している**（inconsistent）とかしていないといった概念である。「さっき言ったこといま言っていることが違う」とか「話のつじつまがあっていない」とか色々な言い回しで，我々は相手の述べたいくつかのことがらが**全体として矛盾している**ということを指摘する。このお父さんは，(1)ミドリはもう大人である，ということと，(2)ミドリはまだ大人ではないということを同時に主張している。この2つはいっぺんに成り立つことができないはずなのだ。このようなとき，その2つの文，主張，命題は矛盾している，と言う。このように，矛盾ということは**いくつかの文（主張）の集まり**について言われることだということがわかる。逆にいくつかの文（主張）の集まりがいっぺんに成り立つことができるならその集まりは**無矛盾だとか整合的だ**（consistent），と言われる。

　注意をひとつ。この「文（主張）の集まり」というのは何も1人の人間が述べたり，考えたりしていることに限るわけではない。例えば，マクレーン刑事が事件について次の3つの証言を集めたとしよう。

スティーヴン：犯行があったとされる時刻には私はマンハッタンにいました。そこで，ニールと一緒にベニハナレストランで食事をしていました。

グラハム：その時刻には俺はデイヴィッドと一緒にピッツバーグでパイレーツを応援していたぜ。

デイヴィッド：そのころおれはスティーヴンを見かけたぜ。どこだったかは思い出せねえ。

　この3つの証言はどの2つも整合的だが，3つともいっぺんに成り立つことができない（なぜかは考えてみよう）。この証言の集まりは全体としては矛盾している。だから，**誰かが嘘をついて**

いると刑事は考えるわけだ。そこで，次のように論理学を特徴づけよう。いくつかの命題，文，発言，考えの集まりを考えたとき，その集まりは全体としてみると矛盾していたり整合的だったりする。**矛盾しているとか整合的だというのは厳密に言えばどのようなことなのかを明確にし，**矛盾した集まりとそうでない集まりを区別する方法を見いだすための系統的な研究が論理学である。

### 2つの顔は1つである

　以上のように述べると，あたかも論理学は2つの別の課題をもっているかのように思われる。しかしそうではない。ここで**述べた2つの課題は実は同じことがらの裏表**なのだ。マクレーン刑事は3つの証言を集めたのだけれど，それは矛盾していた。ここで，君が彼に「なぜつじつまがあっていないと考えるんですか」と尋ねたとしよう。彼はおそらく次のように答えるのではないだろうか。

　　　スティーヴンとグラハムの言うことがもし正しいのだったら，スティーヴンとニールはマンハッタンに，グラハムとデイヴィッドはピッツバーグにいたわけだから，デイヴィッドとスティーヴンは同じ場所にいたはずはないということが論理的に**出てくる**。一方，デイヴィッドの証言からは，デイヴィッドとスティーヴンが同じ場所にいたということが**出てくる**。<u>デイヴィッドとスティーヴンが犯行時刻に同じ場所にいて，なおかついない，ということはありえない</u>から，だれかが嘘をついているに違いない。

　なるほど。矛盾しているとかしていないということが論理的に出てくるとか出てこないということと関係がありそうだということはわかる。どんな関係かはまだわからないけれど。

### 形式的真理の学としての論理学

　ところで，刑事が最終的によりどころにしている下線部に注目してほしい。しつこい君がさらに「デイヴィッドとスティーヴンが犯行時刻に同じ場所にいて，なおかついない，ということはありえない，とおっしゃいましたがそれはなぜですか？」と聞いたとしよう。刑事はどのような答えをするだろう。

　マクレーン刑事は，「そもそも，2人の人間が同じ時刻に同じ場所にいて，なおかついない，ということはありえないだろう？」とかなんとか答えるだろう。ここで，**特定の人物の名前は消えちゃったことに注意しよう。**そして，さらに君が「どうして，2人の人間が同じ時刻に同じ場所にいて，なおかついない，ということはありえないんですか？」と聞いたとしよう。刑事が忍耐強いなら，「そもそもあることが成り立っていてしかも成り立っていない，ということはないからさ」と答えてくれるだろう。ここでは**時刻とか場所**ということばもなくなってしまった。ようするに，「○○であり，かつ○○ではない，ということはない」という形をした文は，○○のところにどんな文が来ようがいつでも正しい。そして，下線を引いた文はまさにその形をしているというだけの理由で正しいというわけだ。

別の例を挙げよう。

> (1) 鯨はほ乳類であり知能が高い
> (2) 鯨はほ乳類であるかないかのいずれかである

(1)も(2)もともに正しい。しかし，(1)は動物学の調査研究の結果初めてわかったことだ。これに対し，(2)の文は，動物学には関係ない。この文が正しいことを知るためには現実の鯨を研究する必要はない。(2)の文が正しいのは，「『エルム街の悪夢』の監督はアイオワ州生まれであるかないかのいずれかである」，「マリファナは有害であるかないかのいずれかである」，などが正しいのと**同じ理由**による。つまり，「〜は…であるかないかのいずれかである」という**形をしているというだけの理由**によって正しいわけだ。このため，(2)のような真理は**形式的真理**（formal truth）と呼ばれる。

そして，この形式的真理とは何か，ある文が形式的真理であるかないかを判定するにはどのような方法があるかということを体系的に研究するのが論理学の第3の目標だ。この目標も先の2つの目標と密接に関連していそうだということは察しがつく。

**論理学の目標と本書の戦略**

以上でわかったように，論理学が扱う重要な概念はとりあえず3種類あり，これらは互いに関連しあっている。こうした関連をはっきりさせながら，なおかつそれぞれを明確にしていくのが論理学のさしあたっての目標だ。

| | 論理学があつかう基礎概念 | | |
|---|---|---|---|
| 日常的に言うと | 論理的に出てくる「○○から××は言える」 | つじつまが合っていない 矛盾している 筋が通ってない | どんなときも正しい 絶対に正しい 当たり前のこと |
| 論理学的な言い方に直すと | 論理的帰結 論証の妥当性 | 矛盾 | 形式的真理 |
| 何について言われる概念であるか | 文の集まりと1つの文の関係 | 文の集まり | 1つの文 |

この3つは見かけは違うけれど，あとではっきりするように**結局は同じところに通じる**。だから，どれを出発点に選んでも，最終的にできあがる論理学は同じになる。本書では，正しい論証とは何かという第1の問いを出発点とし，論理学を作っていく過程を経験することを通じて論理学に入門してもらうことにしよう。

### 1.1.3 論理学っておもしろいんだろうか？

さてと。これまで論理学の目標を述べてきたが，次のように考える人がいるかもしれない。
「何だか論理学ってつまらなそう。だって，しかじかのことから，かくかくのことが出てくる

かどうかということだって，相手の言っていることがつじつまがあっているかどうかということだって，私たちはつね日頃だいたいうまく判断しているんでしょ．だったら，論理学のおかげではじめてわかることも，新しくできるようになることもないわけじゃない．例えば，物理学だったら，それまで誰も知らなかった物質の成り立ちだとか，宇宙の始まりだとか，ブラックホールの存在だとかを明らかにしたわけだし，ロケットをとばすことだってできるようになったわけでしょ．でも論理学はこうした新しい知識とか技術を何ももたらしてくれないような気がするなあ」．

**論理学は何をもたらしてくれるのか**
　こういう意見の人に対しては次のように答えておこう．日本語には連濁という現象がある．例えば，「小屋（こや）」という語の頭に修飾語をつけて，例えば「山小屋」にすると，「やまごや」という具合に下の語が濁る．その他に「海」+「亀」で「うみがめ」になったり，「渡り」+「鳥」で「わたりどり」になる．しかし，「きつね」+「そば」は「きつねぞば」にならないし，「ファミコン」+「通信」は「ふぁみこんづうしん」にならない（吉田戦車氏の指摘による）．
　このように我々は，どのような語が組み合わさると濁るか，どのような場合は濁らないのかを区別している．しかも，ここが大事なのだが，**これまでに出会ったことのない全く新しい組み合わせが生じたときにもごく自然に濁るか濁らないかの区別ができる**．人類が火星に降り立ったら，そこに亀にそっくりの動物ととかげによく似た動物がいたとしよう．ここで日本語史上初めて「火星」と「亀」，「火星」と「とかげ」という組み合わせが生じる．でも，やっぱり前者は「かせいがめ」後者は「かせいとかげ」となるだろう．
　我々は連濁するかしないかを判定するに当たって，何らかの規則に従っているらしい．そして初めてのケースにもその規則を当てはめているに違いない．しかもこの規則は，日本語の話し手であればおおむね共有しているはずだ．しかし，自分が従っているその規則をきちんと取り出して述べることのできる人はいるだろうか．ようするに，**規則に従ってちゃんとやっているのに当人にはその規則がわからない**ということはいくらでもある．
　論理的判断にもこれが当てはまる．確かに我々はたいていの場合，正しい論証とまちがった論証を区別でき，相手の矛盾を見いだすことができる．日常的に生きて行くだけならそれで十分だ．しかし，どうしてそれが正しい論証だと言えるのか，そもそも論証の正しさとか矛盾とはどういうことなのか，といったことがらを十分に**一般的**に，**体系的**に，**明示的**に示すということはそれとは別の課題である．我々が従っているのだけれども，だれもそれを取り出して見せたことのない規則，それが論理学にとっての未知の大陸なのだ．

**論理学の不思議な身分**
　「なるほど．論証をするときに従っているのだけれども，だれも取り出したことのない規則を取り出すことが論理学の目標か．だったら，論証をしているときの人間の頭の中を調べた方が早いんじゃないの？　だから論理学って脳科学とか心理学の一分野ということになるのかなあ」．
　うむむ．これはよい質問だ．よすぎて答えちゃうのがもったいないくらい．……というのは嘘

で，この問いは真剣に考え始めるとかなり難しい哲学的問題に発展しちゃうので本当は触れたくないのだ。でも，とりあえずの答えをしておこう。1970年代に，**ウェイソン（Wason）**と**ジョンソン=レアード（Johnson-Laird）**という2人の心理学者が次のような研究を行った。

(1)
フォックスが信用できる男なら UFO は実在する
フォックスは信用できる男である
UFO は実在する

(2)
フォックスが信用できる男なら UFO は実在する
UFO は実在しない
フォックスは信用できる男ではない

**この2つの論証はどちらも正しい**。しかし，彼らの実験結果によると，我々は(2)のような論証の正しさの判定は(1)のような論証の正しさの判定に比べると格段に下手なのだそうだ。つまり，(2)のような論証が正しいかどうかを判定するときには，(1)よりもずっと間違えやすく，時間もかかる。

**こうしたことが心理学の研究対象**だ。つまり，人間がどのような論証や論理的推論なら間違えずに遂行でき，どのような論証を間違えやすいかということである。そして，こうした実験結果は，我々が実際にどのようなメカニズムによって（我々の頭脳をコンピュータの一種と考えるなら，我々がどんなプログラムにしたがって），(1)や(2)のような推論を行っているのかを調べる際のデータになるだろう。つまり(1)も(2)も正しい論証なのに，なぜか人間は(2)の正しさを認識するのが苦手だ。このことは，**論証の正しさを認識する心の仕組みがどうなっているのかを知るためのヒント**を与えてくれる。

これに対し，論理学の関心の的はこうした実験のそもそもの前提になっていることがら，つまり(1)も(2)も正しい論証であるということはどういうことか，どうしてどちらも正しい論証なのか，およそ正しい論証とはどのような論証なのか，ということにある。心理学者が「**人間は実際どのように論理的論証をしているか**」という問題を解明しようとしているのに対し，論理学者が解明しようとしているのは，「**我々は何を『正しい』論証とすればよいか**」という問題だ。だから，論理学は心理学よりは数学に似ている。ある日，地球に怪彗星が近づいてきて，そこから出る未知の放射線のせいで，すべての人間が 12＋13＝25 という計算だけできなくなってしまったとしよう。すべての人類が，12＋13 を計算しようとすると 89 という答えを出すようになってしまったのである。だからといって，その日から 12＋13 は 89 になりました，というのはヘンだろう？ 12＋13＝25 というのが相変わらず正しいのだが，その正しさにだれも到達できなくなってしまった，ということだ。論理学も，こうした意味での「数学的正しさ」に対応する「論理的正しさ」に関心をもつ。

## 1.2 論証の正しさをどこに求めたらよいか

### 1.2.1 論証の正しさを命題の真偽と区別しよう

さて，論理学の目標は論証の正しさとはどういうことかを明確にすることだ，ということになった。では，その目標をどのように実現したらよいだろう。手始めにいくつかの論証を並べて眺めてみよう。

【論証1】
ユアン・マクレガーは『スターウォーズ：エピソード1』の出演者である
『スターウォーズ：エピソード1』の出演者はみんなジョージ・ルーカスのことを知っている
ユアン・マクレガーはジョージ・ルーカスのことを知っている

【論証2】
平賀源内は『スターウォーズ：エピソード1』の出演者である
『スターウォーズ：エピソード1』の出演者はみんなジョージ・ルーカスのことを知っている
平賀源内はジョージ・ルーカスのことを知っている

【論証3】
ユアン・マクレガーは『スターウォーズ：エピソード1』の出演者である
『スターウォーズ：エピソード1』の出演者はみんなジョージ・ルーカスのことを知っている
ユアン・マクレガーはキャメロン・ディアスと共演したことがある

【論証4】
ユアン・マクレガーはいまニューヨークか東京にいる
ユアン・マクレガーがいま東京にいるのならばキャメロン・ディアスもいま東京にいる
キャメロン・ディアスはいま東京にいない
ユアン・マクレガーはいまニューヨークにいる

**論証の正しさと命題の真**

これら4つの論証のうち正しい論証はどれだろう。まず，論証1は合格。論証1は3つの命題からなるが，そのどれもが真だ。ルーカスは『スターウォーズ：エピソード1』の監督だし，出演者が監督を知らないってことはまずありえないから，2番目の前提も真と考えてよい。ところで，論証3に現れる3つの命題もすべて真である。じっさいユアンは『普通じゃない』でキャメロンと共演している。……ということは，論証1と論証3が正しい論証だ，と言ってよいだろうか。

けれども，論証3が正しいとはとても言えそうにない。なぜか。**結論が前提から出てくるようなものになっていないからだ**。確かに，論証3の前提はどちらも真であり，結論もそれだけをと

れば真だ。しかし、キャメロンとユアンが共演したかどうかということは**それらの前提から出てくるようなものではない**。だから論証3は正しい論証とは言えない。もっと極端な例として次の論証を見てみよう。

【論証5】
1＋1＝2
ボスニア・ヘルツェゴビナの首都はサラエボである
イソギンチャクは腔腸動物である

ここに現れる3つの命題はどれも真である。しかし、だからといって、イソギンチャクについての生物学上の真理が算数の命題と世界地理の命題から論理的に出てくると言う人がいたら不気味だ。

これに対し、論証2はどうか。これは第1の前提が偽、そして得られた結論も偽である。しかし、仮にこの2つの前提を正しいものとして認めたとしたなら、それらから結論は論理的に出てくるという点で、論証としてはちゃんとしている。というわけで、どうも、**論証の正しさ**とそこに現れる**命題の真偽**とを区別した方が良さそうだ。つまり、

- 論証1は真の命題のみを含む正しい論証。
- 論証2は偽の命題を含んだ正しい論証。
- 論証3は真の命題のみを含む間違った論証。

偽の命題が含まれていても論証としては正しいこともあるし、真の命題だけからなっていても論証としてはまちがいということがあるわけだ。そこで、論証の正しさと命題の正しさを区別する言葉があるとよい。これからは、命題や文については「**真**（true）」/「**偽**（false）」を使い、論証の正しさについては、「これこれの論証は**妥当である**（valid）/**非妥当である**（invalid）」という表現を用いる。

> **練習問題1**
> では、妥当な論証で前提はすべて偽、結論は真な命題になっているものがあるだろうか。あるならその実例を挙げてみよう。

## 1.2.2 成功した論証と言えるためには

論証2は妥当な論証だということがわかった。しかし、だからといって論証2の結論を信じる気にはならない。それはなぜか。**前提**に**間違いが含まれていた**からだ。論証の**結論**を信頼してよいのは、(1)**論証が妥当であり**、なおかつ(2)**その前提がすべて真である**、ときなのである。このとき、その論証は**成功している**（succeed）と言うことにしよう。論証が成功していればその論証は妥当だが、妥当な論証がすべて成功しているとは限らない。

> - 論証1は真の命題のみを前提する妥当な論証だから成功している。だから，この論証はユアンがジョージ・ルーカスのことを知っていると考える**根拠を与えてくれる**。
> - 論証2は妥当な論証だが前提に偽の命題が含まれている。ここには**事実の間違い（事実誤認）**が含まれている。したがってこの論証は成功していない。**結論は信用しない方がよい**。
> - 論証3は前提はすべて真の命題からなるが，論証じたいは妥当でない。ここには**論理上の間違い（誤謬推論）**が含まれており，したがって論証としては失敗している。だから，確かにこの論証の結論は正しいんだけれども，それはいわばまぐれ当たりであって，結論を信じたり主張したりする根拠にこの論証は使えない。

　そして，論理学が扱うのは，論証が(1)の意味で正しいかどうか，つまり論証が妥当かどうかということに限られる。論証が(1)+(2)の意味で正しいかどうか，つまり成功しているかどうかを判定するには，事実についての知識，例えば映画界についての知識が必要になり，これは論理学者の守備範囲を超えている。だから，論証が(1)+(2)の意味で成功しているかどうかを判定することは論理学にはできない相談だ。もしそれが論理学の役割だったならば，論理学者は，すべての学問分野とすべての情報に通じていなければならないことになる。だとしたらだれも論理学者になれないだろう。

　しかしまだ次のような疑問が残ってしまう。

　「前提がすべて真で，しかも妥当であるような論証が成功した論証なのだとすると，成功した論証であるための条件の半分に過ぎない妥当性だけをとりだして研究するのは何のためなんだろう。ぼくたちが実生活で関心を持つのは論証が全体として成功しているかどうかなんだから，その中の妥当性のところだけを取り出して研究して何になるんだ？」

　この疑問は，論証や推論を行う目的が，**すでに真だと分かっていることがらから，別の真なる命題を導くこと**だけにあるとするなら，たしかに正しい。しかし，我々が論証・推論を行う目的はそれだけではない。次の例を考えてみよう。

> 　エニシダというマメ科の観葉植物がある。その名前からエニシダはシダ植物だと思いこんでいるマサヨシと，思い違いを正そうとしているテルヲの会話。
> 　テルヲ：じゃ，君の言ふとおり，エニシダはシダ植物だとしよう。シダ植物は胞子で増えるから花を咲かすことはあるまい。といふことは，エニシダも花を咲かさないはずではないのかね。
> 　マサヨシ：嗚呼。これはしたり。拙宅のエニシダはいま花盛りである。ということは，あれはシダではなかったのか！

　ここでテルヲはマサヨシに対して次のような論証をやってみせている。

エニシダはシダ植物である
シダ植物は花を咲かさない
エニシダは花を咲かさない

　第1の前提は間違っていることをテルヲは知っているがマサヨシは知らない。一方，結論が間違っていることはマサヨシにも分かる。この論証は確かに，すでに定義した意味での「成功した論証」ではないが，しかしそれでも役に立つ。まちがっていることが誰の目にも明らかな結論を引き出すことによって論証の前提が間違っていたのだということを相手に納得させることができるのだ。だが，この説得作業がマサヨシを納得させるためには，テルヲの推論は**妥当でなくてはならない**。以上の例は，推論が妥当であるかどうかということはときとしてそれだけでも重要なポイントになることを示している。

### 1.2.3　論証の正しさはその形式で決まる

**とりあえず確認しておくべきこと**

　それでは，命題の真偽と区別された論証の妥当性の正体はいったい何だろう。例えば，論証4がなぜ妥当なの，と言われたらどのように答えるだろうか。おそらく次のような答えになるだろう。

　　　ユアンがNYか東京のどちらかにいるってことと，ユアンが東京にいるんだったらキャメロンも一緒にいるってことと，キャメロンが東京にいないってことがぜんぶ正しいのに，ユアンがNYにいないってことは**ありえない**んとちゃう？

　また逆に，どうして論証3が妥当でないかを説明しろと言われたら，次のように言うのではないだろうか？

　　　ユアンが『スターウォーズ：エピソード1』に出ていて，『スターウォーズ：エピソード1』に出た人がみんなルーカス監督のことを知っているのに，ユアンがキャメロンと共演しなかったってケースは**ありうる**でしょ。……現実には共演しているんだけどさ。

　このことから，論証が妥当だということは，次のようなことだと言えるのではないだろうか。

---
　**前提がすべて真なのに結論が偽になるようなケースはありえない**。言い換えれば，前提が実際に真であるかどうかはともかく，**かりに前提がすべて真であるようなときは，絶対に結論も真である**。

---

　あり？　もう論証の正しさがどういうことか分かってしまったぞ。さっき，論証の正しさを明確にするのが論理学の目標だと言ったばかりじゃないか。だったら，**論理学はもうおしまいってわけ？**　そうではない。第1に，いまの言い方には「～ようなとき」とか「ケース」といった，

まだまだ曖昧な表現が使われている。こうした表現が何を意味しているのかをもっとはっきりさせなくてはならない。第2に，正しい論証というのは一般にどういう論証であるかが分かるということと，**現実に与えられた個々の論証が正しいかどうかを判定するための方法をもっている**ということは別問題である。どんな論証が与えられてもそれが正しい論証であるかどうかを判定する方法がつくれるだろうか，それともそんな便利で万能な方法はないのだろうか，こうしたことについてはまだ何もわかっていないのだ。だから，そうはやまってはイケナイ。もう少し地道にやっていこう。

**論証の妥当性は論証の内容ではなく形式にかかわる**

さて，論証の妥当性がそこに含まれる命題の真偽とは無関係なのだということになると，妥当な論証と非妥当な論証を厳密に区別するには論証のどこに注目すればよいのだろうか。次の論証を見てみよう。

【論証6】
ルベーグ測度にかんして有限な実数値関数によるかけ算作用素はすべて自己共役な対象作用素である
自己共役な対象作用素はすべて閉である
--------
ルベーグ測度にかんして有限な実数値関数によるかけ算作用素はすべて閉である

うわっ。ちんぷんかんぷんだ。ここに現れた3個の命題の真偽の判定は全くつかない。しかし，これが妥当な論証であることはどういうわけだかわかってしまう。そして，

【論証7】
Pファンク系のクールきわまる連中はすべて独創的なミクスチュア感覚を魅力としている
アーシーな音楽的力量をもつミュージシャンはすべて独創的なミクスチュア感覚を魅力としている
--------
Pファンク系のクールきわまる連中はすべてアーシーな音楽的力量をもつミュージシャンである

これも同様に何を言っているんだかさっぱりわからん。しかし，妥当な論証でないことだけは一目瞭然だ。どうして論証の内容はわからないのにその妥当性だけが分かるなどということがあるのだろう。それは，論証6は次のような形を持っているのに対し，論証7はこの形式を持っていないからだ。

○○はすべて□□である
□□はすべて××である
--------
○○はすべて××である

論証の妥当性は，その**論証がどのような形をしているか**に左右されているようだ。つまり……

> 論証の妥当性は論証の**形式**（form）のみにより，論証の**内容**（content）によるのではない。

### 1.2.4 論証の形式に関わる語とそうでない語

【論証8】
Every aardvark is nocturnal
John is an aardvark
John is nocturnal

　君たちはこの論証が正しいことが分かるだろう。しかし，「aardvark」とか「nocturnal」は「試験に出る英単語」ではないので，何のことだかわからないはずだ。また，「John」も誰を指すのか見当もつかない。でも，この論証が妥当だということだけはわかる。だが，英語を全く習ったことのない人に，「この論証は正しいと思う？」と訊いてみても答えることはできない。この論証の正しさが分かるには，最低限「Every」，「an」とbe動詞の働き，そして英語の文の作り方が分かっていなければならない。また，これまでに出てきた論証の妥当性が我々に判定できるのも「すべて」とか「でない」とか「または」，「ならば」といった言葉の意味が分かっているからだ。そうすると，論証の正しさはそこで使われている個々の語の意味には関係ない，というのは少し言い過ぎだったことがわかる。きちんと言い直してみよう。

> 　論証の妥当性は，そこに現れる「すべて」，「でない」，「または」，「ならば」，「Every」などの語の意味だけによって決まるのであって，それ以外の語の意味には無関係である。

#### 論理定項

　このように論証の正しさに直接関わってくる「すべて」，「でない」，「または」，「ならば」，「Every」などの語のことを，**論理定項**（logical constant）と言う。さて，論理定項とそれ以外の語（「東京」，「ルベーグ測度」，「aardvark」とか「nocturnal」など）との間の線をどうやって引けばよいだろう。しかしながら，これはいったん考え出すと実にやっかいな問題で，現在のところわかっているのは「それは一概には決められない」という何とも情けないことでしかない。今は君子あやうきに近寄らずということで，誰もが論理定項と認める典型的なものだけを扱っていこう。

　ここまでに確認できた論理定項は次の3つのグループに分類することができる。

> (1) 否定詞：「でない」
> (2) 接続詞：「または」，「ならば」
> (3) 量化詞：「すべて」，「Every」，「a」

このうち最初の2つと3番目のものはちょっと働きが異なっている。だから、扱い方を区別しなければならないのだが、その話は後で触れることにして、ここで忘れないうちに確認しておかなくてはならないことは次のことだ。

> 論証の正しさは論証の**形式**（form）のみにより、論証の**内容**（content）によるのではないのだが、その「形式」は、論証に含まれる論理定項だけを残して残りの表現の意味を無視することによって浮かび上がらせることができる。

# 第2章
# 論理学の人工言語をつくる

## 2.1 自然言語から人工言語へ

### 2.1.1 論理学が人工言語を使うわけ

　本書の後ろの方をぺらぺらとめくってみてほしい。どう？　目がチカチカするでしょう？　現代の論理学は，**記号論理学**（symbolic logic）と呼ばれているくらいで，やたらと記号を使う。なぜこんななじみのない記号言語を使うのだろう。われわれは日本語，英語，エチオピア語，タイ語などといういわゆる**自然言語**（natural language）でものを考え，論証するのだから，こんな記号は余分ではないか？　なぜ現代の論理学はだれもしゃべらない**人工言語**（artificial language）を使うのだろうか？　ははーん。さては，素人を論理学から遠ざけるための陰謀だな？

　そうではない。これまでに次のことが確認された。(1)論理学の目標は，命題の正しさ（真理）といちおう区別された意味での論証の妥当性とはなにかをはっきりさせることにある。(2)そのために論証の内容のことはいったん忘れて，論証の形式のみに注目する必要がある。(3)その際「でない」，「または」，「ならば」，「すべて」，「Every」などのいわゆる論理定項の振る舞いに注目する必要がある。

　現代論理学が積極的に記号言語を用いるのは，そのほうがこれらの課題をうまく果たすことができるからだ。もちろん自然言語だってそれなりの形式，つまり**文法形式**（grammatical form）をもっているから，自然言語の表記法をそのままつかって論理学をやろうと思えばできないわけではない。しかし，自然言語は**論理的に出てくる**ということに関係する命題の形式（これはしばしば**論理形式**（logical form）と言われる）を表示するにはあまり都合良くできていない。たとえば，

| | |
|---|---|
| 秀明は駿を尊敬している<br>駿は秀明に尊敬されている | ジョンはマロリーを憎んでいる<br>マロリーはジョンに憎まれている |

　これらのペアは，上の命題と下の命題が同じことを述べており，上から下も，下から上も論理

的に出てくる（論理的に同値と言う）。この特徴はこれらのペアが共通に持つ形式によるはずだ。というわけで，

> (1) ○○は××を～している
> (2) ××は○○に～されている

という具合に形式を取り出して，「(1)の形をした命題と(2)の形をした命題は論理的に同値であるという理論をたてたとしよう。でも次の例はどうか？

> (3) みんなは誰かを愛している（英語では，Everybody loves somebody）
> (4) 誰かはみんなに愛されている（英語では，Somebody is loved by everybody）

(3)と(4)は明らかに違う。(3)は，登場人物の誰にもそれぞれ愛する人がいるということを述べている。これに対し，(4)が述べているのは，全ての人から愛されているアイドルがいる，ということだ。誰からも愛されるアイドルがいるなら，どんな人も少なくともそのアイドルを愛しているのだから，(4)からは(3)が出てくる。しかし(3)からは(4)は言えない。しかし，(3)と(4)もそれぞれ(1)と(2)のような形をしている。ということは，最初の2つのペアが論理的に同値なのに(3)と(4)はそうではないのはなぜか，ということの説明としては，(1)と(2)のような形式の取り出し方では不十分だったということだ。

このように，**自然言語では命題の論理形式が文法形式におおい隠されてしまうことがある**。したがって，自然言語をそのまま使って論理学を展開することは得策ではない。これに対し，記号言語は，命題内容に気を取られずにその形式を浮かび上がらせるのに好都合だ。なぜなら，記号言語はこれから作るのだから，我々の目的に応じて好きにつくってよいからだ。自然言語を使って我々はすでにたくさんのことをやっている。その様々な用途のうち，「**論証の妥当性とは何かを明確にする**」という目的だけに役立つように思い切って単純化した言語をつくってしまえばよいわけだ。それは，論証の妥当性にかかわる部分（論理定項）と，そうでない部分が最初からはっきりと分かれているような言語，論証の論理形式が一目で分かるようになっている言語，与えられた論証が妥当かどうかが簡単に判定できるような言語であってほしい。

つまり，自然言語では隠れてしまっている構造で，論理学が注目しようとしている構造，つまり**論理形式**が記号表現の表面に現れているような言語をこれからつくっていきたい。ここでは，自然言語で行われた論証を徐々に記号化することで，どのような人工言語をつくったらよいかのヒントをつかむという方針でいこう。

## 2.1.2 どのように記号化を進めようか

【論証9】
トムはいま蚤とり**か**昼寝をしている
トムがいま昼寝をしているの**ならば**ジェリーもいま昼寝をしている
ジェリーはいま昼寝をしてい**ない**
トムはいま蚤とりをしている

　太字になっているところが論理定項だ。それ以外のところの内容は忘れてかまわない。そこで，例えば「ジェリーはいま昼寝をしている」という命題を文字Pに置き換えることにしよう。こうすれば，論理定項以外の部分の内容を無視することができる。しかし，例えば第2の前提の後半が第3の前提の一部として出てきている，といったように，同じ命題が別の場所に繰り返し現れていることも一緒に忘れてしまっては困る。だから，この論証で「ジェリーはいま昼寝をしている」に相当する部分はすべて一斉にPに置き換えなくてはならない。つまり，

トムはいま蚤とり**か**昼寝をしている
トムがいま昼寝をしているの**ならば**P
Pで**ない**
トムはいま蚤とりをしている

　次に，「トムはいま昼寝をしている」をQに置き換えてみよう。そこで困るのは，第1の前提だ。こいつを記号化するためには，「トムはいま蚤とりか昼寝をしている」を「トムはいま蚤とりをしている**または**トムはいま昼寝をしている」のように完全な文が2つ「または」で結合したものと考えた上で，後半をQに置き換えればよいだろう。

トムはいま蚤とりをしている**または**Q
Q**ならば**P
Pで**ない**
トムはいま蚤とりをしている

　最後に，「トムはいま蚤とりをしている」をRに置き換える。

R**または**Q
Q**ならば**P
Pで**ない**
R

　これでうまい具合にこの論証の形式を浮かび上がらせることができた。なるほどこのような形式をもっている論証ならどれも正しそうだ。このことも何となく分かる。この段階でいくつかの用語を導入しておこう。

**単純命題と複合命題**

ここで行った形式化では，**肯定形の単文で表される命題が形式化の最小単位**とされている。それらが，P，Q，Rなどの文字に置き換えられた。こうした最も単純な命題を**単純命題**（simple proposition）と呼ぶ。一方，この論証の3つの前提はそれぞれ，2つの単純命題が「または」，「ならば」のような接続詞でくっついたもの，または1つの単純命題に「でない」がくっついたものになっている。このように単純命題を構成要素としてつくられたより複合的な命題を**複合命題**（compound proposition）と言う。

とはいえ，本当は1つの文を単独で取り出してそれが単純命題を表しているか複合命題を表しているのかを問題にしても意味はなくって，何を単純命題とするかは，**どのような論証を相手にしてどのように形式を取り出そうとしているかに応じて異なってくる**。例えば，単に「デイナは独身である」という文が表す命題は単純命題か？と問われても答えようがない。しかし，

デイナが独身であるならば，フォックスにもデイナと結ばれるチャンスがある
デイナは独身である
―――――――――――――――――――――――――――――――――
フォックスにもデイナと結ばれるチャンスがある

というような論証に出てくるときは，単純命題と考えてよい。単純命題と考えることによって，この論証が妥当であること，そしてなぜ妥当なのかを示すことができそうだからである。しかし，

デイナが結婚しているならば，フォックスはがっかりしている
フォックスはがっかりしていない
―――――――――――――――――――――――――――――――――
デイナは独身である

のような論証の妥当性を問題にしようとしているときは，「デイナは独身である」は「デイナは結婚している」＋「でない」という複合命題を表すものとして理解しないといけないだろう。

### 2.1.3 論理式と論理結合子

ところで，論証9の形式化の手続きの途中で，「か」をいつの間にか「または」に変えてしまったことに気がついた人がいるだろう。でも，論証の中で「または」の果たす役割と，「か」，「あるいは」，「さもなければ」，「or」の役割には違いがないように思われる。だから，こうしたものをいちいち区別するのも面倒だ。そこで，これらを一括して同じ記号「∨」で表すことにしよう。同様に，「ならば」を「→」，「でない」を「￢」で表すことにする。そうすると最終的に先の論証は，

$R \vee Q$
$Q \to P$
$\underline{\neg P}$
$R$

になる。これが論証 9 の論理的構造，つまり論理形式だ。ここに現れる，$R \vee Q$, $Q \to P$, $\neg P$, $R$ のように命題を記号化したものを **論理式**（well-formed formula，略して wff）と呼ぶ。しかしながら，実はこれでは「論理式」という語のきちんとした定義にはなっていない。正確な定義はあとで行う。このうち，単純命題は，P，Q，R，というような単独の文字で記号化されている。こうした文字を論理式の中でも特に「**原子式**（atomic formula）」と呼ぶ。$R \vee Q$, $Q \to P$, $\neg P$ は論理式だが原子式ではない。

### 論理結合子

以上で扱ってきた，「または」，「ならば」のような接続詞を記号化した「$\vee$」や「$\to$」，「でない」のような否定詞を記号化した「$\neg$」を総称して **論理結合子**（logical connective）という。これからしばらくは，次の表にある 4 つの論理結合子を用いる。

| 日本語の接続詞 | 名　称 | English name | 記号 | 備　考 |
|---|---|---|---|---|
| かつ | 連言 | conjunction | $\wedge$ | |
| または | 選言 | disjunction | $\vee$ | |
| もし〜ならば | 条件法 | conditional | $\to$ | 質料含意（material implication）とも言う |
| でない | 否定 | negation | $\neg$ | |

---

**練習問題 2**

次の命題を指示に従って記号化せよ。
(1) ジャー・ジャー・ビンクスを救ったのはオビ=ワン・ケノービではない
　　（「ジャー・ジャー・ビンクスを救ったのはオビ=ワン・ケノービである」をPとせよ）
(2) ヨシミは女性であり，しかも数学が得意である
　　（「ヨシミは女性である」をP，「ヨシミは数学が得意である」をQとせよ）
(3) ヨシミは女性であるにもかかわらず数学が得意である
　　（「ヨシミは女性である」をP，「ヨシミは数学が得意である」をQとせよ）
(4) このスイッチを押せば，ベッドが回転する
　　（「このスイッチを押す」をP，「ベッドが回転する」をQとせよ）
(5) 数 a が 2 で割り切れないなら，数 a は 6 でも割り切れない
　　（「数 a が 2 で割り切れる」をP，「数 a が 6 で割り切れる」をQとせよ）
(6) 数 a が 2 で割り切れ，3 でも割り切れるなら，数 a は 6 で割り切れる
　　（「数 a が 2 で割り切れる」をP，「数 a が 3 で割り切れる」をQ，「数 a が 6 で割り切れる」をRとせよ）

### and と but の違い？

練習問題 2 の解答を見たら，(2)と(3)がともに P∧Q と記号化されているのを不思議に思った人がいるだろう。「しかも」は英語で言うなら順接の「and」，「にもかかわらず」は逆接の「but」のようなものだ。つまり正反対の意味の言葉じゃないか。それが同じように記号化されるなんておかしくないか？　この点について考えよう。

(1) ヨシミは数学が得意な女性である
(2) ヨシミは女性であるにもかかわらず数学が得意である
(3) ヨシミは女のくせに数学が得意だ

ヨシミについて何も知らない，いわば白紙の状態でこれらの報告を聞かされたと考えてみよう。3つのどれを聞いても**ヨシミについて新しく知った事実は同じ**ではないだろうか。つまり，ヨシミが女性であることと，ヨシミが数学の才能に恵まれているということである。したがって，3つとも，語られている**事実内容**という点では同じなのだ。

語られている事実内容に違いがないとしたら，3つの違いはどこにあるのだろうか。(2)は，女性は数学が不得意なはずだという**話し手の先入観・偏見**が表現されている。さらに(3)では，この先入観に加え，数学の得意な女性がいるという事実に対し**話し手が抱いている不快感**も表現されている。こういうことを言うマッチョ野郎はヨシミにはり倒されてしかるべきだ。だから，これらは**ヨシミについての情報**という点では変わらないが，**話し手について伝わる情報**が異なっているのだ。

我々は，同じ事実内容を報告するにしても，接続詞などを使い分けることによって，自分のその事実に対する評価や態度，話し相手に対する態度なども同時に表現している。でも，論理学ではこういうことはとりあえず無視する。無視することには意味がある。どのようなときに真（または偽）になるかということに関してはこの3つに区別はないからだ。確かに，我々の行う発言を評価する観点は真偽だけではない。たとえば，差別的である・ない，タイムリーである・ピンぼけである，上品・下品，などの様々な評価軸がある。しかし，**正しい論証とは何かを明確にする**という論理学の目的に照らして考えると，まず第1に重点をおくべきなのは**真偽という評価軸**だろう。論証に現れる命題の真偽が，イコールその論証の妥当性ではないことはすでに述べた。しかし，後でみるように，論証の妥当性は間接的に命題の真偽に訴えることによって定義される。これに対し，真偽以外の評価軸は論証の妥当性に間接的にすら関係することはない。

### 真理関数的結合子

自然言語には2つ以上の命題をつないで複合的な命題を作る方法が他にもたくさんある。なのにどうして，「かつ」，「または」，「ならば」，「でない」の4つに限るのだろう。例えば，英語では「because」，「before」，「after」などたくさんの接続詞があるけれど，それはさっきの論理結合子の表に出てきていない。なぜ無視するのだろう。

重要なのは，表に掲げられた4種類の接続詞は複合的命題を作る言葉のうちで**都合のいい特別な性質を持つもの**だったのだということである。次の命題を見てほしい。

(1) キアヌは今晩は暇だ
(2) キアヌは今晩は暇ではない
(3) キアヌは今晩は暇だということをサンドラは知っている

(4) きのうサンドラは鯖を食べた
(5) きょうサンドラはじんましんになった
(6) きのうサンドラは鯖を食べた，かつ，きょうサンドラはじんましんになった
(7) きのうサンドラは鯖を食べたのできょうじんましんになった

　さて，(1)のような文で表される命題は真になったり偽になったりする。1999年12月24日の晩に(1)は真であるとしよう。そうすると，自動的に(2)は偽に決まってしまう。しかし，(3)は真かもしれないし，偽かもしれない。それはサンドラの関心と情報網次第だ。また，(4)と(5)がともに真であると仮定しよう。このとき，(6)は自動的に真であると決まる。しかし，その場合でも(7)を正しいと認める人もいれば正しくないとする人もいるだろう。それは，鯖とじんましんの間に因果関係を認めるかどうかに左右される。

　ようするに(2)と(6)は，構成要素となる単純命題の真偽（の組み合わせ）が決まればそれだけで全体の真偽が一通りに定まる，という性質を持っていることが分かる。このことを指して，「かつ」とか「でない」といった結合子は**真理関数的**（truth-functional）だと言う。ところが，(3)と(7)は全体の真偽が構成要素である単純命題の真偽によって一通りに決まらず，そのほかのいろいろな要因が絡んでくるという性質を持つ。つまり，「ので」と「〜は…ということを知っている」は真理関数的ではない。真理関数的でない接続詞も視野に入れた論理は真理関数的な接続詞だけを扱う論理より格段に扱いが難しくなる。本書では真理関数的結合子だけを扱っていくことにしよう。

## 2.2　人工言語 L

### 2.2.1　なぜ人工言語をきちんと定義すべきなのか

**もっともな疑問**

　我々の当面の課題は，論証の妥当性を明確にするという目的に適した人工言語をつくることだ。この人工言語をこれからは logic の頭文字を取って L と呼ぶことにしよう。L がどのような言語であるかをきちんと定義するためには，さしあたって，**L の語彙と文法**を定めなければならない。つまり，L で使って良い記号といけない記号を区別し，それらの使って良い記号をどのように並べていけば L でのまともな論理式になるのかを述べてやらねばならない。ようするに，「ろんり」は日本語の語彙だが「んろり」はそうではないということ，そして「論理学はけっこう楽しい」は日本語の文だが「は論理学楽しいけっこう」は日本語の文ではないというようなことを，L についても決めてやらなくてはならない。

しかし，次のような疑問があるだろう。

「練習問題 2 をやったおかげで，日本語で書かれた命題や論証が与えられたときに，それを論理学の記号言語に書き換えることができるようになりました。だから，自然言語と **L** との翻訳マニュアルは勉強済みだと思うんですよね。だったら，日本語で書かれたどんな論証がやってきても，それに含まれる単純命題をアルファベットに置き換えて，論理結合子を→とか ¬ みたいな記号に書き換えれば，論証の論理的形式が見やすい形になるんだから，あとはそれが正しい論証かどうかを考えていけばいいんじゃないでしょうか。つまり，**L** の文法書みたいのをわざわざつくらなくても，目的は十分果たせるような気がしますけど」。

### 論理学は普遍的な研究であるべきだ

確かに，**我々が現実に行っている個々の論証の妥当性を把握するためだけなら**，そういうやりかたでよいかもしれない。しかし論理学はもう少し大きな目標を持っている。TV アニメの『名探偵コナン』で江戸川コナン少年が行った推論の妥当性だけを扱う論理学があるとしよう。この江戸川論理学をつくるのはとても簡単だ。彼はこのシリーズですごくたくさんの推論を行っただろうが，いくら多くても有限であるには違いない。そこで，コナン君の行った推論を時間的順序に従って番号をつけ記号化し，推論 1 は妥当，推論 2 は非妥当，推論 3 は妥当……という具合に判定していく。こうすれば，扱うべきすべての対象についてそれが妥当であるか非妥当であるかが明確になるのだから，江戸川論理学では，「推論が妥当であるとは，それが推論 1 か 3 か……128812 か 128819 かのいずれかだということである」という具合に定義できてしまう。

しかし，いま我々がつくろうとしている論理学はこうした江戸川論理学のようなものではない。それは**普遍的な研究**でなければならない。つまり，これまでに全人類がやってきた論証のすべて，それどころか，**だれもやったことがないが原理的に可能な論証**のすべてを対象とするものであってほしい。例えば，前提が 10 億の 10 億乗個もある論証は，これまでに誰もやったことがないし，これからもそうだろう。また，10 ポイントの活字で印刷すると地球からケンタウルス座 α 星にまで達するような長い文を含む論証もおそらく誰もやったことがないはずだ。しかし，論理学が普遍的な研究であるためには，そのような論証に対しても，それが妥当であるということがどういうことかを定義できるものでなくてはならない。

そうすると，ひとつ困ることがある。可能な論証はおそらく**無限にたくさんある**だろうということだ。だから，江戸川論理学のように個々の具体的な論証について「これは妥当である」というような判断をいくら積み重ねても，我々の目指す論理学はつくれない。そのために，論理学は「**どんな論証についてもあてはまる妥当性の定義**」とか「**任意の論証が与えられたときにそれが妥当であるかどうかを判定する手続き**」というものを見いだそうとするわけだ。

ようするに，論理学がこのような意味で普遍的な研究であるということは，**人間には実際にできないようなものまで含むありとあらゆる論証，ありとあらゆる論理式**について当てはまる定義ができ，それらおそらく無限にたくさんあるすべての論証や論理式について成り立つことがらが研究できなくてはならないということだ。こんな風にして，論理学は数学に似てくる。我々は自然数を使ってものを数えたり，分配したりして日常生活を生きている。そこでは例えば 23 が素

数だという知識が活用されることもあるかもしれない。しかし，日常生活のなかで $10^{10^{10}}$ くらいの大きさの数を扱う機会などというものはちょっと想像がつかない。我々が生活の中で実際に出会う自然数は，自然数の中でもごく小さいものばかりなのだから，日常生活を営むにはこうした小さい自然数についていろいろな知識を積み重ねていけば十分だ。しかし，数学はそのような意味での数の知識の獲得に関心を持つのではない。数学が目指すのは無限にある**自然数全体の様子**を明らかにすることだ。例えば，17 と 19 はともに素数である。このように 2 だけ異なる素数のペアを双子素数という。では，こうした双子素数は**全体としてどれくらいある**のだろうか？ 無限にたくさんあるのだろうか，有限個なのだろうか。無限にたくさんあるとしても，それはどのように分布しているのだろうか，大きくなるにしたがってまばらに存在するようになるのだろうか，それともだいたい均等に存在しているのだろうか？

　論理学もこれと同じだ。それは確かに我々が現に行っている推論や論証という活動にルーツをもつ。しかし，普遍的な研究として論理学を展開するということは，我々が実際に行える推論や我々が実際に書くことのできる論理式をそのごく一部に含むような，**原理的に可能な推論・論理式の全体**という**抽象的な対象**の全体を相手にすることになる。このためには，現に日本語に実例のある命題や論証を，個別に **L** に翻訳していたのではダメだ。**L** が生み出すことのできる論理式や論証の**全体像**をつかむことが必要なのだ。そしてその全体像の確定はさらに次の条件を満たしていなければならない。

---

(1) **基準は曖昧であってはならない**。たとえば，P →→ ∨Q は論理式だろうか，あるいは，P → P ∨ ¬R はどうか。¬ が P の前に 100 億個ついたようなものは論理式だろうか。こうした問いにきちんと白黒をつけなくてはならない。つまり，読めないとか意味が分からないといった直観的な規準ではなく，論理式を論理式でない記号列から区別するはっきりとした規準が必要だ。

(2) 可能な論理式はおそらく無限にたくさんある。だから，**L** における論理式の全体像をつかむための仕掛けは，**すべての論理式について様々な事実を証明することを可能にして**くれるようなものであることが望ましい。

---

この目的がどのように果たされるかに注目しながら次へ進むことにしよう。

## 2.2.2　人工言語 L の定義

　人工言語を定義するときには，まずその言語で使われる**語彙**の範囲を確定し，次にその語彙をどのように組み合わせるとその言語で許される複合的な表現（例えば「文」）が得られるかについての規則，つまり**文法**を定める必要がある。

> 【Lの語彙】Lで用いられる語彙は，3つのグループに分かれる。
> (1) 原子式
>     P, Q, R, …
>     $P_1$, $P_2$, $P_3$, …
> (2) 結合子
>     →, ∨, ∧, ¬
> (3) 補助記号
>     (, )

定義

> 【Lの文法，すなわち論理式の定義】
> (1) 原子式，すなわちP, Q, R, …，$P_1$, $P_2$, $P_3$, …は論理式である。
> (2) A, Bを論理式とすると，(A∧B), (A∨B), (A→B), (¬A)はおのおの論理式である。
> (3) (1)(2)によって論理式とされるもののみが論理式である。

### 帰納的定義

　これがどうして論理式の定義なのだろうか。それを明らかにするためには少しこの定義で遊んでみる必要がある。まず，(1)により，例えばPとQは論理式である。そこで，(2)のAとしてP，BとしてQを考えることにすると，(P∧Q), (P∨Q), (P→Q), (¬P)はどれも論理式になる。

　大事なのは，(2)は繰り返し適用されるということだ。いま，(P∧Q)と(P∨Q)は論理式だとわかった。こんどはこれらをそれぞれAとBと考えると，((P∧Q)∧(P∨Q)), ((P∧Q)∨(P∨Q)), ((P∧Q)→(P∨Q)), (¬(P∧Q))などが論理式であることがわかる。ようするに(2)は，それまでに論理式だとされたどんな記号列にも適用できる。次に，Aを今できたばかりの((P∧Q)∧(P∨Q))，BをPとすると，(((P∧Q)∧(P∨Q))∧P)などさらに4つの記号列が論理式の仲間入りをする。こんな具合にどこまでも進む。

　この定義は，(1)でまず出発点となる論理式を列挙し，(2)で，すでに論理式と認められたものからさらに複雑な論理式を作る規則を与えている。このような形式の定義を**帰納的定義**（inductive definition）とか**回帰的定義**（recursive definition）と言う。(2)により新しく論理式の仲間入りをしたものは，さらに(2)を当てはめることによって，こんどは次の世代の論理式を作るための材料になる。こうしてねずみ算式に爆発的な勢いで論理式が生まれていく。

### 形成の木

　次はすべてP, Q, Rの3つの原子式と¬, ∧, →の3つの結合子からなる論理式であり，こ

れらが出てくる順序も，左から ¬, P, ∧, Q, →, R, という具合にみな同じだ。にもかかわらずどこかが違う。例えば，(1)は「PでないがQであるような場合は，Rである」と読めそうなのに対し，(2)は「PでありしかもQであるならばRである」ということ全体が否定されているように見える。こうした違いは厳密に言うと何に由来するのだろう。

(1)　(((¬P)∧Q)→R)　　(2)　(¬((P∧Q)→R))　　(3)　((¬P)∧(Q→R))
(4)　((¬(P∧Q))→R)

それを知りたいなら，これらの論理式がそれぞれどのようにして作られてきたのかという「履歴」を辿ってみればよい。例えば(1)は次の図の左のような過程を踏んで作られたのに対し，(2)は右のような履歴をもっている。このように論理式がどのように形成されたかを示す図を**形成の木**（formation tree）と言う。

(1)　(((¬P)∧Q)→R)
　　((¬P)∧Q)　R
　　(¬P)　Q
　　↑
　　P

(2)　(¬((P∧Q)→R))
　　↑
　　((P∧Q)→R)
　　(P∧Q)　R
　　P　Q

---

**練習問題3**

(3)と(4)の形成の木を描いてみよう。「Pではないのだが，QならばRではある」と読めるのはこれら4つの論理式のうちのどれだろうか。

---

### AやBはなんだろう

論理式の定義に出てきた「A」，「B」は，**L**の語彙にある3つのグループのどれにも属さない文字であることに気づいただろうか。でも，これらの文字の働きはもうわかっているはずだ。「A」は，ときには論理式Pであったり，あるときは(P∧Q)，またあるときは((¬(P∧Q))→R)であったりと，様々な式を代表して表している。PとかQを1, 2, 3, という具体的な数字に相当するものとすると，A, Bはいろいろな数をどれとは定めずに指すx, yなどの**変数記号**（variable）にあたるものだと言えるだろう。「x＋y＝y＋x」は，1つの等式ではなく，1＋2＝2＋1, 123＋654＝654＋123などの無数の等式を一括して表している。だから，x, yじたいは1, 2, 3と並ぶような数字ではない。同様に，A, Bは，無数の論理式を一括して代表するための変数のようなものであり，それじたいは論理式ではないし，**L**の語彙ですらない。そうではなく**L**という言語について日本語の中でまとめて話をするための記号なのである。その証拠には，A, Bを使って定義されて作られてくる論理式は，(P∧Q)とか((¬(P∧Q))→R)のようなものばかりで，P, Q, Rのような文字しか現れない。論理式そのものにはA, Bという文字はどこにも含まれていない。こうしたA, Bのような文字を**メタ論理的変項**（meta-logical variable）とか**図式文字**（schematic letter）という。「メタ論理」って何だ？　それはまたあとで。

#### もう1つの帰納的定義の例

実は高校で数学を勉強した人は帰納的定義にすでに出会っている。それは**数列の漸化式**というやつだ。うわー。思い出したくない，という声も聞こえてくるが，ここは次の重要な話題を理解するためにもぜひつきあってもらわなくては。

$$(1) \begin{cases} a_1 = 7 \\ a_{n+1} = 2a_n - 1 \end{cases}$$

こうした漸化式によって，数列 7, 13, 25, 49, 97, … が定義できる。この定義により，13 はこの数列に出てくる数だが，50 は出てこないという具合に，**この数列に含まれる数とそうでない数との間にきっぱりと線が引かれている**ことがわかる。この定義は，まず $a_1 = 7$ という具合に**出発点を定め**，次に，**すでにえられた項 $a_n$ から次の項 $a_{n+1}$ を作る規則** $a_{n+1} = 2a_n - 1$ **を与える**というやりかたをとっている。この点で論理式の定義とそっくりだ。

### 2.2.3 論理式を帰納的に定義することの意味

#### 数学的帰納法による証明

帰納的に定義された対象については，**独特な証明方法を用いることができる**。実はこれが**帰納的定義の最大のメリット**だと言ってよい。例えば，(1)の漸化式によって定義された数列について，次の事実を証明せよと言われたとしよう。

> 【定理】どの $a_n$ も 3 でわると 1 余る。

これを証明するのに一般項 $a_n = 3 \cdot 2^n + 1$ を求める必要はない（というより，一般項 $a_n$ を n の簡単な式で表せる数列の方がむしろ珍しい。漸化式は一般項を n の式で表せない数列も定義できるところがよいところだ。だから，漸化式を見るとすぐに一般項を求める計算ばかりをさせる受験数学というのはどうかと思う）。一般項をもとめなくても，次のように証明すればよい。

【証明】
[Basis] $a_1 = 7$ であるから，$a_1$ は 3 でわると 1 余る。
[Induction step]
(1) $a_n$ を 3 でわると 1 余る数だと仮定する。つまり，$a_n = 3k + 1$ とする（k は自然数）。
(2) そのとき，$a_{n+1} = 2a_n - 1 = 2(3k+1) - 1 = 6k + 1$ であるから，$a_{n+1}$ も 3 でわると 1 余る。
(3) 以上より，どの $a_n$ も 3 でわると 1 余る。■

本書では以下，「■」により証明の終わりを意味することにする。これが（数学的）**帰納法による証明**と呼ばれるものだ。それは次のパターンをもっている。「(1)出発点の $a_1$ が性質 P をもっていることを示す（[Basis]）。(2)そして，すでにえられた項 $a_n$ から次の項 $a_{n+1}$ を作る規則 R が，その性質 P を保存することを示す（[Induction Step]）」。以上が示されれば，この数列の項は出発点 $a_1$ からはじまって次々と規則 R を当てはめて作られるものばかりなのだから，すべ

ての項が性質 P をもっていることが証明されたことになる。

**式の長さについての帰納法による証明**

 L の論理式も帰納的に定義されたのだから，これと同じような証明法が使えるはずだ。それを，**式の長さ（または，結合子の数）についての帰納法による証明**と言う。最初の練習として，

> 【定理 1】 すべての論理式は同じ個数の右カッコ「）」と左カッコ「（」をもつ。

ということを証明してみる。このことはあまりにも当たり前すぎて証明におよばないと思うかもしれないが，我々が相手にしているのは，一生かかっても書ききれないほど長い論理式や，印刷すると銀河系の端から端まで拡がってしまうような長い論理式も含む，可能な論理式の全体だったことを思い出そう。ごく短い少数の論理式に触れることだけから身につけた直観はあてにしないほうが身のためだ。

【証明】
[Basis] 原子式はカッコをもたないから，左カッコの数も右カッコの数も同数，つまり 0 個である。
[Induction step] A，B を論理式とする。
(1) A，B がそれぞれ同数の左カッコと右カッコをもっていると仮定する。つまり A の左カッコの数＝A の右カッコの数，かつ B の左カッコの数＝B の右カッコの数であるとする。
(2) このとき，(¬A) の左カッコの数＝A の左カッコの数＋1＝A の右カッコの数＋1＝(¬A) の右カッコの数，である。
(3) (A∧B) の左カッコの数＝A の左カッコの数＋B の左カッコの数＋1＝A の右カッコの数＋B の右カッコの数＋1＝(A∧B) の右カッコの数，である。
(4) (A∨B)，(A→B) についても同様。
(5) 以上より，すべての論理式は同数の左カッコと右カッコをもつ。■

ようするに，すべての論理式が性質 P をもつことを証明したかったら，論理式をつくる**出発点となっている原子式がその性質 P をもっていること**と，**複合的な論理式を作るための規則が性質 P を保存すること**の 2 つを言ってやればよい。こうした帰納法による証明ができるのは，論理式を，原子式から出発して一定の規則を繰り返し当てはめて作られるものの全体として帰納的に定義しておいたからこそなのだ。そして，もうひとつ，この証明で重要な役割を果たしているのが，論理式の定義にくっついていた(3)「(1)(2)によって論理式とされるもののみが論理式である」だ。これまで，この但し書きが何でついているのかピンとこなかっただろう。しかしこれは帰納法による証明が可能なためにはなくてはならない。もしこの但し書きがなかったなら，論理式には(1)(2)によって作られるものの他に，例えば「))P(→(」のようなものが含まれる，というようなことも起こりうる。かりに，そういうことが起こったとしよう。そうすると，この「論理式」も確かに左カッコの数と右カッコの数が等しいから，依然としてすべての論理式は左カッコの数と右カッコの数が等しいという事実は成り立っているのだけれど，この事実はもう**帰納法**

で証明することはできなくなってしまう。なぜなら，帰納法による証明は，原子式から出発して(2)の規則を当てはめることによって作られたものにしか使えないからだ。但し書き(3)は原子式から出発して，(2)の規則を繰り返し当てはめて作られたものによって**すべての論理式が尽くされており，それ以外の論理式はない**と言っている。このことにより，帰納法による証明がすべての論理式をカバーする証明であることが保証される。

ここで，今後のために結合子の数についての帰納法による証明の一般形式を示しておこう。

---

Version I

【問題】すべての論理式が性質 P を持つということを証明せよ。

【証明】

[Basis] 原子式は○○ゆえ，性質 P を持つ。

[Induction step]

(1) A，B がそれぞれ性質 P を持つと仮定する（これを**帰納法の仮定**と言う）。
このとき，

(2) ($\neg$A) も性質 P をもつ。なぜなら……

(3) (A∧B) も性質 P をもつ。なぜなら……
（以下，→ と ∨ についても同様のことを示す）

(4) 以上より，すべての論理式は性質 P をもつ。■

---

以上の書き方と実質上は変わりがないのだが，次のような書き方に従った方が証明を書きやすいこともある。証明すべきことがらに適した方の書き方を選べばよい。

---

Version II

【問題】すべての論理式 A が性質 P を持つということを証明せよ。

【証明】

[Basis] A が 0 個の結合子を含むとき，つまり A が原子式のとき。
○○ゆえ，A は性質 P を持つ。

[Induction step]

(1) k 個以下の結合子を含む論理式はすべて性質 P を持つと仮定する（**帰納法の仮定**）。

(2) このとき，k+1 個の結合子を含む A についても性質 P を持つということが成り立つことを言う。

・Subcase 1.　A が ($\neg$B) という形のとき，○○ゆえ A も性質 P をもつ。

・Subcase 2.　A が (B∧C) という形のとき，○○ゆえ A も性質 P をもつ。

（以下同様）

（この「○○ゆえ」のところで，BやCに含まれる結合子の数がk個以下であることから，

BとCについては帰納法の仮定が成り立つことを使う）
(3) 以上より，すべての論理式は性質Pをもつ。■

## 2.2.4 Unique Readability Theorem

式の長さについての帰納法による証明は，現代論理学では基本中の基本と言ってよい証明法だ。この証明法になれてもらうために，今度はもう少しありがたみのある定理を証明しておこう。その定理は unique readability theorem と呼ばれ，我々のやり方で定義した論理式がそれぞれただ一通りにしか読めないことを保証してくれる。ただし，この定理はすぐには証明できない。いくつかの準備が必要だ。

### 「始切片」の定義

まず，論理式の**始切片**（initial segment）というものを定義する。1つの論理式 A の左端から途中までの記号を残し，右側にある記号をすべて捨ててつくられる記号列（論理式であるとは限らない）を論理式 A の**始切片**という。ただし，記号は最低1つは捨てるものとする。つまり，A 自身は A の始切片とは呼ばない。

例えば，$((P \land Q) \to R)$ の始切片は，$((P \land Q) \to R$, $((P \land Q) \to$, $((P \land Q)$, $((P \land Q$, $((P \land$, $((P$, $((,$ $($ の計8つである。この実例を見て気づくことは，これら8つの始切片はどれも左カッコの数の方が右カッコの数より多いということ，だから定理1により8つの始切片はどれも論理式ではないということだ。実はこのことは，**すべての論理式のすべての始切片**について言える。まずこのことをきちんと証明しておこう。すべての論理式についてのことがらだから，もちろん帰納法を使う。

【定理2】いかなる論理式 A についても次のことが成り立つ。A のどの始切片も右カッコより多数の左カッコを含んでいる。

【証明の方針】ようするに，すべての論理式について，それらが「どの始切片も右カッコより多数の左カッコを含んでいる」という性質を持つことを証明したいのである。この性質を短く言い表すために，「左利きである」と言うことにする。つまり，論理式 A が左利きであるとは，A のどの始切片も右カッコより多くの左カッコを含んでいる，ということだ。

【証明】
[Basis] 原子式はそもそも始切片をもたないから左利きである。

（これには注釈が必要だろう。始切片をもたないんだったら「どの始切片も右カッコより多数の左カッコを含んでいる」という性質を持つはずないじゃん，という反論が予想されるからだ。しかし，次のように考えてみたらどうか。「A のどの始切片も右カッコより多数の左カッコを含んでいる」と

いうのは、「A は、右カッコの数 ≧ 左カッコの数であるような始切片をもたない」ということである。ここで A が原子式だとすると、A はそもそも始切片をもたないから、[右カッコの数 ≧ 左カッコの数であるような始切片] はなおさらもつはずがない。だから原子式 A は「右カッコの数 ≧ 左カッコの数であるような始切片をもたない」という条件を満たすと考えてよい。つまり原子式は左利きである）

[Induction step] 論理式 A，B がそれぞれ左利きだと仮定する。（帰納法の仮定）

このとき，

(1) (￢A) の始切片になりうる記号列としては次の 4 タイプがある。

  (a) (  (b) (￢  (c) (￢$A^i$ ($A^i$ は A の始切片を表すものとする)
  (d) (￢A

(a)(b) のタイプの始切片は左カッコの数の方が多いのは当り前。次に (d) のタイプでは，A は論理式だから定理 1 により，左右のカッコの数は等しい。したがって始切片「(￢A」は左カッコの方が 1 つだけ多い。最後に (c) のタイプだが，帰納法の仮定により A は左利きだから，A の始切片 $A^i$ に含まれるカッコは左カッコの方が多い。したがって，(￢$A^i$ も左カッコの方が多い。

したがって，(￢A) のどの始切片も左カッコの方を多く含む。したがって (￢A) は左利きである。

(2) (A∧B) の始切片になりうる記号列としては次の 6 タイプがある。

  (a) (  (b) ($A^i$  (c) (A
  (d) (A∧  (e) (A∧$B^i$ ($B^i$ は B の始切片)  (f) (A∧B

(a) のタイプの始切片は左カッコの数の方が多いのは自明。

(b) について。仮定より A は左利きだから，A の始切片 $A^i$ に含まれるカッコは左カッコの方が多い。したがって，($A^i$ も左カッコの方が多い。

(c)(d)(f) について。A と B は論理式である。定理 1 により，いかなる論理式も左右同数のカッコをもつ。したがって，これらのタイプの始切片は左カッコの方が右カッコより 1 つだけ多い。

(e) について。仮定より B は左利きだから，$B^i$ に含まれるカッコは左カッコの方が多い。したがって (A∧$B^i$ も左カッコの方が多い。

したがって，(A∧B) のどの始切片も左カッコの方を多く含み，(A∧B) は左利きである。

(3) (A∨B), (A→B) についても同様にして，左利きであることが示せる。

(4) 以上より，すべての論理式は左利きである。■

定理 1 により，すべての論理式は左右同数のカッコをもつことがわかり，定理 2 により論理式のいかなる始切片も左カッコの方が多いことがわかった。この 2 つからほとんど証明なしに出てくるのは，次の定理だ。

【定理 3】論理式の始切片は論理式ではない。

これが unique readability theorem の証明にとてつもなく役に立つ。

### 何を証明したら unique readability theorem を証明したことになるのか

ところで，論理式がただ一通りにしか読めないことを証明するといっても，いったいどのようなことを証明すればそれを証明したことになるのかということがまだはっきりしていない。これでは先に進むことができないので，次のように考えてみよう。まず，どんな記号列が生じてしまったら一通りに読めなくなってしまうのかを考えて，一通りに読めない記号列の構造上の特徴を取り出そう。そのうえで，我々の論理式の定義からはそのような記号列は論理式としては現れないことを証明すればよい。

さてそこで，へたくそなやり方で論理式を定義してしまったと想定しよう。このとき，例えば (¬P∧Q→P∧R) のような記号列が論理式のような顔をして出てくることになる。しかし，これはただ一通りに読むことができないから，こんなものを論理式として認めておくとあとあと困ることになる。この記号列は，

- (a) (¬P) と (Q→(P∧R)) が ∧ で結合したものとしても
- (b) ((¬P)∧Q) と (P∧R) が→で結合したものとしても
- (c) ((P∧Q)→(P∧R)) が ¬ で否定されたものとしても
- (d) ((¬P)∧(Q→P)) と R が ∧ で結合したものとしても

読むことができてしまう（読み方はこれだけではない）。

ということは，一通りに読めない場合，次のどれかが起きていることになる。

(1) 同じ「論理式」が(a)のように2つの論理式を ∧ でつないだものとしても，(b)のように2つの論理式が→で結合したものとしても読めてしまう。

つまり，$(A∧B)=(C→D)$ でしかも A，B，C，D はみな論理式であるというようなことがある。ただし「＝」はその両辺にある記号列が全く同じ記号が同じ順序で並んだ列であることを意味するものとする。

(2) 同じ「論理式」が(a)のように2つの論理式を ∧ でつないだものとしても，(c)のように1つの論理式が ¬ で否定されたものとしても読めてしまう。

つまり，$(A∧B)=(¬C)$ でしかも A，B，C はみな論理式であるというようなことがある。

(3) 同じ「論理式」が(a)のように2つの論理式を∧でつないだものとしても，(d)のようにそれとは別の2つの論理式が ∧ で結合されたものとしても読めてしまう。

つまり，$(A∧B)=(C∧D)$ でしかも A，B，C，D は $A≠C$，$B≠D$ であるような論理式というようなことがある。

したがって，我々の定義に沿ってつくられる論理式がすべてただ一通りに読めるということを証明するには，いかなる論理式についても，(1)(2)(3)のようなことは起きないということを示せばよい。こうして証明すべき定理を次のようにきちんと述べることができる。

## 第2章 論理学の人工言語をつくる

> 【定理4：unique readability theorem】A，B，C，D はすべて論理式とする。また，△，▲は任意の相異なる2項結合子（→，∨，∧）のどれかだとする。
> (1) (A △ B)＝(C ▲ D) というようなことはない。
> (2) (A △ B)＝(¬C) というようなことはない。
> (3) (A △ B)＝(C △ D) ならば A＝C，B＝D である。

【証明】
(1) 仮に (A∧B)＝(C→D) であるとする。そうすると A∧B)＝C→D) である。このとき，A＝C でなくてはならない。なぜなら，さもないと A，C の一方が他方の始切片ということになるが，定理3により論理式の始切片は論理式ではありえないからである。したがって，A，C が論理式である以上 A＝C でなくてはならない。

すると，∧B)＝→D) だから ∧＝→ ということになるが，これはありえない。したがって，(A∧B)＝(C→D) であるとした仮定が誤り。

(2) 仮に (A∧B)＝(¬C) であるとする。そうすると，A∧B)＝¬C) であるから，A は先頭に ¬ が来ているはずである。我々の論理式の定義においてそのようなことはありえない。したがって仮定が誤りだった。

(3) (A∧B)＝(C∧D) であると仮定する。すると，A∧B)＝C∧D) である。(1)と同様の理由により，A＝C でなければならない。したがって，∧B)＝∧D) である。このことから ∧B＝∧D，さらに B＝D である。したがって，(A∧B)＝(C∧D) ならば A＝C，B＝D。■

**カッコ省略のための取り決め**

我々の論理式の定義はとても良くできている。というのは，ただ一通りにしか読めないという性質をもつために必要最小限に近いカッコしか使わずにすんでいるからだ。しかし，これでもまだちょっとだけ余分なカッコがある。カッコを省略しすぎて Q→P∨¬Q になってしまうとまずいが，Q→(P∨¬Q) くらいまでカッコが減らせるともっと見やすくなる。そこで，カッコを適当に省略する取り決めがあるとよい。

> 【取り決め】
> (1) まず第1に省略してもよさそうなのは，一番外側のカッコだ。そこで，一番外側のカッコは省略してよいことにしよう。そのためには次のようにとり決める。
> 　　定義にしたがって論理式をつくったとき，最後につけるべきカッコは省略してよい。つまり，(Q→(P∨(¬Q))) は，Q→(P∨(¬Q)) にしてよい，あるいは (¬(P→(Q∧R))) は ¬(P→(Q∧R)) にしてよいものとする。
> (2) もう1つ省略してよいカッコは，¬Q の回りのカッコだ。そこで，次のようにとり決める。定義にしたがって論理式 A に ¬ をつけるとき，本来は (¬A) という具合にカッコでくくることになっていたが，そのカッコを省略してよい。つまり単に ¬A としてよ

い。

これからはこの取り決めに従ってカッコを省いた論理式を扱ってゆくことにする。

---

**練習問題 4**

(1) 次の論理式はいまの取り決めに従ってカッコを省略してある。省略したカッコを補って，我々のもともとの定義（25 ページ）でえられる形の論理式に戻せ。

 (a) ¬Q∨P   (b) ¬¬(Q∨P)   (c) ¬(Q∨P)∧R   (d) ¬(¬Q∨P)∧R
 (e) ¬(Q∨P)∧¬R   (f) ¬(Q∨¬P)∧¬¬R

(2) 逆に次の論理式から取り決めに従ってカッコを省略できる場合は省略せよ。

 (a) ((¬P)∧(Q→(P∧R)))   (b) (((¬P)∧Q)→(P∧R))
 (c) (¬((P∧Q)→(P∧R)))   (d) (((¬P)∧(Q→P))∧R)

---

## 2.2.5 論理式の形に関するいくつかの用語

このあと本書で使うことになるいくつかの用語を導入しておこう。

---

【定義】

(1) 論理式 A の形成の木に現れる論理式のうち，A じしんを除いたものを A の**部分論理式**（subformula）と言う。例えば ¬(¬P∧Q)→R の部分論理式は，¬(¬P∧Q)，¬P∧Q，¬P, P, Q, R である。

(2) 論理式 A の形成の木において最後に導入された結合子をその論理式の**主結合子**（main connective）と言う。¬(¬P∧Q)→R の主結合子は → であるが，¬((P∧Q)→R) の主結合子は ¬ である。

(3) 論理式 A において，A の主結合子が結びつけている部分論理式を A の**主部分論理式**（main subformula）と言う。¬(¬P∧Q)→R の主部分論理式は ¬(¬P∧Q) と R であるが，¬((P∧Q)→R) の主部分論理式は (P∧Q)→R である。

(4) A∨B の部分論理式 A と B を**選言肢**（disjunct）と言う。

(5) A∧B の部分論理式 A と B を**連言肢**（conjunct）と言う。

(6) A→B の部分論理式 A を**前件**（antecedent），B を**後件**（consequent）と言う。

(7) 原子式と，原子式に 1 つだけ ¬ をつけてつくられる ¬P, ¬Q のような論理式をあわせて**リテラル**（literal）と言う。P, Q, ¬P, ¬Q などがリテラルである。

(8) リテラルのうち，¬ のついていないものを**正リテラル**（positive literal），ついているものを**負リテラル**（negative literal）と言う。

> **練習問題 5**

(1) 「スーパーマンは人気がある」を S,「バットマンは人気がある」を B,「スーパーマンは空を飛ぶ」を T,「バットマンは空を飛ぶ」を C として次の日本語の文を **L** の式に翻訳せよ。ただしカッコは取り決めに従って適切に省略すること。

  (a) スーパーマンとバットマンの両方が空を飛ぶならば，両方とも人気者である。

  (b) スーパーマンが空を飛ばないならば，バットマンは人気者である。

  (c) スーパーマンもバットマンもともに空を飛ぶが，両方とも人気がない。

  (d) バットマンが空を飛ばないなら，スーパーマンが空を飛べばスーパーマンは人気者である。

  (e) バットマンが空を飛び，スーパーマンが飛ばないならば，両方ともに人気があるということはない。

(2) 次の論証をそれぞれ **L** で表せ。ただし，「神は存在する」を E,「この世には悪がある」を V,「神は正しい」を J,「神は全能である」を M,「神は全知である」を S,「神は完全である」を P とせよ。

  (a) 神が存在するなら，神が正しい限りこの世には悪はない。しかし，この世界には悪がある。したがって神は存在しないか，または全知でも全能でもないかのいずれかである。

  (b) 神は存在するとしたら全知全能である。神が全知全能であり正しいなら，この世に悪はない。しかるにこの世には悪がある。したがって神は存在しない。

  (c) 神は完全である。そして神が完全であるなら，神は全知全能でありしかも神は存在する。したがって神は存在する。

  (d) 神が完全であるならば神は正しい。神が正しいならばこの世には悪はないはずだが，この世には悪がある。したがって神が存在するなら，神は完全ではない。

## 2.2.6 シンタクスとセマンティクスを区別しよう

これまで，論理式の定義という話題のもとで述べてきたことは，ようするに記号をどのように並べればまともな論理式が作れるかということである。実を言うと，このことは並べる記号の意味はとりあえず無視してもすんでしまう話なのだった。論理式の定義には，「∧」という記号には日本語で言うと「かつ」に相当する意味が割り当てられている，などということは関係ない。「∧」が「かつ」を意味する記号だということを知らない人でも，25 ページの定義をよく読めば，「(P∧Q)」は論理式だが「PQ∧」は論理式ではないということがわかる。このように，論理式の定義を理解し運用するためには，「∧」，「∨」，「¬」，「→」は 4 種類の**互いに形の上から区別がつく記号**，というだけでよい。このように，それぞれの記号の意味を無視して，**言語を純粋に図形の連なりとして捉える立場**を**シンタクス**（syntax），あるいは**統語論**とか**構文論**と言う。つまり，記号の意味を忘れて，記号をどのようにならべると語ができて，語をどのような順序で並べると文になるか，というようなことを論じる立場である。

これに対し，「∧」は「かつ」を意味し，「¬」は「でない」を意味するから，「P∧¬Q」は

「PであるがQではない」という意味だ，というようなことを論じる立場，つまり**記号の意味にかかわる現象を扱う部門**をセマンティクス（semantics）あるいは**意味論**と言う。次の章で命題論理のセマンティクスを展開する。論理学をきっちり理解するにはシンタクスとセマンティクスの区別を常に忘れないことが大切だ。このことは，あとで何度も出てくるから注意してほしい。

第 3 章

# 人工言語に意味を与える
## ——命題論理のセマンティクス

## 3.1 結合子の意味と真理表

　論証の正しさは結合子（論理定項）の**意味**に関係があるらしい。しかし，かんじんの結合子の意味については，まだ「『∧』は『かつ』に当たる」という以上の説明をしていない。これでは論証の正しさを厳密に規定しようという目標に照らした場合，ちょっと具合が悪い。単に日本語に言い換えてすませるのではなく，結合子の意味をもっときちんと与えるにはどのようにしたらよいだろう。

　これまでの流れを整理してみよう。

　(1)　論理学の目標は，正しい論証とはどういうものかを明確にすることである。
　(2)　論証の正しさはそこに現れる結合子の意味だけに依存している。
　(3)　だから，まず，結合子の意味を明確にしておかねばならない。

……と，こんな風に話が進んできたのだった。したがって，必要なのは，**論証の正しさを明確にするという目標の限りにおいて結合子の意味をはっきりさせておくことだ。**

　さらに次のことも確認されている。

　(4)　推論の正しさは，そこに現れている命題が真であることそのものではないが，「もしかりに前提がすべて真だとするならば，結論も必ず真だと認めざるをえない」というような仕方で**間接的に命題の真偽に関係している。**

　以上の(2)と(4)とを合わせると，**命題の真偽にどう関わるかという観点から結合子の意味を明確に規定すればよいのではないか**，ということがわかる。ところで，結合子とは2つの命題をつないだり，1つの命題にくっついて別の命題をつくったりするものだった。そうすると，結合子が命題の真偽にどう関わるかということは，結合子がくっつく前の命題の真偽と，くっついた後の命題の真偽との関係がどうなっているかを調べることで明らかにできそうだ。

### 3.1.1 「かつ」の意味を示す真理表

　「ヴァネッサは芝居がうまい，かつ，ヴァネッサは歌がうまい」という命題を取り上げよう。

こうした複合命題の真偽が 2 つの原子命題の真偽とどのように関係しているのだろうか。これには，次の表が便利だ。

| ヴァネッサは芝居がうまい | ヴァネッサは歌がうまい | ヴァネッサは芝居がうまい、かつ、ヴァネッサは歌がうまい |
|---|---|---|
| 真 | 真 | 真 |
| 真 | 偽 | 偽 |
| 偽 | 真 | 偽 |
| 偽 | 偽 | 偽 |

こういう表を**真理表**（truth table）と呼ぶ。この表は「かつ」という接続詞で 2 つの命題をつないだときに，つながる前の命題の真偽と，つないだ後の命題の真偽とがどういう関係にあるかを表している。例えば表の第 1 行は，つなぐ前の命題がともに真のときは，それらを「かつ」でつないだ命題も真であることを示している。もちろん，「かつ」の意味を与えるのにいちいちヴァネッサ・パラディに登場してもらう必要はない。そこで，A と B という具合に図式文字を使って，任意の論理式にしてしまおう。さらに，「かつ」のところも記号化された結合子「∧」に置き換える。それから，これからは「真」を 1，「偽」を 0 で表すことにする。真とか偽（1 や 0）のことを，命題や論理式の**真理値**（truth value）という。

| A | B | A∧B |
|---|---|---|
| 1 | 1 | 1 |
| 1 | 0 | 0 |
| 0 | 1 | 0 |
| 0 | 0 | 0 |

すると，「∧」の意味を示す真理表は右のようになる。

### 2 値原理

本書では今後しばらく真理値を真と偽の 2 つに限定し，「論理式はすべて，つねに真・偽いずれかの真理値を持つ」という **2 値原理**（principle of bivalence）を採用する。これはもっぱら，そうした方が単純ですっきりした論理学が手にはいるからであって，そうしなければならない原理的な理由はない。真，偽のほかに「どちらでもない」とか「わからない」といった真理値を考えて 2 つ以上の真理値をもつ論理学を作ることもできる。そういった論理学は**多値論理**（many-valued logic）と呼ばれる。それについては第IV部で扱うことにしよう。

### 3.1.2 他の結合子の意味も真理表で与えることができる

他の結合子の真理表も見てしまおう。

(1)

| A | ¬A |
|---|---|
| 1 | 0 |
| 0 | 1 |

(2)

| A | B | A∧B | A∨B | A→B |
|---|---|---|---|---|
| 1 | 1 | 1 | 1 | 1 |
| 1 | 0 | 0 | 1 | 0 |
| 0 | 1 | 0 | 1 | 1 |
| 0 | 0 | 0 | 0 | 1 |

(1)からは，A が真のときは ¬A は偽，A が偽のときは ¬A は真であると読みとれる。これは「¬」が日本語の「でない」に相当することを示している。しかし，「∨」については疑問をもつ

人がいるだろうし，「→」に至っては，疑問をもたない方がどうかしている．

**2 種類の選言**

「∨」についての疑問は次のようなものである．

> 行きつけのドーナツ屋でいま，「当店で 1000 円以上お買い上げの方にもれなく，ショッピングバッグ**または**お弁当箱をプレゼント」というキャンペーンをやっている．この「または」は「ショッピングバッグか弁当箱のどちらか一方だけ」と理解するのが普通で，両方もらえると思ったら虫が良すぎるよな．だけど，∨の真理表は A と B が両方とも真になる場合にも A∨B が真になるとしている．これって，「∨」が日本語の「または」に対応していないということになるんじゃないかなあ．

この疑問は半分は正しいが半分は間違っている．じつは，日本語には 2 種類の「または」があるのだ．例えば，「日本国のパスポートは日本国籍を持つ**または**日本国籍を持つ者と結婚している者に発行される」に出てくる「または」はどうか．私は日本国籍をもっているし，私の妻も日本国籍をもっている．だから，私は「日本国籍を持つ」，「日本国籍を持つ者と結婚している」という 2 つの条件を両方とも満たしている．だけれど，私はちゃんとパスポートを発行してもらった．ということは，この「または」は，景品の「または」とは異なっているはずなのである．この 2 つを区別した方がよいだろう．

景品の「または」は**排他的選言**（exclusive disjunction）と呼ばれ，パスポートの「または」は**非排他的選言**（non-exclusive disjunction）と呼ばれる．というわけで，38 ページの真理表は「∨」の意味としては非排他的選言の方を採用します，と宣言していたわけだ．これからは，単に「選言」と言ったときには非排他的選言の方を意味するものとしよう．

---
**練習問題 6**

これからは排他的選言を「$\underline{\vee}$」という記号で表すことにする．「$\underline{\vee}$」の意味を定義する真理表をつくれ．

---

**→について変だなと思うあんたは偉い**

次に条件法「→」を定義する真理表を見てみよう．「君がこのボタンを押す**ならば**核ミサイルが発射される」は，実際に押して，ミサイルがとんでいった場合には正しかったことになる．また，押したのにとんでいかなかったら間違っていたことになる．だから，「A ならば B」は A と B がともに真のときは真であり，A が真で B が偽のときは偽である．ここまではよい（本当はよくない．詳しくはあとで）．

問題は，ボタンを押さなかったときにこの命題がもつ真理値だ．真理表によれば，前件 A が偽のときは後件 B の真理値にかかわりなく「A → B」は真になる．そうすると，ボタンを押さなかったときには，この命題はミサイルが飛ぼうが飛ぶまいが真だ．また同様に，ボタンを押さ

なかったときには，次のような命題も真になっちゃう。「君がこのボタンを押すならば核ミサイルは発射されない」。そうすると「君がこのボタンを押すならば核ミサイルが発射される」も「君がこのボタンを押すならば核ミサイルは発射されない」もボタンを押さなかった場合には両方とも真だ，ということになって，何だか直観に反する。さらには，「1＋1＝3ならば火星には知的生物が存在する」も「1＋1＝3ならば1＋1＝4」も真だとせねばならない。何だか変だ。

このような疑問に対し，「いや，ちっともヘンではない」と答えることはできない。なぜなら本当に変だからである。「→」は日本語の「ならば」を人工言語Lで近似したものだ。この近似には様々な制約が課せられている。例えば2値原理がそうだ。我々はふだんの言語使用ではAじゃない場合を念頭に置いて「AならばB」を使うことはまずない。にもかかわらず，2値原理をおいたために，Aが偽のときにも「A→B」に真偽いずれかの真理値を割り当てるはめになってしまった。さらに，「1＋1＝3ならば火星には知的生物が存在する」が奇妙なのは，我々はふつう「ならば」の前後には，何らかの意味で**内容上のつながり**があることを期待するからだ。しかし，真理表で「→」に意味を与えようとする限り，こうした**内容のつながりは無視して，真理値の組み合わせだけでことを進めるしかない**。

ようするに，**真理値の組み合わせだけで「ならば」を近似しようというところにそもそも無理がある**ということだ。だが，(1)論理学の限定された目標に役立つ限りで「ならば」を近似すればよいということ，(2)真理値の組み合わせだけで，しかも2値原理を満たすしかたで「ならば」を近似せねばならないという制約条件，この2つを考慮に入れると，ここでの真理表に表されたような仕方で「ならば」を近似するというのは**ベストの選択**なのである。このことを示す本格的な議論は81ページまでおあずけということにしておこう。ここでは，ちょっとインチキな説明でお茶を濁しておく。

**インチキ臭い説明**

例えば，父親が子どもに「こんどの算数のテストで100点を取ったら，ファミコンを買ってあげよう」と約束した場合を考えてみよう。このように金品で釣って勉強させてはいけないというのは育児のイロハであるが，他によい例が思いつかないので仕方がない。ともかく，この約束に関しては次の4つのケースが起こりうる。(1)子どもががんばって100点を取り，父親がファミコンを買ってやったケース。(2)子どもが100点を取ったにもかかわらず，父親がファミコンを買わなかったケース。(3)子どもは100点を取れなかったが，（がんばって勉強した褒美に）父親がファミコンを買ってやったケース。(4)子どもは100点を取れず，父親はファミコンを買わなかったケース。さて，父親が約束を破った，つまり嘘を言ったのは(2)のケースだけであり，それ以外は父親は約束を守ったと言える。これは「→」の真理表が教える結果と一致している。

厳密に言えば，この議論は「→」の真理表の正当化としてはインチキだ。まず第1に，命題の真偽と約束を守る・守らないということは，関係はありそうだがいちおう別ものじゃないだろうか。また，約束を破ったと言えないということがすなわち約束を守ったということだ，とも直ちには言えないだろう。しかし，きちんとした正当化を行うまでは以上の説明で自分を納得させて，とりあえずここは先へ進んじゃおう。

## 3.2 論理式の真理値分析

### 3.2.1 真理値分析のやり方

以上のように真理表を使って結合子の意味を定義すると，どんな論理式についても，それがどういうときに真になるのか（これをその論理式の**真理条件**（truth condition）と言う），を分析することができるようになる。これが論理式の**真理値分析**と呼ばれるものだ。……といってもピンとこないだろうから，さっそく実例を見てみよう。

$(P \land \neg Q) \to Q$ という論理式はどんなときに真になり，どんなときに偽になるのだろう。この論理式は P と Q という 2 つの原子式を含んでいるから，この論理式の真理条件は P と Q の真理値の組み合わせだけに左右されるはずだ。そこで，左端に P と Q のとりうる真理値のすべての組み合わせを列挙する。それは両方とも 1 の場合から，両方とも 0 の場合まで 4 通りある。

さて，原子式 P, Q への真理値の 4 通りの与え方のそれぞれに応じて，$(P \land \neg Q) \to Q$ がどのような真理値をとるかを調べたい。いきなり $(P \land \neg Q) \to Q$ 全体の真理値を調べるのは難しいので，この論理式の部分論理式がとる真理値から積み上げて，最終的に式全体の真理値を求めるという方法をとればよいだろう。$(P \land \neg Q) \to Q$ の部分論理式を取り出すには形成の木を描いてみればよい。

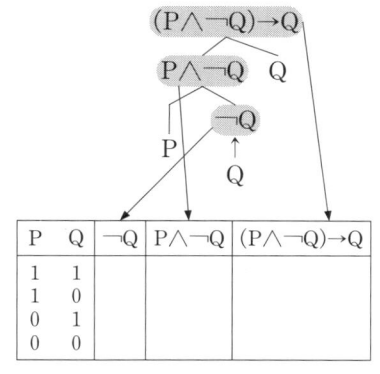

このようにして，真理表の大枠を作ることができた。次に，この表にあるそれぞれの論理式について順に真理値を求めていく。$\neg Q$ の欄は簡単だ。Q の下の列に並んでいる 1 と 0 をそっくり入れ替えたものを書き込む。$P \land \neg Q$ の欄は，P を A，$\neg Q$ を B と考えて「$\land$」を定義する真理表を見ながら，適切な真理値を埋めていく。ようするに，$P \land \neg Q$ は P と $\neg Q$ がともに 1 のところだけが 1 で，それ以外は 0 だから，2 行目だけが 1 で残りが 0 になる。最後に $(P \land \neg Q) \to Q$ の欄だが，これも同様に，$P \land \neg Q$ を A，Q を B と考えて，「$\to$」を定義する真理表をにらんで埋めていく。慣れれば次のように考えてもよい。$(P \land \neg Q) \to Q$ は，$P \land \neg Q$ が 1 で Q が 0 となるところだけが 0 で，それ以外は 1 になる。$P \land \neg Q$ が 1 で Q が 0 となるところは 2 行目である。だから 2 行目が 0 でそれ以外は 1 を書いておけばよい。

このようにして真理表が完成した。$(P \land \neg Q) \to Q$ は P が 1，Q が 0 の場合に 0 になるが，それ以外の場合にはつねに 1 であることがわかった。今後，真理表の「行」とか「列」という言い方をするが，それは右の図に示したような意味で用いる。

## 練習問題 7

(1) ¬((P∧(P→Q))→R) の真理値分析のための次の真理表を完成させよ。

| P | Q | R | P→Q | P∧(P→Q) | (P∧(P→Q))→R | ¬((P∧(P→Q))→R) |
|---|---|---|-----|---------|-------------|----------------|
| 1 | 1 | 1 | 1 | | | |
| 1 | 1 | 0 | 1 | | | |
| 1 | 0 | 1 | 0 | | | |
| 1 | 0 | 0 | 0 | | | |
| 0 | 1 | 1 | 1 | | | |
| 0 | 1 | 0 | 1 | | | |
| 0 | 0 | 1 | 1 | | | |
| 0 | 0 | 0 | 1 | | | |

原子式が3つあるとき，その真理値の組み合わせは8通りになる。これをきちんと順番よく書いてくれない学生は教師泣かせなのだ。そこでぜひ次のような仕方で順序よく書いて欲しい。一番右のRの下には上から1と0を交互に書く（101010…）。真ん中のQの下には1と0を2個ずつ交互に書く（11001100…），左のPの下には1と0を4つずつ交互に書く（11110000）。そうすると，8つの場合がきれいに並ぶことになる。

(2) 次の論理式の真理値分析を行え。

(a) P∨¬P  (b) ¬P→(P→Q)  (c) ((P→R)∧(Q→R))→((P∨Q)→R)

(d) (P∨Q)→P  (e) (P∨Q)→(P→¬Q)  (f) (P→¬Q)→(P∨Q)

### 3.2.2 新しい結合子を追加する

**双条件法**（biconditional）とよばれ，「↔」で表される結合子を次のように定義しておく。英語では，A↔Bを「A, if and only if B」などと読む。省略して「A iff B」と書くこともある。なぜこんな風に読まれるのだろう。そこで，(A→B)∧(B→A)の真理表をつくり，双条件法を定義する真理表と比べてみよう。A↔Bの真理表と(A→B)∧(B→A)の真理表は同じ（上か

| A | B | A↔B |
|---|---|-----|
| 1 | 1 | 1 |
| 1 | 0 | 0 |
| 0 | 1 | 0 |
| 0 | 0 | 1 |

ら1001）になることがわかる。つまり，これらは，同じときに真になり同じときに偽になる。つまり，真理条件という点ではこの2つの形の式は区別がない。だから，A↔Bは(A→B)∧(B→A)の略記と考えてもよい。

さて，A→Bは英語では「A, only if B」と読まれることが多い。一方，B→Aは「A, if B」と読むのが普通だろう。そうすると，(A→B)∧(B→A)と同じことであるA↔Bを「A, if and only if B」と読むのにはそれなりの理由があることが分かる。

ところが，日本語には「↔」に対応する簡潔な言い回しがない。そこで，哲学の本などでは双条件法を表すのに英語を直訳した「AであるのはBであるとき，そしてそのときに限られる」というような奇怪な表現が現れることになる。しかし日常生活ではこのような表現は滅多にお目にかかれない。ということは，**日本語の日常会話では双条件法は述べることができないのだろう**

か？　……そんな馬鹿なことはないだろう。実は，どうも我々は**双条件法を表すときにも「ならば」で済ませている**ようなのである。例えば，誘拐犯人が「明日までに1億円用意できなかったならば息子の命はないものと思え」と言ったとしよう。このとき，前件が偽で後件が真の場合，つまり1億円用意したのに息子が殺された場合，犯人のことを「嘘つきめ！」と罵るだろう。つまり，前件が偽で後件が真の場合には犯人の発言は偽になると我々は考えているわけだ。これは犯人が使った「ならば」を我々は条件法ではなく双条件法として解釈している証拠ではないだろうか。

これからは，「↔」と，すでに出てきた「∨」も論理結合子の仲間に入れて使ってゆくことにする。

## 3.3　トートロジー

### 3.3.1　トートロジーとは何か

真理値分析の練習問題をやってみるとわかることだが，論理式は，どのような場合に真になるかによって次の3種類に分類できる。

---

(1)　トートロジー
　　それに含まれる原子式の真理値の取り方に関係なく常に1となる式。
(2)　事実式
　　それに含まれる原子式の真理値の取り方によって1にも0にもなる式。
(3)　矛盾式
　　それに含まれる原子式の真理値の取り方に関係なく常に0となる式。

---

トートロジーはその別名を，「**恒真式**」，「**真理関数的に妥当な式**（truth-functionally valid wff）」などとも言われる。矛盾式の別名としては「**恒偽式**」がある。また，トートロジーと事実式をあわせたカテゴリーは，つねに1になるかどうかはともかくとして，とにかく1になることができる式を含んでいる。このカテゴリーを**充足可能式**と言う。

| 論　理　式 | | |
|---|---|---|
| 充足可能式　satisfiable wff. | | 充足不可能式 |
| トートロジー | 事　実　式 | 矛　盾　式 |
| tautology | contingency | inconsistent wff. |

> **練習問題 8**
>
> 次の式はみなトートロジーである。真理表を書いて確認せよ。
> (1) ¬(P∧¬P)　　(2) (P→Q)→(¬Q→¬P)　　(3) ((P→Q)→P)→P
> (4) (P→Q)→((Q→R)→(P→R))　　(5) ((P∨Q)∧(P→R))→((Q→P)→R)

## 3.3.2 代表的なトートロジー

トートロジーは無数にあるが，その中の代表的ないくつかのパターンには名前がついている。以下の表はトートロジー界の名士たちを示したものだ。ただし見やすいようにカッコは適当に省いてある。

| | | | |
|---|---|---|---|
| 1 | A→A, A↔A | 同一律 | law of identity |
| 2 | A∨¬A | 排中律 | law of the excluded middle |
| 3 | ¬(A∧¬A) | 矛盾律 | law of contradiction |
| 4 | ¬¬A↔A | 2重否定律 | law of double negation |
| 5 | (A∧A)↔A<br>(A∨A)↔A | 巾等律 | idempotent law |
| 6 | (A∧B)↔(B∧A)<br>(A∨B)↔(B∨A) | 交換律 | commutative law |
| 7 | (A∧(B∧C))↔((A∧B)∧C)<br>(A∨(B∨C))↔((A∨B)∨C) | 結合律 | associative law |
| 8 | (A∧(B∨C))↔((A∧B)∨(A∧C))<br>(A∨(B∧C))↔((A∨B)∧(A∨C)) | 分配律 | distributive law |
| 9 | (A∧(A∨B))↔A<br>(A∨(A∧B))↔A | 吸収律 | absorptive law |
| 10 | ¬(A∧B)↔(¬A∨¬B)<br>¬(A∨B)↔(¬A∧¬B) | ド・モルガンの法則 | De Morgan's law |
| 11 | (A→B)↔(¬B→¬A) | 対偶律 | law of contraposition |
| 12 | (¬A∧(A∨B))→B | 選言的三段論法 | disjunctive syllogism |
| 13 | ((A→B)∧(B→C))→(A→C) | 推移律 | transitive law |
| 14 | (A∧(A→B))→B | 肯定式 | modus ponens |
| 15 | (¬B∧(A→B))→¬A | 否定式 | modus tollens |
| 16 | A→(A∨B)<br>B→(A∨B) | 拡大律<br>付加律 | law of addition |
| 17 | (A∧B)→A<br>(A∧B)→B | 縮小律 | law of simplification |
| 18 | (A→(B→C))→((A∧B)→C) | 移入律 | law of importation |
| 19 | ((A∧B)→C)→(A→(B→C)) | 移出律 | law of exportation |
| 20 | ((A→C)∧(B→C))→((A∨B)→C) | 構成的両刀論法 | constructive dilemma |
| 21 | A→(B→A) | 添加律 | |
| 22 | ¬A→(A→B) | | |

| 23 | $((A \to B) \to A) \to A$ | パースの法則 | Peirce's law |
| 24 | $A \to (B \to (A \land B))$ | | law of adjunction |
| 25 | $(A \to B) \leftrightarrow (\neg A \lor B)$ $(A \to B) \leftrightarrow \neg(A \land \neg B)$ | | |
| 26 | $(A \to (B \to C)) \leftrightarrow (B \to (A \to C))$ | 入れ替え律 | law of permutation |
| 27 | $(A \to B) \to ((A \to C) \to (A \to (B \land C)))$ | 合成律 | law of composition |

**図式についての注意**

　トートロジーというのは，一つ一つの論理式について言われることがらだ。しかしこの表には任意の論理式を代表する図式文字 A，B，C などが使われている。したがって，この表に示したのは，それ自体がトートロジーであるというよりは，トートロジーであるような**論理式に共通した型**，つまりトートロジーの図式である。だから，表にある図式の A とか B に好きな論理式を代入すると，いくらでもトートロジーが得られる。たとえば，同一律の図式 $A \to A$ は，$P \to P$，$Q \to Q$，$\neg P \to \neg P$，$(P \land Q) \to (P \land Q)$，$(\neg P \to R) \to (\neg P \to R)$，$((P \lor R) \land (P \to Q)) \to ((P \lor R) \land (P \to Q))$，…などの無数の論理式がトートロジーであることを一括して表している。

　ここで，さらに任意のトートロジーや任意の矛盾式を表す図式文字を導入しておこう。「$\top$」で任意のトートロジーを，「$\bot$」で任意の矛盾式を表すものする。そうすると，次の表のようにトートロジーや矛盾式を部分論理式とするトートロジーの図式もえられる。

　例えば，28 の 3 番目の図式 $(A \lor \top) \leftrightarrow \top$ は，A に任意の論理式，$\top$ に任意のトートロジーを代入してできる無数の論理式がトートロジーであることを示している。このとき 2 カ所の「$\top$」に同じトートロジーを代入する必要はない。したがって，

$(P \lor (P \to P)) \leftrightarrow (P \lor \neg P)$

$((Q \land R) \lor (P \to P)) \leftrightarrow ((R \land (R \to (P \to Q))) \to (P \to Q))$

などの論理式はみな，$(A \lor \top) \leftrightarrow \top$ の形をしているのでトートロジーだ，と言っているわけだ。これも真理表を書いて確かめてみよう。

| | トートロジーや矛盾式を構成要素とするトートロジー |
|---|---|
| 28 | $(A \land \top) \leftrightarrow A$ $(A \land \bot) \leftrightarrow \bot$ $(A \lor \top) \leftrightarrow \top$ $(A \lor \bot) \leftrightarrow A$ |
| 29 | $\neg \top \leftrightarrow \bot$ $\neg \bot \leftrightarrow \top$ |
| 30 | $A \to \top$ $\bot \to A$ |
| 31 | $(A \to \bot) \to \neg A$ |

**練習問題 9**

(1) 次のことがらは成り立つか。成り立つのであれば証明し，成り立たないのであればそれが成り立たない実例を挙げよ。

　(a) $A \to B$ と A がともにトートロジーならば B もトートロジーである。

　(b) $A \to B$ と A がともに充足可能ならば B も充足可能である。

　(c) $A \to B$ がトートロジーで A が充足可能ならば B も充足可能である。

(2) 次のことを証明せよ。この証明はセマンティクスの分野での帰納法を用いた証明のよい例だ。

> 結合子として→と∧のみを含むような論理式はすべて充足可能である。

### 3.3.3 トートロジーってのは結局何なんだ

**形式的真理としてのトートロジー**

　論理式 P∧Q はトートロジーではない。P が「スパイク・リーは映画監督である」，Q が「マルコム X は暗殺された」という命題を記号化したものであれば，P も真，Q も真なので P∧Q は真になる。しかし，P はそのままで Q が「マルコム X は映画監督である」という命題になれば，P∧Q は偽になる。……という風に「P∧Q」は，P, Q がどのような内容なのかに応じて真になったり，偽になったりする。

　ところが，P→P のようなトートロジーは，P の真偽にかかわらず常に真になる。つまり，P が「スパイク・リーは映画監督である」という真なる命題でも，「マルコム X は映画監督である」という偽なる命題でも，とにかく何であっても真になる。つまり，トートロジーとは，構成要素となっている命題の**内容によらず，その形式だけで真になるような命題**，言い換えれば**形式的に真になる命題**（より正確には論理定項の意味だけによって真になる命題）を論理学的に捉えなおしたもののことだ，と言える。

**分析的真理と経験的真理**

　むかしから，多くの人々は「真理」と一口に言ってもそこにはいくつかの種類があるのではないか，とうすうす気がついていた。次の 3 つの命題を比べてみよう。

(1) スパイク・リーが映画監督であるならばスパイク・リーは映画監督である
(2) スパイク・リーが映画監督であるならばスパイク・リーは映画をつくる人である
(3) スパイク・リーは映画監督であり，自作の *Do the right thing* ではピザ屋の店員役で出演もした

　これらはすべて真だ。しかし，これらのうち，真であることを知るために，人名事典を引いたり，映画館やビデオ屋に足を運んだり，あるいは本人に直接会って確かめたりしなければならないものは(3)だけだ。(1)や(2)が真であることを知るには実際に確かめる手間はいらない。これらは**言葉の上だけで正しいことが分かってしまう**。このような真理は「**理性の真理**」とか「**分析的真理**」と呼ばれてきた。

　一方，実験や観察といった調査を通じて初めて知られる真理は，伝統的に「**事実の真理**」とか「**経験的真理**」と呼ばれてきた。なぜ調査が必要かというと，それが**世界のありさまによって真になっている**からだ。たまたまいろいろな偶然が積み重なってスパイク・リーは映画監督になれたが，映画学校に入学できなかったり，その他の事情が重なれば，映画監督になっていなかったこともあっただろう。したがって，こうした経験的真理は，**世界のたまたまの事情によってはじめ**

て真になっている真理，つまり**偶然的な真理**だ。

　これに対し，(1)や(2)のような真理は，世界を調査してみる必要はない。それは世界がどのようなあり方をしていても絶対に真であって（スパイク・リーが映画監督にならなかった，ということは考えられるが，映画監督が映画をつくらない人であるということは考えられない），偽になることがありえない。したがって，**言葉の上だけで正しいことが分かってしまう分析的真理は必然的真理とも言われる**。

　ところが，同じ分析的・必然的真理でも(1)と(2)には違いがある。(2)がなぜ真なのかを聞かれたら，「そりゃ，『映画監督』ってのは映画をつくる人って意味だからよ」という具合に「映画監督」という語の意味に訴えて説明するだろう。しかし，(1)つまりトートロジーはそのようなことすら必要ない。「ならば」の前と後ろに同じ形の文が来ているというだけの形式的な理由で，言い換えれば「ならば」という論理定項の意味だけによって真なのである。ようするに，分析的真理のなかには，(1)のように論理定項の意味だけによって真であるものと，(2)のようにそれ以外の語の意味によって真になるものの2種類があるということだ。前者はしばしば「**形式的真理**」とか「**論理的真理**」と言われる。トートロジーというのは，この形式的真理を論理学の道具だてを使って捉えたものに他ならない。

　次のようにまとめよう。

---

(1) そこに出てくる語の意味だけによって真であり，現実世界のありさまによって真になるのではないような命題が分析的に真なる命題である。

(2) さらに，そこに出てくる論理結合子の意味だけによって真になるような命題（論理式）をトートロジーと言う。

---

| 理性の真理<br>verité de raison<br><br>分析的真理<br>analytic truth | 実験や観察をしなくても，言葉の上だけから正しさを確認できる | 世界がどのようなあり方をしても必ず真<br>偽になることがありえない<br>**必然的真理**<br>necessary truth | 言葉の意味によらず形式だけによって真<br>正確には，論理定項の意味だけによって真 | 論理的真理<br>形式的真理<br>トートロジー |
|---|---|---|---|---|
| | | | 論理定項以外の言葉の意味によって真 | 「独身者は配偶者を持たない」<br>「正方形の4辺は等しい」 |
| 事実の真理<br>verité de fait<br><br>経験的真理<br>empirical truth | 真かどうかを知るためには，実験や観察が必要。つまり，現に世界がそうなっているかを調べなければならない | 世界のありさまによって真。したがって，世界が現実と異なったあり方をしていたら真ではなかったかもしれない<br>**偶然的真理**<br>contingent truth | 「独身者は生活が不規則になる傾向がある」<br>「ミトコンドリアではATPがつくられる」 | |

## トートロジーと情報量

トートロジーが必然的真理だ，というと，トートロジーは絶対確実な真理のお手本のようなものだ，真理の中でもランクの高いものだ，と考えてしまいそうだ。しかし，ちょっと待てよ。どのような場合でも真，ということはそんなに貴重なことなのか？

次のような例を考えてみよう。ニューヨークのセントラルパークで他殺体が見つかり，フランク・ドレビン警部の懸命の捜査の結果，怪しい人物が浮かんだ。それは，ガーファンクルとサイモンの2人である。さて，ドレビン警部が4人の情報提供者に聞いてみたところ，次のような返事があった。

 クロスビー：ガーファンクルじゃなければサイモンが犯人だ。
 スティルス：ガーファンクルは犯人だ。
 ナッシュ：ガーファンクルだけが犯人でサイモンはシロだ。
 ヤング：ガーファンクルが犯人ならガーファンクルが犯人だ。

4人のうち最も価値のある情報を与えてくれたのは誰だろう。ごちゃごちゃしないように，実際にはガーファンクル1人が真犯人であるとしておこう。そうすると，4人の発言は全て真であるから，その点では差がない。とすると，**情報の価値**，というのは単に真であることではないらしい。

まさか，ヤングのたれ込みに一番高い金を払う奴はいない。しかし，ヤングの発言はトートロジーだ。いつも真である命題，いちばん偉いピカピカの真理に見えたものなのである。でもこれは情報としては最低。それはまさにそれが**どんな場合でも真**になるからである。これはどういうことか。

「ガーファンクルは犯人だ」をG，「サイモンは犯人だ」をSとする。そうすると，4人の報告は，

 クロスビー：$\neg G \to S$  スティルス：$G$
 ナッシュ：$G \wedge \neg S$  ヤング：$G \to G$

となる。これらの真理表を書いてみよう。

一番左の欄は，犯人の可能性について，上から順に

(1) ガーファンクルもサイモンも犯人である可能性
(2) ガーファンクルは犯人だがサイモンは犯人でない可能性
(3) ガーファンクルは犯人ではなくサイモンが犯人である可能性
(4) ガーファンクルもサイモンも犯人でない可能性

を表している。これらの4つの可能性のいず

|  |  |  | クロスビー | スティルス | ナッシュ | ヤング |
|---|---|---|---|---|---|---|
|  | G | S | $\neg G \to S$ | G | $G \wedge \neg S$ | $G \to G$ |
| (1) | 1 | 1 | 1 | 1 | 0 | 1 |
| (2) | 1 | 0 | 1 | 1 | 1 | 1 |
| (3) | 0 | 1 | 1 | 0 | 0 | 1 |
| (4) | 0 | 0 | 0 | 0 | 0 | 1 |

れかが現実だ。今の場合は(2)が現実。さて，各たれ込み屋の発言は4つの可能性のうちどれが現実であるかについて語っているものと理解できる。たとえば，スティルスは，(1)と(2)のいずれかが現実だと言っている。ナッシュは，(2)の可能性だけが現実なのだと言っている。これは，スティルスの発言に比べて，4つの可能性のうち現実に生じているのはどれかをよりよく特定している。つまり，ナッシュのたれ込みは，現実がどのようであるかについて，スティルスより多くの情報を伝えている。一方，クロスビーは，現実が(1)か(2)か(3)のどれかだと言っているわけで，犯人の特定にあたって，より不確定だ。というわけで，可能性を1つに絞っているナッシュの発言が最も情報量が多く，価値のある情報なのだと言える。

そうすると，ヤングのたれ込みが無価値なのはなぜかがよくわかる。ヤングは現実は(1)か(2)か(3)か(4)のいずれかだと言っているわけだ。ところが「(1)か(2)か(3)か(4)」というのは，考えられるすべての可能性じゃないか。つまり，これは**現実がどのようであるかについて何も語っていない**ということだ。ヤングのたれ込みは現実についていかなる情報ももたらしていない。

トートロジーは現実のあり方によって覆されることがない。それはトートロジーが確実なピカピカの真理だからと言うよりは，そもそも反証されるようなことがらを何も語っていないからである。つまり，トートロジーは**無内容**なのだ。これに対し，スティルスの発言は，もし現実が(3)だったら，その現実によって覆されて偽になってしまう。それは，スティルスの発言が「現実は(1)か(2)だ」という内容を持っていて，現実はこうだ！と語っているからだ。現実がこうだと語っているからこそ現実がその通りでなかった場合には偽になってしまうのである。

なーんだ。トートロジーなんて無内容で情報量0でつまらないものじゃないか。なんでまた，論理学はこんなつまらないものに関わるんだろう？　……うーん。確かに，世界のありさまについて何か実のあることを言いましょう，とか，世界について何か新しいことを知りましょうというようなことがらにたずさわっている限り，トートロジーは何の価値もない。トートロジーが注目に値するのは，それが論理学で果たす役割のおかげだ。これから見るように，トートロジーは論理学のあちらこちらに顔を出す。すでに強調してきたように論理学は，内容は忘れて形式に注目するという性格を持っている。このため，「内容によらず形式により真である」というトートロジーの性格はまさに論理学の核心に触れているわけだ。

## 3.4　「何だ，けっきょく同じことじゃない」を捉える──論理的同値性

### 3.4.1　論理的同値性の定義

双条件法を導入した際に，A↔Bの真理表と(A→B)∧(B→A)の真理表は同じになるから，A↔Bは(A→B)∧(B→A)の略記と考えてもよいと述べた。こうした関係はこの2種類の論理式だけに成り立つことではない。次の例を考えてみよう。「来週論理学の試験をします。」「げげーっ。来週のいつですか？」この質問に意地悪な教師が，(1)「さあね。火曜か水曜だよ」と答えるのと，(2)「火曜じゃなかったら水曜日だ」と答えるのでは**結局同じこと**だと思うだろう。そ

こで，「来週の火曜に論理学の試験がある」をP，「来週の水曜に論理学の試験がある」をQとして，(1)と(2)を記号化しその真理表を書いてみよう。両方とも同じように真理値が並ぶはず（上から1110）。つまり，この２つの式はどのような場合も同じ真理値をとる。ようするに，「(1)と(2)は結局同じことだ」というのは，(1)と(2)の真理値はつねに一致するということなのだ。このようなとき，論理式(1)と(2)は**論理的同値**（logically equivalent）である，と言う。

> 【定義】ふたつの論理式A，Bが論理的同値である　⇔　A，Bは，それを構成する原子式の真理値のいかなる組み合わせに対してもつねに同じ真理値をとる。

これから，論理式A，Bが論理的同値であることを，A⊨⊣Bと書くことにしよう。ここでとても大切な注意をしておく。A⊨⊣Bという書き方を，すでにお馴染みの双条件法P↔Qとごっちゃにしてはいけない。P↔Qは１つの**論理式**であって，言語**L**の一員だ。一方，A⊨⊣Bは論理式ではなく，「論理式A，Bが論理的同値である」という日本語の文を簡単に書くための約束事として導入したものだ。だから**L**に属する式ではなく，むしろ**日本語に属する文**なのである。

ついでに言えば，この【定義】の枠の中に出てきた「⇔」も，結合子「↔」とは異なり，**L**の語彙ではなくて，**L**について話をするための記号である。今後，【定義】と書かれた枠の中に出てくる「〜 ⇔ …」は，「〜 というのはつまり，次のことの手短な言い方（書き方）である。すなわち…」という日本語の表現を，長くなるのを避けるために省略して書くための便法だと考えてほしい。まちがっても，「⇔」を結合子「↔」と混同しないこと。

> **練習問題10**
> 　ふたつの論理式A，Bが論理的同値であるかどうかは，それぞれの真理表を書いてみて，同じになるかどうか調べてみればよい。そこで，
> (1) 一般に論理式A→Bに対し，B→AをA→Bの**逆**（inverse）と言う。さてそこで，P→QとQ→Pは論理的同値ではないということを示せ。このことが，「P→Qが成り立つからといってQ→Pも成り立つとは限らない」とか「逆は必ずしも真ならず」という言い方でいわんとしていることなのである。
> (2) P→Qと¬Q→¬Pは論理的同値であることを示せ。数学で，「PならばQ」を証明しにくい時は，その対偶を証明しておけばよい，といわれるとき意味されているのがこのことだ。一般に¬B→¬AをA→Bの**対偶**（contraposition）と言うが，この２つは論理的同値であって，つまりは「同じこと」なのである。あることがらを証明する代わりに，それと同じことがらを証明したって誰も文句を言わないでしょ。
> (3) P↔Qは¬(P⊻Q)と論理的同値であることを示せ。
> (4) 次の事実を証明せよ。
>
> > 【定理5】２つの論理式A，Bが論理的同値であるならば，論理式A↔Bはトートロジーであるし，A↔Bがトートロジーであるならば，A，Bは論理的同値である。

## 3.4.2 同値変形

論理式 A をそれと論理的に同値な別の論理式 B に変形することを**同値変形**という。次にどのような変形が同値変形かということを一覧表にまとめてある。左の欄に示した形の式と右の欄に示した形の式は論理的に同値である。

|  | 左右の式を置き換えてよい | | 名　称 |
|---|---|---|---|
| 1 | $\neg\neg A$ | $A$ | 2重否定律 |
| 2 | $A \wedge A$<br>$A \vee A$ | $A$ | 巾等律 |
| 3 | $A \wedge B$<br>$A \vee B$ | $B \wedge A$<br>$B \vee A$ | 交換律 |
| 4 | $(A \wedge (B \wedge C))$<br>$(A \vee (B \vee C))$ | $((A \wedge B) \wedge C)$<br>$((A \vee B) \vee C)$ | 結合律 |
| 5 | $(A \wedge (B \vee C))$<br>$(A \vee (B \wedge C))$ | $((A \wedge B) \vee (A \wedge C))$<br>$((A \vee B) \wedge (A \vee C))$ | 分配律 |
| 6 | $(A \wedge (A \vee B))$<br>$(A \vee (A \wedge B))$ | $A$ | 吸収律 |
| 7 | $\neg(A \wedge B)$<br>$\neg(A \vee B)$ | $\neg A \vee \neg B$<br>$\neg A \wedge \neg B$ | ド・モルガンの法則 |
| 8 | $A \to B$ | $\neg B \to \neg A$ | 対偶律 |
| 9 | $A \to B$ | $\neg A \vee B$<br>$\neg(A \wedge \neg B)$ | |
| 10 | $A \to (B \to C)$ | $B \to (A \to C)$ | 入れ替え律 |
| 11 | $A \wedge T$ | $A$ | |
| 12 | $A \wedge \bot$ | $\bot$ | |
| 13 | $A \vee T$ | $T$ | |
| 14 | $A \vee \bot$ | $A$ | |
| 15 | $\neg T$ | $\bot$ | |
| 16 | $\neg \bot$ | $T$ | |

**同値変形の例**

$$\neg\neg\neg(\neg P \wedge \neg Q) \quad \cdots\cdots\cdots\cdots\cdots\cdots(1)$$

は $\neg\neg A$ の形をしている。$\neg\neg A$ は $A$ に同値変形してよい。だから，(1)は

$$\neg(\neg P \wedge \neg Q) \quad \cdots\cdots\cdots\cdots\cdots\cdots(2)$$

に同値変形できる。

次に，(2)は $\neg(A \wedge B)$ の形をしている。ド・モルガンの法則により，$\neg(A \wedge B)$ と $\neg A \vee \neg B$ は論理的に同値。したがって，(2)は

$$\neg\neg P \vee \neg\neg Q \quad \cdots\cdots\cdots\cdots\cdots\cdots(3)$$

に同値変形できる。(1)と(3)は論理的同値であるから，(1)と(3)の真理表は同じになるはずである。

確かめてみよ．

以上の一連の操作を ⊨⊨ の記号を用いて，

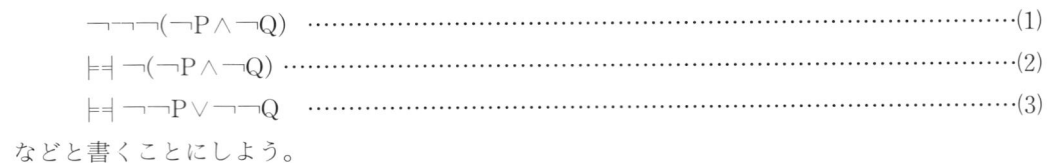

$$\neg\neg\neg(\neg P \wedge \neg Q) \quad \cdots\cdots\cdots\cdots\cdots\cdots\cdots\cdots\cdots\cdots\cdots\cdots\cdots\cdots\cdots\cdots\cdots\cdots\cdots\cdots\cdots\cdots\cdots\cdots(1)$$

$$\vDash\dashv \neg(\neg P \wedge \neg Q) \quad \cdots\cdots\cdots\cdots\cdots\cdots\cdots\cdots\cdots\cdots\cdots\cdots\cdots\cdots\cdots\cdots\cdots\cdots\cdots\cdots\cdots\cdots\cdots\cdots(2)$$

$$\vDash\dashv \neg\neg P \vee \neg\neg Q \quad \cdots\cdots\cdots\cdots\cdots\cdots\cdots\cdots\cdots\cdots\cdots\cdots\cdots\cdots\cdots\cdots\cdots\cdots\cdots\cdots\cdots\cdots\cdots\cdots(3)$$

などと書くことにしよう．

### 3.4.3 置き換えの定理

では，この例で，(3)の中の ¬¬P を，2重否定律を利用して，P に書き換えてもよいだろうか．つまり，(3)を

$$P \vee \neg\neg Q \quad \cdots\cdots\cdots\cdots\cdots\cdots\cdots\cdots\cdots\cdots\cdots\cdots\cdots\cdots\cdots\cdots\cdots\cdots\cdots\cdots\cdots\cdots\cdots\cdots\cdots\cdots\cdots\cdots\cdots(4)$$

に書き換えても(4)と(3)は論理的同値だろうか．また，さらに(4)の中に出てくる ¬¬Q について，それを Q に置き換えて(4)を

$$P \vee Q \quad \cdots\cdots\cdots\cdots\cdots\cdots\cdots\cdots\cdots\cdots\cdots\cdots\cdots\cdots\cdots\cdots\cdots\cdots\cdots\cdots\cdots\cdots\cdots\cdots\cdots\cdots\cdots\cdots\cdots\cdots\cdots\cdots(5)$$

に書き換えてもよいだろうか．以上は(1)→(2)→(3)の同値変形とは事情が異なる．(1)→(2)→(3)の変形は**論理式全体**の変形だけれど，(3)→(4)→(5)の変形は，それぞれ**論理式の一部**の書き換えになっているからだ．一般に「……A……」のような，論理式 A を含む長い論理式があって，しかも A と B が論理的に同値である場合，その A を B に置き換えてできる「……B……」はもとの「……A……」と論理的同値だろうか？

実はこれは成り立つ．次の**置き換えの定理**（replacement theorem）が成り立っているからだ．以上の論理式(1)(2)(3)(4)(5)はすべて論理的同値なのである．

---

【**定理 6：置き換えの定理**】 論理式 A を何回か含む論理式を，C[A]と書くことにする．C[A]の中の A を論理式 B で置き換えた結果（ただし A が生じるすべてのところで置き換えなくともよい）をC[B]とする．このとき，

A と B が論理的同値であるならば C[A] と C[B] も論理的同値である．

つまり，ある式の一部をそれと論理的に同値な式に置き換えた結果はもとの式と論理的に同値である．

---

この定理は直接に証明してもいいけれど，この定理と同様になかなか使い道の豊かな，より強い置き換えの定理を証明しておいて，そこから導くことにしよう．**強い置き換えの定理**とは次のものだ．

---

【**定理 7：強い置き換えの定理**】 (A↔B)→(C[A]↔C[B]) はトートロジーである．

---

【証明】
(1) AとBの真理値が異なるとき，
A↔Bは0ゆえ，与式は前件が0となり全体としては1である。
(2) AとBの真理値が同じとき，
A↔Bは1である。このとき，C[A]とC[B]は前者がAを部分論理式として含んでいる何カ所かがBに変わっているという違いを除けば，作り方が全く同じである。したがってAとBの真理値が同じなら，AとBの違いは全体の真理値の計算に何の影響ももたらさない。ゆえにC[A]とC[B]の真理値は一致する。したがって，C[A]↔C[B]は1。それゆえ与式は1である。
(3) 以上より，与式はつねに1ゆえトートロジーである。■

ここから普通の置き換え定理を導くには，45ページ練習問題9の(1)(a)で証明済みの，

【定理8】 AとA→Bがともにトートロジーならば，Bもトートロジーである。

という定理を使う。さあ，いよいよ定理6を証明しよう。

【定理6の証明】 AとBが論理的同値だと仮定する。強い置き換えの定理により(A↔B)→(C[A]↔C[B])はトートロジーである。また，AとBが論理的同値であるならA↔Bはトートロジーである（定理5）。以上よりC[A]↔C[B]はトートロジー，つまりC[A]とC[B]も論理的同値である。■

**長い連言（選言）も許す！**
　我々の論理式の定義によると，∧が結合するのは1回につき2つの式に限られていたから，「A∧(B∧C)」か「(A∧B)∧C」のような形の式は論理式として形成されるが，「A∧B∧C」の形の論理式は形成されない。しかし，結合律により，A∧(B∧C)と(A∧B)∧Cは論理的同値であって，いつも同じ真理値をとる。A∨(B∨C)と(A∨B)∨Cも同様だ。したがって，**式の形に注目しているときはまだしも式の意味（真偽）に注目している場面では**，A∧(B∧C)と(A∧B)∧Cの2つを区別する必要はそれほど感じられない。そこで，今後はA∧B∧CとかA∨B∨Cという書きかたを許すことにしよう。さらにこれを一般化して，A∧B∧C∧D∧…とかA∨B∨C∨D∨…といった具合に∧（または∨）だけでつないでいく限り，いくつの連言肢（選言肢）をつないでも論理式として認めることにしよう。
　これは，A∧B∧Cがどのように区切って読んでも論理的に同値な読み方しかできないからこそできたことである。だが，これは他の結合子について成り立つとはかぎらない。例えばA→B→Cは，(A→B)→Cと区切った場合とA→(B→C)と区切った場合とで，異なった真理条件をもつ。つまり，(A→B)→CとA→(B→C)とは論理的に同値ではない。このようなときは，A→B→Cのような書き方を認めない方が無難だ。

### 練習問題 11

(1) $(A \to B) \to C$ と $A \to (B \to C)$ は論理的に同値ではないことを真理表を書いて確かめよう。

(2) 排他的選言についても結合律は成り立つ。つまり $A \veebar (B \veebar C)$ と $(A \veebar B) \veebar C$ は論理的に同値である。まず，このことを示せ。

(3) (2)により，$A \veebar B \veebar C$ という書き方をしても，紛れはないことはわかる。ところで，$A \veebar B \veebar C$ の真理表は，「または」を景品の「または」の拡張版として理解した場合の「AまたはBまたはC」（「ランチにはコーヒーまたは紅茶またはスープのどれか1つがつきます」みたいなもの）の真理表と同じだろうか。そこで，「または」を景品の「または」として理解した場合の「AまたはBまたはC」の真理表を書いて，$A \veebar B \veebar C$ の真理表と比べてみよう。

(4) (3)の結果，意外なことに両者の真理条件が異なることが分かったと思う。そこで，$A \veebar B \veebar C$ の真理表はどのような意味で $A \veebar B$ の真理表を拡張したものになっているのかを考えよう。

## 3.5 真理表を理論的に反省する

### 3.5.1 真理値分析とは何をやることだったのか

次に，どのような論理式についても真理表で真理値分析できるのはなぜかを考えよう。このことを通じて，結合子の意味を真理表を用いて与えるということがどういうことだったのかをもう少し理論的に反省してみたい。ここはちょっとややこしいので，先を急ぐ人は 3.6 に進んでよい。さて，$(P \wedge (P \to Q)) \to Q$ の真理値分析をしようと思って次のように真理表を書き上げたとする。

(a)

| P | Q | $P \to Q$ | $P \wedge (P \to Q)$ | $(P \wedge (P \to Q)) \to Q$ |
|---|---|---|---|---|
| 1 | 1 | 1 | 1 | 1 |
| 1 | 0 | 0 | 0 | 1 |
| 0 | 1 | 1 | 0 | 1 |
| 0 | 0 | 1 | 0 | 1 |

真理表を書くということは次のようなプロセスだ。

(1) 最初に与えられていたのは，原子式 P と Q にそれぞれどのような真理値が割り当てられているかである。これは全部で 4 通りあり，上の表の一番左の 2 列（アミをかけたところ）に示されている。

(2) 原子式 P，Q への 4 通りの真理値割り当てのそれぞれについて，P，Q からなる複合的な論理式，$P \to Q$，$P \wedge (P \to Q)$，$(P \wedge (P \to Q)) \to Q$ のそれぞれがとる真理値を順次求めていく。

したがって，真理表を書くということは，**原子式への真理値の割り当てを複合的な論理式への真理値割り当てへと拡張する**，ということに他ならない。

この拡張がどのようにして可能なのかを考えてみよう。答えは，結合子の意味の与えかたに

あった。我々は結合子の意味を真理表で与えたが，そこでは図式文字 A，B を使って，どんな論理式にも適用できるように，しかも繰り返し使えるような形で与えてあった。だから，第 3 列で P と Q の真理値から P→Q の真理値を求めるときにも，第 5 列で，P∧(P→Q) と Q の真理値から，(P∧(P→Q))→Q の真理値を求めるときにも，同じ→の真理表を参照してそれを行うことができたわけだ。

以上から分かったことをまとめると次のようになる。

> (1) 真理値分析とは，原子式への真理値割り当て（例えば P に 0，Q に 1，というような）を元にして，それを拡張して複合的論理式への真理値割り当て（例えば P→Q に 1，P∧(P→Q) に 0，(P∧(P→Q))→Q に 1 というような）を作り出す作業だと考えることができる。
> (2) なぜそのような拡張ができるかというと，結合子の意味の定義を，どのような論理式にも何度でも適用できるような形（図式）で与えておいたからである。

### 3.5.2 真理値割り当て

さて，以上の話を任意の論理式の真理値分析に当てはまるように述べてみよう。まず，P と Q 以外の原子式を含む論理式への真理値割り当ても扱えるように，原子式をあらかじめ P と Q に限定してしまうような語り方は避けよう。そこで次のように話を進めることにする。

> 【定義】**L** の原子式からなる或る集合を F とする。F に対する**真理値割り当て**（truth assignment）V を次のような関数とする。
> $$V : F \to \{1, 0\}$$

数学的な表記法が出てきたからといって恐れる必要はない（関数については付録 A の 3 を見よ）。ようするに，V は F に含まれる原子式のすべてに対し，それぞれ 1 か 0 を割り当てるその割り当て方のことである。例えば，F={P, Q, R} とするとき，P には 1，Q には 0，R には 1 と割り当てることにすると，1 つの V が決まる。このときは V(P)=1，V(Q)=0，V(R)=1 と書こう。このような V は何種類もある。P には 0，Q には 1，R には 1 と割り当てるのだとすると，別の V が決まる。そうすると，真理表の 1 行 1 行がそれぞれ異なる V に対応していることがわかる。こうした関数 V を**付値関数**（valuation function）と呼ぶこともある。

さて，まとめの(1)により，真理値分析でやっていたことは，うんと一般化して言えば，**原子式の集合 F への真理値割り当て V が 1 つ与えられたときに，F に含まれる原子式から帰納的に定義される論理式全体の集合に対する真理値割り当てを V から派生させる**，ということなのである。もう少しちゃんと述べておくと……

> Fに含まれる原子式からスタートして帰納的に定義される論理式のすべてからなる集合を $\overline{F}$ とする。我々の目標は，Fへの真理値割り当てVを拡張して，この $\overline{F}$ に含まれる各論理式に1か0を割り当てる拡大版の真理値割り当て $\overline{V}:\overline{F}\to\{1,0\}$ をつくることである。

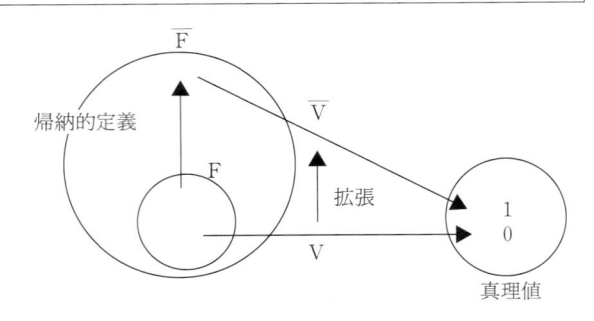

ここで問題がひとつある。Vを拡張して $\overline{V}$ をつくるとき，つじつまのあった仕方でつくらなければならないということだ。つまり，V(P)=1，V(Q)=0 だったら，このVからつくられる $\overline{V}$ は $P\to Q$ に 0，$P\wedge(P\to Q)$ に 0，$(P\wedge(P\to Q))\to Q$ に 1 という具合に真理値を割り当てるものでなければならず，それ以外の割り当てをするようなものであってはならない。真理値分析では，この「つじつまのあった仕方」での真理値の割り当てをどのようにやったらよいかを，それぞれの結合子に対する定義（真理表の形で与えてあったやつ）が教えてくれていたわけだ。そこで，Vを拡張して $\overline{V}$ をつくるその仕方に，結合子の定義を反映してやればよい。そこで，$\overline{F}$ に対する拡張版真理値割り当て $\overline{V}$ の満たすべき条件として次のような条件を課すことにしよう。

> 【条件】
> (1) まず，任意の原子式 $A(\in F)$ について $\overline{V}(A)=V(A)$ である（つまり，$\overline{V}$ は原子式についてはVが割り当てるのと同じ真理値を割り当てる。これはVを拡張して $\overline{V}$ をつくろうとしているのだから当然の条件だ）。
> (2) 任意の論理式 A, B $(\in\overline{F})$ について，次の関係が満たされること。
>   (i)　 $\overline{V}(A)=0$ のとき $\overline{V}(\neg A)=1$
>       $\overline{V}(A)=1$ のとき $\overline{V}(\neg A)=0$
>   (ii)　$\overline{V}(A)=1$, $\overline{V}(B)=1$ のとき，$\overline{V}(A\wedge B)=1$
>       それ以外のとき，$\overline{V}(A\wedge B)=0$
>   (iii)　$\overline{V}(A)=0$, $\overline{V}(B)=0$ のとき，$\overline{V}(A\vee B)=0$
>       それ以外のとき，$\overline{V}(A\vee B)=1$
>   (iv)　$\overline{V}(A)=1$, $\overline{V}(B)=0$ のとき，$\overline{V}(A\to B)=0$
>       それ以外のとき，$\overline{V}(A\to B)=1$

これらの条件のうち，(2)は，Vを拡張して $\overline{V}$ をつくるとき，$\overline{V}$ が真理表で定義された結合子の意味とつじつまのあったものになるために必要な条件である。というより，この条件を表の形で書いたものが結合子の意味の真理表による定義だったわけだ。

例えば，V(P)=1，V(Q)=0 となるような真理値割り当てVが与えられたとする。このとき，(1)により $\overline{V}(P)=1$，$\overline{V}(Q)=0$ である。次に $\overline{V}(P\to Q)$ は条件(iv)によって，0 になる。次に $\overline{V}(P$

∧(P→Q)) は，条件(ii)によって 0，$\overline{V}$((P∧(P→Q))→Q) は条件(iv)によって 1 となっていく。このプロセスが，54 ページの真理表(a)の下から 3 行目に示されている。

形成の木に以上のプロセスを書き込んでみよう。P と Q に V により割り当てた真理値が条件(i)〜(iv)にしたがって次々と (P∧(P→Q))→Q の部分論理式たちの真理値を定めていく様子が分かる。このように，**論理式の真理値割り当ての拡大が論理式の帰納的定義と並行していることが決定的に重要だ。**

```
                (P∧(P→Q))→Q=1   (iv)
               ╱              ╲
         (iii) P∧(P→Q)=0      Q=0
              ╱        ╲
           P=1       P→Q=0   (iv)
                     ╱    ╲
                  P=1     Q=0
```

論理式の定義は，まず原子式を与え，複合的な論理式をそれらを材料に帰納的につくっていくという形をしていた。したがって，論理式のすべてに真理値を割り当てる際も，まず原子式に真理値を割り当て（V による），そこから次第に複雑な論理式が形成されて行くに従って，規則正しくそれらの複合的論理式にも真理値が割り振られていく，という条件を満たすように論理式全体に対する真理値割り当て $\overline{V}$ を構成した，というわけだ。

### 真理値割り当ての一意性

最後に確認しておきたいことは，条件を満たすように V を拡張して $\overline{V}$ をつくったら，$\overline{V}$ はありとあらゆる論理式にかならず 1 か 0 いずれかの真理値を割り当てるものになっているということである。このことを証明しておこう。これはすべての論理式について成り立つ事実だから，証明には帰納法を用いる。

【証明】すべての論理式について「$\overline{V}$ により 1 か 0 どちらか一方の真理値が割り当てられる」という性質が当てはまることを示せばよい。

[Basis] 原子式 A については，定義により $\overline{V}$(A)=V(A) であり，V はすべての原子式に 1 か 0 のいずれか一方を割り当てる関数だったから，任意の原子式には $\overline{V}$ により 1 か 0 どちらか一方の真理値が割り当てられる。

[Induction step] 論理式 A，B のそれぞれに $\overline{V}$ により 1 か 0 どちらか一方の真理値が割り当てられていると仮定する。このとき，

(1) ¬A は $\overline{V}$ が A に 1 を割り当てているなら 0，$\overline{V}$ が A に 0 を割り当てているなら 1 が割り当てられる。したがって ¬A は $\overline{V}$ により 1 か 0 どちらか一方の真理値が割り当てられる。

(2) A∧B は，$\overline{V}$ により A，B がともに 1 を割り当てられているなら 1，それ以外の場合には 0 を割り当てられる。したがって A∧B は $\overline{V}$ により 1 か 0 どちらか一方の真理値が割り当てられる。

(3) A∨B，A→B についても同様。

(4) 以上より，すべての論理式は $\overline{V}$ により 1 か 0 どちらか一方の真理値が割り当てられる。■

ということは，V から派生する $\overline{V}$ は一通りに決まるということだ。したがって V と $\overline{V}$ を区別する必要はあまりない。そのことも考えに入れて，次のように定義しよう。

【定義】原子式への真理値割り当て V が論理式 A を充足する（あるいは A は V のもとで真である，とも言う） ⇔ $\overline{V}(A)=1$
（もちろん，V は論理式 A に含まれる**すべての原子式**に真理値を割り当てるような真理値割り当てだとする）

## 3.6 矛盾とは何か

### 3.6.1 論理式の集合の矛盾を定義する

前節で分かったことは，いくつかの論理式の集まりがあったときに，そこに含まれる論理式にはそんなに好き勝手に真理値を割り当てることはできないということだ。例えば，¬P も真，¬¬P も真にするような真理値の割り当て方などというものはない。では，P, P→Q, ¬Q∨R, R→¬P の 4 つの式を同時に真とするような（原子式への）真理値割り当てはあるだろうか。それを知りたかったら次のように真理表を書いてみればよい。

太い枠で囲んだところを見れば，この 4 つの式が同時に 1 になる行はないことがわかる。どの行でも必ずどれかの式が 0 になっている。したがって，これら 4 つの式を同時に真にする真理値の割り当て方は存在しない。このようなとき，これらの式は**互いに矛盾している**（inconsistent）と言う。

| P | Q | R | P | P→Q | ¬Q∨R | R→¬P |
|---|---|---|---|-----|------|------|
| 1 | 1 | 1 | 1 | 1   | 1    | 0    |
| 1 | 1 | 0 | 1 | 1   | 0    | 1    |
| 1 | 0 | 1 | 1 | 0   | 1    | 0    |
| 1 | 0 | 0 | 1 | 0   | 1    | 1    |
| 0 | 1 | 1 | 0 | 1   | 1    | 1    |
| 0 | 1 | 0 | 0 | 1   | 0    | 1    |
| 0 | 0 | 1 | 0 | 1   | 1    | 1    |
| 0 | 0 | 0 | 0 | 1   | 1    | 1    |

矛盾ということはこのように複数の論理式の集まり，つまり論理式の集合について言われることがらだ。今後は，論理式の集合をギリシア文字の大文字（ただし，アルファ A とベータ B などはローマ文字と同じ形なので省く），Γ，Δ，Θ などを用いて表すことにする。その他集合論に関係する記号の使い方は付録 A にまとめてあるのでそちらを参照してほしい。またその集合が少数の論理式しか含んでいないときには，それらの論理式をすべて書き並べて表すやり方，{P, P→Q, ¬Q∨R, R→¬P} も使っていくことにする。

一般に，論理式の集合の矛盾は次のように定義される。

【定義】論理式の集合 Γ が矛盾している ⇔ Γ に含まれるすべての論理式を同時に真にするような真理値割り当てが存在しない。

また，Γ が矛盾していないとき，つまり Γ に含まれるすべての論理式を同時に真にするよう

な真理値割り当て V が 1 つでもあるとき，V は Γ を充足する，とか Γ は **充足可能** (satisfiable) あるいは **整合的** (consistent) であると言う。

日常的には，P と言ったその口で ¬P と言ったりすると矛盾していると言われることが多いようだ。たしかに，矛盾した集合のうち最も簡単なものは {P, ¬P} だけれど，このように矛盾している集まりがいつもある式とその否定とのペアを含んでいるとはかぎらない。上で例として扱った 4 つの式からなる集合が良い例だ。

### 論理式の無限集合

論理式は無限にたくさんある。だから論理式の集合には無限集合になっているものもある。例えば，P を偶数回否定してつくることのできるすべての論理式の集合 Δ = {¬¬P, ¬¬¬¬P, ¬¬¬¬¬¬P, …} などというものを考えることができる。そして，ここでの矛盾や充足可能性の定義は，Γ が有限集合でなくてはならないなどという条件は要求していなかったから，こうした無限集合にもそのまま当てはまるものと考えてよい。例えば，この Δ は充足可能であるが，Δ にさらに ¬P を加えたもの，つまり Δ ∪ {¬P} は矛盾している（この記号が分からない人は付録 A の 2 を見よ）。今後は，「論理式の集合 Γ」という表現があった場合，特に Γ が有限集合であるという断り書きのない場合は，Γ が無限集合の場合も考えに入れているものと理解しよう。

---

**練習問題 12**

(1) 次の論理式の集合は矛盾しているか，それとも充足可能か。真理表を書いて確かめてみよう。
   (a) {P → Q, ¬Q ∨ R, R → ¬P}    (b) {P → (Q → R), P → Q, ¬R}

(2) 次の論理式の集合が矛盾しているか充足可能かを判定し，それを証明せよ。
   (a) 原子式 P と Q からつくることのできるあらゆる論理式の集合
   (b) 原子式 P と Q から結合子 ∧ だけを使ってつくることのできるすべての論理式の集合

(3) 次のことを証明せよ。
   Γ が矛盾しているなら Γ ∪ Δ も矛盾している。つまり式をつけ加えても矛盾は解消できない。

---

## 3.6.2 Knight and Knave

有名な論理パズルに「騎士と悪党」というものがある。騎士はつねに正直に語り，悪党はつねに嘘をつくものとする。さて，道を歩いていると何人かの人に出会った。彼らはそれぞれ騎士か悪党かのいずれかなのだが，それは君には分からない。そこで君は彼らに質問し，答えをヒントに出会った相手がそれぞれ騎士なのか悪党なのかを当てる，というパズルだ。

【例題】君は a と b に出会った。君の質問に対し，a は「私は悪党だが b は騎士だ」と答えた。さて a と b はそれぞれ悪党か騎士か？

【解答】せっかく真理表を使えるようになったのだから，このパズルも真理表を使って解い

てみよう。

(1) まず，a が騎士であるという命題を A，b が騎士であるという命題を B と書くことにする。a, b が悪党であるという命題は特にいらない。A が 0 ということが a は悪党であるということだからだ。

(2) 次に，a の答えの内容を記号化しよう。彼は「私は悪党だが b は騎士だ」と言ったわけだから，彼の言ったことは，¬A∧B と記号化できる。

とりあえず真理表を書いてみると右のようになるが，これだけでは解決のヒントにならない。何かまだ見落とした情報があるはずだ。……と考えてみると，**その答えを言ったのが a だという**情報をまだ使っていなかった。そこで，「a が「¬A∧B」と言った」，というのを記号化して真理表に書き足せばどうにかなりそうだ。ところが，ここでハタと困ってしまう。「〜は…と言った」というのは真理関数的結合子ではないから，真理表では表現できないんじゃないか？

| A | B | ¬A∧B |
|---|---|------|
| 1 | 1 | 0 |
| 1 | 0 | 0 |
| 0 | 1 | 1 |
| 0 | 0 | 0 |

そこがこのパズルのうまくできたところなんだよなあ。登場人物は騎士か悪党だから，a がどちらであるかに応じて，彼の言ったことは真か偽かのどちらかに決まってしまうのだ。そこで次のように考えてみよう。

(3) 「a が「P」と言った」という命題の真理値は，P の真偽と a が騎士か悪党のどちらであるかということだけで決まる。その決まり方は次のように与えられる。

---

- a が騎士，P が真であるとき，「a が「P」と言う」は真。
- a が騎士，P が偽であるとき，a が「P」と言うと彼は嘘をつくことになってしまうから，彼は「P」とは言わないはずである。だから「a が「P」と言う」は偽。
- a が悪党，P が真であるとき，a が「P」と言うと彼は真実を言うことになってしまうから，彼は「P」とは言わないはずである。だから「a が「P」と言う」は偽。
- a が悪党，P が偽であるとき，「a が「P」と言う」は真。

---

これを真理表の形で書いてみると，下の(1)になる。……というわけで，**このパズルの設定では**，驚くべきことに「a が「P」と言った」は「A↔P」と論理的同値になる。そこで，先ほどの真理表に，さらに「a が「¬A∧B」と言った」という情報をつけ加えてやろう。つまり A↔(¬A∧B) だ。

(1)

| A | P | a が「P」と言う |
|---|---|---|
| 1 | 1 | 1 |
| 1 | 0 | 0 |
| 0 | 1 | 0 |
| 0 | 0 | 1 |

(2)

| A | B | ¬A∧B | A↔(¬A∧B) |
|---|---|------|----------|
| 1 | 1 | 0 | 0 |
| 1 | 0 | 0 | 0 |
| 0 | 1 | 1 | 0 |
| 0 | 0 | 0 | 1 |

この表(2)から，aが「¬A∧B」と言うことができるのは第4行の場合だけ，つまりAが0，Bが0のときに限られることが分かる。したがって，aもbも悪党である。

> **練習問題 13**
>
> 以上のやり方を参考にして，次の問題を解いてみよう。
> (1) 君はaとbに出会った。君の質問に対し，aが「我々の少なくとも1人は悪党だ」と答えた。さてaとbはそれぞれ悪党か騎士か？
> (2) 君はaとbとcに出会った。君の質問に対し，aは「みんな悪党だ」，bは「ちょうど1人だけが騎士だ」と答えた。さてaとbとcはそれぞれ悪党か騎士か？
> (3) 君はaとbとcに出会った。君の質問に対し，aは「bは悪党だ」，bは「aとcは2人とも悪党か2人とも騎士かのどちらかだ」と答えた。この場合，残念ながらaとbはどちらであるかをきめることはできない。しかしcが悪党か騎士かを決めるには十分な情報が与えられている。さて，どちらだろう？

## 3.7 論証の正しさとは何か

### 3.7.1 論証の妥当性を理解する鍵は反例にある

これまでに導入してきた道具だてを利用して，いよいよ論証の正しさをきちんと捉える作業にとりかかろう。論証が妥当だということはどういうことか。まずは，おさらいから。

> 先生：$a^2=1$ のとき a はいくつかな？
> トモヤ：$a=1$ です。だって $a=1$ ならば $a^2=1$ だもん。
> 先生：アホタレ！ $a=-1$ だったらどうする。

この会話でトモヤ君は次のような論証をしたと整理することができる。「$a=1$ ならば $a^2=1$，$a^2=1$。したがって，$a=1$」。この論証が妥当でないことをトモヤに分からせるために，先生は $a=-1$ かもしれないと指摘したわけだ。ところで，$a=-1$ かもしれないと指摘すると論証の非妥当性を示したことになるのはなぜだろう。まず確認しておくべきことは，$a=-1$ のとき，トモヤの論証の前提は両方とも真になるということだ。第1の前提に関しては戸惑う人がいるかもしれないが，$a=-1$ であるときは「ならば」の前件が偽になるから，この命題全体は真になることを思い出そう。一方，$a=-1$ であるとき結論は偽になる。つまり，先生が指摘した「$a=-1$ であるような場合」というのは，**論証の前提が両方とも真になるが，結論は偽になるような場合**なのである。

> 【定義】論証の前提がすべて真になるが，結論は偽になるような場合をその論証の**反例** (counterexample) と呼ぶ。

先生は反例をあげることによって論証が妥当でないことを示そうとしていたのだ。ということは，反例があればその論証は妥当とは言えないということであり，これは次のように言えるだろう。

> 妥当な論証とは反例の存在しないような論証である。

### 3.7.2 論証の妥当性を定義する

さきのトモヤ君のまちがった論証を記号化して，そこに現れる前提と結論の真理表を書いてみよう。表(a)でアミをかけたところを見れば分かるように，前提がともに1であるのに結論が0になっている行（真理値割り当て）がある。これが反例であり，反例があるからこの論証は妥当ではない。

次に，いかにも妥当そうな論証についてはどうなるか見てみよう。9ページの論証4（ユアンとキャメロンのやつ）について同様の真理表を書いてみると(b)になる。

(a)

| P | Q | 前提 | | 結論 |
|---|---|---|---|---|
| | | $P \to Q$ | Q | P |
| 1 | 1 | 1 | 1 | 1 |
| 1 | 0 | 0 | 0 | 1 |
| 0 | 1 | 1 | 1 | 0 |
| 0 | 0 | 1 | 0 | 0 |

(b)

| P | Q | R | 前提 | | | 結論 |
|---|---|---|---|---|---|---|
| | | | $R \lor Q$ | $Q \to P$ | $\neg P$ | R |
| 1 | 1 | 1 | 1 | 1 | 0 | 1 |
| 1 | 1 | 0 | 1 | 1 | 0 | 0 |
| 1 | 0 | 1 | 1 | 1 | 0 | 1 |
| 1 | 0 | 0 | 0 | 1 | 0 | 0 |
| 0 | 1 | 1 | 1 | 0 | 1 | 1 |
| 0 | 1 | 0 | 1 | 0 | 1 | 0 |
| 0 | 0 | 1 | 1 | 1 | 1 | 1 |
| 0 | 0 | 0 | 0 | 1 | 1 | 0 |

3つの前提がすべて1になるのは，下から2段目の場合だけ。このときは結論も1になっている。つまり，この論証には反例がない。以上の結果から，次のように論証の妥当性を定義すればよさそうだということがわかった。

> 【定義】前提 $A_1, \cdots, A_n$ から結論 C を導く論証が妥当である ⇔ $A_1, \cdots, A_n$, C を構成している原子式への真理値割り当てのうち，$A_1, \cdots, A_n$ を同時に1とし，C を0とするようなもの（すなわち反例）が存在しない。

> **練習問題 14**
>
> 以上の定義は論証が妥当かどうかを調べる方法も与えてくれる。つまり，論証の前提と結論について真理表をつくり，すべての前提が1であるのに，結論は0になっているような行があるかどうかを探せばよい。もしそのような行があれば論証は妥当ではない。なければ妥当である。
>
> (1) 次の論証が妥当であるかどうかを真理表を書いて確かめよ。
>    (a) $P \vee Q$, $P \rightarrow Q$。したがって，$Q$
>    (b) $P \rightarrow Q$, $P \rightarrow R$。したがって，$Q \wedge R$
>    (c) $P \rightarrow Q$, $P \rightarrow R$。したがって，$P \rightarrow (Q \wedge R)$
>
> (2) 次の論証・推論を記号化し，妥当であるかどうかチェックせよ。
>    (a)
>    ふっ……あのばかな男に惚れてるなら，君も相当なばかだよ
>    えっ，君はあいつに惚れてたんじゃないの？
>    ─────────────────────────
>    じゃ，君はそんなにばかじゃないんだ
>
>    (b)
>    光の波動説が正しいならば，光は水中より空中においてより速く進む
>    光は水中より空中において速く進む
>    ─────────────────────────
>    光の波動説は正しい
>
>    (c) 冷蔵庫を開けたら楽しみにしていたビールが消えていた。
>    「こんなことをするのは兄貴かパパだわ。でも，もし兄貴が飲んじゃったんだったら必ずエダマメをおつまみにするはずだし，パパが飲んだのならマメは嫌いだからエダマメは残っているはず。キャッ！ エダマメもなくなっている。ということは兄貴が犯人ね」。
>
> (3) 次にあげる図式は，古代から妥当であることが知られ，そのために特別に名前が与えられている論証のパターンである。まず，真理表でそれぞれが妥当であることを確かめたのち，A，Bなどに具体的な命題を当てはめてみて，その形式をもつ妥当な論証の具体例をつくってみよう。
>
>    (a) 肯定式（modus ponens）
>        $A \rightarrow B$, $A$。したがって，$B$
>    (b) 選言的三段論法（disjunctive syllogism）
>        $A \vee B$, $\neg A$。したがって，$B$
>    (c) 否定式（modus tollens）
>        $A \rightarrow B$, $\neg B$。したがって，$\neg A$
>    (d) 推移律（transitive law）
>        $A \rightarrow B$, $B \rightarrow C$。したがって，$A \rightarrow C$

### 3.7.3 構成的両刀論法と場合分けによる証明

ああ打つと負ける（A → C）
こう打っても負ける（B → C）
しかしああ打つかこう打つかしかないわな（A∨B）
ええい！ どっちみち負けじゃ負け（C）

どっちに転んでもおなじことになる，というわけで，我々がジレンマと呼んでいるものの論理的構造を取り出すとこのよう形式になる。この推論パターンを**構成的両刀論法**（constructive dilemma）と言う。ところで，次の問題を見てみよう。

> 【問題】$a^b$ の形をした数で a も b も無理数なのに有理数になるようなものがあることを証明せよ。

ちょっと意外である。$2^{\frac{1}{2}}=\sqrt{2}$ のように，a, b ともに有理数であってさえ $a^b$ が無理数になっちゃうことがあるのに，a も b も無理数なのに $a^b$ がスッキリ有理数になっちゃうなんて何か不思議だ。しかし，これは正しいのだ。次に証明を示そう。

【証明】$\sqrt{2}$ は無理数である。ここで，$\sqrt{2}^{\sqrt{2}}$ なる数を考える。これは有理数か無理数であるかのいずれかである。そこで，
(1) $\sqrt{2}^{\sqrt{2}}$ が有理数であるとする。このときは，$a=b=\sqrt{2}$ とすると，a も b も無理数なのに $a^b$ が有理数であることになり，題意は満たされる。
(2) $\sqrt{2}^{\sqrt{2}}$ が無理数であるとする。このときは，$a=\sqrt{2}^{\sqrt{2}}$，$b=\sqrt{2}$ としてみよう。
 $a^b=(\sqrt{2}^{\sqrt{2}})^{\sqrt{2}}=\sqrt{2}^{\sqrt{2}\times\sqrt{2}}=\sqrt{2}^2=2$ となるから，やはり，a も b も無理数なのに $a^b$ が有理数であることになり，題意は満たされる。
(3) 以上より，$a^b$ で a も b も無理数なのに有理数になるものがある。■

この論証は次の形にまとめられる。

$\sqrt{2}^{\sqrt{2}}$ が有理数である → $a^b$ で a も b も無理数なのに有理数になるものがある
$\sqrt{2}^{\sqrt{2}}$ が無理数である → $a^b$ で a も b も無理数なのに有理数になるものがある
$\sqrt{2}^{\sqrt{2}}$ が有理数である ∨ $\sqrt{2}^{\sqrt{2}}$ が無理数である
──────────────────────────
$a^b$ で a も b も無理数なのに有理数になるものがある

あれま？ これはさっきの構成的両刀論法と同じ形式ではないか。我々は証明問題を解くときにしばしば場合分けということをする。**場合分けによる証明**（proof by cases）が有効なのは，この形の論証が妥当だからなのだ。そしてこれは右のように一般化できる。ようするに選択肢はいくつあってもよい。つまり，ありうる場合を，$A_1\vee A_2\vee\cdots\vee A_n$ のように n 通

$A_1\vee A_2\vee\cdots\vee A_n$
$A_1\to C$
$A_2\to C$
$\vdots$
$A_n\to C$
──────
$C$

りに分けて，そのどの場合においても同じCが成り立つことが言えれば，場合分けなしにCと言ってよい．

### 3.7.4 「矛盾からは何でも出てくる」の怪

次のような論証を考えてみよう．

霊魂が存在するならば現代科学は間違いだ
現代科学は間違っていない
霊魂も存在する
_____
日本で最もハイセンスな都市は名古屋だぎゃ

めちゃくちゃな論証に思える．でも，ここでの論証の妥当性の定義によるとこれも妥当な論証になる．ええっ．そんなバカな？ ちょっと確かめてみよう．

真理表(a)からわかるように，確かに反例を探そうとしても見つからない．それもそのはずで，そもそもすべての前提が1になるときがないのだから，前提がすべて1で結論が0となる場合（つまり反例）はなおさら存在しない．しかし，このときでも定義を当てはめればこの論証は妥当になる．だって，反例がないんだから．このように，前提が矛盾している論証は結論に何が来ようが妥当である．言いかえれば，矛盾している前提からはいかなる結論も論理的に出てくるというわけだ．これは昔から論理学者の注目の的になってきたようで，この原則には Ex falso quodlibet という名前がついている．しかし，このラテン語は直訳すると「偽からは何でもかんでも（出てくる）」となるので，この名前は誤解を招きやすい．我々の論証の妥当性の定義から言えるのは「矛盾した前提からはなんでも出てくる」ということなのであって「偽の前提からは何でも出てくる」ということなのではない．

| (a) | 霊魂が存在する | 現代科学は間違っている | 日本で最もハイセンスな都市は名古屋だぎゃ | 霊魂が存在するならば現代科学は間違っている | 現代科学は間違っていない | 霊魂は存在する | 〜だぎゃ |
|---|---|---|---|---|---|---|---|
| | | | | | 前提 | | 結論 |
| | 1 | 1 | 1 | 1 | 0 | 1 | 1 |
| | 1 | 1 | 0 | 1 | 0 | 1 | 0 |
| | 1 | 0 | 1 | 0 | 1 | 1 | 1 |
| | 1 | 0 | 0 | 0 | 1 | 1 | 0 |
| | 0 | 1 | 1 | 1 | 0 | 0 | 1 |
| | 0 | 1 | 0 | 1 | 0 | 0 | 0 |
| | 0 | 0 | 1 | 1 | 1 | 0 | 1 |
| | 0 | 0 | 0 | 1 | 1 | 0 | 0 |

### 3.7.5 論理学の3つの顔は1つである

　本書の冒頭で，論理学とは論証の妥当性，矛盾，形式的真理という3つの概念を明確にすることを目的としていると述べた。ここまでの段階で，その目的はある程度果たされたと言ってよいと思う。ところで，そのとき，これら3つの概念は本質的には同じことだとも述べておいた。そこで，論理的帰結，矛盾，形式的真理という概念が互いにどのような関係を持っているのかを明らかにしておこう。

**論証の妥当性とトートロジー**

> 【定理9】前提 $A_1, \cdots, A_n$ から結論 C を導く論証が妥当である ⇔ 論理式 $(A_1 \wedge \cdots \wedge A_n) \to C$ がトートロジーである。

　【証明】前提 $A_1, \cdots, A_n$ から結論 C を導く論証が妥当である ⇔ この論証には反例がない
　⇔ $A_1, \cdots, A_n$ を同時に1とし，なおかつ C を0とするような真理値割り当ては存在しない
　⇔ $A_1 \wedge \cdots \wedge A_n$ を1とし，なおかつ C を0とするような真理値割り当ては存在しない
　⇔ $(A_1 \wedge \cdots \wedge A_n) \to C$ を0とするような真理値割り当ては存在しない
　⇔ $(A_1 \wedge \cdots \wedge A_n) \to C$ はトートロジーである。■
　（この【定理】と【証明】の中に出てくる「⇔」は，「…ならば〜であり，その逆，つまり〜ならば…もなりたつ」という日本語の文を短く言うためのものだということに注意しよう。つまり，「⇔」は言語 L の論理結合子「↔」ではない。このことは，以下の【定理】とその【証明】でもずっと同様）

**妥当性と論理的同値性**

> 【定理10】A と B が論理的に同値 ⇔ 論証 $\dfrac{A}{B}$ と論証 $\dfrac{B}{A}$ がともに妥当。

　【証明】A と B が論理的に同値なのは，A と B の真理値が常に一致するということだった。そうすると，
　　A と B が論理的に同値 ⇔ A と B の真理値が常に一致する ⇔ $A \leftrightarrow B$ がトートロジー
　⇔ $(A \to B) \wedge (B \to A)$ がトートロジー ⇔ $A \to B$ がトートロジー，かつ $B \to A$ がトートロジー
　⇔ 論証 $\dfrac{A}{B}$ と論証 $\dfrac{B}{A}$ がともに妥当。■

　つまり，2つの論理式の論理的同値性を，それらが互いに相手から論理的に帰結することとして捉えることもできるということだ。

> **練習問題 15**
>
> 次の 3 つの定理をそれぞれ証明せよ。
>
> > 【定理 11】前提 $A_1, \cdots, A_n$ から結論 C を導く論証が妥当である ⇔ 集合 $\{A_1, \cdots, A_n, \neg C\}$ は矛盾している。
> >
> > 【定理 12】論理式 A がトートロジー ⇔ 式の集合 $\{\neg A\}$ が矛盾。
> >
> > 【定理 13】前提 $A_1, \cdots, A_n$ から結論 ⊥ を導く論証が妥当である(ただし, ⊥ は任意の矛盾式) ⇔ 集合 $\{A_1, \cdots, A_n\}$ は矛盾している。

こうして〈論証の妥当性〉,〈論理式の集合の矛盾〉,〈トートロジー〉という論理学の 3 つの基本概念が互いに結びつくことが分かった。

## 3.8 論理的帰結という関係

### 3.8.1 論理的帰結を定義する

#### 論理的帰結の概念と 2 重ターンスタイル

前提 $A_1, \cdots, A_n$ と結論 C をもつ論証が妥当であるということは,$A_1, \cdots, A_n$ から C が**論理的に出てくる**(C logically follows from $A_1, \cdots, A_n$)とか,C は $A_1, \cdots, A_n$ の**論理的帰結**である(C is a logical consequence of $A_1, \cdots, A_n$)という言い方でも表現される。したがって,論証の妥当性という概念が定義されたからには「論理的に出てくる」という概念や論理的帰結という概念も定義されたと考えてよい。

これからは,C が $A_1, \cdots, A_n$ の論理的帰結であることを $A_1, \cdots, A_n \models C$ と書くことにしよう。この「⊨」記号は,**2 重ターンスタイル**(double turnstile)と呼ばれる。ターンスタイルというのは,昔,駅や遊園地の入り口にあった回転式改札口のことだ。さて,$A_1, \cdots, A_n \models C$ は,次のように定義できる。

> 【定義 1】$A_1, \cdots, A_n \models C$ ⇔ $A_1, \cdots, A_n$, C を構成している原子式への真理値割り当てのうち,$A_1, \cdots, A_n$ を同時に 1 とし,なおかつ C を 0 とするような真理値割り当ては存在しない。

ちょっとまって。もうすでに「論証の妥当性」という言い方があってきちんと定義されているんだから,こんな記号を導入するのは二度手間で無駄じゃないの? ……ま,そうとも言えるが,この記号を使うことにはちょいとしたメリットがある。それを以下で示そう。

$A_1, \cdots, A_n \models C$ は全体として,左辺においた論理式の集合と右辺の論理式との間にある関係がなりたっているということを主張している。そこで論理式の任意の集合を Γ で表し,次のよう

に新たに定義しなおしてみよう。

> 【定義2】Γ⊨C ⇔ Γに含まれている式とCとを構成しているすべての原子式（これを簡単に「ΓとCに含まれる原子式」と言うことにする）への真理値割り当てのうち、Γに含まれるすべての式を同時に1とし、なおかつCを0とするような真理値割り当ては存在しない。

定義1を言い換えただけでちっとも変わらないじゃないかと思うかもしれないが、定義2の方が概念の拡張をちょっとだけ含んでいる。というのは、定義2ではΓが**無限集合**であってもよいからだ。例えば、いまΓを、偶数個の¬がPにくっついてできたすべての論理式からなる集合{¬¬P, ¬¬¬¬P, …}としよう。さて、ここでCを式Pとしてみる。そうすると、Γに含まれるすべての式を同時に1とする真理値割り当て、つまりPを1とする真理値の与え方のもとでC（つまりP）もつねに1となる。したがって、Γ⊨Pと言ってよいはずだ。

だけど、こういった話を**論証の妥当性**という観点から展開するのには抵抗がある。だって、無限にたくさんの前提をもった論証というのはちょっと……。その点、**論理的帰結**という関係は、あくまでも式の集合と式の間の関係なのだから、それは自然に式の無限集合へと拡張できる。

このことの意義はものすごく大きい。論理的帰結の概念ははじめ、**論証**という我々が日頃行っている実践に結びつけて導入された。しかし、それをめいっぱい理論的に扱おうとして一般化・普遍化した論理的帰結の関係は、抽象的に考えられた論理式同士の間に、我々がそのような論証をするかどうかとは無関係に成り立つ関係に化けてしまったわけだ。

### 簡略な表記法の約束

(1) 以上のように定義し直した⊨記号は、左辺には論理式の集合を表す記号が来なければならないから、厳密に言えば $A_1, \cdots, A_n \models C$ のような書き方はできないはずで、$\{A_1, \cdots, A_n\} \models C$ のように書かねばならない。しかし、左辺にくる集合が式の有限集合で、比較的簡単にその集合の要素になっている式が列挙できるような場合は、従来通り $A_1, \cdots, A_n \models C$ のような書き方も認めることにする。

(2) Γに論理式Pをさらに加えたような集まりは、きちんと集合として書こうとするとΓ∪{P}と書かなくてはならないはずなのだが、面倒くさいので、「Γ, P⊨C」のように書いてしまう。これは論理式の集合Γと1個の論理式Pとが対等に並んでいて本当は変な書き方なのだが、誤解はないだろう。

(3) さらに、集合Γに属するすべての式とΔに属するすべての式とを合わせた集合からCが論理的に帰結する、と言いたいときも、本当ならΓ∪Δ⊨Cと書くべきなのだが、「Γ, Δ⊨C」のように書いてしまう。

(4) また、「Γ⊨Cではない」ということを「Γ⊭C」と書くことにする。

### 2重ターンスタイルを拡大解釈する

⊨ の定義において，左辺の Γ が空集合だったらどういうことになるだろう。「C を構成している原子式への真理値割り当てのうち，C を 0 とするような真理値割り当ては存在しない」というようなことを意味するものになるはずだ。これは C がトートロジーだということである。そこで，次のように定義する。

> 【定義】⊨ C  ⇔  C はトートロジーである。

逆に，右辺に何もない場合，つまり「Γ ⊨」はどんな意味だと考えたらよいだろうか。定義のうち C が出てくるところをなくしてしまえば，「Γ に含まれている式を構成している原子式への真理値割り当てのうち，Γ に含まれるすべての式を同時に 1 とするような真理値割り当ては存在しない」。何と！ Γ が矛盾しているということだ。そこで，次のような書き方も認めることにする。

> 【定義】Γ ⊨  ⇔  Γ は矛盾している。

## 3.8.2 論理的帰結関係について成り立つ定理

**構造にかかわる原理**

論理的帰結関係について，次の定理が成り立つ。

> 【定理 14】
> (1) A ⊨ A  （つまり，いかなる論理式も自分自身を論理的に帰結する）
> (2) もし Γ ⊨ A ならば，Γ, B ⊨ A
> (3) もし Γ ⊨ A, A, Δ ⊨ B ならば  Γ, Δ ⊨ B

**解説と証明**

(2)は thinning と呼ばれたり，**単調性**（monotonicity）と呼ばれたりする。Γ から A が論理的に出てくるのであれば，その前提にさらにどんなこと B をつけ加えても，いぜんとして A は出てくるということだ。これは，論理的帰結の定義にてらして考えれば，当然に成り立つことがらなのだが，我々が現に行っている推論と比べたときにはちょっと不自然な感じがする。というのは，我々はいくつかの証拠やデータや知識に基づいて或る結論を出したとしても，さらに多くの証拠・データ・知識が付け加わると，以前に出していた結論を撤回するということがよくあるからだ。こういう現象があるということは，我々が行っている推論が必ずしもここで扱っている論理的推論とは限らないことを示している。

我々はしょっちゅう、「この前提からはこの結論が**論理的に出てくるわけではない**けれど、そうはいっても、その結論を否定する強い証拠もまた見あたらないので、とりあえずこの結論を出しておけ」というようなアバウトな結論の出し方をする。このような「とりあえずの結論」が出せるからこそ、我々は刻一刻と変化する状況に対してリアルタイムでおおむね適切な反応をすることができるのだろう。こうした融通性に富む人工知能をつくろうとすると、単調性をもつ論理を使って推論・論証させていると都合が悪い。そのため、単調性をもたない論理がさまざまに開発されている。そういうのを一括して、**非単調論理**（non-monotonic logics）と言う。しかしながら、68ページにあるような論理的帰結の定義をひとたび受け入れれば、(1)、(2)はほとんど定義から自動的に導ける。証明は省略する。自分でやっておこう。

(3)は cutting と呼ばれる。これは、論理的帰結の関係が推移的であるということ、つまり A から B が論理的に出てきて（$A \models B$）、B から C が論理的に出てくるなら（$B \models C$）、A から C が論理的に出てくる（$A \models C$）、ということをもっとたくさんの前提を使う場合に拡張した原理だと考えればよい。こいつは自明というわけにはいかないので、証明を与えておこう。

【証明】証明は背理法で行う。cutting が成り立たないと仮定する。すると、(1) $\Gamma \models A$、(2) $A, \Delta \models B$ であるのに (3) $\Gamma, \Delta \not\models B$、ということになる。すると、(3)により、$\Gamma$ と $\Delta$ に含まれている式と B を構成している原子式への真理値割り当てのうち、$\Gamma$ と $\Delta$ に含まれるすべての式を同時に 1 とし（面倒なので以下「$\Gamma$ と $\Delta$ を充足し」と言うことにする）、なおかつ B を 0 とするような真理値割り当てがある。この真理値割り当てを V と呼ぶことにしよう。

さて、V は A にどのような真理値を与えるだろうか。ここで、A が $\Gamma, \Delta, B$ のいずれにも含まれていない原子式を構成要素として含んでいるような場合は、V は A に真理値を割り当てられないので、$\Gamma, \Delta, B$ に含まれていないが A に含まれている原子式への真理値割り当てをつけ加えてやって V を拡大してやればよい。それを $V_+$ としよう。$V_+$ は $\Gamma, \Delta, B$ に含まれていた原子式への真理値割り当ては V と同じなので、この $V_+$ も $\Gamma$ と $\Delta$ を充足し B を 0 にすると言ってよい。そして、$V_+$ はさらに A には 1 か 0 を割り当てる。

ところで、(1)により $\Gamma \models A$ なので、$\Gamma$ を充足してなおかつ A に 0 を割り当てるような原子式への真理値割り当てはない、だから $V_+$ も A には 1 を割り当てるはずである。さて、ここで(2)により $A, \Delta \models B$ なので、$A, \Delta$ を充足するような真理値割り当てはすべて B には 1 を割り当てる。そして $V_+$ も $A, \Delta$ を充足するような真理値割り当てだから、$V_+$ は B には 1 を割り当てることになる。しかし、$V_+$ はその定義により B には 0 を割り当てるはずだった。これは矛盾である。したがって定理が成り立たないと仮定したのが誤りだった。■

---

**練習問題 16**

(1) cutting の特殊ケースとして「B」を消してしまうと、「もし $\Gamma \models A$, $A, \Delta \models$ ならば $\Gamma, \Delta \models$」が得られる。これは、「$\Gamma$ から A が出てきて、A が $\Delta$ と矛盾するのなら、$\Gamma$ と $\Delta$ だけですでに矛盾している」と読める。このことが成り立つことを証明せよ。

(2) cutting のもう 1 つの特殊ケースとして、$\Gamma$ と $\Delta$ を空集合とすると、「$\models A$, $A \models B$ ならば $\models B$」、つまり「$A \models B$ ならば（$\models A$ ならば $\models B$）」が得られる。これは「A から B が論理的に帰結するなら、もし A がトートロジーなら B もトートロジーである」ということである。この

(3) いまの逆，「(⊨A ならば ⊨B) ならば A⊨B」は成り立たない。そこで，これが成り立たないような A と B の例を挙げよ。

### それぞれの結合子に特有の原理

定理 14 は，そこに現れる A，B などの論理式が特定の形のものであることを要求してはいない。そこで**構造にかかわる（structural）原理**というような言い方をされることがある。これに対し，次に見る定理はそこに現れる論理式がある特定の形をしていることが必要になるという点で定理 14 とは性格が異なっている。

---

【定理 15】
(4) A, ¬A ⊨ B
(5) Γ, ¬A ⊭  ⇔  Γ ⊨ A
　  Γ, A ⊭   ⇔  Γ ⊨ ¬A
(6) Γ ⊨ A∧B  ⇔  Γ ⊨ A　かつ　Γ ⊨ B
(7) Γ, A∨B ⊭  ⇔  Γ, A ⊭　かつ　Γ, B ⊭
(8) Γ, A ⊨ B  ⇔  Γ ⊨ A → B

---

### 解説と証明

(4)は「矛盾からは何でも出てくる」と呼んでいたことがらだ。(5)は Γ と ¬A をあわせると矛盾するなら，Γ からは A が論理的に出てくる，ということを述べている。

【証明】(5) Γ ⊭ A ⇒ Γ, ¬A ⊭ を証明しておけば，Γ, ¬A ⊭ ⇒ Γ ⊨ A を証明したことになる。さて，(5)の左辺は，Γ に含まれている式と A とを構成している原子式への真理値割り当てで，Γ に含まれるすべての式を同時に 1 とし，なおかつ A を 0 とするような真理値割り当てが存在する，ということである。これは Γ に含まれるすべての式と ¬A を同時に 1 とするような真理値割り当てが存在する，ということであり，それは Γ, ¬A が充足可能だ，つまり矛盾していないということである。Γ, A ⊭ ⇒ Γ ⊨ ¬A も同様。■

(6)(7)(8)は結合子の意味を考えればほとんど当たり前のことだ。だから証明は省略。

---

**練習問題 17**

(1) 置き換えの定理を 2 重ターンスタイルを使って書いてみよう。置き換えの定理とは「A と B が論理的同値 ⇒ C[A] と C[B] も論理的同値」というものだった。A と B が論理的同値であるということは，A↔B がトートロジーだということだから，置き換えの定理は「⊨ A↔B ⇒ ⊨ C[A]↔C[B]」という具合に書くことができる。また，強い置き換えの定理は，「⊨ (A↔B)→(C[A]↔C[B])」というものだった。定理 15 の(8)によるとこれは A↔B ⊨ C[A]↔C[B] と同じことである。さてそこで，

ここでの書き方で表現した強い置き換えの定理 A↔B⊨C[A]↔C[B] から、置き換えの定理 ⊨A↔B ⇒ ⊨C[A]↔C[B] が cutting によって導けることを示せ。

(2) 次の定理を証明せよ。

【定理16】
(a) Γ⊨A ⇒ Γ⊨A∨B
(b) Γ⊨A∨B,　A,Δ⊨C,　B,Δ⊨C ⇒ Γ,Δ⊨C
(c) A,Γ⊨C,　B,Γ⊨C ⇒ Γ,A∨B⊨C

## 3.9 真理関数という考え方

### 3.9.1 真理関数とは何か

**問題の発端——いったい結合子はいくつ必要なのか**

「センセイは最初に→，∨，∧，¬ の4つの結合子だけ覚えればいいからねと言ってたくせに，すぐに∨と↔が増えちゃった。まだまだ結合子を導入する気かもしれないな。だけど，こうやって増やしていったらきりがないじゃない。だいいち結合子を増やしていくと何かいいことがあるんだろうか？　そもそも結合子は一体いくつあればいいんだろう？」

こうした疑問はもっともだと思う。ところが，それに答えようとすると肝心のことがらが分かっていないことに気づく。つまり，「結合子を増やすといいことがある」とか「減らすと困る」と言っても，「何をするのに困るのか」，「何のためにいいことがあるのか」が明示されなくては答えようがない。単に「筆記用具がないと困るかな」と聞かれても答えられない。試験を受けに行くんだったら困るだろうし，銭湯に行くのであれば困らないと思うぞ。だから，この漠然とした疑問に答えるために，「○○するために，これだけの結合子で足りているのか」の○○のところをきちんと述べることから始めよう。そのためには**真理関数**という考え方が役に立つ。

**真理関数**

真理関数について理解してもらうには，関数，n 変数関数，それから集合の直積といった概念をすでに知っていることが必要だ。何それ？という読者は付録 A の 3 までを先に読んでからここに戻ってきてほしい。戻ってきたら，次の真理表をじっくり見よう。

| P | Q | P→Q | ¬P∧Q |
|---|---|---|---|
| 1 | 1 | 1 | 0 |
| 1 | 0 | 0 | 0 |
| 0 | 1 | 1 | 1 |
| 0 | 0 | 1 | 0 |

この表の見方を次のように変える。例えば，P→Q の下の列は，⟨1,1⟩ に 1，⟨1,0⟩ に 0，⟨0,1⟩ に 1，⟨0,0⟩ に 1 を対応させる関数を表していると考える。もう一歩進めて，論理式 P→Q じたいがそうした関数を表すと考えてもよい。また，¬P∧Q は ⟨1,1⟩ に 0，⟨1,0⟩ に 0，⟨0,1⟩ に 1，⟨0,0⟩ に 0 を対応させる，さっきとは別の関数を表していると考える。

つまり，論理式は真理値の集合 {1, 0} の直積 {1, 0}² ＝ {⟨1, 1⟩, ⟨1, 0⟩, ⟨0, 1⟩, ⟨0, 0⟩} から {1, 0} への関数を表すものとみなせる。このような**関数を真理関数**（truth-function）と言う。これは入力が真理値のペアだから 2 変数の真理関数だ。

## 3.9.2　真理関数は何通りあるか

### 1 変数真理関数

真理関数はいったい何通りあるのだろう。まずは 1 変数の真理関数から考えていこう。次の真理表は 1 変数の真理関数のすべてを表している。

1 変数の真理関数は入力の取りうる値が 1 と 0 の 2 種類であり，その入力のそれぞれに対して 1 を対応さ

| input | output | | | |
|---|---|---|---|---|
| P | $f_{1-1}$ | $f_{1-2}$ | $f_{1-3}$ | $f_{1-4}$ |
| 1 | 1 | 1 | 0 | 0 |
| 0 | 1 | 0 | 1 | 0 |

せるか 0 を対応させるかの 2 通りの選択肢があるから，対応のさせ方の総数は $2^2 = 4$ となる。したがって全部で 4 通りの真理関数がある。

それでは，それぞれの真理関数はどのような論理式で表されるだろう。$f_{1-1}$ を表すのは，ようするに P の真理値には関わりなくつねに 1 をとる論理式ということだから，P からなるトートロジーなら何でもよい。というわけで，P∨¬P とか P→P，¬¬P→P などはみんな $f_{1-1}$ を表している。また，$f_{1-2}$ を表す論理式でいちばん簡単なのは P 自身だ。それ以外には ¬¬P や ¬P→P などもある。このことを，真理関数 $f_{1-2}$ は論理式 ¬¬P によって**実現**（realize）**される**とか**表現**（express）**される**などと言う。このように，同じ真理関数がたくさんの異なった論理式によって表現されるということに注意しておこう。

### 2 変数真理関数

次に 2 変数の真理関数が全部でいくつあるかを考えよう。2 変数の場合，入力されるのは真理値のペアであり，それは ⟨1, 1⟩, ⟨1, 0⟩, ⟨0, 1⟩, ⟨0, 0⟩ の 4 つある（この数は真理表の行の数と同

| input | | output | | | | | | | |
|---|---|---|---|---|---|---|---|---|---|
| P | Q | $f_{2-1}$ | $f_{2-2}$ | $f_{2-3}$ | $f_{2-4}$ | $f_{2-5}$ | $f_{2-6}$ | $f_{2-7}$ | $f_{2-8}$ |
| 1 | 1 | 1 | 1 | 1 | 1 | 1 | 1 | 1 | 1 |
| 1 | 0 | 1 | 1 | 1 | 1 | 0 | 0 | 0 | 0 |
| 0 | 1 | 1 | 1 | 0 | 0 | 1 | 1 | 0 | 0 |
| 0 | 0 | 1 | 0 | 1 | 0 | 1 | 0 | 1 | 0 |

| input | | output | | | | | | | |
|---|---|---|---|---|---|---|---|---|---|
| P | Q | $f_{2-9}$ | $f_{2-10}$ | $f_{2-11}$ | $f_{2-12}$ | $f_{2-13}$ | $f_{2-14}$ | $f_{2-15}$ | $f_{2-16}$ |
| 1 | 1 | 0 | 0 | 0 | 0 | 0 | 0 | 0 | 0 |
| 1 | 0 | 1 | 1 | 1 | 1 | 0 | 0 | 0 | 0 |
| 0 | 1 | 1 | 1 | 0 | 0 | 1 | 1 | 0 | 0 |
| 0 | 0 | 1 | 0 | 1 | 0 | 1 | 0 | 1 | 0 |

じ)。その4つのペアのそれぞれに1を対応させるか0を対応させるかの2通りの選択肢があるから，対応のさせ方の総数は$2^4=16$通りとなるはずだ。それをすべて列挙すると73ページの表のようになる。

**2変数真理関数はすべて手持ちの結合子で表現できる**

すでに見たように，このうち，$f_{2-5}$は論理式 P→Q によって表される。また，論理式 ¬P∧Q は真理関数 $f_{2-14}$ を表している。他の14個の真理関数にもそれを表す論理式がある。次の表にそれが示そう。

| 関　　数 | 表　現　す　る　論　理　式 | 関 数 の 名 称 |
|---|---|---|
| $f_{2-1}$ | トートロジーなら何でも | tautology |
| $f_{2-2}$ | P∨Q, ¬P → Q, … | disjunction |
| $f_{2-3}$ | Q → P, ¬Q∨P, … | reversed conditional |
| $f_{2-4}$ | P, P∧(Q → Q), … | projection |
| $f_{2-5}$ | P → Q, ¬(P∧¬Q), … | conditional |
| $f_{2-6}$ | Q, Q∨(P∧¬P), … | projection |
| $f_{2-7}$ | P↔Q, (P → Q)∧(Q → P), | biconditional |
| $f_{2-8}$ | P∧Q, ¬(P → ¬Q), … | conjunction |
| $f_{2-9}$ | ¬(P∧Q), P → ¬Q, … | nand/alternative denial |
| $f_{2-10}$ | (P∨Q)∧¬(P∧Q), P⊻Q… | exclusive disjunction |
| $f_{2-11}$ | ¬Q, ¬Q∨(P∧¬P), … | negation |
| $f_{2-12}$ | P∧¬Q, ¬(P → Q), … | usual ordering |
| $f_{2-13}$ | ¬P, ¬P∧(Q → Q), … | negation |
| $f_{2-14}$ | ¬P∧Q, ¬(P∨¬Q), … | usual ordering |
| $f_{2-15}$ | ¬(P∨Q), ¬(¬P → Q), | nor/joint denial |
| $f_{2-16}$ | 矛盾式ならなんでも | contradiction |

以上のように，我々がいま手元にもっている結合子だけで，1変数，2変数の真理関数はすべて表せることが分かった。そこで，冒頭の「これだけの結合子で十分なのか」という問いを「**1変数，2変数の真理関数をすべて表すためにはこれまでに導入した結合子で十分なのか**」という問いに置き換えてみよう。いま分かったことは，この問いに対する答えがイエスだということだった。

**n変数の真理関数**

君たちは，論理学の面白味は，自然言語に根ざしながらもそこからどんどん一般化を進めていくというところにあることが分かってきたはずだ。そこで，いまの見方を拡張して，3変数，4変数，……一般にn変数の真理関数を考えてみよう。自然言語には3変数の真理関数に対応する接続詞，つまり3つの文をいっぺんにつないでしまえるような接続詞はおそらくない。けれども結合子をいったん真理関数という数学的道具だてで捉えなおしてしまったなら，数学的には関

数の変数はいくつあってもよいのだから，こうした拡張はごく自然に行える。

まずは 3 変数の真理関数を考えてみよう。3 変数の真理関数は，$\{1,0\}^3$ から集合 $\{1,0\}$ への関数だ。それは，全部で $2^8=256$ 通りある。次の表にあるのはこうした 3 変数の真理関数のうちの 1 つで，$\langle 1,1,1 \rangle$ に 1，$\langle 1,1,0 \rangle$ に 1，$\langle 1,0,1 \rangle$ に 1，$\langle 1,0,0 \rangle$ に 0，…$\langle 0,0,0 \rangle$ に 0 を対応させる関数を表している。対応の規則を簡単に言うと，「入力される 3 つの真理値のうちつねに多数派のほうを出力せよ」というものになる。だから **3 変数多数派関数**（3-place majority function）とでも名づけておこう。

さて，この 3 変数多数派関数 $f_{3-24}$ は我々がこれまでに導入した結合子の組み合わせで表せるだろうか。答えはイエスであって，例えば $(P \land Q) \lor (Q \land R) \lor (R \land P)$ はこの関数を表現している。

| input | | | output |
|---|---|---|---|
| P | Q | R | $f_{3-24}$ |
| 1 | 1 | 1 | 1 |
| 1 | 1 | 0 | 1 |
| 1 | 0 | 1 | 1 |
| 1 | 0 | 0 | 0 |
| 0 | 1 | 1 | 1 |
| 0 | 1 | 0 | 0 |
| 0 | 0 | 1 | 0 |
| 0 | 0 | 0 | 0 |

そうすると，残りの 255 個の 3 変数真理関数もすべてこれまでに導入された結合子だけで表せるかどうかを知りたくなる。それどころか，一般に n 変数の真理関数がなじみの結合子ですべて表現できるか，つまりありとあらゆる真理関数がこれまでに導入した 6 つの結合子だけを組み合わせて表せるかどうかを知りたくなってきた。……というわけで，冒頭の問いを次の問いに置き換えてみよう。

> すべての真理関数を表現するために，これまで導入した結合子で足りるか？

次にこの問いに答えるにはどうしたらよいかを考えることにしよう。その前に，真理関数を一般的に定義しておかなくちゃ。その定義はがっかりするくらいあっさりしている。

### 真理関数の一般的定義

> 【定義】$\{1,0\}^n$ から $\{1,0\}$ への関数を n 変数の真理関数と言う。

これは数学的には**ブール関数**（Boolean-function）と呼ばれるものに当たる。ついでに，n 変数の真理関数が全部で何個あるかも考えておこう。n 変数真理関数の場合，入力は 1 と 0 を重複を許して n 個並べた順序 n 列 $\underbrace{\langle 1,1,0,1,\cdots,0 \rangle}_{\text{n 個}}$ である。この順序 n 列は全部で $2^n$ 通りある。したがって，n 変数の真理関数を真理表の形で定めようとすると，真理表は $2^n$ 行になる。その行のそれぞれに 1 を対応させるか 0 を対応させるかの 2 通りの選択肢があるから，対応のさせ方の総数は $2^{2^n}$（2 の $2^n$ 乗）である。これが n 変数真理関数の総数だ。これは $(2^2)^n=4^n$ とは違うから注意してほしい。$2^{2^3}=2^8=256$ だが，$(2^2)^3=4^3=64$ である。

### 3.9.3 真理関数の表現定理

以上で準備が整ったので，次のとても重要な定理を証明しよう．

【定理 17】（**表現定理**，または**関数的完全性の定理**とも言う）¬, ∧, ∨ のみを結合子として含む論理式によって，n 変数の真理関数はすべて表せる．

このことを {¬, ∧, ∨} は**十全**（adequate）であるとか，**関数的に完全**（functionally complete）であるという．これは驚くべき結果だ．無限にたくさんある真理関数のすべてを表現するのにこれまでに導入した6つの結合子で足りるどころか ¬, ∧, ∨ の3つがあればよいと言うのだから．本当かしら．

この定理の証明は面倒だが，基本的アイディアは驚くほど簡単だ．そこで，具体例を使って，任意の真理関数が与えられたときに，それを表現する論理式を ¬, ∧, ∨ のみを使って書くにはどうすればよいかを示すことにしよう．例えば，下の表のような4変数の真理関数 @ が与えられたとする．

目標は，原子式 P，Q，R，S と結合子 ¬, ∧, ∨ のみを使って，この真理関数を表現する論理式，つまりこの真理表を持つような論理式をつくるということである．そのためには，次のような手続きを踏めばよい．

【手続き】

(1) @の出力の値が1になっているところに注目しよう．第3,7,8,12,16 行がそれだ．

(2) まず第3行に注目する．第3行は，Pが1,Qが1,Rが0,Sが1の真理値割り当てに対応する．

(3) そこで，次のような式をつくる．P∧Q∧¬R∧S．つまり，1を割り当てられた原子式はそのまま，0を割り当てられた原子式には ¬ をつけて，すべてを ∧ でつないだ式である．

(4) この式はその作り方からして，Pが1,Qが1,Rが0,Sが1の場合にだけ1となり，それ以外の場合には0となる．つまり，式 P∧Q∧¬R∧S の真理表は第3行に1があり，それ以外はすべて0が並ぶ．

(5) 同様に，第7行目に注目する．第7行は Pが1,Qが0,Rが0,Sが1の場合に対応する．

(6) (3)と同様に次のような式をつくる．P∧¬Q∧¬R∧S．

(7) 同じことを第8行，第12行，第16行について行い，それぞれ，式 P∧¬Q∧¬R∧¬S, ¬P∧Q∧¬R∧¬S, ¬P∧¬Q∧¬R∧¬S をつくる．

(8) こうして，5つの式が得られたが，これらの式はその作り方からしてそれぞれ第3,

| input | | | | out |
|---|---|---|---|---|
| P | Q | R | S | @ |
| 1 | 1 | 1 | 1 | 0 |
| 1 | 1 | 1 | 0 | 0 |
| 1 | 1 | 0 | 1 | 1 |
| 1 | 1 | 0 | 0 | 0 |
| 1 | 0 | 1 | 1 | 0 |
| 1 | 0 | 1 | 0 | 0 |
| 1 | 0 | 0 | 1 | 1 |
| 1 | 0 | 0 | 0 | 1 |
| 0 | 1 | 1 | 1 | 0 |
| 0 | 1 | 1 | 0 | 0 |
| 0 | 1 | 0 | 1 | 0 |
| 0 | 1 | 0 | 0 | 1 |
| 0 | 0 | 1 | 1 | 0 |
| 0 | 0 | 1 | 0 | 0 |
| 0 | 0 | 0 | 1 | 0 |
| 0 | 0 | 0 | 0 | 1 |

7，8，12，16 行においてだけ 1 になる。

(9) 最後に，この 5 つの式を∨でつないで，(P∧Q∧¬R∧S)∨(P∧¬Q∧¬R∧S)∨(P∧¬Q∧¬R∧¬S)∨(¬P∧Q∧¬R∧¬S)∨(¬P∧¬Q∧¬R∧¬S) をつくる。この式は，それぞれ第 3，7，8，12，16 行においてだけ 1 になる式の選言だから，第 3，7，8，12，16 行で 1 になり，それ以外の行では 0 となる。これが求める論理式だ。

あとはこの手続きを一般化して書けば表現定理の証明ができ上がる。それは省略しよう。ただひとつだけ注意すれば，表現しようとしている真理関数に，0 だけが並んでいて 1 となるところが 1 つもなかったらどうするか，という問題がある。このときは(1)の手続きが踏めない。しかし，案ずることはない。全部 0 が並ぶような真理関数の場合は，あなたの好きな矛盾式で¬，∧，∨ のみ含まれているものをつくればよい。

## 3.9.4 どのような結合子の組み合わせが十全なのか

表現定理により，¬，∧，∨ の 3 つの結合子があればどんな真理関数も表せることがわかった。そうすると今度は逆に，この 3 つは必要最小限なのだろうかという疑問がわいてくる。つまり，十全な結合子の組み合わせはもっと減らせるのだろうか，減らせるとしたらいくつまで減らせるのだろうか。

**{¬, ∧}，{¬, ∨}，{¬, →} は十全である**

A∨B ⊨⊩ ¬(¬A∧¬B) だから，論理式の中で「∨」が生じているところは，¬ と ∧ を含む式に同値変形できる。そうすると，¬，∧，∨ を含むどんな論理式も最終的には ¬，∧ だけを含む論理式に同値変形できる。したがって，¬，∧，の 2 つの結合子があればどのような真理関数も表せることになる。つまり，{¬, ∧} は十全だ。

また，逆に A∧B ⊨⊩ ¬(¬A∨¬B) という具合に，¬ と ∨ があれば ∧ が表せる。したがって，{¬, ∨} も十全。

他にはどのような組み合わせが十全だろうか。例えば，{¬, →} も十全である。なぜなら，A∨B ⊨⊩ ¬A→B，そして A∧B ⊨⊩ ¬(A→¬B) という具合に，¬ と→があれば，∨ と ∧ が表せるからだ。

**十全でない組み合わせ(1)**

こうなってくるとどんな組み合わせでも十全なのかな，という気がしてくるが，そうではない。一般に，次のことが成り立つ。

> 【定理 18】 2 項結合子 ∧, ∨, →, ↔ だけを含む論理式は矛盾式になれない。

【証明】まず，次のように「トップワン」という性質を定義する。

論理式 A がトップワンである ⇔ A を構成する全ての原子式に真理値 1 をわりあてたときに，A も 1 になる。

例えば，$(P \to Q) \wedge R$ は P, Q, R がすべて 1 のときに 1 になるからトップワンである。「トップワン」という言い方にしたのは，この性質を持つ論理式は我々のやり方で真理表を書いたときに，第 1 行が 1 になるからだ。

さて，証明したいことは，原子式から $\wedge, \vee, \to, \leftrightarrow$ だけを使ってつくられた論理式はすべてトップワンだということである。この証明には帰納法を用いる。このことが示されれば，原子式から $\wedge, \vee, \to, \leftrightarrow$ だけを使ってつくられた論理式は矛盾式になれない，だから $\wedge, \vee, \to, \leftrightarrow$ では矛盾式をつくれないから，すべての真理関数を表現できるわけではない。つまり $\{\wedge, \vee, \to, \leftrightarrow\}$ は十全でない，ということが証明される。

[Basis] 原子式はトップワンである。これは明らか。

[Induction step]

(1) $\wedge, \vee, \to, \leftrightarrow$ だけを含む式 A, B がトップワンであると仮定する。

(2) このとき，仮定により A, B を構成する原子式のすべてを 1 とする真理値割り当ての元で，A は 1，B は 1 となる。A, B ともに 1 のときは $A \wedge B$, $A \to B$, $A \vee B$, $A \leftrightarrow B$ も 1 であるから，$A \wedge B$, $A \to B$, $A \vee B$, $A \leftrightarrow B$ は，それらを構成する原子式のすべてを 1 とする真理値割り当ての元で 1 である。つまりこれらの論理式はトップワンである。

(3) 以上より，結合子 $\wedge, \vee, \to, \leftrightarrow$ だけを含む論理式はすべてトップワンである。∎

この定理により，例えば $\{\wedge, \to\}$, $\{\wedge, \vee\}$, $\{\wedge, \vee, \to\}$ などが十全でないこともわかる。

**十全でない組み合わせ(2)**

これまでの例では，十全な組み合わせにはどれも $\neg$ が含まれており，十全でない組み合わせには $\neg$ が含まれていなかった。そこで，$\neg$ が含まれていれば十全であり，含まれていなければ十全でないのかな，と予想される。残念ながらこの予想ははずれている。まず，$\{\neg, \leftrightarrow\}$ や $\{\neg, \vee\}$ はいずれも $\neg$ を含んでいるがどちらも十全でない。さらに $\{\wedge, \underline{\vee}, \leftrightarrow\}$ は，$\neg$ を含んでいないが十全である（これは練習問題 19 の(3)を見よ）。

> **練習問題 18**
>
> $\{\neg, \leftrightarrow\}$ が十全でないことを証明せよ（ヒント：原子式 P, Q から出発して $\neg$ と $\leftrightarrow$ だけを使ってつくられる論理式はすべて真理表に偶数個の 1 しか含まれないことを帰納法で示せ）。

### 3.9.5 シェーファーの魔法の棒

**nand**

2 変数の真理関数 $f_{2-9}$ を表現するような結合子を「$|$」と書き，「nand」と読むことにする。つまり，ちょうど，$\wedge$ の真理表の 0 と 1 を入れ換えた形になっている。つまり，$A | B$ は $\neg(A \wedge B)$ と同じ真理関数を表現している。だ

| A | B | $A\|B$ |
|---|---|---|
| 1 | 1 | 0 |
| 1 | 0 | 1 |
| 0 | 1 | 1 |
| 0 | 0 | 1 |

から not と and を組み合わせて nand と呼ぶというわけ。さて，このとき，

$$\neg P \dashv\vdash P|P$$
$$P \wedge Q \dashv\vdash \neg(P|Q) \dashv\vdash (P|Q)|(P|Q)$$

という具合に，$\wedge$ と $\neg$ が｜によって定義できる。そうすると，$\{\neg, \wedge\}$ が十全である以上，$\{|\}$ も十全。つまり，いかなる真理関数も，「｜」を結合子とするだけで表せてしまう。この魔法の棒のことを，発見者の名にちなんで**シェーファーの棒**（Sheffer stroke）と言う。「すべての真理関数を表現するためには，どれだけの結合子が必要なのか」という問いに対する最終的な答えは，「シェーファーの棒1つあればよい」だったのである！　お願いだから驚いて。

---

**練習問題 19**

(1) 「｜」だけを用いて，$P \vee Q$ と $P \to Q$ に論理的同値でなるべく簡単な式をそれぞれつくれ。

(2) $f_{2-15}$ を実現する結合子を↓と書き，「nor」と読む。このとき，$\{\downarrow\}$ も十全であることを示せ。

(3) $\{\wedge, \underline{\vee}, \leftrightarrow\}$ は十全であることを証明せよ。

---

### シェーファー関数

一般に，1つで十全であるような真理関数，つまりその真理関数だけを繰り返し使って他のすべての真理関数を生み出すことのできるような真理関数を**シェーファー関数**と言う。シェーファー関数は他にもあるだろうか。3変数，4変数……のシェーファー関数まで考えれば，シェーファー関数はいくらでもある。しかし，2変数のシェーファー関数は，｜と↓だけしかない。次に，この事実を証明しておこう。

---

**【定理19】** 2変数のシェーファー関数は，｜と↓だけである。

---

**【証明】** 2変数の結合子∗によって表される真理関数がシェーファー関数であるためには，次の条件を満たさなければならない。

(1) A と B とがともに1のとき，A∗B は0

なぜなら A と B とがともに1のとき，A∗B が1となると，∗しか結合子を含まない式はすべて，原子式がすべて1のときは1となってしまう（つまり，「トップワン」である）。そうすると，∗を使って否定を表すことができない。

(2) A と B とがともに0のとき，A∗B は1

A と B とがともに0のとき，A∗B が0だとすると，∗だけからなる式はすべて，原子式に一斉に0を割り当てると0になってしまう（「ラストゼロ」か？）。したがって∗だけからなる式は決してトートロジーになれないということになる。

(1)(2)の要件を満たそうとすると，∗の真理表は次のようなものになる。残りは，$\alpha$ と $\beta$ の箇所に何が来るかだ。次の4つの場合が考えられる。

場合(a)　$\alpha = 0$, $\beta = 1$ のとき

場合(b)　$\alpha = 1$, $\beta = 0$ のとき

| A | B | A∗B |
|---|---|---|
| 1 | 1 | 0 |
| 1 | 0 | $\alpha$ |
| 0 | 1 | $\beta$ |
| 0 | 0 | 1 |

場合(c)　$\alpha=0$, $\beta=0$ のとき
場合(d)　$\alpha=1$, $\beta=1$ のとき

　場合(a)，このとき，A∗Bはようするに¬Aのことである。そうすると，AとBから∗だけでつくられる式はすべて，A，B，¬A，¬Bのどれかと論理的に同値になる。したがって，∗はシェーファー関数ではなくなってしまう。
　場合(b)，A∗Bはようするに¬Bのことである。場合(a)と同様にだめ。
　場合(c)，∗は↓に他ならない。
　場合(d)，∗は｜に他ならない。■

**3変数シェーファー関数の例**

　シェーファー関数を「1つで十全な関数」と定義した。そうだとすると，シェーファー関数を表す結合子は2変数のものだけに限られない。じっさい次の真理表によって与えられる3項結合子はシェーファー関数を表している。#が表している関数は，例えば(P∨Q)→¬Rなどの論理式によっても表現できる。だから，#PQRは(P∨Q)→¬Rの略記と考えてもよい。
　「#」がシェーファー関数であることは次のようにして示すことができる。

| P | Q | R | #PQR |
|---|---|---|------|
| 1 | 1 | 1 | 0 |
| 1 | 1 | 0 | 1 |
| 1 | 0 | 1 | 0 |
| 1 | 0 | 0 | 1 |
| 0 | 1 | 1 | 0 |
| 0 | 1 | 0 | 1 |
| 0 | 0 | 1 | 1 |
| 0 | 0 | 0 | 1 |

　　#AAB　⊨⊣　(A∨A)→¬B　⊨⊣　A→¬B　⊨⊣　¬(A∧B)　⊨⊣　A｜B

……こんな具合に，「#」をつかって「｜」を表すことができる。｜は十全だから，#も十全である。したがってあらゆる真理関数は#だけを使って表現できる。

---

**練習問題 20**

(1)　△PQRという3項結合子を，P，Q，Rのとる真理値のうち少数派の方を割り当てる結合子としよう。例えば，P，Q，Rがそれぞれ1，0，0であれば0の方が多いから△PQRは1，P，Q，Rがそれぞれ1，0，1であれば1の方が多いから△PQRは0とするという具合。さて，このとき，

　(a)　△PQRと論理的に同値な論理式で，結合子として¬，∧，∨だけを含むものをつくれ。

　(b)　△PQRと論理的に同値な論理式で，結合子として∧，∨だけを含むものはあるか。あるならつくれ。

(2)　次の問いに順番に答えよ
　(a)　∧が→だけでは定義できないことを示せ。
　(b)　∧が→と↔によって定義できることを示せ。
　(c)　(a)と(b)の結果を用いて↔が→だけによって定義できないことを示せ。

(3)　「紅茶かコーヒーかスープがつきます」
　● ABCなる3項結合子を次のように定義する。
　● ABCが1　⇔　A，B，Cのうちどれか1つだけが1。

つまり景品の「または」の拡張版のような結合子である。すでに練習問題11でこの結合子が

> 排他的選言の組み合わせ A▽B▽C とは異なることが示されていた。この結果は拡張できる。つまり，●はいかなる2つの2項結合子の組み合わせでも定義できない結合子なのである。そこで，● ABC ⊨ (A ▽ B)◆C を満たす2項結合子▽，◆は存在しないことを示せ。

## 3.10 日本語の「ならば」と論理学の「→」

### 3.10.1 「→」に感じる違和感

「ならば」に相当する結合子「→」を上から 1011 となる真理表で定義した。ようするに，A→B を，¬A∨B とか¬(A∧¬B) と同じこととして定めたわけだ。すでに述べたように，これはあくまでも「ならば」の大雑把な近似にすぎない。そのため，「→」を日本語の「ならば」になぞらえて理解しようとすると，いろいろ直観に合わない現象が起こってくる。

(1) 次の形の式はどれもトートロジーになる。¬A→(A→B)，B→(A→B)，A→(¬A→B)

しかし，これらに出てくる「→」を「ならば」だと思って読むと，例えば「A でないならば，A ならば B である」みたいなものになる。これが形式的真理だと言われても抵抗なく受け入れることは難しいだろう。

(2) この変な感じは，前件が偽のときには後件の真理値にかかわりなく A→B は真，という具合に定めたことのせいだけによるのではない。前件と後件がともに真の場合だって実は十分におかしい。例えば P を「ベンゼンは水に不溶である」，Q を「2000 年度アカデミー主演女優賞受賞者はジュリア・ロバーツである」としてみよう。このとき P も Q も真だから確かに P→Q も真になるけれど，だからといって「ベンゼンが水に不溶であるならば 2000 年度アカデミー主演女優賞受賞者はジュリア・ロバーツである」は真なんだと言われると，ちょっと待ってくれと言いたくなる。ベンゼンの物理的性質とアカデミー賞に何のつながりがあるんだ？

ここに「→」と「ならば」の決定的な違いがある。日本語の「ならば」は前件と後件の間に**内容上の関連性**があることを求めるが，「→」はそこに出てくる原子式の内容は問題にせず，ただ**真理値の組み合わせ**だけを問題にする。だから，どんな A と B についても，(A→B)∨(B→A) はトートロジーになってしまう。このように，「→」は，どんな命題に関してもかならずどっちかがどっちかを含意することを認めるとんでもない「ならば」だったのである。こうした現象をひっくるめて**関連性（relevance）にかかわる違和感**と言う。

関連性にかかわる違和感の原因ははっきりしている。前件と後件の内容上のつながりを必要とする「ならば」を無理やり真理関数的結合子として扱おうとしたことにそもそも無理があったわけだ。

### 3.10.2 「→」の定義の正当化

我々がおかれた立場は次のようなものだ。ベビーシッターのバイトをしている君は，積み木で電車をつくったり，お家をつくったりして遊んでやっている。そのうちに子どもは「えばんげりおんのあやなみレイをちゅくってぇ」とせがむのである。積み木という材質は綾波レイの模型をつくるにはひどく制約が大きい。曲がらないし，大雑把な形だし。ここで君が取ることのできる選択肢は2つある。1つは，「それじゃ粘土でつくってあげようね」と，もっと可塑性に富んだ材料に切り替えて模型をつくるという路線，2つ目は，ともかくも積み木で模型をつくって，積み木でつくることのできる様々な形のうちそれが最も綾波レイに似ているのだということを子どもに説得する！？路線だ。これから，我々はこの積み木路線をとって，「→」は**真理関数の中ではいちばん「ならば」に似ている**のだという説得作業を行おう。そのためには，次のように話を進める。

(1) まず，日本語の「ならば」について成り立つ重要な特徴をピックアップする。それと同じ特徴が「→」についても成り立つように「→」を定義すべきだからである。

(2) 次に，(1)でピックアップした「ならば」の特質を「→」にも反映させようとすると，我々がすでに行ったような定義の仕方しかありえないことを示す。

#### 「ならば」について成り立つ重要な特徴

すでに見たように，日本語の「ならば」がもっているありとあらゆる特徴を真理関数的結合子の「→」に反映させることはできない。しかし，我々は論理的帰結，矛盾，形式的真理といった概念を捉えるための人工言語として **L** をつくってきたのだから，やはりこうした場面で日本語の「ならば」が示す特質のなかからいくつかをピックアップするのがよいだろう。そこで，次の2つを選んでみた。

> (1) **逆は必ずしも真ならず**：「AならばB」が成り立つからといって「BならばA」が成り立つとは限らない。この2つは同じことではない。
> 
> (2) **推移性**：「AならばBでありしかもBならばCであるならば，AならばCである」というのは，A，B，Cにどのような命題が来ても成り立つ。つまり日本語の「ならば」についても推移律は形式的真理である。

#### 正当化の議論

これら2つの性質を「→」に反映させるためには，「→」に次のような制約を課せばよい。

(1) A→BとB→Aとは論理的同値ではない。

(2) $((A \to B) \land (B \to C)) \to (A \to C)$ はトートロジーである。

この2つの制約を満たすように「→」を真理表により定義しようとするならば，我々のやり方で定義するしかない。次にこのことを示そう。問題は前件が0の場合だった。そこでとりあえ

ず，次の表のように未定のところに $\alpha$ と $\beta$ を書いておく．我々は 2 値原理の制約のもとで論理学を構築中なのだから，$\alpha$ と $\beta$ はそれぞれ 1 か 0 のいずれかでないといけない．

| A | B | A→B |
|---|---|---|
| 1 | 1 | 1 |
| 1 | 0 | 0 |
| 0 | 1 | $\alpha$ |
| 0 | 0 | $\beta$ |

さて，(1) の制約を満たすためには $\alpha$ は 1 でなくてはならない．なぜなら，

| A | B | A→B | B→A |
|---|---|---|---|
| 1 | 1 | 1 | 1 |
| 1 | 0 | 0 | $\alpha$ |
| 0 | 1 | $\alpha$ | 0 |
| 0 | 0 | $\beta$ | $\beta$ |

であるから，もし $\alpha=0$ だと，A→B と B→A とは同じ真理表をもつ（上から $100\beta$ となるような）ことになり，両者は論理的同値になってしまうからだ．したがって，$\alpha=1$ である．

次に，(2) の制約を満たすためには，$\beta$ は 1 でなくてはならない．これも，次の真理表から明らかだろう．

| A | B | C | A→B | B→C | A→C | (A→B)∧(B→C) | ((A→B)∧(B→C))→(A→C) |
|---|---|---|---|---|---|---|---|
| 1 | 1 | 1 | 1 | 1 | 1 | 1 | 1 |
| 1 | 1 | 0 | 1 | 0 | 0 | 0 | $\beta$ |
| ⋮ | ⋮ | ⋮ | ⋮ | ⋮ | ⋮ | ⋮ | ⋮ |
| 0 | 0 | 0 | ⋮ | ⋮ | ⋮ | ⋮ | ⋮ |

以上より，$\alpha=1$，$\beta=1$ としなければならないことがわかった．■

## 3.11　コンパクト性定理

セマンティクスの総仕上げとして次の定理を証明しておこう．ただし，付録の A にすべて目を通しておくことが必要だ．それが面倒だという人はこの部分は飛ばしてもよい．

### 3.11.1　コンパクト性定理とは

【定理 20：コンパクト性定理（compactness theorem）】論理式の集合 $\Gamma$ が充足可能である
 ⇔ $\Gamma$ のすべての有限部分集合が充足可能である．

$\Gamma$ が有限集合だったら，$\Gamma$ 自身が $\Gamma$ の有限部分集合だからこの定理はあまりに簡単に成り立ってしまい，意義のないものになる（こういうとき「トリビアルに成立する」というような言い方

をする)。また，Γが無限集合の場合でも ⇒ の方向はトリビアルに成立する。だから，この定理に意味があるのは，Γが無限集合の場合の ⇐ の方向だけだ。つまり，Γが無限にたくさんの式を含んでいるとき，Γのどの有限部分集合をとっても**それぞれを充足する真理値割り当てがそのつど見つかる**ならば，どのようなものかはわからないが，Γ全体を充足するような真理値割り当てもとにかくあるんだと考えてよい。

以下では，Γのすべての有限部分集合が充足可能であるということを簡単に，「Γは**有限充足可能である**（finitely satisfiable）」と言うことにする。この定理の証明には今後も何回か出会う重要な証明テクニックが使われる。それがここでコンパクト性定理を扱う狙いだ。証明は次の2段階を踏んで行われる。

> I　有限充足可能なΓは，ある都合のよい性質を持つ集合Δに拡大できることを示す。
> II　Δを使うと簡単にΓを充足する真理値割り当てをつくれることを示す。

## 3.11.2　コンパクト性定理の証明・パート I

**集合の列 $\Delta_0, \Delta_1, \Delta_2, \cdots, \Delta_n, \cdots$ の定義**

付録Aで示しておいたように，すべての論理式は無限にたくさんあるが，自然数で番号づけを行って1番から順番に並べることができる。いま，すべての論理式が $A_1, A_2, \cdots, A_n, \cdots$ という具合に並べられているとしよう。そこで，次のような集合の列 $\Delta_0, \Delta_1, \Delta_2, \cdots, \Delta_n, \cdots$ を帰納的に定義する。

> 【定義】
> (1) $\Delta_0 = \Gamma$
> (2) $\Delta_n \cup \{A_{n+1}\}$ が有限充足可能なら，$\Delta_{n+1} = \Delta_n \cup \{A_{n+1}\}$ とする。
> $\Delta_n \cup \{A_{n+1}\}$ が有限充足可能でないなら，$\Delta_{n+1} = \Delta_n \cup \{\neg A_{n+1}\}$ とする。

ようするに，Γから出発して，まずそれに $A_1$ をつけ加えてみる。そうやって少し大きくした集合が有限充足可能なら，そのΓに $A_1$ をつけ加えた集合 $\Gamma \cup \{A_1\}$ を次の $\Delta_1$ とする。もしΓに $A_1$ をつけ加えると有限充足可能でなくなってしまうのだったら，Γに $\neg A_1$ をつけ加えたもの $\Gamma \cup \{\neg A_1\}$ を $\Delta_1$ とする。今度は，この $\Delta_1$ に2番目の式 $A_2$ をつけ加えてもまだ有限充足可能かどうかに応じて，$\Delta_1$ に $A_2$ をつけ加えたものか，$\neg A_2$ をつけ加えたもののいずれかを $\Delta_2$ とする。……

という具合に，だんだん式がつけ加わって大きくなっていく集合の列 $\Delta_0, \Delta_1, \Delta_2, \cdots, \Delta_n, \cdots$ ができるわけだ。論理式は $A_1, A_2, \cdots, A_n, \cdots$ という具合にいくらでもあるから，この集合の列も無限に続いていくことがわかるだろう。さて，この列の作り方からして，どの $\Delta_n$ も有限充足可能のような気がするが，「気がする」ではまずいのでちゃんと証明しておこう。

【補助定理 20-1】どの $\Delta_n$ も有限充足可能である。

【証明】仮定により出発点の $\Gamma$（つまり $\Delta_0$）は有限充足可能である。だから，$\Delta_n$ が有限充足可能なら次の $\Delta_{n+1}$ も有限充足可能である，ということを示せばよい。そのためには，$\Delta_n$ が有限充足可能なのに，次の $\Delta_{n+1}$ になるはずの $\Delta_n \cup \{\neg A_{n+1}\}$ も $\Delta_n \cup \{A_{n+1}\}$ もいずれも有限充足可能ではない，ということがありえないということを言えばよい。

そこで背理法を使う。つまり，(1) $\Delta_n$ が有限充足可能であり，(2) $\Delta_n \cup \{\neg A_{n+1}\}$ は有限充足可能ではなく，(3) $\Delta_n \cup \{A_{n+1}\}$ も有限充足可能ではないと仮定する。

そうすると，(2)より，$\Delta_n \cup \{\neg A_{n+1}\}$ の有限部分集合で充足可能でないものがあることになる。それは $\Delta_n$ の何らかの有限部分集合 $\Delta'_n$ に $\neg A_{n+1}$ を合わせたものになっているはずである（$\Delta_n \cup \{\neg A_{n+1}\}$ の有限部分集合には $\neg A_{n+1}$ を含まないものもあるが，それは $\Delta_n$ の有限部分集合になってしまうから，それが充足可能でないとすると(1)に反してしまう）。したがって，$\Delta'_n \cup \{\neg A_{n+1}\}$ が矛盾する（つまり $\Delta'_n, \neg A_{n+1} \models$ である）ような $\Delta_n$ の有限部分集合 $\Delta'_n$ が存在する。

同様に(3)より，$\Delta''_n, A_{n+1} \models$ であるような $\Delta_n$ の有限部分集合 $\Delta''_n$ が存在する。

さて，$\Delta'_n, \neg A_{n+1} \models$ と $\Delta''_n, A_{n+1} \models$ より，$\Delta'_n \models \neg\neg A_{n+1}$，$\Delta''_n \models \neg A_{n+1}$ である（定理15(5)からすぐに出てくる）から，$\Delta'_n \cup \Delta''_n \models \neg\neg A_{n+1}, \neg A_{n+1}$ となり，集合 $\Delta'_n \cup \Delta''_n$ は矛盾していることになる。ところで，$\Delta'_n \cup \Delta''_n$ は $\Delta_n$ の有限部分集合だから，このことは $\Delta_n$ が有限充足可能であるという仮定に反する。■

### $\Delta$ の定義

以上により，集合の列 $\Delta_0, \Delta_1, \Delta_2, \cdots, \Delta_n, \cdots$ にでてくる集合はどれも有限充足可能であることがわかった。次にこの列に現れるすべての集合の合併集合 $\bigcup_{n=0}^{\infty} \Delta_n$ を $\Delta$ とおく。この $\Delta$ は作り方からして次の性質を持っていることは明らかだ。

【$\Delta$ の都合のよい性質】
(1) $\Gamma \subseteq \Delta$
(2) すべての論理式 A について，A か $\neg$A のいずれかが $\Delta$ に属している。
(3) $\Delta$ は有限充足可能である。

このうち(3)だけは証明しておいたほうがよさそうだ。

【(3)の証明】$\Delta$ のどの有限部分集合 $\Delta'$ も，有限集合であるからにはそれが含んでいる $A_n$（あるいは $\neg A_n$）には最も番号の大きなものがあるはずだ。その番号をかりに n とすると，$\Delta'$ は $\Delta_n$ の部分集合だということになる。補助定理20-1によりどの $\Delta_n$ も有限充足可能だから，$\Delta_n$ の有限部分集合である $\Delta'$ も充足可能。したがって $\Delta$ のどの有限部分集合も充足可能である。■

この $\Delta$ が前ページで「都合のよい性質を持つ集合 $\Delta$」と呼んでいたものだ。そしてその**都合のよい性質**とはここで挙げた3つの性質に他ならない。

## 3.11.3 コンパクト性定理の証明・パートⅡ

### Δ をもとに原子式への真理値割り当てをつくる

Δ をもとにして，次のように原子式への真理値割り当て V をつくろう．

【V の定義】原子式 $P_i$ が V のもとで真である ⇔ $P_i \in \Delta$

つまり，Δ に含まれているかどうかに応じてそれぞれの原子式に真または偽を割り当てるような真理値割り当てを V とする．この V は Δ がもつ「都合のよい性質」のおかげで次のような補助定理を満たす．

【補助定理 20-2】任意の論理式 A について，A が V のもとで真である ⇔ $A \in \Delta$

ようするに，V は Δ に属するすべての式，そしてそれらの式だけを充足する真理値割り当てになっているというわけだ．この補助定理が成り立てば，$\Gamma \subseteq \Delta$ だから，この真理値割り当て V は Γ に属するすべての論理式を充足する．つまり，Γ は充足可能である．というわけで，あとは補助定理 20-2 の証明だけが残っている．これは A の結合子の数についての帰納法を使って行う．

【証明】
[Basis] A が 0 個の結合子を含むとき，つまり A が原子式のとき，
　A が V のもとで真である ⇔ $A \in \Delta$ は V の定義により明らか．
[Induction step]
(1) k 個以下の結合子を含む論理式については，A が V のもとで真である ⇔ $A \in \Delta$ が成り立っていると仮定する．
(2) このとき，k+1 個の結合子を含む A についても，A が V のもとで真である ⇔ $A \in \Delta$ が成り立っていることを言う．
　・Subcase 1. A が ¬B という形のとき，
　　¬B が V のもとで真である ⇔ B が V のもとで偽である
　⇔ $B \notin \Delta$ （帰納法の仮定により）
　⇔ $\neg B \in \Delta$ （Δ の都合のよい性質(2)により）
　・Subcase 2. A が B∧C という形のとき，
　　B∧C が V のもとで真である ⇔ B が V のもとで真であり，かつ C が V のもとで真である
　⇔ $B \in \Delta$ かつ $C \in \Delta$ （帰納法の仮定により）
　⇔ $B \wedge C \in \Delta$ （この理由は次に示す）
　　理由：$B \in \Delta$ かつ $C \in \Delta$ であるのに $B \wedge C \notin \Delta$ であるとする．すると Δ の都合のよい性質(2)により，$\neg(B \wedge C) \in \Delta$ である．しかし，そうすると集合 $\{B, C, \neg(B \wedge C)\}$ は Δ の有限部分集合となるが，この集合は矛盾している．これは Δ が有限充足可能であることに反する．

したがって，$B \in \Delta$ かつ $C \in \Delta$ $\Rightarrow$ $B \wedge C \in \Delta$ である。
$B \wedge C \in \Delta$ $\Rightarrow$ $B \in \Delta$ かつ $C \in \Delta$ も同様にして示せる。
- Subcase 3. $A$ が $B \wedge C$ という形のとき，同様。
- Subcase 4. $A$ が $B \rightarrow C$ という形のとき，同様。

(3) 以上より，すべての論理式 $A$ について，$A$ が $V$ のもとで真である $\Leftrightarrow$ $A \in \Delta$ が言えた。 ■

**証明を味わう**

コンパクト性定理を証明するには，$\Gamma$ が有限充足可能であるということを使って，$\Gamma$ が充足可能であることを示せばよい。$\Gamma$ が充足可能であることを言うには，$\Gamma$ に含まれる式をすべて真にする真理値割り当てをつくってやる必要がある。しかし，$\Gamma$ から直接そのような真理値割り当てをつくることは難しい。そこで，

(1) $\Gamma$ を拡大してやって都合のよい性質を持つ $\Delta$ をつくる。
(2) $\Delta$ はそれがもっている都合のよい性質のゆえに，$\Delta$ に入っている論理式のすべて（そしてそれだけ）を真にする真理値割り当てが簡単に手に入るような集合なのである。

このように，式集合 $\Gamma$ から出発して，それを都合のよい集合 $\Delta$ に拡大し，$\Delta$ に要素として含まれているかいないかを基準にすべての論理式に真偽を割り振る，といった仕方で $\Gamma$ の充足可能性を証明するというやり方は式集合の充足可能性を証明する際の常套手段だ。これからもよく似た証明が何度か出てくるので注目してほしい。

**コンパクト性定理からすぐに出てくる定理**

【定理 21】もし，$\Gamma \models A$ ならば，$\Gamma$ の有限部分集合 $\Gamma_0 (\subseteq \Gamma)$ で，$\Gamma_0 \models A$ となるものがある。

というわけで，無限集合が $A$ を論理的に導いているように見えたとしても，$A$ が出てくるのに責任があるのはその集合の有限個のメンバーでしかない，ということだ。

【証明】対偶を証明する。また，$\Gamma \models A$ $\Leftrightarrow$ $\Gamma, \neg A \models$（定理 15）を用いると，$\Gamma \not\models A$ $\Leftrightarrow$ $\Gamma \cup \{\neg A\}$ は充足可能，が言える。これも使う。

$\Gamma$ のあらゆる有限部分集合 $\Gamma_0$ について，$\Gamma_0 \not\models A$ である
$\Rightarrow$ $\Gamma$ のあらゆる有限部分集合 $\Gamma_0$ について，$\Gamma_0 \cup \{\neg A\}$ は充足可能
$\Rightarrow$ $\Gamma \cup \{\neg A\}$ は有限充足可能
$\Rightarrow$ $\Gamma \cup \{\neg A\}$ は充足可能（ここでコンパクト性定理を使った）
$\Rightarrow$ $\Gamma \not\models A$ ■

## 3.12 メタ言語と対象言語をめぐって

### 3.12.1 メタ言語と対象言語を区別しよう

さて，以上で第3章の内容は終わり．1つだけ注意してほしいことを補っておく．これまで何度か注意してきたことだけれど，言語 **L** に含まれる表現（例えば結合子「↔」）と，言語 **L** について様々なことを述べるために使う表現（例えば「⊨⊣」や「⇔」など）とを混同してはいけない．ここではこのことをもう少し発展させて述べておこう．

論理学の目標を，次のように設定した．つまり，論理的帰結や矛盾，論理的真理といった概念を精密に研究するために，それに都合のよい人工言語をつくり，その論理的な性質を調べていくこと．というわけで，我々の研究の対象となっているのは，「P, Q, R, $P_1$, $P_2$, …, ∨, ∧, →, ¬, ↔, (, )」などの記号からなる言語 **L** だ．**L** の内部で定義にしたがって作られる論理式がすべて一通りに読めるか（unique readability）とか，どのような性質を持っている論理式の集合が矛盾しているのか，**L** の式の集合が別の **L** の式を論理的に帰結するというのはどのようなことか，……という具合に，我々は **L** について様々なことを調べている．このように，**L** は研究の対象となっている言語であるから**対象言語**（object language）と呼ばれる．

しかし，どのような研究もそうだが，何かを研究するには言語を使わなければならない．言語 **L** の性質について，本書では基本的には日本語を使って研究している．「式「P∨¬P」はトートロジーである」という文は，言語 **L** に含まれる論理式について語る日本語の文だ．このように，対象言語について何らかの話をするための言語を**メタ言語**（meta-language）と言う．というわけで，本書ではメタ言語として日本語を用いて，対象言語 **L** を研究していることになる．「真」，「トートロジー」，「論理的同値」，「論理式」，「結合子」などの語彙はメタ言語に属する語彙だ．

このように，本書では基本的にメタ言語として日本語を使っているのだけれど，そこでの表現を簡略化するためにいくつかの記号も導入している．例えば，任意の論理式に言及するための「A」や「B」などの図式文字，「⊨⊣」や「⇔」，「⇒」，「⊨」などの記号がそれだ．これまで再三注意してきたのは，これらのメタ言語に属する記号を，「P, Q, R, $P_1$, $P_2$, …, ∨, ∧, →, ¬, ↔, (, )」などの対象言語に属する記号とごっちゃにしてはいかん，ということだ．

### 3.12.2 意味論的に閉じた言語とパラドクス

英語の文法について日本語で書かれた受験参考書のように，対象言語とメタ言語がはっきり別の言語として区別できるときは話はスッキリしている．しかし，日本語について日本語で語るときのように，対象言語もメタ言語も同じ日本語であるような場合，いろいろな混乱が生じてくる．次の論証を見てみよう．

「岡崎京子」は4文字からなる ………………………………………………………… α

岡崎京子は私の最も好きな漫画家である ················································ $\beta$
「私の最も好きな漫画家」は4文字からなる ············································ $\gamma$

これはヘンだ。どこがまずかったのだろう。$\beta$ はこの世界のある事実（私のいちばん好きな漫画家は岡崎京子だという事実）を日本語で述べたものだが、一方 $\alpha$ は日本語に含まれる固有名詞の1つについての事実を述べている。ここでは $\beta$ は対象言語、$\alpha$ はメタ言語に属し、それぞれに出てくる「「岡崎京子」」と「岡崎京子」は異なったものを指している。つまり、$\alpha$ の「「岡崎京子」」は日本語のある固有名詞を指し、$\beta$ の「岡崎京子」はある人間を指す。だから、この論証のように同じものを指していない表現を置き換えるわけにはいかない。

このように、日本語なら日本語というひとつの言語が同時に対象言語としてもメタ言語としても使われている場合、その言語を「意味論的に閉じた言語」という。意味論的に閉じた言語では、言語がその言語じしんについて語る**自己言及**（self-reference）が可能になる。こうした自己言及はときとして様々なイタズラをする。その典型例が次のいわゆる**うそつきのパラドクス**（Liar paradox）に代表される**意味論的パラドクス**（semantic paradox）だ。

【パラドクス】次の枠の中に太字で書かれた文を S としよう。さて、S は真だろうか偽だろうか？

> **この文は偽である**

(1) S が真だとしてみよう。すると、S の述べていることは正しいはずだ。S が述べていることは、S じしんが偽であるということだから、それが正しいのだとすると、S は偽だということになる。

(2) S が偽だとしてみよう。すると S の述べていることは間違っている。S は S じしんが偽だということを述べているのだから、それが間違いだとすると、S は偽ではない、つまり S は真である。

このように、S が真であると仮定すると S は偽であることが導かれ、S が偽であると仮定すると S は真であることが導かれる。いったい、S は真なのか偽なのか？？？

## 3.12.3 タルスキによる言語の階層化とうそつきのパラドクスについての最近の考え方

ポーランドの論理学者**タルスキ**（Alfred Tarski）はうそつきのパラドクスを回避するために、意味論的に閉じた言語を考察の対象からはずすことにした。つまり、言語 **L** における真理の定義は、**L** に属する表現を記述し **L** の文の真偽について語ることのできる仕組みを備えた、**L** とは別のメタ言語によってなされるべきだと考えた。これは確かにうそつきのパラドクスを解決する。うそつきのパラドクスは、ある文が自分じしんについて語ることから生じる。しかし、タルスキの理論は、このように言語がその言語じしんについて語るための仕組みを備えることを禁止している。だから、こうした自己言及は生じない。

このように、うそつきのパラドクスに対するタルスキの対処法は、言語を階層化して、どの言

語においても自分より低い階層の言語についてしか語れないようにすることによって，言語から自己言及のための道具をすべて排除するということだった．確かにその結果，パラドクスに陥らないすっきりとした理論が手に入ったし，本書でもそのやり方をとり入れている．でも最近では，このやり方はちょっといきすぎだったのではないだろうかという反省がなされるようになってきた．

(1) **すべての自己言及を禁じる必要があったのか**：まず第1に，うそつきのパラドクスは，確かに文が自分じしんについて語るという自己言及を含んでいるが，**明らかに無害**な自己言及はいくらでもある．例えば，「この文は疑問文ですか？」，「この文は日本語の文である」，「この文はゴチック体で印刷されています」のようなものはパラドクスを生まないが，自己言及を含んでいる．

(2) **うそつきのパラドクスの責任は文にあるのか？**：さらに，うそつきのパラドクスを生じさせるためには自己言及は必要ない．次の**郵便はがきのパラドクス**（Postcard paradox）を見てみよう．

---

【パラドクス】はがきの裏と表にそれぞれ次のように書かれているとせよ．

表には 「反対側にはまちがったことが書いてある」 そして裏には 「反対側には正しいことが書いてある」 と書いてある．

---

表に書かれていること（以下単に「表」と言う）が真であるとする．そうすると裏に書いてあることは間違いである．裏には，「反対側に書いてあることは正しい」と書かれているのだから，それが間違いだということは，表は正しくない，つまり表は偽である．

次に，表は偽だとしよう．すると裏には真なことが書かれている．したがって表には正しいことが書かれているのであって，表は真である．こうしてパラドクスが生じる．

ところが裏も表もそこに書かれている文だけをとりだすと自己言及は含まれていない．

さらに，次のような例が**クリプキ**（Saul Kripke）という哲学者によって提案された．これは**ウォーターゲートのパラドクス**（Watergate paradox）と呼ばれる．次のような2つの文を考えてみよう．

---

(1) ウォーターゲート事件に関してニクソンが言ったことの半分以上は偽である．
(2) ウォーターゲート事件に関してジョーンズが言ったあらゆることは真である．

---

これらの文についてはパラドクスめいたところは何もないし，自己言及もない．これが両方とも正しくなるような状況も考えられる．しかし，次のような状況におかれたらどうなるだろう．

---

(1)を言ったのはジョーンズであった．そしてそれがジョーンズがウォーターゲート事件に関してなした唯一の発言だった．

> 一方，(2)を言ったのはニクソンであった。そして，この発言以外にウォーターゲート事件に関してニクソンが言ったことはちょうど真・偽が半分ずつであった。

さて，この場合，ニクソンの(2)の発言が真だったとする。すると，ウォーターゲート事件に関してジョーンズが言ったのは(1)だけだから，(1)は真である。したがって，ウォーターゲート事件に関してニクソンが言ったことの半分以上は偽でなければならない。ところが，(2)の発言以外にウォーターゲート事件に関してニクソンが言ったことはちょうど真・偽が半分ずつなのだから，ウォーターゲート事件に関してニクソンが言ったことの半分以上が偽になるためには，(2)の発言が偽でなくてはならない。したがって，ニクソンの(2)の発言は偽である。

次に(2)の発言は偽であるとしよう。するとウォーターゲート事件に関してジョーンズが言ったのは(1)だけだから，(1)は偽である……（以下同様）。

この例は次のことを示している。
(1) パラドクスを生むかどうかは，**文がどのような状況で使われるかに依存する**のであって，文だけを取り出してきて，パラドクスを生まない循環性と生む循環性との区別をつけることはできない。うそつきのパラドクスを生じさせる責任は文それじたいにあるのではなく，文とそれが使われる状況による。
(2) 自己言及を含んでいるような文でもパラドクスの生じないような仕方で使うことは十分に可能だ。しかし，タルスキの言語階層という考え方はこうした文をすべて排除してしまう。

……ということで，現代の論理学では，タルスキ的な言語階層をゆるめて，意味論的に閉じた言語の中でどのようにしてうそつきパラドクスが生じないようにするかの研究に熱中するようになっている。しかし本書でそれをフォローするのは無理なので，対象言語とメタ言語という区別を前提して話を進めていく。興味のある読者は付録Cにあげたバーワイス/エチェメンディ[1992]を読んでほしい。ただし，本書の少なくとも第II部までをマスターしてからでないと読みこなせないよ。

第 4 章

# 機械もすなる論理学

## 4.1 意味論的タブローの方法

### 4.1.1 機械的な判定法を作ろう

　妥当性，矛盾，トートロジーといった論理学の重要概念がそれぞれどういうことを意味するかは分かった。次の目標は，それを**判定する決定手続き**（decision procedure）があるならそれをつくろうということだ。ただし，その手続きは機械的手続きでなければならない。つまり，次の条件を満たしていてほしい。

> (1) **手続きは明確でなくてはならない。** つまり，次にすべき操作が 1 つに決まっていて，しかもその操作をした結果も 1 つに決まる。例えば「次に，美しいと思う方の論理式を選べ」などという命令が含まれていたら，それは明確な手続きではない。
>
> (2) **手続きには汎用性がなくてはならない。** 前提が 3 つの論証の妥当性だけが判定できる手続きとか，「→」だけからなる論理式のトートロジー性だけを判定する手続きなどというものはダメである。判定手続きと言える以上，**およそどのような論証や論理式に対しても使えるものでなくてはならない。**
>
> (3) **手続きは有限的でなくてはならない。** いくら長い時間がかかってもよいから，有限数のステップを踏むといつかは手続きの実行が終わるようなものでなくてはならない。

　こうした条件を満たす手続きを**アルゴリズム**（algorithm）という。アルゴリズムの典型例はコンピュータのプログラムだ。ところで，**妥当性，矛盾などの概念がどういうことであるかをはっきり定義することとそれを判定するアルゴリズムがあるかということは別問題である。** 幸いなことに，これまでの範囲ではこうしたことがらを判定するためのアルゴリズムは存在する。何を隠そう，真理表がそれだ。真理表を書く手続きは，まったく創意工夫や勘の働く余地のない機械的なものだったことを思い出そう。

　しかし，真理表はあまり使いやすいアルゴリズムではない。例えば，{P→Q, R→(S∧U), V

→ ¬¬¬U, S→W, (W∨¬V)→P} というような集合が矛盾しているかどうかを真理表を使って調べようとすると，えらいことになる。7種類の原子式を含んでいるから，$2^7 = 128$ 行の真理表を書かなきゃならない。これは人力ではまず無理だ。

真理表よりもう少し実用に耐えるチェック法はないものか。その1つが，**真理の木**（truth tree）とか**意味論的タブロー**（semantic tableau）または**分析タブロー**（analytic tableau）と呼ばれる方法だ。これは，**ヒンティッカ**（Jaakko Hintikka）らのモデル集合という考え方を応用して，**スマリヤン**（Raymond Smullyan）によって広められたすぐれた方法である。

### 4.1.2 タブローのルーツ

タブローの方法がどのような発想に基づいているかを理解してもらうために，次の問題を考えてみよう。

【問い】式の集合 {¬(P∧¬Q), (P∨Q)∧¬Q} は矛盾しているかそれとも充足可能か。

真理表を書けばこのことは簡単に分かるが，次のように考えることもできる。

(1) この集合に含まれるすべての論理式を1にする首尾一貫した真理値割り当てを見つけられるかどうかを追求してみよう。それに成功すればこの集合は充足可能だし，失敗すれば矛盾しているということがわかるはずだ。

(2) そこで，¬(P∧¬Q) と (P∨Q)∧¬Q がともに1であると仮定してみる。

(3) (P∨Q)∧¬Q が1になるためには，P∨Q が1，¬Q が1でなければならない。

(4) ¬Q が1であるためには Q が0でないといけない。

(5) ところで，P∨Q が1になるためには，P か Q のどちらかが1でなければならない。

(6) そこで，まず Q が1であるとしよう。しかし，(4)により，Q は0でなければならない。したがって，こちらの方向では与式が両方とも1になる真理値割り当ては見つからないことがわかった。

(7) そこで，P が1の場合を追求してみよう。以下は P が1だと考えている。

(8) ¬(P∧¬Q) が1であるためには，P か ¬Q のどちらかが0でなければならない。

(9) そこで P が0であるとする。しかし，(7)により，いま P が1の場合を考えているのだった。したがって，こちらの方向では与式がすべて1になる真理値割り当ては見つからない。

(10) 最後に残ったのは ¬Q が0となる場合である。しかし，(3)により，¬Q は1でなければならないのだった。したがって，こちらの方向でも与式がすべて1になる真理値割り当ては見つからない。

(11) 以上のようにして ¬(P∧¬Q) と (P∨Q)∧¬Q をともに1にする首尾一貫した真理値割り当てを求める試みはすべて失敗した。したがって，これらの式は一斉に1になること

ができない。つまり矛盾している。■

けっこうイケそうじゃないか。しかし，問題は，この新しい方法はまだ真理表の方法のように完全に機械的なアルゴリズムになっていないということだ。以上の方法を整備して，パソコンにやらせることもできるような機械的方法に仕立てあげたもの。それがタブローの方法である。

### 4.1.3 機械的方法にしてゆくためのヒント

4.1.2 のやり方を，図式的に整理することから始めよう。

(a)

| ¬(P∧¬Q) が 1 <br> (P∨Q)∧¬Q が 1 <br> になるような真理値割り当てってあるだろうか |||
|---|---|---|
| ((P∨Q)∧¬Q が 1 になるためには) <br> P∨Q が 1 <br> ¬Q が 1 |||
| (¬Q が 1 であるためには) <br> Q が 0 |||
| (P∨Q が 1 であるためには) |||
| P が 1 || Q が 1 |
| (¬(P∧¬Q) が 1 であるためには) || Q が 0 <br> に反するからこの場合は首尾一貫した真理値割り当てがありえない |
| P が 0 | ¬Q が 0 | |
| P が 1 <br> に反するからこの場合は首尾一貫した真理値割り当てがありえない | ¬Q が 1 <br> に反するからこの場合は首尾一貫した真理値割り当てがありえない | |
| いずれにせよ求めるような首尾一貫した真理値割り当てはない |||
| だから与えられた式の集合は矛盾している |||

(a)を次のようにもっと単純化する。まず，（ ）の中は省いてしまおう。次に，「〜に反するから…ありえない」というのも単に「×」と書くことにしよう。すると，この図(a)は(b)のように書ける。さらに，いちいち「〜=0」とか「〜=1」と書くのは面倒だ。そこで，「A=0」の代わりに「¬A=1」と書くことにし，そうするとすべての式に「=1」がつくことになるから，それを書くのを省略しよう。そうすると，このダイアグラムは重複した式を省くと(c)のようになる。

これは上に書いた論理式が 1 になるためにはどのような部分論理式が 1 にならなければならないかを順々に示していったものといえる。これによると，最初の 2 つの式は決して同時に真になれないことが分かる。なぜなら，そのためには，3 つの場合分けのいずれにせよ，P と ¬P が両方真になるか，¬Q と Q が両方真にならざるをえなくなってしまうからである。したがって，最初の 2 つの式は決して同時に真になれず，矛盾していることが分かる。

(b)
$$\neg(P \land \neg Q) = 1$$
$$(P \lor Q) \land \neg Q = 1$$
$$P \lor Q = 1$$
$$\neg Q = 1$$
$$Q = 0$$

P=1　　Q=1
　　　　　×
P=0　¬Q=0
×　　　×

(c)
$$\neg(P \land \neg Q)$$
$$(P \lor Q) \land \neg Q$$
$$P \lor Q$$
$$\neg Q$$

P　　Q
　　　×
¬P　¬¬Q
×　　×

## 4.1.4 タブローを汎用的な方法にする

(c)のようなダイアグラムをこれからは**タブロー**と呼ぶ。あとはこうしたタブローをつくる手続きをどのような論理式にも使えるように整備すればよい。そのために便利な言葉を導入しておこう。

> 【定義】タブローのてっぺんからひとつの末端までをずっとたどり，そこに含まれる論理式を集めてつくった式集合を**経路**（path）と呼ぶことにする。

例）タブロー(c)では，はじめ1本だった経路は枝分かれし，最終的に次の3つの経路が生じた。

(1) 左の経路　　{¬(P∧¬Q), (P∨Q)∧¬Q, P∨Q, ¬Q, P, ¬P}
(2) 真ん中の経路　{¬(P∧¬Q), (P∨Q)∧¬Q, P∨Q, ¬Q, P, ¬¬Q}
(3) 右の経路　　{¬(P∧¬Q), (P∨Q)∧¬Q, P∨Q, ¬Q, Q}

**タブローをつくるとはどういうことだったのか**

(c)を完成させるためにどのような手続きに従ったのかを反省してみよう。

(1) 最初にチェックする式集合に含まれる論理式を列挙する（1行目と2行目）。
(2) 2行目から3，4行目をつくる。これは，次のような規則にしたがったと考えればよい。つまり，A∧Bという形の式が経路に出てきたなら，その経路に続けてAとBを縦に並べて書き加えろ，という規則だ。この規則のことを［∧］と名づけよう。

　　A∧B
　　　↓　　　　　　　　　　　　　　　　　　　　　　　　　　　　　　　　　　　　　　　　　　　　　　［∧］
　　　A
　　　B

(3) 3行目から5行目をつくる。これは次のような，「A∨Bという形の式が経路に出てきたら，経路を2つに分岐させ，一方の分岐の末端にA，他方の分岐の末端にBを書き加えろ」と

いう規則に従ったものと考えることができる。この規則を［∨］とする。

```
      A∨B
      ╱ ╲
     A   B
```
　　　　　　　　　　　　　　　　　　　　　　　　　　　　　　　　　　　　　［∨］

(4)　5行目までのばしたところで，右の経路には，Qと￢Qとがともに現れる。ある論理式とそれを否定したものとが両方とも1つの経路に現れるということは，この経路に含まれる論理式を一斉に1にする真理値割り当てが存在しないということだ。タブローは，上に書いた式が1になるためにはどのような式が1にならなければならないかを順々に分解して下に書き足していったものだから，**与えられた式集合を充足する真理値割り当ての探求は，少なくとも右の経路では失敗に終わった**ということが示されている。そこで，×を書いたのだった。これも，次のような規則にしたがって×を書き込んだのだと考えればよい。1つの経路に，ある式とその否定がともに現れたなら，その経路の末端に「×」を書き込めという内容の規則だ。

```
    A
   ￢A
    ↓
    ×
```
　　　　　　　　　　　　　　　　　　　　　　　　　　　　　　　　　　　　　［×］

(5)　この段階で左側の経路は，{￢(P∧￢Q), (P∨Q)∧￢Q, P∨Q, ￢Q, P} という具合にのびてきている。この経路を充足する真理値割り当てがあるかどうかはまだ未知数だ。そこで，この経路に含まれる ￢(P∧￢Q) が1になるにはどうでなければならないかを考えて，6行目でさらに枝分かれさせた。これは1行目に次のような規則を適用したと考えればよい。

```
     ￢(A∧B)
      ╱   ╲
    ￢A   ￢B
```
　　　　　　　　　　　　　　　　　　　　　　　　　　　　　　　　　　　　　［￢∧］

￢(A∧B) が1　⇔　A∧B が0　⇔　A, B のいずれかが0　⇔　￢Aが1または￢Bが1，であるから，この規則も上段に書いた式が1になるにはどのような式が1にならねばならないかを示したものと考えてよい。この規則を ［￢∧］ と名づける。

(6)　規則［￢∧］をあてはめた段階で経路は3本になっている。左の経路は {￢(P∧￢Q), (P∨Q)∧￢Q, P∨Q, ￢Q, P, ￢P} であり，真ん中の経路は {￢(P∧￢Q), (P∨Q)∧￢Q, P∨Q, ￢Q, P, ￢￢Q} である。いずれもある論理式とそれを否定したものとがともに現れているので，(4)と同様に×をつける。

(7)　こうしてすべての経路で，与えられた式集合を充足する真理値割り当ての探求が失敗に終わった。そこで，与えられた式集合を充足する真理値割り当ては存在せず，矛盾していたのだと判定する。

### 展開規則と判定基準

以上で取り出した ［∧］，［∨］，［×］，［￢∧］ などの規則を **展開規則** と呼ぼう。他にどのような展開規則を用意しておく必要があるだろうか。もともとが，A∗B という形の式が1のときと

第 4 章 機械もすなる論理学　97

| [∧] | [∨] | [→] | [↔] | [¬] |
|---|---|---|---|---|
| A∧B<br>↓<br>A<br>B | A∨B<br>∧<br>A　B | A→B<br>∧<br>¬A　B | A↔B<br>∧<br>A　¬A<br>B　¬B | ¬¬A<br>↓<br>A |
| [¬∧] | [¬∨] | [¬→] | [¬↔] | [×] |
| ¬(A∧B)<br>∧<br>¬A　¬B | ¬(A∨B)<br>↓<br>¬A<br>¬B | ¬(A→B)<br>↓<br>A<br>¬B | ¬(A↔B)<br>∧<br>A　¬A<br>¬B　B | A<br>¬A<br>↓<br>× |

0のときを考えているわけだから，これまでに導入された結合子のそれぞれについてA∗Bと¬(A∗B)の2つずつ規則を立てておけばよい。

これらの規則がいずれも上段に書かれた式が1になるためにはどのような式が1でなければならないかを下段に示したものになっていることを確認しよう。

(1) 例えば [→] については次のように考えれば納得しやすい。A→Bは¬A∨Bに論理的同値であるから，両者の真理条件は一致する。¬A∨Bが1になるには，¬Aが1かBが1であればよい。だからA→Bが1になるためにも¬Aが1かBが1であればよい。

(2) また，A↔Bが1になるのは，AとBの真理値が一致する場合だから，（AもBも1）または（AもBも0）の場合である。これはすなわち（AもBも1）または（¬Aも¬Bも1）ということだ。

**展開規則を当てはめる際の注意！**

タブローを構成するそれぞれの段階でこれらの規則を当てはめる際には，必ず式全体に適用し，部分論理式に当てはめてはならないということに注意しよう。例えば，P∧(Q∨R) に当てはめるべき規則は主結合子の ∧ に適用される規則の [∧] であって [∨] ではない。

---

**練習問題 21**

展開規則の作り方を理解してもらうために，次の問題をやってみよう。
(1) 次の真理表で定義される結合子●についての展開規則をつくれ。
(2) 排他的選言 A⊻B，シェーファーの棒 A|B についての展開規則をつくれ。

| A | B | A●B |
|---|---|---|
| 1 | 1 | 0 |
| 1 | 0 | 0 |
| 0 | 1 | 1 |
| 0 | 0 | 0 |

---

## 4.1.5　閉鎖経路と閉鎖タブロー

**開いて終わるタブロー**

{P→Q, Q→P} は矛盾していない。それは真理表を書けば確かめられる。この式集合をタブローのテストにかけるとどうなるかを見てみよう。まず，この2つの論理式を縦に並べてスタートする。次に，第1行のP→Qに [→] を適用して，(a)のように枝分かれさせる。これからは規

則をすでに当てはめた式には「！」をつけてまだ当てはめてない式と区別することにしよう。(a) では，P→Q は当てはめ済み，Q→P はまだ当てはめてないということが一目でわかる。さて，次に第 2 行の Q→P にもういちど [→] を適用すると ¬Q と P への枝分かれ ¬Q P を書き込むことになる。これをどこに書き込んだらよいのだろう？

ここで，タブローの方法のそもそもの意味を思い出してほしい。まず，{P→Q, Q→P} がいっぺんに真になるとしたら，どうでなければならないか？と問いを立てたのである。それに対し，経路(1){P→Q, Q→P, ¬P} がいっぺんに真になるか，経路(2){P→Q, Q→P, Q} がいっぺんに真になるかしなければなりませんよ，というのが(a)の意味していることだ。したがって，論理式 Q→P は経路(1)と経路(2)の両方に属している。このことが大事。

次に考えるべきことは，さらに経路(1)と(2)のそれぞれについて，それらがいっぺんに真になるためにはどうでなければならないか，ということだ。そのためには，Q→P も真でなくてはならないから，<u>¬Q か P のいずれかが真でなくてはならない</u>。Q → P が(1)と(2)どちらの経路にも属している以上，下線部も(1)と(2)の両方について言える。したがって ¬Q と P への枝分かれは，次の(b)のように 2 つの経路それぞれの末端に書き足さねばならない。

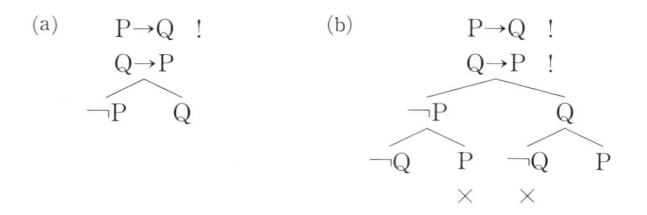

```
(a)    P→Q  !         (b)    P→Q  !
       Q→P                   Q→P  !
      ┌──┴──┐                ┌──┴──┐
      ¬P    Q                ¬P    Q
                           ┌─┴─┐ ┌─┴─┐
                           ¬Q  P ¬Q  P
                               ×     ×
```

さて，このようにして第 1 行，第 2 行に規則を当てはめ，×をつけられる経路に×をつけたら，**もう展開規則を当てはめることのできる行はなくなってしまった**（規則を当てはめることのできる形の式にはすべて「！」がついているし，それ以外の式はみなリテラルになっている）。規則を当てはめることができる行にすべて規則を当てはめてしまったときにタブローの構成は終了する。そして，(b)の場合は×のついてない経路が残っている。最初の集合は矛盾していないと判定してよさそうだ。

### 閉鎖経路

> 【定義】末端に×のついた経路を「**閉鎖経路 (closed path)**」，そうでない経路を「**開放経路 (open path)**」と言う。

例) タブロー(b)では，左端の {P→Q, Q→P, ¬P, ¬Q} は開放経路，右から 2 番目の {P→Q, Q→P, Q, ¬Q} は閉鎖経路。

**閉鎖タブロー**

さて，タブローではすべての経路に×がつけば，出発点に置いた式集合を充足する真理値の与え方が存在しないことがわかり，その集合が矛盾していることが示される．したがって，タブローの経路がすべて閉じるかどうかが矛盾の判定基準になる．そこで，次のように定義する．

【定義】すべての経路が閉鎖経路であるようなタブローを**閉鎖タブロー**（closed tableau）と言い，またそのタブローは**閉じて終わる**，と言う．
　逆に，適用可能な展開規則をすべて適用し終わった段階で，まだ1つでも開放経路が残っているタブローを**開放タブロー**（open tableau）と言い，またそのタブローは**開いて終わる**，と言う．

以上の用語を使えば，論理式集合が矛盾しているかどうかの判定基準を次のように述べることができる．

【判定基準】論理式の集合 $\{A_1, A_2, \cdots, A_n\}$ が矛盾している　⇔　$A_1, A_2, \cdots, A_n$ を縦に並べてはじめたタブローが閉鎖タブローになる．

## 4.1.6　人間らしくタブローを描こう——タブロー構成の攻略法

**規則を当てはめる順序にはコツがある**

パソコンでタブローを書くプログラムを組んだとしよう．このプログラムは，上の式から順番に機械的に規則を当てはめていくようになっているとする．そうすると，次のようなタブローが生じる．

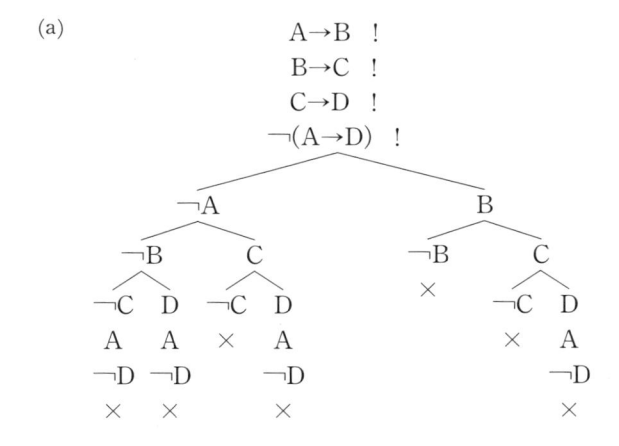

(a)
$$
\begin{array}{c}
A \to B \quad ! \\
B \to C \quad ! \\
C \to D \quad ! \\
\neg(A \to D) \quad !
\end{array}
$$

```
                    A→B  !
                    B→C  !
                    C→D  !
                   ¬(A→D) !
                    ／＼
                  ¬A      B
                 ／＼    ／＼
               ¬B  C   ¬B  C
              ／＼ ／＼  ×  ／＼
            ¬C D ¬C D      ¬C D
             A  A  ×  A       ×  A
            ¬D ¬D    ¬D           ¬D
             ×  ×    ×             ×
```

しかし，少々工夫すると，もっとすっきりしたタブローを書くことができる．例えば，まだ規則を当てはめていない行のうち枝わかれしないものがあればそれを優先的に選んで規則をあては

ればよい。そうすると，例えば(b)のようになる（第4行，2，1，3行の順に規則を当てはめた）。さらに順序を工夫するとさらに(c)のようにスッキリしたタブローになる（第4行，1，2，3行の順に規則を当てはめた）。

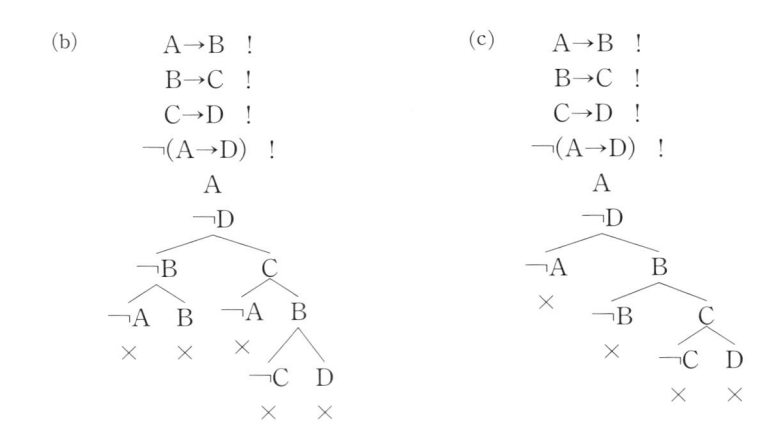

```
(b)      A→B  !              (c)     A→B  !
         B→C  !                      B→C  !
         C→D  !                      C→D  !
        ¬(A→D) !                    ¬(A→D) !
          A                           A
         ¬D                          ¬D
        ╱  ╲                        ╱  ╲
       ¬B   C                      ¬A   B
      ╱ ╲  ╱ ╲                     ×   ╱ ╲
     ¬A B ¬A B                        ¬B  C
     ×  ×     ╱╲                      ×  ╱╲
             ¬C D                       ¬C  D
             ×  ×                       ×   ×
```

これは，ようするに枝分かれせざるをえない場合でも，片方の経路が閉じるような行を優先させるということである。以上からタブローを実際に構成する際に従うべき攻略法としては，

---

【攻略法】
(1) 枝分かれしない展開規則を先に適用する。
(2) 枝分かれする場合は少なくとも一方の経路が閉じるような行に先に展開規則を適用する。

---

これを「攻略法」と呼び，規則と呼ばない理由は，この攻略法に従わなくてもタブローを正しく書くことはできるからだ。これはタブローを**楽して書く**ためのコツなのである。

---

**練習問題 22**

(1) 次の論理式の集合はそれぞれ矛盾しているだろうか。タブローを使ってチェックせよ。
　(a) {P→Q, P→¬Q}　　(b) {P, P→Q, P→¬Q}
　(c) {P∨Q, Q→R, P→S, ¬(R∨S)}

(2) 次の4つのことを同時に信じている人がいる。その人の信念は矛盾しているかそれとも整合的か。
　・神は存在する
　・神が存在するならば神が造り給いしこの世は最善の世界である
　・神が造り給いしこの世が最善の世界であるならば悪はこの世にない
　・この世には悪がある

## 4.1.7 妥当性，トートロジー性，論理的同値性の判定とタブロー

- 前提 $A_1, A_2, \cdots, A_n$ から結論 C を導く論証が妥当である ⇔ 式集合 $\{A_1, \cdots, A_n, \neg C\}$ が矛盾している。
- 論理式 A がトートロジーである ⇔ $\{\neg A\}$ が矛盾している。

という関係があった（66 ページの 3.7.5 を見よ）。したがってタブローは論証の妥当性や論理式のトートロジー性の判定方法としても用いることができる。その判定基準はほとんど明らかだけれど，念のために書いておくと次のようになる。

【判定基準】
(1) 前提 $A_1, \cdots, A_n$ から結論 C を導く論証が妥当である ⇔ $A_1, \cdots, A_n$ および $\neg C$ を縦に並べたものからはじめたタブローが閉鎖タブローになる。
(2) 論理式 A がトートロジーである ⇔ $\neg A$ からはじめたタブローが閉鎖タブローになる。

**練習問題 23**

(1) 次の論証が妥当であるかどうかをタブローを使ってチェックせよ。

(a) P           (b) Q           (c) $\neg P$           (d) P→Q
    P→Q             P→Q             P→Q                 $\neg Q \to \neg P$
    ─────           ─────           ─────               ─────────
    Q               P

(2) 次の論証が妥当であるかどうかをタブローを使ってチェックしてみよう。2 回以上の枝分かれを含むから，攻略法を使ってみること。

(a) P→Q         (b) P→R
    Q→R             Q→R
    R→S             P∨Q
    ─────           ─────
    P→S             R

(3) 次の論証が妥当であるかどうかをチェックせよ。

(a) P∨Q         (b) P|Q
    P               $\neg Q | R$
    ─────           ─────────
    $\neg Q$         R→$\neg P$

(4) 次の推論が妥当であるかどうかを判定せよ。

(a) 我が政権がもう一期続投するには，行政改革，景気回復，政治腐敗防止のうち少なくとも 2 つを実行しなければならない。しかし，わしは政治腐敗防止政策を実行するつもりはない。ということはもう一期の続投は無理ということだな。なんせ，行政改革の実行と景気回復は両立せんからなあ。

(b) ごみ処理場の建設中止にはごみの減量プランを立てることが必要だ。したがって，我が党が選挙で勝つにはごみの減量プランを立てなくてはならない。なぜなら，無党派層の投票をとらないと我が党は勝てないが，ごみ処理場の建設が中止されないと，無党派層の投票を獲得することができないからだ。

(5) **ちょっと意外なトートロジー** 次の形の式がトートロジーであることはちょっと戸惑うかもしれない。でも全部トートロジーなのだ。タブローでチェックしてみよう。
    (a) A→(B→A)    (b) (A→¬A)→¬A    (c) (A∧¬A)→B
    (d) C→(B→B)    (e) ¬A→(A→B)    (f) (A∨(A∧B))↔A

(6) 次の論理式がトートロジーかどうかチェックせよ。
    (a) ((P→Q)∧P)→Q    (b) (¬P∧(P∨Q))→Q    (c) (P∧(P∨Q))→¬Q
    (d) (P∧(P∨Q))→¬Q    (e) ((((P→Q)→(¬R→¬S))→R)→U)→((U→P)→(S→P))

(7) **タブローによる論理的同値性の判定** 次のような判定基準でタブローは論理的同値性の判定にも使えることを示せ。

> 【判定基準】論理式 A と B が論理的同値である ⇔ $\begin{array}{c}A\\\neg B\end{array}$ からはじまるタブローと $\begin{array}{c}B\\\neg A\end{array}$ からはじまるタブローがともに閉鎖タブローになる。

(8) まず，P→(Q→R) と (P∧Q)→R が論理的同値であることをタブローで確かめよ。このことは直感的にも納得がゆくのではないだろうか。「明日晴れたなら，お父さんに仕事がなかったら遊園地に行こうね」というのと「明日晴れでお父さんに仕事がなかったら，遊園地に行こうね」というのは同じことだろう。

(9) さて，(P∧Q)→R は (Q∧P)→R と論理的同値なのは明らかであり，(Q∧P)→R は Q→(P→R) と論理的同値なのだから，結局 P→(Q→R) と Q→(P→R) は論理的に同値である。このことを次にタブローで確かめよう。これを**入れ替え律**と言う。

(10) ところが入れ替えてよいのは前の2つの式だけである。実際，P→(Q→R) と P→(R→Q) は論理的同値ではない。このことをタブローで確かめよう。

## 4.2 タブローの信頼性

### 4.2.1 なぜ信頼性を確認しなければならないか

タブローは信頼がおける方法だろうか。つまり，タブローが「矛盾だよ」と判定してくれたらその集合は本当に矛盾しているのだろうか。「何をいまさらそんなこと言ってんだ？ そうなるように作ったんだから当然でしょ」と言いたくなるかもしれないが，ちょっと待って。われわれはまだ，いくつかの具体例を通じて，タブローによる判定がおおよそうまくいくらしいということを確かめたにすぎないのだから。

タブローはパソコンにもやらせることができる方法として導入された。つまり，入力された式の列に，8つの展開規則をつぎつぎと機械的に当てはめて，その結果によって入力された式の列が矛盾しているかどうかを判定する，という方法として導入したわけだ。だから，A∧B という形の式があったら，次に A と B を書き足すとか，¬¬A という形の式があったら，次に A を書き足すという具合に，そこに出てくる**記号の意味は考えずに**タブローを作ることができる。そし

て，すべての経路の末端に×という形の記号があったら，「ムジュンシテイマス」という文字列を出力する，とこんな風に機械的手続きとしてタブローは書けてしまう。パソコンは，矛盾とはどういうことかということを知らなくてもよい。つまり，機械的手続きとして見たタブローの方法は，徹底して意味を無視したシンタクス的な手続きなのだ。したがって，このように記号の形だけに注目して**機械的**に適用される**シンタクス的方法**を当てはめた結果が，いつでも矛盾という**記号の意味にかかわるセマンティクス的事実についての判定**として信頼がおけるものになっているかということは，ちゃんと問題にしなくてはならないことがらだ。そこで，タブローの信頼性をきちんと証明しておくことにしよう。

　タブローの方法が矛盾に関して信頼の置けるものであれば，それは妥当性，トートロジー性のチェックの手段としても信用できることは明らかだから，以下の話は矛盾のチェックの場面に限って進める。タブローの方法が信頼できるためには次のことが成り立っていなければならない。

　(1)　どのような論理式の集合からはじめてタブローを書いても，それが有限集合である限りはかならずいつかは有限のステップのうちにその手続きは終了しなければならない。これをタブローの方法の**決定可能性**（decidability）という。決定可能でないと，ある論理式の集合をチェックしようと入力したときに，パソコンが止まらなくなってしまう，という恐ろしいことが起こる。

　決定可能性が確かめられたら，次にはそうやって出てきた判定結果が常に正しいことが保証されていなければならない。つまり，

　(2)　どのような論理式の有限集合を出発点としてタブローを書いても，閉鎖タブローが生じたならばその集合は矛盾している。

　(3)　どのような論理式の有限集合を出発点としてタブローを書いても，それが矛盾した集合ならばいつでも閉鎖タブローが生じる。

　これらを順に示していこう。


## 4.2.2　タブローの決定可能性

【定理22】タブローの方法は決定可能である。

【証明】
(1)　タブローは，有限の長さの有限個の論理式を縦に並べたものから始まる。
(2)　タブローの展開規則を論理式に当てはめるたびに書き足される式は，元になった式の部分論理式だからかならずその元になった式よりも短い。P→(Q∨R)からは￢PとQ∨Rが得られるが，この2つの式はいずれももとのP→(Q∨R)よりも短い。
(3)　このようにして，展開規則が適用されるたびに新しく書き足される式はもとの式より必ず短いものになってゆき，最終的にはリテラルになる。リテラル以外の式にすべて展開規則を適用した段階で，もはや新しく展開規則を当てはめる式はなくなり，あとは×のつくべき経路に×をつけ

てタブローの展開は終了する。
(4) 以上より，われわれのタブローは決定可能であることがわかった。■

### 4.2.3 閉鎖タブローが生じたならば矛盾している

次に(2)を証明しよう。つまり，次の定理である。

> 【定理 23】式の有限集合 $\Gamma$ からは閉鎖タブローが生じる　⇒　$\Gamma$ は矛盾している。

このためには次のふたつの補助定理を証明しておく必要がある。

> 【補助定理 23-1】タブローのある経路（伸びてゆく途中のものでもよい）が充足可能なら，その経路は閉じていない。

【証明】対偶を示せばよい。つまり，「経路が閉じている　⇒　その経路は充足可能ではない」を示す。
　これは明らか。なぜなら，経路が閉じているならば，その経路には或る論理式とその否定とがともに含まれていることになるから，その経路に出てくる論理式を全て 1 にするような真理値割り当てはありえない。■

> 【補助定理 23-2】タブローの展開規則はすべて次の性質をもっている。
> (1) 枝分かれのない規則の場合：上段にある論理式が，原子式へのある真理値割り当て $V$ のもとで 1 であるならば，下段に書き込まれる論理式（複数あるときは両方）も $V$ のもとで 1 である。
> (2) 枝分かれのある規則の場合：上段にある論理式が，原子式へのある真理値割り当て $V$ のもとで 1 であるならば，下段に書き込まれる論理式のうち少なくともどちらかが $V$ のもとで 1 である。

【証明】　これは結合子に対する我々の意味の与え方と展開規則の定め方によって明らか。■

#### 定理 23 の証明

　これら 2 つの補助定理を使って定理 23 を証明しよう。ただし，定理 23 をそのまま証明するのではなく，その対偶「式集合 $\Gamma$ が充足可能である　⇒　$\Gamma$ からは開放タブローが生じる」の方を証明する。

【証明】
(1) $\Gamma$ が充足可能だとする。したがって，$\Gamma$ に含まれる論理式をすべて 1 にする真理値割り当て $V$ が存在する。補助定理 23-1 により，$\Gamma$ を縦に並べた経路（出発点になるもの）は閉じていない。

(2) タブローの方法ではこの経路からはじめて展開規則を適用しながら経路を伸ばしていく。しかし，補助定理23-2により，枝分かれのない規則を適用して書き足した式はやはりVのもとで1である。また，枝分かれした場合には，書き足した少なくとも一方の式がVのもとで1である。したがって，展開規則を適用して延長した経路のうちにはつねに少なくとも1つVにより充足可能なものがある。

(3) したがって，タブローの構成が終了した時点でも，Vにより充足される経路が少なくとも1つはあることになる。補助定理23-1によりこの経路は閉じていない。したがってΓからは開放タブローが生じる。■

## 4.2.4 矛盾した集合はいつでも閉鎖タブローを生む

次に103ページの(3)の証明にとりかかろう。つまり次の定理24だ。

> 【定理24】式の有限集合Γは矛盾している　⇒　Γからは閉鎖タブローが生じる。

これもその対偶，つまり「Γから開放タブローが生じる　⇒　式集合Γは充足可能である」を証明することにする。Γから開放タブローが生じたとする。するとそのタブローには開放経路がある。ここで，「どんな開放経路にも，そこに含まれる式をすべて充足する真理値割り当てVが必ず存在する」ということが言えれば，このVは開放経路を充足する以上，出発点になったΓも充足する。したがってΓは充足可能になる。

とすると，残るのは，開放経路からはそれに含まれる式をすべて充足する真理値割り当てをつくれるということを，どんな開放経路にも当てはまるように厳密に証明することだけだ。このことを直接に証明するのはたやすいが，ここではわざと遠回りして，「**モデル集合**（model set）」とか「**ヒンティッカ集合**（Hintikka set）」と呼ばれる特殊な式集合を導入して証明を行ってみよう。それは，タブローの方法の発想の源になったヒンティッカ集合の概念になじんでもらいたいからでもあるし，式の集合を都合のよい集合に拡大してその充足可能性を示す，というコンパクト性定理の証明の際に紹介した証明テクニックのもう1つの事例を与えることができるからでもある。この後の筋道は次のようになる。

> (1) ヒンティッカ集合を定義する。
> (2) ヒンティッカ集合は充足可能であることを証明する。
> (3) タブローの開放経路はヒンティッカ集合の一種であることを言う。

**ヒンティッカ集合**

> 【定義】次の条件を満たす論理式の集合Δをヒンティッカ集合と言う。
> 　　（一）：いかなる原子式PについてもPと￢Pの両方がΔに属することはない

(¬¬)　：¬¬A∈Δ　⇒　A∈Δ
(∧)　　：A∧B∈Δ　⇒　A∈Δ かつ B∈Δ
(¬∨)　：¬(A∨B)∈Δ　⇒　¬A∈Δ かつ ¬B∈Δ
(¬→)　：¬(A→B)∈Δ　⇒　A∈Δ かつ ¬B∈Δ
(¬∧)　：¬(A∧B)∈Δ　⇒　¬A∈Δ または ¬B∈Δ
(∨)　　：A∨B∈Δ　⇒　A∈Δ または B∈Δ
(→)　　：A→B∈Δ　⇒　¬A∈Δ または B∈Δ
(↔)　　：A↔B∈Δ　⇒　（A∈Δ かつ B∈Δ）または（¬A∈Δ かつ ¬B∈Δ）
(¬↔)　：¬(A↔B)∈Δ　⇒　（A∈Δ かつ ¬B∈Δ）または（¬A∈Δ かつ B∈Δ）

### ヒンティッカ集合の充足可能性

【定理25】いかなるヒンティッカ集合も充足可能である。

【証明】任意のヒンティッカ集合をΔとする。そして次のように原子式に対する真理値割り当てVをつくる。

V：各原子式 $P_i$ について，$P_i$∈Δ　⇔　$P_i$ は 1

　ようするにΔに入っているか入っていないかに応じて，原子式に1または0を割り当てるわけだ。入っているものには1，入っていないものには0。
　このようにして定義される真理値割り当てVのもとでは，Δに属する**原子式**はすべて1になる。これは当り前。しかし，実は**複合的な論理式**についてもこのことは成り立つのだ。つまりVはΔに含まれるすべての論理式に1を割り当てる。このことを示せばΔは充足可能だということが示される。そこで，証明すべきことは，「A∈Δ なるすべての論理式AはVのもとで1である」。証明には帰納法を使う。
[Basis] 原子式Pについては，Vの定め方により，P∈Δ ならば，PはVのもとで1である。また，負リテラル¬Pについては，¬P∈Δ であれば，ヒンティッカ集合の条件（¬）によりP∉Δだから，PはVのもとで0，したがって¬PはVのもとで1である。
[Induction Step] 結合子の数がk個以下の任意の論理式B, Cについて，それがΔに含まれるならばVのもとで1であると仮定しよう（帰納法の仮定）。このとき，結合子の数がk+1個のAについて，

・Subcase 1.　Aが¬¬Bの形のとき，
　　Δはヒンティッカ集合だから，条件（¬¬）により，もしA∈ΔであればB∈Δである。このとき，帰納法の仮定によりBはVのもとで1である。ところで，Aは¬¬BであるからA もVのもとで1。つまり，もしA∈ΔであればAはVのもとで1，が成り立つ。
・Subcase 2.　AがB∧Cの形のときも同様。
・Subcase 3.　Aが¬(B∨C)の形のとき，
　　Δはヒンティッカ集合だから，条件（¬∨）により，もしA∈Δであれば，¬B∈Δ かつ ¬C∈Δである。このとき，¬Bも¬Cも結合子の数がk個以下だから帰納法の仮定が適用できて，

¬Bと¬CはVのもとで1である。ところで，Aは¬(B∨C)であるから，¬Bと¬CがVのもとで1ならばAもVのもとで1。つまり，もしA∈ΔであればAはVのもとで1。
- Subcase 4. Aが¬(B→C)の形のときも同様。
- Subcase 5. AがB∨Cの形のとき，

　Δはヒンティッカ集合だから，条件（∨）により，もしA∈ΔであればB∈ΔまたはC∈Δである。いまかりにBの方がΔに含まれているとする。このとき，帰納法の仮定によりBはVのもとで1である。ところで，AはB∨Cであるから，BがVのもとで1ならばAもVのもとで1。また，Cの方がΔに含まれているとしても同様にAもVのもとで1。いずれにせよ，もしA∈ΔであればAはVのもとで1。
- Subcase 6. Aが¬(B∧C)の形のとき，

　Δはヒンティッカ集合だから，条件（¬∧）により，もしA∈Δであれば¬B∈Δまたは¬C∈Δである。¬Bも¬Cも結合子の数がk個以下だから帰納法の仮定が適用できる。いまかりに¬Bの方がΔに含まれているとする。このとき，帰納法の仮定により¬BはVのもとで1である。ところで，Aは¬(B∧C)であるから，¬BがVのもとで1ならばAもVのもとで1。また，¬Cの方がΔに含まれているとしても同様にAもVのもとで1。いずれにせよ，もしA∈ΔであればAはVのもとで1。
- Subcase 7. AがB→C，B↔C，¬(B↔C)の形のときも同様。

　以上より，Δに属する論理式はすべて真理値割り当てVのもとで真である。■

**タブローの開放経路は充足可能であることの証明**

　以上で，ヒンティッカ集合は充足可能であることがわかった。あとはタブローの開放経路がヒンティッカ集合であることを言えばよい。

　【証明】Γを出発点として始めたタブローが開放タブローになって終わったとき，そのタブローには開放経路が少なくとも1つ含まれている。その1つをΘとしよう。この開放経路Θは式の集合だが，まずそれが開放経路である以上，いかなる原子式についてもPと¬Pの両方がΘに属することはない。したがってヒンティッカ集合の条件（¬）を満たしている。また，タブローをつくるための展開規則により，タブローのどの経路も（¬¬）から（¬↔）までの条件を満たしているのは明らか。したがって，開放経路Θはヒンティッカ集合である。

　いかなるヒンティッカ集合も充足可能であるからΘも充足可能である。またΓはΘの部分集合であるから，Θが充足可能である以上Γも充足可能である。■

　もう分かっただろう。式集合Γが充足可能であるときそれを出発点にタブローを構成していくということは，Γを拡大してΓを部分集合として含むヒンティッカ集合（それがつまり開放経路）をつくっていくということだったのである。

# 第 I 部のまとめ

- まず，論理学の目標を，論証の正しさ，矛盾，論理的真理という概念を明確にすることとした。そして，この目標を果たすには命題の**意味内容**よりもむしろその**形式**に注目する必要があることを確認した。

- そこで我々は，命題の意味内容は忘れて，**その形式を浮かび上がらせるのに都合のよい人工言語**をつくり，その言語の性質について研究することによって上記の目標を達成しようと考えた。そのための人工言語が **L** だ。**L** を定義するために，その語彙を確定し **L** の論理式を帰納的に定義した。以上は，**L** に現れる語彙の意味にはまったく触れずに行われた。つまり，**L** の**シンタクス**にかかわることがらだ。

- **L** の論理式を帰納的に定義したことの意義は 2 つある。1 つはそれにより，我々が現実に行っている論証ではおそらく現れないようなとてつもなく長い論理式を含む，可能な論理式のすべてが考察範囲に入ってくるということだ。こうして，論理学はそもそもは日常生活で現に行われている有限的な論証や推論にルーツをもつものだけれど，そこから離陸して，帰納的に定義された無限にたくさんの論理式という抽象的対象の世界が示すシンタクス的，セマンティクス的な特質を調べる，とても抽象的で普遍的な研究になる。

- 論理式の帰納的定義の第 2 の意義は，そうした定義の仕方によって，無限に豊かな論理式の世界という**研究対象**が手に入るだけでなく，その世界に対しての**研究方法**も手に入るということだ。論理式の集合は単に無限にたくさんの論理式が乱雑に収められた袋のようなものではない。そこに属する論理式同士が，より単純な形の部分論理式から帰納的につくられてくるというような秩序・構造をもった集合なのだ。この構造自体が研究対象になると同時に，その構造のおかげで，すべての論理式についての様々な事実を証明する技法，つまり**式の長さに関する帰納法による証明**が可能になる。

- 第 I 部では，式の長さに関する帰納法を使って，すべての論理式に関する重要なシンタクス的事実（例えば，unique readability など）とセマンティクス的事実（真理値割り当ての一意性など）を証明した。この証明法は，このあとも引き続き活用してゆく。

- 論理的帰結，矛盾，論理的真理といった概念は，真理値割り当てと結合子の意味に訴えることによって明確に定義された。つまりこれらの概念は，セマンティクス的な考察によって明らかにされた。

- ここでも論理学の日常的推論活動からの飛躍が見られる。論理的帰結の概念は，最初は我々が日頃行う論証や推論に結びついていた。しかし，真理値割り当てという道具だてで捉えなおしたあとは，それは日常的な論証と関係なくなるわけではないけれど，より一般的な論理式の集合と1つの論理式の間の関係におき直された。これにより，論理式の無限集合と1つの論理式の間にも論理的帰結の概念が適用できることになった。人間には，無限に多くの前提をもった論証など行うことができないから，ここに大きな飛躍があることがわかる。

- 同様の一般化は，真理関数の考え方にも見られる。真理関数は結合子をもっと一般的に捉えるために導入されたもので，そのルーツは自然言語の接続詞にある。しかし，いったん真理関数として捉え直されると，それは簡単にn変数にまで拡張できる。n変数の真理関数に対応する自然言語の接続詞などないにもかかわらず，である。こうして例えば「すべての真理関数を表すにはいくつの結合子が必要なのか？」というような問題意識が生じてくる。こうした問題は，接続詞の代替品として結合子を見ているだけでは生じなかったことに注意しよう。つまり，論理学がもつ強い普遍化・一般化への志向は，それじたい，かつては思いつくことのできなかった新しい問題をもたらすわけだ。

- このようにして，論理学をつくっていく過程で論理学のもう1つの顔が見えてきた。確かに，論理学の出発点は，日頃行われている論証や論理的判断の明確化にあった。これは重要な問題だし，今後も大きな課題であり続ける。しかし，注目してほしいのは，その課題を果たすために導入した人工言語，つまり帰納的に構造づけられた無限に多くの論理式の集合そのものが，興味深い独自の問題の宝庫となるということだ。**帰納的に定義された論理式の無限集合の構造をシンタクスとセマンティクスの両面から調べていく研究**。これが論理学のもう1つの顔だ。

第 II 部

# 論理学をひろげる

　第 I 部で，論理学の基本的な進め方が分かってもらえたものと思う。第 II 部では第 I 部でつくった人工言語 **L** では扱えないような論証も扱えるように論理言語を 3 段階にわたって徐々に拡張する。とはいえ，論理学をつくっていくやり方そのものは第 I 部とまったく変わらないから心配には及ばない。

# 第5章
# 論理学の対象言語を拡張する

## 5.1 なぜ言語の拡張が必要なのか

これまでのやり方，つまり人工言語 **L** による記号化では正しさを特徴づけられない論証がまだある。例えば，次のものがそうだ。

　　タコは頭足類である
　　<u>頭足類は火星から飛来した寄生生物である</u>
　　タコは火星から飛来した寄生生物である

これは妥当な論証だ（えっ何で？　頭足類は火星から来たっていう前提は間違ってるじゃないの，という人は第1章を最初から読み直すべし！）。ところが，この論証を **L** で記号化しようとしても，3つの命題がそれぞれみんな単純命題だから，「P，Q，ゆえに R」の形にしか分析できない。したがって，これまでのやり方ではこの論証の妥当性を捉えることは無理だ。

じゃ，どのようにすればタコ論証の妥当性がきちんと扱えるようになるだろう。大事なことは，この論証だって**形式のみによって妥当**なのだよ，ということだ。つまりタコ論証は，

　　○は◆である
　　◆は□である
　　○は□である

のような形をしていることによって妥当性が保証されている。だとすると，それぞれの命題に◆，○，□が**共通して顔を出す**ということが妥当性の根拠になっているらしい。ということは，これまでの **L** では単に P，Q，R のように1つの文字で表していた一つ一つの単純命題の**内部構造**も分析する必要があるということだ。こうした発想で展開される論理，つまり命題の内部構造も問題にする論理が，これから紹介する**述語論理**（predicate logic）だ。これに対し，第Ⅰ部で展開してきた，単純命題の内部構造は問わない論理を**命題論理**（propositional logic）と言う。

## 5.2 述語論理での命題の記号化

### 5.2.1 命題の内部構造とは？

とりあえず，命題を「○は□である」という構造を持ったものとして捉えよう。学校文法では○は**主語**（subject）と呼ばれ，□は**述語**（predicate）と呼ばれている。で，日本語ではどのような表現が主語・述語になっているかを観察すると，主語になることのできる表現には，「スティーヴン・ホーキング」，「相対性理論の発見者」のようにただ1つの対象（個体）を指す**個体指示表現**（singular term）と「映画監督」，「ウミウシ」のようにいくつかの対象・個体に当てはまる**一般名辞**（general term）の2種類があることが分かる。

現代の述語論理では，これら2種類の表現をそれぞれずいぶんと異なった仕方で扱う。その理由を理解してもらうために，まず個体指示表現が主語になっている文をどのように記号化するかを見てみよう。

### 5.2.2 個体指示表現を主語とする文の記号化

**個体指示表現の多様性**

個体を指示する表現にも様々な種類がある。代表的なものは次の3種類に分類される。

(1) **固有名**（proper name）
「吉田戦車」，「ロバート・ロドリゲス」，「天安門」，「信濃川」
(2) **確定記述句**（definite description）
複数の名詞や形容詞，動詞などが組み合わさって全体として1つの個体を指している表現。例えば，「日本で一番長い川」，「ハリウッド版『ゴジラ』の監督」など。英語では，「the planet nearest to the Sun」，「the author of *Neuromancer*」のように定冠詞「the」で始まることが特徴だ。
(3) **指示詞**（demonstrative）
「これ」，「それ」，「私」，「君」といった表現。

さて，確定記述句と指示詞にはそれぞれあつかいが難しくなってしまう事情がある。確定記述句は融通性に富み，いくらでもつくれるのが魅力だ。ところが，逆にこのために「水星と金星の間にある惑星」のように，指すものが無いような確定記述句も好きなだけつくれてしまう。そうすると，こうした表現を主語にする文の真理値はどうしてくれんのさ，という問題が出てくる。「水星と金星の間にある惑星は地球より質量が大きい」は真なのか偽なのか。そんな惑星はないんだから偽だ，とすると，同じ理由で「水星と金星の間にある惑星は地球より質量が大きくない」も偽になってしまう。つまり，ある命題とそれの否定命題がともに偽になるということになる。一方，そんな惑星はないんだから，ないものについてどうのこうの言っても無意味だ，つま

り真でも偽でもない,と考えることもできる。しかしこんどは真理値として真でも偽でもない第3の値を認めるか,あるいは真理値をもたない命題(真理値ギャップ)を認めるかしなければならなくなる。ということは2値原理を捨てるということだ。こうした困った問題が生じないような抜け道が考えられるだろうか。こういった問題は8.2.2で扱う。

指示詞にも別種の難しさがある。それはこうした表現は,**だれがいつどこで使うかに応じて指示対象が異なってしまう(つまり文脈依存性をもつ)**からである。このためその語が使われる状況をどうしても考えに入れなければならない。このため,扱いが難しくなる。以下では,個体指示表現としては,**つねに指示対象があり,しかも文脈によらずにつねに同じ個体を指すようなものだけ(つまり,実在の対象につけられた固有名詞)**を典型として考えることにしよう。

### 固有名を主語とする命題の記号化

「スティーヴン・スピルバーグは映画監督である」という命題の記号化を考えよう。まず,この命題に現れる構成要素を論理言語の記号に置き換える規則を与える。それを次のように書くことにしよう。

> [Interpretation]
> D:は映画監督である
> s:スティーヴン・スピルバーグ

このとき,「スティーヴン・スピルバーグは映画監督である」をDsと書く。アルファベットの小文字(後で見る理由により,w, x, y, zは除く)は,個体指示表現に対応している。こうした記号を**個体定項**(individual constant)と呼ぶ。これに対し,残りの「は映画監督である」に対応する部分はアルファベットの大文字を当てることにする。こうした記号を**述語記号**(predicate)と呼ぶ。

### 命題関数として述語をとらえる

主語は「スティーヴン・スピルバーグ」のように完結した表現であるのに対し,述語には「〜は映画監督である」のように隙間がある。この隙間を主語が埋めることによって命題ができあがる。そこでこうした隙間があることをはっきりさせるために,Dxと書くと便利だ。

さらに一歩進んで次のように考えることもできる。$x^2$という関数のxに2を代入すると$2^2$が得られ,3を代入すると$3^2$が得られるように,DxのxにsをsをDsが得られた。つまり,述語を,スピルバーグには命題「スピルバーグは映画監督である」,アインシュタインには命題「アインシュタインは映画監督である」を対応させる関数とみなしたらどうだろう。このように考えると,述語Dxは個体の集合から命題の集合への関数になる。このように関数として捉えた述語を**命題関数**(propositional function)と言う。

## 5.2.3 普通名詞が主語になっている命題の記号化

### 方針を探る

次に普通名詞を主語とする命題を記号化しよう。例えば「映画監督は経営者感覚に富む」という命題を記号化するにはどうするか。これを先ほどと同じように，

> [Interpretation]
> Mx：x は経営者感覚に富む
> d：映画監督

と定めて Md と記号化するのでよいだろうか。ここで思い出してほしいのは，命題を単独で取り出してその記号化の仕方を問題にしてもナンセンス，ということだ（19 ページ参照）。記号化の仕方はどのような論証の中でその命題を扱おうとしているかによる。我々がここで扱おうとしている論証の典型は次のようなものだ。

| (1) | (2) |
|---|---|
| スティーヴン・スピルバーグは**映画監督**である | Ds |
| **映画監督**は経営者感覚に富む | Md |
| スティーヴン・スピルバーグは経営者感覚に富む | Ms |

いまの提案に従えば，この論証は(2)のように記号化される。(1)では太字の「映画監督」という語が2つの前提に共通に出てくることが論証の正しさの決め手だった。これに対して，(2)の1行目の「D」と2行目の「d」は別の記号であり，なんのつながりもない。このため(2)は(1)の正しさをうまく捉えることができていない。そこで，第2の前提に出てくる「映画監督」も「D」で表して記号化できないだろうか。つまり，文法上は主語のような顔をして出てきている「映画監督」を**述語として記号化する**という路線だ。これを追求してみよう。

というわけで，「x は映画監督である」と「x は経営者感覚に富む」とを使って第2の前提をパラフレーズしてみよう。この命題が主張していることは，ある特定の映画監督が経営者感覚の持ち主だということではなく，**およそ映画監督たるものみな経営者的感覚をもっている**（そうでなきゃ監督業なんてつとまらんだろう）というようなことである。これは，「およそどんな x をとってきても，もしその x が映画監督であるならば，x は経営者感覚に富んでいる」と言い直すことができる。つまり，

> およそどんな x をとってきても (Dx → Mx)

あとは，「およそどんな x をとってきても」に相当する記号を導入すればよい。これはようするに「すべての x について」ということだから，All の頭文字を逆にして「∀」で表すことにしよう。すなわち，

$$\forall x(Dx \to Mx)$$

とやる。

以上の書き換えでは「映画監督は経営者感覚に富む」という命題を「**すべての映画監督は経営者感覚に富む**」という意味だと考えてきた。日本語では主語が普通名詞のとき，しばしば「すべて」は省略されるが，意味の上ではすべてのナントカについて語っていることが多い。「日本人は自然を愛する」と言う人は，ある特定の日本人が自然を愛すると言っているのではなく，日本人はみんな自然を愛すると言っているのだろう。

### 量化子と個体変項

この「∀」を**全称記号**とか**全称量化子（限量子）**，あるいは**普遍量化子（限量子）**と呼ぶ。英語では universal quantifier と言う。また，ここで現れた記号「x」は，確かに個体を指してはいるが，個体定項「s」のように特定の個体（例えばスピルバーグ）を指すのではなく，すべての人または個体を誰と決めずに指している表現である。このような記号を**個体変項**（individual variable）と呼ぼう。w，y，z などの文字も個体変項として使うためにとっておく。

---

**練習問題 24**

次の英文を論理式に翻訳せよ。ただし次の解釈を用いること。

[Interpretation]
Gx：x wears glasses   Sx：x wears sneakers
Jx：x wears jeans    Ax：x is an artist

(1) Everyone wears sneakers.　(2) Everyone wears jeans and sneakers.
(3) Every artist wears jeans.　(4) Everyone who wears jeans wears sneakers.
(5) All the artists wearing glasses wear sneakers.
(6) If one wears jeans, then he wears glasses.
(7) If an artist wears glasses, then he wears jeans.

---

## 5.2.4　もう1つの量化子

### 否定の位置による違い

いま個体変項 x の指す範囲を人間の集まりであるとする。そして，

[Interpretation]
Gx：x は善良である

としよう。このとき，$\forall xGx$ は「すべての人間は善良である」という性善説の主張に相当する。

そこで，「すべての人間は悪人である」という性悪説の主張を ∀ にさらに否定の記号 ¬ を組み合わせて表現することを試みよう。話を単純にするために，善良でない人は悪人と言うことにする。ちょっと乱暴だけれど。

¬∀xGx だろうか。しかし，これは，∀xGx に ¬ がつけ加わった論理式と見るのが自然だから，¬(すべての人間は善良である) と読むべきだ。つまり「すべての人間が善良である**わけではない**」つまり「みんながみんな善良なわけではなく，悪人だっているさ」という意味になってしまう。性悪説の主張を記号化するには，∀x¬Gx としなければならない。これは，¬Gx に ∀x が付け加わった「あらゆる x について ¬Gx」，つまり「すべての人間 x について，x は善良でない，がなりたつ」ということだから，「人間はみな悪人である」という意味になるだろう。

---

**練習問題 25**

練習問題 24 と同じ［Interpretation］を用いて次の命題を記号化せよ。
(1) Nobody wears sneakers.　(2) Everyone doesn't wear sneakers.
(3) No artist wears sneakers.　(4) It is not the case that every artist wears sneakers.

---

**存在量化子**

¬∀xGx は「すべての人間が善良とは限らない」だから，「悪人だっている」と同じ意味だ。また，∀x¬Gx は「すべての人は悪人である」だから「善良な人などいない」と同じ。したがって，しかじかなものが**ある**，とか，**ない**といったことも ∀ と ¬ を組み合わせれば表現できそうだ。例えば，「P なものがある」というのは「すべてがノン P であるわけではない」と同じだから，¬∀x¬Px と書けるだろう。また「P なものはない」は「すべてのものがノン P である」ということだから，∀x¬Px と書ける。

この「ある」とか「ない」をもっと簡単に記号化できると都合がよい。そこで，もう 1 つの量化子を導入しておこう。それは ∃ と書かれ，**存在記号とか存在量化子**（existential quantifier）と呼ばれる。∃ はお察しのとおり Exist の頭文字に由来している。∃x は「あるもの x が存在して〜」とか「〜であるようなもの x が（少なくとも 1 つ）存在する」ということを意味する。導入のいきさつからして，∃ と ∀ には次のような関係が成り立つはずだ。

(1)　¬∀x¬Px ⊨⊣ ∃xPx
(2)　∀x¬Px ⊨⊣ ¬∃xPx

---

**ド・モルガンの法則**

この 2 つの関係は，(1)の両辺を否定すると，次のようなきれいな関係に整理できる。これは**ド・モルガンの法則**と呼ばれている。

(3) $\forall x \neg Px \dashv\vdash \neg\exists x Px$
(4) $\neg\forall x Px \dashv\vdash \exists x \neg Px$

### 「或る」と「Some」

「Pなものが存在する（There exist P）」というのは，しばしば「或るものはPである（Something is P）」と言い換えられる。そこで∃によって「或るもの」とか「some」を使った表現を記号化することができる。しかし，∀のときと同様に，まったく限定なしの「或るもの」について話をすることはあまり多くない。たいていの場合，「或る医者たち」とか「或る自然数」という具合に限定をつけて使う。そこで，「或るSはPである」とか「Some S's are P's」のような命題をどのように翻訳したらよいかを考えておこう。

「或る芸術家は天才だ」は「天才であり芸術家であるようなものが存在する」とパラフレーズできる。ここに現れる「天才」，「芸術家」は普通名詞だから，述語として表されるはずだ。そこで，

[Interpretation]
Mx：xは芸術家である
Gx：xは天才である

として $\exists x(Mx \land Gx)$ と記号化すればよい。

#### 練習問題 26

練習問題24と同じ[Interpretation]を用いて，次の英文を論理式に翻訳せよ。ただし∃を使うこと。

(1) Someone wears sneakers.　(2) There are someone who wears jeans and sneakers.
(3) Some artist wears jeans.　(4) Someone is an artist wearing jeans.
(5) There is someone who is an artist and wears jeans.
(6) Someone doesn't wear sneakers.

### まとめ

量化子と否定を用いてつくられる表現の守備範囲を図示すると次ページの図のようになる。それぞれの論理式の守備範囲の関係から，次のことが言える。
(1) 同じ番号がつけられた式は互いに論理的同値である。
(2) ［1］グループの式と［3］グループの式は互いに相手の否定になっている。同様に，［2］グループの式と［4］グループの式も互いに他の否定になっている。
(3) ［1］グループの式の守備範囲は［2］グループの式の守備範囲にすっぽり収まっている。ということは，［1］グループの式が成り立っているときは［2］グループの式も成り立つ。つまり，［1］グループの式は［2］グループの式を論理的に含意する。同様に［4］グループの

式は［3］グループの式を論理的に含意する。

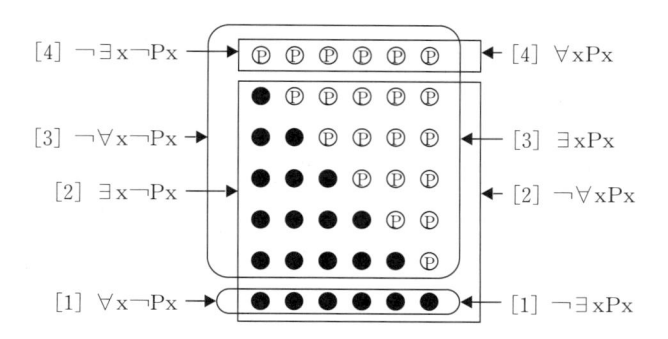

```
[4] ¬∃x¬Px →   Ⓟ Ⓟ Ⓟ Ⓟ Ⓟ Ⓟ   ← [4] ∀xPx
               ● Ⓟ Ⓟ Ⓟ Ⓟ Ⓟ
[3] ¬∀x¬Px →   ● ● Ⓟ Ⓟ Ⓟ Ⓟ   ← [3] ∃xPx
               ● ● ● Ⓟ Ⓟ Ⓟ
[2] ∃x¬Px →    ● ● ● ● Ⓟ Ⓟ   ← [2] ¬∀xPx
               ● ● ● ● ● Ⓟ
[1] ∀x¬Px →    ● ● ● ● ● ●   ← [1] ¬∃xPx
```

## 5.2.5 翻訳練習をたっぷりやっとこう

### 翻訳のためのこつ

以下に自然言語を論理式に上手に翻訳するための基本的なこつを伝授しよう。まずは，

---
【翻訳のこつ：基本パターン】
- すべてのものはPである＝Everything is P　　☞　∀xPx
- Pなものが存在する＝Something is P　　☞　∃xPx

- すべてのPはQである＝Every P is Q　　☞　∀x(Px→Qx)
- 或るPはQである＝Some P is Q　　☞　∃x(Px∧Qx)
---

とにかくこの基本パターンにもちこむことだ。この方針に従うことによって，次のように「しか」とか「だけ」を含む命題も論理式に書き換えることができる。

### 「しか」と「だけ」

「しか」，「だけ」，「only」は或る意味で「すべて」の裏返しだと言える。だから，これらを含む命題は∀を用いて表現することができる。わかりやすい例として，「人質になったのは日本人だけだ」つまり「日本人しか人質になっていない」という命題を考えてみよう。これを「すべて」を用いてパラフレーズしてみる。次のどちらが正しいだろう。(1)すべての人質は日本人だ。(2)すべての日本人は人質になった。もちろん(1)だろう。(2)だったらゲリラグループも大変だ。そうすると，

---
[Interpretation]
Hx：xは人質である　　　Jx：xは日本人である
---

とすると，この命題は，∀x(Hx→Jx) という具合に翻訳できることが分かる。まとめると，

> 【翻訳のこつ：しか・だけ】「A なのは B だけだ」つまり「B しか A ではない」は，「A なのはすべて B である」つまり「すべての A は B である」という具合に，「すべて」を使ってパラフレーズしてから翻訳する。

**練習問題 27**

次の日本語文を論理式に書き換えよ。ただし x の指す範囲は料理に限るものとする。

[Interpretation]
Mx：x は肉料理である　　Fx：x は私の好物である

(1) 私には好物の肉料理はない　　(2) 肉料理じゃない私の好物もある
(3) 肉料理には私の好物はない　　(4) 肉料理がみんな私の好物というわけではございません
(5) 私の好きなのは肉料理だけだ　(6) 私が好きなのは肉料理以外のものに限られます
(7) 肉料理は何でも好きです　　　(8) 肉料理以外には好きなものはありません
(9) 肉料理以外なら何でも好きです
(10) 肉料理にもそれ以外の料理にも好きなものがあります

**注　意**

「Every P is Q」は ∀x(Px→Qx) になり，「Some P is Q」は ∃x(Px∧Qx) になるという翻訳パターンはちょっと初心者を戸惑わせる。というのはもとの英語の命題は every と some だけが違っているのに，論理式に翻訳すると，∀ と ∃ のところだけでなく，括弧の中の→と∧も違ってしまう。こいつは不思議だ。どうして両方とも∧，つまり「Every P is Q は(1) ∀x(Px∧Qx) に，そして Some P is Q は ∃x(Px∧Qx) に」とか，両方とも→，つまり「Every P is Q は ∀x(Px→Qx) に，そして Some P is Q は(2) ∃x(Px→Qx) に」ではだめなのだろう。

理由は，(1)や(2)はもとの命題の正しい翻訳になっていないということだ。まず，(1)の方から見てみよう。P と Q をそれぞれ「鳥である」，「卵から産まれる」とすると，(1) ∀x(Px∧Qx) は「この世のあらゆるものは卵から産まれる鳥である」という意味になってしまう。これはもちろん「あらゆる鳥は卵から産まれる」とは異なる。後者は真だが，前者は偽だ。例えばこの本の筆者は卵から産まれた鳥ではない。

(2)の方は何を言っているのかがわかりにくいので，同値変形してみよう。∃x(Px → Qx) ⊨⊣ ∃x ¬(Px∧¬Qx)。P と Q をそれぞれ「クラゲである」，「脊椎をもつ」とすると，(2)は「無脊椎のクラゲではないようなものが存在する」という意味になる。この本の筆者は無脊椎クラゲではない。背骨をもった人間だ。だから，この世には無脊椎クラゲではないようなものが少なくとも1つは存在する。したがって，この解釈のもとでは ∃x ¬(Px∧¬Qx)，そしてそれに論理的同値な(2)は真。だけど，「クラゲのなかには脊椎をもつものがいる」はどう考えても偽だ。こん

な具合に真理値が異なる以上，(2)を「Some P is Q」の翻訳だと見なすわけにはいかない。

このように強調すると，マニュアル思考の頭の固いヒトは，「わかりました，∀には→，∃には∧なんですね」などと言う。これもまた間違っている。∀x(Px∧Qx)も∃x(Px→Qx)もれっきとした論理式だ。ただ，Every P is Q とか Some P is Q という意味の論理式ではない，というだけのことである。

---

**練習問題 28**

(1) 次の論理式を日本語に翻訳せよ。

[Interpretation]
Jx：xは日本人である　　Px：xは平和主義者である　　Ix：xは個人主義者である

(a) $\exists x(Jx \wedge \neg Px)$　　(b) $\forall x(Px \to Jx)$　　(c) $\forall x(Ix \to \neg Jx)$
(d) $\exists x(Jx \wedge \neg(Px \vee Ix))$　　(e) $\forall x(Jx \to (Px \vee Ix))$　　(f) $\neg \exists x(Jx \wedge Px)$
(g) $\neg \forall x(Jx \to Px)$　　(h) $\neg \forall x(Jx \to \neg Px)$　　(i) $\neg \exists x(Jx \wedge Px \wedge Ix)$
(j) $\neg \exists x(Jx \wedge \neg(Px \vee Ix))$

(2) 次の英語の命題を論理式に翻訳せよ。

[Interpretation]
Ax：x is from Alpha Centauri　　Ux：x is a UFO
Lx：x is an alien　　Bx：x abducts people

(a) There exists an alien.　　(b) Some aliens are from Alpha Centauri.
(c) No UFO comes from Alpha Centauri.　　(d) Every alien abducts people.
(e) Only aliens from Alpha Centauri abduct people.
(f) Some UFO's are not from Alpha Centauri.
(g) Some aliens do not abduct people.　　(h) Not every UFO comes from Alpha Centauri.
(i) Aliens come only from Alpha Centauri.

(3) 現代論理学は 19 世紀末から 20 世紀初頭にかけて成立した。それ以前の論理学は**伝統的論理学** (traditional logic) と呼ばれる。伝統的論理学の基本としてずっと用いられていた体系は，古代ギリシアのアリストテレスがまとめたものだ。アリストテレスは扱う命題を次の 4 つのタイプに分類していた。

A 型（全称肯定判断）　All P's are Q's　　あらゆる日本映画は傑作だ
E 型（全称否定判断）　No P's are Q's　　あらゆる日本映画は非傑作だ
　　　　　　　　　　　　　　　　　　　（あらゆる日本映画は駄作だ）
I 型（特称肯定判断）　Some P's are Q's　　日本映画には傑作もある
O 型（特称否定判断）　Some P's are not Q's　　日本映画には傑作でないものもある
　　　　　　　　　　　　　　　　　　　　　　（日本映画には駄作もある）

[Interpretation]
Jx：xは日本映画である　　Gx：xは傑作である

さてそこで，上記の解釈にしたがって以上の 4 つの命題を論理式に直そう。その上で，A 型を否

定したものはO型へと同値変形できること，E型を否定したものはI型へと同値変形できることを確認してみよう。

## 5.3 述語論理のための言語をつくる

### 5.3.1 言語MPLの定義

これまでは，述語論理になじんでもらうために，厳密な定義はせずにけっこういいかげんにやってきた。しかし，そろそろ述語論理の整備にとりかかろう。まずはじめにやっておくべきなのは，述語論理を展開するための人工言語の定義だ。これから定義する言語を **MPL** と呼ぶことにする。これは Monadic Predicate Logic の頭文字をとったものだが，このネーミングの意味はもうすこし後（173ページ）でわかる。**L** のときと同様に，まずは語彙から確定していこう。

---
【**MPL**の語彙】**MPL**で用いられる語彙は，4つのグループに分かれる。
(1) 項（term）
　　個体定項　a，b，c，…
　　個体変項　x，y，z，…
(2) 述語記号
　　P，Q，R，S，…
(3) 論理定項
　　結合子　→，∧，∨，¬
　　量化子　∀，∃
(4) 補助記号
　　（,）

---

**MPL の文法，すなわち論理式の定義**

【定義】
(1) 1つの述語記号の後ろに1つの項をおいたものは論理式である。これを原子式と呼ぶ。
(2) A，Bを論理式とすると，$(A \land B)$，$(A \lor B)$，$(A \to B)$，$(\neg A)$ はおのおの論理式である。
(3) Aを論理式，$\xi$を個体変項とすると，$\forall \xi A$，$\exists \xi A$ はおのおの論理式である。
(4) (1)(2)(3)によって論理式とされるもののみが論理式である。

まず，(1)により，例えば Pa, Px, Pb, Py, Qa, Qx, Qb, などは論理式ということになる。

これらが **MPL** の原子式であり，複合的な論理式の帰納的定義の出発点になる。

次に，(2)により，これらを適当に結合子で結びつけた (Pa∧Qa), (Qb∨Pa), (Pa∧Qx), (Qx∨Pa), (Qx→Pa), (¬Qx), (Qx∨Px), (Qx→Px) はどれも論理式である。

(3)により，これらの先頭に量化子をつけた ∃xPx, ∀xPy, ∃yQa, ∀yQx, ∃xQx なども論理式である。

(2)(3)は繰り返し適用されるから，∃x(Qx∨Pa), ∀y∀xPy, (∃yQa∧∀yQx), (∃xQx∧(Pa∧Qx)) などなども論理式になってゆく。このあたりは命題論理の場合と同じ。

### 図式文字の使い方

(1) この定義に出てきた「$\xi$」は「クシー」と読まれるギリシア文字だ。これからは「$\xi$」，「$\zeta$」（ゼータ）のようなギリシア小文字を個体変項をあらわす図式文字として使う。つまり，$\xi$ は，x, y, z, …の任意のものをどれと定めずに代表する。

(2) 個体定項 a, b などのための図式文字としては，ギリシア小文字の最初の方「$\alpha$」，「$\beta$」を使う。

(3) 個体変項と個体定項をあわせて**項**（term）と呼ぶが，任意の項を代表する図式文字としてギリシア文字「$\tau$」（タウ）を使っていく。だから $\tau$ は a, b, c, かもしれないし，x, y, z, かもしれない。

### 形成の木

**L** のときと同様に，∀x(Dx→Mx), (∀xDx→Mx), (∀xDx→∀xMx) の形成の木を書いてみよう。

$$
\begin{array}{ccc}
\forall x(Dx \rightarrow Mx) & (\forall xDx \rightarrow Mx) & (\forall xDx \rightarrow \forall xMx) \\
\uparrow & \diagup \diagdown & \diagup \diagdown \\
(Dx \rightarrow Mx) & \forall xDx \quad Mx & \forall xDx \quad \forall xMx \\
\diagup \diagdown & \uparrow & \uparrow \qquad \uparrow \\
Dx \quad Mx & Dx & Dx \quad\quad Mx
\end{array}
$$

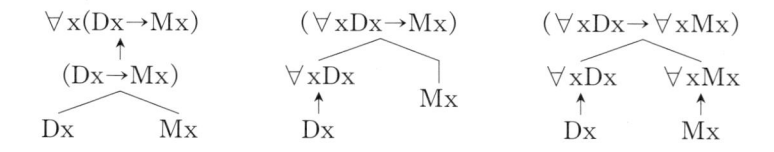

この定義で生じるどのような論理式にも必ずそれぞれただ1つの形成の木が対応する。つまり unique readability theorem が **MPL** の論理式の定義についてもなりたつ。その証明はお願い！省略させて。面倒だから。どうしても，という人は Enderton [1972] を見よ。

> **練習問題 29**
>
> 定義に照らして論理式でないような記号列はどれか。
> (1) Fa　　(2) (∀xPa→Px)　　(3) ∀x(Fx→∃xFx)　　(4) ∀x(∃yPy→Qy)
> (5) (∃x∧∃yPz)　　(6) ∀aPa　　(7) ∀x(Fa→Gx∨Px)
> (8) (∀x(Fa→Gx)∧Px)　　(9) ∀x∃yPz

**カッコ省略のための取り決め**

余分なカッコを省略するための取り決めは **L** のときのものがそのまま使える。

この取り決めの結果，例えば ($\forall$xPx→Qx) は $\forall$xPx→Qx に，$\forall$x($\neg$Px) は $\forall$x$\neg$Px になる。

### 5.3.2 量化子の作用域と変項の自由な現れ・束縛された現れ

**「不自然」な論理式**

我々の論理式の定義をすこしいじると気がつくことだけれど，この定義では直観的にみて不自然に思われる論理式もたくさん生み出されてしまう。例えば，(a) $\forall$xPy のように量化子についている個体変項と述語記号の後ろの個体変項がずれているもの。(b) $\exists$yQa のように量化子がついているけれど述語記号の後ろに個体変項がないもの。(c) $\exists$x$\forall$xPx のように余分に量化子がついているもの。これらは日本語に対応する表現がなさそうだ。こんなのが出てくるのはイヤだなあ……。

ここでとることのできる選択肢は 2 つある。第 1 に，この定義でも我々の目的にとって必要な論理式はすべて出てくるんだから，**多少わけのわからんものが余計に論理式に混ざったってよし**とするというおおらかな方針がある。第 2 に，**定義を手直ししてこうした記号列を論理式から排除する**という神経質な方針がある。問題は，不自然な記号列を論理式から排除しようとすると，定義が込み入ってくるということだ。つまり生み出される論理式の自然さをとるか，定義の単純さをとるかのトレード・オフになっているわけだ。**本書は第 1 のおおらか路線を採用する**。そして，(a)(b)(c)のような記号列もいったんは論理式の仲間に入れておいて，こういった「不自然な」論理式に共通する**構造上の特徴**は何だろうということを考えてみたい。最初から論理式の仲間に入れないでおくと，こうした記号列をそもそも考察対象にすることができなくなってしまう。あとで，$\forall$xPy は Py，$\exists$yQa は Qa，$\exists$x$\forall$xPx は $\forall$xPx と論理的に同値になるようにしておけばいいんだから，こいつらも論理式として認めてあげよう。

**変項の自由な現れ・束縛された現れ**

定義によると，Px, (Pa$\land$Qx) のように量化子を伴わない裸の個体変項が残っているような論理式も生じる。これは日本語では，「～はアニメおたくである」とか「タランティーノは映画監督であり，～は女優である」のような空所を含む命題モドキに相当する。こうした命題モドキは真偽が定まらない。このような場合，個体変項 x は**自由に現れている**（occur free）とか，**自由変項**（free variable）であると言おう。これに対し，$\forall$xPx, $\exists$y(Py$\land$Qy) のような論理式は「すべてのものはいずれ滅びる」とか「曲芸をするなめくじがいる」のように空所無しに日本語の命題に翻訳される。これらの個体変項は**束縛されて現れている**（occur bound）と言おう。

ところが，1 つの論理式の中に何カ所か x が出てくるような場合，出現箇所に応じて自由変項であるところも束縛変項であるところもある。例えば，$\exists$xPx$\land$Qx は $\exists$xPx と Qx が $\land$ でくっついたものだから，Px の x は束縛変項だが Qx の x は自由変項だ。だけど，$\exists$x(Px$\land$Qx)

では，どちらの x も束縛変項。となると，自由な現れとか束縛された現れというのは，きちんと定義しておかないとヤバそうだ。そこで次のように一連の定義を行おう。

---

【定義】
(1) **個体変項 $\xi$ の現れ**：例えば，$\exists xPx \land Qx$ や $\exists x(Px \land Qx)$ のように同じ個体変項が何カ所にも現れていることがある。このそれぞれの出現箇所を**個体変項 x の現れ**（occurence）と言う。ただし，$\exists x$ の x のように量化子の直後のものは除く。

(2) **量化子の作用域**：量化子の**作用域**（scope）とは，形成の木においてその量化子が結合する相手になった部分論理式のこととする。例えば，論理式 $\forall xDx \to Mx$ の形成の木では $\forall x$ は Dx に結合した。したがって Dx が $\forall$ の作用域である。一方，$\forall x(Dx \to Mx)$ における $\forall$ の作用域は Dx ではなく ($Dx \to Mx$) である。なぜなら，この論理式の形成の木において $\forall x$ は ($Dx \to Mx$) に結合したからだ。

(3) **$\xi$ を束縛する量化子**：$\forall \xi$ や $\exists \xi$ のように量化子の直後にある個体変項が $\xi$ であるとき，その量化子は $\xi$ を束縛する量化子であると言う。例えば $\exists x$ の $\exists$ は x を束縛する量化子，$\forall y$ の $\forall$ は y を束縛する量化子である。

(4) **個体変項の自由な現れ**
　　個体変項 $\xi$ の現れが**自由**（free）である　⇔　その現れが $\xi$ を束縛する量化子の作用域のなかにない。
　　現れが自由でないとき，**束縛されている**という。

---

論理式 $\forall xDx \to Mx$ では個体変項 x は 2 つの現れをもつが，第 1 の現れ（D の後ろ）は束縛されており，第 2 の現れ（M の後ろ）は自由である。

---

【定義のつづき】
(5) **閉じた式と開いた式**：**閉じた式**（または閉論理式，closed formula）とは，個体変項のいかなる自由な現れも含まないような論理式のことを言う。そうでない論理式を**開いた式**（開論理式，open formula）と言う。人によっては，閉じた式のことを**文**（sentence）と言うこともあるが，本書ではその言い方は採用しない。

(6) **量化子の空虚な現れ**（vacuous occurrence）：量化子の現れ $\forall \xi$ または $\exists \xi$ が空虚である　⇔　その量化子の作用域に変項 $\xi$ が自由に現れない。

---

空虚な量化子は，$\xi$ を束縛する量化子でありながら，いかなる $\xi$ の現れも束縛していない。(a) $\forall xPy$，(b) $\exists yQa$，(c) $\exists x \forall xPx$ という 3 タイプの不自然な論理式は，すべてここで定義した空虚な量化子の現れを含んでいる。例えば(c)の $\exists x$ の作用域は $\forall xPx$ だが，ここに x の自由な現れはない。これが不自然さの正体だった。

**練習問題 30**

(1) 次の論理式はそれぞれ，閉じた式か開いた式か。
　(a) Fa　(b) ∀xPa→Px　(c) ∀x(Fx→∃xFx)　(d) ∀x(∃yPy→Qx)
　(e) ∃xQa∧∃yPz　(f) ∀x(Fa→Gx)　(g) ∀x(Fa→Gx)∧∀y(Fy→Gx)

(2) 次に番号をふった個体変項の現れはそれぞれ自由な現れか束縛された現れか。
　(a) ∃z(∀x(Fy→G$\underset{1}{x}$)∧∀y(F$\underset{2}{y}$→(G$\underset{3}{x}$∧Q$\underset{4}{z}$)))
　(b) ∀z∃x∃y((F$\underset{1}{x}$→∀w(G$\underset{2}{y}$∧∃zF$\underset{3}{z}$))∧(G$\underset{4}{z}$→F$\underset{5}{w}$))

## 5.4　タブローの方法を拡張する

### 5.4.1　具体例からヒントを得る

　述語論理についてもタブローの方法が使えると都合がよい。そこでタブローの方法を拡張することを考えよう。基本方針としては，命題論理のときと同様の判定基準が成り立つように ∀ と ∃ についての規則を作ればよい。そこで，矛盾していることが直観的にみてもわかりきっているような式集合をとりあげて，それがこれまでと同様の判定基準で矛盾だと判定されるようにタブローの展開規則をつくっていこう。新しく立てる展開規則は ∀ と ∃，またそれの否定形についての規則の計 4 つになるはずだ。

　そこで例えば，次のような命題の集合を考えよう。{サービススタンプを 10 個集めた人はもれなくラーメン券がもらえる。サービススタンプを 10 個集めた人がいる。ラーメン券をもらった人はいない。}……こいつは怪しいラーメン屋だなあ。この集合は矛盾していることは明らかだ。そこでまず，これらの命題を次のように記号化する。{∀x(Px→Qx), ∃xPx, ¬∃xQx}

**存在量化子についての規則**

　さっそく，タブローを書いてみよう。まず 3 つの論理式を縦に並べる……。ところがその先に進もうとしても，早くもこれまでの展開規則はどれも当てはめることができない。新しい規則が必要だ。そこで，とりあえず 2 行目に注目してみようか。タブローのポイントは，それまでに経路に出てきた式がいっぺんに真になるためにはさらにどんな式が真でなければならない

　　∀x(Px→Qx)
　　∃xPx　！
　　¬∃xQx
　　Pa

かを分析していくところにある。2 行目は Px がなりたつような x がある，と言っている。そこで，そのような x に名前をつけてやろう。とりあえず，「a」という個体定項をそのような x に割り当てることにしよう。サービススタンプを 10 個集めた人がいるらしいから，そいつを仮に「a くん」と呼ぼう，というわけ。

　ここで使った考え方を，タブローの展開規則の形で書いておこう。

第5章　論理学の対象言語を拡張する　127

$$\begin{array}{c}\exists \xi A \\ \downarrow \\ A[\alpha/\xi]\end{array} \quad \cdots\cdots\cdots\cdots\cdots\cdots\cdots\cdots\cdots\cdots\cdots\cdots\cdots\cdots\cdots\cdots\cdots\cdots\cdots\cdots\cdots\cdots\cdots [\exists]$$

　こんなんでよいかな。$A[\alpha/\xi]$ は A に含まれる個体変項 $\xi$ の自由な現れに一斉に個体定項 $\alpha$ を代入した結果得られる式を意味するものとする。ようするに，むにゃむにゃなものがある，ということが真である以上，そのようなものがあるのだから，それに適当な名前を付けて，代入してよろしいという規則だ。

### 普遍量化子についての規則

　次に第 1 行に注目しよう。これは，すべての x について Px→Qx が成り立つと言っている。ということは，いま名前を付けた a についてもこのことが成り立たなくてはならない。そこで，Px→Qx の x のところに a を代入して第 5 行を書き足す。a くんも，サービススタンプを 10 個集めたんだったらラーメン券がもらえるはずだ，ということだ。この 5 行目の式には命題論理のタブローで使っていた展開規則［→］が当てはまる。

　左側の経路は ¬Pa と Pa とを含んでいる。したがって，この経路は充足不可能だから閉じる。問題は右の経路だが，その前に，第 5 行を得るのに使った考え方を，展開規則の形にまとめておこう。

∀x(Px→Qx)　！
∃xPx　！
¬∃xQx
Pa
Pa→Qa　！
　　／＼
¬Pa　　Qa
×

$$\begin{array}{c}\forall \xi A \\ \downarrow \\ A[\alpha/\xi]\end{array} \quad \cdots\cdots\cdots\cdots\cdots\cdots\cdots\cdots\cdots\cdots\cdots\cdots\cdots\cdots\cdots\cdots\cdots\cdots\cdots\cdots\cdots\cdots\cdots [\forall]$$

　ようするに，すべてのものについてむにゃむにゃ，ということが真である以上，その x のところにはどんな個体定項を代入しても成り立つはずだという規則だ。

### 否定＋量化子についての規則

　さて，右の経路をどうするか。まだ何の規則も当てはめていない式は 3 行目の ¬∃xQx だから，これに当てはめる規則を考えよう。展開規則は上の式が真になるなら下の式も真になる，という考え方で作られていた。¬∃xQx が真になるとき真になる式は何か。一番簡単なのはこれに論理的同値な式だろう。ド・モルガンの法則によると，∀x¬Qx はそうした式の 1 つだ。この式に書き換えると，もうすでに ∀ で始まる式についての規則［∀］は立ててあるから，それを使えるだろう。つまり，次のような規則を立てればよい。ついでに，¬∀ ではじまるやつにも規則を作っておこう。

$$\begin{array}{c}\neg\exists \xi A \\ \downarrow \\ \forall \xi \neg A\end{array} \cdots\cdots [\neg\exists] \qquad \begin{array}{c}\neg\forall \xi A \\ \downarrow \\ \exists \xi \neg A\end{array} \cdots\cdots [\neg\forall]$$

7行目の式 $\forall x \neg Qx$ には，すでに立てた規則を適用して，量化子をはずして，x に a を代入してやる。そうすると，お見事！　タブローは閉じました。

### 5.4.2 展開規則とその使い方

というわけで，2つの量化子の肯定形，否定形についてそれぞれ展開規則をたてることができた。それを列挙しておこう……，というわけで [∃]，[∀]，[¬∃]，[¬∀] を並べてみると……何か変。[∃] と [∀] はほとんど同じ代入規則だ。こんなことで大丈夫だろうか。いまの論証がうまく判定されたのはまぐれかもしれない。そこで，こんどは明らかに充足可能な式集合がこのやり方できちんと充足可能と判定されるかどうかみてみよう。

$\forall x(Px \to Qx)$
$\exists x Px$　！
$\neg \exists x Qx$
$Pa$
$Pa \to Qa$　！
$\neg Pa$　　$Qa$
$\times$　　$\forall x \neg Qx$　！
$\neg Qa$
$\times$

**存在量化子についての展開規則には制約条件がある**

集合 $\{\exists x Px, \exists x \neg Px\}$ は明らかに充足可能だ。例えば，$Px$ を「x は北アイルランドの連合王国からの分離に賛成である」としてみたらよい。しかし，さっきの展開規則 [∃] を第1行と第2行にあてはめると，右のように閉鎖タブローが生じ，まちがった判定が出てしまう。

$\exists x Px$　！
$\exists x \neg Px$　！
$Pa$
$\neg Pa$
$\times$

まずかったのは，2行目に展開規則を適用して4行目を得たところだ。1行目は「P なものがある」と言っており，2行目は「P でないものがある」と言っている。3行目を得たときは，「P なものがある」のだからそいつを a と名づけたわけだ。しかし，さらに4行目を得るとき，2行目で存在すると言われている「P でないもの」がこの a とは限らない，というよりこの場合は a ではありえないのに $\neg Px$ に a を代入してしまった。2行目で存在が主張されている「P でないもの」は a とはべつのもの，例えば b にしておかねばならなかったはずだ。ようするに，分離に賛成の人がいるということだから，それを a さんとしましょう，としておきながら，すぐに，分離に反対の人もいるということだから，その人も a さんとしちゃいましょう……とやってしまったらナンセンスでしょ，ということ。

つまり，∃ についての展開規則では**代入してよい個体定項に制約がある**。2行目に規則を適用するとき，経路のなかにはすでに a が現れているから a は使えず，まだ現れていない個体定項 b を使わねばならない。そうすると，上のタブローで $Pa$, $\neg Pa$ だったところが，$Pa$, $\neg Pb$ となり，[×] を当てはめることができなるなるから開放タブローが得られる。だったら，ラーメン屋の事例がうまく判定されたのはいったいなぜだろう。それはいちばん始めに [∃] を使ったからだ。その段階ではまだ経路にはひとつも個体定項が現れていなかったから，たまたま，まだ経路に現れていない個体定項を代入することになり，知らず知らずのうちに制約条件を満たしていたというわけだ。

ここで，きちんと展開規則 [∃] を書きなおしておこう。この規則を**存在例化**（EI：existential instantiation）と呼ぶ。

第5章　論理学の対象言語を拡張する　129

[EI]

$\exists \xi A$
$\downarrow$
$A[\alpha/\xi]$

ただし，$\alpha$ はその経路にこれまでに現れていない個体定項とする。

### 普遍例化と存在例化の違い

これに対し，$\forall$ にかんする展開規則は**普遍例化**（UI：universal instantiation）と呼ばれる。こちらはどのような個体定項を代入してもかまわないはずだ。そこで，次のように書いておこう。

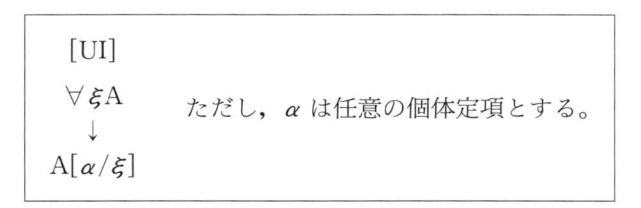

[UI]

$\forall \xi A$
$\downarrow$
$A[\alpha/\xi]$

ただし，$\alpha$ は任意の個体定項とする。

普遍例化と存在例化は，個体定項を $\xi$ の自由な現れに代入するという操作自体をとってくると違いがない。**違いは，どのような個体定項を代入してよろしいかという但し書きのところにある。**要注意！　述語論理にタブローを拡張しても新しく導入された規則は，[EI]，[UI]，[¬∃]，[¬∀] の 4 つだけ。よかったよかった。

---

**練習問題 31**

(1) 次の式集合は矛盾しているか？　タブローで調べよ。
　　(a) $\{\forall x(Px \to Qx), \forall xPx, \exists x \neg Qx\}$　　(b) $\{\exists x(Px \land \neg Qx), \forall x(Px \to Qx)\}$

(2) 次の論証は妥当だろうか？　タブローで調べよ。
　　(a)　　　　　(b)　　　　　(c)　　　　　(d) $\forall x(Px \to Qx)$

$\quad\dfrac{\forall xPx}{Pa} \qquad \dfrac{\exists xPx}{Pa} \qquad \dfrac{Pa}{\exists xPx} \qquad \dfrac{\exists xPx}{\exists xQx}$

---

### 普遍例化は繰り返し適用される

「$\forall x(Px \to Qx)$，$Pa$，$\neg Qb$。したがって，$\neg(\neg Qa \lor Pb)$」という論証 A を考えてみよう。意味を考えると妥当だろうと予想される。これをタブローでのチェックにかける。論証の妥当性チェックの場合は結論を否定しておくことを忘れずに。

(1)の段階ではどちらの経路もまだ閉じない。そこで第 1 行に [UI] を適用することを考える。任意の個体定項を代入してよいのだから，a, b, c, d, e…どれを代入してもよい。しかし，まさか c を代入するアホはいまい。タブローを閉じるのに何の貢献もしないからだ。そこで，a を代入してみると，(2)が得られる。

(1)  $\forall x(Px\to Qx)$
  Pa
  ¬Qb
  ¬¬(¬Qa∨Pb)　！
  ¬Qa∨Pb　！
  ／　　＼
 ¬Qa　　Pb

(2)  $\forall x(Px\to Qx)$　！
  Pa
  ¬Qb
  ¬¬(¬Qa∨Pb)　！
  ¬Qa∨Pb　！
  ／　　　　＼
 ¬Qa　　　　Pb
 Pa→Qa　！　Pa→Qa　！
 ／＼　　　　／＼
¬Pa　Qa　　¬Pa　Qa
 ×　　×　　×

(3)  $\forall x(Px\to Qx)$　！
  Pa
  ¬Qb
  ¬¬(¬Qa∨Pb)　！
  ¬Qa∨Pb　！
  ／　　　　＼
 ¬Qa　　　　Pb
 Pa→Qa　！　Pa→Qa　！
 ／＼　　　　／＼
¬Pa　Qa　　¬Pa　Qa
 ×　　×　　×　　Pb→Qb　！
      ／＼
     ¬Pb　Qb
     ×　　×

まだ閉じない。しかし，規則を適用することのできる式にはすべて規則を当てはめてしまった。でも，どう考えても論証 A は妥当だから閉じないのはおかしい。そこで次のように考えてみよう。第1行は Px→Qx があらゆるものについてなりたつと主張しているのだから，a だけじゃなくて，b についても成り立つと言っているはずだ。だから，b も代入しないといけないのではないか。そう考えてもう一度代入すると……やりました。閉じました(3)。

このことからわかるのは，[UI] は同じ式に何度も繰り返し適用されるということだ。普遍量化された論理式は，あることがらがあらゆる個体について成り立つということを主張している。だから本来は，**新しい個体定項が現れるたびに，その定項を代入したものをそのつど書きたさねばならない**はずなのだ。つまり [UI] は，原則的には経路に現れている個体定項の数だけ繰り返し適用しないといけない。もちろん，すべての個体定項を代入する前にタブローが閉じてしまうことはありうる。そういうときはラッキーなのだ。[UI] 以外の展開規則は1つの式に1回ずつしか使わない。したがって一度規則を当てはめたあとは規則適用済の印としてチェックマーク「！」をつけておいてもよい。これに対して，[UI] は1つの式に何度も当てはめるような規則になる。そうすると ∀ で始まる論理式には規則適用済の「！」印をつけないほうがよい。またいつそこに戻って規則を適用することになるか分からないからだ。

**攻略法**
次は 126 ページのラーメン屋の式集合を考えうる限り最も下手なやりかたでチェックしたものだ。もちろんこんなやり方でも判定結果じたいは変わらない。このタブローの下手さの決め手

第5章　論理学の対象言語を拡張する　131

は，第 1 行に [UI] をほどこして 4 行目を得たところにある。ここで，a という個体定項が導入されたため，第 2 行に [EI] を適用して第 6 行目を書き足すときに，もう a を使ってしまったので，まだ経路に出てきていない b を使わなければならなくなった。（しかもごていねいなことに，その前に枝分かれをさせている！）こうしてまた新しい個体定項が出てきたから，もう一度第 1 行にもどって，x に b を代入しなければならなくなった（第 7 行）。このようにして 4 つに枝分かれした複雑なタブローになってしまったのである。そこで，次の攻略法が賢いタブロー書きには必要だ。

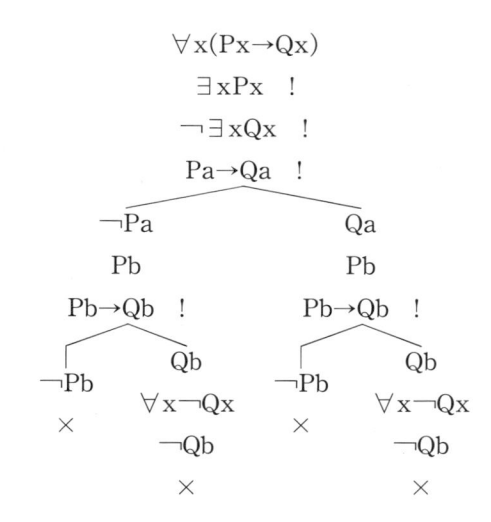

$$\forall x(Px \to Qx)$$
$$\exists xPx \quad !$$
$$\neg \exists xQx \quad !$$
$$Pa \to Qa \quad !$$

```
         ¬Pa              Qa
         Pb               Pb
      Pb→Qb !          Pb→Qb !
      /    \            /    \
    ¬Pb    Qb         ¬Pb    Qb
     ×   ∀x¬Qx         ×   ∀x¬Qx
          ¬Qb               ¬Qb
           ×                 ×
```

【攻略法】[EI] はなるべく [UI] の前に適用すること。そうすればやたらと個体定項を導入せずにすむ。

### 練習問題 32

(1) 次のことを同時に信じている人は矛盾しているか。
　　タバコを吸うものだけが肺ガンになる。ジェームズはタバコを吸わないのに肺ガンになった。

(2) 次のことを同時に信じている人は矛盾しているか。
　　タバコを吸うものはみな肺ガンになる。ジェームズはタバコを吸わないのに肺ガンになった。

(3) $\forall xPx$ は「すべてのものは P である」，$\forall yPy$ も「すべてのものは P である」になる。ということはこの 2 つの式は論理的同値ではないだろうか。タブローで確かめよ。

(4) 以下に示した論証が妥当かどうかをチェックせよ。
　　(a) オーゥ！　東洋の人みんなカンフーできマース
　　　　日本の人は東洋の人ね
　　　　ダカラ日本の人みんなカンフーできるはずヨ
　　(b) 真のフォースを知る者は争いを好まぬものじゃ
　　　　しかるに人間はみな争いが好きなものじゃ
　　　　じゃによって人間どもはみな真のフォースを知る者ではない
　　(c) この子は肉料理しか食べない
　　　　肉料理は体に悪い
　　　　この子の食べるものは体に悪いものばかりだ

(5) スマートにやってちょ
　　次の論証はルイス・キャロルの本にあった。正しい論証かどうかをチェックしよう。上手にやれば見かけほど大変ではない。とはいえ，何も考えないでやると大変なことになる。

この家にいる動物は猫だけである
月を眺めることが好きな動物はみんなペットに向いている
私は嫌いな動物を避ける
夜散歩しない動物はみな肉食ではない
猫はみな必ずねずみを殺す
この家にいない動物はみな私を好きにならない
カンガルーはペットに適さない
肉食動物でないものはすべてねずみを殺さない
私は私のことを好きにならない動物は嫌いだ
<u>夜散歩する動物はつねに月を眺めることを好む</u>
私はカンガルーを避ける

(6) ちょっとわかりにくい論理的同値関係

「その奇怪な事件を解決できる人がいるとしたら誰よりもまずモルダーだ。ところが，モルダーでさえその奇怪な事件を解決できない。したがって，その奇怪な事件はだれにも解決できない」。この論証は正しそうだ。タブローで確かめてみよう。そのためにはまず記号化しなくては。

> [Interpretation]
> Sx：x はその奇怪な事件を解決できる　　m：モルダー

として記号化することにしよう。第2の前提と結論は簡単に，それぞれ $\neg Sm$，$\neg \exists x Sx$ と記号化できる。問題は第1の前提だ。事件を解決できる第1候補はモルダーだということを表現すればよいわけだが，これがなかなかに難しい。次のように2通りの考え方ができる。

- 事件を解決できる第1候補がモルダーだ，というのは，どんな人をとってきてもその人に事件が解決できるのならモルダーにもできるということだから，$\forall x(Sx \to Sm)$ ではどうだろうか。
- 事件を解決できる第1候補がモルダーだ，というのは，そもそも事件を解決できる人がいるのであれば，モルダーに解決できる。つまり，事件を解決できる人がいるのにモルダーにはそれができないということがありえない，ということだから，$\neg(\exists x Sx \land \neg Sm)$，つまり $\exists x Sx \to Sm$ でどうだろう。

(a) 実はこの2つの記号化の仕方は論理的同値である。一般に $\forall x(Px \to C)$ と $\exists x Px \to C$（ただし C には x が自由に現れないものとする）とは論理的同値なのだ。ちょっと意外でしょ。このことをタブローを使って示せ。

(b) その上でこの論証が妥当であることをタブローを使って示せ。

第 6 章
# おおっと述語論理のセマンティクスがまだだった

## 6.1 述語論理のセマンティクスをつくらなければ

　MPL に対して使えるようにタブローも整備したし，あとはタブローの信頼性を示せばパーフェクトだ。タブローが信用できるということは，「Γ から開放タブローが生じる ⇔ Γ は充足可能」ということだから，これを示せばよいわけだ。……と考えて，はたと気がつくことがある。**まだ肝心のことをやっていない！**　つまり，そもそも，述語論理で書かれた式の集合が矛盾しているとか充足可能だということがどういうことかをはっきりさせていないじゃないか。例えば，{∀x(Px→Qx), ¬∃xQx, ∃xPx} はどう考えても矛盾している。これが矛盾しているということは，命題論理の場合と同じように 3 つの式がいっぺんに真になるような真理値の割り当てがない，ということなのだろうが，そもそも**述語論理式に対する真理値の割り当て**って何だろう。

　命題論理のときは，P∧¬Q は，原子式 P に 1，Q に 0 を割り当てる真理値割り当てのもとで 1 になる，などと言っていた。この場合，原子式の P や Q は分析の最小単位なので，さらに「P が 1 になるというのはどういうときか」を問うことはなかった。さて，述語論理の場合も，¬∃xQx は ∃xQx が 0 のときに 1 になる，といったことは言える。しかしこんどは ∃xQx は最小単位ではないから，それが 0 になるというのはどういうときかに答えなくてはならない。これまでは，こうしたことを直観にまかせてやってきた。しかし，このへんでそろそろ厳密にやっておかないと先へ進めなくなってしまう。というわけで，述語論理のセマンティクスをきちんと展開するのがここでの課題だ。今回も直観的な場面から出発して徐々にセマンティクスを作り上げていくというやり方をとって説明しよう。

### 6.1.1 論理式の真偽は解釈で決まる

　いきなり，「∃x(Px∧Qx) は真ですか偽ですか」と聞かれても答えられない。P とか Q という述語の意味が分からないからだ。そこで，それをはっきりさせてやる。

> [Interpretation]
> Px：xは1より小さい　　Qx：xは0より大きい

　そうすると，この式は「1より小さく0より大きいものがある」という意味になって真偽が決まる……と思いきや，まだ決まらない。xでどのような範囲のものを考察範囲にしているのかが分からないからだ。自然数の範囲で考えればこの論理式は偽になるし，有理数の範囲で考えればこの論理式は真になる。ということは，述語論理式の真偽を決めるには次の2つの点を決めてやらなくてはならないということだ。

> (1)　そこに出てくる個体変項がどのような範囲のものをカバーしているのか
> (2)　そこに出てくる述語記号（個体定項を含むときは個体定項）の意味

　(1)は domain of discourse と呼ばれる。「お話のおよぶ範囲」くらいの意味だ。それが日本語に翻訳されるとなぜか「**論議領域**」などというおどろおどろしい名前になる。(1)と(2)を合わせて**解釈**と呼ぶことにしよう。**解釈によって同じ論理式でも真になったり偽になったりする**ということがわかる。いくつか問題をやっておこう。

#### 練習問題 33

(1) $\exists x(Px \land Qx)$ なる論理式と，$\forall x(Px \to Qx)$ なる論理式を，(a)同時に真にする解釈，(b)同時に偽にする解釈，(c)前者を真にし，後者を偽にする解釈をそれぞれ与えよ。

(2) すでに見たように述語記号や個体定項への意味づけは同じでも論議領域を変えると同じ論理式でも真になったり偽になったりする。そこで，$\forall x(Px \lor Qx)$ なる論理式を真にする解釈と偽にする解釈で，述語記号への意味づけが共通しているものをつくれ。

### 「解釈」は翻訳であってはダメなんだ

　論理式の真偽を定義することの目的は，論証の妥当性，式の集合の矛盾，形式的真理といった概念の意味を明確にすることにある。そこでは，「どんな風に記号を解釈しても」ということが出てきそうだ。例えば，$\forall xPx \to \exists xPx$ という式は形式的真理みたいに思われる。もし形式的真理が，**そこに現れる記号をどのように解釈しても真になる式**という具合に定義されるのなら，そのためには，或る論理式の**すべての解釈**について話ができるようにしておかなくてはならない。しかし，ここまでやってきた「解釈」というものは，ようするに翻訳にほかならないから，「すべての解釈」は，解釈する言語にどのような語彙があるかに左右されてしまう。この路線では，$\forall xPx \to \exists xPx$ がどんな風に記号を解釈しても真になるということを示したかったら，「すべてのものが美しいなら美しいものがある」，「すべてのものが不思議なら不思議なものがある」，「すべてのものが野菜なら野菜がある」……という具合にPにありとあらゆる述語を代入したものが真になるということを言わなければならない。困ったことに，日本語にいったいいくつの述

語があるかということははっきりしない。さらに，アメリカ人，タイ人，イラン人に $\forall xPx \to \exists xPx$ が形式的真理だということを説明しようとすると，そのたびに異なった言語に翻訳しなければならない。というわけで，普遍性・厳密性・体系性をモットーとする論理学としては，**自然言語への翻訳によって論理式の真偽を捉えようというのはたいへんにまずいやり方だ**。

### 6.1.2 翻訳から世界の直接描写へ

そこで，日本語で **MPL** を解釈するのはやめよう。そもそも，バベルの塔以前のようにこの世に言語が1つしかなく，それを解釈する別の言語がなかったとしても言語は言語だろう。それはなぜか。言語の意味は他の言語への翻訳ではなく，**言語が世界を描写する**ことによって与えられるからだ。**MPL** についても，それがあたかもバベル以前の唯一の言語であるかのように，**MPL** とそれが語る世界を直接対応づけてみたらどうだろう。

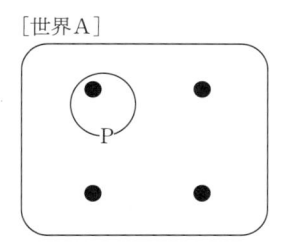

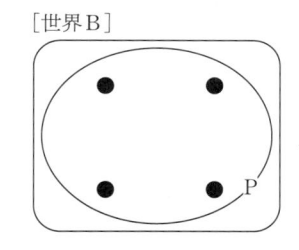

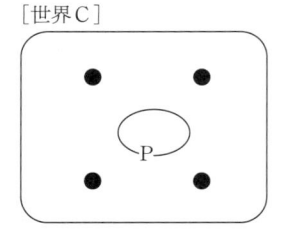

ここで言う**世界**を次のように図示する。大きな四角は世界の果てを示す。●は，人だったり分子だったり，ともかく世界に存在する何らかの個体を示している。●を囲む楕円はその中に含まれる個体が性質 P をもつことを意味するものとしよう。さて，次のような世界で $\forall xPx \to \exists xPx$ の真理値はどうなるだろうか。

［世界 A］　　　　　　［世界 B］　　　　　　［世界 C］

世界 A では，$\forall xPx$ は偽である。したがって，$\forall xPx \to \exists xPx$ は真になる。世界 B では，すべてのものが性質 P をもっているので，$\forall xPx$ は真であり，もちろん $\exists xPx$ も真である。したがって，$\forall xPx \to \exists xPx$ は真になる。世界 C は，P なものがない世界である。このときも前件 $\forall xPx$ が偽だから，$\forall xPx \to \exists xPx$ は真になる。

このようにして，結局のところ，$\forall xPx \to \exists xPx$ はどのような世界でも真になるらしいことがわかる。そこで，「どんな風に記号を解釈しても」という言い方をやめて，その代わりに「どんな世界でも」という言い方をしてみたらどうなるかを考えていこう。

## 6.2 セマンティクスとモデル

### 6.2.1 数学の助けを借りて形式化をすすめる

**世界を集合として見る**

以上のような世界の表示法は本格的にセマンティクスを展開するにはまだちょっとばかり力不足だ。もうすこし形式化を進めておきたい。その際に手助けになるのは集合という考え方だ。6.1.2では世界をつくって記号にいろいろ割り当てた。煎じ詰めればこれは次のようなことをやっていたことに相当する。

(1) **論議領域**として何らかの集合を決める。これが世界だった。この集合をDと名づけよう。
(2) 述語記号Pに対しては、世界のなかに小さな楕円を描き、それを対応させたのだが、ようするにそれはDの部分集合を割り当てたということである。
(3) 個体定項にはDの要素を割り当てればよいだろう。

**解釈を関数として見る**

**セマンティクスを形式化する**とは、ようするに「意味する」とか「真」といったセマンティクス特有の概念をみんな**集合**という**数学的な道具を使って定義してしまう**、ということだと考えてよい。いま、**MPL**が記述している世界そのものを集合に置き換えてしまったわけだ。ここでさらに、**MPL**の様々な記号に世界の中の何かを「割り当てる」と言っていた、その**対応づけそのものも、関数という集合論的な言い回しで語ってしまおう**。こうして、**MPL**の記号に対する意味づけとは、つぎのような関数Vのことだと考えることができる。

(1) Vは述語記号 $P_i$ には D の部分集合を割り当てる。$V(P_i) \subseteq D$
(2) Vは個体定項 $a_i$ には D の要素を割り当てる。$V(a_i) \in D$

このVを**付値関数**（valuation function）という。

### 6.2.2 モデル

……なんだかなあ。「解釈」とか「世界」と言ってやっていたことを数学的記号をつかってよけいわかりにくくしただけにしか思えないなあ。

いやいや、解釈を数学的、抽象的に定義したことにはそれなりの意義がある。それは、ようやくありとあらゆる**解釈**についてきちんと話ができるようになったということだ。解釈は、論議領

域 D と各記号に意味を割り当てる付値関数 V とを定めると 1 つに決まり，閉論理式は解釈に応じて真か偽のいずれかの真理値をもつようになる．だから，D と V のペアつまり ⟨D, V⟩ そのものを解釈だと考えてしまえばよい．このペアのことを**モデル**（model）という．

**モデルの例**

《モデル $M_1$》
(1) $D = \{■, ●, ◆\}$
(2) 述語記号に対する付値
 $V_{M_1}(P) = \{■, ◆\}$
 $V_{M_1}(Q) = \{●, ◆\}$
(3) 個体定項 a に対する付値
 $V_{M_1}(a) = ■$
 $V_{M_1}(b) = ●$

どのモデルの付値関数であるかを明示したいときは，モデルの名前を V に添字としてつけて，$V_{M_1}$ とか $V_{M_2}$ と書くことにする．モデル $M_1$ で与えられる意味づけに対応する日常言語の表現なんて存在しない．日常言語への翻訳を解釈と考えている立場ではこうした解釈の仕方は思いつかないもののはずだ．

《モデル $M_2$》
(1) $D = N$（自然数の集合）
(2) 述語記号に対する付値
 $V_{M_2}(P) =$ 偶数の集合
 $V_{M_2}(Q) =$ 奇数の集合
(3) 個体定項 a に対する付値
 $V_{M_2}(a) = 7$
 $V_{M_2}(b) = 8$

例えば，$\exists x(Px \land Qx)$ はモデル $M_1$ では真だがモデル $M_2$ では偽，Pb はモデル $M_1$ では偽だがモデル $M_2$ では真．このように閉じた論理式はモデルによって真理値が左右されるが，とにかく**モデルが 1 つに決まれば真か偽のいずれかに決まる**．しかし，モデルが 1 つに決まっても，なお Px や ¬Qx のような開いた論理式の真偽は決まらない．例えば，モデル $M_1$ で Px は真かと聞かれても，x が■なら真だが，●なら偽としか言えない．というわけで，**開いた論理式の方が真理値の決まらな度がずっと高い**．

**モデルの満たすべき条件**

モデルは次の条件を満たすものとする。

(1) D は何の集合でもよい。有限集合でも無限集合でもよいが空集合 $\phi$ ではいけない。
(2) 述語記号に対応づける集合は空集合でもよい。
(3) 論議領域に含まれるすべての個体が **MPL** での名前（個体定項）をもっている必要はない。

しかし逆に，スタンダードな述語論理では，個体定項には必ず何らかの個体を割り当てないといけない。

---

**練習問題 34**

次のようなモデル $M_3$ のもとで，論理式(1) Pa, (2) Pb, (3) Qa, (4) Qb, (5) $\exists xPx$, (6) $\forall x(Px \lor Qx)$, (7) $\exists x(Px \land Qx)$ が真か偽かを述べよ。

《モデル $M_3$》
(1) $D = \{\diamondsuit, \blacklozenge, \star, \blacktriangledown, \circledcirc, \bullet, ¥, \$, £\}$
(2) $V(P) = \{\diamondsuit, \circledcirc, \bullet, ¥, \$\} \subseteq D$
　　$V(Q) = \{\blacklozenge, \star, \circledcirc, \$, \blacktriangledown\} \subseteq D$
(3) $V(a) = \circledcirc \in D$
　　$V(b) = \blacklozenge \in D$

---

## 6.2.3　モデル M のもとでの論理式の真理をきっちり定義しよう

閉論理式はモデルに応じて真になったり偽になったりする。つまり，絶対的な「真である」という概念には意味がなく，「かくかくのモデルのもとで真である」という**モデルに相対的な真理**の概念しか意味はない。これから定義するのは，「モデル $M = \langle D, V \rangle$ のもとで，論理式 A は真である」ということがどういうことか，だ。このことを $V_M(A) = 1$ と書くことにする。モデルを1つに固定して話をしているときなど，どのモデルを考えているのかが文脈からはっきりしているときは，モデルの名前を添字につけるのを省略して $V(A) = 1$ と書くことも許すことにしよう。また，$V(A) = 1$ でないことを $V(A) = 0$ と書く。

次に直面する問題は，「M のもとで A は真である」の定義は，**無限にたくさんある閉論理式のすべてに対する定義になっていなければならない**ということだ。無限にたくさんある論理式に対して何かを定義するときはどうするか？　答えは，「帰納的に定義する！」だ。つまり，(1)最も単純な論理式について，それが M のもとで真になるとはどういうことかを決める。(2)複合的な論理式の真偽が，その部分論理式の真偽に応じてどのように決まるかの規則を定めてやる。この2つを明確にすれば，すべての論理式に対してモデルに相対的な真理が定義できる。この2点を順に見ていくことにしよう。

**出発点を定める：原子式の真理の定義**

あるモデルの元で真偽が定まるのは**閉論理式**だけだから，ここでの原子式も閉じたものだけ，

つまり述語記号の後ろに個体定項を置いたものだけに限ってもいいだろう。述語記号も P, Q, R …といろいろあるから，それを一括して表す図式文字があると都合がよい。そこで様々な述語記号を代表する図式文字として Φ を使うことにしよう。まず，これらの文字を使って，次のように原子式の真理を定義する。

【T1】 $V_M(\Phi\alpha)=1 \Leftrightarrow V_M(\alpha) \in V_M(\Phi)$

この定義によると，原子式 Φα がモデル M のもとで真であるということは，そのモデルの付値関数 $V_M$ が個体定項 α に割り当てるもの $V_M(\alpha)$ が，$V_M$ が述語記号 Φ に割り当てる集合 $V_M(\Phi)$ に要素として含まれているということである。例えば，モデル $M_1$ では，$V_{M_1}(Pa)=1 \Leftrightarrow V_M(a) \in V_M(P) \Leftrightarrow ■ \in \{■, ◆\}$ となる。この場合，右辺が成り立つので，左辺も成り立つ。したがって論理式 Pa はモデル $M_1$ のもとで真になる。おっ。うまくいきそうだ。

### 複合的な論理式の真理を定義してみよう……

さて，出発点は押さえたので，次に，**複合的な論理式の真偽がその部分論理式の真偽に応じてどのように決まるかを帰納的に定める規則**をたてよう。複合的な論理式をつくる操作は，(1)結合子でつなぐことと，(2)∀，∃ で量化することの 2 種類だ。前者に関してはもう命題論理のときに決めてあった。これを使わない手はない。そこで，結合子については従来通り次のように定義する。

【T2】
(1) A が B∧C のとき，$V_M(A)=1 \Leftrightarrow V_M(B)=1$ かつ $V_M(C)=1$
(2) A が B∨C のとき，$V_M(A)=1 \Leftrightarrow V_M(B)=1$ または $V_M(C)=1$
(3) A が B→C のとき，$V_M(A)=1 \Leftrightarrow V_M(B)=1$ でないかまたは $V_M(C)=1$
(4) A が ¬B のとき，$V_M(A)=1 \Leftrightarrow V_M(B)=1$ でない。

これはようするに真理表による結合子の意味の定義を帰納的定義の形に書き直したものにすぎない。こうして，残るは量化された論理式だけになった。

### 量化子について

論理式 ∀ξBξ が真だというのは，論議領域に属するすべてのものについて B が成り立つということだから，論議領域に属するすべてのものが B に割り当てられる集合に属しているということだ。同様に，論理式 ∃ξBξ が真だというのは，B に割り当てられる集合になにか 1 つでも個体が属しているということだ。……と，とりあえずこのように考えて次のような規則を立ててみた。

140　第II部　論理学をひろげる

---

【T 2.9】
(1) A が $\forall \xi B\xi$ のとき，
　　 $V_M(A)=1 \Leftrightarrow$ M の論議領域 D に属するすべての個体 i について，$i \in V_M(B)$
(2) A が $\exists \xi B\xi$ のとき，
　　 $V_M(A)=1 \Leftrightarrow$ M の論議領域 D に属する少なくとも1つの個体 i について，
　　　$i \in V_M(B)$

---

ところが，これではうまく行かない。例えば，$\exists x Qx$ みたいな論理式に対しては，
　　 $V_{M_1}(\exists x Qx)=1 \Leftrightarrow$ M の論議領域 D に属する少なくとも1つの個体 i について，
　　　$i \in V_{M_1}(Q)$
　　　$\Leftrightarrow$ M の論議領域 D に属する少なくとも1つの個体 i について $i \in \{●,◆\}$ ……………(1)

となるから，確かにうまく定義できているように思われる。じっさい，i として●か◆を選べば(1)が成り立つから，この論理式はモデル $M_1$ のもとで真であると言える。しかし，この定義を $\exists x(Px \land Qx)$ のようなもうちょっと複雑な式に当てはめてみようとすると，とたんに困ったことになる。この式を【T 2.9】の(2)に代入すると，

　　 $V_M(\exists x(Px \land Qx))=1 \Leftrightarrow$ M の論議領域 D に属する少なくとも1つの個体 i について，
　　　$i \in V_{M_1}(????)$

あららら……最後のカッコの中に何を書いたらよいのかわからなくなってしまった。定義からして $V_{M_1}$ の後ろのカッコの中には述語記号がこなければならない。しかし，$Px \land Qx$ は述語記号ではない。無理矢理 $V(Px \land Qx)$ とか $V(P \land Q)$ という具合に代入してみても，これらは**無意味な表現**だ。【T 2.9】と書いてあったのは，まだ【T 3】には足りないということを示したかったからだ。これからちょっとずつ改良を加えて【T 2.99】，【T 2.999】という具合に【T 3】に近づけてゆくことにしよう。

### どこで失敗したか

【T 2.9】のどこがまずかったのだろう。我々の方針は次のようなものだった。

---

(1) モデルを決めると真偽が確定するのは閉じた論理式だから，すべての**閉論理式**に真理値を割り振ることができるような帰納的定義をつくっていこう。
(2) そのためには，出発点となる**閉じた原子式**に対して「モデル M のもとで真」ということを定義して，
(3) 次に，部分論理式の真偽に応じて，そこからつくられる**複合的論理式**の真偽がどのように決まるかについての規則を立てればよい。

---

このやり方ですべての閉論理式に対して真偽が定義できるとしたら，**閉論理式の部分論理式はすべてまた閉論理式でなければならないはずだ**。ところが，量化子がくっついて複合的論理式が

できる場合，その部分論理式は Px∧Qx のような開いた論理式であることがほとんどだ。だから，閉じた部分論理式の真偽をもとに閉じた複合的論理式の真偽を定める規則を立てようとしても，すべての閉論理式に真偽を定義できなくなってしまう。その「原材料」が開いた論理式であるような論理式は帰納的定義の連鎖の中に入ってこれないことになる。

というわけで，次の 2 つの要請を調和させるのが難しいということがわかった。

(1) 帰納的に定義したいのは**閉論理式に対してだけ**意味を持つ「モデル M のもとでの真理」である。

(2) しかし，論理式の帰納的定義において，**閉論理式は閉論理式だけからつくられるわけではない**。

#### 手直しの方針

定義を手直しするにはどうしたらよいだろうか。以上の考察から 2 つの方針が浮かび上がってくる。

【方針 S】開いた式も含む**論理式全体**に対しての帰納的定義を試みる。ただし，そのときは閉論理式に対してだけ意味がある「真である」を定義するわけにはいかなくなるので，もっと広い何らかの概念「××である」を考えて，「××である」をすべての論理式にわたって帰納的に定義する。そのうえで，「真である」を「××である」の閉論理式の場合にだけ当てはまる特殊ケースとして定義する。

【方針 T】閉論理式だけに対して真理概念を帰納的に定義していくという方針は捨てない。その上で，先ほど困ってしまった ∃x(Px∧Qx) のような式についても，これの真理がどういうことであるかを，それよりつくりの簡単な**何らかの閉論理式**（例えば Pa∧Qa のような式でどうだろう）の真理に言及して定義していく。

方針 T に従った方ができあがる定義が簡単になるので，最近は方針 T を採用する教科書も増えている。方針 S はこれに対して，述語論理のセマンティクスを最初に整備した**タルスキ**（Alfred Tarski）の採用した方法で，いわば老舗の風格がある。本書の方針はというと，両方とも紹介しちゃえという欲張ったものだ。

### 6.2.4 方針 T に基づいて「M のもとでの真理」をきちんと定義する

#### 方針 T による真理の定義

【T 1】，【T 2】はそのまま使う。手直しするのは【T 2.9】だ。次のように考えてみよう。∀x(Px∧Qx) が真だったら，(Px∧Qx) のなかの x の自由な現れに任意の個体定項を代入して得られる Pα∧Qα という形の閉論理式はみんな真になるはずだ。かりに，モデル M ではすべての個体に何らかの個体定項が割り当てられているとするなら，この逆も成り立つだろう。つまり，Pα∧Qα という形の式がみんな真であるならば ∀x(Px∧Qx) が真，と言えそうだ。

そこで，M の論議領域 D に属するすべての個体にそれぞれ個体定項を割り当てた上で，

【T 2.99】
(1) A が ∀ξB のとき，
　　 $V_M(A)=1$　⇔　すべての個体定項 $\alpha$ について，$V_M(B[\alpha/\xi])=1$
(2) A が ∃ξB のとき，
　　 $V_M(A)=1$　⇔　少なくとも１つの個体定項 $\alpha$ について，$V_M(B[\alpha/\xi])=1$

とすればよいのではないか。B というのは Px，(Px∧Qx)，(Px→∀xQx) などを一括して現している。そして $B[\alpha/\xi]$ は，すでに 127 ページに出てきた記号法だが，**B に含まれる変項 $\xi$ の自由な現れを一斉に個体定項 $\alpha$ に置き換えた論理式**を表す。例えば，$\alpha$ として a を考えるなら，Pa，Pa∧Qa，Pa→∀xQx などがそうだ。確かに，∀ξB の真理をそれより簡単な閉論理式 $B[\alpha/\xi]$ の真理によって定義できているから，方針 T に沿ったものになっている。しかしながら，論議領域に含まれるすべての個体に割り当てることができるほどたくさんの定項がいつも **MPL** の語彙に備わっているという保証はない。というより，個体定項の方がどうも少なそうだ。よっぽど強力な言語を考えない限り，個体定項の数はどんなに多くても可算無限だろうが，実数の世界のように非可算無限個の個体を含む論議領域もあるわけだし。

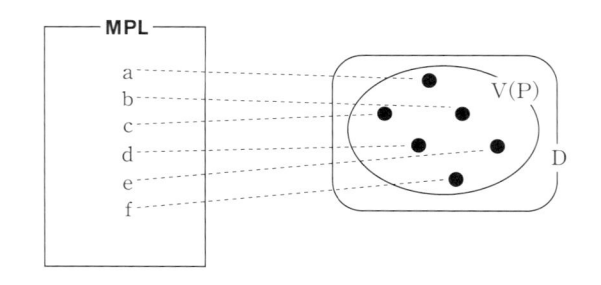

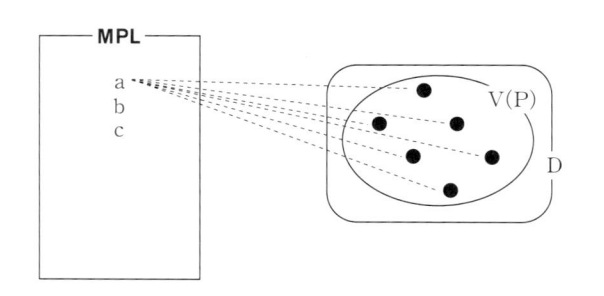

　右図のように D に含まれる個体のすべてに名前を付けてやる。そうすれば，∀xPx が真なのは，Pa，Pb，Pc，Pd，Pe，Pf がみんな真のときだ，という具合に定義できるのではないか。これが【T 2.99】のアイディアだったわけだ。しかし，これは D にどれほどたくさんの個体が含まれていても，つねにそれだけの個体定項を用意できるか，という疑いが生じて雲行きが怪しくなってきた。

　何とかして個体定項の数を節約することを考えよう。個体の数だけ定項を使うのはあきらめて，a なら a という１つの名前を，あるときはこれの名前，別のときはあれの名前，という具合に，実質上すべての個体に対する名前の役割を与えてしまったらどうか。もちろん，モデルを固定すると，V(a) も１つに決まってしまうから，１つのモデルの中で a をあれこれの個体の名前に勝手に使うわけにはいかない。そこで，**個体定項 a に割り当てる個体だけがいろいろに異なるたくさんのモデルを，もとのモデルの一種のヴァリエーションとして考えてみたらどうだろう。**

第6章　おおっと述語論理のセマンティクスがまだだった　143

> 【定義】V/α は付値関数 V の**個体定項 α に関する変種**（短く「α 変種」と言う）である　⇔　V/α は個体定項 α に対して割り当てる個体だけが V と異なり，その他の個体定項や述語記号に対する割り当ては V と同じ付値関数である。ただし，もともとの V じしんも V/α の 1 種と考えることにする。
>
> 　ついでに，モデル M=⟨D, V⟩ で，D はそのままにして V をこの α 変種 V/α に取り替えたものを，**モデル M の α 変種**と言い，M/α と書くことにしよう。

こうすれば，1 つの同じ個体定項 α を D 中の様々な個体の名前に転用できるわけだ。α 変種の総数は論議領域に含まれる個体の数だけあることになる。

　さて，方針 T のポイントは ∀ξB の真理を B[α/ξ] の真理によって定義することだった。そこで，次のようにやってみよう。

> 【T 2.999】
> (1)　A が ∀ξB のとき，
> 　　$V_M(A)=1$　⇔　M のすべての α 変種 M/α について，$V_{M/α}(B[α/ξ])=1$
> (2)　A が ∃ξB のとき，
> 　　$V_M(A)=1$　⇔　M の少なくとも 1 つの α 変種 M/α について，$V_{M/α}(B[α/ξ])=1$

137 ページのモデル $M_1$ をつかってこの定義がうまくいくかどうかをチェックしよう。

　$M_1$ の a 変種は V(a)=■ となるもの，V(a)=● となるもの，V(a)=◆ となるものの 3 つがある。ここで，

　　　　$V_{M_1}(∀x(Px∨Qx))=1$　⇔　$M_1$ のすべての a 変種 $M_1/a$ について，$V_{M_1/a}(Pa∨Qa)=1$
　　　　　⇔　$M_1$ のすべての a 変種について，$V_{M_1/a}(Pa)=1$ または $V_{M_1/a}(Qa)=1$
　　　　　⇔　$M_1$ のすべての a 変種について，$V_{M_1/a}(a)∈V_{M_1/a}(P)$ または $V_{M_1/a}(a)∈V_{M_1/a}(Q)$
　　　　　⇔　$M_1$ のすべての a 変種について，$V_{M_1/a}(a)∈\{■,◆\}$ または $V_{M_1/a}(a)∈\{●,◆\}$ …(1)

となる。a 変種 $M_1/a$ が a に何を割り当てようとも，$V_{M_1/a}(a)$ は■か◆か●のどれかだから，必ず{■,◆}か{●,◆}のどちらかには含まれている。したがって (1) は成り立つので，∀x(Px∨Qx) はモデル $M_1$ で真である。おおっ。**今度こそうまくいきそうだ。**

　確かに【T 2.999】はいいせんいっている。しかしまだ 1 つだけまずいところがある。(だから【T 3】ではないのだ)。A が ∀x(Px∧Qa) のようにもともと個体定項 a をふくんだ論理式であるときに，変種を考える個体定項 α として a を選んでしまうと，

　　　　$V_M(∀x(Px∧Qa))=1$　⇔　M のすべての a 変種 M/a について，$V_{M/a}(Pa∧Qa)=1$

となるが，この右辺は，$V_M(∀x(Px∧Qx))=1$ ということではないか。∀x(Px∧Qa) の真理を定義しようとしたら ∀x(Px∧Qx) の真理の定義に化けてしまったぞ。だから，個体定項への付値をいろいろに変えることで変項のようにあつかうためには，変種を考える個体定項は基本的には何を選んでもよいのだが，最低限もともとの**論理式に含まれていない**ものにしておかないとイ

ケナイ。そこで,

---
【T3】
(1) Aが$\forall \xi B$のとき,
$V_M(A)=1 \Leftrightarrow$ Mのすべての$\alpha$変種$M/\alpha$について,$V_{M/\alpha}(B[\alpha/\xi])=1$
ただし$\alpha$はAに現れない個体定項とする。
---

という但し書きが必要になる。こうすると,Aが$\forall x(Px \land Qa)$のようなときに,変種を考える個体定項$\alpha$としてaを選ぶことはできず($Px \land Qa$に含まれているから),例えばbを選ぶことになる。そうすると,$V_M(\forall x(Px \land Qa))=1 \Leftrightarrow$ Mのすべてのb変種$M/b$について,$V_{M/b}(Pb \land Qa)=1$となって,Pの後ろのところだけが変種に応じて様々な個体を割り当てて解釈されるようになる。∃についても同様に,

---
【T3】
(2) Aが$\exists \xi B$のとき,
$V_M(A)=1 \Leftrightarrow$ Mの少なくとも1つの$\alpha$変種$M/\alpha$について,$V_{M/\alpha}(B[\alpha/\xi])=1$
ただし$\alpha$はAに現れない個体定項とする。
---

とすればよい。結局,【T1】,【T2】,【T3】が方針Tにもとづく論理式の真理の定義である。

---
**練習問題 35**

右に示したモデルMについて以下の問いに答えよ。
(1) Pa,Pa∧¬Pb はMのもとでいかなる真理値をとるか。方針Tにそって求めよ。
(2) 次の論理式がMのもとで真か偽かを確かめよ。ただし,直観的にやったのでは意味がない。方針Tにもとづく定義にしたがって,一歩一歩やってみること。
  (a) $\forall x(Px \lor Qx)$  (b) $\exists x(Px \land \neg Qx)$  (c) $\forall x(Qx \to Px)$
  (d) $\forall x(Qx \to Pa)$

《モデルM》
$D=\{1,2,3,4\}$
$V(P)=\{1,2\}$
$V(Q)=\{1,3\}$
$V(a)=1$
$V(b)=3$
---

## 6.2.5 方針Sに基づいて「Mのもとでの真理」をきちんと定義する

開いた式にも使える真理より広い何らかの意味論的概念「××である」を考えて,それをすべての論理式にわたって定義し,「真である」を「××である」の特殊ケースとしてとりだす。これが方針Sだった。ところで真理よりは広いが真理に似ている「××」とは何だろう。

### アサインメント

「は『ターミネーター』に出演した」をP，「シュワルツネッガー」をaとすると，閉じた式Paは真である。しかし，開いた式Pxは真でも偽でもない。xが誰であるかによるからだ。しかし，このことが逆に，次のことを示唆している。開いた式Pxと様々な個体の間には，**当てはまる**（be true of）という関係がある。つまり，Pxはシュワルツネッガーには当てはまるが，ブラッド・ピットには当てはまらない。

これを使ったらどうか。そのためには，**個体変項**にも様々な個体を割り当てるための仕掛けが必要だ。そこで，次のようにアサインメント$\sigma$という関数を導入する。

> 【定義】**MPL**のあらゆる個体変項$\xi$についてモデルMの論議領域内の何らかの個体を割り当てる関数$\sigma$をモデル$M = \langle D, V \rangle$にもとづく**アサインメント**（assignment）ということにする。

> **練習問題 36**
>
> アサインメントは1つのモデルにつき，ふつう何種類もある。いま$D = \{1, 2\}$であるようなモデルMを考えているとしよう。そして，**MPL**には，x, y, zの3つの個体変項があるとしよう。このときモデルMに基づくアサインメントをすべて列挙せよ。

### 充足関係の定義

さて，「当てはまる」関係の話にもどろう。Pxがシュワルツネッガーに当てはまるとか当てはまらないとか言えるためには，(1) Pの意味（これはモデルで定まる），(2) xとしてシュワルツネッガーを考えているということ（これはアサインメントで定まる），の2つが必要だ。だから「当てはまる」関係は，論理式とモデルとアサインメントの3者間の関係になる。そこで，次のような表記法を導入しよう。

$$V_{M, \sigma}(A) = 1$$

これを「モデルMはアサインメント$\sigma$によって論理式Aを満たす（M satisfies A with $\sigma$）」と読むことにする。これを**充足関係**と呼ぶ。本書では3.5.2と3.6.1で「充足する」を別の意味にすでに使っている。混乱の恐れがないときは「充足する」とか「充足関係」という言葉をこちらの意味でも使うことにするが，混乱しそうなときには「満たす」という言い方を使う。この関係は真理と違って**開いた式も含むすべての論理式に対して定義することができる**。

次に，充足関係が正確にどういうことであるかを帰納的に定義しよう。その際，最初から個体定項も考えに入れて充足関係を定義しようとするとごちゃごちゃしてしまう。そこで，(1)まずは**MPL**からすべての個体定項をいったん取り除いた上で充足関係を定義し，(2)そののちに個体定項をもとに戻す，という順序で述べていこう。個体定項をはずすと原子式は開いた式しかなくなるから，

【S 0.9】 $V_{M,\sigma}(\Phi\xi)=1 \Leftrightarrow \sigma(\xi)\in V_M(\Phi)$

ようするに，モデル M がアサインメント σ によって開いた原子式 Φξ を満たすのは，σ が個体変項 ξ に割り当てる個体が，M が述語記号 Φ に割り当てる集合の要素になっているということである（【S 0.9】は【S 1】にするにはチト足りない，ということを示している）。次に結合子で結びついた式に対しては，

【S 2】
(1) A が B∧C のとき，$V_{M,\sigma}(A)=1 \Leftrightarrow V_{M,\sigma}(B)=1$ かつ $V_{M,\sigma}(C)=1$
(2) A が B∨C のとき，$V_{M,\sigma}(A)=1 \Leftrightarrow V_{M,\sigma}(B)=1$ または $V_{M,\sigma}(C)=1$
(3) A が B→C のとき，$V_{M,\sigma}(A)=1 \Leftrightarrow V_{M,\sigma}(B)=1$ でないかまたは $V_{M,\sigma}(C)=1$
(4) A が ¬B のとき，$V_{M,\sigma}(A)=1 \Leftrightarrow V_{M,\sigma}(B)=1$ でない。

これは方針 T とほとんど変わらない。

**練習問題 37**

右のモデル M にもとづくアサインメント σ として，σ(x)=1，σ(y)=2，σ(z)=1 であるようなものを考える。モデル M が σ によって次の論理式を満たすかどうかを定義に沿って判定せよ。
　(1) Px　(2) Px∧Py　(3) Qz→Py　(4) (Pz∨Qx)→¬Py

《モデル M》
D={1, 2}
V(P)={1}
V(Q)={1, 2}

### アサインメントの変種

次に，量化された論理式に対しては，方針 T と同様に変種というアイディアを使おう。ただし，今回は**アサインメントの変種**が必要だ。

【定義】アサインメント σ の ξ 変種を σ/ξ と書く。いうまでもなく個体変項 ξ に割り当てるものだけが σ と異なり，他の変項への割り当ては全く σ と変わるところのないアサインメントである。これも D に含まれる個体の数だけたくさんある。σ じしんも σ/ξ の一種であるとする。

このアサインメントの変種を使って次のように定義する。

【S 3】
(1) A が $\forall \xi B$ のとき，
   $V_{M,\sigma}(A)=1$ ⇔ $\sigma$ のあらゆる $\xi$ 変種 $\sigma/\xi$ について，$V_{M,\sigma/\xi}(B)=1$
(2) A が $\exists \xi B$ のとき，
   $V_{M,\sigma}(A)=1$ ⇔ $\sigma$ の少なくとも1つの $\xi$ 変種 $\sigma/\xi$ について，$V_{M,\sigma/\xi}(B)=1$

以上の【S 0.9】，【S 2】，【S 3】によって，A が開いていようが閉じていようが，個体定項を含まないすべての論理式に対して，「モデル M がアサインメント $\sigma$ によって A を満たす」ということがどういうことかを定義することができた．

**練習問題 38**

(1) 練習問題 37 のモデル M とアサインメント $\sigma$ について，M が $\sigma$ によって次の論理式を満たすかどうかを定義に沿って判定せよ．
   (a) $\exists xPx$  (b) $\forall xPx$  (c) $\forall x(Py \land Qx)$
(2) $\sigma'(x)=2$，$\sigma'(y)=1$，$\sigma'(z)=2$ であるようなアサインメント $\sigma'$ によって，モデル M は $\forall x(Py \land Qx)$ を満たすか．また $\exists xPx$ を満たすか．

**カム・バック個体定項**

さて，そろそろ取りはずしておいた個体定項をもとに戻してやろう．簡単なやり方は，アサインメントを拡大して変項だけでなく定項への割り当てもやらせるということだ．でも，それって**変項と定項の区別がなくなってしまうんじゃ……**．そこはそれ．次のようにうまくやる．変項 $\xi$ に何を割り当てるかはアサインメントに応じて異なるが，**定項についてはその割り当てはアサインメントによらず一定**だということにすればよい．つまり，

- 個体定項 $\alpha$ については，どんなアサインメント $\sigma$ においても，$\sigma(\alpha)=V(\alpha)$．つまりアサインメントは，モデルがその個体定項にあらかじめ割り当てておいた個体をずっと割り当て続ける．
- 個体変項 $\xi$ については，$\sigma(\xi)$ は $\sigma$ に応じて異なる．

あとは，原子式についての充足関係の定義のところを，定項も視野に入れたものに直せばよい．拡張したアサインメントは，変数に個体変項だけでなく個体定項もとることができる，つまり任意の項を変数にできる関数になったから，任意の個体定項と個体変項（あわせて項という）を区別なく代表する図式文字として $\tau$ を使うことにすれば，以上のように次のように原子式についての充足関係の定義を変更できる．

【S 1】 $V_{M,\sigma}(\Phi\tau)=1 \Leftrightarrow \sigma(\tau)\in V_M(\Phi)$

【S 1】,【S 2】,【S 3】が最終的な充足関係の定義になる。

---

**練習問題 39**

(1) 右のモデル M にもとづくアサインメント $\sigma$ として，$\sigma(x)=1$，$\sigma(y)=2$，$\sigma(a)=V(a)=1$ であるようなものを考える。M はアサインメント $\sigma$ によって論理式(a) $Qy \wedge Pa$, (b) $Pa$, (c) $\forall xPx$ を充足するだろうか。定義を参照しながら答えよ。

(2) $\sigma'(x)=2$，$\sigma'(y)=1$ となるアサインメント $\sigma'$ によってモデル M は論理式 (a), (b), (c)を満たすか。

《モデルM》
$D=\{1,2\}$
$V(P)=\{1\}$
$V(Q)=\{2\}$
$V(a)=1$

---

## 6.2.6 方針 S における真理の定義

練習問題 39 の解答を読んでほしい。どうやら，閉論理式はすべてのアサインメントによって満たされるか，それを満たすアサインメントはないかのいずれかであるらしい。このことをきちんと証明しておくのが 6.2.6 の目標だ。

【定理 26：一致の原理 principle of agreement】$\sigma_1$, $\sigma_2$ を論理式 A において自由に現れるすべての個体変項に関して，何を割り当てるかが一致しているアサインメントだとする。このとき，$V_{M,\sigma_1}(A)=1 \Leftrightarrow V_{M,\sigma_2}(A)=1$

今後，スペースの節約のため，$V_{M,\sigma_1}(A)=1 \Leftrightarrow V_{M,\sigma_2}(A)=1$ を $V_{M,\sigma_1}(A)=V_{M,\sigma_2}(A)$ と書いてもよいことにする。

【証明】式の長さに関する帰納法で証明する。

[Basis] A が原子式 $\Phi\tau$ のとき，

・Subcase 1. $\tau$ が個体定項 $\alpha$ のとき，

論理式 $\Phi\alpha$ において自由に現れる個体変項はないから，$\sigma_1$, $\sigma_2$ は任意のアサインメントと考えることができる。このとき，個体定項に対するアサインメントによる割り当ての定め方により，$\sigma_1(\alpha)=\sigma_2(\alpha)=V_M(\alpha)$ ゆえ，$\sigma_1(\alpha)\in V_M(\Phi) \Leftrightarrow \sigma_2(\alpha)\in V_M(\Phi)$ である。

したがって，$V_{M,\sigma_1}(\Phi\alpha)=V_{M,\sigma_2}(\Phi\alpha)$ が成り立つ。

・Subcase 2. $\tau$ が個体変項 $\xi$ のとき，

論理式 $\Phi\xi$ において自由に現れる個体変項は $\xi$ だけである。$\sigma_1$, $\sigma_2$ は $\sigma_1(\xi)=\sigma_2(\xi)=t$ となる任意のアサインメントとする。このとき，$\sigma_1(\xi)\in V_M(\Phi) \Leftrightarrow t\in V_M(\Phi) \Leftrightarrow \sigma_2(\xi)\in V_M(\Phi)$ である。

したがって，$V_{M,\sigma_1}(\Phi\xi)=V_{M,\sigma_2}(\Phi\xi)$ が成り立つ。

以上より，原子式に関しては定理は成り立つ。

[Induction step]
(1) **帰納法の仮定** 論理式 B，C については定理が成り立っていると仮定する。
(2) ・Subcase 1． A が ¬B という形のとき，
 $\sigma_1$，$\sigma_2$ を論理式 A のすべての自由変項に関する割り当てが一致しているアサインメントだとする。ところで，その $\sigma_1$，$\sigma_2$ は論理式 B のすべての自由変項に関する割り当てが一致しているアサインメントでもある。したがって帰納法の仮定により，$V_{M,\sigma_1}(B)=V_{M,\sigma_2}(B)$ である。このことより，$V_{M,\sigma_1}(\neg B)=V_{M,\sigma_2}(\neg B)$ は明らか。したがって，A についても定理が成り立つ。
 ・Subcase 2〜4． A が B∧C，B∨C，B→C という形のときも同様に，A についても定理は成り立つ。
 ・Subcase 5． A が $\forall \xi B$ という形のとき，
 $\sigma_1$，$\sigma_2$ を論理式 A のすべての自由変項に関する割り当てが一致している任意のアサインメントだと仮定する。このとき，$\sigma_1$，$\sigma_2$ は B における $\xi$ 以外のすべての自由変項に関する割り当てが一致しているが，$\xi$ については異なるかもしれない。$\xi$ は A の中では自由変項ではないからだ。
 さてそうすると，
 $V_{M,\sigma_1}(\forall \xi B)=1$
  $\Leftrightarrow$ $\sigma_1$ のあらゆる $\xi$ 変種 $\sigma_1/\xi$ について，$V_{M,\sigma_1/\xi}(B)=1$ ……………………(i)
 だが，$\sigma_1$ の $\xi$ 変種 $\sigma_1/\xi$ と $\sigma_2$ の $\xi$ 変種 $\sigma_2/\xi$ は，B における $\xi$ 以外のすべての自由変項に関する割り当ては一致しているから，
 $\sigma_1$ のあらゆる $\xi$ 変種 $\sigma_1/\xi$ について，$V_{M,\sigma_1/\xi}(B)=1$
  $\Leftrightarrow$ $\sigma_2$ のあらゆる $\xi$ 変種 $\sigma_2/\xi$ について，$V_{M,\sigma_2/\xi}(B)=1$ ……………………(ii)
 となるはずだ。そして言うまでもなく，
 $\sigma_2$ のあらゆる $\xi$ 変種 $\sigma_2/\xi$ について，$V_{M,\sigma_2/\xi}(B)=1$ $\Leftrightarrow$ $V_{M,\sigma_2}(\forall \xi B)=1$ …………(iii)
 だから，(i)(ii)(iii)により，$V_{M,\sigma_1}(\forall \xi B)=V_{M,\sigma_2}(\forall \xi B)$ ということになる。
 以上のように $\sigma_1$，$\sigma_2$ が A のすべての自由変項に関する割り当てが一致している任意のアサインメントだという仮定の下で，$V_{M,\sigma_1}(\forall \xi B)=V_{M,\sigma_2}(\forall \xi B)$ が得られたので，A についても定理が成り立つ。
 ・Subcase 6． A が $\exists \xi B$ という形のときも同様。
(3) 以上より，すべての論理式に対して定理が成り立つ。■

【定理27】A を閉論理式だとする。そうすると，モデル M はあらゆるアサインメントによって A を満たすか，いかなるアサインメントによっても A を満たさないかのいずれかである。

【証明】A が閉論理式なら，定理26により任意のアサインメント $\sigma_1$，$\sigma_2$ について $V_{M,\sigma_1}(A)=V_{M,\sigma_2}(A)$ であるから，A はあらゆるアサインメントによって満たされるか，いかなるアサインメントによっても A を満たさないかのいずれかである。■

定理27は，閉論理式についての真理を次のように定義できるということを保証してくれてい

る。つまり，閉論理式はすべてのアサインメントによって満たされるならそのモデルで真，いかなるアサインメントによっても満たされなければ偽という定義だ。こんな風に定義しても，定理27によりこの2つの選択肢以外の可能性（つまり，閉論理式があるアサインメントでは満たされ，別のアサインメントでは満たされないというようなケース）はないことが言えるから，このようにして定義した真偽は2値原理を満たしていることが保証される。

【定義】$V_M(A)=1$ ⇔ すべてのアサインメント $\sigma$ について $V_{M,\sigma}(A)=1$

これが方針Sをとったときの閉論理式の真理の定義になる。

---

**練習問題 40**

閉論理式(1) $Pa$，(2) $\exists xQx$ がそれぞれ以下のモデルで真であることをいまの定義に沿って示せ。

《モデル M》
$D=\{●, ◆\}$
$V(P)=\{●, ◆\}$
$V(Q)=\{◆\}$
$V(a)=●$

---

## 6.2.7 矛盾・論理的帰結・妥当式

**ところで2通りの真理の定義は同じことをしたことになるのだろうか**

このことが当然心配になるだろう。しかし，2つの方針は閉論理式への真理の割り当てにおいて一致することが分かっている。具体的には次のことが成り立つ。

【定理28】任意の閉論理式を A とする。方針 T における定義において $V_M(A)=1$ ⇔ 方針 S における定義において $V_M(A)=1$

これは，閉論理式の真偽に関してはどっちの方針をとっても違いがないということだ。とはいえ，2つの方針はいかなる違いもないということにはならない。違いは例えば論理的帰結とか矛盾の定義に現れる。

**方針 T による論理的帰結・矛盾・論理的同値・妥当式の定義**

方針 T では，真偽の概念しか使えないから，これらの概念は**閉論理式に対してのみ定義される**。それぞれの定義は次のようになる。A は閉論理式，Γ は閉論理式だけからなる集合とする。

## 第6章 おおっと述語論理のセマンティクスがまだだった

> 【定義】
> (1) Γが矛盾している ⇔ Γに含まれるすべての式を真にするモデルがない。
> (2) ΓからAが論理的に帰結する（これをΓ⊨Aと書くことにする） ⇔ Γに含まれるすべての式を真にするモデルのもとでつねにAも真になる（つまりΓに含まれるすべての式を真としAを偽とするようなモデルはない）。
> (3) AとBが論理的同値である ⇔ AとBのとる真理値がすべてのモデルで一致する。

命題論理のトートロジーに相当する述語論理の式，すなわち**述語論理の枠組みの中で捉えられた形式的真理**を妥当式（valid wff.）と言うが，これも次のように定義できる。

> 【定義】Aが妥当式である ⇔ 任意のモデルでAが真になる。

以上は命題論理の場合での定義で「原子式に対する真理値割り当て」と言っていた箇所を「モデル」と言い換えただけだ。とっても自然な拡張なのだ。

### 方針Sによる論理的帰結・矛盾・妥当式の定義

このように，方針Tをとる限り，**開いた式には矛盾とか論理的帰結が全く定義されない**ことになる。でも $\{Fx, \neg Fx\}$ は矛盾していると言えそうだし，$Fx \wedge Gx$ からは $Fx$ が論理的に出てくると言ってもよいんじゃないだろうか。じっさい，数学では「$x=y+z$ ならば $x^2=(y+z)^2$」……などと開いた式のままで論理的推論をすることはざらにある。

方針Sだと充足関係を基本としてそこから真偽が派生的に定義されるわけだから，矛盾や論理的帰結の概念も充足関係をつかって定義するのが自然だろう。これにより，開いた式にもこうした概念が定義できるようになる。

> 【定義】
> (1) Γが矛盾している ⇔ いかなるモデル $M$ とアサインメント $\sigma$ によってもΓに含まれるすべての式が満たされることがない。
> (2) Γ⊨A ⇔ すべてのモデル $M$ とアサインメント $\sigma$ について，$V_{M,\sigma}(\Gamma)=1$ ならば $V_{M,\sigma}(A)=1$
> (3) AとBが論理的同値である ⇔ すべてのモデル $M$ とアサインメント $\sigma$ について，$V_{M,\sigma}(A)=V_{M,\sigma}(B)$

今度はA，Γは任意の論理式（と，その集合）とする。また，$V_{M,\sigma}(\Gamma)=1$ は，モデル $M$ がアサインメント $\sigma$ によってΓのあらゆるメンバーを満たす，という意味で理解するものとする。つまり，Γのあらゆるメンバーを満たす $M$ と $\sigma$ がやはりAもみたすとき，ΓからAが論理的に帰結すると考えるわけだ。

【定義】Aが妥当式である　⇔　すべてのモデルMとアサインメントσについて，$V_{M,\sigma}(A)=1$

　これらの定義によって，Fx∧GxからはFxが論理的に出てくると言えるし，Px→Pxは妥当式だと言える。これは方針Tではできないことだ。しかし，やはり，**閉論理式の範囲では2つの方針に基づく定義は一致する**。したがって，6.2.8以下では，特に開いた論理式のことを考えなければならないときを除き，より簡便な方針Tによる定義を使ってゆくことにしよう。

### いくつかの言葉づかいの定義

　次に，いくつかのよく使われる言い回しを定義しておく。

【定義】
(1) 論理式の集合Γに含まれるすべての閉論理式がモデルMのもとで真になるとき，MはΓのモデルであると言う。
(2) 論理式Aが**充足可能**である　⇔　$V_{M,\sigma}(A)=1$ となるモデルMとアサインメントσがある。
(3) 論理式の集合Γが充足可能である　⇔　Γのすべての要素を同時に満たすモデルMとアサインメントσがある。

**練習問題 41**
(1) Fx∧GxからFxが論理的に帰結するということを定義に沿って示せ。
(2) Px→Pxが妥当式であることを定義に沿って示せ。
(3) 次のことを証明せよ。
　　$A_1, A_2, \cdots, A_n \models C$　⇔　論理式 $(A_1 \wedge A_2 \wedge \cdots \wedge A_n) \to C$ が妥当式である。

## 6.2.8　反証モデル

　以下では方針Tのもとで述べてゆくことにする。これは話を簡単にするためで，ちょっと手直しすれば方針Sでも同じような話はすぐにできる。さて，前提Γから論理式Aを導く論証が妥当である（つまりΓ⊨A）ということはいまの定義によると，Γのあらゆるメンバーを真にするモデルはすべてAも真にする，ということだ。したがって，Γのあらゆるメンバーを真にするが結論Aは偽にするようなモデルが1つでも見つかれば，その論証は妥当ではないことになる。そのようなモデルが**論証の反例**と呼んでいたものに相当する。こうしたモデルを論証の**反証モデル**（countermodel）と呼ぶことにしよう。例えば，「∃x(Px∧Qx)，したがって，∀x(Px→Qx)」という論証を考えてみよう。この論証は妥当ではなさそうだ。そこで反証モデルを構成すること

を試みる。まず，(1)反証モデルでは ∃x(Px∧Qx) が真になってほしいから，モデルの論議領域の中には P でもあり Q でもあるものがなければならない。つまり，V(P) と V(Q) の共通部分には少なくとも1つは個体が含まれていなければならない。一方，(2)∀x(Px→Qx) は偽になってほしい。つまり P なものがすべて Q であってはならない。つまり P であるが Q でないものが少なくとも1つなければならない。というわけで，P でもあり Q でもあるものもあり，P であるが Q でないものも含んでいるようなモデルをつくればよい。

$D = \{1, 2\}$
$V(P) = \{1, 2\}$
$V(Q) = \{1\}$

がそのようなモデルだ。

---

**練習問題 42**

次の論証が妥当でないことを反証モデルをつくって示せ。
(1) ∀x(Px→Qx)，したがって，∀x(Px∧Qx)
(2) ∀x(Px→Qx)，したがって，∀x(Qx→Px)
(3) ∀x(Px→Qx)，∀x(Qx→¬Rx)，したがって ∀x(¬Px→Rx)

---

## 6.3 存在措定と会話の含意

### 6.3.1 同じ論証が妥当になったりならなかったりする怪

体罰を容認する日本人がいるからといって日本人がみんな体罰を容認しているということは言えない。逆に，日本人全員が体罰を容認しているということからは，体罰を容認している日本人が存在するということが論理的に出てくるように思われる。つまり，

【論証1】日本人はみな体罰を容認している。したがって，体罰を容認している日本人がいる。

は妥当だろう。じっさい，

[Domain] 日本人
[Interpretation] Px：x は体罰を容認している

という具合に解釈を決めて記号化すると，

【論証2】∀xPx，したがって，∃xPx

となるが，これは妥当な論証だ．さて，この論証1をもう少し論議領域を広くとって次のように記号化することもできる．

[Domain] 人間
[Interpretation]
Px：x は体罰を容認している　　Jx：x は日本人である

【論証3】 ∀x(Jx → Px)，したがって，∃x(Jx∧Px)

この論証が妥当かどうかをタブローをつかってチェックすると……，何と！　妥当でないという結果になってしまう．うそだと思う人はやってみよう．

## 6.3.2 食い違いの原因はどこにあるか

#### 論証3の反証モデルを吟味する

なぜこのような食い違いが生じるのだろう．また，論証1は妥当であるように思われたのに，なぜ論証3のように記号化すると妥当でなくなってしまうのだろう．論証3が妥当でないということは，反証モデルがあるということだ．右のものがその一例．

《モデルM》
D = {1, 2}
V(J) = φ　（空集合）
V(P) = {1}

この反証モデル M では，前提の ∀x(Jx→Px) はどのような仕方で真になっているのだろう．それをちょっと乱暴な言い方で述べると次のようになる．論議領域には2つの個体（自然数1と2）が含まれる．これらのどれについても，Jx→Px が成り立てば，∀x(Jx→Px) は真になる．このモデルでは，V(J) は空集合なので，論議領域のどちらの個体も V(J) の要素ではない．ということは，Jx→Px の前件はつねに満たされないということだ．→の定義により前件が満たされないなら全体は満たされるから，Jx→Px は論議領域の2つの数のどれについても成り立つ．したがって，モデル M では ∀x(Jx→Px) は真になる．一方，このモデル M では ∃x(Jx∧Px) は偽になる．このような仕方で M はこの論証の反証モデルになっているわけだ．確かめてみるとすぐにわかるけど，述語 J に空でない集合を割り当てるようなモデルでは，いつでも ∀x(Jx→Px) が真なら ∃x(Jx∧Px) も真になってしまい反証モデルにならない（なぜだか考えてみること）．したがって，この論証の反証モデルは J に空集合を割り当てるようなモデルに限られる．

#### 実質なく真な一般化

論理式 ∀ξ(Aξ→Bξ) の真理値は初心者をとまどわせる．これはいま見たように Aξ を満たすものが存在しないようなモデルでは無条件に真になってしまうからだ．それどころか，∀ξ(Aξ→¬Bξ) という形の論理式だって，このようなモデルでは**同じ理由で**真になる．前件 Aξ を満たすようなものを含まないこうしたモデルでは，∀ξ(Aξ→Bξ) は**実質なく真な一般化**

(vacuously true generalization) と呼ばれる。しかし，われわれは普通，「すべての A は B である」というのは，「A がいろいろ存在して，そのどの A もみんな B になっている」，という意味で理解しているから，A がないような場合にこの論理式が真なのか偽なのかということなど考えもしない。

### 論証 1 が妥当に思われた理由

　論証 3 の反証モデルは，J なものが含まれないために結論は偽になるが，前提は空虚に満たされ実質なく真になるようなモデルなのだということがわかった。しかし，どんなモデルであれ反証モデルがある以上，論証 3 は妥当な論証ではない。そうすると次に不思議に思われてくるのは，だったらなぜ記号化以前の論証 1 は妥当に思えたのかということだ。比較のために，次のような論証を見てみよう。

　制限重量 100 トンの橋の前で……「体重が 100 トンある人はこの橋の通行を禁止されるというわけだな」。これからは，「体重が 100 トンあり，この橋の通行を禁止される人がいる」ということは出てこない。つまり，

　【論証 4】体重が 100 トンある人はみなこの橋の通行を禁止される，したがって，体重が 100 トンあり，この橋の通行を禁止される人がいる。

この論証はいくらなんでも妥当ではないだろう。さて，この論証を

> [Domain] 人間
> [Interpretation]
> Px：x はこの橋の通行を禁止される　　　Jx：x は体重が 100 トンある

と記号化すると，論証 3 と同じ論理形式であったことが分かる。論証 3 が妥当でない理由はすでに見たとおり，J に空集合を割り当てるモデルがあるからだ。この論証 4 はそのわかりやすい事例になっている。この世には体重 100 トンの人ってのはちょっといない。ところが論証 1 の場合は，それが論証 3 と同じ形式をもっているために妥当ではないのだということを見抜くことができにくい。それは，100 トンの人の場合とは違って，我々は日本人が存在するということを踏まえた上で論証 1 を理解しようとするからだ。一般に「○○は△△である」という命題をまともに主張したり，聞いたりするとき，我々はよほど○○がありそうもないものでない限りは，○○を存在するものとして語る。これを**存在措定**（existential presupposition）と言う。つまり，我々は「○○は△△である」を「○○なものがあって，そいつが△△である」という具合に○○の存在を補って読んでいるわけだ。つまり，論証 1 を妥当な論証だとみなしているとき，我々は，それを論証 3 の形ではなく，次の論証 5 のように**隠れた前提**，∃xJx を補って読んでいる。

　【論証 5】∃xJx，∀x(Jx → Px)，したがって，∃x(Jx∧Px)

　タブローで調べてみればすぐわかるが，これは妥当な論証だ。∃xJx が隠れた前提になるの

は，我々にとって日本人が存在することが当たり前すぎるからだ。我々はついこういう隠れた前提を忍び込ませて論証を理解しようとする。しかし，あくまでもそれは外から密輸入したものにすぎないということは，体重 100 トンの人の場合のように，それが存在することを当たり前と思えないような場合には，論証 4 は論証 1 とまったく同じ形式を持った論証であるにもかかわらず，($\exists x J x$ を密輸入しないので）妥当な論証ではないことがはっきりすることからもわかる。

### 残った疑問

これまでに確認できたことをまとめておこう。

(1) 論証 1 を読むとき，我々は日本人が存在するという存在措定を補って読んでいるので妥当に思える。

(2) 一方，論証 4 の場合，体重 100 トンの人が存在するということを存在措定として補って読むことには抵抗がある。そのため，論証 4 は論証 1 と同じ論理形式をもっているのだが，それが妥当でないことがはっきりする。

(3) 我々が補って読んでいる隠れた存在措定を明示せずに，論証 1 を論証 3 のように記号化するとこの論証は妥当ではない。

(4) しかし，論証 5 のように隠れた存在措定を明示してやると，再び論証は妥当になる。

最後に残った問題は，**論証 1 を論証 2 のように記号化するとなぜ妥当な論証になるのか**ということだ。この場合もやはり，論証 2 にも暗黙に前提される存在措定が何らかの形で補塡されているという可能性がある。しかし，その存在措定の補い方は論証 5 のように論理式として明示するというやり方ではない。どのようにして存在措定を補っているのかと言えば，日本人の集合を論議領域としたことによってである。モデルの定義では，述語には空集合を割り当ててもよいが，論議領域 D は空集合であってはならないとされていた。したがって，論議領域を日本人の集合にするということは，日本人の集合は空集合ではないと考えることであり，それは日本人が少なくとも 1 人存在すると決めてかかることだったわけだ。

### キャロルの論証再び

以上見てきたように，我々が実際にやっている論証は存在措定などを隠れた前提として密輸入していることが多い。しかし，この隠れた前提を逐一明るみに出すのは結構難しい。練習問題 32 で紹介したルイス・キャロルの論証を授業でとりあげたときに，「この結論を出すには 10 個も前提を置く必要はないじゃない」と主張する学生が現れたことがある。彼女によれば，

(1) この家にいる動物は猫だけである
(2) 私は嫌いな動物を避ける
(3) この家にいない動物はみな私を好きにならない
(4) 私は私のことを好きにならない動物は嫌いだ

この 4 つだけで，「私はカンガルーを避ける」という結論は出るという。それにしてもよくこんなことに気がついたなあ。なかなか鋭い学生だ。で，彼女は次のように続けた。「……この家

にいるのは**猫だけだから**，カンガルーはこの家にいないでしょ。この家にいない動物はみな「私」を好きにならないんだから，カンガルーは「私」を好きにならない。「私」は「私」のことを好きにならない動物は嫌いだから，「私」はカンガルーが嫌いなわけですよ。そして，私は嫌いな動物を避けるんだから，「私」はカンガルーを避ける。ほら，出てきたじゃないですか」。たしかに，この学生の言い分は正しいように思える。が，試しに，

【論証 6 】
この家にいる動物は猫だけである
私は嫌いな動物を避ける
この家にいない動物はみな私を好きにならない
<u>私は私のことを好きにならない動物は嫌いだ</u>
私はカンガルーを避ける

という論証を記号化してタブローで妥当性をチェックしてみよう。妥当にならないことが分かる。種を明かせば，この学生は，「猫はカンガルーではない」という隠れた前提を最初のところ（太字の部分）で使っていたのだ。この前提を置かないと論証は妥当にならない。でも「猫はカンガルーではない」というのは当たり前すぎて，論証しているときに自分がそれを前提しているなんてことはなかなか気がつかない。

> **練習問題 43**
> 「猫はカンガルーではない」という前提を論証 6 に補うと本当に妥当になるだろうか。タブローで確かめてみよう。

### 6.3.3 会話の含意

こうした存在措定は一般に**会話の含意**（conversational implicature）と呼ばれているものの一種だ。$\forall x(Jx \to Px)$ から存在措定 $\exists xJx$ は論理的に帰結するわけではない。しかし，いま見たように，真面目に $\forall x(Jx \to Px)$ を主張するとき，$\exists xJx$ は話の前提として暗黙のうちに認められていることが多い。会話の含意とは，このようにあることがらを主張するときに，その主張の**論理的帰結として含まれているわけではない**（つまり，$\forall x(Jx \to Px) \models \exists xJx$ ではない）のだが，その主張がマトモなものであるためのある種の共通了解事項として踏まえられていたり，その主張をする人が一緒にそのことも主張していると見なされる，という意味で含まれていることがらのことを言う。

「この授業に登録している薬学部学生にはすべてに無条件で単位を与えます」と私が宣言したとしよう。しかし，実はその授業には薬学部生はひとりも登録していなかったとする。薬学部生がいないようなモデルではこの発言は実質なく真になるから，私は嘘をついているわけではない。しかし，この発言はそれを聞いた人に**まちがった考えをうえつけることができる**。つまり，

この授業には薬学部生が登録しているという考えだ。私の発言は**偽ではない**が，きわめて**誤解を招きやすい**（misleading）ものなのだ。

これはなかなか味わいのある教訓を含んでいる。つまり，人を惑わすには偽のことを言う必要はない。紛らわしい真理でも十分に人をだますことができるということだ。犯人がバートだと知っているのに，聞かれて「さあ，ホーマーかバートでしょう」と答えたとする。私は嘘をついているわけではない（私の言ったことは真だ）。しかし，私は誠実ではない。

---
**練習問題 44**

次の発言は論理的矛盾とまではいかないがどことなくヘンだ。どこが変なのかを「会話の含意」という概念を使って説明せよ。
(1) 僕は彼女が離婚したかどうかは知らない。でも彼女は結婚したことがないんだ。
(2) ぼくは論理学者になったことを後悔していない。だってぼくは論理学者じゃないもん。

---

## 6.4 伝統的論理学をちょっとだけ

隠れた存在措定は伝統的論理学を現代の記号論理学の立場から理解しようとするときに無視できない問題となる。そのことについて触れておこう。そのついでに，伝統的論理学について少し詳しく紹介しておくことにする。この部分は次の第7章の導入も兼ねている。古代ギリシアから19世紀まで延々と使われ続けた伝統的論理学はいったいどのように命題同士の論理的関係を扱おうとしたのだろうか。

### 6.4.1 4つの基本形とその相互関係

121ページの練習問題28で，伝統的論理学は扱う命題の型をAEIOの4種類に区分したと述べた。伝統的論理学ではさらにこれらの4タイプの命題の間に成り立つ関係（**対当関係** opposition）を考察していく。対当関係は右の図に示すように4種類ある。順に紹介していこう。

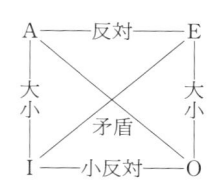

**矛盾対当**

A型とO型，E型とI型には，一方が真であれば他方は必ず偽，一方が真であれば他方は必ず偽，つまり両者の真理値は常に反するという関係がある。これを矛盾対当と言う。これはようするに，

```
A型 ⊨⊣ ¬O型
E型 ⊨⊣ ¬I型
```

ということである。例えば，「あらゆる日本人は体罰容認派である」というA型の命題が真だったら，「日本人には体罰を容認しない人もいる」というO型の命題は偽に決まってしまう。

これは現代の論理学を用いても確かめることができる。A型の命題は$\forall x(Px \to Qx)$，O型の命題は$\exists x(Px \land \neg Qx)$と記号化されるから，$\forall x(Px \to Qx) \vDash\dashv \neg\exists x(Px \land \neg Qx)$であるかどうかを確かめればよい。実際，この2つの式は論理的同値である。

ただし，ここで言う「矛盾対当」の「矛盾」は我々の言う「矛盾」とは異なることに注意しよう。我々の言い方では，「論理式BとCが矛盾する」というのは**両者が同時に真になれない**ということであって，BとCが**互いに相手の否定になっているということ**（こちらが伝統的論理学の「矛盾対当」）ではない。

> **練習問題 45**
> 　BとCが伝統的論理学の意味で矛盾対当である　⇒　BとCは我々の意味で矛盾している
> は成り立つが逆は成り立たないことを示せ。

### 大小対当

伝統的論理学ではA型とI型，E型とO型には，次のような関係があるとされる。

> (1)　全称判断が真なら特称判断も真
> (2)　特称判断が偽なら全称判断も偽

つまり，全称判断の方から特称判断が論理的に出てくるという関係がある。これを**大小対当**と言う。例えば，「あらゆる日本人は体罰容認派である」（A型）からは，「日本人には体罰容認派である人がいる」（I型）が論理的に出てくる，というわけだ。

しかし，ここに伝統的論理学と現代論理学のズレがあることがわかるだろう。先ほど明らかになったことは，$\forall x(Px \to Qx)$（A型）からは，$\exists x(Px \land Qx)$（I型）は**論理的には出てこない**ということである。出てくるように思えるのは，$\forall x(Px \to Qx)$に存在措定 $\exists xPx$ を補うからだ。じっさい，$\forall x(Px \to Qx)$と$\exists xPx$からなら$\exists x(Px \land Qx)$は出てくる。したがって，伝統的論理学では，判断の主語が指すものは存在するという存在措定がつねに働いているのであって，**現代論理学で伝統的論理学を理解しようとするときはその存在措定を補ってやる必要がある**ということがわかる。

### 反対対当

2つの論理式が**反対対当**である，というのは両者の間に，「両方いっぺんに真になれないがそのほかの3つのケースはありうる」という関係があることだと定義される。だから，この反対対当の概念が我々の論理学での矛盾概念に対応している。

伝統的論理学ではA型とE型の関係がそれだと言われる。例えば，「あらゆる日本人は体罰容

認派である」（A型）というのと，「あらゆる日本人は体罰否定派である」（E型）というのは一見真っ向から対立しており，互いに相手の否定になっているように思える。しかし，実は両者の関係はそのようなものではない。なぜなら，両方いっぺんに真になることはできず，どちらかが真ならば他方は偽であるという関係があるが，両方とも偽になることはある（日本人に体罰容認派である人とそうでない人が両方いる場合）からだ。だから，A型とE型は矛盾対当ではなく，反対対当だ。……伝統的論理学ではこのように言われる。

確かに，反対対当と矛盾対当が別の概念だというのはその通りだが，A型とE型が反対対当である，つまり我々の言い方で矛盾している，というのもやはり存在措定を補ってはじめて言えることである。我々の論理学では「あらゆる日本人は体罰容認派である」と「あらゆる日本人は体罰否定派である」は矛盾していない。両方とも真になることがあるからだ。それはつまり，日本人が1人もいないときである。このとき両者はともに実質なく真になる。つまり，$\{\forall x(Px \to Qx), \forall x(Px \to \neg Qx)\}$ は矛盾していない。矛盾するのは存在措定を補った，$\{\forall x(Px \to Qx), \forall x(Px \to \neg Qx), \exists x Px\}$ である。というわけで，伝統論理学がA型とE型が反対対当であると言っていたのは，これもまた存在措定を隠れた前提にしていたからである。

**練習問題 46**

(1) $\{\forall x(Px \to Qx), \forall x(Px \to \neg Qx)\}$ は矛盾していないが，$\{\forall x(Px \to Qx), \forall x(Px \to \neg Qx), \exists x Px\}$ は矛盾しているということをタブローで確認せよ。

(2) I型とO型の関係は**小反対対当**と言われる。これは両方とも偽になることができない（がそのほかの3つのケースはありうる）という関係である。「日本人には体罰容認派もいる」が偽だとすると，日本人はみんな体罰否定派ばかりだということになり，そうすると，「日本人には体罰否定派もいる」はどうしても真になってしまい偽になれない。ということだが，これも日本人が存在するという存在措定があるからこそ言える話である。そこで次の問いに答えよ。

　(a) $\exists x(Px \land Qx)$ と $\exists x(Px \land \neg Qx)$ をともに偽にするモデルがあることを示せ。

　(b) しかし，存在措定 $\exists x Px$ をつけ加えると，$\exists x(Px \land Qx)$ と $\exists x(Px \land \neg Qx)$ は同時に偽になることができない。つまり，$\exists x Px$ を真，$\exists x(Px \land Qx)$ と $\exists x(Px \land \neg Qx)$ を偽にするモデルはないことを示せ。

## 6.4.2　伝統的論理学はどのように論証をあつかったのか

次に，伝統的論理学がどのように論証の妥当性を扱ったのかを見ていくことにしよう。

### 三段論法

伝統的論理学は3つ以上の命題を含む論証を間接推理と呼んだ。そのうち最も典型的なものが3つの命題が出てくる**三段論法**（syllogism）だ。アリストテレスは三段論法について詳細な研究を行い，三段論法の理論をほぼ完成させた。まずは実例を見よう。

## 【論証1】
すべてのほ乳類は脊椎動物である
すべての鯨はほ乳類である
すべての鯨は脊椎動物である

## 【論証2】
ある昆虫は胎生である
すべての昆虫は鯨ではない
ある鯨は胎生でない

こういうのが三段論法だ。もちろん三段論法のすべてが妥当なわけではない。じっさい，論証1は妥当だが論証2は妥当ではない。しかし，妥当であろうがあるまいが，三段論法には次のような共通した特質がある。

> (1) どの命題も主語—述語文であらわされている。
> (2) 3つの概念が現れる。第1の三段論法には，「ほ乳類」，「脊椎動物」，「鯨」。第2の三段論法には「昆虫」，「胎生」，「鯨」。
> (3) 三段論法に現れる個々の文は4つのアリストテレス的形式 AEIO のどれかである。

### 大概念・中概念・小概念

三段論法に現れる3つの概念のうち，**結論の主語になっているものを小概念**という。論証1，論証2のいずれにおいても「鯨」が小概念。そこで，subject の頭文字をとって小概念をSで表すことにしよう。次に，**結論の述語になっているものを大概念**という。論証1では「脊椎動物」，論証2では「胎生」が大概念。大概念はPで表すのがよいだろう。最後に，結論に出てこない概念がもう1つ残る。これを中概念と呼びMで表す。論証1では「ほ乳類」，論証2では「昆虫」が中概念だ。さて，そうすると，前提にある2つの命題のうち，1つはSとM，もう1つはPとMが出てくることになる。このうち，**小概念Sを含む前提を小前提，大概念Pを含む前提を大前提**と言う。ようするに三段論法とは，ふたつの前提から共通に含まれる中概念を消去して結論を導くタイプの論証だと言える。

### 三段論法の4つの格

大前提にPとMのどちらが主語として出てくるか，小前提にSとMのどちらが主語として出てくるか，ということについてまだ何とおりもの組み合わせがありうる。こうした観点から三段論法を次の4つのタイプに分けることができる。それを三段論法の**格**（figure）と言う。

|  | 前提 | | | | 結論 | |
|---|---|---|---|---|---|---|
|  | 小前提 | | 大前提 | | | |
|  | 主語 | 述語 | 主語 | 述語 | 主語 | 述語 |
| 第1格 | S | M | M | P | S | P |
| 第2格 | S | M | P | M | S | P |
| 第3格 | M | S | M | P | S | P |
| 第4格 | M | S | P | M | S | P |

**練習問題 47**

例に挙げた論証1は第1格である。論証2はどの格だろうか？

**三段論法は全部でいくつあるか，そのなかで妥当なものはいくつあるか**

残る選択肢は，三段論法に現れるそれぞれの命題が4つのアリストテレス的形式（AOIE）のどの型になっているかということだ。第1格の三段論法だけをとってみても，大前提がE型，小前提がA型，結論がO型のもの（これをEAO式と呼ぶ。「式」は英語ではmoodと言う），大前提がA型，小前提がA型，結論がI型のもの（これはAAI式），……という具合に，4×4×4×＝64通りある。だから4つの格と64通りの式とをあわせると，三段論法はすべてで，64×4＝256通りのパターンつまり**格式**があるわけだ。

しかしながら，この256通りのすべてが妥当であるわけではない。例えば，第1格AAE式の三段論法，

【論証3】
すべての昆虫は節足動物である
すべての節足動物は無脊椎動物である
昆虫はすべて無脊椎動物ではない

は，妥当ではない。そしてまた，この格式をもつすべての論証は妥当ではない。また，第1格でもAAA式のものは妥当である。……ということで，つぶさに調べた結果，伝統的論理学は256のうち妥当なものは24個にかぎられることを発見した（ただし，存在指定アリだから注意）。それを記憶するのはちょっとつらいので，昔の人は次のような覚え歌を作って記憶した。

> Barbara, Celarent, Darii, Ferio-*que prioris*;
> Cesare, Camestres, Festino, Baroco *secundae*;
> ...

イタリックになっているところは，第1，第2という意味で，格を表している。式の方はどのように表されているかというと，歌に出てくる人名の母音によって示されている。例えばBarbaraの母音はAAAなので，第1格AAA式は妥当だということがわかる。Cesareは第2格に出てくる。その母音は順番にEAEなので，大前提がE型，小前提がA型，結論がE型の第2格の論証は妥当だというわけだ。どんなのかというと，

大前提がE型だから「すべてのPはMでない」，小前提がA型だから「すべてのSはMである」，結論がE型だから「すべてのSはPでない」となる。つまり，

【論証4】
すべてのPはMでない
すべてのSはMである
すべてのSはPでない

というような論証である。これは確かに妥当だ。

---

**練習問題 48**

(1) Celarent, Camestres が妥当な論証形式であることをタブローをもちいて確かめよ。
(2) 次の三段論法の格式は何か。また，それらは妥当な論証か。
    (a)
    Every chemist is cheerful
    Some scientist is not cheerful
    Some scientist is not a chemist

    (b)
    信仰をもつものはみな幸福である
    神を否定するものはすべて信仰を持たぬものである
    すべて神を否定するものは幸福ではない

---

これらの練習問題に取り組んでみてわかるのは，タブローの方法を使えば複雑怪奇な覚え歌などなくても，与えられた三段論法が妥当かどうかを常にチェックできるというということだ。我々の目から見れば，伝統的論理学はひどくややこしい。タブローの方がずっとシステマティックで見通しもよく，何より覚えなくてならないことがらが少なくてすむ。体系性と汎用性という点から評価すればタブローの方がすぐれた方法であることは言うまでもない。

とはいえ，三段論法の評価に関してなら，めんどうな方法であれ伝統的論理学だってきちんとできていたということを忘れてはならない。実は，伝統的論理学と **MPL** で扱える論証の範囲はそれほど異ならないのだ。ようするに，量化子が1つの命題につき1つだけ出てくるような命題ばかりからなる論証の妥当性の判定に関しては伝統的論理学もけっこういい線いっていたのである。だがしかし（第7章へ続く）……。

# 第 7 章
# さらに論理言語を拡張する

## 7.1 MPL の限界

　本章では，MPL をさらに拡張することを目指す。MPL でもまだうまく扱えない論証があるからだ。ところで，MPL によってうまく扱えない論証は伝統的論理学を悩ませ続けてきた論証でもある。ということは，MPL はそれらの論証に関しては伝統的論理学と同様に無力だったということだ。そこでまず，伝統的論理学を悩ませた問題がどういうものであるかを紹介し，その難問はやはり MPL でも扱えないことを確認した後に，どのように論理言語を拡張すればよいのかを考えよう。

### 7.1.1 MPL にとっての難問

　古くから伝統的論理学にはうまくあつかえない論証があることが気づかれていた。その解決のために様々な努力がなされたけれど，どれも決定版と呼べるものにいたらなかった。それらの難問のうち代表的なものは，「だれもがだれかを愛している」と「だれかがだれもに愛されている」との関係に関する問題だ。

> 【難問1】
> 　【論証1】「だれかがだれもに愛されている。したがって，だれもがだれかを愛している」
> は妥当だが，
> 　【論証2】「だれもがだれかを愛している。したがって，だれかがだれもに愛されている」
> は妥当でないのはなぜか。

　このことをきちんと説明することが伝統的論理学にはできなかった。難問をもうひとつあげておこう。

第 7 章　さらに論理言語を拡張する　165

> 【難問 2】
> 　【論証 3】「すべての馬は動物である。したがって，すべての馬の頭は動物の頭である」が妥当なのはなぜか。

　これは歴史的に有名なのだが，私はどうも気に入らない。こんなバカげた推論をする状況がどうしても想像できないからだ。そこで，次のようなバージョンをつくってみた。これなら少しはマシだろう。

> 【論証 4】
> 　リサ：マリンバはパーカッションなのよ。
> 　バート：へぇー。じゃ，マリンバ奏者はパーカッショニストなのか。
> 　　論証として見た場合，これが妥当なのはなぜか。

## 7.1.2　MPL の限界はどこにあるか

　ここで紹介した伝統的論理学にとっての 2 つの難問は，**MPL** にとっても頭痛の種だ。「だれもがだれかを愛している」と「だれかがだれもに愛されている」を **MPL** で記号化しようとすると，∀x（x はだれかを愛している），∃x（x はだれにも愛されている）というようなものまでしかいかない。これは ∀xPx，∃xQx という形の式であって，**MPL** では両者を論理的に関係づけることができない。

　論証 4 を考えてみよう。これは正しそうである。しかしこれを **MPL** で記号化して正しさを確かめようとしてもうまくいかない。とりあえず次のような翻訳を試みたとしよう。

> [Interpretation]
> Px：x はマリンバである　　　Qx：x はパーカッションである
> Rx：x はマリンバ奏者である　　Sx：x はパーカッショニストである

　　∀x(Px→Qx)
　　∀x(Rx→Sx)

これでは妥当性を示せそうにない。でも，問題の所在ははっきりしている。**前提と結論に共通の述語がないからそれらを論理的に関係づけることができないのだ**。ということは，結論に出てくる「x はマリンバ奏者である」は Rx という風に単独の述語で書いたのではダメで，前提で使われている Px を使って表さなくてはならないはずだ。そのためには，「x はマリンバ奏者である」は，「x はマリンバであるようなものを演奏する人である」にパラフレーズして記号化することになるだろう。ここで **MPL** の限界が明らかになる。ここに出てきた「〜は…を演奏する」

のような表現こそ，**MPL** で扱うことのできないものだ。

**MPL** は Px，Qx のように空所が 1 カ所の述語しか含んでいない。このため，「〜は…を演奏する」のような個体と個体の関係を表すような表現を扱うことができない。したがって，以上のような論証を扱うためには，2 つ以上の空所を伴う述語も扱えるように論理言語を拡充してやる必要が生じる，というわけだ。

### 7.1.3　個体と個体の関係を表現するには

#### 関数としての述語

でも，心配はいらない。その拡張を行うための土台はすでに **MPL** のなかに用意されている。**命題関数として述語をとらえるという発想**がそれだ。現代論理学では述語というものを**文から個体指示表現を抜き取って残る関数**として捉える。つまり，「スピルバーグは映画監督である」から個体指示表現の「スピルバーグ」を抜き取った関数「〜は映画監督である」が述語だ。このように述語は本質的に隙間をもつ。そうすると，何も隙間を 1 つに限る必要はないということになるだろう。例えば「スピルバーグは黒沢明を尊敬している」から 2 つの個体指示表現を抜き取った「〜は…を尊敬している」も述語になるし，「スピルバーグは黒沢明よりも若く，タランティーノよりも年長である」から 3 つの個体指示表現を抜き取った「〜は…よりも若く，―よりも年長である」も述語ということになる。こうした述語は隙間の数に応じて，**2 項述語**（two-place predicate），**3 項述語**（three-place predicate），…，**n 項述語**（n-place predicate）と呼ばれる。1 項述語が個体の**属性**を表していたのと同様に，2 項述語，n 項述語は，それぞれ 2 つの個体同士の **2 項関係**（binary relation），3 つの個体間の **3 項関係**（tertiary relation），n 個の個体間の **n 項関係**（n-ary relation）を表しているものと考えられる。そして論理学の言語では 2 項述語は Rxy のような 2 変数の命題関数，n 項述語は $Sx_1x_2\cdots x_n$ のような n 変数命題関数に対応させればよいだろう。命題関数という考え方はそもそものはじめからこうした拡張をごく自然なものとして要求するものだったのだ，と言ってよい。

伝統的論理学に対比した現代論理学の特質と，それがどのようにして生まれたかについて詳しく知りたい人は飯田隆 [1987] をぜひ読もう。本章を書くのにもずいぶん参考にさせてもらった。

---

**練習問題 49**

次の命題を論理式に翻訳せよ。ただし，

[Interpretation]
Lxy：x は y を愛している　　Gx：x はギャングである
a：パンプキン　　b：ハニー・バニー

とせよ。また，簡単にするために「愛していない」と「嫌い」は同じことを意味するものとする。

（1）　パンプキンはハニー・バニーを愛してるがハニー・バニーはパンプキンを愛しちゃいねえ

(2) パンプキンが愛しているギャングがいる
(3) ハニー・バニーを愛しているギャングがいる
(4) ギャングならだれでもパンプキンを愛してるぜ
(5) ギャングのなかにはハニー・バニーを愛するやつもいる
(6) パンプキンは好きだがハニー・バニーは嫌いだというやつもいらあ
(7) ハニー・バニーはギャングしか好きにならねえ
(8) ハニー・バニーはギャングなら誰でも好きになっちまうのさ

### 7.1.4 多重量化

**多重量化とは何か，そしてそれはどのようにして現れるか**

次のような命題を記号化してみよう。「どんな昆虫にも天敵がいる」

[Interpretation]
Nxy：x は y の天敵である　　Ix：x は昆虫である

このような命題をいきなり記号化するのは難しいのでステップ・バイ・ステップで行こう。

　　どんな昆虫にも天敵がいる　≈　$\forall x(Ix \to$ <u>x には天敵がいる</u>) ……………(1)

次に (1) の下線部を記号化することを考えよう。ここだけ取り出して，

　　x には天敵がいる　≈　x の天敵であるようなものが存在する　……………(2)

とパラフレーズする。これなら記号化できそうだ。「$\exists x$（x は x の天敵である）」と書いたらどうだろう。しかしこれではまずい。なぜならこの式は「自分じしんの天敵であるようなものがいる」という意味になってしまうからだ。もともとが「x の天敵であるようなものが存在する」のように変項 x の自由な現れをもつ命題の翻訳なのだから，それを論理式に翻訳した「$\exists x$（x は x の天敵である）」の最後の x も自由な現れのままで残しておかなくてはならない。というわけで，「～が存在する」を表すための束縛変項としては x とは別の変項を使おう。つまり，

　　x の天敵であるようなものが存在する
　　≈　$\exists y$（y は x の天敵である）　≈　$\exists y Nyx$……………(3)

とすればよいだろう。(3) を (1) の下線部に埋め込んでやると，

　　$\forall x(Ix \to \exists y Nyx)$ ……………(4)

となる。これが「どんな昆虫にも天敵がいる」の論理式への翻訳だ。この論理式の特徴を見てみよう。まず 2 つの量化子が 1 つの式の中に出てきている。それだけのことだったら **MPL** でも，$\exists x Px \to \forall x Qx$，$\exists x(Qx \to \forall y Py)$ のような事例があった。しかし，ここで新しくつくられた論理式は，

　　$\forall x(Ix \to \exists y Nyx)$

のように，同じ1つの述語記号に続く異なる個体変項のそれぞれを2つの異なる量化子が束縛している。これは **MPL** では決して起こらなかった現象だ。このような仕方で2つの量化子が重なり合ってでてくるような場合を，**重なり合った量化**とか**多重量化**（multiple quantification）という。

### 多重量化で重要なのはどの量化子がどの隙間を束縛しているかということだけ

こんどは逆に∀x(Ix→∃yNyx)を日本語に直していってみよう。まず，∀x（xは昆虫である→∃y（yはxの天敵である））であり，これは，∀x（xは昆虫である→xの天敵であるようなものがいる）であり，これは「どんな昆虫にも天敵がいる」になる。気をつけてほしいのは，もとの論理式が閉じた式である限り，それを日本語に直したものには**もう個体変項xとかyは出てこない**ということだ。とすると，∀z(Iz→∃yNyz)や∀z(Iz→∃wNwz)の翻訳も「どんな動物にも天敵がいる」になるはずだ。ということは，xとかy，zという記号は互いに区別がついているということだけが必要で，何を使おうがかまわないということだ。では，これらの記号の役割とは何か。ようするに，**どの述語のどこの空所がどの量化子に束縛されているかを示す**ことだけだ。以上にあげた3つの式はいずれも，

$$\forall *(I* \to \exists *N**)$$

という束縛の仕方を表している。

これに対し，∀x(Ix→∃xNxx)は上の3つの式とは異なったことを表現する。なぜならこの式における述語の空所と量化子の関連は，

$$\forall *(I* \to \exists *NE**)$$

だからである。

　束縛のパターンが同じであれば，2つの論理式はどのような個体変項（x, y, z, …のこと）を用いようと同じことを表現している。まとめておこう。量化子と述語の隙間との束縛パターンがかわらないならば，どのような個体変項に使っても同じことを表す。つまり，束縛パターンを共有する論理式は互いに論理的同値である。

> **練習問題 50**
>
> 次のいくつかの論理式のなかには1つだけ束縛のパターンが他のものと異なるものがある。どれか。
> (1) ∃z∀x∀y((Px∧∃zQyz)→Rxyz)　　(2) ∃z∀x∀y((Px∧∃xQyx)→Rxyz)
> (3) ∃y∀z∀x((Pz∧∃zQyz)→Rzxy)　　(4) ∃z∀y∀x((Py∧∃zQxz)→Ryxz)

### 「マリンバ奏者」を記号化しよう

何を隠そう，こうした多重量化を含む論理式を体系的に扱えるようになったことが現代論理学

とそれ以前の伝統的論理学を分けるメルクマールなのだ。本章の冒頭で伝統的論理学を悩ませた難問として紹介したものはいずれもこの多重量化に関係している。このことを理解するために，マリンバ奏者の論証を記号化してみよう。

前提の「マリンバはパーカッションである」は，Mx を「x はマリンバである」，Px を「x はパーカッションである」と定めた上で，$\forall x(Mx \to Px)$ と記号化できる。重要なのは，結論もここで導入した Mx と Px を使って記号化しなければならないということだ。これがけっこう難しい。次までは誰でも思いつくだろう

  マリンバ奏者はパーカッショニストである
   ≈  $\forall x$（x はマリンバ奏者である → x はパーカッショニストである）………(1)

問題は「x はマリンバ奏者である」を Mx を使ってどのように表せばよいかということだ。マリンバ奏者というのはマリンバを演奏する人のことだから，Hx を「x は人である」として，

  x はマリンバ奏者である ≈ $Hx \land$ x はマリンバを演奏する………………………(2)

次は，「x はマリンバを演奏する」の部分だが，これは「x が演奏し，なおかつマリンバであるようなものが存在する」とパラフレーズしたらどうだろう。そうすると Qxy を「x は y を演奏する」として，

  x はマリンバを演奏する ≈ $\exists y(Qxy \land My)$………………………………(3)

したがって，「x はマリンバ奏者である」は $Hx \land \exists y(Qxy \land My)$ と記号化される。同様に，「x はパーカッショニストである」も $Hx \land \exists y(Qxy \land Py)$ と記号化できるだろう。そこでこれらを (1) に代入して，

  $\forall x((Hx \land \exists y(Qxy \land My)) \to (Hx \land \exists y(Qxy \land Py)))$ ………………………(4)

これが「マリンバ奏者はパーカッショニストである」の翻訳だ。たしかに多重量化を含んでいる。これにより，論証 4 は次のように記号化される。

---

$\forall x(Mx \to Px)$
---
$\forall x((Hx \land \exists y(Qxy \land My)) \to (Hx \land \exists y(Qxy \land Py)))$

---

あとはこれが妥当であることを示せばよいのだが，それはちょっと後回しということにしよう。7.3.1 までおあずけ。

## 7.1.5 あ・れ・も・愛，これも愛——愛の論理学

次に，7.1.1 の難問 1 を見てみよう。今度は論理式から日本語へという方向で考える。いま，2 項述語 Lxy は「x は y を愛する」と解釈されるものとしよう。そして論議領域は人間の集合とする。このとき，Lxy の 2 つの個体変項を量化して得られる論理式は次の 8 通りある。

(1) $\forall x \forall y Lxy$
(2) $\forall y \forall x Lxy$
(3) $\exists x \exists y Lxy$
(4) $\exists y \exists x Lxy$
(5) $\exists x \forall y Lxy$
(6) $\forall y \exists x Lxy$
(7) $\exists y \forall x Lxy$
(8) $\forall x \exists y Lxy$

**同種の量化子のみ含む場合**

次に，これらがどのような意味を持つかを考えていく。まず，1種類の量化子しか含まない最初の4つから始めよう。(1)を徐々に日本語にしてみることにすると……

$\forall x \forall y Lxy$ ≈ $\forall x(\forall y Lxy)$ ≈ $\forall x$（x はすべての人を愛する）
≈ すべての人はすべての人を愛する（Everybody loves everybody）

という具合になる。ようするに(1)は**愛のパラダイス**を述べたものだということだ。同様に(2)も次のように日本語に直せる。

$\forall y \forall x Lxy$ ≈ $\forall y$（すべての人は y を愛する）
≈ すべての人はすべての人を愛する

(1)と(2)は同じ意味になった。(3)(4)も日本語に書き換えると，どちらも「ある人はある人を愛している（Somebody loves somebody）」になる。一般に，同じ種類の量化子が重なって出てくるときはそんなに神経質にならないでもよい。そのような場合，**量化子の順序は関係ない**。つまり，(1)と(2)，(3)と(4)はそれぞれ互いに論理的同値なのだ。ただ，それは先に見たように**束縛パターンがおなじだからではない**。(1)と(2)の束縛パターンは異なっている。だから，論理的同値だけれどそれは別の理由による。

**2 種類の量化子が混ざって出てくる場合**

ところが，2 種類の量化子が混ざって出てくるようなケース（mixed multiple quantification）になるとそうはいかない。まず(5)を見てみよう。これを順に日本語になおしていく。

$\exists x \forall y Lxy$ ≈ $\exists x$（x はすべての人を愛している）
≈ すべての人を愛するような人がいる（Someone loves everyone）

となって，**博愛主義者が存在する**といった意味だ。では，(5)の量化子の順序を入れ替えた(6)はどうなるだろう。

$\forall y \exists x Lxy$ ≈ $\forall y$（y を愛する人がいる）
≈ どんな人にもその人を愛してくれる人がいる（Everyone is loved by somebody）

という，割れ鍋閉じ蓋というか，**もてない人への福音**を述べていたことが分かる。同様に(7)は，

「誰からも愛される人がいる（There is someone whom everyone loves）」という**アイドルの存在**を，(8)は「誰にでも好きな人がいる（Everybody loves somebody）」というディーン・マーチンのヒット曲（1964年）のタイトルのようなことがらを表現している。ともかく，**これら4つの論理式が表現していることがらはすべて異なる**。というわけで，2種類の量化子が混ざって出てくるときは，その順序がとても重要であることがわかった。

というわけで，「パンプキンがハニー・バニーを愛している」と，その受身形「ハニー・バニーがパンプキンに愛されている」はどちらも Lab と記号化できるので論理的に同値だが，それと文法的形式は同じに見える「だれもがだれかを愛している」と「だれかがだれもに愛されている」は ∀x∃yLxy と ∃y∀xLxy という具合に**論理形式が異なる**ために論理的に同値ではない。こうして難問1は片づいた。

---

**練習問題 51**

今度は，論議領域を人間の集合とし，2項述語 Lxy を「x は y の親である」と解釈して，(5)から(8)の論理式を日本語に翻訳せよ。そうすると，これら4つの論理式の中で真なものは1つしかないはずである。それはどれか。

---

**「端的に存在」と「応じて存在」**

量化子が混在する4つのケースを整理して並べてみよう。

---

(5) ∃x∀yLxy ≈ すべての人を愛するような**人がいる**

(7) ∃y∀xLxy ≈ 誰からも愛される**人がいる**

(6) ∀y∃xLxy ≈ どんな人にもその人を愛してくれる**人がいる**

(8) ∀x∃yLxy ≈ 誰にでも好きな**人がいる**

---

これらの4つはどれも，**ある意味で**何かの存在に言及している。しかし，その存在の仕方は奇数番号のものと偶数番号のものとではずいぶん異なっている。(6)(8)のように ∀∃ の順番で量化子が出てくる論理式が述べている存在は，ロミオにはジュリエットが，玄宗には楊貴妃が，ヴェルレーヌにはランボーがいる，という具合に，どの人にも**その人に応じて**それぞれ愛してくれる（愛している）人が存在する，という存在の仕方だ。これを「**応じて存在**」と言うことにしよう。これに対し，(5)(7)のように ∃∀ の順番で量化子が出てくる論理式が述べているのは，「**端的な存在**」だ。これらはしばしば混同されてしまう。

---

**練習問題 52**

(1) 日常言語では「応じて存在」と「端的な存在」の区別はしばしば曖昧になっている。例えば，「ぼくはすべての友だちから何か大切なものを学んだ」も2つの意味にとることができる。その違いを説明し，その違いがうまく現れるように，この命題を2通りに記号化してみよう。

(2) いま，論議領域は実数の集合とする。そのとき，∃x∀y(x>y) と ∀y∃x(x>y) はそれぞれどのような意味になるか。またこれらの真偽はどうなるか。

(3) 次の論理式を日常言語に翻訳せよ。ただし，論議領域は人間の集合とし，2項述語 Lxy は「x は y を愛する」と解釈されるものとする。

 (a) ∀x¬∃yLxy  (b) ∀y¬∃xLxy  (c) ∀x¬∀yLxy  (d) ∀y¬∀xLxy
 (e) ∃x¬∃yLxy  (f) ∃y¬∃xLxy  (g) ∃x∃y(Lxy∧Lyx)
 (h) ¬∃x∃y(Lxy∧Lyx) (i) ∀x∀y¬(Lxy∧Lyx) (j) ∀x∃y(Lxy∧Lyx)
 (k) ∃x∀y(Lxy∧¬Lyx) (l) ∃y∀x(Lxy∧¬Lyx) (m) ∀x∀y(Lxy→Lyx)
 (n) ∀x∀y(Lxy→¬Lyx) (o) ∀x∃y(Lxy→Lyx) (p) ¬∃x∀y(Lxy∧¬Lyx)

(4) 次の式を日本語に翻訳しよう。

 (a) ∃x∀yKxy  (b) ∃x∀y(Kya→Kxy)  (c) ∃x∀y(Lyy→Kxy)
 (d) ∀x(Kax→Lxx) (e) ∀x(Lxx→Kax)  (f) ∀x(∀y(Kay→Kxy)→Kxa)
 (g) ¬∃x(Lax∧∀y(Kay→Kxy))

> ［Domain］　人間
> ［Interpretation］
> a：アルフレッド
> Lxy：x は y を愛している　　Kxy：x は y を知っている

(5) 次の日本語を論理式に書き換えてみよう。

 (a) バットマンには彼を憎んでいる人がいる
 (b) だれにでもその人を憎んでいるものがいる
 (c) ロビンはあらゆる人を恐れている
 (d) あらゆる人を恐れているような人がいる
 (e) バットマンは彼を憎んでいるすべての人間を恐れている
 (f) 自分を憎んでいるすべての人間を恐れているような人がいる
 (g) 人はみな，自分を憎んでいるすべての人間を恐れるものだ
 (h) ロビンが恐れているのは彼を憎んでいる人間だけだ
 (i) バットマンはあらゆる悪人を憎む正義の味方だ
 (j) あらゆる悪人を憎む正義の味方がいる
 (k) 正義の味方はみなあらゆる悪人を憎む
 (l) どの悪人もロビンに憎まれている
 (m) どの悪人もだれかに憎まれている
 (n) すべての人を憎むような人はすべての人から憎まれる

> ［Domain］　人間
> ［Interpretation］
> a：バットマン　　b：ロビン
> Rx：x は正義の味方である　　Bx：x は悪人である
> Fxy：x は y を恐れる　　Hxy：x は y を憎んでいる

## 7.1.6 言語 PPL の定義

多重量化を認めても **MPL** に大したものをつけ加えたわけではない。変更点はただ1つ，2項以上の**多項述語**（polyadic predicate）を追加しただけだ。したがって，これから定義する言語 **PPL**（Polyadic Predicate Logic）の定義は **MPL** の定義とほとんど変わらない（polyadic とは「多項」ってこと。**MPL** の **M** は monadic で「単項」の意）。そこで変更点だけを指摘しておく。

### PPL の語彙

**MPL** の語彙はそのまま使う。ただし述語記号だけは多項述語も認めるように変更しなければならない。日常言語に対応物があるなしは別として，理屈としては空所を 100 カ所もつ述語などもあってもよい。そこで，述語記号を，その空所の数で分類することにしよう。

(1)　1項述語＝Px や Qx のような空所が1つの述語
(2)　2項述語＝Lxy のように空所を2カ所もつ述語
…
(3)　n項述語＝空所を n カ所もつ述語

困ってしまうのは，述語記号はそれだけ取り出すといくつの項を従える述語なのか分からなくなってしまうということだ。そこで，$P_i^n$ のように述語記号の中にそれが何項述語なのかを示す情報を盛り込んでしまうというやり方をとることが多い。上の添字はそれが n 項述語であることを示す。下の添字 i は n 項述語のグループの中でのその述語の番号を表すものとする。また，これからは任意の n 項述語をどれと定めずに代表する図式文字としては $\Phi^n$（ギリシア文字「ファイ」の大文字）を使うことにする。

以上より，**PPL** では，**MPL** の語彙の定義の述語記号のところを次のように変更すればよい。

---

**【PPL の語彙】**
(1)　項　**MPL** に同じ。
(2)　述語記号

$P_1^1, \ P_2^1, \ P_3^1, \ \cdots$

$P_1^2, \ P_2^2, \ P_3^2, \ \cdots$

$\cdots$

$P_1^n, \ P_2^n, \ P_3^n,$

$\cdots$

(3)　(4)　論理定項と補助記号は **MPL** に同じ。

---

とはいえ，このように2つも添字のある述語記号をこれからずっと一貫して使っていくと，見にくいし，なによりも目に悪い。そこで，P，Q，L，C のようなこれまで使ってきた添字なしの述語記号も混乱の恐れがない場合は使っていくことにする。

### PPL の文法,すなわち論理式の定義

これも変更点はごくわずか。多項述語記号を導入したことによって,原子式の定義が次のものに変更になるだけだ。

【定義】
(1) 1つのn項述語記号の後ろにn個の項をおいたものは論理式である。これを原子式と呼ぶ。

あとの(2)以降は **MPL** と全く同じだ。上の定義により,例えば $P_1^1x$, $P_1^1a$, $\cdots$, $P_1^2ax$, $P_1^2aa$, $P_1^2wx$, $\cdots$, $P_1^3abx$, $P_1^3bx$, $P_1^3yzx$, $\cdots$ などが原子式になる。あとはこれらの原子式を出発点として結合子で結びつけたり,先頭に量化子をつけたものが **PPL** の論理式になってゆく。

例えば,$\exists x P_1^3 abx \land \exists x \neg \exists w (P_1^2 wx \lor \forall x P_2^2 xw)$ は論理式だ(ただしカッコはすでに省略してある。余分なカッコを省略するための取り決めも **MPL** と変わらない)。形成の木を書いてみよう。

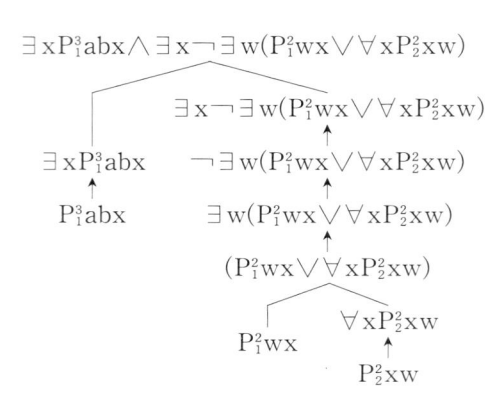

$$\exists x P_1^3 abx \land \exists x \neg \exists w (P_1^2 wx \lor \forall x P_2^2 xw)$$

変項の自由な現れ・束縛された現れ,量化子の作用域,閉じた式と開いた式,量化子の空虚な現れ,などの概念もそのまま変更なしに **PPL** の論理式に当てはまる。例えば,この式の最も右にある量化子 $\forall x$ は作用域として $P_2^2 xw$ をもつ。だから $P_2^2 xw$ の中の x はこっちの $\forall x$ に量化されている。一方 $\land$ の次にある $\exists x$ の作用域は $\neg \exists w (P_1^2 wx \lor \forall x P_2^2 xw)$ であり,ここで自由に現れている x は $P_1^2 wx$ の中の x だけだから,この量化子はこっちの x だけを束縛しており,$P_2^2 xw$ の中の x は束縛していない。などということがわかる。

#### 練習問題 53

(1) $\exists x P_1^3 abx \land \forall x \neg \exists w (P_1^2 aa \lor \neg P_1^2 wx)$ の形成の木を書いてみよう。

(2) 次の論理式はそれぞれ,閉じた式か開いた式か。

 (a) $P_1^3 aac$  (b) $P_1^3 abx$  (c) $\exists x P_1^3 axx$  (d) $\forall y \exists x P_1^3 axx$

 (e) $\forall y \exists x P_1^3 xyz \to \exists z P_1^1 z$  (f) $\forall z \exists y (P_1^3 yyz \to \exists x (P_1^3 xyz \to P_1^1 x))$

 (g) $\forall z \exists y (P_1^3 xyz \to \exists x (P_1^3 xyz \to P_1^1 x))$

(3) 次の個体変項の現れは自由な現れか束縛された現れか。

  $\forall x \exists y (P_1^4 xyzw \to \exists x (P_1^3 xyz \land \forall x P_1^2 xz)) \to \exists w P_1^1 w$ における,(i) の z,(ii) の w,(iii) の x,(iv) の z,(v) の w。すぐにわからない人は,形成の木をかいてみるとよい。

## 7.2 PPLのセマンティクス

次に多項述語を含む論理式にも真偽を定義できるようにモデルを拡張する。考えなければならないのは，(1)付値関数Vによって多項述語に何を割り当てたらよいかということと，(2)原子式の真（方針Sをとるなら充足関係）の定義を多項述語を含む原子式の場合にも適用できるように拡張するにはどうすればよいか，(3)多項述語記号を導入すると，それに伴って多重量化が生じる。真理の定義が多重量化についてもうまくつかえるだろうか，ということだ。まず，(1)(2)について考えよう。前章でモデルの概念の原型となった「世界」に戻って考えることにする。

### 7.2.1 愛の世界

2項以上の述語には，世界においては関係が対応する。●◆■の3人しかいない世界を考える。人間界での最も重要な関係は愛するという関係だ。ある人がある人を愛しているとき，図のように愛している人から，愛されている人に矢印を書いて示すことにする。

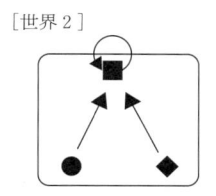

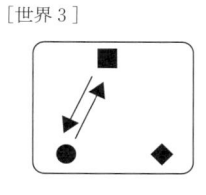

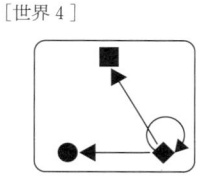

[世界1]　　　　[世界2]　　　　[世界3]　　　　[世界4]

世界1は**不幸な世界**だ。世界2では，■さんは誰からも愛されるアイドルである。しかし，■さんが愛しているのは自分だけ。**冷酷なアイドルのいる世界**と名づけよう。世界3で◆さんだったらいやだろうなあ。世界4では，世界2と対照的に◆さんが**愛なき世界における博愛主義者**になっている。

---

**練習問題 54**

(1) 2項述語 L は「愛する」という意味で解釈するものとする。以上の4つの世界のそれぞれについて，次に挙げた論理式のどれが真になるかを指摘せよ。
　　(a)　$\forall x \exists y Lxy$　　(b)　$\forall x \forall y (Lxy \rightarrow Lyx)$　　(c)　$\exists x \exists y (Lxy \land \neg Lyx)$
　　(d)　$\exists x \forall y Lyx$　　(e)　$\exists x \forall y Lxy$　　(f)　$\forall x \forall y Lxy$　　(g)　$\exists x Lxx$

(2) 次に，●◆■の3人にそれぞれ，「a」，「b」，「c」という名前をつけよう。このとき，(i) Lac が真になる世界，(ii) $\exists x Lax$ が真になる世界，(iii) $\forall x (Lcx \rightarrow Lxb)$ が真になる世界はそれぞれ4つのうちどれか。

### 7.2.2 モデルの定義の手直し

**多項述語に何を割り当てようか**

これまでは，1項述語には論議領域の部分集合を割り当てていた。これはようするに，論議領域に含まれる個体のうちで，その述語が当てはまるものを全部集めた集合をその述語に割り当てるという発想だ。多項述語にも同じような発想を適用しよう。つまり，その多項述語が当てはまるものを全部集めた集合をその述語に割り当てる。ところで，例えば「〜は…を愛している」が当てはまるもの，って何？

7.2.1では愛しているという関係が矢印で表された。それぞれの世界で誰が誰を愛しているのかは**世界に存在する矢印の全体パターン**が決めている。だったら，「〜は…を愛している」が当てはまるものっていうのは，この矢印だということにしたらどうか。述語Lに「愛している」という意味をもたせたいのだったら，述語Lにはそれぞれの世界にある**矢印の集合**を対応させればよい。世界1ではLは■→●，●→◆，◆→■への3本の矢印に対応し，世界2では●→■，◆→■，■→■という3本の矢印に対応する。

矢印というのは直観的には優れた表示法だが，例えば3項以上の関係を表示したり，世界にもっとたくさんの個体があるときにはあまりよい方法ではなくなってしまう。そこで，何らかの**集合論的対象**に矢印の代わりを果たしてもらおう。それこそ，**順序対**（ordered pair）だ。世界1の3つの矢印はそれぞれ，矢印の出発点を先に到達点を後に並べた〈■, ●〉，〈●, ◆〉，〈◆, ■〉のような3つの順序対で代用できる。これでわかった。2項述語Lには順序対の集合を対応させればよい。こうして，世界1から抽象できるモデルは次のようになる。

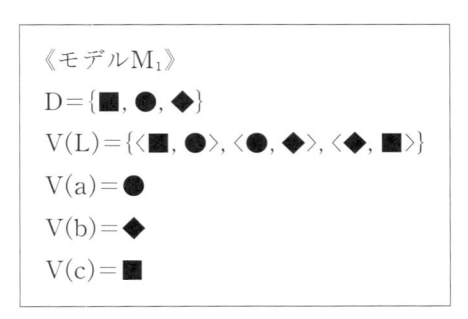

---

《モデル$M_1$》
$D = \{■, ●, ◆\}$
$V(L) = \{\langle■, ●\rangle, \langle●, ◆\rangle, \langle◆, ■\rangle\}$
$V(a) = ●$
$V(b) = ◆$
$V(c) = ■$

---

このモデルでLabが真になるということは，$V(a) = ●$から$V(b) = ◆$に向かう矢印がこの世界にあること，つまり順序対〈●, ◆〉がV(L)に含まれていることに他ならない。

ここで分かったことを一般化してみよう。2項述語には，Dの要素を2つ並べた順序対の集合，つまり$D^2$の部分集合を割り当てるのだから，同様に3項述語にはDの要素を3つ並べた順序3項の集合，つまり$D^3$の部分集合，n項述語には$D^n$の部分集合を対応させればよいのではないだろうか。例えば，自然数の集合を論議領域とするモデルで，3項述語Nに「〜と…を足すと―になる」という意味を持たせたかったら，Nには〈1,1,2〉，〈1,2,3〉，〈2,1,3〉，〈3,1,4〉，〈2,2,4〉，…というようなはじめの2つの数を足すと3番目の数になるような順序3項のすべてからなる集合，$\{\langle 1,1,2\rangle, \langle 1,2,3\rangle, \langle 2,1,3\rangle, \langle 3,1,4\rangle, \langle 2,2,4\rangle, \ldots\}$を対応させればよい。

**モデルの定義**

以上の考察をまとめてモデルの定義を書いておこう。

---
【定義】モデル M は次のような集合 D と付値関数 V との対，M=⟨D, V⟩のことである。
(1) 集合 D は空ではない。
(2) V は述語記号 $\Phi^n$ には $D^n$ の部分集合を割り当てる。$V(\Phi^n) \subseteq D^n$
(3) V は個体定項 $\alpha$ には D の要素を割り当てる。$V(\alpha) \in D$

---

**MPL** の場合との変更点は，(2)に多項述語記号の場合を追加したことだけだ。

## 7.2.3 真理の定義の手直し

論理式の定義が，原子式のところだけの手直しで済んだように，真理（または充足関係）の定義も原子式についての定義を多項述語を含む場合に拡張しておくだけでよい。具体的には次のように定義する。$\alpha$ は個体定項，$\tau$ は項を表す**図式文字**だ。

---
【T1′】$V_M(\Phi^n \alpha_1 \alpha_2 \cdots \alpha_n) = 1 \Leftrightarrow \langle V(\alpha_1), V(\alpha_2), \cdots, V(\alpha_n) \rangle \in V(\Phi^n)$
【S1′】$V_{M,\sigma}(\Phi^n \tau_1 \tau_2 \cdots \tau_n) = 1 \Leftrightarrow \langle \sigma(\tau_1), \sigma(\tau_2), \cdots, \sigma(\tau_n) \rangle \in V(\Phi^n)$

---

したがって，【T1′】，【T2】，【T3】が方針 T をとったときの新しい**真理**の定義，【S1′】，【S2】，【S3】が方針 S をとったときの新しい**充足関係**の定義だ。この定義には従来の n=1 のときも特殊ケースとして含まれている。ただし，そのときには $\langle V(\alpha_1) \rangle$ は $V(\alpha_1)$ のことだと考えることにする。

**本当に大丈夫だろうか**

これだけの手直しで本当にうまく行くのかなあ。次の例題を使って，この定義ですべての複合的な閉論理式に真理が定義されたことを実感しておこう。方針 T をつかうことにする。

［例題］《モデル M》を次のように定義する。

---
$D = \{\diamondsuit, \blacklozenge, \star, \odot\}$
$V(P) = \{\diamondsuit, \blacklozenge\}$
$V(Q) = \{\blacklozenge, \star\}$
$V(L) = \{\langle \diamondsuit, \blacklozenge \rangle, \langle \blacklozenge, \odot \rangle, \langle \star, \odot \rangle, \langle \odot, \diamondsuit \rangle\}$
$V(C) = \{\langle \diamondsuit, \blacklozenge, \diamondsuit \rangle, \langle \odot, \odot, \diamondsuit \rangle\}$
$V(a) = \star$
$V(b) = \odot$

---

(1) $\exists x Cbbx$ はモデル M で真か。

【T 3】により，$V_M(\exists x Cbbx)=1$
$\Leftrightarrow$ M のある a 変種 M/a について $V_{M/a}(Cbba)=1$ ……………(i)

いま，M の a 変種 M/a として，$V_{M/a}(a)=\diamondsuit$ となるものを考えてみよう。
この変種のもとでは，$\langle V_{M/a}(b), V_{M/a}(b), V_{M/a}(a)\rangle=\langle \odot, \odot, \diamondsuit\rangle \in V_{M/a}(C)=V(C)$ となるから，たしかに (i) の右辺は成り立つ。したがって $\exists x Cbbx$ はモデル M で真である。

(2) $\forall x \exists y Lxy$ はモデル M で真か。

【T 3】により，$V_M(\forall x \exists y Lxy)=1$
$\Leftrightarrow$ M のすべての a 変種 M/a について $V_{M/a}(\exists y Lay)=1$ …………(ii)

M の a 変種 M/a には，$V_{M/a}(a)$ がそれぞれ $\diamondsuit$，$\blacklozenge$，☆，$\odot$ となるものの 4 種類がある。これらをそれぞれ，$M/a_1$，$M/a_2$，…のように表すことにしよう。さてこのとき，

(a) 変種 $M/a_1$ について，再び【T 3】により

$V_{M/a_1}(\exists y Lay)=1$
$\Leftrightarrow$ $M/a_1$ のある b 変種 $M/a_1/b$ について $V_{M/a_1/b}(Lab)=1$ ……(iii)

いま，a 変種 $M/a_1$ のさらに b 変種 $M/a_1/b$ として，$V_{M/a_1/b}(b)=\blacklozenge$ となる変種をとる。すると，

$\langle V_{M/a_1/b}(a), V_{M/a_1/b}(b)\rangle=\langle \diamondsuit, \blacklozenge\rangle \in V_{M/a_1/b}(L)=V_{M/a_1}(L)=V_M(L)$

だから，(iii) の右辺は成り立つ。したがって，$V_{M/a_1}(\exists y Lay)=1$

(b) 変種 $M/a_2$，$M/a_3$，$M/a_4$ についても (a) と同様のことがらが成り立つ。

よって M のどの a 変種 M/a についても $V_{M/a}(\exists y Lay)=1$ がなりたつことがわかる。

(c) このように (ii) の右辺が成り立つから，$\forall x \exists y Lxy$ はモデル M で真である。

以上のように，多重量化を含む論理式の真偽もきちんと定義されている。ああよかった。また，モデルを 1 つ決めるとすべての閉論理式に対し必ず真偽いずれかが割り当てられることも，式の長さによる帰納法を使って証明できる。しかし，多重量化を含む場合，変種の変種……を考えなければならないので，つねに定義に戻って真偽を判断するのは実際的なやり方ではない。むしろ，「$\forall x \exists y Lxy$ はどんなものにも関係 L に立つものがある，ということだから，モデル M ではそうなっているかな？」という具合に直観的に判定した方がずっと簡単だ。重要なのは，このようにモデルにおける真理を帰納的に定義しておけば，どんなに入り組んだどんなに長い論理式でも，それが論理式の定義にしたがって出てくるものである限りは，それに対してもモデルにおける真理がきちんと定義されていますよ，ということを理解することだ。

また，多重量化を認めても，論理的帰結，妥当式，論理式の集合の矛盾と充足可能性，論理的同値性に対する定義は **MPL** の場合と全く同じ形で通用する。

---

**練習問題 55**

上で定義したモデル M のもとで，次の論理式が真か偽かを真理の定義を適用することによって確かめよ。

(1) $\exists x \exists y Cxyx$ (2) $\exists x Lxa$ (3) $\exists x \exists y (Px \wedge Py \wedge Lxy)$

**異なる変項に同じものを割り当ててもよいということ**

$\exists x \exists y Lxy$ は次のモデルで真になる。

《モデル M》
$D = \{\diamondsuit, \blacklozenge, \blacksquare\}$
$V(L) = \{\langle \blacklozenge, \blacklozenge \rangle\}$
$V(a) = \diamondsuit$
$V(b) = \blacksquare$

まず,このことを確認しておく。

$V_M(\exists x \exists y Lxy) = 1 \Leftrightarrow$ M のある a 変種 M/a について $V_{M/a}(\exists y Lay) = 1$ ……………(1)

ここで,$V_{M/a}(a) = \blacklozenge$ となる a 変種 M/a をとったものとしよう。するとさらに,

$V_{M/a}(\exists y Lay) = 1 \Leftrightarrow$ M/a のある b 変種 M/a/b について $V_{M/a/b}(Lab) = 1$ ……………(2)

M/a の b 変種 M/a/b というのは,b に割り当てるものだけが M/a と違っているようなモデルだ。M/a では,b には $\blacksquare$ を割り当てているが,M/a の b 変種のなかには,b に $\blacklozenge$ を割り当てるものがあるはずだ,そこでそれを(2)の右辺の M/a/b としてとろう。そうすると,

|   | M | M/a | M/a/b |
|---|---|-----|-------|
| a | $\diamondsuit$ | $\blacklozenge$ | $\blacklozenge$ |
| b | $\blacksquare$ | $\blacksquare$ | $\blacklozenge$ |

$V_{M/a/b}(Lab) = 1 \Leftrightarrow$

$\langle V_{M/a/b}(a), V_{M/a/b}(b) \rangle = \langle \blacklozenge, \blacklozenge \rangle \in V_{M/a/b}(L) = V_M(L) = \{\langle \blacklozenge, \blacklozenge \rangle\}$ ……………(3)

である。(3)の右辺は成り立ち,したがって左辺が成り立つ。したがって(2)も成り立ち,結局 $\exists x \exists y Lxy$ はモデル M で真になることがわかる。

以上のことから分かるのは,ここでの真理の定義に従うなら,$\exists x \exists y Lxy$ の「ある x と y」は 2 つの別のものでなくともよいということだ。x と y が同じもの(この場合は $\blacklozenge$)によって満たされてもよい。したがって,もっと極端な例を考えて,$D = \{\blacklozenge\}$ で $V(L) = \{\langle \blacklozenge, \blacklozenge \rangle\}$ となるようなモデルのように世界に 1 つしか個体がなくても,$\exists x \exists y Lxy$ は真になることができる。

練習問題 52 の翻訳練習ではまず多重量化になじんでもらうために,x と y が異なる人を指すかのように扱った。しかし,$\exists x \exists y (Lxy \wedge Lyx)$ や $\forall x \forall y (Lxy \rightarrow Lyx)$ は 1 人だけ人間がいてそいつが自分じしんを愛しているような世界でも真になる。したがって,これらをそれぞれ「互いに愛し合っている 2 人がいる」とか「人を愛すればかならずその人からも愛される」という具合に解釈するのは厳密に言えば不正確だったわけだ。だから本当は,練習問題 52 の解答のいくつかは,この段階では修正しなければならない。

> **練習問題 56**
> 次の論理式がすべて真になるような，論議領域にできる限り少ない個体を含むモデルを作れ。
> $\exists xLax$, $\exists xLxa$, $\exists x \neg Lxx$, $\forall x \exists yLxy$, $\neg \exists x \forall yLxy$

### 7.2.4 述語論理のセマンティクスについて成り立ついくつかの定理

述語論理のセマンティクスが整備されたこの段階で，述語論理のセマンティクスについて成り立ついくつかの事実を提示しておこう。まずは次の2つの定理から。

> 【定理 29】 2 つのモデル $M_1$ と $M_2$ が同じ論議領域をもち，閉じた式 A に現れるすべての個体定項と述語記号にそれぞれ同じものを割り当てるならば，$V_{M_1}(A) = V_{M_2}(A)$。（ただし，$V_{M_1}(A) = V_{M_2}(A)$ は $V_{M_1}(A) = 1 \Leftrightarrow V_{M_2}(A) = 1$ の略記）
>
> 【定理 30】 モデル M において，$V(\alpha) = V(\beta)$ つまり，個体定項 $\alpha$, $\beta$ にこのモデルは同じものを割り当てるとする。このとき，$V_M(A(\alpha)) = V_M(A(\beta))$。つまり $\alpha$ を含む式 $A(\alpha)$ の $\alpha$ のところをいくつか $\beta$ にとりかえても，その結果できる式 $A(\beta)$ はもとの式と同じ真理値をもつ。

どちらも，意味を考えてみれば当たり前のことを述べているのだが，これをモデルにおける真理の定義に沿って証明するのはそうとうに骨が折れる。証明は以下に示しておいたが，混乱しそうだという人は証明を辿ることは省略してもよい。むしろ重要なのはこの定理の意義の方だ。ある命題に出てくる個体指示表現 $\alpha$ を同じ個体を指示する別の個体指示表現 $\beta$ に取り替えても命題全体の真理値が変わらないなら，その命題を**外延的**（extensional）であると言う。定理 30 はまさに**我々の述語論理学が外延的な命題のみを扱っている**ということを明らかにしている。

ということは逆に，一般にはあらゆる命題が外延的であるわけではないということだ。例えば，リー・リンチェイという香港カンフー映画のスターがいる。彼がハリウッド映画に進出して『リーサル・ウェポン4』に出演したときは，ジェット・リーという名前で出演していた。このことを知らないヒロユキは，『少林寺』に出ているリー・リンチェイとジェット・リーは別人だと思っているとしよう。さて，このシチュエーションでは，

　(1) ヒロユキはジェット・リーがメル・ギブソンと共演したことを知っている。

は真だが，この文の「ジェット・リー」を別名「リー・リンチェイ」に入れ替えた，

　(2) ヒロユキはリー・リンチェイがメル・ギブソンと共演したことを知っている。

は偽になってしまう。このように「知っている」が形成するような文脈については，同じ個体を指示する表現（**共外延的表現** coextensive expression と言う）を置き換えると命題全体の真理値が変わってしまうということが起こる。このように外延的でない文脈を**内包的文脈**（intensional

第 7 章　さらに論理言語を拡張する　181

context) と言う。定理 30 が述べているのは，言語 **PPL** の文法にしたがってつくられ，我々が定義したセマンティクスにしたがって意味を割り当てられている限り，生み出される文脈はすべて外延的ですよ，ということだ。

### 定理 29 の証明

【証明】式の長さに関する帰納法で証明する。

[Basis] A が原子式のとき，

A＝$\Phi^n \alpha_1 \cdots \alpha_n$ とおく。証明すべき定理 29 の仮定により，

任意の個体定項 $\alpha$ について $V_{M_1}(\alpha) = V_{M_2}(\alpha)$

任意の述語記号 $\Phi^n$ について $V_{M_1}(\Phi^n) = V_{M_2}(\Phi^n)$ である。

したがって，

$V_{M_1}(\Phi^n \alpha_1 \cdots \alpha_n) = 1$ ⇔ $\langle V_{M_1}(\alpha_1), \cdots V_{M_1}(\alpha_n) \rangle \in V_{M_1}(\Phi^n)$
⇔ $\langle V_{M_2}(\alpha_1), \cdots V_{M_2}(\alpha_n) \rangle \in V_{M_2}(\Phi^n)$ ⇔ $V_{M_2}(\Phi^n \alpha_1 \cdots \alpha_n) = 1$　であるから，

$V_{M_1}(A) = 1$ ⇔ $V_{M_2}(A) = 1$ が成り立つ。

[Induction step]

(1) **帰納法の仮定**　A より短いすべての閉論理式について定理が成り立っていると仮定する。

(2)・Subcase 1.　A が ¬B という形のとき，

　　$M_1$ と $M_2$ が A に現れるすべての個体定項と述語記号にそれぞれ同じものを割り当てると仮定する。このとき，$M_1$ と $M_2$ は B に現れるすべての個体定項と述語記号にも同じものを割り当てる。そうすると帰納法の仮定により，$V_{M_1}(B) = V_{M_2}(B)$。したがって，$V_{M_1}(¬B) = V_{M_2}(¬B)$ であって，A についても $V_{M_1}(A) = V_{M_2}(A)$ が成り立つ。

・Subcase 2.　A が B∧C という形のとき，

　　$M_1$ と $M_2$ が A に現れるすべての個体定項と述語記号にそれぞれ同じものを割り当てると仮定する。このとき，$M_1$ と $M_2$ は B，C に現れるすべての個体定項と述語記号にも同じものを割り当てる。そうすると帰納法の仮定により，$V_{M_1}(B) = V_{M_2}(B)$，$V_{M_1}(C) = V_{M_2}(C)$。したがって，$V_{M_1}(B∧C) = V_{M_2}(B∧C)$ であって，A についても $V_{M_1}(A) = V_{M_2}(A)$ が成り立つ。

・Subcase 3.　A が B∨C，B→C という形のときも同様。

・Subcase 4.　A が $\forall \xi B$ という形のとき，

　　方針として $V_{M_1}(\forall \xi B) = 0$ を仮定して，$V_{M_2}(\forall \xi B) = 0$ を導くことにする。$M_1$ と $M_2$ を入れ替えて同じ議論をすれば，$V_{M_2}(\forall \xi B) = 0$ ⇒ $V_{M_1}(\forall \xi B) = 0$ が得られるから，あわせて $V_{M_1}(\forall \xi B) = V_{M_2}(\forall \xi B)$ が証明されたことになる。

　　そこで，$V_{M_1}(\forall \xi B) = 0$ であるとする。そうすると，B に生じない何らかの個体定項 $\alpha$ に対して，$M_1$ の $\alpha$ 変種 $M_1/\alpha$ が存在して，$V_{M_1/\alpha}(B[\alpha/\xi]) = 0$ である。

　　ここで，N を次の図に示すように，$\alpha$ 以外についてはすべて $M_2$ と割り当てが一致するが，$\alpha$ については $M_1/\alpha$ と割り当てが一致する，つまり $V_N(\alpha) = V_{M_1/\alpha}(\alpha)$ となるようなモデルとする。

|  | B[$\alpha/\xi$]に出てくる定項 |  |  |
|---|---|---|---|
|  | $\alpha$ | Bに出てくる定項 | Bに出てこない$\alpha$以外の定項 |
| $M_1$ | ◆ | ○ | ◇ |
| $M_2$ | ● | ○ | ▲ |
| $M_1/\alpha$ | ☆ | ○ | ◇ |
| N | ☆ | ○ | ▲ |

　　　NとM$_1/\alpha$はB[$\alpha/\xi$]に出てくる記号についてはまったく付値が一致するから，帰納法の仮定を当てはめることができて，V$_N$(B[$\alpha/\xi$])=V$_{M_1/\alpha}$(B[$\alpha/\xi$])である。いま，V$_{M_1/\alpha}$(B[$\alpha/\xi$])=0であるから，V$_N$(B[$\alpha/\xi$])=0。

　　　ところで，モデルNはその定め方により，M$_2$の$\alpha$変種でもある。したがって，B[$\alpha/\xi$]が偽となるM$_2$の$\alpha$変種が少なくとも1つあることになり，V$_{M_2}$($\forall\xi$B)=0であることがわかる。以上によりV$_{M_1}$($\forall\xi$B)=0を仮定して，V$_{M_2}$($\forall\xi$B)=0を導くことができた。

・Subcase 5. Aが$\exists\xi$Bという形のときも同様。

(3)　以上より，すべての閉論理式について定理が成り立つ。■

## 定理30の証明

【証明】式の長さに関する帰納法で証明する。

[Basis]　Aが原子式のとき，

　　　例としてA($\alpha$)=$\Phi^3\alpha\beta\gamma$とおく。このときA($\beta$)=$\Phi^3\beta\beta\gamma$となる。証明すべき定理30の仮定により，V($\alpha$)=V($\beta$)である。したがって，

　　　V$_M$(A($\alpha$))=1　⇔　⟨V($\alpha$), V($\beta$), V($\gamma$)⟩∈V($\Phi^3$)　⇔　⟨V($\beta$), V($\beta$), V($\gamma$)⟩∈V($\Phi^3$)

⇔　V$_M$(A($\beta$))=1　である。あとはこれをすべての原子式に当てはまるように一般化して書けばよい。それは省略。

[Induction step]

(1)　**帰納法の仮定**　A($\alpha$)より短いすべての閉論理式について定理が成り立つと仮定する。

(2)・Subcase 1.　A($\alpha$)が¬B($\alpha$)という形のとき，

　　　帰納法の仮定により，V$_M$(B($\alpha$))=V$_M$(B($\beta$))。したがって，V$_M$(¬B($\alpha$))=V$_M$(¬B($\beta$))であって，V$_M$(A($\alpha$))=V$_M$(A($\beta$))が成り立つ。

・Subcase 2.　A($\alpha$)がB($\alpha$)∧C($\alpha$)，B($\alpha$)∨C($\alpha$)，B($\alpha$)→C($\alpha$)という形のときも同様。

・Subcase 3.　A($\alpha$)が$\forall\xi$B($\alpha$)という形のとき，

　　　方針としてV$_M$($\forall\xi$B($\alpha$))=0を仮定して，V$_M$($\forall\xi$B($\beta$))=0を導くことにする。$\alpha$と$\beta$を入れ替えて同じ議論をすれば，V$_M$($\forall\xi$B($\beta$))=0 ⇒ V$_M$($\forall\xi$B($\alpha$))=0　が得られるから，あわせてV$_M$($\forall\xi$B($\alpha$))=V$_M$($\forall\xi$B($\beta$))が証明されたことになる。

　　　そこで，V$_M$($\forall\xi$B($\alpha$))=0であるとする。そうすると，B($\alpha$)に生じない何らかの個体定項$\gamma$に対して，Mの$\gamma$変種M/$\gamma$が存在して，V$_{M/\gamma}$(B($\alpha$)[$\gamma/\xi$])=0である。……………………(i)

　　　B($\alpha$)[$\gamma/\xi$]はB($\alpha$)に含まれる個体変項$\xi$の自由な現れに$\gamma$を代入した式のことである。念のため。ここからの証明は，「B($\alpha$)に生じない何らかの個体定項$\gamma$」が$\beta$であるかどうかによって分かれることになる。

(a)　$\gamma \neq \beta$ のとき

(i)で M の $\gamma$ 変種 $M/\gamma$ が存在するとした「$B(\alpha)$ に生じない何らかの個体定項 $\gamma$」は $B(\beta)$ にも現れないことになる。

|  | $A(\beta)$ に出てくる定項 |  |  |
|---|---|---|---|
|  | $A(\alpha)$ に出てくる定項 |  |  |
|  | $\alpha$ | $\beta$ | $\gamma$ |
| M | ◆ | ○ | ◇ |
| $M/\gamma$ | ◆ | ○ | ▲ |

さて，M と $M/\gamma$ の違いは，$\gamma$ への割り当てだけだから，$V_{M/\gamma}(\alpha)=V_{M/\gamma}(\beta)$

また，$B(\alpha)[\gamma/\xi]$ は A より短い閉論理式である。したがって帰納法の仮定により，
$$V_{M/\gamma}(B(\alpha)[\gamma/\xi])=V_{M/\gamma}(B(\beta)[\gamma/\xi]) \cdots\cdots\cdots\cdots\cdots\cdots\cdots\cdots\cdots\cdots\text{(ii)}$$

(i)(ii)により，$V_{M/\gamma}(B(\beta)[\gamma/\xi])=0$ となるような M の $\gamma$ 変種があることが分かった。<u>この $\gamma$ は $B(\beta)$ に現れてこないはずだった。したがって，$V_M(\forall \xi B(\beta))=0$</u>

(b)　$\gamma=\beta$ のとき，

「$B(\alpha)$ に生じない個体定項 $\gamma$」がこんどは $B(\beta)$ に現れてしまうから，下線部のところがうまくいかなくなる。そこでちょっとした手直しが必要になる。

$\gamma=\beta$ のとき(i)での $\gamma$ 変種 $M/\gamma$ は $M/\beta$ のことでもあるから，$V_{M/\beta}(B(\alpha)[\beta/\xi])=0$ となる変種 $M/\beta$ がある。このとき，$B(\alpha)$ にも $B(\beta)$ にも現れない定項 $\delta$ についての変種 $M/\delta$ で $V_{M/\delta}(B(\alpha)[\delta/\xi])=0$ となるものがいつでも見つかることを言えばよい。そうしたら，(b)のケースを(a)のケースに帰着させることができるから，(i)の証明で $\gamma$ を使ったところを $\delta$ にして繰り返せばよい。

そこで，$\delta$ を $B(\alpha)$ にも $B(\beta)$ にも現れない定項とする。$M/\beta$ のこの定項に関する変種で次の条件を満たすものを $M/\beta/\delta$ とする。つまり，$\delta$ 以外については $M/\beta$ と同じ付値を行うが，$\delta$ の付値だけが $V_{M/\beta/\delta}(\delta)=V_{M/\beta}(\beta)$ となっているものである。

すると，$M/\beta$ と $M/\beta/\delta$ は $B(\alpha)[\beta/\xi]$ に現れるすべての記号への付値において一致していることになるから，定理29によって，
$$V_{M/\beta}(B(\alpha)[\beta/\xi])=V_{M/\beta/\delta}(B(\alpha)[\beta/\xi]) \cdots\cdots\cdots\cdots\cdots\cdots\cdots\cdots\text{(iii)}$$

そして，$M/\beta/\delta$ では $\beta$ と $\delta$ には同じものを割り当てるのだから，帰納法の仮定により
$$V_{M/\beta/\delta}(B(\alpha)[\beta/\xi])=V_{M/\beta/\delta}(B(\alpha)[\delta/\xi]) \cdots\cdots\cdots\cdots\cdots\cdots\cdots\cdots\text{(iv)}$$

ここで，$M/\beta/\delta$ とは $\beta$ 以外のすべての記号への割り当てにおいて一致するが，$\beta$ に $V_M(\beta)$ を付値するところだけが異なるモデルを考える。これは次の表からも明らかなように，もともとの M とは $\delta$ に対する付値だけが異なるモデルだから，$M/\delta$ と書いてよい。

$\beta$ は $B(\alpha)$ の中には含まれていないから，$B(\alpha)[\delta/\xi]$ にも現れない。したがって，$M/\delta$ と $M/\beta/\delta$ は $B(\alpha)[\delta/\xi]$ に現れるすべての記号への付値において一致している。そこで定理29が使えて，
$$V_{M/\beta/\delta}(B(\alpha)[\delta/\xi])=V_{M/\delta}(B(\alpha)[\delta/\xi]) \cdots\cdots\cdots\cdots\cdots\cdots\cdots\cdots\text{(v)}$$

|  | B($\alpha$)に出てくる | B($\beta$)に出てくる定項 |  |
|---|---|---|---|
|  | $\alpha$ | $\beta$ ($=\gamma$) | $\delta$ |
| M | ◆ | ○ | ▽ |
| M/$\beta$ | ◆ | ● | ▽ |
| M/$\beta$/$\delta$ | ◆ | ● | ● |
| M/$\delta$ | ◆ | ○ | ● |

$V_{M/\beta}(B(\alpha)[\beta/\xi])=0$ と (iii)(iv)(v) より,$V_{M/\delta}(B(\alpha)[\delta/\xi])=0$ となる変種 M/$\delta$ があることがわかった。もちろん,$\delta$ は $\beta$ 以外の定項である。

・Subcase 5. A が $\exists\xi B$ という形のときも同様。

(3) 以上より,すべての閉論理式について定理が成り立つ。■

### そのほかの定理

【定理 31】
(1)　$\forall\xi A$ ⊨ $A[\alpha/\xi]$
(2)　$A[\alpha/\xi]$ ⊨ $\exists\xi A$

これは,「すべてのものについてむにゃむにゃ」が正しいなら,任意の名前 $\alpha$ について,「$\alpha$ はむにゃむにゃ」と言ってよい,あるいは何らかの名前 $\alpha$ について「$\alpha$ はむにゃむにゃ」が正しいことがわかっているなら,「あるものについてむにゃむにゃ」と言ってよい,という我々の論理的直観が **PPL** でもきちんと保たれていることを示している。この証明には,先ほど苦労して証明した定理 29 と定理 30 が活躍する。

【(1)の証明】$V_M(\forall\xi A)=1$ とする。$\beta$ を $\beta\neq\alpha$ なる定項で,A に現れないものとする。このとき,M のすべての $\beta$ 変種について,$V_{M/\beta}(A[\beta/\xi])=1$ ……(1)

さて,$\beta$ 変種の中には,$V_{M/\beta}(\beta)=V_M(\alpha)$ となるものがある。そして,この $\beta$ 変種 M/$\beta$ は,$\beta$ に対する付値のみが M と異なるから,$V_{M/\beta}(\alpha)=V_M(\alpha)$。

よって,$V_{M/\beta}(\alpha)=V_{M/\beta}(\beta)$。これと(1)と定理 30 により,$V_{M/\beta}(A[\alpha/\xi])=1$ ……(2)

ところで $\beta$ は A に現れないから $A[\alpha/\xi]$ のなかにも現れない。ということは,M と M/$\beta$ は $A[\alpha/\xi]$ 中のすべての記号に同じ付値を行う。したがって定理 29 により,$V_M(A[\alpha/\xi])=1$ である。

以上より,$V_M(\forall\xi A)=1 \Rightarrow V_M(A[\alpha/\xi])=1$ が言えた。■ (2)も簡単に証明できる。やってみよう。

【定理 32】A の中で $\xi$ は自由に現れないものとする。このとき,
(1)　$\forall\xi A$ ⊨⊨ A
(2)　$\exists\xi A$ ⊨⊨ A

先に論理式の定義の方針を明確にしたときに，空虚な量化が出てくるような定義も OK ということにしておいて，それが真理値に影響しないようにしておけばよい，という方針で行くのだと述べておいた。この定理 32 は**空虚な量化は真偽に影響しない**ということを保証してくれている。

【(1)の証明】$\forall \xi A \models A$ の方向は定理 31 の特殊ケースである。というのは，A の中で $\xi$ が自由に現れないような場合は，$A[\alpha/\xi]$ は A に他ならないからだ。そこで，$A \models \forall \xi A$ の方向のみを示すことにする。

さて，$V_M(A)=1$ となる任意のモデルを M とする。このとき，
$V_M(\forall \xi A)=1$
$\Leftrightarrow$ すべての $M/\alpha$（$\alpha$ は A に現れない）に対し，$V_{M/\alpha}(A[\alpha/\xi])=1$
$\Leftrightarrow$ すべての $M/\alpha$ に対し，$V_{M/\alpha}(A)=1$（なぜなら，いま A の中で $\xi$ は自由に現れないから，$A[\alpha/\xi]$ は A と同じ式である）

なので，すべての $M/\alpha$ に対し，$V_{M/\alpha}(A)=1$ を言えばよい。ところで，M と $M/\alpha$ とは A に現れるすべての個体変項と述語記号に対する付値が一致しているから，定理 29 により $V_M(A)=V_{M/\alpha}(A)$
よって，$V_{M/\alpha}(A)=1$
したがって，$V_M(\forall \xi A)=1$ が言えた。■ (2)も同様に証明できる。

## 7.3 PPL にタブローを使ってみる

### 7.3.1 マリンバに挑む

多重量化があっても，タブローの書き方にはまったく変更はない。まずはやってみることだ。例として，マリンバ論証の妥当性を調べてみよう。論証の前提はそのまま（第 1 行），結論は否定して（第 2 行）並べたリストから出発する。

(1) 第 2 行に当てはめられる展開規則，[¬∀]，[EI]，[¬→]，[∧] を次々当てはめていくと，8 行目までは誰でも簡単に行ける。タブローは次のページにある。

(2) 第 8 行で再び ∃ で始まる論理式が生じた。もういちど [EI] を適用してこの ∃ をはずすには，y に代入する個体定項に「いままで出てきていないものに限る」という制約があったことを思い出そう。そこで y に b を代入してさらに，[∧]，[¬∧]，[¬∃] を当てはめて 13 行目まで来る。

(3) この段階で展開規則を当てはめずに残っているのは，∀ で始まる論理式（第 1 行，第 13 行）だけになった。仕方がないから，∀ をはずすことを考えよう。これまでに生じている個体定項は a と b の 2 つであり，∀ で始まる論理式も 2 つあるから，全部で 4 通りの代入ができるが，闇雲に代入するのは得策ではない。タブローを閉じるのに関係のある代入だけをやればよい。まず，第 10 行に Qab が現れていることから，第 13 行の y には b を代入しておけばよいだろう（第 14 行）。左に分岐する経路が閉じるからだ（第 15 行の左）。

$\forall x(Mx \to Px)$
$\neg\forall x((Hx \land \exists y(Qxy \land My)) \to (Hx \land \exists y(Qxy \land Py)))$ ！
$\exists x \neg((Hx \land \exists y(Qxy \land My)) \to (Hx \land \exists y(Qxy \land Py)))$ ！
$\neg((Ha \land \exists y(Qay \land My)) \to (Ha \land \exists y(Qay \land Py)))$ ！
$Ha \land \exists y(Qay \land My)$ ！
$\neg(Ha \land \exists y(Qay \land Py))$ ！
$Ha$
$\exists y(Qay \land My)$ ！
$Qab \land Mb$ ！
$Qab$
$Mb$

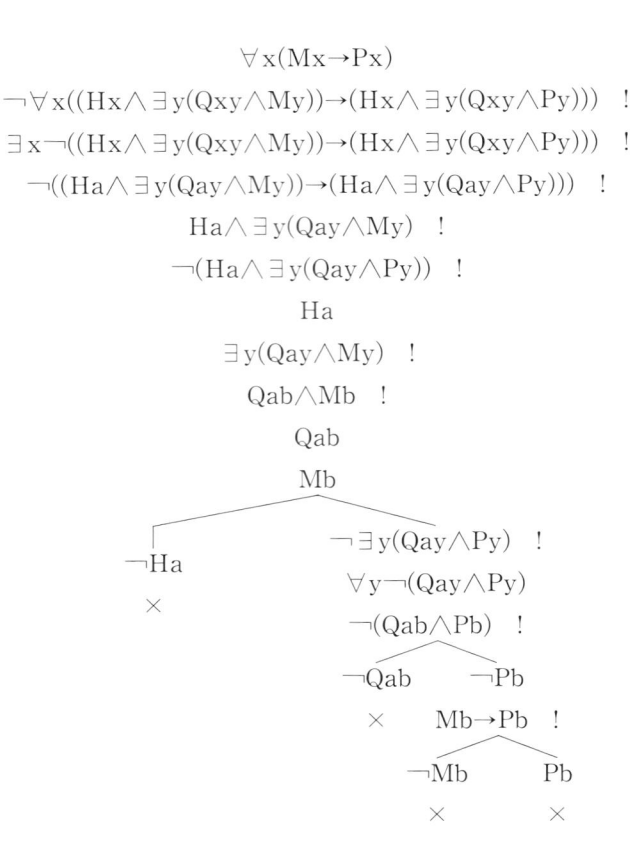

```
        ┌──────────┴──────────┐
       ¬Ha              ¬∃y(Qay∧Py) ！
        ×               ∀y¬(Qay∧Py)
                        ¬(Qab∧Pb) ！
                    ┌──────┴──────┐
                   ¬Qab          ¬Pb
                    ×          Mb→Pb ！
                             ┌────┴────┐
                            ¬Mb        Pb
                             ×         ×
```

(4) 次に第1行に戻って，x に b を代入して（第16行），あとは機械的に規則を当てはめれば閉鎖タブローが完成する。

　以上のタブロー構成を通じて，新しい規則を立てなければならない箇所はどこにもなかったことが納得できただろうか。納得できたところで，次の問題に取り組もう。

### 練習問題 57

(1) 論理式の集合 $\{\exists x(Px \land \forall yQxy), \neg\exists x\exists yQxy\}$ が充足可能でないことをタブローで示せ。

(2) $\forall x(Ax \to \exists yNyx)$ と $\forall z(Az \to \exists wNwz)$ が論理的に同値であることを確かめよ。

(3) $\forall x\forall y((Px \land Qy) \to Rxy)$ と $\forall x(Px \to \forall y(Qy \to Rxy))$ が論理的同値であることを示せ。

(4) $\forall x\forall y\exists zPxyz \to \forall x\exists y\exists zPxyz$ は妥当式であるかどうかチェックせよ。

(5) 練習問題 52 の (3)(k) では，$\exists x\forall y(Lxy \land \neg Lyx)$ を「すべての人を愛しているのにすべての人から嫌われるような人がいる」と翻訳した。この翻訳は 179 ページで述べたように不正確だ。というのも翻訳の方は真になるときがありそうなのに，論理式の方は真になれない式だからだ。このことを確かめよ。

以下の論証が妥当かどうかをチェックせよ。

(6) $\exists x\exists yPxy$, したがって $\exists xPxx$

(7) ブルースなら何でも好きだというヘビメタファンもいる。ヘビメタファンはみんな演歌というものを一切好まない。したがって、演歌はすべてブルースではない。

(8) すべての人は誰かを愛している人すべてを愛する。そしてルークは自分自身を愛している。したがって、レイアはルークを愛している。

(9) すべての人は誰かを愛している人すべてを愛する。そしてオビ＝ワンは自分自身を愛している。したがって、アナキンはオビ＝ワンに愛されている。

(10) 自分よりフォースの弱い騎士がいる者はみな騎士である。ヨーダは誰よりも強いフォースをもっている。したがって、もし騎士がいるなら、ヨーダは騎士である。

(11) **幻に終わった愛の宗教**：自分で自分のことが愛せない人は悲しい人である。そういう人でも誰かから愛されたなら自分のことを愛するようになるかもしれない。そのような考えから、次のような教義をもつ「愛の教団」が生まれた。その教義とは、

　(i) 愛の教団のすべての教徒は、自分を愛さない者すべてを愛する

　(ii) 愛の教団のすべての教徒は、自分を愛さない者だけを愛する

ところが、あるとき1人の教徒が教祖に尋ねた。「教祖様。私は自分自身を愛するべきなのか愛さざるべきなのかお教え下さい。もし、私が自分自身を愛していないのなら、教義により愛の教団の教徒はすべて私を愛することになります。ということは私は自分自身を愛することになります。一方、私が自分自身を愛しているなら、教義により愛の教団の教徒は私を愛さないことになります。したがって、私は自分自身を愛さないということになるでしょう。教祖様、これはいったいどういうことでしょう？」

この教徒が悩むのも無理はない。答えは、**このような教義をもつ教団は存在できない**というものなのである。本当にそうなのかを次のようにして調べよう。Px を「x は愛の教団の教徒である」、Lxy を「x は y を愛す」とすると、この教団の教義は、

　(i) $\forall x(Px \to \forall y(\neg Lyy \to Lxy))$　　(ii) $\forall x(Px \to \forall y(Lxy \to \neg Lyy))$

という具合に記号化できる。実はこのふたつの前提からは、そんな教団はないということ、つまり $\neg \exists x Px$ が論理的に帰結する。このことをタブローを使って確認しよう。

## 7.3.2　タブローを活用して関係を科学する

### 関係を分類する

　例えば「親である」という関係と「年上である」という関係は似ているところもあるし、似ていないところもある。a は a 自身の親ではないし、a は a 自身より年上でもない。この点で両者は似ている。しかし、親の親は親ではない（祖父母である）のに対し、年上の人よりももっと年上の人はやっぱり自分の年上の人である。この点では両者は似ていない。論理式で書けば、両者はともに $\forall x \neg Rxx$ が成り立つという点で似ており、$\forall x \forall y \forall z((Rxy \land Ryz) \to Rxz)$ が成り立つかどうかで食い違っている。このような観点から、2項関係を様々に分類することができる。次に挙げるものは関係についての基本的な分類だ。ただし、スペースの節約のため $\forall x \forall y$ を $\forall xy$、$\forall x \forall y \forall z$ を $\forall xyz$ と簡略化して書く表記法を使ってあるので注意して読んでほしい。

> 【定義】関係 R が reflexive である ⇔ ∀xRxx が成り立つ。
> 　関係 R が symmetric である ⇔ ∀xy(Rxy→Ryx) が成り立つ。
> 　関係 R が transitive である ⇔ ∀xyz((Rxy∧Ryz)→Rxz) が成り立つ。
> 　関係 R が同値関係 equivalence relation である ⇔ R が reflexive かつ symmetric かつ transitive である。

さて，「x＜y」という関係と「愛している」という関係はともに reflexive ではないのだが，その仕方は異なっている。「x＜y」は，どんな数も自分より小さいことはないために reflexive でないのに対し，「愛している」は，自分を愛している人もいれば愛していない人もいる，つまりみんながみんな自分を愛しているわけではないために reflexive ではない。そこで，reflexive でない関係について次のような区別を導入しよう。

> 【定義】関係 R が irreflexive である ⇔ ∀x¬Rxx が成り立つ。
> 　関係 R が nonreflexive である ⇔ ∃xRxx∧∃x¬Rxx が成り立つ。

**練習問題 58**
(1) R が irreflexive であれば reflexive でないことをタブローを使って確認せよ。
(2) R が nonreflexive であれば reflexive でないことをタブローを使って確認せよ。
(3) R が irreflexive であることから R が nonreflexive であることは論理的に帰結しない。このことを反証モデルを構成して示せ。

さて，関係が symmetric あるいは transitive でない仕方にも次の区別をすることができる。

> 【定義】関係 R が asymmetric である ⇔ ∀xy(Rxy→¬Ryx) が成り立つ。
> 　関係 R が nonsymmetric である ⇔ ∃xy(Rxy∧Ryx)∧∃xy(Rxy∧¬Ryx) が成り立つ。
> 　関係 R が intransitive である ⇔ ∀xyz((Rxy∧Ryz)→¬Rxz) が成り立つ。
> 　関係 R が nontransitive である ⇔ ∃xyz(Rxy∧Ryz∧Rxz)∧∃xyz(Rxy∧Ryz∧¬Rxz) が成り立つ。

「x≦y」は nonsymmetric であるが「x＜y」は asymmetric である。「友達である」は nontransitive，「産みの母親である」は intransitive である。

**練習問題 59**
(1) R が transitive で irreflexive であるなら，R は asymmetric である。このことをタブローで確認せよ。

(2) R が asymmetric であるならば R は irreflexive であることをタブローで確認せよ。

(3) R が Euclidean（ユークリッド的）であるということを次のように定義する。

【定義】R が Euclidean である　⇔　$\forall xyz((Rxy \land Rxz) \to Ryz)$ が成り立つ。

そこで，「R が同値関係である　⇔　R が reflexive であり Euclidean である」が成り立つことを示せ。

ヒント：次の 3 つを言えばよい。(a) R が symmetric かつ transitive である　⇒　R が Euclidean である，(b) R が reflexive であり Euclidean である　⇒　R が symmetric である，(c) R が reflexive であり Euclidean である　⇒　R が transitive である。

## 7.3.3　タブローの信頼性

**タブローがとまらない**

　式集合 $\{\forall x \exists y Pxy\}$ が矛盾しているかどうかをチェックしようとしたのが右のタブローだ。∃ で始まる論理式に [EI] を適用すると新しい個体定項が導入される。新しい個体定項が生じたので，それを第 1 行の x に代入し，[UI] を適用する。そうするとまた ∃ で始まる論理式が出てくる。この ∃ をはずすために，また新しい個体定項を導入する，そうするとその定項をまた第 1 行に代入しなければならなくなり……となって，このタブローはいつまでたっても終わらない。

$\forall x \exists y Pxy$
$\exists y Pay$　！
$Pab$
$\exists y Pby$　！
$Pbc$
$\exists y Pcy$　！
$\vdots$

　しかし，どこまでいっても A と ¬A はでてこないからこのタブローは閉鎖タブローにはならないだろう。だから，この式は矛盾していないんだろうと判断してもよい。しかしそれは，このタブローが，閉じそうにないとすぐに見てとれるような，止まらないタブローの中でも比較的たちのいいケースだったからだ。一般には，そもそも終わるのか終わらないのかの判断もできなくなるような場合もあるかもしれない。

　それに，タブローを書いている人が「あっ。こりゃいつまでたっても止まらん」と判断できるというのは確かだけれども，そういう判断そのものは，タブローが書かれていく様子を外から見ていて下したものであって，タブローの方法という**機械的手続きを当てはめた結果としてその判断が出てきたのではない**。じっさい，タブローを書く手続きをプログラムしたコンピュータは，規則を手順どおりに適用し続けて，壊れるか人間が強制終了するまでいつまでも律儀に経路をのばし続けるだろう。というわけで，我々はここで機械的方法としてのタブローのある種の限界にぶつかってしまった。多重量化を認める述語論理にまで拡張されたタブローは**決定可能ではなかった**のである。

**決定不可能であっても出た結果は信頼できる**

　**PPL** の場合，タブローは止まらなくなることがある。なーんだ，がっかり。せっかく万能の方法のように思ったのに。しかし，**いつでも判定を下せる**ということと，**判定が下せたときにそ**

の判定を信頼できるということは別問題。タブローは前者としては失格だが，後者を満たしてくれたらそれでもずいぶんと役に立つ。そしてじっさい，これは成り立っている。つまり，次のことが成り立つ。

> 【定理33】Γが矛盾している　⇔　Γから出発するタブローが閉鎖タブローになる。

このことが成り立つなら我々は次の点については安心してタブローを使い続けてよい。

(1) タブロー構成が止まって判定が出たなら，その判定は信頼できる。つまり，タブローにより矛盾していると判定が出たなら，本当に矛盾している，そして開放経路を残してタブロー構成が終ったなら，つまりタブローが充足可能の判定を下して止まってくれたら，テストにかけた式集合はじっさいに充足可能だ。

(2) タブローが閉鎖タブローになったとき，タブローの構成は終了しているから，Γから出発するタブローが終わらないということは，Γからは閉鎖タブローが生じないということだ。したがって，タブロー構成が止まらなくなってしまうのは，テストにかけたΓが充足可能な式集合であった場合に限られる。

## 7.3.4 「閉鎖タブローが生じたら矛盾している」の証明

定理33の証明にとりかかろう。そのためには，定理33を次の2つに分ける。7.3.4で定理33-a，7.3.5でその逆の定理33-bを証明する。2つあわせて定理33が証明できたことになる。

> 【定理33-a】Γから出発するタブローが閉鎖タブローになる　⇒　Γが矛盾している。
> 【定理33-b】Γが矛盾している　⇒　Γから出発するタブローが閉鎖タブローになる。

命題論理の場合と同様に，定理33-aの対偶，つまり「Γが充足可能　⇒　Γから出発するタブローが開放タブローとなって終わるか，またはいつまでも止まらない」を証明するのが基本方針だ。ところで，この右辺はどういうことか。タブローが開いて終わる場合，その開いて終わった経路は，徐々に伸びて行く途中のどの段階でも開いている（いったん閉じた経路があとになってまた開くということはないから）。一方，タブローがいつまでも止まらないということは，やはり，**少なくとも1本いつまでも閉じない経路がある**ということだ。その経路は途中のどこまでをとってみてもやはり開いている。そこで，「タブローが開放タブローとなって終わるか，またはいつまでも止まらない」ということはようするに，タブローを書いていく途中のどの段階をとってみてもかならずどこかの経路は開いているということだと考えてよい。そこで，証明すべきことをさらに言い換えると，

> 【定理 33-a の別の述べ方】Γ が充足可能である ⇒ Γ を出発点とするタブローにはつねに少なくとも 1 本開いた経路がある。

というものになる。以下ではこれを証明する。やり方は命題論理の場合とほとんど変わらない。次の補助定理を使う。

> 【補助定理 33-1】タブローのある経路（伸びてゆく途中のものでもよい）が充足可能なら，その経路は開いている。

これの証明は命題論理の時と同じく自明なので省略する。

### 【定理 33-a の別の述べ方】の証明のアウトライン

それではいよいよ，証明の本番にとりかかる。まず証明のアウトラインを示しておこう。

【アウトライン】
(1) Γ が充足可能だとする。つまり，Γ に含まれる論理式をすべて真にするモデルが存在するとしよう。このとき，補助定理 33-1 により，出発点になる Γ を縦に並べた経路は開いている。
(2) この経路を出発点として展開規則を適用しながら経路を伸ばしていく。展開規則を適用して延長した経路のうちにはつねに少なくとも 1 つ充足可能なものがある。
(3) 補助定理 33-1 により充足可能な経路は開いている。したがって Γ から生じるタブローにはつねに少なくとも 1 つ開いた経路が含まれている。

あとは(2)だけを証明しておけばよい。この部分を証明するのに，命題論理の時は，タブローの展開規則が「上にある式が真になる真理値割り当てのもとでは，下にある式（分かれているときはすくなくともどちらか）も必ず真になる」という性質を持っていることを使った。述語論理も扱えるように追加した 4 つの展開規則についてはどうだろう。定理 31 により，$\forall \xi A$ が真になるモデルでは $A[\alpha/\xi]$ も真になるから，追加した展開規則のうち [UI] はこの性質を持っていることがわかる。また [¬∀] と [¬∃] がこの性質を持つことも明らかだろう。したがって，[EI] を除く 3 つの展開規則については次のことが成り立つ。

> 【補助定理 33-2】[EI] を除くタブローの展開規則はすべて次の性質をもっている。
>   上段にある論理式が，モデル M のもとで真であるならば，下段に書き込まれる論理式（枝分かれのある規則の場合は少なくともどちらか）も M のもとで真である。

ところが，[EI] については補助定理 33-2 はなりたたない。次のような開いた経路(1)があるとしよう。この経路は例えば(2)のモデル M で充足される。

(1)
```
Pa
Pb
∃x¬Px
```

(2)
```
D = {■, ●, ◆, ▲}
V(P) = {■, ●, ◆}
V(a) = ■
V(b) = ●
V(c) = ◆
```

しかし，∃x¬Px に [EI] を当てはめて，¬Pc を書き足すとすると，この ¬Pc は M で真ではなくなってしまう。したがって，[EI] を当てはめる式 ∃ξA が M で真だからといって，その結果書き足される式 A[α/ξ] も同じモデル M で真になるとは限らない。しかし，証明すべきことは「充足可能な経路を展開規則を適用して延長した経路のうちにはつねに少なくとも**充足可能なものがある**」ということだったのだから，べつに最初の経路と延長後の経路がどちらも**同じモデルで充足される必要はない**。どんなに経路を延ばしていっても，少なくとも1本の経路は，その全ての式が**何らかのモデル**で真になる，ということが示されればよい。これで方針が立った。

【アウトライン(2)の証明】仮定により Γ は充足可能であるから Γ を充足するモデル M がある。さて，Γ を出発点として展開規則を適用しながら経路を伸ばしていく。そのとき，

(1) 補助定理 33-2 により，[EI] 以外の規則を適用した場合には，新しく書き足した式（枝分かれした場合には，書き足した式のうちの少なくとも1つ）はやはり同じモデル M で真。

(2) [EI] を適用して延長した場合は，次のように新しいモデル M″ をつくる。まず，モデル M においては，それまでに経路に出てきていない個体定項にも個体が割り当てられているとするなら，その割り当てを M からすべて取り除いた以外は M と変わらない新しいモデルをつくり，これを M′ とする。取り除いたのはそこまでに出てきていない個体定項への割り当てだから，これまでに出てきた式が M で真になるなら，その式は M′ でも真になる。
　　さて，いま ∃ξA に [EI] を当てはめて A[α/ξ] を書き足したとしよう。α はその経路にこれまで出現していない新しい個体定項だから，M′ では α に何も割り当てていないはずだ。また，∃ξA は M′ で真なのであるから，M′ の議論領域の中には Aξ を満たすものが少なくとも1つはあるはずだ。そのような個体を選び，α に割り当ててやる。このように，α に対する新しい割り当てを含む以外は M′ と変わらない新しいモデルを M″ とする。モデル M″ の作り方から明らかなように M″ においては，これまでに出てきた式および [EI] を適用して新しく書き足した式が真になる。

(3) したがって，展開規則を適用してタブローを延ばして行くとつねに，そこに現れるすべての式が何らかのモデルで真になるような経路，つまり充足可能な経路が少なくとも1つはあることがわかった。■

### 実例を見て納得しよう

¬Qa
∀x(Px∨Qx)
∃x¬(Px∧Qx) という集合 Γ から始まるタブローを考えよう。Γ は例えば次のモデル M で

充足される。

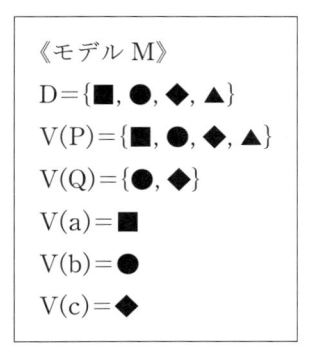

《モデル M》
D={■,●,◆,▲}
V(P)={■,●,◆,▲}
V(Q)={●,◆}
V(a)=■
V(b)=●
V(c)=◆

Γからはじめて書いたタブローが右に示してある。5行目までの式はMで真になるが，第3行に [EI] を当てはめて得られた6行目 ¬(Pb∧Qb) はMでは真にならない。Mがbにわりあてている●はPもQも満たすからである。そこでまず，そこまでに出てきていない個体定項への外延の割り当てをMからすべて取り除いた以外はMと変わらない新しいモデルをM′をつくる。

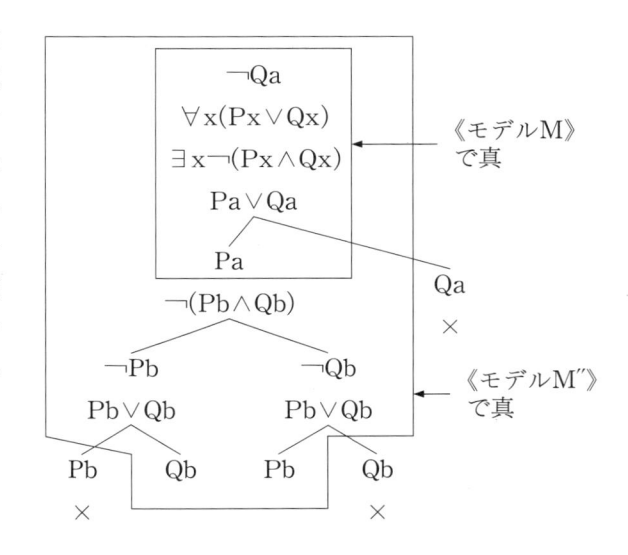

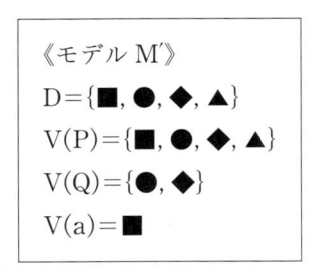

```
                ¬Qa
            ∀x(Px∨Qx)          《モデルM》
            ∃x¬(Px∧Qx)          で真
              Pa∨Qa
                Pa
                           Qa
            ¬(Pb∧Qb)        ×
           /        \
         ¬Pb        ¬Qb            《モデルM″》
        Pb∨Qb      Pb∨Qb            で真
        /   \      /   \
       Pb   Qb    Pb   Qb
       ×          ×
```

《モデル M′》
D={■,●,◆,▲}
V(P)={■,●,◆,▲}
V(Q)={●,◆}
V(a)=■

である。取り除いたのはそこまでに出てきていない個体定項への割り当てだから，第5行までの式はすべて M′ で真になる。さて，いま ∃x¬(Px∧Qx) に [EI] を当てはめて ¬(Pb∧Qb) を書き足したのである。b は新しい個体定項だから，M′ では，b に何も割り当てていない。また，∃x¬(Px∧Qx) は M′ で真なのだから，M′ の論議領域の中には ¬(Px∧Qx) を満たすものが少なくとも1つはあるはずだ。たとえば，■と▲がそうである。そのような個体（例えば▲）を選び，b に割り当ててやる。このように，b に対する新しい割り当てを含む以外は M′ と変わらない新しいモデルを M″ とする。

《モデル M″》
D = {■, ●, ◆, ▲}
V(P) = {■, ●, ◆, ▲}
V(Q) = {●, ◆}
V(a) = ■
V(b) = ▲

モデル M″ の作り方から明らかなように，M″ においては，6 行目までのすべての式が真になる。あとは同様。

### 7.3.5 「矛盾した集合から出発するタブローは閉鎖タブローになる」の証明

次に定理 33-b を証明しよう。これも対偶を証明することにする。つまり，「Γ から出発するタブローが開放タブローとなって終わるか，またはいつまでも止まらない ⇒ Γ は充足可能」を証明する。これは次のように行う。

【アウトライン】
(1) Γ から出発するタブローが開放タブローとなって終わるか，またはいつまでも止まらないとする。
(2) 開放タブローとなって終る場合は，Γ を含む開放経路がある。タブローが終わらない場合は，いつまでも閉じない経路，つまり無限に長い開放経路が少なくとも 1 本ある。いずれにせよ，Γ を部分集合として含む開放経路がある。
(3) （有限・無限にかかわらず）開放経路があったらそれを充足するモデル M があることを証明する。
(4) Γ はその開放経路の部分集合だから，M は Γ も充足する。したがって Γ は充足可能である。

あとは(3)を言うだけだ。これはまたしてもヒンティッカ集合の概念を使って証明する。つまり，

(a) 述語論理式にも当てはまるようにヒンティッカ集合を定義する。
(b) ヒンティッカ集合は充足可能，つまりヒンティッカ集合が与えられたら，つねにそれを充足するモデルをつくれることを証明する。
(c) タブローの開放経路は，無限に長かろうが有限の長さだろうがヒンティッカ集合の一種である。だから開放経路は充足可能だ。このことを言う。

**ヒンティッカ集合**

【定義】次の条件を満たす閉じた式の集合 Δ をヒンティッカ集合と言う。
(¬)：いかなる原子式 A についても A と ¬A の両方が Δ に属することはない。
(¬¬) から (¬↔)・までの条件は命題論理 **L** の場合（105 ページ）と全く同じ。
(∀)：∀ξA∈Δ ⇒ Δ に現れるすべての個体定項 $\alpha$ について A$[\alpha/\xi]$∈Δ
(¬∃)：¬∃ξA∈Δ ⇒ Δ に現れるすべての個体定項 $\alpha$ について ¬A$[\alpha/\xi]$∈Δ
(∃)：∃ξA∈Δ ⇒ Δ に現れるなんらかの個体定項 $\alpha$ について A$[\alpha/\xi]$∈Δ
(¬∀)：¬∀ξA∈Δ ⇒ Δ に現れるなんらかの個体定項 $\alpha$ について ¬A$[\alpha/\xi]$∈Δ

【定理 34】いかなるヒンティッカ集合も充足可能である。

【証明】任意のヒンティッカ集合を Δ とする。あとは Δ を充足するモデル M をつくればよい。さて，そのモデルをどのようなものを材料にしてつくればよいだろう。例えば論議領域として何を選ぶか。次のような問題がある。(1)これから証明したいのは任意のヒンティッカ集合についての事実だから，論議領域がどれくらいたくさんのものを含んでいなければならないかはあらかじめわからない。(2)証明することが式の集合の充足可能性なのに，証明に人間の集合だとか素粒子の集合だとか実数の集合だとか，特定の対象を持ち出してくるのはどうも不自然だ。

さて，いま与えられているのは，ヒンティッカ集合という**式の集まり**だ。できればこれ以外に人間やら数やらといった別種の対象を持ち込まないでモデルをつくりたい。そこで次のように考えたらどうか。論理式の集まりが与えられている。これはようするにたくさんの記号が与えられているということだ。**記号というのもこの世に存在する個体**だろう。だったら，論理式をつくっている**記号を個体と見なして**モデルをつくってしまえばよいのではないか。こうすればよけいな存在者を証明に使わないし，記号だったら大きなモデルをつくるのにも十分たくさんありそうだ。

そこで次のようにモデル M を定義する。

【モデル M の定義】
(1) まず，それぞれの個体定項 $\alpha$ に割り当てるものを，その**個体定項自身**にしてしまう。つまり，V($\alpha$)=$\alpha$ としてしまう。これなら割り当てる対象に事欠くことはない。
(2) ということは，論議領域は個体定項の集合になる。ここで，論議領域を次のように定める。D を Δ に現れるすべての個体定項を含み**それ以外の個体は含まない**集合とせよ。
　ここで，「それ以外の個体を含まない」と決めたことがミソなのだ。これが後々たいへん重要になってくる。
(3) あとは，各述語記号への付値を次のように決める。このように決めることのねらいは証明の中で明らかになる。
$$V(\Phi^n)=\{\langle\alpha_1,\cdots,\alpha_n\rangle|\Phi^n\alpha_1\cdots\alpha_n\in\Delta\}$$

証明すべきことは，「すべての論理式 A について，A∈Δ ⇒ A はモデル M のもとで真」とい

うことだ。これを命題 P と呼ぼう。これを式の長さに関する帰納法で証明する。

[Basis]
(1) 原子式 $\Phi^n\alpha_1\cdots\alpha_n$ については，次のことが言える。

$\Phi^n\alpha_1\cdots\alpha_n$ がモデル M のもとで真　⇔　$\langle V(\alpha_1), \cdots, V(\alpha_n)\rangle \in V(\Phi^n)$　（真理の定義による）

⇔　$\langle \alpha_1, \cdots, \alpha_n\rangle \in V(\Phi^n)$　（モデル M の定義(1)による）

⇔　$\Phi^n\alpha_1\cdots\alpha_n \in \Delta$　（モデル M の定義(3)による）

したがって，原子式については命題 P が成り立つ。M の定義の(3)は，$\Delta$ に入っているか入っていないかに応じて原子式に 1 または 0 を割り当てることができるようにする，というのがねらいだったのだ。そしてこの性質は，$\Delta$ がヒンティッカ集合という条件のもとでは，原子式だけじゃなくってすべての論理式について成り立つ。以下ではそのことが示される。

(2) 負リテラル $\neg\Phi^n\alpha_1\cdots\alpha_n$ については次が成り立つ。

ヒンティッカ集合の条件（¬）により $\Phi^n\alpha_1\cdots\alpha_n \in \Delta$ ⇒ $\neg\Phi^n\alpha_1\cdots\alpha_n \notin \Delta$ だから，

$\neg\Phi^n\alpha_1\cdots\alpha_n$ がモデル M のもとで偽　⇒　$\Phi^n\alpha_1\cdots\alpha_n$ がモデル M のもとで真　⇒　$\Phi^n\alpha_1\cdots\alpha_n \in \Delta$ ⇒ $\neg\Phi^n\alpha_1\cdots\alpha_n \notin \Delta$ が成り立つ。これの対偶をとれば，$\neg\Phi^n\alpha_1\cdots\alpha_n \in \Delta$ ⇒ $\neg\Phi^n\alpha_1\cdots\alpha_n$ がモデル M のもとで真，だから負リテラルについても命題 P は成り立つ。

[Induction Step]
(1) 帰納法の仮定　結合子・量化子の数が k 個以下の任意の閉論理式 A について，命題 P が成り立っていると仮定しよう。このとき，結合子・量化子の数が k+1 個の A について，

(2) ・Subcase 1．A が $\neg\neg B$, $B\wedge C$, $\neg(B\vee C)$, $\neg(B\to C)$, $B\vee C$, $\neg(B\wedge C)$, $B\to C$, $B\leftrightarrow C$, $\neg(B\leftrightarrow C)$ の形のとき，命題論理の場合と同様なので省略する。

・Subcase 2．A が $\forall\xi B$ の形のとき，

$A\in\Delta$，つまり $\forall\xi B\in\Delta$ と仮定する。$\Delta$ の条件（∀）により，B の自由変項 $\xi$ を $\Delta$ に現れる個体定項 $\alpha$ に置き換えたもの $B[\alpha/\xi]$ はすべて $\Delta$ に含まれている。したがって，$\Delta$ に現れる任意の個体定項 $\alpha$ について，$B[\alpha/\xi]\in\Delta$ である。

帰納法の仮定により，これらの $B[\alpha/\xi]$ はすべて M のもとで真。一方，モデル M の定義(1)により，個体定項 $\alpha$ は個体 $\alpha$ を指す。また定義の(2)により，$\Delta$ に現れる個体定項のすべてがモデル M の論議領域を尽くしている。だから，B の自由変項 $\xi$ を個体定項 $\alpha$ に置き換えたどの式 $B[\alpha/\xi]$ も M において真，ということは B が M の論議領域にあるいかなる個体にも当てはまるということである。ゆえに，$\forall\xi B$ の真理の定義によって，$\forall\xi B$ は M において真になる。

・Subcase 3．A が $\neg\exists\xi B$ の形のとき，$\Delta$ の条件（¬∃）により，$\neg\exists\xi B\in\Delta$ ならば $\Delta$ に現れるすべての個体定項 $\alpha$ について $\neg B[\alpha/\xi]\in\Delta$。あとは Subcase 2 と同様にすれば $\forall\xi\neg B$ が M において真であることが言え，$\forall\xi\neg B$ と $\neg\exists\xi B$ が論理的同値であることから，$\neg\exists\xi B$ は真であることが言える。

・Subcase 4．A が $\exists\xi B$ の形のとき，

$A\in\Delta$，つまり $\exists\xi B\in\Delta$ と仮定する。$\Delta$ の条件により，$\Delta$ には B の自由変項 $\xi$ を $\Delta$ に現れるある個体定項 $\alpha$ に置き換えたもの $B[\alpha/\xi]$ が含まれている。帰納法の仮定により，この個体定項 $\alpha$ について，$B[\alpha/\xi]$ はモデル M のもとで真。これは，$\exists\xi B$ がモデル M において真だということに他ならない。

- Subcase 5. A が ¬∀ξB の形のとき，Subcase 4 と同様。
(3) 以上より，すべての論理式について「A∈Δ ⇒ A はモデル M のもとで真」が成り立つ。∎

**タブローの開放経路はヒンティッカ集合であることの証明**

【証明】いかなる原子式 A についても A と ¬A の両方が開放経路 Θ に属することはない。したがってヒンティッカ集合の条件（¬）を満たしている。また，タブローをつくるための展開規則により Θ が残りの条件を満たすことも明らかだ。少しとまどうところがあるとしたら条件（¬∃），（¬∀）だろうが，¬∃ξA が経路に含まれていれば，展開規則により，∀ξ¬A も経路に含まれており，したがって経路に現れるすべての個体定項 $\alpha$ について ¬A$[\alpha/\xi]$ が含まれているはずだから，開放経路は（¬∃）を満たしている。（¬∀）も同様。したがって開放経路 Θ はヒンティッカ集合である。∎

定理 34 により，いかなるヒンティッカ集合も充足可能であるから Θ も充足可能である。また Γ は Θ の部分集合であるから，Θ が充足可能である以上 Γ も充足可能である。

## 7.4 論理学者を責めないで──決定問題と計算の理論

### 7.4.1 PPL の決定不可能性

**タブローだけが悪いのではない**

「タブローの方法で判定しようとしても止まらなくなっちゃうケースがあるんだってさ。タブローってのはダサイなあ。だったら，タブローの欠陥を直して，タブローメソッド・ターボとか，もっとよい判定方法をつくれば，どんな式の集合に対してもきちんと有限ステップで判定が下せるようになるんじゃない？ そういう方法はもうできてるんでしょ。え，ない？ 論理学者ってあんがい無能なんだなあ」。

論理学者はそんなにボンクラではない。実は，**PPL** の式のどんな有限集合を与えられても，有限ステップのうちにそれが矛盾しているか充足可能かを判定してくれるような機械的方法はありえない，ということが証明されている（定理 35）。つまり，タブローを改善したものであろうが，全く異なる発想に基づく方法であろうが，**機械的方法である限りは，有限ステップでの判定がつかなくなってしまうケースが必ずある**。そのために，どんなに論理学者ががんばっても，ありとあらゆるケースを判定してくれるような機械的方法はつくれない。だから，以上で見てきたタブローの方法の限界は，タブローがたまたま欠陥商品だったことを示すのではなくて，**PPL** について成り立つごく一般的な事実の現れと見なすべきなのだ。

したがって，「決定不可能性」というのも，そもそもはタブローの方法などの一つ一つの方法について言われるべきことがらではなくて，**PPL** そのものについて言われるべきことがらだ。

### 決定不可能性

> 【定理35：**PPL** の決定不可能性（undecidability）】**PPL** の任意の論理式の有限集合が与えられたときにそれが矛盾しているか充足可能であるか，また **PPL** の任意の論証が与えられたときに，その論証が妥当であるかどうかを機械的手続きの有限の適用によって判定するための一般的方法（アルゴリズム・決定手続き）は存在しない。

この定理の証明には，相当な準備が必要だ。したがって，本書では証明できない。残念。興味のある読者はジェフリー［1995］を見てほしい。ここでは，その代わりにこの定理の意味についてもう少し掘り下げておく。

## 7.4.2 決定問題

### 決定問題とは

以上の話をもう少し広い視点から見てみよう。まず，次の形式をもった問いを**決定問題**と呼ぶ。

> 【決定問題（decision problem）】任意の｛　　　　　　｝を入力したときに，つねに有限ステップ内で｛　　　　　　｝を出力してくれるようなアルゴリズムが存在するか？

いま問題になっていたのは，任意の｛PPL の論理式の有限集合｝を入力したときに，つねに有限ステップ内で｛それが矛盾しているかどうかの判定結果｝を出力してくれるようなアルゴリズムが存在するか？という決定問題なのだった。そして，定理35によれば，そのようなアルゴリズムは存在しない。このとき，この決定問題は**否定的に解かれた**と言う。逆にそのようなアルゴリズムをひとつでもよいから具体的につくることができたなら，その決定問題は**肯定的に解かれた**と言われる。

### 肯定的に解かれた決定問題

肯定的に解かれた決定問題としては次のようなものがある。

(1) 任意の｛**L** の論理式の有限集合｝を入力したときに，つねに有限ステップ内で｛それが矛盾しているかどうかの判定結果｝を出力してくれるようなアルゴリズムは存在するか？ この決定問題は肯定的に解かれた。具体的には真理表やタブローが要求されたアルゴリズムに他ならない。

(2) 任意の｛**MPL** の論理式の有限集合｝を入力したときに，つねに有限ステップ内で｛それが矛盾しているかどうかの判定結果｝を出力してくれるようなアルゴリズムは存在するか？という決定問題も肯定的に解かれた。タブローがそのアルゴリズムだ。つまり，多重量化を含まない述語論理を考えれば，それは決定可能。

(3) ∀式，というのを量化子として普遍量化子だけを含み，しかもすべての量化子が式の左端に固まってついている（こういうのを**冠頭形** prenex form という）論理式のこととしよう。このとき，任意の {∀式の有限集合} を入力したときに，つねに有限ステップ内で {それが矛盾しているかどうかの判定結果} を出力してくれるようなアルゴリズムは存在するか？という決定問題。

(4) 任意の {すべての前提が ∃∀ 式（冠頭形のうち，∃x∃y∃z∀w∀u〜のように普遍量化子は全て存在量化子より前にきているもの）で，結論が ∀∃ 式になっているような論証} を入力したときに，つねに有限ステップ内で {それが妥当かどうかの判定結果} を出力してくれるようなアルゴリズムは存在するか？という決定問題。

別の分野からの例を挙げれば，

(5) 任意の {2つの自然数の組} を入力したときに，つねに有限ステップ内で {それらの自然数の最大公約数} を出力してくれるようなアルゴリズムは存在するか？という決定問題。ユークリッドの互除法が要求されたアルゴリズム。

**否定的に解かれた決定問題**

一方，否定的に解かれた代表的な決定問題の例としては次のようなものがある。

> **停止問題**（halting problem） 任意の {プログラム P とそれへの入力 i の組} を入力したときに，つねに有限ステップ内で {P へ i を入力して実行させると有限時間内に停止するかしないかについての判定結果} を出力してくれるようなアルゴリズムが存在するか？

**PPL** の決定不可能性は，これらと同様に**否定的に**解かれた決定問題のひとつの例なのだ。

## 7.4.3 アルゴリズムの概念とチャーチの提案

**「決定問題を否定的に解く」とは何をすることなのか**

決定問題を肯定的に解くということはどういうことか。これはよくわかる。その決定問題が要求しているアルゴリズムをとにかくつくればよいわけだから。しかし，決定問題を否定的に解くというのは，**どんな天才がどんなに工夫しても要求されたアルゴリズムをつくることがそもそもできない**のだということの証明だ。こうした原理的不可能性をきちんと証明するということは，いろいろやってみたけど，どうもうまいアルゴリズムはできませんでした，というのとは決定的に違う。

決定問題を否定的に解くためには，アルゴリズムの存在しないことの証明をしなくてはならない。さて，本書にここまでつきあってくれた読者なら，¬∃x は ∀x ¬ と同じことだというのはお馴染みだろう。つまり，しかじかのアルゴリズムは**存在しない**ことの証明は，**どんな**アルゴリズムにもしかじかはでき**ない**ということの証明と同じなのである。ということは，アルゴリズムの不在証明が意味のあるものであるためには，「すべてのアルゴリズム」の範囲をはっきりさ

せておかなくてはならない。こうして，**アルゴリズムの一般的・厳密な定義**が必要になる。**アルゴリズムすべてに共通の特質**は何か，アルゴリズムとアルゴリズムでないものの線はどのようにして引いたらよいかという問題が，決定問題の否定的解決に先立つ問題として生じてくる。

### アルゴリズムの概念の明確化とチャーチの提案

アルゴリズムとは何かを 92 ページで説明したが，これは論理式を「記号を意味をなすように並べたもの」と説明するようなもので，厳密な定義ではなかった。しかし決定問題の否定的解決を追求するにはそのようなぼんやりした概念を使い続けているわけにはいかない。こうして 1930 年代から 40 年代にかけて，多くの数学者・論理学者が「厳密な仕方でアルゴリズムを定義するにはどのようにしたらよいか」という問題に頭を悩ませることになり，アルゴリズムというぼんやりとした概念に置き換えることのできるような，厳密に定義された概念がいくつか提案された。(1)チャーチの「$\lambda$ 定義可能性」，(2)チューリングの「チューリングマシン計算可能性」，(3)ゲーデル，クリーニの「帰納的関数」などがそれだ。

このほかにも，何人かの人たちが独自にアルゴリズム概念に置き換えるべき厳密な概念を定義した。驚いてしまうのは，**それぞれ独立に提案されたこれらの概念がすべて互いに同等だった**ということだ。これは偶然の一致というには出来すぎているので，これらの概念はみなアルゴリズムというぼんやりした概念の正体をうまく捉えているらしい，と考えられるようになった。そこで，次のような提案がなされることになる。

> 【チャーチのテーゼ】アルゴリズムがある，というのはチューリングマシンで計算できることだと考えよう。

チューリングマシンというのは，数学的に厳密に定義された抽象的な架空の計算機のことだ。

### 決定問題を否定的に解く典型的な方法

チャーチのテーゼはあくまでも，アルゴリズムといういままで使ってきたぼんやりした概念をチューリングマシン計算可能性という数学的にきちんと定義できる概念で置き換えましょうという提案であって，このこと自体は数学的に証明されるようなことではない。しかし，この提案によって，決定問題の否定的解決ということがどういうことかが明確になる。決定問題を否定的に解決するとは，要求された計算を行うようにチューリングマシンをプログラムすることができないことを証明するということだ。これは，背理法を使って証明されることが多い。つまり，その決定問題が要求するような計算をするチューリングマシンがプログラムできたと仮定して，そこから矛盾を導くという方針だ。

また，すでに否定的に解かれた別の決定問題を利用することもできる。例えば，すでに停止問題が否定的に解かれているとする。このとき，さらに **PPL** の決定不可能性を証明するのに，もし **PPL** の任意の式集合の矛盾/充足可能性を判定するようなアルゴリズムがあったならという仮定のもとで，そのアルゴリズムをちょっと変えれば，停止問題が求めているようなアルゴリズム

に転用することができるということを証明しておく。こうすれば，停止問題が求めるアルゴリズムは存在しないのだから，**PPL** の任意の式集合の矛盾/充足可能性を判定するようなアルゴリズムもまた存在しない，ということが言える。

　ここまでは本当に大ざっぱなお話しだ。チューリングマシンとは何か，それが計算できない問題とはなにかを知りたくなった人は，内井惣七［1989 a］，廣瀬健［1975］，Boolos/Jeffrey［1989］などを読んでさらに勉強しよう。

# 第8章
# さらにさらに論理言語を拡張する

## 8.1 同一性を含む述語論理 IPL

### 8.1.1 同一性記号を導入する

「ビリーはすべての人間を憎んでいる」は $\forall xHbx$ と簡単に記号化できる。ところで，我々のセマンティクスでは，$\forall xHbx$ が真になるためには，$x$ にビリーじしんが割り当てられたときも $Hbx$ が満たされなくてはならない。つまり，$\forall xHbx$ はビリーが自分を憎んでいること（$Hbb$）を論理的に含意している。ところで，ビリーは世の中のすべての他人，シドニーやランディやケイシー……を憎んでいるが，自分を憎んでいるかどうかはわからないとしてみよう。そこで「ビリーは**自分以外の**すべての人間を憎んでいる」。これを記号化するにはどうしたらよいだろう。まずは，次のようにパラフレーズしてみた。

> ビリーは自分以外のすべての人間を憎んでいる ≈ ビリーでないすべての人はビリーに憎まれている ≈ $\forall x$（$x$ はビリーではない→ $Hbx$）

→の前件を記号化するためには，「〜は…である」という2つの個体が同一であることを述べる述語が必要だ。この述語を慣例に従って「＝」で書くことにしよう。そうするともとの命題は，$\forall x(\neg(x=b)\to Hbx)$ という具合に記号化される。今後は $\neg(x=b)$ を簡単に $x\neq b$ と書いてもよいことにする。この「＝」は述語の一種だが，「愛する」のようなのとは違って，話題を選ばずにどのような話にでも顔を出すという**主題中立性**をもっている。したがって，これも論理学固有の論理定項のひとつとして認めておいたらどうだろう。「＝」を論理定項として認める述語論理を**同一性を含む述語論理**（predeicate logic with identity：**IPL**）と呼ぶ。

### 8.1.2 論理式の定義とセマンティクスの手直し

新しい論理定項を追加したわけだから，論理式の定義と，モデルの定義を少しばかり変更する必要が生じる。とはいえ，変更点はごくわずか。

## 論理式の定義の変更点

(1) まず **MPL** の語彙に「同一性記号」という項目を加え，そこに「＝」を登録する．
(2) 論理式の定義のうち原子式の項目に次の定義を追加する．

---
【定義】$\tau_1$ と $\tau_2$ が項のとき，$(\tau_1 = \tau_2)$ は論理式である（もちろん，カッコを適切に省略するためのとりきめもつけ加えるものとする）。

---

## モデルにおける真理の定義の変更点

次に，我々が普通に理解している同一性に相当する意味を記号「＝」に与えなくてはいけない．そこで，この記号の解釈を次のように与える．つまり，方針 T をとる場合は，(1)を **MPL** における原子式に対する真理の定義【T 1′】につけ加えればよいし，方針 S をとる場合は，(2)を充足関係の定義【S 1′】につけ加えればよい．

---
(1) 任意の個体定項 $\alpha$, $\beta$ について，$V_M(\alpha = \beta) = 1 \Leftrightarrow V(\alpha) = V(\beta)$
(2) 任意の項 $\tau_1$ と $\tau_2$ について，$V_{M,\sigma}(\tau_1 = \tau_2) = 1 \Leftrightarrow \sigma(\tau_1) = \sigma(\tau_2)$

---

## 2つの「＝」を区別せよ

いまの定義(1)(2)には3カ所ずつ「＝」が出てきている．これらの「＝」は見た目が同じでも，本来は異なった記号だから注意しよう．$V_M$ に続くカッコの中に現れる「＝」は**論理式の構成要素になっている**同一性記号，つまり，∀や￢や∃などと並んで対象言語 **IPL** の語彙に含まれている記号だ．一方，⇔の右辺に出てくる「＝」や左辺の「＝1」の「＝」は，「付値関数 V が $\alpha$ と $\beta$ に同じ個体を割り当てる」とか，「$\alpha = \beta$ という形の論理式がモデル M のもとで真である」という日本語を短く書くために使われている，メタ言語の記号である．神経質な人は，この2種類の記号を形の上からも区別しなければならないと考えて，例えば **IPL** の語彙に属する方の同一性記号を「≈」として，$(\tau_1 \approx \tau_2)$ のように書いたりする．そうすれば，確かに真理の定義は「$V_M(\alpha \approx \beta) = 1 \Leftrightarrow V(\alpha) = V(\beta)$」となって，2種類の記号は身分が違うんですよということがはっきりする．本当に厳密にやろうとしたらその方がいいに決まっている．しかし，ほとんど混同の恐れはないと思うので，**IPL** の語彙としても普通の「＝」を使ってしまおう．

---
**練習問題 60**

この同一性記号の表現力をもう少し確かめるために次の翻訳をしてみよう．
(1) アランはペネロープを愛している．しかもペネロープだけを愛している．
(2) アランだけがペネロープを愛している．
(3) バージルが愛しているのは自分だけである．
(4) スコットはバージル以外の人も愛している．
(5) 他のすべての人を愛しているのにそのすべての人から愛されないような人がいる．

(6) 自分自身だけを愛しているような人もいる。
(7) 自分のことしか愛さない人は他の人みんなに愛されない。

**同一性記号についてのセマンティカルな定理**

妥当式，矛盾，論理的帰結などの定義はこれまでと少しも変わらない。同一性記号を含む論理式について成り立ついくつかの事実を列挙しておこう。

【定理 36】
(1) $\vDash \alpha = \alpha$　つまり，$\alpha = \alpha$ の形の式は妥当式である。
(2) $\vDash \alpha = \beta \to \beta = \alpha$
(3) $\vDash (\alpha = \beta \land \beta = \gamma) \to \alpha = \gamma$
　　（方針 S をとっている場合には，以上は個体定項だけでなく任意の項について成り立つ）
(4) $\vDash \forall \xi (\xi = \xi)$　つまり，同一性関係は reflexive である。
(5) $\vDash \forall \xi \forall \zeta (\xi = \zeta \to \zeta = \xi)$　同一性関係は symmetric である。
(6) $\vDash \forall \xi \forall \zeta \forall \eta ((\xi = \zeta \land \zeta = \eta) \to \xi = \eta)$　同様に transitive である。
(7) $\alpha = \beta \vDash A[\alpha/\xi] \leftrightarrow A[\beta/\xi]$
(8) $\alpha \neq \alpha \vDash$　つまり，$\alpha \neq \alpha$ の形の式は矛盾式である。

(7)は**同一者不可識別の原理**（principle of indiscernibility of identicals）とか**ライプニッツの原理**（Leibniz's principle）と呼ばれている。

## 8.1.3　同一性をタブローで扱う

**「＝」に対する展開規則を導入する**

定理 36 の(7)と(8)が展開規則の根拠を与えてくれる。まず否定形については，次の規則をたてよう。

$$
\begin{array}{cc}
\alpha \neq \alpha & \neg(\alpha = \alpha) \\
\downarrow & \downarrow \\
\times & \times
\end{array} \quad \cdots\cdots\cdots [\neg =]
$$

この規則はようするに，$\alpha \neq \alpha$ とか $\neg(\alpha = \alpha)$ という形の論理式は矛盾式で絶対に真になりようがないから，この式を含む経路はそれだけで充足不可能になる。だから，そのような経路は閉じてしまえ，という規則だ。

次に，＝を含む肯定形の論理式についての展開規則をたてよう。{Pa∧¬Pb, a＝b} という集合を考える。これは矛盾しているから，閉鎖タブローを生じなければならないはずだ。途中までタブローを書くと，右のようになる。これを閉じさせるにはどうしたらよいだろう。第 3 行によりaはPである。

Pa∧¬Pb
a＝b
Pa
¬Pb

しかし第2行よりaとbは同じものなので，bもPであるはずだ。つまりPbのはずだ。しかし第4行ではbはPではないと言っている。これは矛盾している。というわけで，第2行のa＝bを第3行のPaに代入し，Pbを書き足すことによって閉鎖経路を生じることができる。……そこで，

$$
\begin{array}{ll}
\alpha=\beta & \alpha=\beta \\
A[\alpha/\xi] & A[\beta/\xi] \\
\downarrow & \downarrow \\
A[\beta/\xi] & A[\alpha/\xi]
\end{array} \quad \cdots\cdots\cdots\cdots\cdots\cdots\cdots\cdots\cdots\cdots\cdots\cdots\cdots\cdots [=]
$$

という規則をたてよう。これは [UI] と同様に何度も繰り返し適用される。だから規則を適用したのちもチェックしないでおくのがよい。

これらの規則をつけ加えて拡張したタブローの方法は，決定可能ではないが，得られた判定結果に関してはこれまで通り信頼がおけることが証明できる。その証明はページ数の都合でカットするが，興味のある読者はジェフリー［1995］の第5章を見てほしい。

---

**練習問題 61**

(1) 次の式が妥当式であるかどうかをタブローでチェックせよ。
 (a) $\forall x(x=x)$  (b) $\forall x \forall y(x=y \rightarrow y=x)$  (c) $\forall x \forall y \forall z((x=y \land y=z) \rightarrow x=z)$
 (d) $(Pa \leftrightarrow Pb) \rightarrow (a=b)$  (e) $\forall x \forall y(x=y \rightarrow (Px \leftrightarrow Py))$

次の論証は妥当だろうか。タブローでチェックせよ。

(2) $\forall x \forall y((Px \land Qxy) \rightarrow x=y)$, $Pa$, $\exists x Qax$, したがって，$Qaa$

(3) さくらさん以外の人は藤木くんを愛していない。たまちゃんは藤木くんを愛している。だから，たまちゃんはさくらさんと同一人物である。

(4) 丸尾くんは藤木くんを愛していない。なぜなら，永沢くんだけが藤木くんを愛していて，しかも永沢くんと丸尾くんは別人だからさ。

(5) 同一性関係は，reflexive, symmetric, transitive な関係であり，したがって同値関係の一種である。しかし，唯一の同値関係ではない。さて，この transitive であるという条件を次の条件で取り替えてみよう。

> 【定義】R が antisymmetric である  ⇔  $\forall xy((Rxy \land Ryx) \rightarrow x=y)$

そうすると，reflexive, symmetric, antisymmetric であるような関係は同一性関係だけしかないことがわかる。つまり，R が reflexive, symmetric, antisymmetric であるということから，$\forall xy(Rxy \leftrightarrow x=y)$ が論理的に帰結する。このことをタブローで確かめよ。

## 8.2 個数の表現と同一性記号

### 8.2.1 「〜個ある」を表現する

同一性記号を使うと，任意の有限数 n について「少なくとも n 個の P がある」とか「ちょうど n 個の P がある」という言い回しを記号化することができるようになる。これが同一性を導入する最大のメリットだ。

**one at least**

(1)「少なくとも 1 つの P がある」は同一性記号を使わなくとも表現できる。つまり，$\exists x Px$。

**just one**

コンピュータ見合いで，(2)「あなたの希望に当てはまる人はちょうど 1 人います」と言われた。これを記号化してみよう。Px を「x はあなたの希望にあてはまる」とする。何らかの人の存在が主張されているのだから，ともかく $\exists x(\cdots\cdots)$ の形をしているはずである。ここで存在するとされる x さんはどのような人だろう。

(a)まず，P である。(b)彼（彼女？）以外に P であるような人はいない，そんな人である。

したがって，$\exists x$（Px∧x 以外に P であるような人はいない）と書けるはずだ。問題は，「x 以外に P であるような人はいない」の部分だが，これはもう簡単だろう。$\neg \exists y(Py \land y \neq x)$，つまり，P であって x と別人であるような y さんはいないという具合にやればよい。あるいは，これと論理的に同値な式を使って $\forall y(Py \to y=x)$ と書いてもよい。これは「P な人はすべて x と同一人物である」と読める。これは「P なのは x だけ」と同じことだ。じっさい $\neg\exists y(Py \land y \neq x)$ と $\forall y(Py \to y=x)$ は論理的同値である。私は前者の方が直観的にわかりやすいと思うけれど，否定記号が 2 つも含まれていて複雑な式なので，一般には後者が好まれているみたいだ。ともかく，この部分を全体に代入して，

$$\exists x(Px \land \neg \exists y(Py \land y \neq x)) \quad \text{もしくは} \quad \exists x(Px \land \forall y(Py \to y=x))$$

これが求めていた翻訳だ。この表現は**一意的存在**（unique existence）と言われる。

**at most one**

あまり高望みすると，(3)「あなたの希望に当てはまる人はせいぜい 1 人です」と言われちゃう。これと(2)は，該当者が 2 人以上はいないという点では一致しているけれども重要な違いがある。(2)はとにかく該当者がいるのは確かであるのに対し，(3)では該当者はもしかしたら 1 人もいないかもしれない。ということは(3)は存在命題ではないらしい。いるかいないかについては何も

言っていないのだから。これを記号化してみよう。

　乱暴に考えると，「多くて 1 人」あるいは「せいぜい 1 人」は「ちょうど 1 人いるかあるいは 1 人もいない」だから，∃x(Px∧¬∃y(Py∧y≠x))∨¬∃xPx という具合に表現できる。これでも間違いではないが，ちょっと長すぎる。もうすこしすっきりした表現を考えよう。

　「多くとも 1 人」は「2 人以上いる」の否定だ。つまり，¬(あなたの希望に当てはまる人は少なくとも 2 人いる) とすればよいのではなかろうか。では「少なくとも 2 人いる」はどのように表現したらよいのだろうか？　そっちを先に考えるべきだったのだ。

### two at least

　一見すると，(4)「少なくとも 2 つの P がある」は ∃x∃y(Px∧Py) でいいんじゃないかと思われる。しかし，すでに注意しておいたように，この論理式は P であるようなものがただ 1 つしか含まれていないようなモデルでも真になる（179 ページ）。そこで，(4)を言うためには，ここで存在するとされている x と y が別のものだと言ってやらねばならない。つまり，

$$\boxed{\exists x \exists y (Px \land Py \land y \neq x)}$$

が正解である。

　そうすると，先ほどの(3)は ¬∃x∃y(Px∧Py∧y≠x) だったことが分かる。これは，∀x∀y((Px∧Py)→x＝y) と論理的に同値，つまり「x も y も P であるとしても，つねに x と y は同一である」という意味になる。これは ∃ ではじまってないから，存在命題でなかったのは明らかだろう。

> **練習問題 62**
>
> (1) (3)の記号化として提案された ∃x(Px∧¬∃y(Py∧y≠x))∨¬∃xPx と ¬∃x∃y(Px∧Py∧y≠x) とが論理的同値であることをタブローにより確かめよ。
>
> (2) ¬∃x∃y(Px∧Py∧y≠x) を ∀x∀y((Px∧Py)→x＝y) へと同値変形せよ。

### just two

(5)「ちょうど 2 つの P がある」を記号化するためには，次のように考えればよい。全体としてこの命題は ∃x∃y(……) の形になるはずだが，このカッコの中に書くべき x と y の条件は，次の 3 つになるだろう。

(a) x も y も P である。Px∧Py
(b) x と y は別物である。y≠x
(c) x と y 以外に P であるようなものはない。¬∃z(Pz∧z≠x∧z≠y) もしくは ∀z(Pz→(z＝x∨z＝y))

以上により，(5)は次のようになる。

> $\exists x \exists y(Px \land Py \land y \neq x \land \neg \exists z(Pz \land z \neq x \land z \neq y))$ もしくは,
> $\exists x \exists y(Px \land Py \land y \neq x \land \forall z(Pz \to (z=x \lor z=y)))$

この調子で,「少なくとも3つのPがある」,「ちょうど3つのPがある」……などの記号化もできることがわかっただろう.

**練習問題 63**

(1) (a)「Pなものは多くて2つである」, (b)「少なくとも3つのPがある」, (c)「ちょうど3つのPがある」をそれぞれ記号化せよ.

(2) 「少なくとも3つのPがある」は発想を変えると次のようにも書ける. $\forall x \forall y \exists z(Pz \land x \neq z \land y \neq z)$. これがどうしてなのかを説明せよ.

(3) 「ちょうど2つのPがある」は,「少なくとも2つのPがある」と「Pなものは多くとも2つである」とを単純に連言にしても表現できるはずである. そうすると $\exists x \exists y(Px \land Py \land y \neq x)$ と問題(1)(a)の答えを連言にした形の論理式ができる. これが $\exists x \exists y(Px \land Py \land y \neq x \land \forall z(Pz \to (z=x \lor z=y)))$ と論理的同値であることを確かめよ.

(4) 次の論証が妥当かどうかタブローでチェックしてみよう.

(a) 「$\exists x(Px \land Qx \land \forall y((Py \land Qy) \to x=y))$, $\exists x(Px \land \neg Qx \land \forall y((Py \land \neg Qy) \to x=y))$, したがって, $\exists x \exists y(Px \land Py \land x \neq y \land \forall z(Pz \to (z=x \lor z=y)))$」

(b) この町には法律家は多くて1人しかいない. この町には少なくとも1人の弁護士がいる. そして, 弁護士はみな法律家である. したがって, この町にはちょうど1人の法律家がいる.

(c) ウッディは少なくとも2人を愛している. そして, ウッディはミア・ファーロウを愛している. だから, ウッディはミア・ファーロウでない人を愛している.

(d) ウッディは少なくとも2人を愛している. なぜなら, ウッディはミア・ファーロウを愛している. そして, ウッディはダイアン・キートンも愛しているが, ダイアン・キートンとミア・ファーロウは同一人物ではないからだ.

(e) ウッディが愛しているのはたかだか1人である. そしてウッディは自分自身を愛している. したがって, ウッディは他人を愛していない.

(f) 少なくとも1つの神が存在する. そして2つの別の神が存在するということはない. したがって, 神はただ1つ存在する.

(g) あの事故では少なくとも2人の生存者がいた. そして生存者はすべて老人か子どもかのどちらかじゃった ($\lor$を使うべし). また, 子どもの生存者は多くて1人だったはずじゃ. ということは, 少なくとも1人の老人の生存者がいるってこった.

### 8.2.2 確定記述句の理論

**確定記述句とは何か**

「月面を最初に歩いた人 (the first person who walked on the Moon)」とか「太陽系で最も重い

惑星 (the heaviest planet in the solar system)」のような句は，或る1つの個体（ニール・アームストロング船長とか木星とか）を指す表現であり，その点では固有名に似ている。しかし，「歩く」，「重い」，「惑星」などの述語を含み，それらからつくられている合成的表現でもある。このような表現を**確定記述句**（definite description）という。確定記述句を主語にする命題を論理言語 **IPL** へ翻訳するにはどうしたらよいだろう。例として，(i)「その飛行機事故の唯一の生存者は5歳の子どもだった（The survivor of the plane crash is a five-year-old child.）」という命題をとりあげてみよう。これを「a」を「その飛行機事故の唯一の生存者」，「P」を「は5歳の子どもだった」として，「Pa」という具合に記号化してももちろんかまわない。だが，このやり方だとうまく扱えない現象が2つほどある。

(1) **確定記述句自体がもつ情報**

(i)から推論によって我々はいくつかのことがらを引き出すことができる。例えば，(a) 5歳の子どもが存在すること，(b)その飛行機事故には生存者がいたこと，(c)その飛行機事故の生存者は1人しかいないこと，などだ。しかし，この命題を「Pa」と記号化してしまうと，そこから引き出せるのは(a)だけだ。(b)や(c)も論理的帰結として出てくるような形でこの命題を記号化できたらその方がよいだろう。

(2) **指示対象が存在しない確定記述句**

「太陽の上を最初に歩いた人 (the first person who walked on the Sun)」は誰も指示していない。このような指示対象を欠く確定記述句が構成できるということは次の問題を生じさせる。

この表現は何も指すものがない。だから無意味だと言ってよいだろうか。そうも言えない気がする。少なくとも「そんなのはいないよ」と言える程度には我々にはこれらの表現の意味が分かっているはずだ。したがって，この表現が有意味であるとしよう。そうすると，(ii)「太陽の上を最初に歩いた人はロシア人である」のような文も有意味だということになる。だとしたら，この命題の真理値はどうなるのだろうか。

確定記述句を固有名と同様にそれ以上分析されない「a」のように扱った場合，次のように考えることになる。「a」に指す対象がないとき「Pa」にどのような真理値を与えるべきか。1つの選択肢は真でも偽でもないとすることだ。しかしこれは，2値原理を捨て我々の論理学を大幅に変えることになる。もう1つの選択肢は，ないものについての話は全部偽であるとすることだ。「a」に指す対象がない場合はそれを含む閉論理式はつねに偽になるとする。そうすると今度は，(iii)「太陽の上を最初に歩いた人はロシア人ではない」つまりは「¬Pa」も同じ理由で偽にしなければならない。そうすると，ある式とその式の否定がともに偽になることになる。これも相当にマズイ。指示対象をもたない確定記述句を含む命題を，我々が建設中の論理学をそれほど根本から変えないでうまく扱える方法はないだろうか，これが目下の課題だ。

**分析の手がかり**

これまでの考察から，困難の原因は「太陽の上を最初に歩いた人間」のような確定記述句を，あたかも固有名のような単位的表現と考えて個体定項「a」によって記号化しようとしたことにあるらしい。したがって，命題(ii)の文法形式，「太陽の上を最初に歩いた人（主語）＋はロシア

人である（述語）」をそのまま受け入れて，「指示表現＋述語」の枠組みにたって分析するのをやめれば道が開けるかもしれない。

　分析の手がかりはすでに示されている。(i)からは，ある人がいて，その人が，(a) 5 歳の子どもであること，(b)その飛行機事故の生存者であること，(c)その飛行機事故のただ 1 人の生存者であること……が論理的帰結として引き出せる。ということは，いっそのこと，もとの命題をこれら 3 つを述べている命題としてパラフレーズしてしまえばよいのではないだろうか。つまり，もとの命題(i)は(a)(b)(c)の 3 条件を満たす人がいるということを述べている命題なのだ，と考えてしまえというわけだ。

### 記述理論

以上の考え方に基づいて途中まで記号化すると次が得られる。

　　　∃x（xはその飛行機事故の生存者である
　　　∧xは 5 歳の子どもである
　　　∧xの他にその飛行機事故の生存者はいない）……………………………(iv)

「Px」を「x はその飛行機事故の生存者である」，「Qx」を「x は 5 歳の子どもである」としてこれらの 3 つの条件を記号化すると，第 1 の条件は Px，第 2 の条件は Qx，第 3 の条件は ¬∃y(Py∧y≠x) になる。第 3 の条件をもっと結合子を減らして書けば，∀y(Py→y＝x) になるからこっちを使おう。そうすると，(iv)は，

　　　∃x(Px∧Qx∧∀y(Py→y＝x))……………………………………………………(v)

となる。これで目指す(i)の記号化ができあがり。以上のすばらしい分析は**バートランド・ラッセル**（Bertrand Russell）が 1905 年に行ったものであり，現在では**記述理論**（theory of description）と呼ばれている。

### 分析を味わう

　(1)　もとの命題(i)では主語のような顔をしていた「その飛行機事故の唯一の生存者」という表現は書き換え後の論理式のどこにも見あたらなくなってしまったことに注意しよう。それに対応する表現は Px という述語になり，しかもそれは第 1 の連言肢と第 3 の連言肢の中にバラバラになって現れている。つまり，もとの命題では意味論的なユニットのように見えていたものがそうではなくなってしまったということだ。それから，この記号化は「その飛行機事故の唯一の生存者」という確定記述句をそれだけ取り出してきて書き換えたのではない。書き換えは命題(i)全体に対して行われた。命題全体を書き換えていくと，確定記述句はひとまとまりの表現ではなくなって，いわば論理式全体の中にバラバラに散らばってしまった。このように**確定記述句はそれを含む命題全体に論理的分析を施すことによって消去される**のであって，固有名や述語のようにそれだけを取り出して単独で意味を問うことはできない記号なのである。こうした記号をラッセルは**不完全記号**（incomplete symbol）と呼んだ。

　(2)　(v) が偽になる仕方は，(a)その事故には生存者がいなかった場合，(b)生存者が 1 人ではなく複数存在していた場合，(c)ただ 1 人の生存者がいたとしてもそれが 5 歳の子どもではなかった

場合，の3通りある。前ページで悩みの種だった(ii)と(iii)は(a)と同種の理由で偽になる。また，「微積分の発見者はイギリス人である」は(b)と同種の理由で偽になる。なぜなら，微積分を発見した人はライプニッツとニュートンの2人であって1人ではないからだ。さらに，「月面を最初に歩いた人は中国国籍をもつ」は(c)と同種の理由で偽になる。なぜなら，アームストロング船長は中国国籍をもっていないからだ。

(3) (ii)と(iii)は両方とも偽になるが，これは困ったことにはならない。これらは記号化するとそれぞれ，$\exists x(Wx \wedge Rx \wedge \forall y(Wy \to y = x))$ と $\exists x(Wx \wedge \neg Rx \wedge \forall y(Wy \to y = x))$ となり，ある式とその否定形の形になっていないから，両方同時に偽になってもいっこうにかまわない。

# 第II部のまとめ

- 第II部では，第I部の主題だった命題論理の範囲内では扱うことのできない論証を何とか扱えるようにしようという目標を掲げて，論理言語をMPL，PPL，IPLと拡大してきた。拡大のステップのそれぞれで，シンタクスにおける論理式の定義，セマンティクスにおける原子式への意味づけが付け加えられた。

- 命題論理のセマンティクスで原子式への真理値割り当てが果たしていた役割は，述語論理では，モデルとアサインメントが引き継いでいる。モデルを使って，論理的帰結，矛盾，論理的同値，論理的真理といった重要概念が再び定義された。それは命題論理における定義の自然な拡張になっていたことに注意しよう。

- 言語を拡大しても，タブローの方法はほとんど手直しせずに使うことができた。新しく導入された展開規則は，[EI]，[UI]，[¬∃]，[¬∀]，[=]，[¬=] の6つだけだ。これらのうち，[UI] と [=] だけは，1つの式に何回も適用できるという点で命題論理のタブロー展開規則にはない特徴を持っている。

- しかしながら，PPL以降においては命題論理やMPLでは成立していたタブローの決定可能性は成り立たない。にもかかわらず，いったん判定が出たならば，その判定結果は信頼できることが示された。しかもそれは，ヒンティッカ集合というアイディアを用いて，命題論理におけるタブローの信頼性の証明とほぼ同じような仕方で証明できた。

- さらに，PPLでのタブローの決定不可能性は，タブローという特定の方法のもつ欠陥ではなく，PPLそのもののもつ性質であることを述べた。多重量化を含む述語論理には，有限ステップ内で任意の式集合の矛盾・整合性を判定するようなアルゴリズムはどのようにがんばっても作ることができない。

# 第III部

# 論理をもう1つの目で見る

　第I部，第II部では，論理的帰結，矛盾，論理的真理といった論理学の重要概念を，主にセマンティクスの立場で解明し，定義していたことに気づいただろうか。これらの概念はすべて，真理値割り当てとかモデルといったセマンティクスの道具だてを使って定義された。これに対し，第III部ではこれらの概念を，シンタクスの立場から捉え直すことを目指す。まず，第9章では導入として演繹という操作に慣れてもらう。第10章でシンタクスの視点から論理的帰結，矛盾，論理的真理を捉えるにはどうすればよいかを考える。そして第10章の後半で，セマンティクスの立場からのアプローチとシンタクスの立場からのアプローチがうまく一致することを証明する（完全性証明）。このようにして，論理学がセマンティクスとシンタクスという2つの研究手法をもつことの意味を理解してもらうことを目指している。

# 第9章
# 自然演繹法を使いこなそう

## 9.1 自然演繹法をつくる

### 9.1.1 evaluation から construction へ

「P→Q，Q→R，したがって，(R→S)→(P→S)」という論証は正しい。そして，正しいかどうかは，タブローや真理表を使えば確かめることができる。タブローや真理表という方法は，**あらかじめ与えられている論証についてそれが妥当かどうかを判定するための評価手続き**（evaluation procedure）なのだ。これに対し，つぎのように言う人が現れたとしよう。「なるほど，真理表を使えば，P→Q と Q→R から (R→S)→(P→S) が論理的にでてくることがわかる，ということはいいでしょう。だったら，ここで実際に P→Q と Q→R から (R→S)→(P→S) を**出してみて**よ。どうやったら出てくるの？」

この人は，あらかじめ与えられた論証の正しさを判定することではなくて，現に前提から結論を導くための**構成手続き**（construction procedure）を求めている。実際に我々が相手に対し説得を試みるときに，前提を述べ，次に結論を述べ，そしてタブローで反例がないことを示す，などという方法はあまりやらない。では何をやるだろうか。というと，**前提から結論を一歩一歩引き出してみせる**のだ。このための方法をこれまでは扱ってこなかった。

そこでこの章では，与えられた前提から，結論を実際に導くための手続き，言い換えれば，妥当な論証を**作り出す**ための手続きを作り上げ，形式化することを目標とする。そのための方法にはいろいろあるが，ここでは，**ゲンツェン**（Gerhardt Gentzen）が初めて定式化し，**フィッチ**（Frederic B. Fitch）が使いやすく整理したおかげで特にアメリカの論理学教育で爆発的にヒットした，フィッチスタイルの**自然演繹法**（Fitch-style natural deduction）というやり方を紹介する。

#### 手がかり
この人の満足の行くようにやってみよう。

(1) P→Q とする。（前提）

(2) Q→R とする。（前提）
(3) さて，いま仮に R→S だとしよう。（仮定）
(4) さらに，P であるとする。（仮定）
(5) (4)と(1)より Q である。
(6) (2)と(5)より R である。
(7) (3)と(6)より S である。
(8) したがって，(4)の P という仮定の元で S が導けたから，P→S である。
(9) したがって，(3)の R→S という仮定の元で P→S が導けたから，(R→S)→(P→S) である。
(10) 以上より，P→Q と Q→R を前提して (R→S)→(P→S) を導くことができた。

このようにして，P→Q と Q→R という前提から (R→S)→(P→S) が出てくるということだけではなくて，**どのようにして出てくるのかも**示すことができた。こういう手続きを**演繹**（deduction）と呼ぶことにする。

**演繹という手続きを反省してみよう**

(5)で(4)と(1)から Q を導くに当たっては，P と P→Q から Q が論理的に出てくる，つまり P, P→Q ⊨ Q という事実に訴えた。たしかに，このことは，P→Q, Q→R ⊨ (R→S)→(P→S) という事実と言ってみれば同レベルの事実だ。P と P→Q から Q への論理的帰結関係の方が，P→Q と Q→R から (R→S)→(P→S) への論理的帰結関係よりも強いとか，より普遍的だということはない。しかし，人間の**認識能力**という観点から考えると大きな違いがある。P と P→Q から Q が出てくることは見て取りやすいが，P→Q と Q→R から (R→S)→(P→S) が出てくることはすぐにはわからない。ということは，演繹という手続きは，**すぐには論理的帰結関係がわからない式の間をもっと簡単で自明な論理的帰結関係で橋渡ししてやること**だと言えるのではないだろうか。そのためには，演繹で許される各々の手続きは，(a)その正当性が見てすぐに分かる程度に自明であること，(b)やってよい移り行きと許されない移り行きとが明確に区別されていること，(c)できるだけ許される移り行きのレパートリーは少数であること，といった条件を満たしていることが望ましい。

また，演繹を行う際に**演繹を行う側がさらに仮定を増やしている**ことに注意しよう。(3)と(4)がそれだ。だから，演繹の途中でこれこれの式が出てきましたといっても，それはいくつかの追加的仮定の下での話かもしれないということを忘れてはならない。(5)の Q は，(1)(2)というこの演繹全体の前提の他に，(4)という仮定を加えたからこそ出てきたものだ。

一般に，これこれの式からしかじかの式を導いてごらんと言われて，最初に仮定せよと与えられた以外の式を勝手に仮定に付け加えて目的の式を導いたところで，まともな演繹とは見なされない。こんな裏ワザが許されるなら，証明問題を解くことはまったくもって簡単だ。したがって，**演繹の都合上こちらが勝手に追加した仮定は，演繹が終わるまでにはどこかでキャンセル（とりけし）しないといけない**。この演繹では，(8)と(9)でそれをやっている。(7)で出てきた S は

(4)でPを仮定したからこそ導くことができたのである。しかし，**Pを仮定するとSが出てくる**ということ，つまりP→SはPを仮定しなくても言える。つまりここで，(4)で置いた仮定はいらなくなってキャンセルされている。

### 9.1.2　形式化への第一歩

さて，次の課題は演繹規則をきちんと定め，演繹全体を形式化して自然演繹法を作り上げることだ。

**導出線と前提棒**

前節の最後に確認したように，演繹をつくるときにはそれぞれの式がどの仮定のもとで出てきているのかを明確に示すような書き方を工夫しないと具合が悪そうだ。そこで，

| | | | | |
|---|---|---|---|---|
| (1) | P→Q | （前提） | | |
| (2) | Q→R | （前提） | | |
| (3) | R→S | （仮定） | (1), (2) | |
| (4) | P | （仮定） | (1), (2), (3) | |
| (5) | Q | (4)と(1)より | (1), (2), (3), (4) | |
| (6) | R | (2)と(5)より | (1), (2), (3), (4) | |
| (7) | S | (3)と(6)より | (1), (2), (3), (4) | |
| (8) | P→S | (4)と(7)より | (1), (2), (3) | |
| (9) | (R→S)→(P→S) | (3)と(8)より | (1), (2) | |

このように，どの式がどれだけの仮定のもとで出てきているかを右に番号で示すという手がある。これもよいが，もう少しグラフィックにしたいなら次の(a)のように書けば一目瞭然だ。こっちのやり方を採用することにしよう。ここに出てきた垂直線を**導出線**（derivation line）と呼び，導出線に沿ってなされる式の変形を**導出**（derivation）と呼ぶことにする。この演繹では3本の導出線があるが，一番左から，(1)と(2)を仮定しての導出，(1)と(2)と(3)を仮定しての導出，(1), (2), (3), (4)を仮定しての導出に対応している。

それぞれの導出で新たに仮定がおかれている。例えば，R→SからP→Sを導く左から2本目の導出線ではR→Sという仮定が新たにおかれ，PからSを導く最も右の導出ではPが仮定される。これらが仮定であることを示すために，それぞれの導出で新しくおかれた仮定は**前提棒**（premiss bar）という水平線の上に書くことにしよう。

一番右の導出で，Sはその導出で新しく仮定された

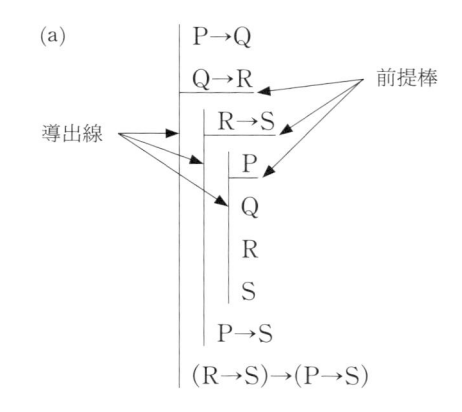

Pだけを使って出てきたわけではない。それにはP→Q, Q→R, R→Sというそれより左の導出線でおかれた仮定もすべて使わなくてはならない。だから、**より左側の導出で置いた仮定は、右の導出でも有効**ということだ。このへんがグラフィックな表示法では少し見にくくなってしまう。そのため、あとでちょっとした手直しをしたい。その準備として次の定義を置こう。

**導出の依存関係と導出において生きている仮定**

【定義】導出 D が別の導出 D′ に依存している ⇔ D の導出線から左に行く水平線が D′ の導出線に交わる。

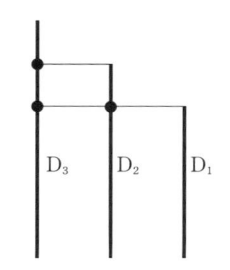

例えば、$D_1$ は $D_2$ と $D_3$ に依存しており、$D_2$ は $D_3$ に依存している。$D_3$ から見て、$D_2$, $D_1$ を**下位導出**（subderivation）、$D_2$ を 1 次下位導出、$D_1$ を 2 次下位導出と呼ぶ。

【定義】導出 D において**生きている**仮定とは、(1) D の前提棒の上に書かれている仮定、(2) D が依存しているあらゆる導出の前提棒の上に書かれている仮定のいずれかである。

例えば、(a)の演繹では、2 次下位導出の生きている仮定は、P→Q, Q→R, R→S, P の 4 つだ。ここでの導出はそのすべての生きている仮定を使って行われている。

### 9.1.3 演繹規則をたてる

次に、演繹を行うために従うべき規則を明文化していきたい。自然演繹法ではこうした規則を**推論規則**（rules of inference）と言う。まずは次の規則はぜひとも必要だろう。どのようにして演繹をスタートさせるかについての規則である。

【**前提規則**（premiss rule：Prem）】
(1) 導出をはじめるとき導出線を書いてその前提棒の上にいくらでも論理式を書いてよい。例えば、(i)。
(2) 演繹の途中で新しい導出をはじめるとき、導出線を書いてその前提棒の上に 1 つだけ論理式を書いてよい。例えば、(ii)の P。

```
(i)  | P→Q    Prem        (ii) | P→Q    Prem
     | ¬Q∧R   Prem             | ¬Q∧R   Prem
     | S→¬P   Prem             | S→¬P   Prem
                               |  | P   Prem
```

### 繰り返し規則と復活規則

すでに述べたように，(a)のような書き方は，どの導出がどれだけの仮定に依存しているかを示すには都合がよいのだが，それぞれの導出で出てくる式，例えば5行目のQがどの式から出てきたのかが分かりにくいという欠点がある。つまり，Qは1行目のP→Qと4行目のPとから得られたのだけれど，それが一目見ただけでは分からない。P→Qが遠すぎるところにあるからだ。そこで次の2つの規則を立てよう。

#### 繰り返し規則（rule of repetition : Rep）

> 【繰り返し規則（Rep）】導出において，その導出の前提棒の上にある式を繰り返し書いてよい。

こんな規則はいらないと思うでしょ。しかし本書の自然演繹法の組み立て方では，これがないとP→Pすら演繹できない。この規則は**同じ導出線の中で**繰り返し書いてよいとする点で次の復活規則と異なる。

```
| P    Prem
| | P    Rep
| P→P ?
```

#### 復活規則（rule of reiteration : Reit）

先に確認したように，導出Dでは，それが依存している導出でおいた仮定，つまりDにおいて生きている仮定を自由に使って導出を行うことができる。もう少し一般化すれば，**Dよりも左にある別の導出線上に並んでいる式**をもってきてDのなかで使ってよいということだ。そこで次の規則を立てておこう。

> 【復活規則（Reit）】導出Dのどこにおいても，Dが依存している導出にすでに生じているいかなる論理式を書いてもよい。

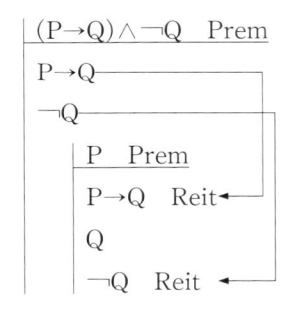

```
| (P→Q)∧¬Q    Prem
| P→Q
| ¬Q
| | P    Prem
| | P→Q    Reit
| | Q
| ¬Q    Reit
```

#### 復活規則を間違って適用するとえらいことになる

右の演繹?における3つめの導出（QからPを導いている部分）はPからPを導く導出に依存していないのでそこに出てくるPを復活させることができない。強行すると，QからPが演繹できることになる。これはつまり任意の式から任意の式を演繹できるということだ！

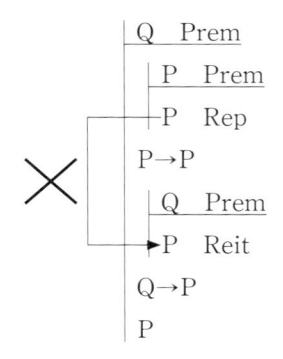

```
| Q    Prem
| | P    Prem
| | P    Rep
| P→P
| | Q    Prem
| | P    Reit
| Q→P
| P
```
×

### 9.1.4 →導入規則と→除去規則

#### →除去規則（→ elimination：→ elim）

さて，以上の2つの規則 Reit と Rep によって，演繹がずいぶんと見やすくなった。右にあるように，4行目と5行目から6行目が出てくる，6行目と7行目から8行目が出てくる，8行目と9行目から10行目が出てくる，という具合に直前の式から次の式が出てくるような形で導出が書けるようになった。

つぎの課題は，この3カ所の「?」のところで行われていることをどのような規則の形で書いたらよいかということだ。幸いにしてこの規則はとても簡単に捉えることができる。

```
 │P→Q   Prem
 │Q→R   Prem
 ││R→S   Prem
 │││P     Prem
 │││P→Q   Reit
 │││Q ?
 │││Q→R   Reit
 │││R ?
 │││R→S   Reit
 │││S ?
 ││P→S ??
 │(R→S)→(P→S) ??
```

【→除去規則（→ elim）】A→B と A が同じ導出に出てきたら，B をその同じ導出の中に書き加えてよい。

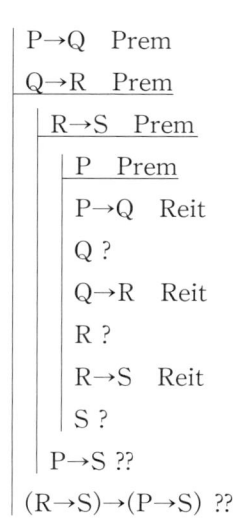

という規則だ。この規則を認めるべき根拠ははっきりしている。A→B と A からは B が論理的に出てくる，つまり，A→B, A ⊨ B という事実がそれだ。この規則を簡単に右のように書くことにしよう。

```
│A→B
│A
│B      →elim
```

#### →導入規則（→ introduction：→ intro）

それでは，「??」の箇所はどうだろう。11行目 P→S はどのような考え方に基づいて出てきたのだっけ？ それはおおよそ「P を仮定したら S が出てきたので，P という仮定なしに P→S と言ってよい」というようなものだったはずだ。これを規則の形で書けば次のようになる。

【→導入規則（→ intro）】導出 D がその一部に前提 A から B への導出（D の1次下位導出）を含んでいるならば，A→B をその導出の次の項目として書き加えてよい。

つまり，

```
││A            ││A
││⋮   こういうところがあったら， ││⋮   こうしてよい，ということだ。
││B            ││B
               │A→B
```

注意すべきは，B は A という仮定のもとで導出されているのに対し，A→B は A という仮定なしに導出されているということだ。このとき，「仮定 A はキャンセルされた」という言い方をする。つまり，この規則は，A を仮定して B が導けるならば，仮定 A をキャンセルして A→B を導いてよい，という規則だ。これも当然と言えば当然の規則だ。背景にあるのは，Γ, A ⊨

B ⇒ Γ ⊨ A→B という事実である。

以上により，演繹(a)は最終的に，右のような具合に完璧に形式化され，それぞれのステップがどの規則にしたがっているのかがすべて明確になった。ここまでの段階で，→だけを結合子として含む論理式だけからなる演繹はすべてできるようになった。あとは，どのような演繹もできるようにするために，他の結合子に対して，それぞれ導入規則と除去規則を立ててやればよい。

```
│ P→Q    Prem
│ Q→R    Prem
│ │ R→S    Prem
│ │ │ P     Prem
│ │ │ P→Q   Reit
│ │ │ Q     →elim
│ │ │ Q→R   Reit
│ │ │ R     →elim
│ │ │ R→S   Reit
│ │ │ S     →elim
│ │ P→S    →intro
│ (R→S)→(P→S)  →intro
```

**練習問題 64**

次の導出に規則の名前を補え。今までに出てきたのは，Prem, Rep, Reit, →elim, →intro の 5 つである。

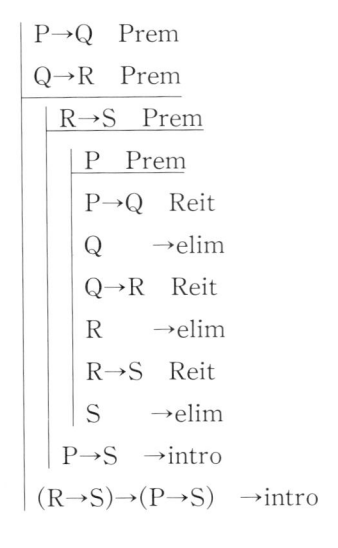

```
│ P
│ │ Q
│ │ P
│ Q→P
│ P→(Q→P)
```

### 9.1.5 演繹の攻略法

**自然演繹での演繹は機械的にはできない**

タブローは，規則を当てはめていけばいつでも結果が出る機械的方法だった。確かにタブローを書くにはちょっとばかり頭を使う。しかしそれは**そうしないと**タブローが書けないからではなく，むやみに複雑なタブローにしないためにコツがいる，ということにすぎない。だから **MPL** までの範囲では，タブローが大きくなることを厭わなければ，何も考えずに機械的に規則を当てはめていってもいつかは結果が出る。

これに対し，自然演繹では，「～から…を導け」という具合に出発点と終点が指定され，その間をつないでいかねばならない。したがって，どの式にどの規則をどういう順番に当てはめるか，どのような仮定を新たに立てるかの選択を誤ると目的の式にたどりつくことができない。このように，演繹を構成するのは**完全に**機械的な作業にはならない。つまり，少しは頭を使わなくちゃ。

しかしながら，自然演繹法による演繹の構成をかなり「誰にでもできる方法」に近づけることはできる。そのためには試行錯誤に任せるのではなく，その手順に従ってやっていくとたいていはうまく演繹が構成できるという方針，つまり**攻略法**を編み出しておく必要がある。そこで，次に「P→(Q→R) から Q→(P→R) を導け」という例題が与えられたとして，そうした攻略法を抽出しておこう。

**【攻略法：演繹の枠組みをまずつくれ】** $A_1, \cdots, A_n$ から B の演繹が欲しいなら，まず $A_1, \cdots, A_n$ を前提棒の上に縦に書き並べ，導出線の一番下に B を書け。

第 9 章　自然演繹法を使いこなそう　221

つまり，
$$\begin{array}{|l} A_1 \\ \vdots \\ A_n \\ \\ B \end{array}$$
とせよ，ということだ。だからこの場合は，
$$\begin{array}{|l} P\to(Q\to R) \quad \text{Prem} \\ \\ Q\to(P\to R) \end{array}$$
とすればよい。

> 【攻略法：→を目指すには】A → B に達したいとき，A を前提とし，一番下に B が出てくるような導出を構成し，→ intro によって A→B を得るようにするとよい。

例題の場合，Q→(P→R) に達したいのだから，次の(1)のように Q を前提し P→R が出てくるような導出を構成し→intro によって Q→(P→R) を得るようにすればよい。さらに，P→R が出てくるような導出を構成するためには，同様に P を前提とし R が出てくるような導出をつくり→intro により P→R を得ればよいから，だいたい次のような演繹ができればよいわけだ。つまり，次の(2)のようにしろ，ということ。

さて，問題は(2)の左から 3 つ目の導出線に沿って，P から R をどのようにして導くかだ。それには次の攻略法が役に立つ。

> 【攻略法：復活はいつでも OK】ある論理式に達したいなら，他の攻略法を試した後で，それに役立ちそうな論理式をとにかく復活させてみるとよい。

いまは 2 つしか復活させる論理式がないので，とりあえず両方復活させてみる。そうすると(3)になる。

(1)
$$\begin{array}{|l} P\to(Q\to R) \quad \text{Prem} \\ \quad\begin{array}{|l} Q \quad \text{Prem} \\ \\ P\to R \end{array} \\ Q\to(P\to R) \quad \to\text{intro} \end{array}$$

(2)
$$\begin{array}{|l} P\to(Q\to R) \quad \text{Prem} \\ \quad\begin{array}{|l} Q \quad \text{Prem} \\ \quad\begin{array}{|l} P \quad \text{Prem} \\ \\ R \end{array} \\ P\to R \quad \to\text{intro} \end{array} \\ Q\to(P\to R) \quad \to\text{intro} \end{array}$$

(3)
$$\begin{array}{|l} P\to(Q\to R) \quad \text{Prem} \\ \quad\begin{array}{|l} Q \quad \text{Prem} \\ \quad\begin{array}{|l} P \quad \text{Prem} \\ P\to(Q\to R) \quad \text{Reit} \\ Q \quad \text{Reit} \\ \\ R \end{array} \\ P\to R \quad \to\text{intro} \end{array} \\ Q\to(P\to R) \quad \to\text{intro} \end{array}$$

さらに次の攻略法を導入する。

> 【攻略法：除去はいつでも OK】除去規則が使えそうなときはとにかく使うべし。

P→(Q→R) と P に → elim を使うと Q→R が出てくる。そして，Q→R と Q にもういちど → elim を使うと，あれま，R が出てくるではありませんか。

　……というわけでたいていの演繹は以上の攻略法に従ってやっていけばたいていは**自動的に**できてしまう。言うまでもないことだが，自然演繹の**推論規則**は，演繹の各行に何を書いてよいか，ある行から他の行へ移るときにどのような移り方なら許されるかということを定めたものであるのに対し，**攻略法**はどんな手順で，どのように推論規則をつかって演繹をつくっていったらよいかのコツにすぎない。したがって，攻略法に従わなくても正しい演繹を構成することはできるが，推論規則に従っていない「演繹」は演繹になっていない。

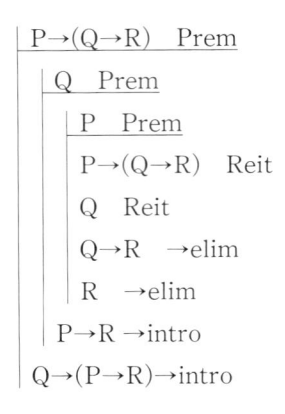

```
│P→(Q→R)   Prem
│┌ Q   Prem
││┌ P   Prem
│││ P→(Q→R)   Reit
│││ Q   Reit
│││ Q→R   →elim
│││ R   →elim
││ P→R   →intro
│ Q→(P→R)→intro
```

## 9.1.6　演繹・定理・証明

ここでいくつかの用語を定義しておこう。

---
【定義】
(1)　$A_1, \cdots, A_n$ からの B の導出があって，それが他のいかなる導出にも依存していないとき，それを $A_1, \cdots, A_n$ からの B の**演繹**（deduction of B from $A_1, \cdots, A_n$）と言う。
(2)　練習問題 64 のように，一番左の導出線に前提棒のない演繹がある。これは P→(Q→P) がいかなる前提もおかずに演繹できたことを示している。こうした前提のない演繹がある式を theorem（定理）と言い，その演繹を proof（証明）と言う。

---

ここで非常に大切な注意がある。いま，「定理」と「証明」という言葉が定義された。しかしこれまでも，【定理 35】とその【証明】というような形で，すでにこれら 2 つの言葉を使ってきた。ところが，これまで使ってきた【定理】とここで定義した「定理」つまり「theorem」とは全く異なる概念だから，その 2 つを混同してはならない。

　ここで定義した「proof」はある規則（つまり推論規則）に従って並んでいる論理式の列のことだ。そして「theorem」というのもその列の最後に並んでいる論理式のことを意味している。したがって，ここで定義した theorem と proof は，ようするに**特定の条件を満たす論理式の列，およびその終点にある論理式**のことだ。これに対し，論理式の集まり，論理式と論理式の関係などについて現に成り立っているある事実，例えばどの論理式もただ一通りにしか読めないとか，ヒンティッカ集合は充足可能だといった事実を，**メタ言語の日本語で述べたもの**が，これまで番号をふって【　】にくくって提示してきた【定理】であり，その正しさをメタ言語の日本語といくつかの補助的な記号（⇔とか⊨とか）を使って示したものがその【証明】なのだ。だから，こちらの意味での定理を**メタ定理**（metatheorem）と呼んで区別することもある。

　或る条件を満たす対象言語の記号列としての theorem・proof と，そうした記号列について

なりたつ事実をメタ言語の中で述べたものとしての【定理】・【証明】との区別をおろそかにすると，第III部の話は何を言っているかまったく分からなくなってしまう。だから，くれぐれもこの違いには神経質になってほしい。

---

**練習問題 65**

(1) 次の演繹を構成せよ。
  (a) P→Q, Q→R, P から R   (b) P→Q, Q→R から P→R   (c) P→(Q→S) から Q→(P→S)   (d) P→Q から (Q→R)→(P→R)   (e) P→(P→Q) から P→Q   (f) P→Q, R→(Q→S) から P→(R→S)

(2) (P→Q)→((Q→R)→(P→R)) の proof を構成せよ。

---

## 9.2 他の結合子のための推論規則

### 9.2.1 ∧の導入と除去

**∧の除去規則**

【∧ 除去規則（∧ elim）】A∧B が導出の一項目として現れているなら，A，B いずれもその同じ導出の項目として書き足してよい。

この規則はとても簡単。つまり，

$$\begin{array}{l} | A\land B \\ | A \quad \land\text{elim} \end{array} \quad \text{あるいは} \quad \begin{array}{l} | A\land B \\ | B \quad \land\text{elim} \end{array} \quad \text{ということだ。}$$

**∧の導入規則**

【∧ 導入規則（∧ intro）】A と B がいずれも同じ導出の項目として現れているなら，A∧B をその導出の一項目として書き足してよい。

つまり，
$$\begin{array}{l} | A \\ | B \\ | A\land B \quad \land\text{intro} \end{array} \quad \text{ということ。}$$

∧ の除去規則と導入規則を使って演繹をするときに気をつけるべき攻略法としては次のものがある。

【攻略法：∧を目指すには】A∧Bに至りたかったら，AとBをそれぞれ別個に得るようにし，その後に∧introを用いるとよい。

**攻略法だけで演繹できちゃう？**

攻略法は，自然演繹法をかなりの程度まで機械的方法に近づけてくれる。例として，(P→Q)∧(R→S) から (P∧R)→(Q∧S) の演繹をとってそのことを納得してもらおう。

(1) まず【演繹の枠組みをまずつくれ】により(i)までいく。

(2) 【→を目指すには】により，(P∧R)→(Q∧S) を導くために，P∧Rを仮定してQ∧Sを導くという方針をとる。これが(ii)の段階。

```
(i)  | (P→Q)∧(R→S)   Prem        (ii) | (P→Q)∧(R→S)   Prem
     |                                  |  | P∧R    Prem
     |                                  |  |
     | (P∧R)→(Q∧S)                      |  | Q∧S
                                        | (P∧R)→(Q∧S)   →intro
```

(3) 【∧を目指すには】により，Q∧Sを導くためにはQとSをそれぞれ導けばよい(iii)。

(4) 次に，QとSをどのように導くかだが，【復活はいつでもOK】を使ってこれらを導く材料を手に入れる必要がある。ところが復活させることができるのは (P→Q)∧(R→S) の1つだけだ。これをとにかく復活させておこう(iv)。

```
(iii) | (P→Q)∧(R→S)   Prem       (iv) | (P→Q)∧(R→S)   Prem
      | | P∧R   Prem                   | | P∧R   Prem
      | |                               | | (P→Q)∧(R→S)   Reit
      | | Q                             | | Q
      | |                               | |
      | | S                             | | S
      | | Q∧S   ∧intro                  | | Q∧S   ∧intro
      | (P∧R)→(Q∧S)   →intro            | (P∧R)→(Q∧S)   →intro
```

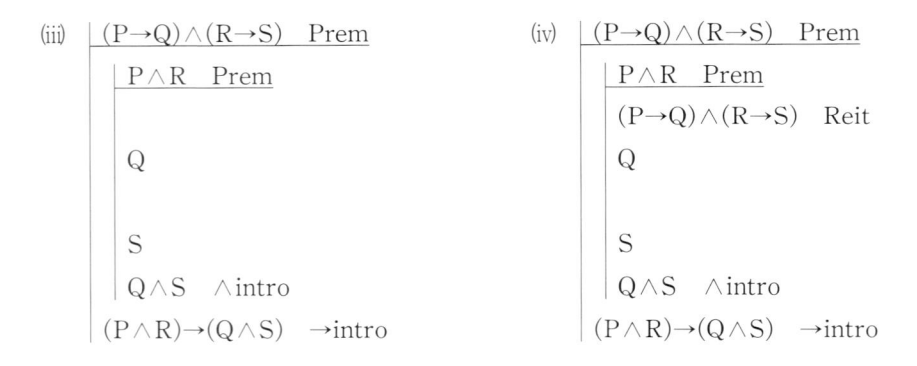

(5) 【除去はいつでもOK】ということだから，こいつの∧を除去してやる。P∧Rからも∧を除去してやる。そうすると……(v)になる。

(6) あとは，もういちど【除去はいつでもOK】にしたがってP→QとR→Sの→を除去してやる。そうすると，目指すQとSは簡単に出てきてしまう。つまり(vi)。という具合で，攻略法だけで完全に演繹ができるというわけだ。

(v)
```
│ (P→Q)∧(R→S)   Prem
│┌ P∧R   Prem
││ (P→Q)∧(R→S)   Reit
││ P→Q      ∧elim
││ R→S      ∧elim
││ P        ∧elim
││ R        ∧elim
││ Q
││
││ S
│└ Q∧S      ∧intro
│ (P∧R)→(Q∧S)    →intro
```

(vi)
```
│ (P→Q)∧(R→S)   Prem
│┌ P∧R   Prem
││ (P→Q)∧(R→S)   Reit
││ P→Q      ∧elim
││ R→S      ∧elim
││ P        ∧elim
││ R        ∧elim
││ Q        →elim
││ S        →elim
│└ Q∧S      ∧intro
│ (P∧R)→(Q∧S)   → intro
```

### ちょっとは頭を使うべし

しかし，いつでも攻略法に頼りっぱなしでうまくいくとは限らない．例えば，「(P∧Q)→R から P→(Q→R) を導け」と言われたとしよう．**【演繹の枠組みをまずつくれ】**，**【→を目指すには】** により(i)まではいく．しかし，これ以上は攻略法の単純な適用では無理．そこで頭を使う．R が出てくるためには，(P∧Q)→R を使うだろう．そうすると，P∧Q が出てくれば→elim で R が出てくるはずだ（ここが攻略法に尽くされない頭の使いどころ）．そこで(ii)までいく．

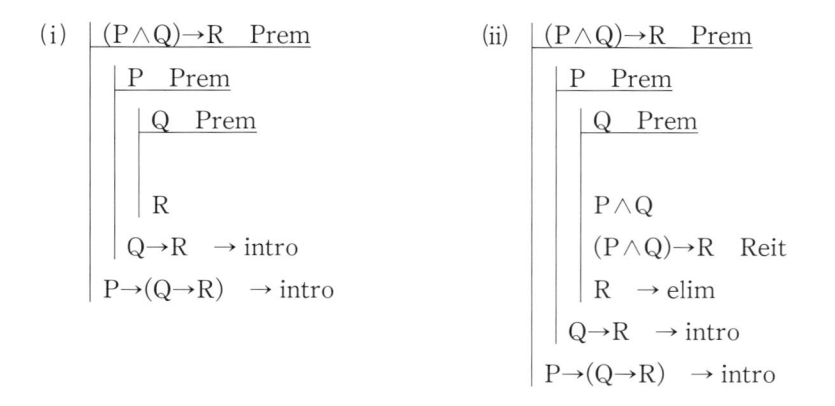

(i)
```
│ (P∧Q)→R   Prem
│┌ P   Prem
││┌ Q   Prem
│││
│││ R
││└ Q→R    → intro
│└ P→(Q→R)   → intro
```

(ii)
```
│ (P∧Q)→R   Prem
│┌ P   Prem
││┌ Q   Prem
│││ P∧Q
│││ (P∧Q)→R   Reit
││└ R    → elim
││ Q→R    → intro
│└ P→(Q→R)   → intro
```

問題は P∧Q をどうやって手に入れるかだが，前提に P も Q もあるからこれらを復活させて ∧ を導入すればいいじゃないかということに気づく．

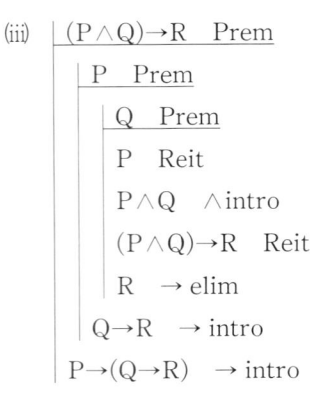

(iii)
```
│ (P∧Q)→R   Prem
│ │ P   Prem
│ │ │ Q   Prem
│ │ │ P    Reit
│ │ │ P∧Q   ∧intro
│ │ │ (P∧Q)→R   Reit
│ │ │ R    → elim
│ │ Q→R   → intro
│ P→(Q→R)   → intro
```

この逆つまり「P→(Q→R) から (P∧Q)→R を導け」はもっと簡単だ。これは攻略法どおりにやっていくとほとんど自動的にできてしまう。

---

**練習問題 66**

(1) 次の演繹を構成せよ。
   (a) P→Q, P→R, P から Q∧R    (b) P→(Q→R) から (P∧Q)→R
   (c) (P→Q)∧(Q→R) から P→R    (d) P∧(Q∧R) から R∧(Q∧P)

(2) ((P→Q)∧(Q→R))→(P→R) の proof を構成せよ。

---

### 9.2.2 ↔ の導入と除去

【↔ 導入規則（↔ intro）】A→B と B→A が1つの導出に一項目として現れてきていたら，その導出に A↔B を書き加えてよい。

```
│ A→B
│ B→A
│ A↔B   ↔intro
```

【↔ 除去規則（↔ elim）】A↔B と A（あるいは B）が導出に一項目として現れていたら，その導出にもう片方 B（あるいは A）を書き加えてよい。

```
│ A↔B
│ A
│ B    ↔elim
```

使用例は次の練習問題を見よ。

---

**練習問題 67**

次の演繹を構成せよ。
(1) P↔Q から (P→Q)∧(Q→P)   (2) (P→Q)∧(Q→P) から P↔Q
(3) P→Q, Q→R, R→P から P↔Q

## 9.2.3 ¬の導入と除去

【¬ 除去規則（¬elim）】¬¬A が 1 つの導出に一項目として現れてきていたら，その導出に A を書き加えてよい。要するに 2 重否定ははずしてよい。

```
| ¬¬A
|
| A   ¬elim
```

これを ¬ 除去規則と呼ぶのに抵抗があるかもしれない。なぜなら，1 個の ¬ をはずしているのではないからだ。

【¬ 導入規則（¬intro）】導出 D が A からの矛盾の導出を一項目として含んでいたら，¬A を D の一項目として書き加えてよい。

つまり，¬ 導入の規則は，A と仮定すると矛盾が生じることが分かったら，A でないと主張してもよい，という規則なのである。A からの**矛盾の導出**とは A を仮定してはじまる導出の中に，或る論理式とその否定とが両方出てきているようなもののことを言う。したがってこの規則は右のように書ける。

この規則から自然に導かれる攻略法は次のものだ。

```
|  | A
|  | :
|  | B
|  | :
|  | ¬B
|  | :
| ¬A   ¬intro
```

【攻略法：¬ を目指すには】¬A にいたるためには，A から何らかの矛盾を導くようにせよ。

(1) 例えば，P→Q から ¬(P∧¬Q) を演繹せよという場合，【演繹の枠組みをまずつくれ】によって(i)。

(2) 【→を目指すには】によって，P∧¬Q を仮定して何らかの矛盾（contradicton !）を導いて，¬ 導入規則により ¬(P∧¬Q) を得ればよいということがわかる。これが(ii)の段階。

(3) さて，問題はどんな矛盾を導こうかということだ。とりあえず，復活と除去規則を使えるだけ使うと，(iii)となって，矛盾が導けてしまった。

```
(i)  | P→Q  Prem
     |
     |
     | ¬(P∧¬Q)
```

```
(ii) | P→Q  Prem
     |  | P∧¬Q  Prem
     |  |
     |  | contradiction !
     | ¬(P∧¬Q)  ¬intro
```

```
(iii)| P→Q  Prem
     |  | P∧¬Q  Prem
     |  | P→Q   Reit
     |  | P     ∧elim
     |  | ¬Q    ∧elim  ⎫
     |  | Q     →elim  ⎬ 矛盾
     | ¬(P∧¬Q)  ¬intro
```

### 矛盾の作り方についての攻略法

以上の例は，今までの攻略法だけで首尾良く矛盾が出た都合のよいケースだった。いつもそんなにうまくいくと思ったら大間違い。そこで，どのような方針で矛盾を導けばよいかを教えてくれる攻略法があると都合がよい。¬(P∧Q) を ¬(P↔Q) から演繹する場合を例にとろう。

従来の攻略法でたどり着けるのは，(i)まで。さて，どのような矛盾を導くべきか。ここで注目すべきなのは，復活で出てきた ¬(P↔Q) だ。**もし P ↔ Q が得られれば，矛盾が得られる**。そこで，P↔Q が得られるようがんばってみる，という方針が立つ。P↔Q をみちびくには次の(ii)のようにしなければならない。

そして，それぞれの下位導出でQとPをそれぞれ導出するためにはP∧Qを復活させればよい。というわけで，(iii)のようにして演繹が完成する。

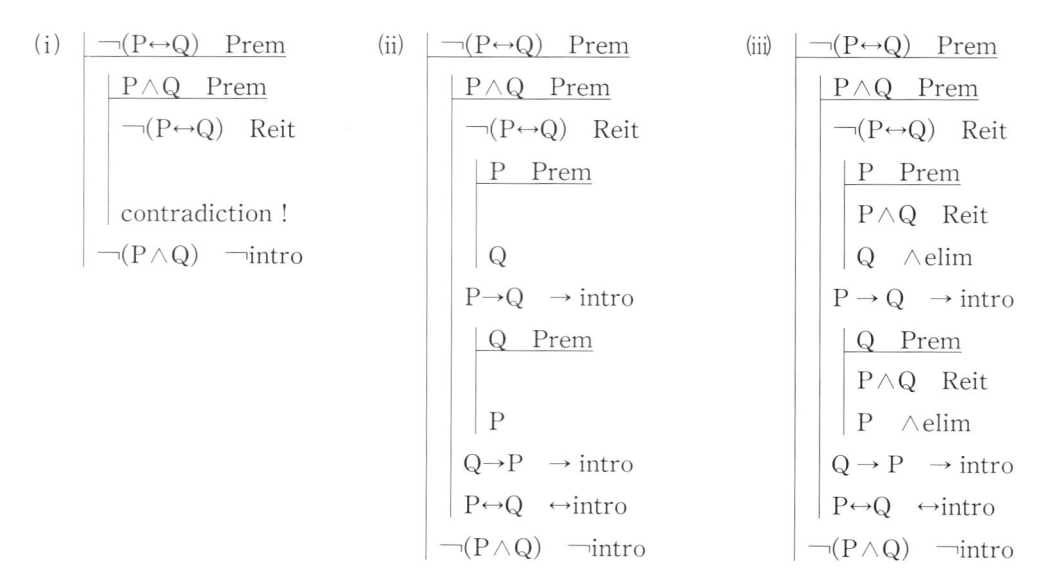

```
(i)  │ ¬(P↔Q)   Prem           (ii)  │ ¬(P↔Q)   Prem           (iii) │ ¬(P↔Q)   Prem
     │ │ P∧Q    Prem                 │ │ P∧Q    Prem                  │ │ P∧Q    Prem
     │ │ ¬(P↔Q) Reit                 │ │ ¬(P↔Q) Reit                  │ │ ¬(P↔Q) Reit
     │ │                             │ │ │ P     Prem                  │ │ │ P     Prem
     │ │ contradiction !             │ │ │                             │ │ │ P∧Q   Reit
     │ ¬(P∧Q)   ¬intro               │ │ │ Q                           │ │ │ Q     ∧elim
                                     │ │ P→Q     →intro                │ │ P → Q   →intro
                                     │ │ │ Q     Prem                  │ │ │ Q     Prem
                                     │ │ │                             │ │ │ P∧Q   Reit
                                     │ │ │ P                           │ │ │ P     ∧elim
                                     │ │ Q→P     →intro                │ │ Q → P   →intro
                                     │ │ P↔Q     ↔intro                │ │ P↔Q     ↔intro
                                     │ ¬(P∧Q)   ¬intro                 │ ¬(P∧Q)   ¬intro
```

以上の例の下線部は次の攻略法を示唆している。

> **【攻略法：矛盾の見つけ方】** A の仮定のもとで，矛盾を見つけたいが見つからないとき，A のまわりにある論理式を見よ。もしそこに ¬B の形の式があったら，B を得るようにせよ。

---

**練習問題 68**

(1) 次の演繹を構成せよ。
 (a) ¬(P→Q) から ¬(P↔Q)  (b) ¬P から ¬(P∧Q)  (c) ¬(P∧Q) から P→¬Q
 (d) P→Q から ¬Q→¬P  (e) P と ¬Q から ¬(P→Q)

(2) 次の proof を構成せよ。
 (a) P→¬¬P  (b) ¬(P∧¬P)

## 9.2.4　連言は簡単だったのに選言はややこしい

### ∨導入規則

∨ の導入規則はとっても簡単。**何が言えていれば A∨B を言ってよいか**。それは，「A か B がすでに言えているなら A∨B と言ってよい」というものだろう。そこで，

> 【∨導入規則（∨ intro）】A か B が同じ導出において以前に一項目として出てきているなら，A∨B を書き加えてよい。

この規則を使うための攻略法も簡単に得られる。

> 【攻略法：∨を目指すには】A∨B にいたるためには，A か B のどちらかに達すればよい。

例えば，P→Q から P→(Q∨R) を演繹せよという場合，
(1)【演繹の枠組みをまずつくれ】によって(i)まで行く。
(2)【→を目指すには】によって(ii)。これをにらんでいると，R は上には全く出てこないのだから，Q を導けばよいのだということがわかる。そこで，(iii)を得る。

(i)　| P→Q　Prem
　　 |
　　 | P→(Q∨R)　→ intro

(ii)　| P→Q　Prem
　　　| | P　Prem
　　　| |
　　　| | Q∨R　∨intro
　　　| P→(Q∨R)　→ intro

(iii)　| P→Q　Prem
　　　 | | P　Prem
　　　 | | P→Q　Reit
　　　 | | Q　　→elim
　　　 | | Q∨R　∨intro
　　　 | P→(Q∨R)　→intro

この攻略法は，どちらの選言肢を導くかの選択を誤るとどうしようもなくなる。そのときは，もう一方の選言肢を導くことを試みよう。

### ∨除去規則

問題なのは ∨ の除去規則だ。これまでのように A∨B から ∨ を除去して A や B を引き出すことはできない。というのも，A∨B は選言肢のどちらが成り立っているかということについてはまったく何も述べていないからだ。結合子 ∨ の除去規則は，A∨B が言えているとして，そこからさらにどのようなことが言えるかを述べたものであるはずなのだが，A∨B だけからは，**これ以上 A と B については何も出てこない**のである。そこで，他の論理式の助けを借りることにしよう。

> **【∨除去規則（∨ elim）】** A∨B，A→C，B→C がすでに同じ導出に出てきているなら，C をその導出に書き加えてよい．

うーむ．書き足される式 C にはもともとの ∨ が含まれていないから，確かに ∨ の除去規則にはなっているのだが……．これは，**構成的両刀論法**を背景にもっている．A と B の 2 つの場合で場合分けが尽くされていることが分かっており，どちらの場合をとっても C ということが演繹できるのだったら，場合分けなしにつねに C と言ってよい，という規則である．したがって，この規則に対応する攻略法は，

> **【攻略法：∨からスタートしたなら】** A∨B という選言から C にいたるためには，まず A→C と B→C という 2 つの式を導け．

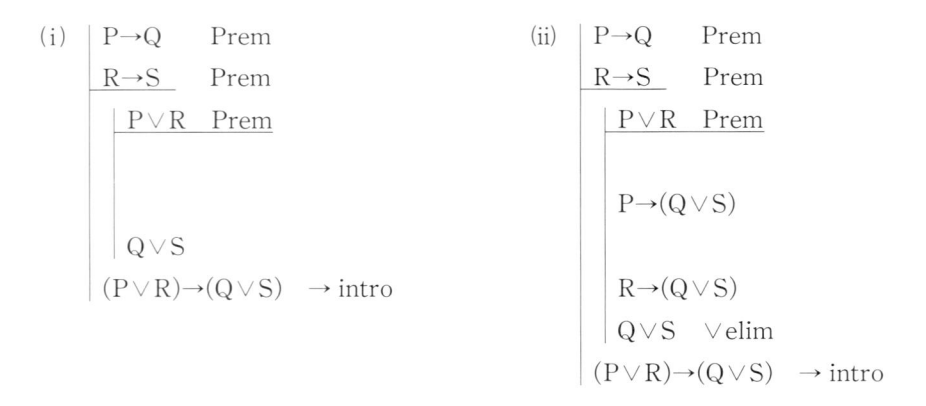

というものになるだろう．**この攻略法はこれまでのものと少し毛色が異なる．**これまでの攻略法は特定の形をした式に至りたいのだったらこうすべし，というものがほとんどだった．これは逆に，特定の形から出発したらどうすべきかをアドバイスしてくれている．しかし，この攻略法もなかなか有用だ．例えば，P→Q と R→S から (P∨R)→(Q∨S) を演繹せよという場合．(i) までは簡単に【演繹の枠組みをまずつくれ】と【→を目指すには】でできる．問題は，どうやって Q∨S を導くかである．ここで P∨R という仮定からの導出が必要になることに気づいて【∨からスタートしたなら】を用いると，(ii)のように進む．あとはやってみよう．

```
(i)  | P→Q        Prem              (ii) | P→Q        Prem
     | R→S        Prem                   | R→S        Prem
     |  | P∨R     Prem                   |  | P∨R     Prem
     |  |                                |  |
     |  |                                |  | P→(Q∨S)
     |  | Q∨S                            |  | R→(Q∨S)
     | (P∨R)→(Q∨S)  → intro              |  | Q∨S      ∨elim
                                         | (P∨R)→(Q∨S)  → intro
```

> **練習問題 69**
>
> 次の演繹を構成せよ．(1)と(2)は ∨elim を使わずにできる．
> (1) (P∨Q)→R から (P→R)∧(Q→R)　　(2) ¬(P∨Q) から ¬P∧¬Q　　(3) ¬P∨¬Q から ¬(P∧Q)
> (2)と(3)はド・モルガンの法則の半分だ．残りの ¬(P∧Q) から ¬P∨¬Q への演繹と，¬P∧¬Q から ¬(P∨Q) への演繹はすごく技巧的になる．しばらくおあずけ．

## 9.2.5　最後の手段としての間接証明

**間接証明の攻略法**

これまでに紹介してきた攻略法はかなりの場合に有効だが，どうしてもうまくいかない場合がある。そういうときは次のやり方を試みてみよう。

> 【攻略法：最後の手段は間接証明】A に至りたいのに，その他の方法がすべてダメだったとき，まず ¬A を仮定において矛盾を導き，¬intro で ¬¬A を得，¬elim で 2 重否定を除去して A を得るという方法を試みよ。

対偶法則を導いてみよう。つまり，P→Q と ¬Q→¬P が互いに演繹できることを示してみよう。まず P→Q から ¬Q→¬P はこれまでの攻略法だけでできてしまう（練習問題 68 をみよ）。逆に ¬Q→¬P から P→Q を演繹するのも簡単そうに見える。しかし，これが実はくせ者なのだ。

(1)　(i)までで攻略法が尽きてしまう。そこで，Q を得るために間接証明を試みる。つまり，

(2)　(ii)のようにして Q を得ることにしよう。そのためには(iii)のようにやるしかない。

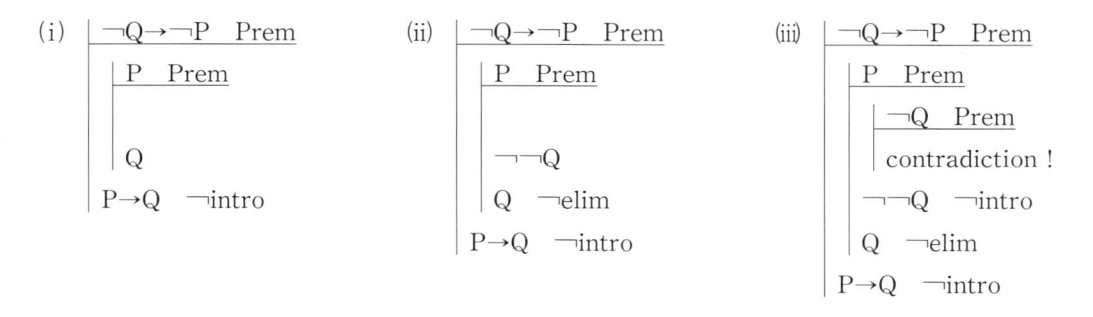

```
(i)  | ¬Q→¬P  Prem       (ii) | ¬Q→¬P  Prem      (iii) | ¬Q→¬P  Prem
     | | P  Prem               | | P  Prem              | | P  Prem
     | |                        | |                      | | | ¬Q  Prem
     | | Q                      | | ¬¬Q                  | | | contradiction !
     | P→Q  ¬intro              | | Q  ¬elim             | | ¬¬Q  ¬intro
                                | P→Q  ¬intro            | | Q  ¬elim
                                                         | P→Q  ¬intro
```

(3)　問題はどうやって矛盾をつくるかだ。とにかく復活と除去のできるやつはしてしまおう。というわけで復活できるものを復活させると，

```
(iv) | ¬Q→¬P  Prem
     | | P  Prem
     | | | ¬Q  Prem
     | | | ¬Q→¬P  Reit
     | | | P  Reit
     | | | ¬P  →elim
     | | ¬¬Q  ¬intro
     | | Q  ¬elim
     | P→Q  ¬intro
```

うまい具合に矛盾が生じてくれた。

## 練習問題 70

次の演繹を構成せよ。すべて間接証明を使う。

(1) ¬P から P→Q  (2) ¬(P→Q) から P∧¬Q  (3) ¬(P∧¬Q) から P→Q
(4) ¬P→Q から ¬Q→P  (5) ¬(P∧Q) から ¬P∨¬Q (ド・モルガンの法則の半分)
(6) ¬P∨Q から P→Q  (7) P∨Q と ¬P から Q

### 排中律の proof

排中律 P∨¬P は間接証明を用いないと proof がつくれない。P∨¬P が目標の式だから，P か ¬P を導けばよいのではないか，と思われる。しかし，前提なしに P か ¬P を演繹するのはどう考えても無理だ。そこで間接証明を試みる。まず，答えを先に掲げると，(v)のようになる。

どうしてこんなのを思いつけるのか不思議。この proof のすごいところは目的の P∨¬P が下位導出の中に 2 回も顔を出していることだ。もちろんこのことはおかしなことではない。なぜなら，4 行目の P∨¬P は ¬(P∨¬P) と P という仮定のもとで出てきたにすぎない。いっさいの仮定がないのは最終行の P∨¬P だけだ。しかし，これまでに紹介してきた攻略法を使えば，かなりの人がこの証明に到達することができる。このへんが攻略法のすごいところ。

(1) まず，【演繹の枠組みをまずつくれ】と【最後の手段は間接証明】によって，¬(P∨¬P) を仮定して矛盾を導くことによって，¬¬(P∨¬P) を導いて，2 重否定を落とそうと考える(i)。

(2) ではどのような矛盾を導こうか。【矛盾の作り方】によって，¬(P∨¬P) があるから P∨¬P を出せばよいことまで見当がつく(ii)。

(3) 次の問題はどうやって P∨¬P を出せばよいかである。ここで【∨を目指すには】を用いる。つまり，P か ¬P を出せばよい。この場合，どちらを選んでもよいのだが，とりあえず ¬P を出すことにしよう(iii)。

(4) ¬P を出すには，【¬を目指すには】によって，P を仮定して矛盾を導けばよい(iv)。

(5) ここでもう一度，【矛盾の作り方】にしたがって，前提棒の下に ¬(P∨¬P) があるから P∨¬P を出すことにする。前提にうまい具合に P があるので，∨intro で P∨¬P はすぐに手にはいる。というわけで答え(v)が見つかる。

(i)
```
| ¬(P∨¬P)     Prem
|
| contradiction !
| ¬¬(P∨¬P)    ¬intro
| P∨¬P        ¬elim
```

(ii)
```
| ¬(P∨¬P)     Prem
|
| P∨¬P        ∨intro
| ¬¬(P∨¬P)    ¬intro
| P∨¬P        ¬elim
```

(iii)
```
| ¬(P∨¬P)     Prem
|
| ¬P
| P∨¬P        ∨intro
| ¬¬(P∨¬P)    ¬intro
| P∨¬P        ¬elim
```

(iv)
```
| ¬(P∨¬P)    Prem
| | P          Prem
| | ¬(P∨¬P)   Reit
| | contradiction！
| ¬P          ¬intro
| P∨¬P        ∨intro
| ¬¬(P∨¬P)   ¬intro
| P∨¬P        ¬elim
```

(v)
```
| ¬(P∨¬P)    Prem
| | P          Prem
| | ¬(P∨¬P)   Reit
| | P∨¬P      ∨intro
| ¬P          ¬intro
| P∨¬P        ∨intro
| ¬¬(P∨¬P)   ¬intro
| P∨¬P        ¬elim
```

## 9.3 矛盾記号を導入した方がよいかも

### 9.3.1 超絶技巧の演繹？

仕上げにド・モルガンの法則の残っていた半分，¬P∧¬Q から ¬(P∨Q) への演繹にチャレンジしよう．

(1) まず，(i)のように方針が立つ．

(2) 次に，P∨Q から矛盾を導くわけだから，【∨からスタートしたなら】に従うと，(ii)になる．

(3) 素直に考えると，(iii)のような方針がたつ．しかし，困ったことがある．contradiction！は A と ¬A が同時に出てくるということを表しているのであり，これは論理式ではない．だからそんなものに→intro の規則を当てはめて P→contradiction！ などという式を作ることはできない．

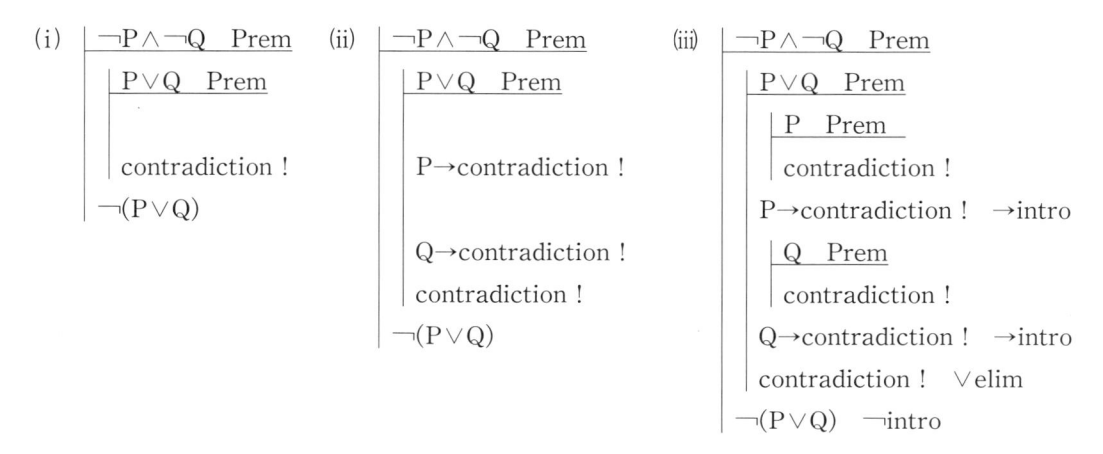

(i)
```
| ¬P∧¬Q Prem
| | P∨Q  Prem
| | 
| | contradiction！
| ¬(P∨Q)
```

(ii)
```
| ¬P∧¬Q Prem
| | P∨Q  Prem
| | 
| | P→contradiction！
| | 
| | Q→contradiction！
| | contradiction！
| ¬(P∨Q)
```

(iii)
```
| ¬P∧¬Q Prem
| | P∨Q  Prem
| | | P  Prem
| | | contradiction！
| | P→contradiction！ →intro
| | | Q  Prem
| | | contradiction！
| | Q→contradiction！ →intro
| | contradiction！   ∨elim
| ¬(P∨Q)  ¬intro
```

(4) だから，contradiction！ の部分を何らかの矛盾式にする必要がある．そこで(iv)のように考えた．

(5) これが素直なやり方だろうが，困ってしまう．＊をつけたところの式がそれぞれ異なり，

→intro で作られた 2 つの式の後件が違うので，?????のところに書く式がなくなってしまった。
＊のついたところには同じ論理式が来なければならないということだ。例えばここを両方ともに
R∧¬R のような共通の論理式になるようにしたい。そこで，(v)のようにすると……できた。
……というのが奇跡に思えるほど技巧的だったなあ。これはいくらなんでもすごすぎる。もっと
自然に演繹する方法はないのだろうか？

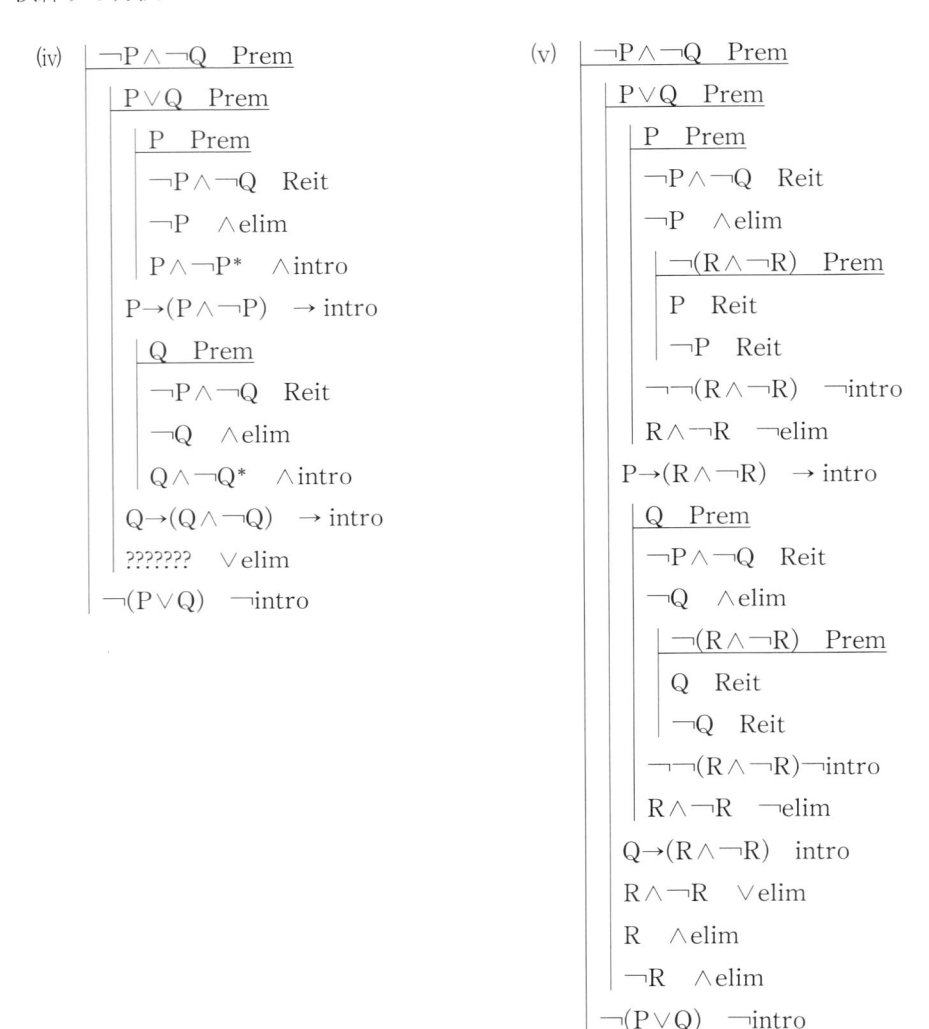

```
(iv) │ ¬P∧¬Q  Prem
     │ │ P∨Q   Prem
     │ │ │ P   Prem
     │ │ │ ¬P∧¬Q  Reit
     │ │ │ ¬P    ∧elim
     │ │ │ P∧¬P*  ∧intro
     │ │ P→(P∧¬P)   →intro
     │ │ │ Q   Prem
     │ │ │ ¬P∧¬Q  Reit
     │ │ │ ¬Q    ∧elim
     │ │ │ Q∧¬Q*  ∧intro
     │ │ Q→(Q∧¬Q)   →intro
     │ │ ???????   ∨elim
     │ ¬(P∨Q)   ¬intro
```

```
(v)  │ ¬P∧¬Q  Prem
     │ │ P∨Q   Prem
     │ │ │ P   Prem
     │ │ │ ¬P∧¬Q  Reit
     │ │ │ ¬P    ∧elim
     │ │ │ │ ¬(R∧¬R)  Prem
     │ │ │ │ P   Reit
     │ │ │ │ ¬P  Reit
     │ │ │ ¬¬(R∧¬R)  ¬intro
     │ │ │ R∧¬R    ¬elim
     │ │ P→(R∧¬R)   →intro
     │ │ │ Q   Prem
     │ │ │ ¬P∧¬Q  Reit
     │ │ │ ¬Q    ∧elim
     │ │ │ │ ¬(R∧¬R)  Prem
     │ │ │ │ Q   Reit
     │ │ │ │ ¬Q  Reit
     │ │ │ ¬¬(R∧¬R)¬intro
     │ │ │ R∧¬R    ¬elim
     │ │ Q→(R∧¬R)   intro
     │ │ R∧¬R    ∨elim
     │ │ R      ∧elim
     │ │ ¬R     ∧elim
     │ ¬(P∨Q)   ¬intro
```

### 9.3.2 矛盾記号の導入

そこで，最初につまずいた方針の通りに contradiction！というのを 1 つの式のようにして
扱って演繹をしてもよい，ということにしたらどうだろう。つまり，矛盾式を表す記号 ⊥ を導
入して，我々の ¬intro という規則を次の 2 つの規則に分けてしまう。¬intro の代わりにこの 2
つの規則 ¬intro* と ¬elim* を使うことにすれば，この演繹は右のようにとても簡単になる。

```
        ¬intro*           ¬elim*
         ┌                 ┌
         │ ┌ A             │   A
         │ ├               │  ¬A
         │ └ ⊥             │
         │                 └   ⊥
         └ ¬A
```

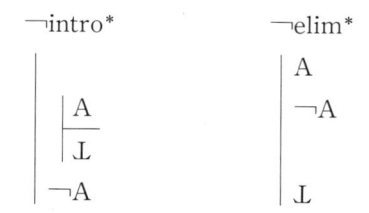

　矛盾記号を認めると演繹がずいぶんと楽になる。このため，次のようにこれまでの ¬intro を ¬intro* と ¬elim* に置き換えた規則を自然演繹の規則体系としている教科書も多い。まとめると，次の図のようになる。ここで DN とは **double negation**（2重否定）の略である。これまでは ¬elim と呼ばれていたが，それだと ¬elim* と紛らわしいので名前を付け替えた。

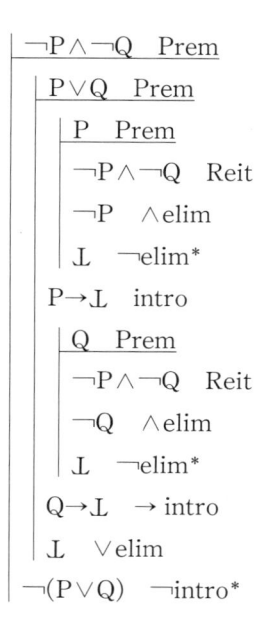

```
┌ ¬P∧¬Q    Prem
│ ┌ P∨Q     Prem
│ │ ┌ P      Prem
│ │ │ ¬P∧¬Q   Reit
│ │ │ ¬P      ∧elim
│ │ └ ⊥       ¬elim*
│ │ P→⊥      →intro
│ │ ┌ Q      Prem
│ │ │ ¬P∧¬Q   Reit
│ │ │ ¬Q      ∧elim
│ │ └ ⊥       ¬elim*
│ │ Q→⊥      →intro
│ └ ⊥        ∨elim
└ ¬(P∨Q)    ¬intro*
```

| | | | 2重否定除去の規則 | その他の規則 |
|---|---|---|---|---|
| これまでの規則 | ¬intro | | ¬elim | →∧∨↔∀∃＝についての導入規則と除去規則 |
| 矛盾記号を使ったときの規則 | ¬intro* | ¬elim* | 2重否定除去の規則 DN（呼び名の変更） | その他の規則 →∧∨↔∀∃＝についての導入規則と除去規則 |

---

**練習問題 71**

矛盾記号を使って次の演繹を構成せよ。
(1) ¬P∨¬Q から ¬(P∧Q)（ド・モルガンの法則の最後の残り）
(2) P→Q から ¬Q→¬P　　(3) P∨Q, ¬P から Q

## 9.4 述語論理への拡張

### 9.4.1 ∀除去規則と∃導入規則

だいぶ自然演繹にも慣れてきたのではないかな。こうなると述語論理にも自然演繹を拡張したくなるのが人情というものだ。ついでに同一性も扱えるとよい。……というわけでやってみよう。方針はもう明らかなように，∀，∃，＝のそれぞれについて除去規則と導入規則を立ててやればよい。まずは一番簡単な ∀ 除去規則と ∃ 導入規則から見てみよう。

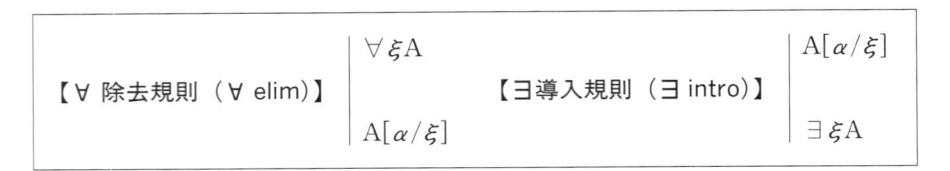

【∀ 除去規則（∀ elim）】 $\begin{array}{l}\forall \xi A \\ \\ A[\alpha/\xi]\end{array}$  　　【∃導入規則（∃ intro）】 $\begin{array}{l}A[\alpha/\xi] \\ \\ \exists \xi A\end{array}$

∀elim において代入する個体定項 $\alpha$ は任意である。つまりこれまでに出てきているものでも出てきてないものでも何でもよい。さっそくいくつかの例を見てみよう。

(1) $\forall xPx$ から $Pa \land Pb$ の演繹 　　(2) $Raaa$ から $\exists xRaxa$ の演繹

```
│ ∀xPx   Prem          │ Raaa   Prem
│ Pa     ∀elim         │ ∃xRaxa  ∃intro
│ Pb     ∀elim
│ Pa∧Pb  ∧intro
```

(2)で見るように，∃ 導入は必ずしも 1 つの式の個体定項に対して一斉に行う必要はない。つまり，必ずしも $\exists xRxxx$ としなければならないわけではない。

(3) $\forall x(Px \to Qx)$ と $\forall x(Qx \to Rx)$ から $Pa \to Ra$ の演繹

これまでの攻略法はそのまま有効。だから，【演繹の枠組みをまずつくれ】と【→を目指すには】を使って(i)までは簡単にいく。その後は【復活はいつでも OK】，【除去はいつでも OK】を使えるだけ使うともう出てしまう(ii)。この演繹は攻略法だけでできてしまった。

(i)
```
| ∀x(Px → Qx)   Prem
| ∀x(Qx → Rx)   Prem
 | Pa   Prem
 |
 | Ra
| Pa → Ra   → intro
```

(ii)
```
| ∀x(Px → Qx)   Prem
| ∀x(Qx → Rx)   Prem
 | Pa   Prem
 | ∀x(Px → Qx)   Reit
 | ∀x(Qx → Rx)   Reit
 | Pa → Qa   ∀elim
 | Qa    → elim
 | Qa → Ra   ∀elim
 | Ra    → elim
| Pa → Ra   → intro
```

---

**練習問題 72**

次の演繹を構成せよ。
(1) $\forall x(Px \to Qx)$ と $Pa$ から $\exists xQx$
(2) $\forall x \forall y(Lxy \to \forall zPz)$ と $Laa$ から $\exists xPx$

---

## 9.4.2 ∀導入規則

**任意のものについての事実はすべてのものについての事実である**

ところが ∀ 導入規則になると，ちょっとした注意が必要になる。∀ 導入規則は次のような形をしている。

【∀ 導入規則（∀ intro）】
```
| A[α/ξ]
|
| ∀ξA
```

なんじゃこれは！ これって推論規則として全然正しくないぞ。$\alpha$ という特定のものについて A が成り立っているからと言って，すべてのものについて A が成り立つなんて言えないじゃない。こういう不満げな顔が浮かんでくる。その通り。**この規則はいつでもつかえるわけではない**。$\alpha$ がある都合のよい条件を満たしているときにだけ使ってよい。またしても重要なのは但し書きの方だったのだ。

どのような但し書きが必要か。それを理解するために幾何学の証明問題を思い出そう。中学の数学で我々は三角形について色々な性質を学んだが，その証明に現に使われた三角形は必ず特定の辺の長さ，角の大きさをした三角形だったはずだ。いわば，その**特定の三角形をすべての三角形の代表として選んで，その三角形を使って証明することですべての三角形についての証明をしたことにしたわけだ。このとき重要なのは，特定の三角形を使って証明を行うときに，その三角

形だけに成り立つ事実（例えば1つの角の大きさが75度である，というような）を使ってしまってはイケナイということだ。

そこで，∀導入規則は次のようなことを言っているものと考えてみよう。「**すべてのものの代表として任意に選んだ $\alpha$ について**，$A[\alpha/\xi]$ であることがわかっているのなら，すべてのものについてそれを主張してよろしい。つまり $\forall\xi A$ を主張してよろしい」。

**但し書きをどうすればよいか**

残る課題は，太字で書かれている条件をどのように自然演繹の言葉に移しかえるかということだ。そこで，導入規則のまずい使用法のいくつかから，逆にどのような条件を∀導入規則に課したらよいのかを考えていこう。

(i)
| Pa　Prem
| $\forall x(Px \to Qx)$　Prem
| Pa → Qa　∀elim
| Qa　→elim
| $\forall xQx$　∀intro

(ii)
| $\forall xPx$　Prem
| $\forall x(Px \to Qx)$　Prem
| Pa → Qa　∀elim
| Pa　∀elim
| Qa　→elim
| $\forall xQx$　∀intro

aがPであることと，すべてのPがQであることから，ありとあらゆるものがQであるということは出てこないはずだ。だから(i)のような演繹は禁止されねばならない。でも(ii)はよいのではないだろうか。

両者の違いは次のところにある。(ii)では，「すべてのものについて，PということとPならばQということが成り立つ」のだから，そのすべてのものの代表として任意にaを選んで3行目と4行目を導き，これらからQaが導出される。したがってQaのaはすべてのものの代表として任意に選ばれたものという性格を失っていない。**aがどのようなものかについてのそれ以上の情報が何もないからである**。だから最後に再び一般化して $\forall xQx$ にすることができる。

これに対し(i)のaは2行目の $\forall x(Px \to Qx)$ を満たすすべてのものの代表として導入された任意のものではない。aは第1行が言うようにPを満たしている特定のものなのである。だから，4行目のQaは，そのような特定のaについてQaが成り立つと言っているにすぎない。そのようなaを再び一般化したらダメだ。

こうした(i)と(ii)の違いは演繹の表面上はどこに現れているだろうか。それは，∀を導入する段階で，(i)ではaがまだキャンセルされていない前提（Premがついてる式）の中に現れている（第1行のPaのなか）のに対し，(ii)ではaがキャンセルされていない前提の中には現れていないということだ。aがキャンセルされていない前提の中に現れているということは，そこまでの導出はaがその前提が述べているような特定の性質をもっているという情報を踏まえて行われてきたということになる。したがって，その導出の中でaはすべてのものの代表になるような任意のものではない。だから∀導入規則によって一般化することができない。

そこで，次のような但し書きをつけ加えることにしよう。

【∀ intro への但し書き】ただし，α は規則を適用する段階でまだキャンセルされていない前提には現れないものとする。

この但し書きで下線を引いた箇所はとても重要だ。例えば，次の例を見よう。

(iii)
```
∀x(Px → Qx)   Prem
∀x(Qx → Rx)   Prem
Pa → Qa    ∀elim
Qa → Ra    ∀elim
 | Pa    Prem
 | Pa → Qa   Reit
 | Qa → Ra   Reit
 | Qa     →elim
 | Ra     →elim
Pa → Ra   →intro
∀x(Px → Rx)   ∀intro
```

(iv)
```
∀x(Px → Qx)   Prem
∀x(Qx → Rx)   Prem
Pa → Qa    ∀elim
Qa → Ra    ∀elim
 | Pa    Prem
 | Pa → Qa   Reit
 | Qa → Ra   Reit
 | Qa     →elim
 | Ra     →elim
 | ∀yRy    ∀intro
Pa → ∀yRy   →intro
∀x(Px → ∀yRy)   ∀intro
```

(iii)は正しい演繹である。5 行目で前提の中に a が現れている。しかし，前提中に a があるというだけではこの演繹はダメにならない。この前提は最後の行で ∀ 導入規則を使う段階ではすでにキャンセルされているので，この演繹は但し書きに違反していない。

もし，この下位導出のなかで ∀ 導入規則を使ってしまったなら，それはキャンセルされていない前提に現れる個体定項を一般化してしまうことになるから，間違った演繹になる。例えば(iv)がそうだ。10 行目で ∀ を導入することが但し書きに違反している。

### もう 1 つの但し書き

実は ∀ 導入規則にはもう 1 つ但し書きが必要だ。それは右のような間違った演繹を防ぐためである。

```
∀xLxx   Prem
Laa   ∀elim
∀xLxa   ∀intro
```

これが間違った演繹であることは明らかだろう。すべての人は自分を愛しているということから，すべての人がジョディーを愛しているということは出てくるはずがない。しかし，これはさっきの但し書きに違反しているわけではない。a はキャンセルされていない前提に出てくるものではないからだ。問題はむしろ 3 行目で Laa の a を一般化するときに 1 つだけ残しておいたことにある。したがって，**∀ 導入で個体定項を一般化するときには，それをできあがる全称量化式の中に残しておいてはいけない**という但し書きをつける必要がある。その但し書きも加えてあらためて ∀ 導入規則を掲げておく。

> 【∀導入規則（∀ intro）】ただし，
> $A[\alpha/\xi]$　　（1）　$\alpha$ は規則を適用する段階でまだキャンセルされていない前提には現れ
> 　　　　　　　　　ないものとする。
> $\forall\xi A$　　　（2）　$\alpha$ は $\forall\xi A$ の中に残っていてはいけない。

ようするに，∀導入で一般化できる個体定項は，「任意のものについてしかじかのことが言えますよ」という情報だけを伝えて，その「任意のもの」を「すべてのもの」に置き換えた（つまりそれが∀導入ということだ）暁には，表舞台からひっそりと消えてもらいたい替え玉（ダミー）なのである。

> 【攻略法：∀を目指すには】$\forall\xi A$ にいたるためには，$A[\alpha/\xi]$ を導き，それに∀導入規則を適用せよ。ただし，$\alpha$ は $\forall\xi A$ のなかにある個体定項と，$\forall\xi A$ が得られる導出においてキャンセルされていない前提に出てくる個体定項以外の個体定項から選ばなくてはならない。

**練習問題 73**

(1) 次の演繹を構成せよ。
　(a) $\forall x Px$ から $\forall y Py$　　(b) $\forall x Lxx$ と $\forall y Py$ から $\forall x(Lxx \land Px)$
(2) 「人を憎んでいる人は醜いなあと思う。みんなもそう思うでしょ。だからみんなは人を憎んでいる人を憎んでいるんだよね」。ところが，この「人はみな人を憎んでいる人を憎んでいる」ってのは誰かが誰かを憎んでいるということ，例えばヒラリーがモニカを憎んでいるということと組み合わさると，「すべての人はすべての人を憎んでいる」という恐ろしく強いことが導けてしまうのだ。このことを確認しよう。つまり，$\forall x \forall y(\exists z Hyz \to Hxy)$ と $Hab$ という前提から $\forall x \forall y Hxy$ への演繹が構成できることを示せ。

## 9.4.3　∃除去規則はさらに面倒

$A \lor B$ という不特定の情報からは A と B について確定的な情報はもう引き出せない。これと同様に，どれかはわからないがとにかくしかじかなものがあるという不特定の情報から，それ以上何か確定的な情報が引き出せるのだろうかという気がする。∨の除去規則の場合，この問題は次のようにして回避された。$A \lor B$ であるとき，A と B のどちらが成り立っているかはわからないにしても，もし A であれ B であれいずれにせよ C と言うことが言えるのだったら，我々は C という確定的なことがらを主張してよいはずだ。これと同じことが ∃ についても言えるだろう。つまり，「P なものがあると言う。どれが P なのかはわからないにしても，**どれがその P なものであろうといずれにせよ C ということが言えるのであれば，C だと主張してかまわない**」。このようにして，∃除去は次のような推論規則になる。

【∃除去規則（∃ elim）】

$$\begin{array}{|l} \exists \xi A \\ \quad\begin{array}{|l} A[\alpha/\xi] \\ \\ C \end{array} \\ C \end{array}$$

　この規則の使用例を次に掲げておこう。これは正しい演繹だ。

$$\begin{array}{|ll} \forall x(Px \to Qx) & \text{Prem} \\ \exists xPx & \text{Prem} \\ \hline \quad\begin{array}{|ll} Pa & \text{Prem} \\ \forall x(Px \to Qx) & \text{Reit} \\ Pa \to Qa & \forall\text{elim} \\ Qa & \to\text{elim} \\ \exists xQx & \exists\text{intro} \end{array} \\ \exists xQx & \exists\text{elim} \end{array}$$

　よもやこの期に及んで，∃xQx は7行目ですでに出てきてしまっているのに8行目でもう一度書いてあるのはヘンじゃないですか，などと思う人はいないだろうが，念のために言っておくなら，7行目の ∃xQx はあくまでも Pa という前提のもとでだけ導出されていることに注意しよう。これに対し，8行目の ∃xQx は Pa を前提しないで導出されている。つまり，∃除去規則とは，「A なものがあるということが分かっているとします。このときその A なものを仮に $\alpha$ と名づけて推論をしていったら C ということがらが導出されたとしましょう。このとき，A なものを $\alpha$ と名づけたことは忘れて，A なものがあるとという情報だけからでも C という情報を引き出してよいですよ。」という規則なのである。

　例えば，次のような推理を考えてみよう。「どうも，ここの水を飲んだ人がいるらしい。その人を仮にヤストモとしましょう。水銀汚染された水を飲んだ人はみな髪の毛から水銀がでてくるはずです。だから，ヤストモの髪の毛からは水銀が出てくるはずだ。ということは，髪の毛から水銀が検出される人が少なくとも1人いるはずですね」。

**但し書きを考えよう**

　このような推理で仮に導入される名前「ヤストモ」（あるいは個体定項 $\alpha$）は次の2つの性質をもっている。

(1) それは ∀ 導入の場合と似た「任意のもの」である。ただし，∀ 導入の際の個体定項は文字どおり任意のものであるが，∃ 除去の場合は A であるかぎりにおいての任意のものである。

(2) その個体定項は C という結論を引き出すための仲立ちの働きをする替え玉にすぎない。結論 C に伝わるのは，「何であれ A なものがある」という情報だけなのであり，その A なものがどれであるかという情報は結論の C において残っていてはいけない。

　以上のことから，∃ 除去規則を当てはめる際にも個体定項 $\alpha$ についていくつかの条件があることがわかる。まず，(1)から次のことが言える。

(a) $\alpha$ は「A であるような何か」という以上の情報を担っていてはならない。だから $\alpha$ は ∃ 除去の際にキャンセルされずに残っている前提の中に現れてはいけない。これは ∀intro と

242　第III部　論理をもう1つの目で見る

同様だ。
(b) 　さらに $\alpha$ は $\exists \xi A$ の中にも現れていてはならない。

一方，(2)からは次のことが言える。

(c) 　$\alpha$ についての情報が結論 C の中に残っていてはいけない。したがって $\alpha$ は C の中に現れてはいけない。

(a), (b), (c)に違反するとそれぞれ次のような間違った演繹(i), (ii), (iii)をしてしまう。違反箇所を★で示してある。

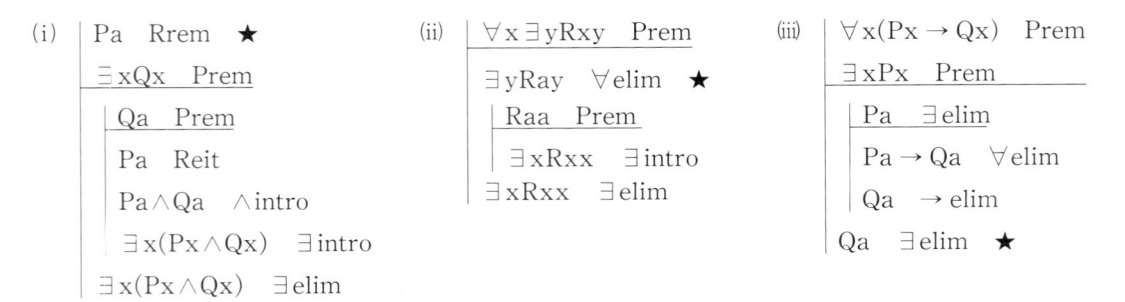

```
(i)  | Pa   Rrem  ★            (ii) | ∀x∃yRxy   Prem         (iii) | ∀x(Px→Qx)  Prem
     | ∃xQx  Prem                    | ∃yRay   ∀elim  ★             | ∃xPx   Prem
     | | Qa  Prem                    | | Raa   Prem                  | | Pa   ∃elim
     | | Pa  Reit                    | | ∃xRxx   ∃intro              | | Pa→Qa  ∀elim
     | | Pa∧Qa  ∧intro               | ∃xRxx   ∃elim                 | | Qa   →elim
     | | ∃x(Px∧Qx)  ∃intro                                            | Qa   ∃elim  ★
     | ∃x(Px∧Qx)  ∃elim
```

### ∃除去規則の使用例

$\exists x Px$ から $\exists x(Px \lor Qx)$ を演繹してみよう。まずは，(i)まで行く。$\exists x$ の作用域の中に $Qx$ が導入されているから，このような場合はいったん前提の $\exists$ をはずさなければならないだろう。ということは $\exists$ 除去規則が使われるということだ。さて，$\exists$ 除去規則で $\exists x(Px \lor Qx)$ が出てきたということは(ii)のように，同じ式 $\exists x(Px \lor Qx)$ が導出される下位導出がなければならない。

これが心理的に抵抗があってなかなか思いつけないんだなあ。というのは，まず，演繹の目標とになっている式をもういちど下位導出のゴールとして書くことも何かいやな感じがするし，∃除去規則を適用して出てくる式に ∃ が堂々と残っているのもヘンだ。我々は ∃ 除去規則を適用して出てくる式には ∃ はないと思いこんでしまいがちなのである。でも，これでよいのだ。さて，????の部分には，$\exists x Px$ の x に適切な定項を代入したものを書くのだった。そうすると，(iii)のように演繹が構成できる。

```
(i)  | ∃xPx   Prem      (ii) | ∃xPx   Prem           (iii) | ∃xPx   Prem
     |                        | | ????  Prem                 | | Pa   Prem
     | ∃x(Px∨Qx)              | | ∃x(Px∨Qx)                  | | Pa∨Qa   ∨intro
                              | ∃x(Px∨Qx)  ∃elim             | | ∃x(Px∨Qx)  ∃intro
                                                              | ∃x(Px∨Qx)  ∃elim
```

以上の演繹で得られた教訓を，攻略法としてまとめておこう。

【攻略法：∃からスタートしたなら】存在量化された式からスタートして目標となる式を導くにあたり，いったんはその存在量化子をはずさなければならないと思われるとき，その目標となる式をゴールとするような下位導出をつくって ∃ 除去規則を適用することを試みよ。

**この攻略法の使用例**

(i)
$$
\begin{array}{|l}
\exists x \forall y Lxy \quad \text{Prem} \\
\exists y Py \quad \text{Prem} \\
\forall x \forall y((Lxy \wedge Py) \rightarrow Qx) \quad \text{Prem} \\
\\
\exists x Qx
\end{array}
$$

(i)のような演繹を行えと言われたとしよう。さて，目標の式 ∃xQx に出てくる Q は第3の前提から出てくる他はない。しかし Q だけが出てくるためには，L と P が単独で出てきていて，→除去規則をつかうのでないといけないはずだ。そうすると L と P が裸で出てくるためには第1，第2の前提の ∃ が除去されてなければならない。ここで攻略法に従うと(ii)になる。

第2の前提も存在量化された式で，しかも ∃ をはずさないといけないのだから，もう一度攻略法に従う。このとき第2下位導出で前提する式に使う個体定項は a ではダメである（但し書きの(a)に違反しないため）。だから b を使う。こうして(iii)までたどりつく。

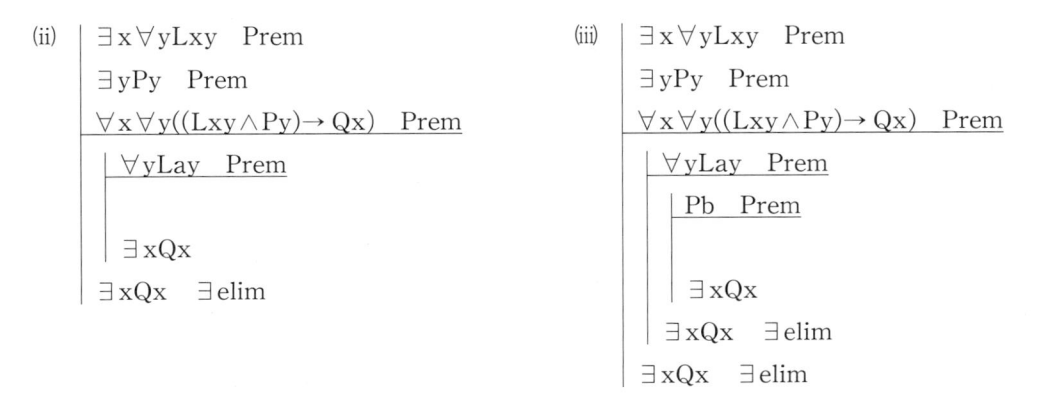

(ii)
$$
\begin{array}{|l}
\exists x \forall y Lxy \quad \text{Prem} \\
\exists y Py \quad \text{Prem} \\
\forall x \forall y((Lxy \wedge Py) \rightarrow Qx) \quad \text{Prem} \\
\quad \begin{array}{|l} \forall y Lay \quad \text{Prem} \\ \\ \exists x Qx \end{array} \\
\exists x Qx \quad \exists \text{elim}
\end{array}
$$

(iii)
$$
\begin{array}{|l}
\exists x \forall y Lxy \quad \text{Prem} \\
\exists y Py \quad \text{Prem} \\
\forall x \forall y((Lxy \wedge Py) \rightarrow Qx) \quad \text{Prem} \\
\quad \begin{array}{|l} \forall y Lay \quad \text{Prem} \\ \quad \begin{array}{|l} Pb \quad \text{Prem} \\ \\ \exists x Qx \end{array} \\ \exists x Qx \quad \exists \text{elim} \end{array} \\
\exists x Qx \quad \exists \text{elim}
\end{array}
$$

あとはに従って復活できるものはすべて復活させて，除去規則をうまく適用していけば（∀ を除去するときには何を代入するかをよく考えること），かなり自動的に演繹ができあがる。最後に3つも ∃xQx が並ぶので技巧的に思われるが，攻略法に従えば自然に思いつくはずだ。

(iv) $\quad$ | $\exists x \forall y Lxy$ $\quad$ Prem
$\quad$ | $\exists y Py$ $\quad$ Prem
$\quad$ | $\forall x \forall y((Lxy \land Py) \to Qx)$ $\quad$ Prem
$\quad$ | $\quad$ | $\forall y Lay$ $\quad$ Prem
$\quad$ | $\quad$ | $\quad$ | $Pb$ $\quad$ Prem
$\quad$ | $\quad$ | $\quad$ | $\forall y Lay$ $\quad$ Reit
$\quad$ | $\quad$ | $\quad$ | $\forall x \forall y((Lxy \land Py) \to Qx)$ $\quad$ Reit
$\quad$ | $\quad$ | $\quad$ | $Lab$ $\quad$ $\forall$elim
$\quad$ | $\quad$ | $\quad$ | $\forall y((Lay \land Py) \to Qa)$ $\quad$ $\forall$elim
$\quad$ | $\quad$ | $\quad$ | $(Lab \land Pb) \to Qa$ $\quad$ $\forall$elim
$\quad$ | $\quad$ | $\quad$ | $Lab \land Pb$ $\quad$ $\land$intro
$\quad$ | $\quad$ | $\quad$ | $Qa$ $\quad$ $\to$elim
$\quad$ | $\quad$ | $\quad$ | $\exists x Qx$ $\quad$ $\exists$intro
$\quad$ | $\quad$ | $\exists x Qx$ $\quad$ $\exists$elim
$\quad$ | $\exists x Qx$ $\quad$ $\exists$elim

## 9.4.4 ド・モルガンの法則に挑む

**$\exists x \neg Px$ から $\neg\forall x Px$ を演繹する**

$\neg\forall x Px$ と $\exists x \neg Px$ が互いに演繹できることを示してみよう。まずは，$\exists x \neg Px$ から $\neg\forall x Px$ を導く。これは比較的簡単にできる。まず，演繹の出発点が存在量化された式だから，【∃からスタートしたなら】を適用して ∃ 除去規則で目的の式を出すことにしよう。つまり，(i) である。

そうすると下位導出では $\neg\forall x Px$ を導出しなければならない。これは $\neg$ で始まる式だから，【¬を目指すには】を適用して $\forall x Px$ を仮定して矛盾を導くという方針でいく。こうして (ii) まで進む。

矛盾を導くにはどうしたらよいだろうか。とりあえず復活させることのできる式を復活させると，自然に残りの道が見えてくる。

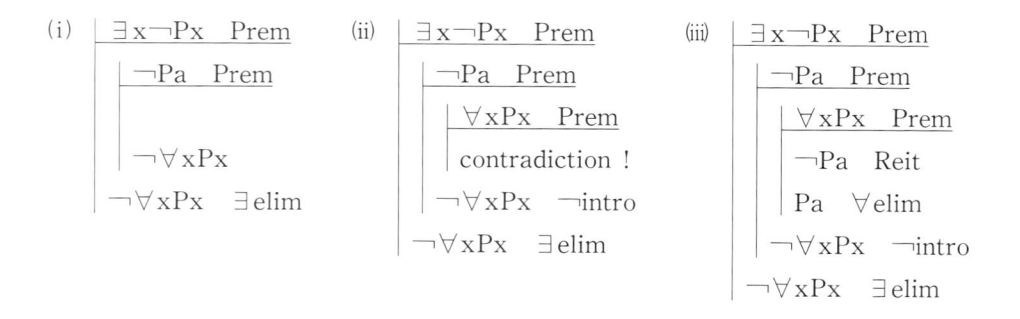

(i) $\quad$ | $\exists x \neg Px$ $\quad$ Prem
$\quad$ | $\quad$ | $\neg Pa$ $\quad$ Prem
$\quad$ | $\quad$ | $\neg\forall x Px$
$\quad$ | $\neg\forall x Px$ $\quad$ $\exists$elim

(ii) $\quad$ | $\exists x \neg Px$ $\quad$ Prem
$\quad$ | $\quad$ | $\neg Pa$ $\quad$ Prem
$\quad$ | $\quad$ | $\quad$ | $\forall x Px$ $\quad$ Prem
$\quad$ | $\quad$ | $\quad$ | contradiction !
$\quad$ | $\quad$ | $\neg\forall x Px$ $\quad$ $\neg$intro
$\quad$ | $\neg\forall x Px$ $\quad$ $\exists$elim

(iii) $\quad$ | $\exists x \neg Px$ $\quad$ Prem
$\quad$ | $\quad$ | $\neg Pa$ $\quad$ Prem
$\quad$ | $\quad$ | $\quad$ | $\forall x Px$ $\quad$ Prem
$\quad$ | $\quad$ | $\quad$ | $\neg Pa$ $\quad$ Reit
$\quad$ | $\quad$ | $\quad$ | $Pa$ $\quad$ $\forall$elim
$\quad$ | $\quad$ | $\neg\forall x Px$ $\quad$ $\neg$intro
$\quad$ | $\neg\forall x Px$ $\quad$ $\exists$elim

## ¬∀xPx から ∃x¬Px を演繹する

ところが，この逆はとてつもなく技巧的になる。まず，【演繹の枠組みをまずつくれ】にしたがって，(i)のように始めざるをえないが，これをじっと見ていて困るのは，前提の¬∀で始まる式に直接当てはめることのできる規則がないということだ。一般に量化された式を否定した式に適用できる推論規則は自然演繹には用意されていない。そこで困ったときの間接証明を試みる。つまり，(ii)のようにする。

問題はどのようにして矛盾をつくるかだ。とりあえず復活できるものは復活させておく。そうすると，【矛盾の作り方】によって，この矛盾をつくるのに，¬∀xPx をまるごとつかえばよいのではないかということがひらめく。つまり何とかして ∀xPx を導けば次のようにうまく矛盾がつくれるのではないだろうか。こうして(iii)まで進む。

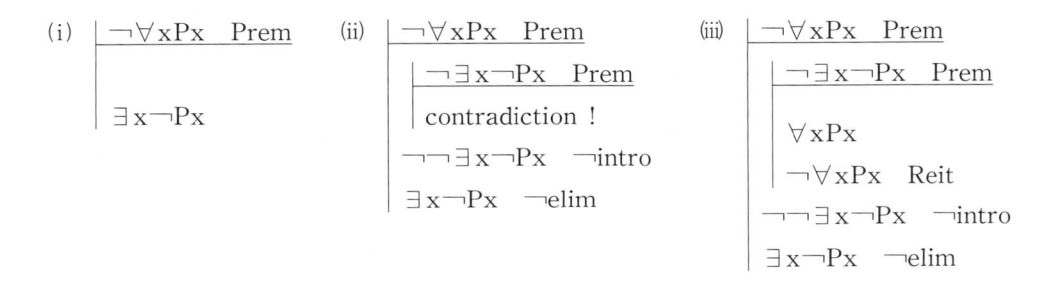

(i)  | ¬∀xPx　Prem
　　 |
　　 | ∃x¬Px

(ii) | ¬∀xPx　Prem
　　 |  | ¬∃x¬Px　Prem
　　 |  | contradiction！
　　 | ¬¬∃x¬Px　¬intro
　　 | ∃x¬Px　¬elim

(iii) | ¬∀xPx　Prem
　　  |  | ¬∃x¬Px　Prem
　　  |  | ∀xPx
　　  |  | ¬∀xPx　Reit
　　  | ¬¬∃x¬Px　¬intro
　　  | ∃x¬Px　¬elim

今度はどのようにして ∀xPx を導くことができるかを考えなくてはならない。【∀を目指すには】により，任意の個体定項 a について Pa を導いてそれに ∀ 導入規則を当てはめればよいだろうから，Pa を導くことにしよう。というのが(iv)の段階である。

それはよいのだが，この下位導出で前提されているのがまた¬∃で始まる式だ。これには直接適用できる規則がない。だから，また間接証明を行うことになる。つまり，¬Pa を仮定して矛盾を導くのだが，その矛盾をつくるのに¬∃x¬Px という式をまるごと使うのだろう。そこで，(v)のようにして演繹が完成する。

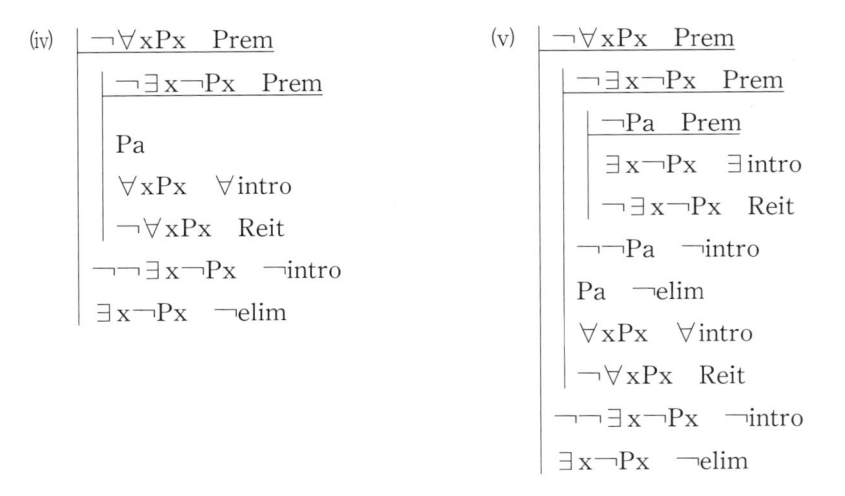

(iv) | ¬∀xPx　Prem
　　 |  | ¬∃x¬Px　Prem
　　 |  | Pa
　　 |  | ∀xPx　∀intro
　　 |  | ¬∀xPx　Reit
　　 | ¬¬∃x¬Px　¬intro
　　 | ∃x¬Px　¬elim

(v)  | ¬∀xPx　Prem
　　 |  | ¬∃x¬Px　Prem
　　 |  |  | ¬Pa　Prem
　　 |  |  | ∃x¬Px　∃intro
　　 |  |  | ¬∃x¬Px　Reit
　　 |  | ¬¬Pa　¬intro
　　 |  | Pa　¬elim
　　 |  | ∀xPx　∀intro
　　 |  | ¬∀xPx　Reit
　　 | ¬¬∃x¬Px　¬intro
　　 | ∃x¬Px　¬elim

246　第III部　論理をもう1つの目で見る

以上のことから次の攻略法が導かれる。

【攻略法：¬∀，¬∃からスタートしたなら】¬∀A，¬∃Aという形の式を直接に変形するような推論規則はない。したがって，∀A，∃Aを導いてそれと矛盾させるという具合にこれらの式を丸ごと利用することを考えよ。そうなると，演繹が間接証明の形になることが多い。

**練習問題 74**

(1) アナキンはオビ゠ワンよりフォースの強い騎士であるということと，或る騎士はアナキンよりフォースが強いということ，さらに「フォースが強い」という関係は transitive であることの3つから，アナキンよりもオビ゠ワンよりもフォースの強い騎士がいるということを演繹せよ。

(2) 次の演繹を構成せよ。
　　(a) $\forall x(Px \to \exists yQy)$ から $\exists xPx \to \exists yQy$　　(b) $\exists y \forall x Lxy$ から $\forall x \exists y Lxy$
　　(c) $\forall x(Px \to Qx)$ から $\forall x(\neg Qx \to \neg Px)$

(3) 次の proof を構成せよ。
　　(a) $(\exists xPx \lor \exists xQx) \to \exists x(Px \lor Qx)$　　(b) $\exists x(Px \lor Qx) \to (\exists xPx \lor \exists xQx)$

## 9.5　同一性記号を含む自然演繹

同一性記号を含む演繹ができるように2つの規則を追加しよう。

【＝除去規則（＝elim）】

| $\alpha = \beta$ | $\alpha = \beta$ |
| A | A |
| | |
| $A(\beta/\alpha)$ | $A(\alpha/\beta)$ |

$A(\alpha/\beta)$ は式 A の中の個体定項 $\beta$ を（すべての箇所でなくてもよい）何カ所かで個体定項 $\alpha$ に置き換えた式を表すものとする。これは納得がいく。

【＝導入規則（＝intro）】　$\alpha = \alpha$

何ですかこれは。ようするに，$\alpha = \alpha$ の形の式は演繹のどの段階でもいかなる前提なしでもいつでも置いてかまわないという規則だ。こんな規則が何の役に立つのだろう。しかしこれがないと，例えば $\forall x(x = x)$ というような式の proof はつくれない。

```
a = a        ＝intro
∀x(x = x)    ∀intro
```

いくつか，同一性記号を使った演繹の例をあげておこう。

(i)
```
| a＝b   Prem
| a＝a   ＝intro
| b＝a   ＝elim
```

(ii)
```
| a＝b   Prem
|  | Pa∧¬Pb   Prem
|  | Pa      ∧elim
|  | ¬Pb     ∧elim
|  | a＝b    Reit
|  | ¬Pa     ＝elim
| ¬(Pa∧¬Pb)  ¬intro
```

(i)では2行目のa＝aをAと見立てて，そのうち左側のaのところにa＝bを代入している。

### 練習問題 75

習うより慣れろ。さっそく使ってみよう。

(1) 次の演繹を構成せよ。
　(a) a＝b と ¬Lab とから ¬∀xLxx　(b) Pa から ∃x(Px∧x＝a)（これも＝intro がないと演繹できない例である）

(2) 次の式の proof を構成せよ。
　(a) ∀x∀y(x＝y → y＝x)　(b) ∀x∀y((Px∧¬Py)→ x≠y)

(3) 適切な記号化を施して，次の演繹を構成せよ。ただし(b)は矛盾記号を使ったやり方でないとちょっとキビシイ。
　(a) その飛行機事故で助かった唯一の人は5歳の子どもだ
　　　マコーレーはその飛行機事故で助かった
　　　────────────────────
　　　マコーレーは5歳の子どもだ
　(b) コップランドではどの2人をとっても必ず少なくとも一方は警官である
　　　────────────────────
　　　コップランドには警官でない人は多くとも1人しかいない

# 第 10 章
# シンタクスの視点から論理学のゴールに迫る

## 10.1 公理系という発想

### 10.1.1 論理的真理をすべて数え上げる

　セマンティクスの立場では論理的真理をトートロジー（述語論理では妥当式）として捉えた。そして，与えられた式がトートロジーであるかどうかは，真理表やタブローによって確かめることができる。しかし，これはあくまでもひとつひとつの式について，**これはトートロジーかな？** と確かめられるということにすぎない。では，いったいどのような範囲の式がトートロジーなのだろうか？ つまり，「**トートロジーはこれだけですっ！**」という具合に，トートロジーの全体をいっぺんに把握することはできないだろうか。

　困るのは，トートロジーは無限にあるということだ。しかし，論理式だって無限にたくさんあるが，この範囲の記号列が論理式だと定義できたじゃないか。その秘密は帰納的定義にある。それは，出発点となる式と，これまでに与えられた論理式から新しい論理式をつくるための規則の2つを明確にすることによってすべての論理式を捉えようとするものだった。この方法を流用しよう。そのための方法が**公理系**（axiomatic system）だ。

---

(1) 出発点となる代表的なトートロジーをいくつか選ぶ。
(2) 出発点に選んだトートロジーの代表から，残りのトートロジーをすべて作り出すための規則をたてる。
(3) 以上の手続きによって得られる論理式はすべてトートロジーであり，しかもトートロジーはすべて以上の手続きよって尽くされているということを証明する。

---

　(1)で言う「出発点となる式」を**公理**（axiom），(2)の規則を**推論規則**（rule of inference）あるいは**変形規則**（rule of transformation），(3)の証明を**完全性証明**と言う。どのような式を公理に選ぶか，またどのような規則を推論規則として採用するかには選択の余地がある。適当に選んでおけばいつでも大丈夫かというと，もちろんそのようなわけにはいかない。上手に選んでやらなくて

は(3)の条件を満たすことができなくなってしまう。

## 10.1.2 命題論理の公理系

次に挙げた公理系は，いずれも命題論理の範囲内ですべてのトートロジーを捉えようとして考案されたものである。いずれも，(3)の条件が満たされていることが証明されている。

**フレーゲの公理系（1879）**

---

A 1　P→(Q→P)
A 2　(P→(Q→R))→((P→Q)→(P→R))
A 3　(P→(Q→R))→(Q→(P→R))
A 4　(P→Q)→(¬Q→¬P)
A 5　¬¬P→P
A 6　P→¬¬P
R 1　AとA→BとからBを引き出してよい（**分離規則・modus ponens**，略してMPという）。
R 2　$P_1, \cdots, P_n$ が原子式であるとする。このとき，1つの式の中に出てくる $P_1, \cdots, P_n$ を一斉に論理式 $B_1, \cdots, B_n$ で置き換えてよい（**代入規則，置き換え規則・rule of substitution**，略してRSという）。

---

ん？　この公理系には∨がないぞ。だったらP∨¬Pみたいなトートロジーは出てこないじゃないか。確かにそうだ。多くの公理系では**用いる論理定項をごく少数のものに限定している**ことが多い。では，その他の論理定項を含むトートロジーはどうなるのかというと，次のような定義を追加しておくのである。

---

D 1　A∧B =$_{df}$ ¬(A→¬B)
D 2　A∨B =$_{df}$ ¬A→B
D 3　A↔B =$_{df}$ (A→B)∧(B→A)

---

この定義によると，P∨¬Pは¬P→¬Pの別の書き方になる。後者はフレーゲの公理から出てくるから先ほどの心配はご無用というわけだ。というわけで，フレーゲの公理系によれば，無限にたくさんあるトートロジーが，たった6つの論理式を出発点にして出てきてしまう。**これって考えてみるとすごいことだ**。

**公理系 APL**

本書でこれからしばらくあつかっていく公理系を紹介しよう。

> 公理系 **APL** (axiomatic system for propositional logic の略)
> A1   A→(B→A)
> A2   (A→(B→C))→((A→B)→(A→C))
> A3   (¬B→¬A)→((¬B→A)→B)
> R1   MP

　ここにない論理定項は定義D1〜D3で導入されるものとする。この公理系の大きな特徴は，公理そのものがA，Bなどの**図式文字**をつかって書かれているということだ。つまり，A1はひとつの論理式ではなく，P→(Q→P), (P→¬Q)→(R→(P→¬Q)), (P→(Q→P))→(((P→Q)→(P→(P→¬Q)))→(P→(Q→P)))などA→(B→A)の形をした無数の論理式を一括して表している。つまり，A1は「しかじかの形をした**任意の論理式**を公理とします」と言っている。したがって，**APL** は無限に多くの公理をもつ。このようなことから，A1からA3は**公理図式**（axiom schema）と呼ばれることもある。公理図式を使うメリットは，代入規則がいらなくなるということだ。

　P→Pはトートロジーの1つだが **APL** の公理には含まれていない。ということは，この式も **APL** のいずれかの公理から推論規則を適用して導かれるはずだ。実際，次のように導くことができる。

(1)　P→((P→P)→P) ·················································································· A1
(2)　(P→((P→P)→P))→((P→(P→P))→(P→P)) ········································· A2
(3)　(P→(P→P))→(P→P) ·············································································· (1)(2)からMPにより
(4)　P→(P→P) ····························································································· A1
(5)　P→P ······································································································· (3)(4)からMPにより


## 10.1.3　公理系に関して定義される諸概念

theorem と proof

　公理系 **APL** に対して，**APL** での theorem, proof ということを次のように定義する。

> 【定義】
> (1)　以下の条件を満たす，論理式の有限個の列 $B_1, B_2, \cdots, B_n$（この最後の $B_n$ がCであるとする）を，Cの **APL** における proof（証明）という。
>  ［条件］$B_i$（ただし $1 \leq i \leq n$）は，次のいずれかである。
>   (a)　**APL** の公理である。
>   (b)　先行する $B_j, B_k$ から推論規則 MP によって引き出された式である。
> (2)　Cの proof が存在するとき，Cは **APL** の theorem（定理）である，またはCは **APL** に

おいて provable（証明可能）であるという。

　ここで定義した proof はある条件を満たす**論理式の列**のこと，theorem はその列の最後にある**論理式そのもの**のことだ。だから，これまで【定理 25】とかその証明と言ってきたように，論理式の性質について或る事実を日本語で述べたもの，そしてその正しさを示すこととしての定理や証明とは全く異なるから気をつけてほしい。両方とも同じ「定理」という言葉を使うと紛らわしいので，ここで新しく定義された概念の方は「proof」，「theorem」という語を使っていくことにする。くどいなあ，自然演繹のところでも同じような注意をしたじゃないか（222 ページ）。そうである。でもこの区別は本当に重要なんだから何度でも言わせて。

**公理からの proof の例**

　先ほどの P→P の導出は，**APL** における proof の条件を満たしている。したがって，P→P は **APL** の theorem だと言ってよい。そこで，この論理式を theorem 1 と名づけておこう。次にもう少し込み入った proof の例を挙げる。推移律の proof だ。

(1) $(P→(Q→R))→((P→Q)→(P→R))$ ……………………………… A 2
(2) $((P→(Q→R))→((P→Q)→(P→R)))→$
　　$((Q→R)→((P→(Q→R))→((P→Q)→(P→R))))$ ……………… A 1
(3) $(Q→R)→((P→(Q→R))→((P→Q)→(P→R)))$ ……………(1)(2) から MP
(4) $((Q→R)→((P→(Q→R))→((P→Q)→(P→R))))→$
　　$(((Q→R)→((P→(Q→R))))→((Q→R)→((P→Q)→(P→R))))$ ……… A 2
(5) $((Q→R)→((P→(Q→R)))→((Q→R)→((P→Q)→(P→R)))$ ………(3)(4) から MP
(6) $(Q→R)→(P→(Q→R))$ ……………………………………………… A 1
(7) $(Q→R)→((P→Q)→(P→R))$ ………………………………(5)(6) から MP
(8) $((Q→R)→((P→Q)→(P→R)))→$
　　$(((Q→R)→(P→Q))→((Q→R)→(P→R)))$ ……………………… A 2
(9) $((Q→R)→(P→Q))→((Q→R)→(P→R))$ ………………(7)(8) から MP
(10) $(((Q→R)→(P→Q))→((Q→R)→(P→R)))→$
　　$((P→Q)→(((Q→R)→(P→Q))→((Q→R)→(P→R))))$ ……………… A 1
(11) $(P→Q)→(((Q→R)→(P→Q))→((Q→R)→(P→R)))$ ……………(9)(10) から MP
(12) $((P→Q)→(((Q→R)→(P→Q))→((Q→R)→(P→R))))→$
　　$(((P→Q)→(((Q→R)→(P→Q))))→((P→Q)→(((Q→R)→(P→R)))))$
　　……………………………………………………………………………… A 2
(13) $((P→Q)→(((Q→R)→(P→Q)))→((P→Q)→((Q→R)→(P→R)))$ ……(11)(12) から MP
(14) $(P→Q)→((Q→R)→(P→Q))$ ……………………………………… A 1
(15) $(P→Q)→((Q→R)→(P→R))$ …………………………………(13)(14) から MP

　ここに出てくる 15 個のすべての論理式が，公理か，先行する 2 つの式から推論規則によって

引き出された式かのいずれかであることをチェックしてみよう。ちゃんと proof であるための条件を満たしていることがわかる。したがって，(P→Q)→((Q→R)→(P→R)) は **APL** の theorem だ。こいつを theorem 2 と名づける。

公理からの proof はけっこうたいへんだが，練習を積んで君たちもこのくらいの proof は自由自在に構成できるようになる必要がある。……というのは嘘。ちょっと昔の教科書はこの手の proof がわんさと出てきて，学習者をうんざりさせていた。実際に論理式を導き出したり，論証の正しさを確かめるには，自然演繹やタブローというもっと使いやすい方法がある。ここで重要なのは**公理系**とは何かということをしっかり理解することだ。

### 公理系の健全性と完全性

本章で公理系をつくったそもそものねらいはすべてのトートロジーを数え上げることにあった。したがって，(1)どんなトートロジーも上記の3つのかたちをした公理のいくつかを出発点に置いて MP によって変形して行くと出てくる，(2)そのようにして出てくる論理式はどれもトートロジーになっている，という2つのことがらが成り立っていてくれないと困る。つまり，

> 論理式 A が **APL** の theorem である　⇔　A はトートロジーである。

がなりたって欲しい。一般に，

> 【定義】論理式 A が公理系 K の theorem である　⇒　A はトートロジーである
> がなりたつとき，公理系 K は**健全**（sound）であると言う。逆に，
> 　　論理式 A がトートロジーである　⇒　A は公理系 K の theorem である
> がなりたつとき，公理系 K は**完全**（complete）であると言う。

また，公理系が健全で完全であることをひっくるめて完全であると言うこともある。我々の公理系 **APL** は健全かつ完全である。健全であることの証明は簡単だが，完全であることの証明のためにはずいぶんと準備が必要だ。そこで，完全性の証明の方は 10.3 以降で行うこととして，ここでは **APL** の健全性の証明を練習問題としておこう（それくらい簡単なのだ）。

---
**練習問題 76**

**APL** の健全性を示せ。

---

## 10.1.4　仮定からの演繹

#### いじっていたら出た !?

ところで，公理系は論理的帰結の概念のこれまでとは違ったとらえ方も与えてくれる。それを

理解するために次のような数学の問題を考えてみよう。

【問題】$\sin\theta + \cos\theta = \sqrt{2}$ とする。このとき，$\sin 2\theta$ を求めよ。

これをこんな風に解いた人がいるとしよう。

ええと，どうやったらいいのかな。そもそも，「サイン」，「コサイン」って何だっけ。たしか三角形に関係あったと思うけどわすれちゃった。よくわからないけど，とにかく $\sin\theta + \cos\theta = \sqrt{2}$ の両辺を 2 乗してみよう。

$$\sin^2\theta + 2\sin\theta\cos\theta + \cos^2\theta = 2$$

そういえば，$\sin^2\theta + \cos^2\theta = 1$ じゃなかったっけ。こいつを代入してみよう。

$$1 + 2\sin\theta\cos\theta = 2 \text{ になった。}$$

両辺から 1 を引いたらすっきりするぞ。

$$2\sin\theta\cos\theta = 1$$

どうしよう。そうだ，たしか $2\sin\theta\cos\theta = \sin 2\theta$ って公式があった。こいつを代入してやれ。

$$\sin 2\theta = 1$$

あれま。でちゃった。答えは 1 だ。

**式の意味はわからないが**，闇雲に変形していたら目指す答えが出てきた。おおかたの受験生にこういった経験はあるだろう。ここでP→Pのproofを見直してみると，式の形だけを見ていてもproofは構成できるということがわかる。「→」が「ならば」であるとか，「A→B」の真理条件についての考慮はproofの構成には必要ない。つまりここで言うproofは，全く意味・真理無視の立場つまりシンタクスの立場に立って行えるようなものなのだ。

**仮定からの演繹**

いまの数学の問題で使った式を整理してみよう。
(1) 出発点となったのは，$\sin\theta + \cos\theta = \sqrt{2}$。これは問題で与えられた仮定となる式である。
(2) その他に，$\sin^2\theta + \cos^2\theta = 1$ と $2\sin\theta\cos\theta = \sin 2\theta$ といういわゆる「公式」を使った。

この 2 種類の式はちょっと性格が違う。(1)の式は**この問題でだけ成り立つと仮定される式**であるのに対し，(2)の式はいつでも成り立つ式で，どんな問題においても使って良い式だ。ここで注目するべきことは，

---
・われわれが普通「証明問題を解く」と呼んでいるのは，問題に与えられた特定の式（これを仮定と呼ぼう）から，目標となる式をみちびくということである。
・そのときに，公式と呼ばれるいつでも使ってよい式を導入して目標となる式を導いている。

---

という 2 つの点にまとめられる。ここで言う与えられた特定の仮定から出発して目標となる式に

たどりつく過程としての「証明」を公理系という道具を用いてきちんと捉え直してみたい。ただし，もうすでに「proof」という言葉はつかってしまったので，これを「deduction（演繹）」と呼ぶことにする。先ほど示した例は $\sin\theta+\cos\theta=\sqrt{2}$ から $\sin 2\theta=1$ への演繹である。この途中でわれわれは2つの公式を使ったわけだ。論理学ではこの公式は公理に相当する。

そこで次のように定義する。

---
【定義】
(1) $\Gamma$ を論理式の集合とする。このとき，以下の条件を満たす，論理式の有限個の列 $B_1$, $B_2$, $\cdots$, $B_n$ ($B_n$ は C であるとする) を，公理系 **APL** における仮定 $\Gamma$ から C への deduction（演繹）という。

［条件］$B_i$（ただし $1 \leq i \leq n$）は，次のいずれかである。
  (1) **APL** の公理である。
  (2) $\Gamma$ の要素である。
  (3) 先行する $B_j$, $B_k$ から推論規則 MP によって引き出された式である。

(2) $\Gamma$ から C への演繹が存在するとき，C は $\Gamma$ から deduce される，または deducible（演繹可能）と言い，$\Gamma \vdash C$ と書く。

---

この記号「$\vdash$」はターンスタイルと呼ばれる。「$\Gamma$ から C が論理的に出てくる」という概念を論理学的に精密化して捉えたもの，という点ではすでにでてきた2重ターンスタイル「$\vDash$」と似ているが，両者は全く異なった仕方で定義された別の概念であるから混同してはならない。deduction もやはりある条件を満たした論理式の列に他ならないことに注意しよう。

### 仮定からの deduction の例

$P\to Q$, $P\to(Q\to R) \vdash P\to R$ であることを示そう。

(1) $P\to Q$ ……………………………………………………………仮定
(2) $P\to(Q\to R)$ ……………………………………………………仮定
(3) $(P\to(Q\to R))\to((P\to Q)\to(P\to R))$ ……………………A 2
(4) $(P\to Q)\to(P\to R)$ ……………………………………………(2)(3)MP
(5) $P\to R$ ……………………………………………………………(1)(4)MP

次に，$P\to Q$, $Q\to R$, $P \vdash R$ であることを示そう。

(1) $P\to Q$ ……………………………………………………………仮定
(2) $P$ ……………………………………………………………………仮定
(3) $Q$ ……………………………………………………………………(1)(3)MP
(4) $Q\to R$ ……………………………………………………………仮定
(5) $R$ ……………………………………………………………………(3)(4)MP

こんどは公理を使わないで結論が出てきてしまった。しかしこれもれっきとした deduction なのだ。

### proof は deduction の特殊ケースである

proof と deduction の2つはあまり違わない。ようするに，deduction では公理以外にいくつかの式を仮定として置いてスタートするのに対し，proof では公理だけが使われるという違いがあるだけだ。このように proof は，0個の仮定から出発した deduction の特殊ケースだと考えられる。つまり，Γ⊢C において Γ が空集合のときが proof になるというわけだ。だから，C が theorem であることを「⊢C」と書くことにしよう。

### deduction のもつ性質

Γ からの deduction に対して次のことがらがなりたつ。

---
【定理37】
(1) A∈Γ ⇒ Γ⊢A
(2) Γ⊢A かつ Γ⊆Δ ⇒ Δ⊢A
(3) Γ⊢A ⇒ Γ′⊆Γ なる適当な有限集合 Γ′ があって，Γ′⊢A
(4) ⊢A ⇒ Γ⊢A
(5) Γ⊢A かつ Γ⊢A→B ⇒ Γ⊢B
(6) {Γ⊢A かつ Γ に含まれるすべての論理式 B について Δ⊢B} ⇒ Δ⊢A
(7) {Γ⊢A かつ Δ, A⊢B} ⇒ Γ, Δ⊢B

---

(1)から(5)の証明は簡単だから読者にまかせることにする。ここでは(6)と(7)を証明しておこう。

【(6)の証明】Γ⊢A であるから，Γ に含まれる式を仮定として置いた A の deduction が存在している。この deduction を D と呼ぼう。また，Γ に含まれるすべての論理式 B について Δ⊢B であるから，Γ に含まれるすべての論理式 B に対して，Δ に含まれる式のみを仮定として置いた deduction が存在している。

このとき，D において Γ に含まれる式 B が仮定として置かれているすべての箇所で，B の前に Δ に含まれる式のみを仮定として置いた B の deduction を挿入する。できあがる論理式の列は，Δ に含まれる式のみを仮定として置いた A の deduction に他ならない。したがって，A は Δ から deducible である。つまり Δ⊢A ■

【(7)の証明】Γ⊢A であるから，Γ に含まれる式を仮定として置いた A の deduction が存在している。この deduction を D としよう。また，Δ, A⊢B であるから，Δ に含まれる式と A を仮定として置いた B の deduction が存在している。この deduction を D′ とする。このとき，D′ の中で A が現れる箇所の直前に，D を挿入したとしてみよう。結果として生じるのは，Γ と Δ に含まれる式を仮定として置いた B の deduction である。したがって，Γ, Δ⊢B ■

> **練習問題 77**
> (1) $P \vdash Q \to P$ を示せ。
> (2) $P \vdash (P \to Q) \to Q$ を示せ。(ちょっと難しい)

## 10.1.5 演繹定理

以上で定義された $\vdash$ については次の事実が成り立つことが分かっている。これがなかなかに便利なのだ。

> **【定理 38：演繹定理（deduction theorem）】** $\quad \Gamma, A \vdash C \quad \Leftrightarrow \quad \Gamma \vdash A \to C$

こいつの証明はかなりやっかいだ。「⇒」の方向の証明が難しいからである。しかし，逆は簡単だから練習問題にしておく（練習問題 78 の(1)がそれだ）。証明の前に，まず演繹定理がいかに有用かを納得してもらうことからはじめよう。

### 演繹定理は便利

すでに 251 ページでみたように推移律 $(P \to Q) \to ((Q \to R) \to (P \to R))$ の proof をつくるのはとんでもなくたいへんだった。が，演繹定理を繰り返して使うと，

$$\vdash (P \to Q) \to ((Q \to R) \to (P \to R)) \quad \Leftrightarrow \quad P \to Q \vdash (Q \to R) \to (P \to R) \quad \Leftrightarrow \quad P \to Q, Q \to R \vdash P \to R$$
$$\Leftrightarrow \quad P \to Q, Q \to R, P \vdash R$$

となる。つまり，$P \to Q, Q \to R, P$ を仮定した R への deduction があることさえ示しておけば，$(P \to Q) \to ((Q \to R) \to (P \to R))$ の proof が存在することが言えてしまう。そして，前者は 254 ページですでに済ませてある。このように演繹定理により，或る論理式に proof が存在することを示すことはとても簡単になる。どう，証明しておきたくなったでしょ？

### 演繹定理の証明

$\Gamma, A \vdash C \quad \Rightarrow \quad \Gamma \vdash A \to C$ の方向を証明する。

**【証明】** $\Gamma, A \vdash C$ つまり，$\Gamma, A$ からの C への deduction が存在すると仮定する。それを $B_1, B_2, \cdots, B_m$ としよう。もちろん $B_m = C$ である。このとき，各 $B_i (1 \leq i \leq m)$ について，$\Gamma \vdash A \to B_i$ であることを示せばよい。なぜなら，$i = m$ のとき，これは $\Gamma \vdash A \to C$ ということに他ならないからだ。そこで，番号 i についての数学的帰納法（式の長さについての帰納法ではないから注意）を用いて次のように証明する。

[Basis] $i = 1$ のとき，

$\Gamma \vdash A \to B_1$ を示そう。$B_1$ は $\Gamma, A$ から C への deduction のなかに現れる式だから，公理であるか，$\Gamma$ の要素であるか，A であるかのいずれかだ。

・Subcase 1． $B_1$ が公理であるとき，

⊢$B_1$ である．一方，A1より⊢$B_1$→(A→$B_1$) である．これらより，定理37の(4)(5)によって Γ⊢A→$B_1$

・Subcase 2． $B_1$ が Γ の要素であるとき，

Γ⊢$B_1$ である．A1より⊢$B_1$→(A→$B_1$) である．これらより，定理37の(4)(5)によって Γ⊢A→$B_1$

・Subcase 3． $B_1$ が A であるとき，

⊢A→A である．しかし，$B_1$ が A に他ならないのだから，Γ⊢A→$B_1$

以上より，いずれにせよ Γ⊢A→$B_1$ が成立する．

[Induction step] k<i なるすべての k について，Γ⊢A→$B_k$ と仮定する（帰納法の仮定）．

この仮定のもとで，Γ⊢A→$B_i$ となることを証明しよう．

$B_i$ は deduction のなかに現れる式だから，公理であるか，Γ の要素であるか，A であるか，先行する2つの式 $B_j$, $B_l$ (j, l<i) から MP によって得られた式であるかのいずれかだ．

・Subcase 1〜3． 公理であるか，Γ の要素であるか，A である場合．[Basis] での証明と全く同様に Γ⊢A→$B_i$ であることが言える．残るは，次の場合のみ．

・Subcase 4． $B_i$ が先行する2つの式 $B_j$, $B_l$ (j, l<i) から MP によって得られた式である場合，

帰納法の仮定により，Γ⊢A→$B_j$ かつ，Γ⊢A→$B_l$ である．また，$B_j$, $B_l$ から MP によって $B_i$ が得られたのだから，$B_l$ が $B_j$→$B_i$ の形をしているか，$B_j$ が $B_l$→$B_i$ の形をしているのでなくてはならない．そこで，かりに前者であるとしよう．このとき，

Γ⊢A→$B_l$ と，$B_l$ が $B_j$→$B_i$ の形をしていることにより，Γ⊢A→($B_j$→$B_i$)．

また，A2より，⊢(A→($B_j$→$B_i$))→((A→$B_j$)→(A→$B_i$))．

これらから定理37の(4)(5)によって，Γ⊢(A→$B_j$)→(A→$B_i$)．さらに，これと Γ⊢A→$B_j$ により定理37の(5)を用いて Γ⊢A→$B_i$ である．$B_j$ が $B_l$→$B_i$ の形をしている場合も全く同様．■

---

**練習問題 78**

(1) Γ⊢A→C ⇒ Γ, A⊢C を示せ．こちらの方向は簡単．これにより，演繹定理の証明が完成する．

(2) 以下のことがらを示せ．演繹定理を用いてもよい．
　(a) ⊢(P→(Q→R))→(Q→(P→R))　（この論理式を theorem 3 と呼ぶ）
　(b) ⊢(P→(P→Q))→(P→Q)　（同様に theorem 4）
　(c) ⊢(¬Q→¬P)→(P→Q)　（theorem 5）

---

## 10.1.6　deduction 中での theorem の利用と派生規則

**一度 proof の存在を示した theorem は図式として使おう**

次に2重否定則，⊢¬¬P→P を示してみよう．演繹定理により，¬¬P⊢P を示せばよかろう．そこで，

(1)　¬¬P　……………………………………………………………………………仮定
(2)　(¬P→¬¬P)→((¬P→¬P)→P)　………………………………………………A 3
(3)　¬¬P→(¬P→¬¬P)　………………………………………………………A 1
(4)　¬P→¬¬P　…………………………………………………………………(1)(3)MP
(5)　(¬P→¬P)→P　……………………………………………………………(2)(4)MP
(6)　¬P→((¬P→¬P)→¬P)　…………………………………………………A 1
(7)　(¬P→((¬P→¬P)→¬P))→((¬P→(¬P→¬P))→(¬P→¬P))　……………A 2
(8)　(¬P→(¬P→¬P))→(¬P→¬P)　…………………………………………(6)(7)MP
(9)　¬P→(¬P→¬P)　…………………………………………………………A 1
(10)　¬P→¬P　…………………………………………………………………(8)(9)MP
(11)　P　………………………………………………………………………………(5)(10)MP

うまくいった。演繹定理によれば ¬¬P→P に proof があることがわかった（上の式の列じたいは ¬¬P→P の proof ではないよ）。そこで ¬¬P→P を theorem 6 と名づけよう。ところで上の deduction をよく見ていると，(6)から(10)までのところは，一番最初に示した P→P の proof の「P」のところを「¬P」に置き換えてもう一度繰り返しているにすぎないことがわかる。これはいかにも無駄じゃなかろうか。そこで，これまでに proof があることがわかっている theorem は，公理と同じように deduction や proof において自由に使ってよいことにしよう。さらに，P→P の proof がいったんなされていれば，その proof で「P」が出てくるところをいっせいに「(Q→¬R)」に置き換えれば (Q→¬R)→(Q→¬R) の proof としてそのまま使えるわけだから，一度 proof があることが示された theorem は，そのあとは**図式として使ってよい**ということになる。こうして，次のように deduction をはしょることができる。

(1)　¬¬P
(2)　(¬P→¬¬P)→((¬P→¬P)→P)　………………………………………………A 3
(3)　¬¬P→(¬P→¬¬P)　………………………………………………………A 1
(4)　¬P→¬¬P　…………………………………………………………………(1)(3)MP
(5)　(¬P→¬P)→P　……………………………………………………………(2)(4)MP
(6)　¬P→¬P　…………………………………………………………………theorem 1
(7)　P　………………………………………………………………………………(5)(6)MP

手を抜かずにちゃんとやれ！と言われたら，(5)と(6)の間に ¬P→¬P の proof を挿入すればよいわけだ。

### 派生規則

例えば，P→Q, Q→R, P ⊢ R であることがわかったとする。この deduction を D と呼んでおこう。さてそうすると，何か他の deduction を構成しようと試みているときに，論理式の列の中に P→Q, Q→R, P という 3 つの式が現れているなら，その列に続けて R を書き込んでも，

ちゃんとした deduction であるための条件には違反していないことになる。なぜなら、きちんとすべてのステップを埋めろと言われたらいつでも D を R の前に挿入すればよいからだ。

ということは、P→Q, Q→R, P ⊢ R であることがわかったら、deduction の途中で「P→Q, Q→R, P からは R を引き出してよい」という規則をあたかも MP に類する推論規則のように使ってよいことになるだろう。さらに、P→Q, Q→R, P から R への deduction に出てくる「P」、「Q」、「R」という原子式を一斉に別の論理式に取り替えても結果として生じる式の列がきちんとした deduction であるということには変化はないから、これらの文字を図式と考えて、「A→B, B→C, A からは C を引き出してよい」という「推論規則」も手に入れたと考えてよい。こうした新しい規則は公理系 **APL** の推論規則として最初から備わっていたものではなく、公理系から導き出された規則であるから、**派生規則**（derivative rule）と呼ばれる。

こうして、公理系のじっさいの展開においては、どんどん使ってよいレパートリーを増やしながら進んでいくことができる。本書のこれまでの段階でも、すでに次のような派生規則が手に入ったことになる。

| | | | | |
|---|---|---|---|---|
| D1 | A→B, A→(B→C) | から | A→C を引き出してよい | (254 ページ) |
| D2 | A→B, B→C, A | から | C を引き出してよい | (254 ページ) |
| D3 | A | から | B→A を引き出してよい | (練習問題 77 の(1)) |
| D4 | A | から | (A→B)→B を引き出してよい | (練習問題 77 の(2)) |
| D5 | A→B | から | (B→C)→(A→C) を引き出してよい | (256 ページ) |
| D6 | A→B, B→C, | から | A→C を引き出してよい | (256 ページ) |
| D7 | A→(B→C), B, A | から | C を引き出してよい | (練習問題 78 の(2)(a)) |
| D8 | A→(A→B), A | から | B を引き出してよい | (練習問題 78 の(2)(b)) |
| D9 | ¬B→¬A, A | から | B を引き出してよい | (練習問題 78 の(2)(c)) |
| D10 | ¬B→¬A | から | A→B を引き出してよい | (練習問題 78 の(2)(c)) |
| D11 | ¬¬A | から | A を引き出してよい | (258 ページ) |

### 練習問題 79

(1) 次の派生規則がなりたつことを示せ。
　　D12　A→(B→C), B　　から　　A→C を引き出してよい
　　D13　A→¬¬B　　から　　A→B を引き出してよい

(2) 以下のことを示せ。派生規則を使ってよい。
　　(a) ⊢ P→¬¬P　　　　　(theorem 7)
　　(b) ⊢ (P→Q)→(¬Q→¬P)　　(theorem 8)
　　(c) ⊢ ¬P→(P→Q)　　　(theorem 9)

## 10.1.7 自然演繹も公理系の一種である

**公理系にもいろいろある**

命題論理の公理系にはたくさんの作り方がある。**APL** とはちがう公理を選んでもよい。そうすると **APL** とは違った公理系ができる。例えば，メレディス（Meredith）の公理系 M（1953）というのがある。これなんかは公理が１つしかないというのがすごい。

---
A 1　((((P→Q)→(¬R→¬S))→R)→T)→((T→P)→(S→P))
R 1　MP
R 2　RS

---

よくこんなの思いついたなあと感心してしまうが，実際にこの公理系を使うのは大変そうだ。このように何種類もの公理系があるということになると，本当は単に $A_1, A_2, \cdots, A_n \vdash B$ とか，$\vdash B$ と書いていたのではいけなかったということが分かる。どの公理系での deduction・proof なのかをはっきりさせなくては意味がない。そこで，今後は必要ならば，公理系の名前を添字としてつけ加え，$\vdash_{APL} B$ とか，$\vdash_M B$ と書いて，どのような公理系において deduction や proof があると言っているのかを明示することにする。

**自然演繹も公理系の一種である**

さて，メレディスの公理系をもう一歩進めて，公理が１つもない公理系はあるだろうか？　そんな馬鹿な，公理がない公理系なんてあるもんか。そうではない。なにを隠そう自然演繹こそがそれだったのだ。自然演繹は公理を置かず，推論規則だけでつくられた公理系だ。そこで公理系としてみた場合の自然演繹を **ND** と名づけることにする。

## 10.2 シンタクスとセマンティクス

### 10.2.1 論理的帰結の２通りの捉え方

論理学は，論証の正しさとは何か，言い換えれば「論理的に出てくる」ということはどういうことかを調べることを目標の１つにしていた。これまでの段階で，本書が目標としてきた問いに２つの仕方で答えを出すことができたと言える。

**意味論的帰結**

１つはセマンティクスを道具として捉えた論理的帰結の概念だ。それによると論理式 $A_1, A_2, \cdots, A_n$ から C が論理的に出てくるというのは，$A_1, A_2, \cdots, A_n$ がすべて真になるような真理値割り当て/モデルのもとで C も必ず真になるということである。このことを，$A_1, A_2, \cdots, A_n \models C$ と

書くのだった。

また、この考え方のもとでは、Cが論理的真理であるということは、Cがどのような真理値割り当て／モデルのもとでも必ず真になるということ、言い換えればCがトートロジー／妥当式であるということとして捉えられることになった。これを ⊨C と書く。

こうした論理的帰結や論理的真理の捉え方は、記号にどのような解釈を割り当てるかという観点にたっている。このように、記号にどのような意味を割り当てるかということと、そこから派生する様々なことがらを担当する部門が**意味論・セマンティクス**（semantics）である。真理表の話やモデルの話はセマンティクスに属するし、トートロジーや妥当式、論理的同値といった概念はみんな真偽ということに関係するからセマンティクスに属する概念だ。だから、「⊨」によって表示される論理的帰結の概念を**意味論的帰結**（semantical consequence）と言う。この路線は、論理的帰結の概念は**論理定項の意味**によって明らかになるはずだという直観を突き詰めていったものと考えられる。

**構文論的帰結という考え方**

しかし、これとは異なる論理的帰結概念の捉え方がある。それは、論理的に出てくるかどうかは**式の形だけの問題**だという直観を突き詰めたものと言える。この考えのもとでは、論理式 $A_1$, $A_2$, $\cdots$, $A_n$ から C が論理的に出てくるというのは、公理系 **APL**（あるいは **ND**）において、$A_1$, $A_2$, $\cdots$, $A_n$ を仮定とする C の deduction が存在するということに他ならない。つまり、$A_1$, $A_2$, $\cdots$, $A_n$ と **APL** の公理を出発点として推論規則を順序良く当てはめて書き換えてゆくと C にたどりつくということだ。このことを、$A_1$, $A_2$, $\cdots$, $A_n$ ⊢ C と書くのだった。そして、この考え方のもとでは、論理式 C が論理的真理であるということは、仮定を置かない C の deduction があるということ、言い換えればCがtheoremであるということとして捉えられた。これを ⊢C と書く。

deduction を構成するプロセスには、意味や真理条件についての考慮は全く必要ない。推論規則の MP「A と A→B とから B を引き出してよい」は、A と A→B が真なら B も真だから、A と A→B があれば B も書いてよい、ということを述べているようにも思えてしまう。そして、この規則を覚えるためにはその方がよいかもしれない。しかし、この規則が述べているのは、A と A→B という**形をした式**が deduction に出てきていれば、B という部分を取り出して次に書いてもよいということに尽きる。

このように、ちょうど、サイン、コサインの意味も分からず闇雲に式をいじっていたら正解に達してしまった受験生のような視点をわざわざとることによって、記号の意味とか式の真偽ということとは独立に、言語を純粋に**図形の連なり**として捉え、記号がどんな形をしてどのように並んでいるかだけに注目して論理を考える立場が**構文論・シンタクス**（syntax）である。この章の最初では、たしかに公理系をトートロジー（これ自体はセマンティクス的な概念）を数え尽くそうというねらいで導入した。しかし、そこで出てくる公理とか theorem は、真偽という考え方を全く使わないで定義されるシンタクス的な概念なのだ。

P→P の **APL** における proof をみたときに、「P→P なんて分かり切ったことをこんなにつらい思いをして証明してなんになるのか。だいいち P→P はそれを導くのに使った公理よりもずっ

と明らかじゃないか」と思った人がいるだろう。この人はシンタクスの話とセマンティクスの話をまぜこぜにしてしまっている。シンタクスの観点では，P→Pは図形の列であって，意味はないのだから自明も何もありはしない。シンタクスの立場での「proof」はある条件を満たした式の列のことに他ならない。したがって，P→P の proof をつくってみることよって分かるのは，**P→P が真であることとかトートロジーであるということではなく**，公理から規則に従って式を変形していくことによって P→P という記号列に到達することができるということなのだ。したがって，我々は公理からの proof によって初めて P→P が真理であることを知るのではない。P→P が真理であることははじめから分かり切っている。しかし，そういう分かり切った式が，**APL** に与えられた公理から形式的な記号の書き換えだけででてくるかどうか。これは，ちっとも分かり切ったことではない。

　興味深いのは，言語を図形の連なりと見る，こうしたシンタクスの立場がなぜ成立してきたのかということだ。ここで詳しく述べることはできないが，それには現代の論理学が数学の中で生まれ発展してきたということが関係しているだろう。数学では数や集合などの対象（これを数学的対象と言う）を相手に証明や演繹を行っている。では，数学がそうした証明自身を対象にしていろいろ調べたくなったらどうすればよいのだろうか？　それには証明そのものを数学で扱える数学的対象にする他はない。厳密な規則に従ってつくられる図形の連なりとして証明を捉えるということは，**証明を数学の対象にする**，ということでもあったわけだ。

## 10.2.2　シンタクスにおいて捉えた矛盾の概念

　論理学は3つの研究対象をもつということをすでに述べた。(1)論理的帰結の概念，(2)論理的真理の概念，(3)論理的矛盾の概念がそれだ。これらの概念を明確にするのが論理学の目標だったわけだけれど，これまでにわかったのは，その目標を実現するためには論理定項の意味に注目するセマンティクスと，意味は無視して論理の図形変形ゲーム的な側面に注目するシンタクスの2つのやり方があるということだ。

　このうち(1)と(2)がそれぞれどのように捉えられるかについてはすでに述べた。残るもう1つの概念について触れておかねばならないだろう。つまり矛盾の概念だ。式の集合 $\Gamma$ が矛盾しているということはいかなることか。セマンティクスの立場からは次のように定義された。

---

【定義】式の集合 $\Gamma$ が**セマンティクス（意味論）的に矛盾**している（$\Gamma \models$ と書く）　⇔　$\Gamma$ に属する式を一斉に真にする真理値割り当て/モデルが存在しない。

　$\Gamma$ が意味論的に矛盾していないとき，$\Gamma$ は**充足可能**または**整合的**であるという。

---

シンタクスにおいてこれに対応する矛盾概念は次のように定義される。

---

【定義】式の集合 $\Gamma$ が**シンタクス（構文論）的に矛盾**している（$\Gamma \vdash$ と書く）　⇔　$\Gamma \vdash A$，$\Gamma \vdash \neg A$ となるような論理式 A が存在する。

Γ が構文論的に矛盾していないとき，Γ は**無矛盾**であると言う。

この 2 つの定義はまったく別物だ。しかしそれでも，どちらも矛盾というぼんやりした日常的概念を論理学的に厳密化したものだと言ってよい。それは，これらの定義からそれぞれ次のようによく似た結果が導かれるからだ。乱暴に言うと，「矛盾からは何でも出てくる」ということだ。

【定理 39】
(1) Γ が意味論的に矛盾している ⇒ 任意の式 B について，Γ ⊨ B
(2) Γ が構文論的に矛盾している ⇒ 任意の式 B について，Γ ⊢ B

(1)についてはとっくの昔に証明してあるので，ここでは **APL** について(2)を証明しておこう。

【証明】Γ が構文論的に矛盾していると仮定する。このとき定義により，Γ ⊢ A，Γ ⊢ ¬A となるような論理式 A が存在する。したがって，任意の式 B について A, ¬A ⊢ B を示せば，Γ から A の deduction，Γ から ¬A の deduction，A と ¬A から任意の B への deduction が存在することになるから，これら 3 つの deduction を並べて 1 つの deduction をつくれば，それは Γ から任意の B への deduction になる。というわけで A, ¬A ⊢ B を示そう。

(1)　A ……………………………………………………………………仮定
(2)　¬A ……………………………………………………………………仮定
(3)　¬A→(¬B→¬A) ………………………………………………………A 1
(4)　¬B→¬A ……………………………………………………………(2)(3)MP
(5)　(¬B→¬A)→((¬B→A)→B) …………………………………………A 3
(6)　(¬B→A)→B ………………………………………………………(4)(5)MP
(7)　A→(¬B→A) …………………………………………………………A 1
(8)　¬B→A ………………………………………………………………(1)(7)MP
(9)　B ……………………………………………………………………(6)(8)MP

これにより，構文論的に矛盾した式の集合からは任意の論理式の deduction が存在することが証明された。■

以上のことにより，Γ が（構文論的に）無矛盾であることを証明したかったら，Γ から deduction できない論理式がひとつでもあることを示せばよいことが分かる。

**練習問題 80**

(1) 次の定理を証明せよ。

【定理 40】Γ ∪ {¬A} が構文論的に矛盾している ⇔ Γ ⊢$_{APL}$ A

(2) Γ ⊢$_{ND}$ A, Γ ⊢$_{ND}$ ¬A なる論理式 A があるとき，Γ を **ND** 矛盾していると言うことにする。次の

うち **ND** 矛盾している論理式の集合はどれか，そしてそれが **ND** 矛盾していることを示せ．
(a) $\{P\vee Q,\ \neg P\to\neg Q,\ \neg P\}$  (b) $\{P\vee Q,\ \neg(P\wedge Q),\ P\leftrightarrow Q\}$  (c) $\{P\to Q,\ P,\ \neg Q\}$

#### 構文論的無矛盾性

式集合の構文論的無矛盾性と同じように公理系についても構文論的無矛盾性を定義することができる．

【定義】公理系 K が構文論的に無矛盾である ⇔ K には，$\vdash A$ かつ $\vdash\neg A$ となるような論理式 A が存在しない．

K が矛盾した公理系だとどういうことになるのだろう．A, $\neg A$ からは任意の式 B が deducible だから，結局，矛盾した公理系からは任意の式が provable だということになってしまう．どんな式も出てくるような公理系なんて全くのナンセンスだろう．したがって構文論的無矛盾性は公理系がまず第1に満たすべき最低限の要件だと言える．幸いなことに，我々の公理系 **APL** については次の定理が成り立っている．

【定理 41】**APL** は無矛盾である．

証明はとても簡単．練習問題 76 で証明しておいた **APL** の健全性からすぐにえられる．

【証明】**APL** は健全である．つまり，$\vdash A$ ⇒ A はトートロジー，が成り立つ．したがって，トートロジーでない論理式は **APL** で provable ではない．もし **APL** が矛盾していたら，**APL** ではあらゆる論理式が provable のはずだから，provable でない式があるということは **APL** が無矛盾であることを意味している．■

### 10.2.3 完全性がなぜ重要なのか

トンネル工事が山の両側から掘り進むように，論理学は3つの論理学的概念をシンタクスとセマンティクスの両面から攻略しようとしていることがわかっただろうか．ここでそれを表の形にまとめておこう．

| 日常的概念 | ΓからAが論理的に出てくる | 論理的に正しい | Γが論理的に矛盾している |
|---|---|---|---|
| セマンティクス（意味論） | 意味論的帰結<br>Γをすべて真にする真理値割り当て・モデルのもとでAも真になる | トートロジー・妥当式<br>いかなる真理値割り当て・モデルのもとでも真になる論理式 | 意味論的矛盾<br>Γに含まれる論理式を一斉に真にする真理値割り当て・モデルが存在しない |
| シンタクス（構文論） | 構文論的帰結<br>Γに含まれる論理式を仮定してAを導くdeductionがある | theorem<br>仮定をおかずにAを導くdeduction（つまりproof）がある | 構文論的矛盾<br>Γに含まれる論理式を仮定してAを導くdeductionと，Γに含まれる論理式を仮定して¬Aを導くdeductionとがともに存在する |

こういう風に両側からトンネルを掘ってきて真ん中でうまく出会えるだろうか。つまり，セマンティクスで捉えた論理的帰結の概念と，シンタクスで捉えた論理的帰結の概念とがうまくぴったり重なってくれるだろうか。ようするに，次が成り立つだろうか？

$$A_1, A_2, \cdots, A_n \models C \quad \Leftrightarrow \quad A_1, A_2, \cdots, A_n \vdash C$$

これは，論理式 $A_1, A_2, \cdots, A_n$ から C が意味論的に帰結するなら，構文論的にも帰結するし，その逆もなりたつということだ。これら2つの帰結の捉え方は本来まったく別物だということを忘れてはならない。だから，へたくそに公理系を立てたのではうまくいかない。しかし，**APL**，**M**，**ND** に関しては上の関係がなりたつことが証明できる。これを公理系の**完全性証明**という。この特殊ケースがすでに 248 ページで述べた $\models C \Leftrightarrow \vdash C$，つまり theorem はすべてトートロジーでありトートロジーはすべて provable だという意味での完全性だ。

完全性証明がうまくいけば，「論理的に出てくる」ということを意味論的に捉える仕方と構文論的に捉える仕方とが重なることがわかる。ただし，ここで言う「重なる」ということは，意味論的帰結の概念と構文論的帰結の概念とが**同じ意味の概念になる**ということではない。theoremの集合＝トートロジーの集合，あるいは，Γから意味論的に帰結する論理式の集合＝Γから構文論的に帰結する論理式の集合，ということ，つまり2つの概念はその**広がりにおいて一致している**ということだ。これを保証するのが完全性証明である。完全性の証明は，このようにしてセマンティクスとシンタクスを結びつける，論理体系にとって非常に重要な意義を持つものなのだ。

## 10.3 命題論理の公理系の完全性証明

おまちどうさま。いよいよお預けにしておいた完全性定理の証明にとりかかろう。まず，10.3.1，10.3.2 で証明すべきことがらと証明の基本方針を確認し，10.3.3 以降で証明の本体を述べていくことにする。

### 10.3.1 完全性定理とヘンキンによる証明の利点

#### 強い完全性定理

本書では，はじめ次の形で完全性定理を紹介した．それは，公理系の theorem の集合とトートロジーの集合がぴったり一致することを主張するものだった．つまり，

$$\vDash B \quad \Leftrightarrow \quad \vdash B \quad \cdots\cdots(1)$$

である．のちにこれを次の定理の特殊ケースとして位置づけた．

$$A_1, A_2, \cdots, A_n \vDash B \quad \Leftrightarrow \quad A_1, A_2, \cdots, A_n \vdash B \quad \cdots\cdots(2)$$

これは，セマンティクスで捉えた論理的帰結の概念とシンタクスで捉えたそれとが外延的に一致するということだ．このように，完全性定理はシンタクスとセマンティクスの架け橋の役割をする定理だといえる．これから証明するのは，これらよりさらにちょっとだけ強い結果

**【定理 42】** $\Gamma \vDash B \quad \Leftrightarrow \quad \Gamma \vdash B \quad \cdots\cdots(3)$

である．これは**強い完全性定理**（strong completeness theorem）と呼ばれることがある．これが「強い」わけは，$\Gamma$ が**無限集合**でもよいからだ．$\Gamma$ が無限集合のときに $\Gamma \vdash B$ ってどういうことを意味するのかと疑問に思う読者がいるかもしれないから，念のためにおさらいしておく．$\Gamma \vdash B$ は「仮定がすべて $\Gamma$ の要素であるような $B$ の deduction がある」ということだから，$\Gamma$ が無限集合でも $\Gamma \vdash B$ は意味をなす．$\Gamma \vdash B$ は $B$ の deduction に $\Gamma$ の要素がすべて使われるということまでは要求していないからだ．

(3) のうち，$\Gamma \vDash B \Leftarrow \Gamma \vdash B$ の方向（これを公理系の健全性と言う）はごく簡単に証明できる．だからここでちゃっちゃっと証明してしまうのだ．

**【健全性の証明】** $\Gamma \vdash B$ であるとする．つまり，論理式の列 $B_1, B_2, \cdots, B_n$（この最後の $B_n$ が $B$ であるとする）があって，各 $B_i$ は公理であるか，$\Gamma$ の要素であるか，先行する 2 つの式から MP によって得られた式になっている．

さて，ここで $\Gamma$ を充足する真理値割り当てがあるならそれを $V$ とする．そのような $V$ がない，つまり $\Gamma$ が意味論的に矛盾しているならば，$B$ がどんな式でも $\Gamma \vDash B$ は成り立つから，証明すべきことはトリビアルに成り立つ．そこで，以下では $\Gamma$ を充足する真理値割り当て $V$ が存在するものとして話を進める．

(1) $B_i$ が公理であるとき，**APL** の公理はすべてトートロジーである（これは簡単に確かめられる）から，$V$ のもとで真である．

(2) $B_i$ が $\Gamma$ の要素であるとき，仮定により $V$ は $\Gamma$ を充足するような真理値割り当てであったから，$B_i$ は当然 $V$ のもとで真である．

(3) $B_i$ が先行する 2 つの式から MP によって得られた式である場合 $A \to C$ と $A$ とが $V$ のもとで真であれば，かならず $C$ も $V$ のもとで真である．つまり MP は真理を保存する．したがって，先行する 2 つの式が $V$ のもとで真であるならば，それらから MP によって得られた式も $V$ のもとで真である．

(4) B は公理と Γ の要素を出発点として，MP を有限回当てはめて得られたものであるから，B も V のもとで真である。以上により，Γ を充足する任意の真理値割り当てのもとで B も真であるから，Γ⊨B であることが言えた。■

難しいのは，Γ⊨B ⇒ Γ⊢B の方向だ（こっちの方向だけを指して完全性と言うことも多い）。これを次に証明しよう。

**完全性の証明法**

完全性を証明する方法にはいろいろなものがある。これから紹介するのは**レオン・ヘンキン**(Leon Henkin) が 1949 年に行った証明である。これは次の 2 つの点で優れた証明だと思う。

(1) Γ⊢B は，仮定 Γ から B への deduction があることを述べているが，deduction という概念は**どの公理系での deduction なのかを抜きにしてはじつは意味がない**。そうすると，本来は異なる公理系があれば，Γ⊨B ⇒ Γ⊢$_{APL}$B，Γ⊨B ⇒ Γ⊢$_{ND}$B…という具合にそのつど完全性を証明しなくてはならないはずなのだ。これはちょっと……。とすると，完全性の証明はどんな公理系についても応用できるもの，つまり**個々の公理系の特殊事情に左右される箇所ができる限り少ないような証明**であることが望ましい。ヘンキンの証明はそうした特質を持っている。

(2) ヘンキンの証明は，拡張性に富んでいる。述語論理の公理系，第 IV 部で紹介する様相論理などの様々な論理の公理系に対する完全性の証明にすぐに応用がきく。

### 10.3.2 ヘンキンの証明のアウトライン

**ヘンキンの定理**

以下では **APL** の完全性を証明するが，これはごくわずかな手直しで **ND** の完全性証明に書き換えることができる。まず，次の 2 つの定理から出発して証明すべきことがらをもう少し証明しやすい形に変えておく。

---

【定理 43】いかなる論理式の集合 Γ と論理式 A についても，次が成り立つ。
　　Γ⊨A ⇔ Γ∪{¬A} は充足可能でない（意味論的に矛盾する）。

【定理 40】いかなる論理式の集合 Γ と論理式 A についても，次が成り立つ。
　　Γ⊢A ⇔ Γ∪{¬A} は構文論的に矛盾する。

---

定理 43 は定理 40 のセマンティクス版と言える。定理 40 は練習問題 80 ですでに証明済みだ。また，定理 43 はごく簡単に証明できるから練習問題にしておく（ 練習問題 81 ）。

さて，証明すべき完全性は，Γ⊨A ⇒ Γ⊢A だった。定理 43 によりこれは
　　Γ∪{¬A} は充足可能でない ⇒ Γ⊢A ……………………………………(4)
と同じことである。そしてこれはさらに，定理 40 により

$\Gamma \cup \{\neg A\}$ は充足可能でない ⇒ $\Gamma \cup \{\neg A\}$ は構文論的に矛盾する ……………(5)

と同じことである。さらに，(5)の対偶は

   $\Gamma \cup \{\neg A\}$ は構文論的に無矛盾 ⇒ $\Gamma \cup \{\neg A\}$ は充足可能 ……………(6)

である。

だから，一般に，

> 【定理44：ヘンキンの定理】論理式の集合 $\Gamma$ が構文論的に無矛盾 ⇒ $\Gamma$ は充足可能。

つまり，構文論的に無矛盾な論理式の集合には必ずそれにふくまれるすべての論理式を一斉に真にするような真理値の割り当てがある，ということを証明しておけばよい。(6)はヘンキンの定理の $\Gamma$ を $\Gamma \cup \{\neg A\}$ とした特殊ケースだから，ヘンキンの定理からすぐに出てくる。

### ヘンキンの定理をどのように証明するか

ヘンキンの定理を証明すれば強い完全性が証明されたことになる。この証明方針は次の通り。

(1) ヘンキンの定理を証明するには，構文論的に無矛盾な集合 $\Gamma$ に含まれる論理式をすべて真にすることのできるような真理値割り当てがあることを示せばよい。一番ストレートなやり方は $\Gamma$ に応じてそのような真理値割り当てをつくる手順を与えることである。

(2) ところが「構文論的に無矛盾ですよ」というだけでは $\Gamma$ についての情報が乏しすぎて，$\Gamma$ から直接そうした真理値割り当てを構成することはできない。そこで次のように考える。

(3) 或るやり方で $\Gamma$ を拡大して，<u>$\Gamma$ をすっぽり含んだ証明上都合のよい集合 $\Gamma^*$</u> をつくる。

(4) $\Gamma^*$ はその作り方からして，そこに含まれるすべての論理式を同時に真にする真理値割り当てを簡単に作り出すことができる（そんな風につくったんだから）ということを示す。

(5) $\Gamma^*$ は $\Gamma$ を含んでいるから，(4)でつくった真理値割り当ては $\Gamma$ のすべての式を真にする。

### 極大無矛盾集合

(4)で「$\Gamma$ をすっぽり含んだ証明上都合の良い集合 $\Gamma^*$」と呼んだものは**極大無矛盾集合**（maximally consistent set）と言われる。これは $\Gamma$ を部分集合としてすっぽり含んでいて，無矛盾で，しかもある意味でそれ以上大きな集まりはないようなぎりぎりの集合だ。正しくは，次のように定義される。

> 【定義】論理式の集合 $\Delta$ が極大無矛盾である ⇔ $\Delta$ は構文論的に無矛盾であり，$\Delta$ の要素ではないすべての論理式 A に対し $\Delta \cup \{A\}$ は構文論的に矛盾している。

ようするに，自分に含まれていない式をそれ以上1つでもつけ加えたとたんに矛盾してしま

う，ぎりぎりまで大きくした無矛盾な式集合のことを言う．Γそれ自体を相手にしていると，それに含まれる式をすべて真にする真理値割り当てを構成する方法が見あたらないのだが，Γを極大無矛盾集合Γ*にまで拡大すると，Γ*に含まれる式をすべて真にする真理値割り当てはいつでも同じ手順で簡単に手にはいることが示される．そして，Γ⊆Γ*ゆえ，この真理値割り当てはΓのすべての式を真にするから，Γは充足可能であることがわかる．これがヘンキンの定理を証明する手順だ．

……あれ？　そのままだったら充足する真理値割り当てが見つからないから，うまい具合に拡大して真理値割り当てをつくってやる，という手法はどこかで見たような……．そうである．コンパクト性定理を証明したとき，タブローの方法が信頼できることを証明するために開放経路をヒンティッカ集合へと拡大したとき，などにやったことと同じことをやろうとしているわけだ．

> **練習問題 82**
> 
> 極大無矛盾集合は次のように定義されることもある．この定義は本書で採用した定義と同値であることを示せ．
> 
> > 【定義】論理式の集合 Δ が極大無矛盾である　⇔　Δ は構文論的に無矛盾であり，任意の論理式 A について，A か ¬A のいずれかが必ず Δ の要素になっている．

### 2つの補助定理

以上のことから，ヘンキンの定理を証明するには次の2つの補助定理を証明すればよいことが分かる．

> 【補助定理 44-1：リンデンバウムの補助定理（Lindenbaum's lemma）】Γ が構文論的に無矛盾な式の集合であるとき，Γ を部分集合とするような極大無矛盾集合 Γ* が少なくとも1つ存在する（これは図の(1)に対応している）．
> 
> 【補助定理 44-2：極大無矛盾集合の充足可能性補助定理】極大無矛盾集合 Γ* が与えられると，Γ* に含まれるすべての式を真にする首尾一貫した真理値割り当てが決まる．つまり，**極大無矛盾集合は充足可能である**（これは図の(2)に対応する）．

このあとは，2つの補助定理を順に証明していく．それで完全性証明は完了．

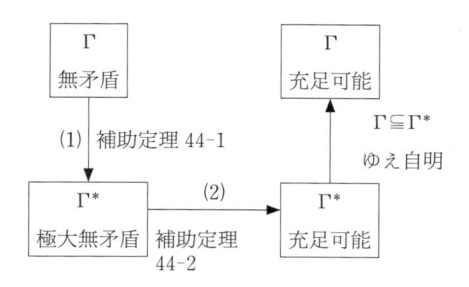

```
    ┌─────┐                      ┌─────┐
    │  Γ  │                      │  Γ  │
    │無矛盾│                      │充足可能│
    └─────┘                      └─────┘
       │                             ↑
       │(1) 補助定理 44-1             │ Γ⊆Γ*
       ↓                             │ ゆえ自明
    ┌─────┐     (2)         ┌─────┐
    │  Γ* │ ──────────→    │  Γ* │
    │極大無矛盾│ 補助定理      │充足可能│
    └─────┘    44-2          └─────┘
```

## 10.3.3 補助定理 44-1 の証明

補助定理 44-1 は，無矛盾な式の集合はいつでもそれを部分集合として含む極大無矛盾集合に拡大することができるという内容だ．そこでこれを証明するには次の 2 段構えでいく．

(1) 任意の無矛盾な式集合 $\Gamma$ が与えられたときにそれを $\Gamma^*$ にまで拡大するための手順を与える．

(2) その手順に従って $\Gamma$ を拡大した $\Gamma^*$ が本当に極大無矛盾集合になっていることを示す．

**$\Gamma$ を $\Gamma^*$ にまで拡大する手順**

すべての論理式の集合は枚挙可能である，つまりすべての論理式を自然数の番号をつけて 1 列に並べることができる（分からない人は付録 A の 4.4 を見よ）．そこで，すべての論理式を枚挙した列が 1 つ与えられているとしよう．無矛盾な $\Gamma$ からはじめて，そこにこの列から論理式を順にとってきて，もしそれを $\Gamma$ につけ加えても矛盾しないのならつけ加える，という操作を繰り返し適用して，$\Gamma$ を膨らませていく．この操作によって極大無矛盾集合 $\Gamma^*$ に到達できるのではないだろうか．具体的には次のようにして $\Gamma^*$ に達する．

---

【手順】次のようにして，式の集合の系列 $\Gamma_0, \Gamma_1, \ldots$ をつくる．

(1) $\Gamma_0 = \Gamma$ とする．

(2) $A_i$ が論理式の枚挙において i 番目に現れる論理式だとしよう．そのとき，

- $\Gamma_i \cup \{A_i\}$ が構文論的に無矛盾であるなら，それを $\Gamma_{i+1}$ とする．つまり，$\Gamma_{i+1} = \Gamma_i \cup \{A_i\}$
- $\Gamma_i \cup \{A_i\}$ が構文論的に矛盾するなら，$\Gamma_{i+1} = \Gamma_i$ とする．

---

論理式は無限にたくさんあるので，この系列も終わりのない系列になる．だから，この系列の**最終項**を極大無矛盾集合としましょう，と言うことはできない．そこで，

---

【手順（続き）】$\Gamma^* = \bigcup_{i=0}^{\infty} \Gamma_i$ なる集合 $\Gamma^*$ を考え，これを極大無矛盾集合とする．つまりこのようにしてできた系列 $\Gamma_0, \Gamma_1, \ldots$ に現れるすべての集合の合併集合を $\Gamma^*$ とする．

---

$\Gamma^*$ が次の性質をもつことは作り方によって明らかである．

(1) 集合 $\Gamma^*$ は定義によって，系列 $\Gamma_0, \Gamma_1, \ldots$ に現れる集合のどれかに属しているような式はみんな含んでおり，それ以外の式は含まない．

(2) 集合 $\Gamma^*$ は $\Gamma$ を部分集合として含んでいる．

**$\Gamma^*$ が極大無矛盾であることの証明**

次に，こうしてつくった $\Gamma^*$ が極大無矛盾であることを証明する．それは，(1) $\Gamma^*$ が構文論的

に無矛盾であることの証明と，(2) $\Gamma^*$ が極大であることの証明の２つに分けて行う。

(1) $\Gamma^*$ が無矛盾であること。

【証明】

【証明の前半】まず，数学的帰納法を用いて，系列 $\Gamma_0, \Gamma_1, \cdots$ に現れるあらゆる $\Gamma$ が構文論的に無矛盾であることを示す。

[Basis] $\Gamma_0$ は無矛盾である。なぜなら，$\Gamma_0$ は $\Gamma$ にほかならず，$\Gamma$ は仮定により無矛盾だから。

[Induction step] 集合の系列 $\Gamma_0, \Gamma_1, \cdots$ において，$\Gamma_{k+1}$ より前にあるすべての集合が無矛盾であるとする（帰納法の仮定）。

このとき，$\Gamma_{k+1}$ も無矛盾であることを言おう。定義により，$\Gamma_{k+1}$ は $\Gamma_k \cup \{A_k\}$ が無矛盾であれば $\Gamma_k \cup \{A_k\}$ であり，そうでなければ $\Gamma_k$ である。前者の場合，$\Gamma_{k+1}$ は明らかに無矛盾。また，後者の場合，$\Gamma_{k+1} = \Gamma_k$ であるから，$\Gamma_{k+1}$ は帰納法の仮定により無矛盾。

以上より，系列 $\Gamma_0, \Gamma_1, \cdots$ のあらゆる要素が構文論的に無矛盾であることが分かった。∎

【証明の後半】次に示さなければならないのは，系列 $\Gamma_0, \Gamma_1, \cdots$ に現れるあらゆる $\Gamma_i$ が構文論的に無矛盾であるならば，$\Gamma^* = \bigcup_{i=0}^{\infty} \Gamma_i$ も構文論的に無矛盾だということである。これを示すには，次の補助定理を使う。

> 【補助定理 44-1-1】論理式の集合 $\Gamma$ が構文論的に矛盾しているとき，$\Gamma$ のなんらかの有限部分集合が構文論的に矛盾している（deduction の有限性，つまり $\Gamma$ からの deduction で実際に使われる $\Gamma$ の要素はいつも有限個であるということより，これはほとんど自明。だから証明は省略）。

$\Gamma^*$ が構文論的に矛盾していると仮定する。そうすると，補助定理 44-1-1 により $\Gamma^*$ のなんらかの有限部分集合 $\Gamma'$ が構文論的に矛盾している。この $\Gamma'$ 自体がそのまま系列 $\Gamma_0, \Gamma_1, \cdots$ に出てくるという保証はないので，ちょっと工夫しなければならない。

$\Gamma'$ は有限集合だから，それに含まれる式の中には最も番号の大きな式があるはずだ。それを $A_j$ としよう。そうすると，$\Gamma'$ に含まれる式はみな $\Gamma_{j+1}$ のメンバーになっている。ところが，もしかりに $\Gamma'$ が構文論的に矛盾しているのだとすると，$\Gamma'$ に含まれる式はみな $\Gamma_{j+1}$ のメンバーなのだから，$\Gamma_{j+1}$ も構文論的に矛盾していることになってしまう。これは，系列 $\Gamma_0, \Gamma_1, \cdots$ のあらゆる要素が無矛盾であるという仮定に反する。∎

(2) $\Gamma^*$ が極大であること。

【証明】$\Gamma^*$ が無矛盾だが極大でないとしてみよう。そうすると，少なくとも１つの論理式 $A_j$ があって，$\Gamma^* \cup \{A_j\}$ は無矛盾かつ $A_j \notin \Gamma^*$ となっているはずだ。

さて，構文論的に矛盾した集合を部分集合として含むいかなる集合も構文論的に矛盾しているから，この対偶をとれば，構文論的に無矛盾な集合のどの部分集合も無矛盾である。ところで，$\Gamma_j \cup \{A_j\}$ は $\Gamma^* \cup \{A_j\}$ の部分集合であるから，$\Gamma^* \cup \{A_j\}$ が無矛盾なら $\Gamma_j \cup \{A_j\}$ も無矛盾。しかし，だとすると，$\Gamma^*$ の構成の仕方によって，$\Gamma_j \cup \{A_j\}$ が $\Gamma_{j+1}$ とされたはずだ。つまり，$A_j \in \Gamma_{j+1}$ であり，したがって，$A_j \in \Gamma^*$ だったはずなのである。これは仮定に反する。したがって，$\Gamma^* \cup \{A_j\}$ が無矛盾であり，しかも $A_j \notin \Gamma^*$ となるような式 $A_j$ は存在しない。つまり，$\Gamma^*$ はつけ

加えても無矛盾性を保つような式はすべて含んでいる。■

### 10.3.4　補助定理 44-2 の証明

最後に，極大無矛盾集合 Γ* が与えられると，それに含まれるすべての式を，そしてそれだけを真にする首尾一貫した真理値の割り当て方が決まるということを示す。

**2 つの補助定理**

補助定理 44-2 を証明するためにはさらに次の 2 つの補助定理を導入しておかねばならない。やれやれ。

【補助定理 44-2-1】Γ⊢A であり，なおかつ Γ* を Γ を部分集合として含む極大無矛盾集合とする。このとき，A は Γ* の要素である（つまり，極大無矛盾集合は構文論的帰結関係に関して閉じている）。

【証明】Γ⊢A であり，Γ* を Γ を部分集合として含む極大無矛盾集合とする。ここで，かりに A は Γ* の要素でないとしてみよう。そうすると，Γ* の極大性により Γ*∪{A} は構文論的に矛盾している。そうすると，補助定理 44-1-1 により Γ* のなんらかの有限部分集合 Γ' が存在して，Γ'∪{A} が矛盾していることになる。ここで，定理 40 と同様に，Γ'⊢¬A ⇔ Γ'∪{A} は構文論的に矛盾，ということが証明できるから，これにより，Γ'⊢¬A となる。

ところが，Γ⊢A であったから，Γ∪Γ'⊢A かつ Γ∪Γ'⊢¬A となり，Γ∪Γ' は矛盾している。一方，Γ'⊆Γ*，かつ Γ⊆Γ* なのだから，Γ∪Γ'⊆Γ* である。このことより，Γ* も矛盾していることになる。これは Γ* が無矛盾だという仮定に反するので，A は Γ* の要素でないとした仮定が誤りだった。■

【補助定理 44-2-2】Γ* を極大無矛盾集合とし，A と B を任意の論理式とする。このとき，次が成り立つ。
(1)　A∈Γ* ⇔ ¬A∉Γ*
(2)　A∧B∈Γ* ⇔ A∈Γ* かつ B∈Γ*
(3)　A∨B∈Γ* ⇔ A∈Γ* または B∈Γ*
(4)　A→B∈Γ* ⇔ A∉Γ* または B∈Γ*
(5)　A↔B∈Γ* ⇔ （A∈Γ* かつ B∈Γ*）または（A∉Γ* かつ B∉Γ*）

この証明で補助定理 44-2-1 が活躍する。

【(1)の証明】A∈Γ* と仮定する。そうすると，¬A∉Γ* である。なぜなら，A∈Γ* かつ ¬A∈Γ* だと Γ* は矛盾してしまい，Γ* の無矛盾性に反するから。

次に，¬A∉Γ* と仮定する。そうすると，極大無矛盾集合の定義によって Γ*∪{¬A} は矛盾す

る。そうすると，補助定理 44-1-1 により Γ* のなんらかの有限部分集合 Γ′ が存在して，Γ′∪{¬A} が矛盾していることになる。このことと定理 40 により，Γ′⊢A となるから，補助定理 44-2-1 により A∈Γ* である。

【(2)の証明】A∧B∈Γ* と仮定せよ。A∧B⊢A，そして A∧B⊢B だから，補助定理 44-2-1 により A∈Γ* かつ B∈Γ* である。

逆に，A∈Γ* かつ B∈Γ* と仮定せよ。このとき，A, B⊢A∧B だから，補助定理 44-2-1 により A∧B∈Γ* である。

【(4)の証明】A→B∈Γ* と仮定せよ。そして，さらに $A \notin \Gamma^*$ であるとすると，$A \notin \Gamma^*$ または B∈Γ* はトリビアルに成り立つ。

一方，A∈Γ* であるとすると，{A, A→B}⊂Γ* である。A, A→B⊢B は明らかだから，補助定理 44-2-1 により，B∈Γ* である。

以上より，A→B∈Γ* ⇒ $A \notin \Gamma^*$ または B∈Γ* が言えた。

逆に，$A \notin \Gamma^*$ または B∈Γ* としてみよう。

まず，$A \notin \Gamma^*$ である場合。(1)により ¬A∈Γ*，つまり {¬A}⊂Γ* である。ここで，¬A⊢A→B であるから，補助定理 44-2-1 により，A→B∈Γ* である。

次に，B∈Γ* である場合。{B}⊂Γ* である。ここで，B⊢A→B であるから，補助定理 44-2-1 により，A→B∈Γ* である。

(3)(5)も同様に証明できるので省略する。■

ここで見たように，補助定理 44-2-2 の証明では，A∧B⊢A，A∧B⊢B，A, B⊢A∧B，A, A→B⊢B，¬A⊢A→B，B⊢A→B などがすでに示されていることが必要だ。このためには，完全性証明をしようとしている公理系において，演繹定理を使ってもよいから，しかるべき deduction をやっておかなくてはならない。したがって，完全性証明のここの部分だけは，どのような公理系に対して完全性を証明しようとしているのかによって異なってくる。**APL** の完全性を証明しているのだったら **APL** で deduction を行っておけばよいし，**ND** の完全性を証明しているのだったら，**ND** で deduction を行っておけばよい。

---

**練習問題 83**

**APL** で ¬A⊢A→B および B⊢A→B が成り立つことを示せ。

---

### 補助定理 44-2 の証明

さて，補助定理 44-2 の 2 つの補助定理 44-2-1 と 44-2-2 が証明できたので，補助定理 44-2 そのものの証明にとりかかろう。Γ* を論理式の極大無矛盾集合であるとしよう。このとき，Γ* に含まれる式をすべて充足する真理値の与え方があることを示せばよい。証明は次の 2 段階で行う。

(1) まず，Γ* に応じて**原子式のそれぞれに真か偽の真理値を割りふる**真理値割り当て V の作り方を示す。

(2) 真理値割り当てはそもそもは原子式だけに真理値を割りあてるのだが，残りの**複合的論理式の真理値**も，原子式への真理値の割り当て方から結合子の定義に従ってすべて一通りに決まってしまうのだった（真理値割り当ての一意性）。ここで証明したいのは，(1)で定めた原子式への真理値割り当てから，結合子の定義にしたがって他の論理式の真理値を求めていくと……，あら不思議，V は Γ* の要素となっているすべての論理式を真にするではありませんか！ということである。

というわけで，まず次のような真理値割り当てを考える。

【真理値割り当て V】P を任意の**原子式**とする。V(P)=1　⇔　P∈Γ*

ようするに V は，Γ* の要素となっている原子式には真を，そうでない原子式には偽を割り当てるという具合に定められる真理値割り当てだ。さて，この真理値割り当てについて，次のことが成り立つ。

A を任意の**論理式**とする。このとき，A が V のもとで真である　⇔　A∈Γ*

【証明】証明は式の長さに関する帰納法で行う。
[Basis] A が原子式のとき，A が V のもとで真である　⇔　A∈Γ* は自明である（だってそうなるように V を定めたのだから）。
[Induction steps] A, B について，「A が V のもとで真である　⇔　A∈Γ*」，および「B が V のもとで真である　⇔　B∈Γ*」が成り立っているとする（帰納法の仮定）。
　このとき，
(1) ¬A が V のもとで真である　⇔　¬A∈Γ*
(2) A∧B が V のもとで真である　⇔　A∧B∈Γ*
(3) A∨B が V のもとで真である　⇔　A∨B∈Γ*
(4) A→B が V のもとで真である　⇔　A→B∈Γ*
(5) A↔B が V のもとで真である　⇔　A↔B∈Γ*
(1)から(5)が言えれば，あらゆる論理式 A について「A が V のもとで真である　⇔　A∈Γ*」が言えたことになる。残るは(1)から(5)の証明である。この証明の中で補助定理 44-2-2 が使われる。
(1)の証明
・¬A が V のもとで真であるとする。すると，A は V のもとで偽である。したがって，帰納法の仮定により，A∉Γ*。このとき，補助定理 44-2-2 により，¬A∈Γ*。
・次に，¬A が V のもとで偽であるとする。すると，A は V のもとで真である。したがって，帰納法の仮定により，A∈Γ*。このとき，補助定理 44-2-2 により，¬A∉Γ*。
(2)の証明
・A∧B が V のもとで真であるとする。そのとき，A, B ともに V のもとで真である。したがって，帰納法の仮定により，A∈Γ* なおかつ B∈Γ*。このとき，補助定理 44-2-2 により，A∧B∈Γ*。

・A∧B が V のもとで偽であるとする。そのとき，A，B のいずれかが V のもとで偽である。したがって，帰納法の仮定により，A∈Γ* かあるいは B∈Γ*。このとき，補助定理 44-2-2 により，A∧B∈Γ*。

(3)の証明は(2)とほとんど同じだから省略。

(4)の証明

・A→B が V のもとで真であるとき，A が V のもとで偽であるか B が V のもとで真であるかのいずれかである。したがって，帰納法の仮定により，A∉Γ* または B∈Γ*。このとき，補助定理 44-2-2 により，A→B∈Γ*。

・A→B が V のもとで偽であるとき，A が V のもとで真でありなおかつ B が V のもとで偽。したがって，帰納法の仮定により，A∈Γ* かつ B∉Γ*。このとき，補助定理 44-2-2 により，A→B∉Γ*。

(5)の証明は(4)とほぼ同じだから省略。■

### 10.3.5 完全性定理からすぐに導かれること

以上で **APL** の完全性が証明された。このことからすぐに導かれる定理を次に紹介しよう。まず，

> 【定理 45】**APL** に **APL** で provable でないどんな論理式を公理図式としてつけ加えても構文論的に矛盾してしまう。

【証明】**APL** で provable でない論理式を A とする。そして A に含まれる原子式を，$P_1, P_2, \cdots, P_n$ とする。A は **APL** で provable でないのだから，**APL** の完全性により A はトートロジーではない。したがって，$P_1, P_2, \cdots, P_n$ にたいする何らかの真理値割り当て V のもとで A は偽になる。

次に，A から次のような規則に基づいて別の論理式を派生させる。V は各 $P_i$ に真または偽を割り当てるわけだが，

(1) V が $P_i$ に真を割り当てるならば A に現れる $P_i$ をすべての箇所で Q→Q に変える。

(2) V が $P_i$ に偽を割り当てるならば A に現れる $P_i$ をすべての箇所で ¬(Q→Q) に変える。

このようにしてつくられた式を A* とする。A* は **APL** に A を公理図式として加えた公理系（**APL**＋**A** と呼ぶことにしよう）では provable である。なぜなら，A* は A の代入事例だからだ。

一方，A* は原子式としては Q しか含まず，Q に真を割り当てようが偽を割り当てようがつねに偽となるので矛盾式である。したがって ¬A* はトートロジー。さてそうすると，**APL** は完全だから，¬A* は **APL** で provable である。ということは，¬A* は **APL**＋**A** でも provable である。

以上により，**APL**＋**A** では A* も ¬A* も provable であることになり構文論的に矛盾してしまう。■

#### コンパクト性定理の別証明

3.11 で証明したコンパクト性定理「Γ のすべての有限部分集合が充足可能である ⇒ Γ は

充足可能である」はいま証明した完全性定理の副産物として簡単に証明することができる。

　【証明】Γ のあらゆる有限部分集合が充足可能
　　⇒　Γ のあらゆる有限部分集合が無矛盾（健全性による）
　　⇒　Γ が無矛盾（deduction の有限性による）
　　⇒　Γ は充足可能（完全性定理による）。■

　この証明はセマンティクスとシンタクスの橋渡しをする完全性定理を使って，deduction の有限性を意味論的な充足可能性の有限性に転写しようとするものだと言える。しかし，ここで証明すべきコンパクト性は，ほんらいセマンティクスの概念だけを含む定理だ。だから，セマンティクスとシンタクスの両方にまたがった完全性定理を使って意味論的定理を証明するこのようなやり方は邪道だという人もいる。でも，3.11 に示したのは意味論的概念だけをつかった証明だったので文句はでないだろう。

# 第III部のまとめ

- 第I部と第II部では，論理学の研究目標として定めた論理的帰結・矛盾・論理的真理の概念を，真理値割り当てやモデルという意味論的道具だてを使って明確化する作業を行った。いわば，論理という山にセマンティクス側からトンネルを掘り進めたと言ってよいだろう。シンタクス的な話題もないわけではなかったけど，論理式の定義とか unique readability とか，背景的な話題にとどまっていたと言える。

- これに対し，第III部では，論理的帰結・矛盾・論理的真理の概念を構文論的な概念装置を使ってとらえることを目標とした。つまり，逆にシンタクスの側からトンネルを掘ろうとしたわけだ。こうして第III部ではこれまで背景に退いていたシンタクスが全面的に展開されることになった。

- まず，第9章では，規則に従った記号変形によって与えられた論理式から目標の論理式を導く演繹という操作に親しんでもらうことを目標として，自然演繹法の練習をした。自然演繹法は真理表やタブローとは異なり，完全な機械的操作ではない。しかし，いくつかの攻略法を置くことによって，かなり機械的な手続きに近づけることができた。興味を持った読者は，金子洋之 [1994] などでさらに練習してほしい。

- 第10章では，論理的帰結・矛盾・論理的真理の概念をとらえるための手段として，公理系を導入した。まずは公理系をトートロジーを数え上げる方法として導入したが，すぐにそこから，theorem, proof, deduction といった構文論的な概念装置が定義された。これらの概念により，論理的帰結・矛盾・論理的真理はそれぞれ次のようにとらえることができた。

　(1)　論理的帰結：$\Gamma$ から A が論理的に帰結するとは，$\Gamma$ から A への deduction が存在することである。

　(2)　矛盾：$\Gamma$ が矛盾しているとは，$\Gamma$ からある論理式とその否定とがともに演繹できることである。

　(3)　論理的真理：論理式 A が論理的真理であるということは，それが theorem であるということである。

- 以上のシンタクス的な捉え方の特徴は，徹底的に「意味を無視した記号の書き換え」という視点からなされているということだ。つまり，第I部と第II部が，論理的帰結・矛盾・論理的真理の概念は論理定項の意味によって捉えることができるという立場に立っていたのに対し，第III

部は，こうした概念を式の形だけに注目した変形によって捉えようとする立場に立っている。

・この2つの立場はどちらが優れているというようなものではなく，両者が補いあって論理学を支えていると考えるべきだ。そして，この2つの捉え方は，概念的にはルーツを異にするが，その広がりにおいては一致することを示すことができる。つまり，$\Gamma$ から A が構文論的に帰結するならば $\Gamma$ から A は意味論的にも帰結するし，その逆も成り立つ。また $\Gamma$ が構文論的に矛盾しているなら，意味論的にも矛盾しているし，その逆も成り立つ。A が theorem ならば A はトートロジーだし，その逆も成り立つ。これらはみな完全性定理から導くことができる。この意味で完全性定理は，セマンティクスとシンタクスの架け橋となる定理であり，山の両側から掘ってきたトンネルが確かに真ん中で出会うことを保証してくれる定理でもある。

・第10章の後半では完全性定理を証明した。証明法はヘンキンによるものを用いた。その一番重要なアイディアは，構文論的に無矛盾な式の集合 $\Gamma$ が充足可能だということを言うために，$\Gamma$ を拡大して都合のよい集合（極大無矛盾集合）をつくり，そこから真理値割り当てを派生させるというところにある。そしてこれは，すでにコンパクト性定理の証明，ヒンティッカ集合の充足可能性の証明などを通じて読者にはおなじみの証明法だったはずだ。

第IV部

# 論理学はここから先が面白い！
# 進んだ話題のロードマップ

　第III部までで論理学の入門は終わり．ここまでつきあってくれた読者は，初歩の論理学から中級の入り口ぐらいまでのところをマスターできたと言ってよい．ここまでの内容は，数学，哲学，計算機科学，言語学，法学……何のために論理学を学ぶにせよ，すべての人が共通にきっちり押さえておかなくてはならない基本中の基本だった．ここから先はそれぞれの人が自分の関心に応じて論理学の勉強を進めていってほしい．**論理学が本当に面白くなるのは，ここから先なのだから．**

　とは言え，何の筋道も示さずに読者を放り出すのも気が引ける．というわけで，最後の第IV部では，このあとに学ぶべき内容の大筋だけをざっと示していこう．いわば第IV部は，進んだ論理学の学習のための道案内とブックガイドになっている．

# 第 11 章
# めくるめく非古典論理の世界にようこそ!

　我々がここまで展開してきた論理学は**古典論理学**（classical logic）と呼ばれている。とはいえ，それは**昔の論理学**という意味ではない。CD屋さんのクラシック音楽の棚にジョン・ケージとかスティーヴ・ライヒといった現代音楽のCDが並んでいる。それと同様に，クラシカル・ロジックの「クラシカル」は「基本的」とか「標準的」といった意味であって，「昔のもの」という含みはない。実際，古典論理が一応の完成をみたのはフレーゲの『概念記法』という著作だった。これが書かれたのは1879年だから，「古典」論理の歴史はまだ100年ちょっとなのだ。これは論理学全体の歴史から見ればつい最近と言ってよい。古典論理学の生まれた頃の姿をどうしても見てみたいという人は，フレーゲ［1999-］やホワイトヘッド/ラッセル［1988］などを通じて，直接フレーゲやラッセルの著作にあたるとよい。また，飯田隆［1987］もとても参考になる。

　古典論理が標準的とされるのはなぜか。それは基礎的で美しい体系になるように理想化がほどこされているからだ。例えば，

(1) 古典論理学では，**真理関数的でない結合子は扱わない**。結合子はどれも真理表で定義できるようなものにかぎられていた。

(2) 古典論理学は，**2値原理**を採用していた。あらゆる（閉）論理式は必ず真か偽のいずれかの真理値をもつものとされた。

　この章ではこうした理想化にちょっとまったをかけてみる。その結果わかることは，論理はひとつではないということだ。古典論理とはある意味で両立しないいろいろな論理が考えられる。こうした論理学は**非古典論理学**（non-classical logics）と総称される。たくさんあるので複数形になっている。論理は1つではなかったというわけだ。20世紀の論理学の活況はこうした様々な非古典論理体系が研究されるようになったことに一因がある。そのうちの代表的なものをいくつか見ていこう。

## 11.1 古典論理は神の論理である——2値原理と排中律のいかがわしさ

　古典論理は，すべての論理式は真・偽いずれかの真理値をとるという2値原理を採用している。このことがストレートに現れたのが，排中律 P∨¬P がトートロジーになるということだ。しかし，排中律は P がどのような命題であってもいつでも文句なしに真だと認めてよいようなものなのだろうか。

**未来は開かれていてほしい**

クリス：2値原理のおかげで古典論理はずいぶんすっきりしたものになっていたわけよね。2値原理があってラッキー。なかったら私，論理学の単位落としていたかもしれないもん。

アリス：その2値原理なのよ。私がぴんとこないのは。どんな命題も真か偽のどっちかにきまっているってヘンじゃない？　例えば，未来についての命題ってあるでしょ。「クリスは明日のお昼ご飯にベーコンレタスバーガーを食べる」みたいな。この命題も真か偽のどっちかにきまっているんだったら，ようするにそれって，クリスが明日のお昼に何を食べるかはもう決まっている，ってゆうか**ずっと前から決まっていた**ことになるんじゃない？

クリス：まだ私は決めてないけどね。

アリス：つまり，2値原理を認めるってことは，未来に起きることも全部あらかじめ決まってるって考え方になっちゃうんだと思うのね。だけど，クリスが明日のお昼に何を食べるかってことは，その……，**偶然に左右されてる**でしょ？　そのときの気分とか，お財布にいくら入っているとか。

クリス：早い話，私がガッコにくる前に事故で死んじゃうってこともあるかもね。

アリス：まあね。ってゆうか，私のイメージでは，過去はもう起きちゃったことだから1つに決まっているけど，未来はこう，**パーって開けている**というか，何本にも枝分かれしているというか，その中の1つがたまたま選ばれて実現するっていう感じなんだよね。

クリス：うーん。私はそんなに2値原理ってへんじゃないと思うな。アリスは**未来のことは私たちにはわかんない**，ってことと**未来に何が起こるかは決まってない**ってことをごちゃまぜにしていない？　私は未来に起こることもいまのうちからみんな決まってると思うな。ただ私たちがそれを知らないだけでさ。……うん。例えばさっきの話だって，明日私がランチタイムにどんな気分でいるかとか，わたしがそれまでにいくら使ってるとか，ゼーンブ決まってるんじゃない？　ただ，私が何食うかってことに関係することがあんまりたくさんあってこんがらがってるから，私たちは「たまたまそうなった」なんて言うわけ。**ほんとはみんな決まってるのに。**

アリス：それってクラクない？　なんか人間がどんなにがんばっても未来は変わらないって

言われてるみたいで．それに私だって，未来が決まってるかどうかってことと，それが私たちに分かるかってことはちゃんと区別してるよ．区別した上で未来はどうなるか私たちにはわかんない，ってだけじゃなくて，**実際にも決まってないんだ**って言ってるの．

クリス：そうかなあ．私なんか，受験の前は自分がどの大学に行くかは分からないと思ってたけど，入ってみるとこのガッコに来ることはなんだか前から決まってた気がするよ．親は下宿なんかさせないって言うし，私がどんなに勉強したって偏差値70の大学なんか受からないんだし，だいいち私自身がもう一息勉強してランクアップ！なんて思う人じゃないからさあ．

アリス：悟りきったようなこと言わないでよ．でもあんただって，予言者に「お前は明日の昼にはベーコンレタスバーガーを食べるであろう」って言われたら，ひねくれ者だから絶対たべないでしょ．**その程度の自由**ならクリスだってみとめるんじゃないの？

クリス：ううん．私が予言を破ろうとしてきんぴらバーガーを食べる，ってこと**全部が最初から決まっていた**ような気がする．予言者と私を見ている神様がいてさ，その**神様の予言ノート**には，「クリスが予言を破ろうとしてきんぴらを食べる」って書いてあるんだよきっと．

アリス：クリスって，トコトン暗いね．

クリス：あんたがむやみに前向きすぎるのよ．

……というわけで，2値原理や排中律は未来についての言明に当てはめたときに，未来に起きることがらはすでに決まっているのだという**決定論**（determinism）につながってしまいそうだから怪しいのではないかと考える人たちがいる．こうした議論の原型はすでに**アリストテレス**に見られる．これに対し，クリスのような決定論の立場も，ほぼ同時代に存在していた．この世界で起こることはつまるところ原子の運動にすぎないという**原子論者**，また世界はすべてのシナリオが決まっているのだから，じたばたしないで心の平静を保ちましょうと主張する**ストア派**（クリスのモデルである**クリュシッポス**）などの主張に見られる．決定論がきらわれるのは，それが**偶然的真理**という概念を消してしまい，さらにわれわれの**自由意志**を無にするように思われるからだ．

### 構成主義からの疑念

64ページで「aもbも無理数なのに$a^b$が有理数になるようなa，bがある」ということの証明を紹介した．その証明を読んで何だか釈然としないなあという気持ちになった人もいるのではないだろうか．いま，この証明すべき命題をPと書くことにして，Rを「～は有理数である」を意味するものとし，自然演繹の形に整理すると，この証明は次ページに示すようなものだったことがわかる．

しかし，これだけでは，「$R(\sqrt{2}^{\sqrt{2}}) \vee \neg R(\sqrt{2}^{\sqrt{2}})$だと仮定するならP」という演繹にすぎない．あそこで証明されたのは，仮定のない端的なPだから，この仮定は**正しいとみなされている**．

つまり，$R(\sqrt{2}^{\sqrt{2}}) \vee \neg R(\sqrt{2}^{\sqrt{2}})$ は真だから，そこから論理的に出てくる P も真だ，とされたわけだ。

そして，なぜこの仮定が正しいとされるのかと言うと，それが排中律 $A \vee \neg A$ の形をしているからなのである。しかし，この証明が腑に落ちないヤン君は次のように言う。

$$
\begin{array}{ll}
R(\sqrt{2}^{\sqrt{2}}) \vee \neg R(\sqrt{2}^{\sqrt{2}}) & \text{Prem} \\
\quad | \; R(\sqrt{2}^{\sqrt{2}}) \quad \text{Prem} \\
\quad | \; \vdots \\
\quad | \; P \\
R(\sqrt{2}^{\sqrt{2}}) \to P & \to \text{intro} \\
\quad | \; \neg R(\sqrt{2}^{\sqrt{2}}) \quad \text{Prem} \\
\quad | \; \vdots \\
\quad | \; P \\
\neg R(\sqrt{2}^{\sqrt{2}}) \to P & \to \text{intro} \\
P & \vee \text{elim}
\end{array}
$$

ヤン：結局 $\sqrt{2}^{\sqrt{2}}$ は有理数，無理数？　それに決着をつけないで，ただ単に排中律の形をしているというだけの理由で，頭ごなしに「$\sqrt{2}^{\sqrt{2}}$ は有理数であるかそうでないかのいずれかである」は正しい，と言われてもなあ……。

ダヴィッド：君は，あることが成り立っているということと，それがぼくらにわかるということを混同してない？　ぼくにだって $\sqrt{2}^{\sqrt{2}}$ が有理数なのかどうかはわからない。それどころか，人類の数学の能力のすべてを使っても，この問題に決着はつけられないかもしれないよね。でも，**真偽を確かめる手段がわれわれにはない**ということから，それが真でも**偽でもない**ということに飛躍しちゃいけないと思うよ。人間に知ることができるかどうかとは関係なしに，**数の世界には** $\sqrt{2}^{\sqrt{2}}$ という数があって，それは有理数かそうでないかのどっちかに決まっているんだから，少なくともどっちかであるということじたいは主張してかまわないんじゃないの。

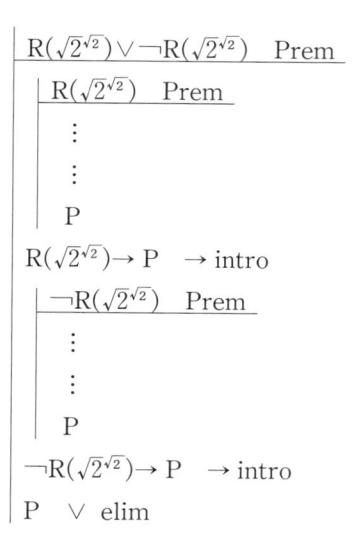

ヤン：ええっ？　君は人間が数学をやっていることとは独立に，数の世界というのがあると考えているの？　数ってのは人間が発明したものでしょ。だから，**人間につくることができなかったら，そんな数は存在しない**わけだし，人間に確かめる手段がないようなことがらがそれでも，どこかで真か偽のどちらかに決まっているなんてナンセンスじゃないか。

ダヴィッド：君こそおかしいよ。だって**現に数学はわれわれにつくることのできる数だけがあるなんて考え方に立ってやられていない**もん。これこれの性質を持った数が存在するということを証明するのに，そういう数がないと仮定すると矛盾しちゃうからきっとあるんでしょ，というやり方，つまり**背理法を使った証明**はそれこそ日常茶飯事だろ？　実際にそういう数の実例をつくったりつくる方法を見つけるまでは，そういう数が存在すると言っちゃいけないなんてことになったら，数学なんてやってられないよ。それとも君は僕たちの数学とは違った数学を始めるつもり？

ヤン：そこまで言うんだったらそうするさ。でもね，そんな風に人間の限界を無視して背理法も排中律も使い放題で数学をやっていると，いまに痛い目に遭うぞ。

ダヴィッド：困るのは君の方だろ。数学者に排中律を使うなと言うのはボクサーにげんこつを使うなと言ってるのと同じだぜ。どんな数学になるのかお手並み拝見といこうか

な。

　ダヴィッドのように，数の世界というのが我々が計算したり証明したりする営みとは独立に存在していて，その世界のなかでは，数学的な事実は我々がそれを知ることができるかどうかにかかわらずすでに決まっていると考える立場を**数学的プラトニズム**と言う。一方，これに批判的な態度をとっているヤンのように，我々につくることのできる数学的対象だけが存在すると考える立場を**構成主義**（constructivism）という。現に行われている数学はどうも数学的プラトニズムとしっくりくるようだ。

#### 神の論理学から人間の論理学へ

　以上2つの会話を見て気づかされるのは，**古典論理はずいぶん理想化されているなあ**ということだ。古典論理は，時間を越えちゃって，宇宙の全歴史をまるで年表を見るように一覧でき，もの忘れも絶対になく，無限の仕事も完了でき，どんな命題の真偽も知りうる神様の視点に立った論理学なのである。古典論理の美しさは，こうした神様のような絶対者の視点がもつ明晰さが反映したものに他ならない。しかし，このような人間からかけ離れた論理ではなく，もう少し有限的な人間の立場に立った人間くさい論理学があってもよいだろう。そこで，次に**排中律を古典論理から取り除いて新しい論理学をつくりだす**ことを試みてみよう。

## 11.2　多値論理

### 11.2.1　ウカシェヴィッツの古典論理批判と3値論理

　論理から排中律をとりのぞくと言っても，どうやったらよいのだろう？　セマンティクスの視点から考えると，排中律がトートロジーになるのは2値原理に責任があるのだから，それをやめたらどうか，ということになる。つまり，論理式はつねに真・偽いずれかの真理値をとると考えるのではなく，真でも偽でもない値をとると考えてもよいとするわけだ。1920年代にポーランドの代表的な論理学者**ウカシェヴィッツ**（Łukasiewicz）は，先ほどのアリスさんと同様の理由で2値原理を斥け，「真」でも「偽」でもない第3の真理値「可能」をもった**3値論理学**（three-valued logic）を作り上げた。こうして様々な**多値論理**（many-valued logics）体系の研究がスタートした。

#### 論理結合子の定義と3値トートロジー

　ウカシェヴィッツは真（1），偽（0），可能（0.5）の3つの真理値をもつ論理をつくった。それによると，→と￢はそれぞれ次の(a)(b)のように定義される。

(a)

| A | ¬A |
|---|---|
| 0 | 1 |
| 0.5 | 0.5 |
| 1 | 0 |

(b)

| A→B | B | | |
|---|---|---|---|
|  | 0 | 0.5 | 1 |
| A  0 | 1 | 1 | 1 |
| A  0.5 | 0.5 | 1 | 1 |
| A  1 | 0 | 0.5 | 1 |

残りの結合子は，次のように定義される．A∨B =df (A→B)→B，A∧B =df ¬(¬A∨¬B)，A↔B =df (A→B)∧(B→A)

この 3 値論理においてつねに真理値 1 をとる論理式を **3 値トートロジー**（three-valued tautology）という．例えば，A→A がそれだ．しかし，A が 0.5 のとき，¬A も 0.5 であり，したがって A∨¬A も 0.5 になるから，排中律は 3 値トートロジーではない．

> **練習問題 84**
>
> (1) 以上の定義(b)と同じような仕方で，A∨B，A∧B，A↔B の 3 値真理表を書いてみよう．
> (2) 古典論理では，A→B は ¬A∨B と論理的に同値だった．これは 3 値論理ではなりたたないことを示せ．
> (3) この 3 値論理では矛盾律 ¬(A∧¬A) も 3 値トートロジーではないことを真理表を書いて確かめよ．
> (4) 2 重否定律 ¬¬A→A は 3 値トートロジーである．このことを確かめよ．
> (5) ¬A↔A は古典論理では矛盾式だったが，この 3 値論理ではそうではないことを確かめよ．

**論理結合子の定義の正当化**

ところで，なぜ(b)のように結合子→を定義したのだろう？　ウカシェヴィッツは説明してくれていないが，推測すると次のようになる．

まず，1 は「すでに真と決まっている」，0 は「すでに偽と決まっている」，0.5 は「これから真になるかもしれないし偽になるかもしれない」という意味であると考えてみよう(i)．

さて，例えば「0→0.5」は，0.5 を「これから真になるかもしれないし偽になるかもしれない」という意味と考えれば，「0→0」かもしれないし「0→1」かもしれない．しかしこのいずれもが 1 であるから，0→0.5 は 1 と定める．また「0.5→0」は，「1→0」かもしれないし，「0→0」かもしれない．そうすると，0.5→0 は，0 かもしれないし，1 かもしれない，したがって 0.5 である．こんな風にして(ii)まで埋まる．

(i)

| A→B | B | | |
|---|---|---|---|
|  | 0 | 0.5 | 1 |
| A  0 |  | 1 | 1 |
| A  0.5 | 0.5 |  |  |
| A  1 | 0 |  | 1 |

(ii)

| A→B | B | | |
|---|---|---|---|
|  | 0 | 0.5 | 1 |
| A  0 | 1 | 1 | 1 |
| A  0.5 | 0.5 |  | 1 |
| A  1 | 0 | 0.5 | 1 |

真ん中は決め手がない。おそらくウカシェヴィッツは P→P を 3 値トートロジーにしておきたかったのだろう。

さて，検討しなければならないのは，このように定義された 3 値論理において 0.5 という値が本当にウカシェヴィッツが意図したように「可能」という意味を持っていると考えてよいかという点だ。このことについて次のように異議を唱えることもできるだろう。私の使っているコンピュータのハードディスクは最近変な音を立てている。そこで，A を「明日私のコンピュータは壊れる」としよう。今日の段階では A は真とも偽とも決まっていず，そういうこともあるかもしれないし，ないかもしれないという可能な状態にとどまっている。だとするなら，¬A も真とも偽とも決まっていないはずである。ここまではよい。しかし，「明日私のコンピュータは壊れ，しかも壊れない」ということは今日の段階ですでに，そのようなことはありえない，不可能だと断言できるのではないだろうか。つまり A∧¬A は偽であるように思われる。つまり，「可能」な命題同士が互いに相手を排除して両方が成り立つことはできなくなってしまう，ということがあるように思う。しかし，すでに見たようにウカシェヴィッツの 3 値論理では A∧¬A は A が 0.5 のときは 0.5 になってしまう。どうもちょっとズレがあるようだ。

### 11.2.2 ファジー論理

多値論理体系は 3 値，4 値……といくらでもたくさんの真理値を考えることができ，論理結合子の定義の仕方もいろいろありうる，というわけですごくバラエティに富んでいる。じっさい，数えきれないほどの体系がつくれる。しかし，逆にこのことのために，多値論理はあまりに人工的すぎて，数学的興味で研究するにはおもしろいかもしれないが，我々が現実にやっている推論とどんな関係があるの？という疑問もなきにしもあらずだ。実際，1920 年代から 30 年代にかけての成立期ののち，しばらくは多値論理の研究はあまりぱっとしない分野になってしまった。ところが最近になって多値論理は再び多くの人々の関心の的として復活してきた。それは**ファジー論理**（fuzzy logic）という分野が発展してきたことが原因だ。ファジー論理とはどのような論理なのだろう。ちょっと回り道になるが次の有名なパラドクスを味わってみることからはじめよう。

**連鎖推論のパラドクス**

次の 3 つの命題を見てみよう。(a)頭髪が 0 本の人はハゲである。(b)頭髪が 100 万本の人はハゲではない。(c)すべての自然数 n について，頭髪が n 本の人がハゲなら，頭髪が n+1 本の人もハゲである，が成り立つ。

(a)(b)が真であるということに異議はない。(c)はどうか。(c)も真みたいだ。1 本くらい毛が増えたからといってハゲがハゲでなくなるわけではないでしょ？ しかし，人によっては(c)を受け入れるのに抵抗があるかもしれない。そういう人は次のように考えてみたらどうだろう。(c)が偽であるとするためには何を受け入れなければならないか。B(n) を「頭髪が n 本の人はハゲである」を表す述語とすれば，(c)が偽であると考える人は，¬∀n(B(n)→B(n+1)) を真であるとし

て受け入れなければならない。

ところで，この論理式は $\exists n(B(n) \land \neg B(n+1))$ と論理的に同値だ。ということは，(c)を偽だと思う人は $\exists n(B(n) \land \neg B(n+1))$ を真だと認めなければならない。ところでこの論理式は，n本の人はハゲだが，n+1本の人はハゲではなくなるような，そんなnがある，ということを意味している。そのようなハゲと非ハゲの境目になるような本数があるだろうか。昨日まではハゲでなかった男が，たった1本抜けただけでその瞬間からハゲになるというようなそんな大切な毛があるのだろうか？ そんなことはないだろう。というわけで，$\exists n(B(n) \land \neg B(n+1))$ は偽である。これが偽である以上，(c)は真である。

ところが，(a)(b)(c)の3つを真だと認めてしまうと困ったことになる。次の推論を見てみよう。

(0) 　　　　頭髪が0本の人はハゲである
(1) 　　　　頭髪が0本の人はハゲである→頭髪が1本の人はハゲである
(2) 　　　　頭髪が1本の人はハゲである→頭髪が2本の人はハゲである
　　　　　　　　　　⋮　　　　　　　　　　　⋮
　　　　　　　　　　⋮　　　　　　　　　　　⋮
(1000000) 　頭髪が999999本の人はハゲである→頭髪が1000000本の人はハゲである
(1000001) 　頭髪が1000000本の人はハゲである

この推論は妥当である。そしてすべての前提は真である。なぜなら，前提(0)はさっきの命題(a)に他ならないし，その他の前提もすべて(c)を普遍例化したものだから真になる。だとすると，結論も正しいことになるが，これは(b)と矛盾する。これは伝統的に**連鎖推論のパラドクス**（sorites paradox）とか**曖昧性のパラドクス**（paradox of vagueness）と呼ばれてきた。

### ファジーな述語とクリスプな述語

こうしたパラドクスは「ハゲである」のようないわゆる**ファジーな述語**（fuzzy predicate）を含んでいる。英語の「ファジー」は，そもそもは綿毛のように毛羽立った，というような意味だ。そこから，ぼやけた写真や絵，はっきりしない考えなどに「ファジー」という形容詞が使われる。ここで言うファジーな述語はしばしば**曖昧な述語**（vague predicate）と言われることもある。しかし，ここでの「曖昧」というのは意味がいくつもあってどの意味で使っているのか分からない，つまり「多義的」ということではない。「心が重い」のような比喩的な言い回しを除けば「重い」という述語の意味ははっきりしているが，それでも体重○kgの人までは重くなく，それを超えると重い人になるというような境目があるわけではない。

また，ファジーな述語は，人によって境目をどこにおくかが異なるので，全体として境目がはっきりしていないということとも違う。ある教師は50点以上が合格点であるとし，別の教師は60点以上が合格としている，また別の教師は……という具合になっているので，全体としてはこの学校では何点以上が合格点なのかはっきりしない，ということではないのである。「重い」という述語はそれを使う一人一人の人もはっきりとした境目を置けないという特徴がある。

この「境目の置けなさ」が $\exists n(B(n) \land \neg B(n+1))$ が偽になることに現れている。B がファジーな述語であるとき，この形の式は偽になってしまう。一方，B が「n は 3 桁の自然数である」といった述語の場合，この式は真になる。$B(n) \land \neg B(n+1)$ が成り立つ自然数，つまり 999 が存在するからだ。このように明確な境目をもっている述語を**クリスプ**（crisp）**な述語**と言ったりする。これは食べ物に使われる形容詞で，シャキシャキ，パリパリしている（そしてそれゆえにおいしい）ときに使われる。例えば，カリカリに焼いたベーコン，シャキッとしたレタスなどがクリスプだ。

ファジーな述語は，相手がちょっと変化したくらいで当てはまらなくなるということはない。重い人は 1 グラム体重が減ったところで依然として重い。しかし，変化が無視できないくらいに大きいと当てはまらなくなる。体重 100 キロの人は重い人だろうが，50 キロ減量すればもはや重い人ではない。連鎖推論のパラドクスは，体重 100 キロの人と 50 キロの人の間を，述語が当てはまり続けるような小さな変化でつないでいくことによって，両極端に同じ述語を適用してしまう，という仕掛けになっている。

### 述語のファジー性・2 値原理・連鎖推論のパラドクスとの関係

以上のパラドクスは，我々がこれまでに展開してきた古典論理のセマンティクスは，ファジーな述語を正面から扱うのには適していなかったということを示している。古典論理のセマンティクスでは 2 値原理のせいで，どのような述語もそれぞれの個体に当てはまるか当てはまらないかのいずれかの可能性しかない。このため，例えば述語 $B(n)$ についても，特定の数について $B(n)$ は真か偽のいずれかの選択肢しかない。そうすると，毛の本数に応じてその本数の人はハゲであるかどうかを示すグラフは古典論理のセマンティクスのもとでは(a)のようにならざるをえないだろう。とすると，0 本はハゲで 100 万本はハゲでないとするためには，途中でどうしても境目になる本数 X がなければならない。

一方，述語「ハゲである」がファジーであるという事実を述べようとすると，**境目の本数 X なんてないんだ**と言わなくてはならない。そうすると，2 値原理の枠組みの中ではどうしても(b)のようになってしまう。つまりいくら毛が生えていてもハゲであるか，いくら薄くてもハゲでない。これが先ほどのパラドクスの本質だった。つまり，

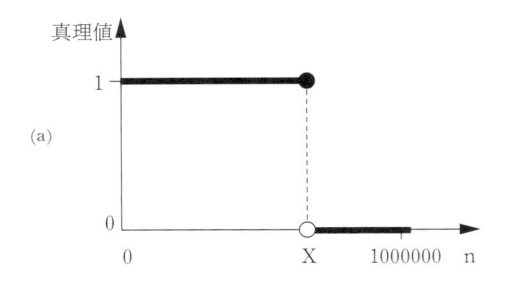

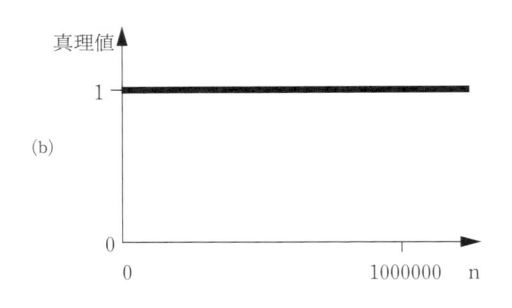

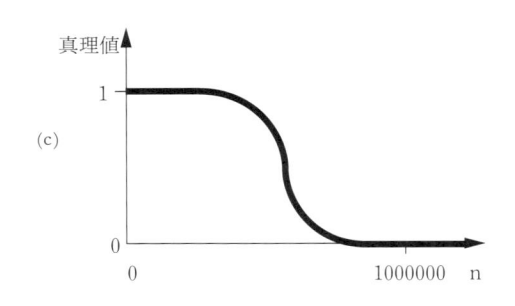

第 11 章 めくるめく非古典論理の世界にようこそ！　289

どんな述語も境目がはっきりしているクリスプな述語のように扱わざるをえない古典論理の枠組みの中で，無理矢理ファジー述語の境目のなさを述べようとするところからパラドクスは生じたのである。

#### 真理の度合い

困難の原因ははっきりしている。2値原理だ。むしろ述語 B について我々は(c)のように捉えることが必要だろう。頭髪の本数が増えるにつれ，だんだんと述語 B は当てはまらなくなっていき，100 万本に達したときにはまったく当てはまらなくなる。そうすると，真理値として 1 と 0 の 2 種類だけを認めておくことはできない。ファジーな述語を正当に扱うには 1 と 0 の間に無数の中間的な**真理の度合い**を認める必要がある。

そこで，0 と 1 の間にある全ての実数を真理値として認める無限多値論理をつくれば，ファジーな述語の生み出すパラドクスは解決するのではないだろうか。ファジー論理はそうした無限多値論理の一種である。

#### ファジー論理のセマンティクス

ファジー命題論理の範囲でセマンティクスを与えておこう。そのファジー論理を **FPL** と呼ぶことにする。**FPL** の原子式への真理値割り当て V を次のように定義する（このセマンティクスは Forbes［1994］による）。

> 【定義】**FPL** の原子式からなる集合を F とする。F にたいする真理値割り当て V は次のような関数である。
> $$V : F \to [0,1]$$

これは，$\{0,1\}$（つまり 0 か 1 のどちらか）だったところが，区間 $[0,1]$（つまり，0 と 1 の間のすべての実数）に代わった以外は古典命題論理のときと同じだ。これにより，例えば「頭髪が 0 本の人はハゲである」を $P_0$ とすると $V(P_0)=1.0$，「頭髪が 500 本の人はハゲである」を $P_{500}$ とすると，$V(P_{500})=0.6$，「頭髪が 5000 本の人はハゲである」を $P_{5000}$ とすると $V(P_{5000})=0.4$ といった具合にそれぞれの原子式に真理の度合いが割り当てられる。

次に，複合的論理式に対しても真理値を定義しなければならない。それにはもちろん帰納的定義を使う。まず，F に含まれる原子式から帰納的に定義された論理式のすべてからなる集合を $\overline{F}$ としよう。次に V を拡張して，$\overline{F}$ に含まれるすべての論理式に対し真理の度合いを割り当てる関数 $\overline{V} : \overline{F} \to [0,1]$ をつくってやればよい。その定義は以下のように行う。

> (F-atomic) A が原子式のとき，$\overline{V}(A)=V(A)$ とする。

任意の複合的な論理式 A，B に対し，首尾一貫した形で真理の度合いを割り当てるには次のように定義する。

> (F¬)　$\overline{V}(\neg A) = 1 - \overline{V}(A)$
> (F∧)　$\overline{V}(A \land B) = \min\{\overline{V}(A), \overline{V}(B)\}$
> (F∨)　$\overline{V}(A \lor B) = \max\{\overline{V}(A), \overline{V}(B)\}$

ただし，min{x, y} は x と y のうち小さい方，max{x, y} は x と y のうち大きい方を与える関数である。残るは条件法「→」だ。古典論理では前件が真で後件が偽のとき条件法の全体は偽になり，それ以外の場合は真である。これをどのように一般化したらよいだろう。

古典論理の場合，A が 1，B が 0 のとき A→B が 0 になる。これを，前件の真理が後件において保存されないからだと考えてみよう。前件が 1 だったのに後件が 0 になってしまって真理の度合いが 1−0=1 だけ減ってしまったので，全体の真理の度合いも 1 だけ減って 1−1=0 になっちゃった，と考えたらどうか。つまり前件に比べて後件がどれくらい真理の度合いにおいて減ってしまうかに応じて，全体の真理の度合いも減ってしまうと考えるわけだ。つまり，A→B の真理の度合いを，1−(前件から後件に移る際に減る真理の度合い)，と考えよう。こうして次の定義にたどりついた。

> (F→)　$\overline{V}(A \to B) = \begin{cases} 1 - (\overline{V}(A) - \overline{V}(B)) & \overline{V}(A) > \overline{V}(B) \text{ のとき} \\ 1 & \text{それ以外のとき} \end{cases}$

> **練習問題 85**
> 以上で定義した (F¬), (F∧), (F∨), (F→) が 2 値原理のもとでは我々がこれまで真理表で定義してきた結合子の定義に他ならないこと，つまり，以上の定義は古典論理における結合子の定義の拡張になっていることを示せ。

### 意味論的帰結の定義

セマンティクスを完成させるためには意味論的帰結の概念を定義しなければならない。式の集合 Γ から論理式 C が意味論的に帰結するということをどのように捉えたらよいだろう。まず，単純化のために式の集合 Γ は有限集合としておこう。そして，$\overline{V}(\Gamma)$ を Γ に属する論理式の真理の度合いのうち最小のもの，と定義する。この表記法を使うと，古典論理の場合の意味論的帰結は次のように定義されていたことになる。

> 【定義1】　$\Gamma \vDash C$ ⇔ $\overline{V}(\Gamma) = 1$ かつ $\overline{V}(C) = 0$ であるような真理値割り当て $\overline{V}$ は存在しない。

しかしファジー論理にこれをそのまま使うわけにはいかない。Γ の要素となっている論理式の真理の程度がすべて 0.9 であり，C の真理の程度が 0.1 の場合もこの定義は満たされてしまう。

しかしこの場合，前提の真理の度合いが結論で著しく減ってしまっている。このように真理の度合いが保たれないようなものは，妥当な論証とは言えないだろう。妥当な論証は，前提の真理をある度合いで認めたならば，結論も少なくともそれと同程度の度合いで認めざるをえないものであるべきだ。そこで，次のような2つの改良案が考えられる。

---

【定義2】　$\Gamma \vDash_F C$　⇔　$\overline{V}(\Gamma)=1$ かつ $\overline{V}(C)<1$ であるような真理値割り当て $\overline{V}$ は存在しない。

【定義3】　$\Gamma \vDash_F C$　⇔　$\overline{V}(C)<\overline{V}(\Gamma)$ であるような真理値割り当て $\overline{V}$ は存在しない。

---

定義3の方が条件が厳しくなっており，強い概念が定義されていると言える。定義3の意味で論理的帰結になっていれば，定義2の意味でも論理的帰結である。しかしその逆は成り立たない。

### 連鎖推論のパラドクスの分析

以上のセマンティクスによって，連鎖推論のパラドクスはどのように解消されるだろうか。

(1) **連鎖推論は成功していない**

まずは，(F→) によって，次のことが言える。問題となっていた推論に現れるたくさんの前提 $B(n) \to B(n+1)$ の真理値は1ではない。なぜなら，述語Bのファジー性によりB(n)の真理の程度はいつもB(n+1)の真理の程度より高いからだ。そうすると $\overline{V}(B(n))>\overline{V}(B(n+1))$ であるから $\overline{V}(B(n)\to B(n+1))=1-(\overline{V}(B(n))-\overline{V}(B(n+1)))<1$ となり，この推論には真理の程度が1より小さい前提がたくさん含まれていたことになる。したがって，仮にこの推論が妥当であったとしても，1でない前提が含まれているため，推論は成功していない。したがって結論を1（真）だと受け入れる必要はない。

(2) **強い論理的帰結の定義をとれば連鎖推論は妥当ですらない**

次にこの種の推論が妥当かどうかを考えてみよう。連鎖推論は基本的には「A→B，A，したがって，B」という形式の推論（MP）の繰り返しとして理解できる。この形式の推論は実は，定義2の弱い論理的帰結の概念を採用すれば妥当だが，定義3を採用すると非妥当になる。

---

**練習問題86**

定義2の弱い論理的帰結の概念を採用すればMPは妥当だが，定義3を採用すると妥当でなくなることを証明せよ。

---

こうして，連鎖推論は成功したものでないことが示され，我々は頭髪が100万本の人もハゲであるというバカげた結論を受け入れなくてもすむことがわかった。

## 11.3 直観主義論理

### 11.3.1 直観主義論理学の成立

数学に対してヤン君のような**構成主義的立場**をとったときも，排中律に対する疑念が生じてくる。オランダの数学者，**ブラウワー**（Luitzen Egbertus Jan Brouwer）は，数学をもっと人間の精神活動に結びついたものとすべきだと考え，**直観主義数学**（intuitionistic mathematics）という排中律や背理法の無制限の使用を排除した数学を始めた。彼は，数学の本質は心の構成的働きにあるから，こうした心の働きに基づいて数学をやりなおすべきだ（これが直観主義という名前の由来）と考えた。例えば $\pi$ の小数展開をすべてやりとげることはできない。したがって直観主義数学では，実数のような数学的対象は完結した対象ではなく生成されつつあるものとして考えられる。$\pi$ の小数展開の中に 7 が 100 個続く箇所はいまのところまだ見つかっていないが，事実としてあらわれるかあらわれないかのどちらかに決まっているはずだ，だから P なのか ¬P なのかは分からなくても我々は P∨¬P は主張してよい，という具合に排中律を無制限に適用することは，ブラウワーに言わせれば論理の濫用なのである。

ブラウワーはそもそも論理学全般に対する敵意を持っていたのだが，直観主義数学でだって証明が行われるのだから，普通の数学の論理が古典論理であるのと同じような意味で，直観主義数学にもそれなりの論理があるはずだ。その論理を取り出して見せたのがブラウワーの弟子の**ハイティンク**（Heyting）だった。このようにして始まった論理学が**直観主義論理**（intuitionistic logic）と呼ばれる。

### 11.3.2 直観主義論理のための自然演繹

**どの規則を修正したら排中律を捨てられるか**

直観主義論理は排中律が theorem として出てこないようにするという方向で排中律の排除を目指したものだと考えるとわかりやすい。では，それをどのように行ったらよいのだろう。それが最も見やすいのが自然演繹だ。古典論理のための自然演繹 **ND**（ただし矛盾記号を使うやつ）は次の推論規則をもっていた。

(1) →∧∨↔ に対する導入規則と除去規則
(2) ¬intro* と ¬elim*
(3) 2 重否定除去則（DN）

次に，自然演繹での排中律の proof を思い出そう。ポイントは最後に DN を使って 2 重否定をとるところにある。これがないと排中律はでてこない。そこで，DN という推論規則を捨てることにしてはどうか。その方向で基本的にはよいのだが，1 つ困ったことになる。なぜなら，DN を捨ててしまうと否定に関しては ¬intro* と ¬elim* の 2 つの規則だけが残ることになる

が，これでは「¬」に否定の意味をもたせることができなくなってしまうからだ．

　自然演繹は，「→」には→introと→elim，という具合に1つの結合子にそれぞれ導入規則と除去規則とを用意している．こうして「→」の論理的な役割を定めている（乱暴な言い方だが「→」の「意味」を定めていると言ってもよいだろう）．どうやら，1つの結合子の意味を固定するには導入規則と除去規則の2つが必要なようだ．しかしながら，¬intro*と¬elim*の場合，そこには「¬」と「⊥」という2種類の記号が出てきている．そして，¬intro*は「Aから⊥が出てきたら¬Aを導いてよいですよ」と言い，¬elim*は「Aと¬Aが同時に言えたなら⊥を導いてよいですよ」と言っている．しかし，これにより「¬」と「⊥」の意味がはっきりしたと思えるのは，すでに「¬」を否定，「⊥」を矛盾と読み込んでいるからにすぎない．そういう風に読んだときだけ，この2つの規則は「Aから矛盾が出てきたらAを否定してよいですよ」，「AとAの否定が同時に言えたなら矛盾です」という具合に2つの記号の意味を定めたように見える．その読み方を忘れて純粋に¬intro*と¬elim*だけを見る限りでは，「¬」と「⊥」が互いに相手を使って定義されているだけで，実はどちらも意味が固定されていないのだ．だからこそ古典論理の自然演繹ではDNが余分に必要とされたわけだ．DNにより，「¬」は2個つけるとつけてないときと同じになるような結合子だ，という具合に「¬」に否定の意味が与えられる．

　ということは，DNを取り除くのはよいが，その代わりに何らかの規則を与えてやらないと¬intro*と¬elim*だけでは「¬」と「⊥」が堂々めぐりをして意味を持たなくなってしまう．そこで，直観主義論理ではDNを取り除いた上で，排中律のproofをつくれない程度の弱い規則を補ってやる．それが次の規則だ．

【矛盾規則：(AB)】　⊥
　　　　　　　　　　B

　これは「⊥からは何でも出てくる」というやつだ．こうして「⊥」に矛盾っぽい意味を与えることができた．そうすると，こんどは¬intro*と¬elim*によって「¬」に否定の意味が与えられることになる．この規則を**矛盾規則**（absurdity rule：AB）と呼ぼう．ようするに**直観主義論理は古典論理の自然演繹NDの規則からDN（2重否定除去）を取り除いて，AB（矛盾規則）に取り替えたものである．直観主義論理のための自然演繹をNJ**と呼ぶことにする．

**NJの推論規則**

(1)　→∧∨↔に対する導入規則と除去規則　　←── **ND**と共通
(2)　¬intro*と¬elim*

(3)　矛盾規則（AB）

　ABがDNより弱い規則だということの意味は，ABをつかってできることはDNを使ってもできるが，その逆は成り立たないということだ．実際に，演繹の中でABを使っている箇所が

あったら次のように書き換えれば，AB を使わず DN を使った演繹に書き換えることができる。したがって，直観主義論理で provable な式はすべて古典論理でも provable だ。

$$
\begin{array}{|l} \bot \\ B \end{array} \quad \Rightarrow \quad \begin{array}{|l} \bot \\ \quad \begin{array}{|l} \neg B \quad \text{Prem} \\ \bot \quad \text{Reit} \end{array} \\ \neg\neg B \quad \neg\text{intro}^* \\ B \quad \text{DN} \end{array}
$$

### 11.3.3　ND では provable だが NJ ではそうではない式

**NJ** で provable な式はすべて **ND** でも provable，ということはその逆，つまり **ND** で provable な式はすべて **NJ** でも provable だということを意味しない。その代表例が排中律だ。排中律の証明にはどうしても DN を使わなくてはならず，それより弱い AB を使ったのでは proof をつくれない。本当はこのことはきちんと証明しなくてはならないのだが，その証明は本書の範囲を超えるのでここでは扱えない。ここでは，**ND** で provable だが **NJ** では provable ではない式にどのようなものがあるかの実例を挙げるにとどめよう。

#### 排中律

すでに述べたように，$\not\vdash_{NJ} P \vee \neg P$ である。つまり排中律は **NJ** では provable ではない。しかしながら排中律の 2 重否定ヴァージョンとでも言うべき $\neg\neg(P \vee \neg P)$ は，**NJ** でも provable だ。つまり，$\vdash_{NJ} \neg\neg(P \vee \neg P)$。また矛盾律 $\neg(P \wedge \neg P)$ は **NJ** でも provable である。

#### 2 重否定について

(1)　もちろん $\neg\neg P$ から P は演繹できない。つまり，$\neg\neg P \not\vdash_{NJ} P$

(2)　しかし，P から $\neg\neg P$ は演繹できる。つまり，$P \vdash_{NJ} \neg\neg P$　(a)

(3)　$\neg\neg\neg P \vdash_{NJ} \neg P$。おもしろいことに，**NJ** では 2 重否定を外すことができないのに，3 重否定を 1 重否定にすることはできるのだ。(b)

(a)
$$
\begin{array}{|l} P \quad \text{Prem} \\ \quad \begin{array}{|l} \neg P \quad \text{Prem} \\ P \quad \text{Reit} \\ \bot \quad \neg\text{elim}^* \end{array} \\ \neg\neg P \quad \neg\text{intro}^* \end{array}
$$

(b)
$$
\begin{array}{|l} \neg\neg\neg P \quad \text{Prem} \\ \quad \begin{array}{|l} P \quad \text{Prem} \\ \quad \begin{array}{|l} \neg P \quad \text{Prem} \\ P \quad \text{Reit} \\ \bot \quad \neg\text{elim}^* \end{array} \\ \neg\neg P \quad \neg\text{intro}^* \\ \neg\neg\neg P \quad \text{Reit} \\ \bot \quad \neg\text{elim}^* \end{array} \\ \neg P \quad \neg\text{intro}^* \end{array}
$$

## ド・モルガンの法則をめぐって

¬P∧¬Q⊢$_{NJ}$¬(P∨Q)，そして ¬(P∨Q)⊢$_{NJ}$¬P∧¬Q である。つまり，ド・モルガンの法則の片方は **NJ** でも成立する。しかしながら，この連言と選言を取り替えたヴァージョンでは，¬P∨¬Q⊢$_{NJ}$¬(P∧Q)，だけれども ¬(P∧Q)⊬$_{NJ}$¬P∨¬Q という具合に片側通行になってしまう。

> **練習問題 87**
> (1) ⊢$_{NJ}$¬(P∧¬P) であることを示せ。　(2) ¬P∧¬Q⊢$_{NJ}$¬(P∨Q) を示せ。
> (3) ¬(P∨Q)⊢$_{NJ}$¬P∧¬Q を示せ。　(4) P∧Q⊢$_{NJ}$¬(¬P∨¬Q) を示せ。

## 対偶法則

$$¬P→¬Q⊢_{NJ}Q→P \quad Q→P⊬_{NJ}¬P→¬Q$$

つまり対偶法則の半分だけが **NJ** で provable である。

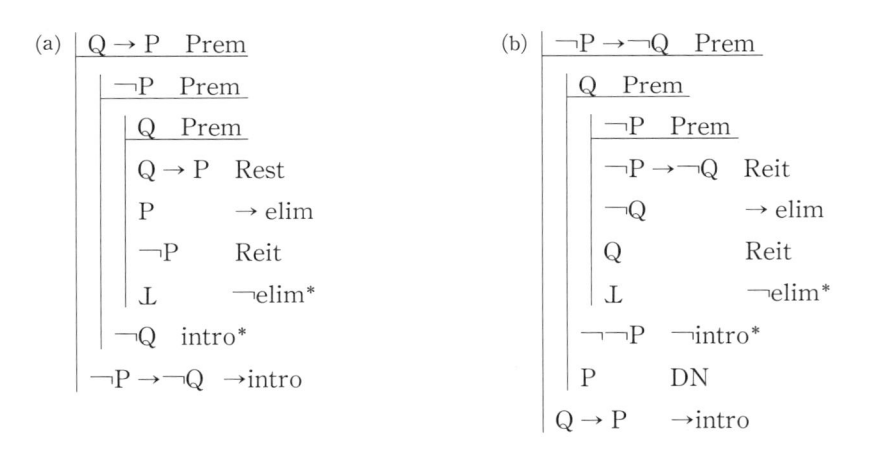

```
(a) | Q→P    Prem              (b) | ¬P→¬Q   Prem
    | | ¬P   Prem                  | | Q     Prem
    | | | Q  Prem                  | | | ¬P  Prem
    | | | Q→P   Rest               | | | ¬P→¬Q  Reit
    | | | P     →elim              | | | ¬Q     →elim
    | | | ¬P    Reit               | | | Q      Reit
    | | | ⊥     ¬elim*             | | | ⊥      ¬elim
    | | ¬Q  intro*                 | | ¬¬P  ¬intro*
    | ¬P→¬Q  →intro                | P    DN
                                   | Q→P  →intro
```

(b)では 9 行目で 2 重否定を取っている。これは **NJ** ではできない。
ということは対偶法則の 2 重否定バージョン ¬P→¬Q⊢$_{NJ}$Q→¬¬P は大丈夫だということだ。

## 結合子相互の定義可能性について

(1) ¬P∨Q⊢$_{NJ}$P→Q だが，P→Q⊬$_{NJ}$¬P∨Q
(2) P→Q⊢$_{NJ}$¬(P∧¬Q) だが，¬(P∧¬Q)⊬$_{NJ}$P→Q
(3) P↔Q⊬$_{NJ}$(P∧Q)∨(¬P∧¬Q)

このことにより，**NJ** では→を ¬ と ∨ で定義したり，↔ を ∨, ∧, ¬ で定義することができないことがわかる。またド・モルガンの法則の不成立によって，∧ を ¬ と ∨ で定義することもできない。**NJ** では結合子はそれぞれ独立の意味をもっており，互いに定義できない。

> **練習問題88**
>
> (1) $\neg\neg P \rightarrow Q \vdash_{NJ} \neg Q \rightarrow \neg P$ を示せ。
> (2) $P \wedge \neg Q \vdash_{NJ} \neg(P \rightarrow Q)$ だが $\neg(P \rightarrow Q) \not\vdash_{NJ} P \wedge \neg Q$ である。そこで、まず第1の演繹を行え。次に、$\neg(P \rightarrow Q)$ から $P \wedge \neg Q$ への演繹を **ND** で行って、どこかで2重否定をはずさねばならないことを確認せよ。
> (3) 次の演繹を行え。
>   (a) $\neg P \vdash_{NJ} P \rightarrow Q$    (b) $P \vee Q, \neg P \vdash_{NJ} Q$

## 11.3.4　2重否定除去と同等な規則

さて、すでに見たように **ND** と **NJ** の違いは2重否定除去則 DN のあるなしだった。だから **NJ** に DN を付け加えれば **ND** と同様の演繹能力を持った体系に戻る。ところで、DN をつけ加える代わりに、次のどちらかを **NJ** に付け加えても **ND** に戻ることが分かっている。

(1) 公理として排中律を認める。つまり、$A \vee \neg A$ の形の式をいつでも書いてよい。

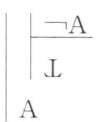

(2) 背理法（reductio ad absurdum：RAA）つまり、A の否定を仮定して矛盾を導くことができたら、A を導いてよい（右の図）。

```
| ¬A
| ⊥
| A
```

つまり、直観主義論理に2重否定除去/排中律/背理法のどれかひとつを付け加えたものが古典論理である。というのは、この3つは1つを認めれば他のものが導けるからだ。例えば、2重否定除去を認めれば排中律が証明できることはすでに見た。さらに……

**排中律を公理として認めれば2重否定除去則と同じ効果がある**

なぜなら演繹の中で2重否定除去則 DN を使ってある箇所があればそれをいつでも次のように DN なしで排中律を使っているような演繹に書き換えられるからだ。

```
                              ¬¬A
                              A∨¬A   Axiom
                              | A    Prem
                              | A    Rep
| ¬¬A                         A → A    →intro
| A       DN     ⇒            | ¬A    Prem
                              | ¬¬A   Reit
                              | ⊥     ¬elim*
                              | A     AB
                              ¬A → A   →intro
                              A        ∨elim
```

**背理法（RAA）を認めれば2重否定の除去ができる**

$$\begin{array}{|ll} \neg\neg A & \\ A & DN \end{array} \quad \Rightarrow \quad \begin{array}{|ll} \neg\neg A & \\ \quad\begin{array}{|ll} \neg A & Prem \\ \neg\neg A & Reit \\ \bot & \neg elim* \end{array} \\ A & RAA \end{array}$$

**2重否定除去則を認めれば背理法（RAA）を使えるようになる**

$$\begin{array}{|ll} \quad\begin{array}{|l} \neg A \\ \vdots \\ \bot \end{array} \\ A \quad RAA \end{array} \quad \Rightarrow \quad \begin{array}{|ll} \quad\begin{array}{|l} \neg A \\ \vdots \\ \bot \end{array} \\ \neg\neg A \quad \neg intro* \\ A \quad\quad DN \end{array}$$

> **練習問題 89**
>
> 以上で，3つの規則の同等性のうち右図の(1)(2)(3)(4)が示された。そこで残りの(5)(6)を示しておこう。つまり，
> (5) 排中律を使った演繹があったらそれを排中律を使わずに背理法を使った演繹に書き直せることを示す（ヒント：すでに排中律の証明があるから，そこで DN を使っている場所を上で見たように背理法を使って書き換えればよい）。
> (6) 背理法を使った演繹においてその箇所はいつでも排中律を公理として使うことによって書けることを示す。
>
>       排中律
>      ／＼
>   (6)(5) (1)(2)
>    ／      ＼
>  RAA ←(3)(4)→ DN

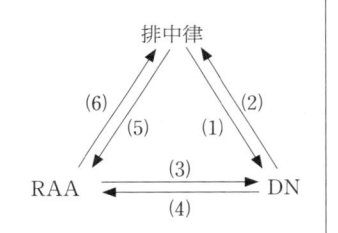

## 11.3.5 直観主義論理のセマンティクス

**多値論理と直観主義論理**

本章では多値論理と直観主義論理をともに排中律への疑問から生まれた論理として導入した。両者は排中律を論理的真理として認めない論理だという点で共通点がある。しかし，両者の排中律の捨て方は異なっていたことに気づいただろう。多値論理では2値原理を捨てることによって，排中律を論理的真理から追い出した。いわば多値論理はまず第一にセマンティクスのレベルで排中律を捨てる道を追求したものと言える。

これに対し，我々は直観主義論理を，自然演繹で排中律の証明ができなくなるように推論規則を変更する（DN を AB にとりかえる）という仕方で導入した。つまり，多値論理と違って，直観主義論理はシンタクスのレベルで排中律を除去しようとした結果として自然に得られる論理体系だと言ってよいだろう。だから，両者は同じ論理体系にならない。例えば，$\neg\neg P \to P$ は3値論理ではトートロジーだったけれど，これは直観主義論理では theorem にならない。

さて，古典論理を思い出せば分かるように，1つの論理体系はセマンティクスとシンタクスという2つの視点から捉えることができる。そしてこの2つの視点を結びつけるのが完全性定理だった。したがって，直観主義論理をもっぱら自然演繹というシンタクス的な側面からだけ紹介するのは，本当は片手落ちなのだ。直観主義論理にも立派なセマンティクスがある。それをちょっとだけ覗いてみることにしよう。

### 証明解釈とその限界

直観主義論理はどのような理由で排中律を拒否していたのかを思い出そう。それはヤン君が唱えていたように，我々には証明も反証もできないが「数の世界」では真か偽に決まっている，と考えるのはおかしいのではないかという問題意識だった。つまり，**我々の認識能力とは無関係に成り立っている真偽**を考えるのは無意味であり，その事実を確認する方法（数学で言えば証明）を持っているかどうかの方がずっと重要だと考えたわけだ。

このように直観主義論理は，古典論理のセマンティクスが，我々が知ろうが知るまいがおかまいなしに成り立っている「Aは真である」を基本概念に据えたのに対し，それを「Aを証明する方法を持っている」に取り替えたセマンティクスをもっているはずだ。

直観主義論理のセマンティクスは1931年にハイティンクによってはじめて与えられた。それは**証明解釈**（proof-interpretation）と言われる。ハイティンクは次のように結合子の意味を与えた。

---
(1) A∨B：Aを証明する方法をもっているか，またはBを証明する方法をもっている。
(2) A∧B：Aを証明する方法をもっており，かつBを証明する方法をもっている。
(3) A→B：Aの証明がかりに与えられたとしたら，それをもとにBの証明をつくりだす方法をもっている。
(4) ¬A：Aの証明が与えられたと仮定し，それをもとに矛盾を導き出す方法をもっている。

---

証明解釈を使うと，直観主義論理での禁じ手がなぜ禁じられるべきだったのかがわかる。

(1) 排中律：A∨¬Aを証明解釈で考えると，「Aを証明する方法をもっているか，またはAから矛盾を導き出す方法をもっている」になる。したがって，排中律は，どんな命題も証明か反証する方法をもっているということを意味することになる。これは我々には不可能だ。

(2) 背理法：¬Aから矛盾をみちびくことができたとしても，直接にAを証明する方法が手に入ったわけではない。これはヤン君も強調していたことである。例えばAが「しかじかの条件を満たす数がある」という命題だとする。「そういう数がないと仮定するとおかしなことになるから，どの数がそれなのかはわからないけどそういう数はあるはずだ」という議論を彼は認めない。ヤン君がAを認めるのはそうした条件を満たす数を実際に構成してみせることができたとき，あるいは少なくとも，こうすれば条件を満たす数がいつでも見つかるというアルゴリズムをもっているとき（そのアルゴリズムの実行にヤン君の一生では時間が足りない場合でもよしとする，

ということである。いくら直観主義論理だといってもその程度の理想化は含んでいる）なのである。

しかしながら，証明解釈には限界がある。例えば $\neg\neg\neg A \to \neg A$ が直観主義論理で許される理由を証明解釈によりきちんと説明することができるだろうか？　ようするに，古典論理の真理表や集合論的モデルに比べると，証明解釈はずっと非形式的で曖昧なのだ。特に，そこに出てくる「証明の方法」というのがはっきりしない。だが，古典論理のセマンティクスとおなじくらい形式的にも厳密なセマンティクスがないととても困る。何に困るかというと，まず第一に完全性証明をするのに困るのだ。そこで次に，直観主義論理の完全性を証明するために**ソール・クリプキ**（Saul Kripke）が何と弱冠23歳でつくりあげたクリプキ・セマンティクスを紹介しよう。

### クリプキ・セマンティクスの基本的アイディア

(1) クリプキの基本的アイディアは，神様の論理学から人間の認識に結びついた論理学へという直観主義論理の初心に返ることにある。そこで，数学や論理を或る程度理想化してとらえた人間の心のなかで行われる活動として考えよう。いま，この人を $\alpha$ さんとする。

(2) $\alpha$ の認識活動は時間に沿って生じる。各時点で $\alpha$ は何らかの事実を証明したり検証したりして知ってゆく。ただし，$\alpha$ は完璧な記憶力を持っており，或る時点で知ったことはそのあともずっと忘れないものとする（これも理想化ね）。時間は自然数のようにとびとびになっているものとしよう。つまり時点 0，時点 1，時点 2，……という具合に流れるものとする。

(3) $\alpha$ は各時点でつねに，知識を増やしていく可能性をいくつか持っていると考える。つまり $\alpha$ の知識の増加の筋道は次の図のように枝分かれ状になっている。量化子をもった直観主義述語論理を考えるときは，$\alpha$ は各時点で知識を増やしていくだけではなく，例えば，次の素数をつくったり，数列の次の項を計算したりして，いろいろな対象を構成していく。だから，直観主義述語論理のモデルでは論議領域も各時点に相対的に与えなくてはならなくなる。

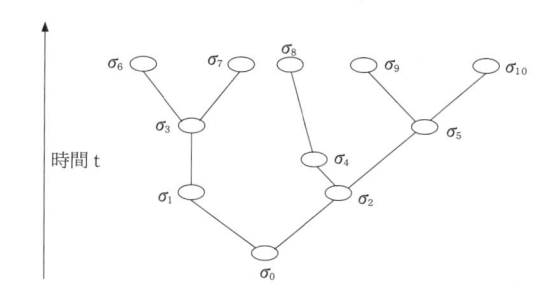

この図の各ノード $\sigma$ は，$\alpha$ の**可能な知識状態**（possible state of knowledge）を表している。これを**段階**（stage）とも呼ぶ。段階 $\sigma_i$ が $\sigma_j$ より時間的により前であることを，$\sigma_i \leq \sigma_j$ であらわすことにしよう。すると，すべての段階の集合 S はこの $\leq$ に関して一方向にだけ枝分かれをしたツリー状の構造になる。こうした構造をもった集合を数学では**部分順序集合**と言ったりする。

(4) 各段階において $\alpha$ に知られている原子式をそのノードに沿えて書き込むことにする。例えば，

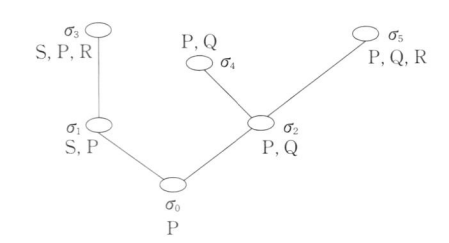

```
        σ₃                    σ₅
       ○                  P,Q ○
    S,P,R                  σ₄   P,Q,R
       ○ σ₁           ○
       S,P              ○ σ₂
                       P,Q
             ○ σ₀
              P
```

のようになる．さて，αは一度知ったことを忘れないから，

> $\sigma_i$ で原子式 A が知られている（証明されている・検証されている）かつ $\sigma_i \leq \sigma_j$
> ⇒ $\sigma_j$ でも A が知られている．

が成り立つ．図はそれを反映して原子式が書きこまれていることが分かるだろう．

以上のようなアイディアに基づいて次のように直観主義論理のクリプキ・モデルを定義する．

### モデル構造の定義

> 【定義】 $m = \langle \sigma_0, S, \leq \rangle$ をモデル構造という．$\sigma_0$ は出発点，S は段階の集合，$\leq$ は S 上で定義される部分順序関係である．

例えば次のようなものがモデル構造である．

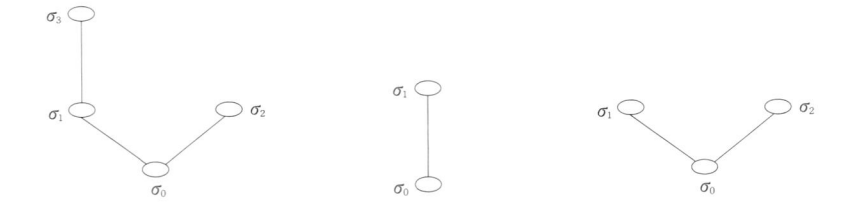

```
    σ₃
    ○
    ○ σ₁   ○ σ₂       σ₁ ○           σ₁ ○    ○ σ₂
        ○ σ₀           ○ σ₀              ○ σ₀
```

### モデル構造 m 上のモデル M

> 【定義】 モデル構造 $m = \langle \sigma_0, S, \leq \rangle$ 上のモデル M とは，次の３つ組である．
> $M = \langle m, V, \Vdash \rangle$

V は S のそれぞれの要素 σ に原子式の集合を割り当てる関数である．つまり，それぞれの段階において，知られている原子式がどのようなものであるかを指定する関数だと考えればよい．そうすると，先ほどの「α は一度知ったことを忘れない」という条件を V も満たさなければならないから，$\sigma_i \leq \sigma_j$ ⇒ $V(\sigma_i) \subseteq V(\sigma_j)$ が成り立つものとしておこう．

$\Vdash$ は段階 σ と論理式 A との関係であり，これから，$\sigma \Vdash A$ が「段階 σ において論理式 A が知られている」という意味になるように定義していきたい．そのためには次のような帰納的定義を

すればよい。

> (1) A が原子式の場合
>    $\sigma \Vdash A \Leftrightarrow A \in V(\sigma)$

この定義の気持ちは明らかだろう。V は各段階に，そこで知られている原子式の集合を割り当てる関数のつもりだったのだから，$\sigma \Vdash A$ を「段階 $\sigma$ において論理式 A が知られている」という意味にしたいなら，A が $V(\sigma)$ の要素であると言えばよい。また，この定義と $\sigma_i \leq \sigma_j \Rightarrow V(\sigma_i) \subseteq V(\sigma_j)$ からすぐに，次のことも明らかだ。

> 任意の原子式 A について，$\sigma_i \Vdash A$ かつ $\sigma_i \leq \sigma_j \Rightarrow \sigma_j \Vdash A$ が成り立つ。

それでは，A が複合的な式の場合はどうなるだろうか。

> (2) A が複合的な式の場合
>    (i) $\sigma \Vdash A \wedge B \Leftrightarrow \sigma \Vdash A$ かつ $\sigma \Vdash B$
>    (ii) $\sigma \Vdash A \vee B \Leftrightarrow \sigma \Vdash A$ または $\sigma \Vdash B$
>    (iii) $\sigma \Vdash A \rightarrow B \Leftrightarrow$ すべての $\sigma \leq \sigma'$ なる $\sigma'$ について，$\sigma' \Vdash A$ ならば $\sigma' \Vdash B$
>    (iv) $\sigma \Vdash \neg A \Leftrightarrow$ すべての $\sigma \leq \sigma'$ なる $\sigma'$ について，$\sigma' \nVdash A$

**定義のねらいを理解しよう**

なぜこのような定義をしたのか，そのねらいを考えてみよう。(i)と(ii)については「そりゃそうでしょう」。わかりにくいのは(iii)と(iv)だ。

まず(iii)について考えてみよう。$A \rightarrow B$ を段階 $\sigma$ で知っているということは，その段階で A や B についても何か確定的なことを知っているということを意味しない。段階 $\sigma$ で $A \rightarrow B$ であることが証明されているとき，言えるのは次のことである。「もしもっと後の段階 $\sigma'$ で A の証明が手に入ったなら，段階 $\sigma$ で手に入れていた $A \rightarrow B$ の証明と組み合わせて，B の証明も手に入る」。これが「A の証明が与えられたときに，それをもとに B の証明をつくりだす方法をもっている」というハイティンクの証明解釈の趣旨に添ったものであることは明らかだろう。

(iv)についてはもうちょっとフクザツになる。そこで，次の **NJ** の推論規則を見比べて欲しい。

```
    │ A                          │ A
    │ ⊥                          │ ⊥
    │ A → ⊥  →intro        と    │ ¬A   ¬intro*
```

```
    │ A                          │ A
    │ A → ⊥                      │ ¬A
    │ ⊥      →elim         と    │ ⊥    ¬elim*
```

つまり，直観主義論理では ¬A は A → ⊥ と同じ働きをすることがわかる．直観主義論理では ¬A を「A の証明が与えられたときにそれをもとに矛盾を導き出す方法をもっている」という意味で捉えているということになる．そして確かにこれがハイティンクの証明解釈の言うところでもあった．こうして，「→」の場合と同じ考察ができる．¬A を段階 $\sigma$ で知っているということは，とりあえず「もしかりにもっと後の段階 $\sigma'$ で A の証明が手に入ったなら，すでに段階 $\sigma$ で手に入れていた **A から矛盾を導く方法** と組み合わせて，段階 $\sigma'$ で矛盾が生じてしまう．」ということなのである．そして，いま考えている $\alpha$ は理想化された認識者であり，「矛盾を知る」ということはありえないわけだから，¬A を段階 $\sigma$ で知っているということが意味しているのは，「もっと後の段階 $\sigma'$ で A の証明が手に入るなどということはありえない」なのだった．

### モデルの例

以上の定義を右のモデルに当てはめて味わってみることにしよう．

出発点の $\sigma_0$ という段階で証明されている原子式は P だけだが，さらに情報を手に入れる可能性はいろいろひらかれている．さらに S を証明するのに十分な情報を手に入れるという可能性が開けているし（$\sigma_1$），Q を証明するのに十分な情報がさらに加わるという可能性もある（$\sigma_2$）．

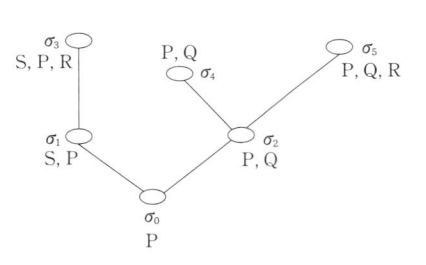

(1) 段階 $\sigma_0$ では論理式 P だけが証明できている．したがって，$\sigma_0 \Vdash P$ である．

(2) 段階 $\sigma_0$ では論理式 Q は証明されていない．したがって $\sigma_0 \nVdash Q$ である．しかしこれは $\sigma_0 \Vdash \neg Q$ ではないから注意しよう．$\sigma_0 \nVdash Q$ は，段階 $\sigma_0$ で ¬Q が証明済みということではないからだ．それは単に，Q が $\sigma_0$ ではまだ証明されていないということを述べているにすぎない．もしかしたら，あとで証明されるかもしれない（そして実際に，$\sigma_2$ 以降で証明されている）．

(3) $\sigma_0 \Vdash \neg Q$ となるためには，段階 $\sigma_0$ 以降のどの段階でも Q が証明されてはならない．$\sigma_2$ 以降で Q が証明されている以上，$\sigma_0 \nVdash \neg Q$ である．

(4) しかし $\sigma_1$ をとってみよう．$\sigma_1$ 以降のどの段階でも Q は証明されていないから，$\sigma_1 \Vdash \neg Q$

である。

(5) 一見，段階 $\sigma_2$ と $\sigma_4$ には違いがないように思われる。しかし $\sigma_4$ では $\sigma_2$ にはない情報がつけ加わっている。つまり $\sigma_2$ はさらに R を証明するに足る情報が付け加わるかどうかについては未知数なのに対し，$\sigma_4$ では $\sigma_2$ に R が証明されるという選択肢を閉ざすだけの情報が付け加わっている。このため，$\sigma_4 \Vdash \neg R$ であるが，$\sigma_2 \nVdash \neg R$ となる。

(6) そうすると，$\sigma_2 \nVdash R$ でもあるから，$\sigma_2 \nVdash R \lor \neg R$ であり，段階 $\sigma_2$ では R が正しいかどうかについては判断がつかない。一方，$\sigma_4 \Vdash \neg R$ であるから，当然 $\sigma_4 \Vdash R \lor \neg R$ である。このように，その段階で正しいと証明されている原子式に関しては $\sigma_2$ と $\sigma_4$ には違いがないのだが，モデル構造のどの場所にあるかに応じて，どのような複合的論理式が証明されているかに関する違いが生じる。

> **練習問題 90**
>
> 302 ページのモデルについて次の問いに答えよ。
> (1) $\sigma_2 \Vdash P \rightarrow Q$ であることを示せ。
> (2) $\sigma_2 \Vdash (R \rightarrow Q) \land (P \rightarrow Q)$ であることを示せ。
> (3) $\sigma_0 \nVdash P \rightarrow Q$ であることを示せ。
> (4) だからといって，$\sigma_0 \Vdash \neg(P \rightarrow Q)$ ではないことを示せ。

**直観主義的に妥当な式・直観主義論理における意味論的帰結**

まず，古典論理のトートロジーにあたる，直観主義論理の観点から見た論理的真理を定義しておこう。その式を**直観主義的に妥当な式**（intuitionistically valid wff.）と呼ぶ。

> 【定義】A が直観主義的に妥当 ⇔ あらゆるモデル構造 $m = \langle \sigma_0, S, \leq \rangle$ 上のあらゆるモデル M のすべての段階 $\sigma \in S$ において，$\sigma \Vdash A$

ということは，ある論理式 A が直観主義的に妥当な式ではないことを証明したいなら，$\sigma \nVdash A$ となるような何らかの段階 $\sigma$ を含んでいるモデルを作ればよいし，逆にある論理式 A が直観主義的に妥当な式であることを証明したいなら，そのようなモデルがあると仮定して矛盾を導けばよい。こうしたモデルを A の**反証モデル**（counter model）という。

直観主義論理では論理的帰結はどのように定義できるのだろうか。シンタクスの立場から定義される構文論的帰結の概念は，ようするに **NJ** における deduction がある，ということだ。さらにここではセマンティクスが与えられたので，意味論的帰結の概念も定義できるようになった。

> 【定義】$\Gamma \vDash C$（論理式 C が論理式の集合 $\Gamma$ から直観主義的・意味論的に帰結する）
> ⇔ すべてのモデルのすべての段階 $\sigma$ において次が成り立つ。
> 　$\Gamma$ の要素のすべての論理式 A について $\sigma \Vdash A$ である ⇒ $\sigma \Vdash C$

> **練習問題 91**
> (1) 排中律 P∨¬P は直観主義的に妥当でないことを証明せよ。
> (2) P→¬¬P が直観主義的に妥当であることを証明せよ。

#### このあとの展開は？

直観主義論理の公理系（自然演繹 **NJ**）とセマンティクスを導入した。このあとにすぐにやるべきこととしては次のような 2 つの課題が思い浮かぶ。

(1) 直観主義論理の完全性証明：直観主義論理に関しても，**NJ** の theorem の集合と直観主義的に妥当な式の集合とが一致し，さらに，「論理式の集合 Γ から C への **NJ** における deduction がある ⇔ 論理式 C が論理式の集合 Γ から直観主義的・意味論的に帰結する」という完全性が成り立つだろうか？

これは成り立つことが証明できる。というより，クリプキは完全性を証明するために直観主義論理にセマンティクスを与えたのだった。

完全性が証明できれば，どんなにがんばって工夫しても排中律は **NJ** で決して provable でないということの厳密な証明ができる。排中律は直観主義的に妥当でないから（このことはすでに練習問題 91(1)で示した），それは **NJ** の theorem ではない。

(2) 直観主義論理の決定手続き：古典命題論理にはタブローという機械的な決定手続きがあった。直観主義命題論理にも同じように，任意の論理式が直観主義的に妥当であるかないかを有限のステップで教えてくれるようなアルゴリズムがある。**認識史分析**という名前の方法で，タブローと同様非常にわかりやすい。興味のある読者は，野矢茂樹 [1994] や大出晃 [1991] を見てみよう。

## 11.4　古典論理の拡張としての様相論理

### 11.4.1　古典論理への代替案か古典論理の拡張か

古典論理にはたくさんの公理系がある。しかし，**APL** にせよ **ND** にせよ，そこから theorem として出てくる論理式の範囲は全く同じ，というわけで両方とも 1 つの同じ古典論理の公理系である。そこで，論理のアイデンティティを，provable な式の集まりと同一視してみたらどうか。この集まりが同じであれば，どのような仕方で公理化されていても同じ論理とみなすことにするのだ。この意味で **APL** と **ND** は見かけは異なるが同じ論理の体系ということになる。

一方，これまでに非古典論理の代表として扱ってきた直観主義論理は，古典論理で論理的真理とされていたもののうちいくつかが論理的真理とみなされないという特徴があった。排中律がその代表だ。そして実際に，古典論理 **ND** の theorem の範囲と，直観主義論理 **NJ** の theorem の範囲とは食い違っている（後者は前者の一部にすぎない）。だから，直観主義論理と古典論理は異

なる論理体系なのだ．古典論理で認められる論理的真理の一部を論理的真理とするのはやめましょう，と言うわけだから，直観主義論理は古典論理にとって代わろうとする**代替案**（alternative）**としての非古典論理**だと言える．

これに対し，古典論理で論理的真理と見なされる式はすべて論理的真理と認めた上で，さらに古典論理では扱えない論理的真理も扱いましょう，という非古典論理，つまり古典論理の**拡張**（extension）**としての非古典論理**もある．これから紹介する**様相論理**（modal logic）がその代表だ．

様相論理とは，古典論理に次の2つの**様相オペレータ**を付け加えてできる論理である．

$\Diamond$（可能性演算子 possibility operator）：$\Diamond P$（Pということは可能である）
$\Box$（必然性演算子 necessity operator）：$\Box P$（Pということは必然的である）

この論理定項を使うと，「偶然Pである」という命題は「現にPであるが，Pでないこともありえる」ということだから，$P \land \Diamond \neg P$と表現できるだろう．

## 11.4.2　様相論理には公理系が山のようにある

様相論理を勉強しようとする人がまず驚くのは公理系の多さだ．それも，theoremの集合を異にするやたらにたくさんの体系がある．人によると100以上あるらしい．なぜこういうことになっちゃったのだろう．$\Diamond$と$\Box$という2つの様相オペレータを導入したところまでは話が進んだ．次の課題は，こうした言語で表現できる推論や式について，どれが妥当か，どれが論理的真理かをはっきりさせることだ．これはシンタクス，セマンティクスの2つの側面からアプローチできる．しかし，最初の頃は様相オペレータを含む論理式に対しどのように真理の定義を与えたら良いのかわからなかった．そこでとられた方法は，シンタクスの立場から構文論的に特徴づけること，つまり様相を含む論理的真理の全体を公理的方法で枚挙しようというものだった．

ここで，困ったことがある．古典論理のときはどんなものが論理的真理かはおおよそはっきりしていた．しかし，様相論理の場合何が論理的真理かは格段にぼやけている．

(a)　$\Box P \leftrightarrow \neg \Diamond \neg P$　（必ずPというのは，Pでないことがありえないということだ）
(b)　$\Diamond P \leftrightarrow \neg \Box \neg P$　（Pでありうるとは，Pでないと決まっているわけではないということだ）
(c)　$\Box P \rightarrow P$　（必ずPなのだったら現にPである）
(d)　$P \rightarrow \Diamond P$　（現にPである以上Pでありうる）

これらが論理的真理であることにはそれほど争いの余地がないからいい．つまりどのような公理系をつくるにせよ，これらの式は公理にするか，theoremとして公理系から出てくるようにしておきたい．ところが，多重様相になるとわれわれの直観はじつに貧弱だ．例えば，(c)の前件を弱めた$\Diamond \Box P \rightarrow P$は論理的真理だろうか？　あるいは$\Box P \rightarrow \Box \Box P$，$\Diamond P \rightarrow \Diamond \Diamond P$などはどうか．我々の様相についての直観を総動員してもこうした問いに白黒がつくとは思えない．こうしてこれらの論理式をtheoremとするかしないかに応じて，様相論理にはものすごくたくさんの

公理系が乱立することになった。そこでここでは，スタンダードないくつかの体系だけを取り上げて見ておくことにする。

### 公理系 K

すべての公理系の土台になっているのは K と呼ばれる公理系だ。

---
【公理】
A 1〜A 3　**APL の公理図式**
A 4　$\Box(A\to B)\to(\Box A\to\Box B)$　　この公理図式そのものも **K** と呼ぶ。
【変形規則】
R 1　MP
R 2　$\vdash A \Rightarrow \vdash\Box A$（この規則は**必然化規則 Necessitation** と呼ばれる。隠された気持ちとしては，「A が theorem として出てきたら，それは論理的真理なのだから必然的に真だろう。だから $\Box$ をつけちゃっていいや」というもの）

---

$\Diamond$ は定義により導入される。むろん $\Diamond P =_{df} \neg\Box\neg P$ である。

K で provable な論理式を挙げておこう。

(1)　$\Box(P\land Q)\leftrightarrow(\Box P\land\Box Q)$　（分配法則）
(2)　$\Diamond(P\lor Q)\leftrightarrow(\Diamond P\lor\Diamond Q)$　（分配法則）
(3)　$\Box P\leftrightarrow\neg\Diamond\neg P$

### 公理系 T

---
【定義】公理系 K に次の公理を付け加えた公理系を T と呼ぶ。
　　$\Box A\to A$　（この公理じしんも **T** と呼ぶ）

---

K では provable でなく，T ではじめて provable になる論理式としては，次のものがある。

(4)　$P\to\Diamond P$　　(5)　$\Diamond(P\to\Box P)$

### 還元法則と S 4・S 5

公理系 T ではすべての様相が異なっている。つまり，$\Box$，$\Box\Box$，$\Box\Box\Box$，$\Diamond$，$\Diamond\Diamond$，$\Diamond\Diamond\Diamond$，$\Diamond\Box$，$\Box\Diamond$，$\Box\Diamond\Diamond$，$\Box\Box\Diamond$…などはみんな異なる様相だ。というのも，T からは次のような還元法則（多重様相の種類を減らす効果を持つ theorem）が1つも出てこないため，T には無限に多くの多重様相があることになるからだ。

(i)　$\Diamond P\leftrightarrow\Box\Diamond P$　　(ii)　$\Box P\leftrightarrow\Diamond\Box P$

(iii) ◇P↔◇◇P　　(iv) □P↔□□P

そこで，いくつかの還元法則を T に付け加えて多重様相の種類を減らすことを考えてみよう。だが，これらの還元法則のすべてをつけ加える必要はない。

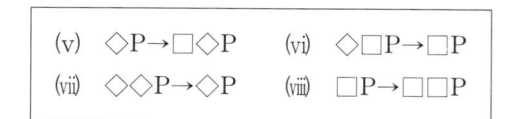

```
(v)  ◇P→□◇P      (vi)  ◇□P→□P
(vii) ◇◇P→◇P     (viii) □P→□□P
```

をつけ加えるだけでよい。逆はすべて T の theorem だから。さらに，(v)⊢ₜ(vi), (vi)⊢ₜ(v), (vii)⊢ₜ(viii), (viii)⊢ₜ(vii), (v)⊢ₜ(viii) という関係があるので，

(1) (v)または(vi)のどちらかを T につけ加えれば，(v)～(viii)の 4 つの還元法則はすべて出てくる。

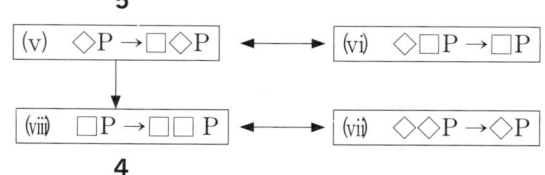

(2) (viii)または(vii)のどちらかをつけ加えれば，(vi)と(viii)が得られるが，(v)と(vi)は出てこない。

そこで次のような新しい公理系が生まれる。

```
              5
(v)  ◇P→□◇P  ⟷  (vi)  ◇□P→□P
      ↓
(viii) □P→□□P  ⟷  (vii)  ◇◇P→◇P
              4
```

【定義】T に (viii) □A→□□A （この公理図式を 4 と呼ぶ）をつけ加えた公理系を S4 と言う。
　　　T に (v) ◇A→□◇A （この公理図式を 5 と呼ぶ）をつけ加えた公理系を S5 と言う。

S4 を特徴づける公理 4 は S5 では theorem として導かれる。というわけで，T の theorem はすべて S4 の theorem でもあり，S4 の theorem はすべて S5 の theorem でもある，という具合になっている。

ついでにもう 1 つ公理系を導入しておこう。

【定義】T に A→□◇A （この公理を B と呼ぶ）をつけ加えた公理系を B と言う。

A→□◇A は S5 では theorem として導くことができるが，S4 ではできない。T の theorem はすべて B の theorem であり，B の theorem はすべて S5 の theorem でもある。

### S4 では様相は 7 種類になる

S4 では，次の theorem が導かれる。

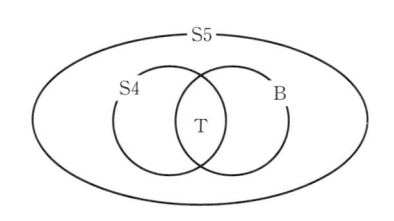

(6) □P↔□□P
(7) ◇P↔◇◇P
(8) □◇P↔□◇□◇P

(9)　◇□P↔◇□◇□P

これらの theorem のおかげで S4 では様相は次の 7 種類に減らされる。

| なし，□，◇，□◇，◇□，□◇□，◇□◇ |

このことを示してみよう。

【証明】
(1) まず，(6)と(7)があるおかげで，1種類の様相オペレーターだけを繰り返してつくった多重様相はすべて，□と◇になる。また，□□…□◇とか◇◇◇…◇□のたぐいはそれぞれ□◇と◇□になる。
(2) 次に，□◇と◇□にひとつの様相オペレーターを加えると，

| □□◇，　□◇◇，　◇◇□，　□◇□ |

の4つができる。このうち，□□◇と◇◇□はもとの□◇と◇□と同じである。
(3) 残った◇□◇と□◇□にひとつの様相オペレーターを加えると，

| ◇◇□◇，　□□◇◇，　□□◇□，　◇□◇□ |

が得られる。このうち，◇◇□◇と□□◇□はもとの◇□◇と□◇□と同じである。
(4) では，(3)でまだ残っている□□◇◇と◇□◇□はどうなるかというと，(8)(9)のおかげで，□◇□◇と◇□◇□は，それぞれ□◇と◇□に同じである。
(5) 以上より，S4 では還元不可能な様相は上記の7種類に限られることがわかった。■

## S5 では様相は 3 種類

S5 では次の theorem を新たに導くことができる。

(10)　◇P↔□◇P
(11)　□P↔◇□P
(12)　◇P↔◇◇P
(13)　□P↔□□P

ということは，
　◇□□◇◇P
= □□◇◇P ……………………………………………………………………(11)により
= 　□◇◇P ……………………………………………………………………(13)により
= 　　◇◇P ……………………………………………………………………(10)により
= 　　　◇P ……………………………………………………………………(12)により

のように多重様相は最後のひとつを除いてみんなとってしまってよいということだ。したがってS5では，様相は，なし，□，◇の3種類ということになる。S5は様相の種類という点では一番スッキリした体系だ。

### S5を別の仕方で特徴づける

P→□◇P（つまり **B**）と◇□P→PはともにS5のtheoremではあるが，S4のtheoremではない。S4にこれらのどちらでもよいから公理図式としてつけ加えると，実はS5になる。S4より弱いTに**B**をつけ加えると，S5にはとどかない，もうすこし弱い体系になる。それがBだった。

### Lemmon code

もうすでにだいぶごちゃごちゃになってきたのではないだろうか。様相論理にはたくさんの公理系があるので，その相互関係をきちんと表すことのできる分類コードがあるとよい。様相論理の初期の代表的研究者レモン（E. J. Lemmon）は，1977年の論文でレモン・コードと呼ばれる様相論理体系を分類するコードを提案した。これは，**K**…という形をしており，…のところにつけ加えた公理の名前が来る。**KXYZ**は，**APL**の公理に**K**，**X**，**Y**，**Z**を公理として付け加えた公理系を表す。

**K**　□(A→B)→(□A→□B)
**T**　□A→A
**4**　□A→□□A
**B**　A→□◇A
**5**　◇A→□◇A

レモン・コードを使うと，これまでに出てきた公理系は次のように名前をつけかえて整理することができる。

K＝**K**
T＝**KT**
S4＝**KT4**
B＝**KTB**
S5＝**KT5**＝**KT4B**

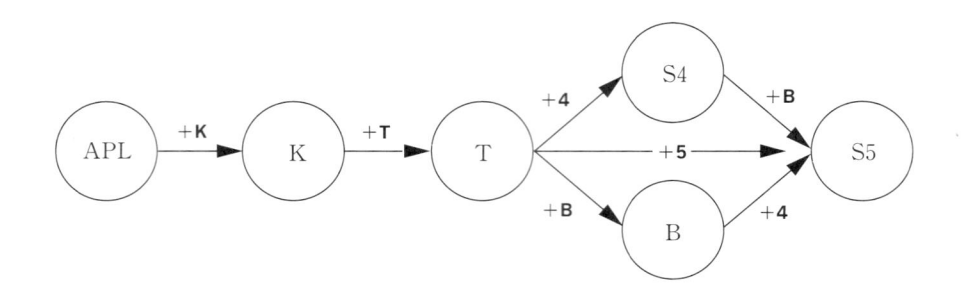

```
         +4    S4   +B
APL →+K→ K →+T→ T →+5→    → S5
         +B    B    +4
```

## 11.4.3 様相論理のセマンティクス

　さて，次の課題は，論理の山をトンネルの反対側から掘っていくこと，つまりその公理系のtheorem がすべて妥当式になるようなセマンティクスをつくり，その公理系の theorem の集合と，そうしてつくったセマンティクスにおいて妥当式になる式の集合とがぴったり重なることを証明（完全性証明）して，両方のアプローチがうまい具合に様相についての論理的真理を捉えていたのだということを示す，ということだ。

　ところが様相論理は，セマンティクスが先につくられた多値論理と逆に，まずシンタクス方面だけがやたらと発展してしまい，とんでもなくたくさんの公理系ができてしまった。これらの公理系のそれぞれに別々にセマンティクスを与えていたのでは混乱は増すばかりだ。そこで次の事実に注目しよう。様相論理の多様な公理系はレモン・コードに現れているように，コアとなる公理系 K に次々と公理を足してつくられている。だから，それぞれの公理系に対するセマンティクスも，**すべての公理系に共通したセマンティクスに次々と条件を付け加えて，それぞれの公理系に対するセマンティクスが得られるような仕方で**つくれたらずいぶん見通しのよいものになるんじゃないだろうか。

　クリプキ（Saul Kripke）が高校生のときに作り上げた**可能世界意味論**（possible-worlds semantics）は，T，B，S 4，S 5 などの異なった論理体系のすべてにはじめて意味論を与えることができた非常に見通しのよいセマンティクスである。これは現在では様相論理のスタンダードな意味論になっている。

#### 可能世界意味論

　可能世界意味論の基本的なアイディアは次の通り。「必ず P ってことは，この世界だけじゃなくって，**どんな世界だって** P が成り立っているということでしょ」。「P が可能だってことは，この世界では P じゃないとしても，**どこかの世界では** P が成り立っているということだよね」。……この直観を厳密な形式的セマンティクスの形に鍛え上げたのがクリプキの偉いところだ。クリプキのセマンティクスの特徴は次の点にある。

【基本的アイディア】
(1) 複数の世界を考える。それぞれの世界を**可能世界**（possible world）という。可能世界の

うちのひとつを**現実世界**とみなす。論理式はそれぞれの可能世界で真理値をもつ。それは世界によって異なっていてもかまわない。

(2) 可能世界のあいだには**到達可能性**（accessibility）という関係が定義される。世界 w から見て世界 w′ が到達可能であるとは，直観的には，世界 w をちょっと変えることによって世界 w′ に移ることができることと考えてもよいし，w から w′ が「見える」ということだと考えてもよい。

(3) この上で，各可能世界における「□A」，「◇A」の真偽を次のように定義する。
　　可能世界 w において □A が真　⇔　w から到達可能なすべての可能世界において A が真。
　　可能世界 w において ◇A が真　⇔　w から到達可能な可能世界のうちのどれかにおいて A が真。

そして，可能世界間の到達可能性という関係にさまざまな条件を課すことによってさまざまな公理系に対するセマンティクスを得ようというわけだ。もうすこし詳しく見てみよう。

【**定義：クリプキ・フレーム**（Kripke Frame）】空でない集合 W と W 上の 2 項関係 R のペア $F=\langle W, R \rangle$ をフレームという。
　W の要素を「可能世界」と呼ぶ。R を到達可能性関係と呼ぶ。

フレームによって決まるのは，どのような可能世界があるかということと，それらのあいだにどのような到達可能性があるかということだ。

【**定義：フレーム F に基づくクリプキ・モデル**】フレーム $F=\langle W, R \rangle$ に対して，3 つ組 $M=\langle W, R, V \rangle$ をフレーム F に基づくクリプキ・モデル M と言う。ここで，V は付値関数と言い，各可能世界に応じて原子式のそれぞれに真理値を割り当てる関数である。V がモデル M の可能世界 w において原子式 A に与える真理値を $V_M(w, A)$ で表す。またモデルの名前をいちいち区別して言及する必要がないときは単に $V(w, A)$ と書く。

というわけで，クリプキ・モデル M は次の 3 つの要素からなる。(1) 可能世界の集合 W，(2) その可能世界どうしの到達可能性関係 R，(3) 原子式のそれぞれに，それが各可能世界でとる真理値を割り当てる付値関数 V。フレームが同じでも V が異なれば，それぞれの可能世界でどのような原子式が真なのかが異なるわけだからモデルとしては違うモデルになる。

### モデルにおける真理の定義

さて，次に複合的なものも含む一般の論理式 A がモデル M の可能世界 w でとる真理値 $\overline{V}_M(w, A)$ を定義しなくては。もうわかっていると思うけど，帰納的定義を使う。

【定義】
(1) A が原子式のとき，$\overline{V_M}(w, A) = 1 \Leftrightarrow V_M(w, A) = 1$
(2) A が ¬B という形の論理式のとき，$\overline{V_M}(w, A) = 1 \Leftrightarrow \overline{V_M}(w, B) = 0$
(3) A が B→C という形の論理式のとき，$\overline{V_M}(w, A) = 1 \Leftrightarrow \overline{V_M}(w, B) = 0$ または $\overline{V_M}(w, C) = 1$
(4) A が □B という形の論理式のとき，
 $\overline{V_M}(w, A) = 1 \Leftrightarrow$ wRw′ であるようなすべての可能世界 w′ において，$\overline{V_M}(w', B) = 1$
(5) A が ◇B という形の論理式のとき，
 $\overline{V_M}(w, A) = 1 \Leftrightarrow$ wRw′ であるような少なくとも1つの可能世界 w′ において，$\overline{V_M}(w', B) = 1$

### モデルの例

フレーム F = ⟨W, R⟩ が，W = {$w_1, w_2, w_3$}，R = {⟨$w_1, w_2$⟩, ⟨$w_2, w_3$⟩} で与えられているとする。このとき，このフレームを次のように図示することができる。つまり世界 $w_1$ から $w_2$，$w_2$ から $w_3$ が到達可能だが，$w_1$ から $w_3$ は到達可能ではなく，$w_3$ から到達可能な世界はない……といったフレームだ。

$w_1 \rightarrow w_2 \rightarrow w_3$

さらに，このフレーム F の各可能世界に，それぞれの原子式がその世界でとる真理値を割り当てれば，モデル M = ⟨W, R, V⟩ が確定する。ここでは，原子式は P だけとしてそれを次のように与えてみよう。

$V(w_1, P) = 1 \quad V(w_2, P) = 1 \quad V(w_3, P) = 0$

このモデルをフレームの図に書き込む。いろいろなやり方があるが，次のように，各可能世界の下にそれぞれの式がとる真理値を書いていくという方法が便利だ。

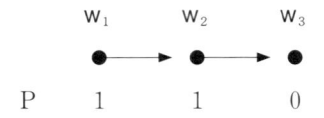

$\begin{array}{cccc} & w_1 & w_2 & w_3 \\ & \bullet \rightarrow & \bullet \rightarrow & \bullet \\ P & 1 & 1 & 0 \end{array}$

(1) さて，例えば論理式 P→¬□P は可能世界 $w_1$ で真だろうか。$w_1$ から到達可能な世界は $w_2$ だけだ。$w_2$ で P は真だから，□P は可能世界 $w_1$ で真。したがって ¬□P は可能世界 $w_1$ で偽。前件の P は可能世界 $w_1$ で真だから，全体として P→¬□P は可能世界 $w_1$ で偽。……こんな具合に定義にしたがって，各世界での論理式の真偽を決めていくことができる。

(2) 次に，同じ式が可能世界 $w_2$ で真かどうかを見てみよう。$w_2$ から到達可能な世界は $w_3$ しかない。$w_3$ で P は偽だから □P は可能世界 $w_2$ で偽。したがって ¬□P は $w_2$ で真。前件の P は $w_2$ で真だから，全体として P→¬□P は可能世界 $w_2$ で真。

(3) 最後にこの式が $w_3$ でとる真理値を求めてみよう。$w_3$ では P は偽だから ¬□P がどうであろうと P→¬□P は真に決まってしまう。これはこれでよいのだが，でも $w_3$ で □P の真理値がどっちになるかはやっぱり気になる。ところが，□P が $w_3$ でとる真理値を考えようとするとちょっと戸惑うことになる。というのは，$w_3$ から到達可能な世界がないからだ。このように，そこから到達可能な世界が 1 つもない世界のことを**どん詰まり**（dead end）と言う。こんなどん詰まり世界では □A や ◇A のような論理式はどのような真理値をとるだろう。定義に遡って考えてみよう。定義(4)の右辺は，「任意の世界 $w'$ について，$wRw'$ であるならば，$\overline{V}_M(w', B)=1$」ということなのであるから，w から到達可能な世界 $w'$ がないならば，これは「ならば」の前件が偽であるという理由によって空虚に成り立ってしまう。つまり，w がどん詰まり世界のときはどんな論理式 A についても □A は真である。同様に，どん詰まり世界ではどんな論理式 A についても ◇A は偽になる。そうすると，どん詰まり世界では ◇A が偽なのに □A が真になる，ということになる。へんな世界。

というわけで，$w_3$ では □P は真である。そして，P が偽だから P→¬□P は真になる。以上を図に書き込んで表すと次のようになる。

|  | $w_1$ | $w_2$ | $w_3$ |
|---|---|---|---|
| P | 1 | 1 | 0 |
| □P | 1 | 0 | 1 |
| P→¬□P | 0 | 1 | 1 |

> **練習問題 92**
> 以上のモデル $M=\langle W, R, V\rangle$ において，次の式が各可能世界でとる真理値をもとめよ。
> (1) ¬P∧◇P　　(2) □P→P　　(3) □¬P→¬◇P

**様相論理における妥当性**

次に定義しなくてはならないのは，論理的真理つまり「妥当式」の概念だ。ただし，様相論理のセマンティクスでは，フレームがあって，その上にモデルがのっかるという 2 段構えになっているから，「妥当」の概念も 2 つのステップを踏んで定義される。

**モデルにおいて妥当（valid in a model）の定義**

次のモデル（ただし，$w_3$ を取り囲む輪は，$w_3$ から $w_3$ 自身が到達可能だということを表している）において，¬P→¬□P はすべての可能世界で真である。こういう式を，この**モデルにおいて妥**

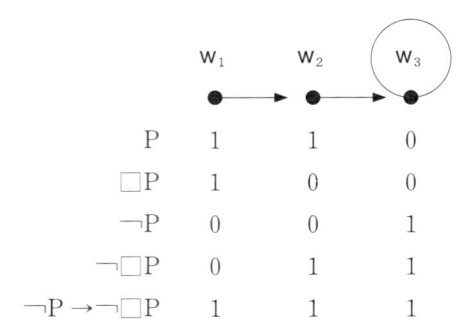

```
              w₁    w₂   w₃
              ●────▶●───▶●

       P       1    1    0
      □P       1    0    0
      ¬P       0    0    1
     ¬□P       0    1    1
  ¬P→¬□P       1    1    1
```

当な式と呼ぶ。一応きちんと定義しておくと，

> 【定義】論理式 A はモデル M=⟨W, R, V⟩ において妥当である
> ⇔ W に属するすべての世界 w について，$\overline{V}_M(w, A)=1$

**フレームにおいて妥当（valid on a frame）**

さっきのモデルのフレームを残して付値関数 V だけ変化させると異なったモデルになる。このモデルでは，¬P→¬□P は可能世界 w₂ で偽になる。したがって ¬P→¬□P はこのモデルでは妥当ではない。フレームは同じでも，V が異なって別のモデルになると，さっきのモデルで妥当だった式が新しいモデルでも妥当になるとは限らない。

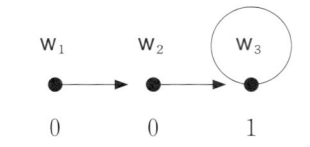

```
         w₁   w₂    w₃
         ●───▶●───▶●
    P    0    0     1
```

しかし，フレームがかわらない限りどのようなモデルでも真になる式，というのも考えられる。そこで，フレームは共有するが付値関数が異なるようなすべてのモデルで妥当な式のことをその**フレームにおいて妥当な式**，と呼ぶことにする。これは，各々の可能世界でどのような事態が成り立っているかということとは無関係に可能世界の全体がもつ構造によって真になる式のことだ。

> 【定義】論理式 A はフレーム F=⟨W, R⟩ において妥当である
> ⇔ A はフレーム F=⟨W, R⟩ にもとづくすべてのモデル M=⟨W, R, V⟩ で妥当である。

**練習問題 93**

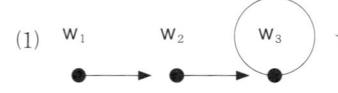

(1) ```w₁──▶w₂──▶w₃``` で図示されるようなフレームにおいて，次の論理式が妥当であるかどうかを調べよ。

    (a) ◇P→□◇P    (b) □P→□□P    (c) □P→◇P

(2) □◇P→◇□P が妥当にならないクリプキ・モデルを求めよ。

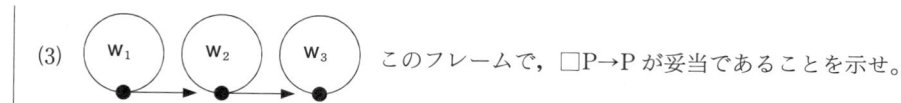

(3) ⓦ₁→ⓦ₂→ⓦ₃  このフレームで，□P→P が妥当であることを示せ。

(4) 問題(3)のフレームで□P→□□P は妥当にならないことを示せ。

(5) どん詰まり世界を含むフレームでは□P→◇P が妥当式ではないことを示せ。

### 11.4.4 論理式と到達可能性関係との対応

練習問題 93 の(3)をやってみると，次のことがわかるのではないだろうか。到達可能性関係が反射性 $\forall w(wRw)$ を満たしていると，各可能世界は自分自身に到達可能になるから，どの可能世界でも，もしそこで□A が真なら，その世界から到達可能な世界の中には自分じしんも含まれるので，A はその世界で真になる。したがって，R が反射性を満たすようなモデルではつねに□A→A が妥当になる。

**練習問題 94**

そこで逆に，□A→A が妥当になるフレームはみな反射的であることを示せ。つまり反射的でないフレームにおいてはつねに□A→A が真にならない世界を含むモデルがつくれることを示せ。

以上のことより，次の定理が成り立つことがわかる。

**【定理 46】** □A→A がフレーム F=⟨W, R⟩ で妥当である ⇔ R が反射的である。

このように，論理式の妥当性と，到達可能性関係の性質との間には対応関係がある。このことをはっきりさせたのがクリプキ・セマンティクスのすごいところなんだなあ。この**対応関係を詳しく調べる分野は対応理論**（correspondence theory）とよばれる。そこで次に，対応理論の代表的な結果をまとめておこう。まず，ここで考える到達可能性関係の性質を列挙しておく。

**【定義】**
(1) 到達可能性関係 R が serial である ⇔ $\forall w \exists w'(wRw')$ （つまりどの可能世界にもそこから到達可能な世界が少なくともひとつある，つまりそのフレームにはどん詰まり世界が存在しない）
(2) R が反射的（reflexive）である ⇔ $\forall w(wRw)$
(3) R が対称的（symmetric）である ⇔ $\forall w \forall w'(wRw' \to w'Rw)$
(4) R が推移的（transitive）である ⇔ $\forall w \forall w' \forall w''[(wRw' \land w'Rw'') \to wRw'']$
(5) R がユークリッド的である ⇔ $\forall w \forall w' \forall w''[(wRw' \land wRw'') \to w'Rw'']$
つまり，ある世界から到達可能であるような世界同士も到達可能である。

代表的な公理と到達可能性関係との間には，次のような美しい対応関係があることがわかっている。

---

【定理47】
(1) トートロジーはいかなるフレームでも妥当である。
(2) **K**：□(A→B)→(□A→□B) はいかなるフレームでも妥当である。
(3) **D**：□A→◇A がフレーム F=⟨W, R⟩ で妥当である ⇔ R が serial である。
(4) **T**：□A→A がフレーム F=⟨W, R⟩ で妥当である ⇔ R が反射的である。
(5) **4**：□A→□□A がフレーム F=⟨W, R⟩ で妥当である ⇔ R が推移的である。
(6) **B**：A→□◇A がフレーム F=⟨W, R⟩ で妥当である ⇔ R が対称的である。
(7) **5**：◇A→□◇A がフレーム F=⟨W, R⟩ で妥当である ⇔ R がユークリッド的である。

---

【(2)の証明】任意のフレームの任意の可能世界を w としよう。w において □(A→B) が真であるとせよ。このとき，w において □A→□B が真になることを示せばよい。そこでさらに □A が w において真であるとする。そして w から到達可能な任意の可能世界を w' とする。w において □(A→B) が真であることから，w' において A→B が真である。□A が w において真であるならば，w' において A が真である。したがって，w' において B が真である。以上により B が w から到達可能な任意の可能世界において真であることが言えた。したがって □B が w において真である。以上から，w において □A→□B が真になることが示された。w から到達可能な世界が存在せず，w がどん詰まり世界であるときも，□(A→B)→(□A→□B) は w において真である。したがって，□(A→B)→(□A→□B) はいかなるフレームでも妥当である。■

【(5)の証明】
(i) R が推移的⇒□A→□□A が妥当，の証明
　到達可能性関係が推移的であるとしよう。ここで，世界 w では □A が真であると仮定する。次に w' を w から到達可能な任意の世界とし，w' において □A が真であることを示そう。そうすれば世界 w で □□A が真であることが示されたことになる。さて，w' から到達可能な任意の世界を w'' とする。推移性により w'' は w からも到達可能である。ここで A は w から到達可能なすべての世界で真であるから，w'' においても真である。このことにより，w' において □A は真である。

(ii) この逆，つまり，□A→□□A が妥当になるようなフレームはみな到達可能性関係が推移的であるということの証明はやや面倒である。そこで対偶を証明する。つまり，フレームが推移的でないならば，□A→□□A の形をした論理式で，そのフレームで妥当でないようなものがある，ということを証明する。そこで，まずフレーム F が推移的でないフレームだと仮定する。だとすると，このフレームには次のような可能世界たちがあるはずだ。「$w_1 R w_2$ かつ $w_2 R w_3$ だが，$w_1 R w_3$ ではない」。図示すると，そのフレームは右のような部分を含む。

このフレームに関して，原子式 P に $w_3$ でだけ偽を割り当て，それ以外のすべての世界では真を割り当てるような付値関数 V を考えることができる。

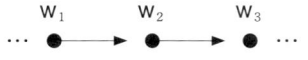

··· ●——→● ●···
　$w_1$　$w_2$　$w_3$

ここで可能世界 $w_1$ をとる。この世界において □P は真である。しかし，□□P は偽である。したがって，可能世界 $w_1$ 世界において □P→□□P は偽である。したがってこれはフレーム F で妥当でない。■

## 11.4.5 様相論理の公理系の完全性

定理 47 により，論理式の妥当性とフレームの到達可能性関係の条件との間にはきれいな対応関係があることがわかった。表にすると次の(a)にまとめられる。

(a)

| wff | R のみたす条件 |
|---|---|
| K | no condition |
| D | serial |
| T | reflexive |
| 4 | transitive |
| B | symmetric |
| 5 | Euclidean |

(b)

| Lemmon code | 公理系の名前 |
|---|---|
| K | K |
| KT | T |
| KT4 | S4 |
| KTB | B |
| KT4B（＝KT5） | S5 |

一方，それぞれの論理式はそれぞれの公理系を特徴づける公理でもあった。その対応を表にまとめたのが(b)だ。この2つをあわせると，次のような対応があることがわかる。

(1) 公理系 K がもつ公理 **K** はいかなるフレームでも妥当である。
(2) **K** 以外に公理系 T がもつ公理 **T** は到達可能性関係が反射的なフレーム（以下，反射的フレームと言う）で妥当である。
(3) 公理系 S4 を特徴づける公理 **T, 4** はそれぞれ反射的，推移的フレームで妥当である。
(4) 公理系 B を特徴づける公理 **T, B** はそれぞれ反射的，対称的フレームで妥当である。
(5) 公理系 S5 を特徴づける公理 **T, 4, B** はそれぞれ反射的，推移的，対称的フレームで妥当である。
(6) S5 を別の仕方で特徴づける公理 **T, 5** はそれぞれ反射的，ユークリッド的フレームで妥当である。

**T, 4, B** によっても **T, 5** によっても同じ公理系 S5 が特徴づけられるという事実は，「R が反射的，推移的，対称的である ⇔ R が反射的，ユークリッド的である」が成り立つことにきれいに対応している（練習問題 59 を見直してみよう）。

ここから，次の定理が成り立つのではないかと予想される。

> **【定理 48】**任意の論理式 A について，
> (1) $\vdash_K A$ ⇔ A は任意のフレームで妥当。
> (2) $\vdash_T A$ ⇔ A は任意の反射的フレームで妥当。
> (3) $\vdash_{S4} A$ ⇔ A は任意の反射的かつ推移的なフレームで妥当。
> (4) $\vdash_B A$ ⇔ A は任意の反射的かつ対称的なフレームで妥当。
> (5) $\vdash_{S5} A$ ⇔ A は任意の反射的，推移的かつ対称的なフレームで妥当。

そしてこれはじっさい成り立つ。これは各公理系の theorem というシンタクス的に規定された集合と，それぞれに対応するフレームで妥当な式，というセマンティクス的に規定された集合とがぴったり重なるということだから，**完全性定理**に他ならない。公理系 K の theorem は**任意のフレームで妥当な式**として捉えることができる。そして，K に公理 **T** を加えると，フレームの条件に R が反射的であることが加わり，さらに公理 **4** を加えると，フレームの条件に R の推移性が加わる，……という具合に，各公理系において付け加わる公理とフレームの条件との間にきれいな対応関係がついている。

また，「R が反射的，推移的かつ対称的 ⇔ R は反射的かつユークリッド的 ⇔ R は同値関係」がなりたつから，S5 を **KT4B** と特徴づけても **KT5** と特徴づけても同様のきれいな対応があることもわかる。これを見てきれいだなあとじ〜んとこなければウソだ。

この完全性は **APL** の完全性を証明した極大無矛盾集合をつくるヘンキンの方法で簡単に証明できる。詳しくは神野慧一郎/内井惣七［1976］を見るとよい。Hughes/Creswell［1996］，内田種臣［1978］もお勧め。様相論理の言語学への応用については，白井賢一郎［1985］［1991］を読むとよい。また，可能世界という考え方は様々な哲学的話題の宝庫だと言える。可能世界意味論を巡る哲学的話題を知りたい人には，野本和幸［1988］，飯田隆［1995］が最良の入門書だ。

### S5 の様相が単純であることをセマンティクスから捉えてみると……

S5 に対応するフレームの到達可能性関係は同値関係になっている。そういったフレームでは，可能世界たちはその内部ではすべてが互いに到達可能だが，外部とは一切到達可能でないいくつかのグループ（同値類）に分割されている。したがって，ある世界は，それを含むグループの中のどの世界にも到達可能である。そして，他のグループに属する世界は，その世界での論理式の真偽に全く影響を及ぼさない。したがって，S5 では，「$V_M(w, A)=1$ ⇔ wRw′ であるようなすべての可能世界 w′ について，$V_M(w', B)=1$」の「wRw′ であるようなすべての可能世界 w′ について」の箇所は，単に「すべての可能世界について」というのと変わらない。S5 には，□，◇，なしの 3 つの様相しかないのはこのことと関係している。

# 第 12 章
# 古典論理にもまだ学ぶことがたくさん残っている

第 11 章では非古典論理のいくつかの体系について学んだ．とはいえ，古典論理に関してもまだまだ楽しい話題がたくさんある．我々は古典論理の範囲でも論理学ののれんをちょいとくぐった程度のところにいるにすぎないのだから．そこで，本章では古典論理についてさらにこの先どのような話題があるのかをざっと眺めることにしよう．詳しいことが知りたい人は，付録 C で紹介してある参考書でさらに勉強を進めてほしい．

## 12.1 完全武装した述語論理の言語 FOL

### 12.1.1 言語 FOL

#### 関数記号の導入

第 III 部までの基本方針は，うんと単純な言語 L からはじめて，だんだん我々の日常言語に近い表現力をもつように論理言語を次第に拡張していく，というものだった．こうして，まず量化子を導入して **MPL**，多重量化を導入して **PPL**，さらに同一性をつけ加えて **IPL**，という具合に少しずつ表現力豊かな言語をつくってきた．ここでは最後の仕上げとして，もうひとつだけ論理言語を拡張しておこう．それは，**関数記号**の導入だ．関数記号をつけ加えることによって，古典論理学の基本的な言語はとりあえず完成する．

まずは，せっかく学んだ確定記述の理論をいったん忘れたふりをしよう．そうすると，「『ターミネーター』の監督」，「『七人の侍』の監督」といった確定記述句はやっぱり名前に見えてくる．名前と考えた上で，これらの確定記述句にでてくる映画名のところを空欄にすると「〜の監督」という表現ができる．これは「〜」のところに映画の題名が代入されると人間の名前ができあがるわけだから，名前（映画名）を別の名前（人の名前）に変換するオペレータと考えることができる．これを name-maker と呼ぶことにしよう．この name-maker を関数として捉えちゃえ，というのがここでの提案だ．つまり，「〜の監督」という name-maker は，『ターミネーター』にはジェームズ・キャメロン，『七人の侍』には黒沢明という具合に，それぞれの映画にただ 1 つずつ特定の人間を対応させる関数に他ならない．また，2 つ以上の空所のある name-maker

も考えられる。たとえば、「〜と…の間に生まれた最後の子ども」がそれだ。これは、〈岡本かの子, 岡本一平〉という順序対に岡本太郎、〈メアリ・ウルストンクラフト, ウィリアム・ゴドウィン〉にメアリー・シェリー（『フランケンシュタイン』の作者だよ）を対応させる2変数関数として捉えることができる。

### 言語 FOL の語彙

関数記号をつけ加えたことで論理言語の拡張はひとまず終了。その結果得られた言語は多くの教科書で **FOL**（first-order logic）と呼ばれているものになる。この言語はかなり強力で、のちに見るように様々な理論を形式化して表現するには十分な表現力をもっている。

---

【**FOL の語彙**】IPL の語彙に次の関数記号を付け加えたもの。

$f_1^1, f_2^1, f_3^1, \cdots$

$f_1^2, f_2^2, f_3^2, \cdots$

…

$f_1^n, f_2^n, f_3^n, \cdots$

…

---

関数記号の上の添字はそれが n 変数の関数であることを示す。下の添字は n 変数関数のグループの中での番号だ。また、これからは任意の n 変数関数を表す図式文字としては、$\varphi^n$ を使うことにする。

### 項の定義

関数記号を導入すると**項の定義**ががらりと変わってしまう。これまでは項は個体変項と個体定項の2種類の原子的表現しかなかった。ところが **FOL** では、関数記号を導入することによって、個体を名指す項じたいが複合表現になってくる。例えば、

$f_1^1 a, \quad f_1^1 f_1^1 a, \quad f_1^2 ab, \quad f_1^2 f_1^1 ab, \quad f_1^2 f_1^1 b f_1^1 a, \cdots$

のような表現がみんな個体変項や個体定項と並ぶような項の仲間に入ってくる。ということはつまり、**項の定義も帰納的に行わなければならなくなる**ということだ。

---

【**項の定義**】
(1) 個体定項、個体変項は項である。これを**原子項**（atomic term）と呼ぶ。
(2) $\tau_1, \cdots, \tau_n$ を項とすると、$\varphi^n \tau_1 \cdots \tau_n$ は項である。つまり、n 変数関数記号 $\varphi^n$ の後ろに n 個の項を並べたものは項である。
(3) (1)(2) によって項とされるもののみが項である。

---

ここだけが大きな変更点であって、これに続く論理式の定義はこれまでと全く変わらない。ただ、そこで「項」と呼ぶものがいま定義したものに入れ替わるだけだ。

#### タブローもそのまま使える

関数記号を含む論理式にタブローの方法を当てはめるときには規則を変更しなければならないところはほとんどない（ただし，展開規則を当てはめる順序については特別の約束事が必要になる）。また，関数記号を含む言語に対してもタブローの方法で得られた判定結果はやはり信用がおけるものであることが証明できる。こうしたことがらについてはジェフリー［1995］がわかりやすく解説してくれている。

### 12.1.2　FOL のセマンティクス

次に **FOL** のセマンティクスを与えておこう。ここでやるべきことは関数記号とそれを含む項に意味づけを行う部分を追加することだけである。

> V は関数記号 $\varphi^n$ に D 上の n 変数関数を割り当てる。すなわち，
> $V(\varphi^n)=$ 次のような関数 $f$，すなわち $f: D^n \longrightarrow D$（ただし，関数 $f$ は $D^n$ のすべての要素に対して定義されているものとする）

これにともなって，アサインメントの定義もちょっとした変化が生じる。**FOL** には項としては関数記号を含む複合的な項もある。そこで，個体変項へのアサインメント $\sigma$ を拡張して $\bar{\sigma}$ を定義し，個体変項だけでなく，これらの複合的項への割り当てもやらせることにしよう。

> 【定義】**FOL** のあらゆる個体変項 $\xi$ について論議領域 D の個体を割り当てるアサインメント $\sigma$ が与えられているとしよう。このとき，$\sigma$ の拡張 $\bar{\sigma}: T \longrightarrow D$（ただし T は **FOL** でつくることのできるすべての項の集合）を次のように帰納的に定義する。
> (1) 個体変項 $\xi$ については，$\bar{\sigma}(\xi)=\sigma(\xi)$，つまりもともとのアサインメントに一致する。
> (2) 個体定項 $\alpha$ については，$\bar{\sigma}(\alpha)=V(\alpha)$
> (3) $\tau_1, \tau_2, \cdots, \tau_n$ が項，$\varphi^n$ が n 変数関数記号であるとする。このとき，
> $\bar{\sigma}(\varphi^n \tau_1 \tau_2 \cdots \tau_n)=V(\varphi^n)(\bar{\sigma}(\tau_1), \bar{\sigma}(\tau_2), \cdots, \bar{\sigma}(\tau_n))$

こうして，アサインメント $\sigma$ とその拡張 $\bar{\sigma}$ が定義できた。セマンティクスの次の仕事は，個々の論理式 A に対して，「**モデル M はアサインメント $\sigma$ によって A を満たす**」ということがどういうことかを定義することだ。この充足関係が定義できると，閉論理式 A に対して「A はモデル M のもとで真である」が定義され，また，妥当式，論理的帰結，論理的同値などといった概念が次々に定義されていく。

うれしいことに，言語を **FOL** に拡張しても，ここの部分は全く変更なしにそのまま使える。ただし，定義の中に出てくる「項 $\tau$」の中に，複合的な項も含めて考えることになったというだけの違いだ。

### 12.1.3 述語論理の公理系

このように，セマンティクスが与えられると，**FOL** に対して妥当式や論理的帰結などの概念が定義できる。こうしてセマンティクスの側面から，論理的真理や論理的帰結といった概念を把握することができたわけだ。では，これらの概念をシンタクスの方面からとらえることはできるだろうか。つまり，述語論理にも公理系をつくることができるだろうか。それは大丈夫。ただし，その作り方にはいろいろあって，教科書によって異なるから困ってしまう。次のものはその一例だ。

---

公理系 **AFOL**

【公理】

A1〜A3　**APL** に同じ（ただし，そこでの図式文字「A」,「B」などに代入されるのは **FOL** の論理式である）。

A4　$\forall \xi A \to A[\tau/\xi]$（ただし，ここで $\tau$ に代入してよい項にはある制限がある。でも省略）

A5　$\forall \xi (\xi = \xi)$

A6　$(\xi = \zeta) \to (\varphi^n(\cdots \xi \cdots) = \varphi^n(\cdots \zeta \cdots))$（ただし，$\varphi^n$ は任意の n 変数関数記号で，$\varphi^n(\cdots \zeta \cdots)$ は項 $\varphi^n(\cdots \xi \cdots)$ の個体変項 $\xi$ の現れの 1 つ以上（いくつでもよい）を $\zeta$ で置き換えてえられる項とする）

【変形規則】

R1　MP　A と A→B とがえられたら，B を導き出してよい。

R2　GEN (Generalization)　A→B がえられたら，A→$\forall \xi$B を導き出してよい（ただし A は x を自由変項として含んでいてはならない）。

---

∃ については定義によって導入する。つまり ∃$\xi$ は ¬∀$\xi$¬ の省略である。このように定めた公理系に対しては **APL** のときと同じように，**AFOL** における proof, theorem, 仮定からの deduction などが定義でき，**APL** と同様の演繹定理が成り立つことも示せる。くわしくは例えば，清水義夫［1984］を見るとよい。

## 12.2　AFOL の完全性とそこから得られるいくつかの結果

### 12.2.1　述語論理の完全性証明

次に行うべきことは，**AFOL** の完全性証明だ。つまり，

---

【定理 49：強い完全性定理】　$\Gamma \vdash_{\text{AFOL}} A \quad \Leftrightarrow \quad \Gamma \vDash A$

---

が成り立つことを証明しなければならない。念のためにこの定理の意味をおさらいしておこう。$\Gamma \vdash A$ は，論理式の集合 $\Gamma$ に属するいくつかの論理式を仮定して A を導く，公理系 **AFOL** における deduction があることを意味している。$\Gamma \models A$ は，$\Gamma$ に属する論理式をすべて充足するモデルとアサインメントのもとで，つねに A も満たされる，ということを意味している。

### 完全性定理はどのように証明されるか（方針）

述語論理の完全性定理を最初に証明したのはかの有名なゲーデルだ（1930年）。しかし，以下にアウトラインを説明する証明法は，1949年にヘンキンが証明しなおしたときのヴァージョンである。その基本的方針は，第10章で紹介した命題論理の完全性証明と全くかわらない。つまり……，

(1) まず，証明すべきことを次の2つの方向にわける。

【定理 49-1】$\Gamma \vdash A \;\Rightarrow\; \Gamma \models A$ 　　（健全性）

【定理 49-2】$\Gamma \vdash A \;\Leftarrow\; \Gamma \models A$ 　　（完全性）

(2) このうち健全性は簡単に証明できる。**AFOL** の公理がすべて妥当式であることと，変形規則が意味論的帰結という性質を保存すること，つまり A, A→B $\models$ B と A→B $\models$ A→∀$\xi$B を示せばよい。

(3) 完全性の証明の方が難しい。ここでも命題論理の場合と同じように，定理 49-2 と同値な結果，

【定理 50：ヘンキンの定理】論理式の集合 $\Gamma$ が構文論的に無矛盾　$\Rightarrow$　$\Gamma$ は充足可能。

を証明する。

(4) で，その証明をどのようにやるかというと，これまた命題論理の場合と基本的アイディアは同じ。$\Gamma$ から直接に求めるモデルをつくることは難しいので，$\Gamma$ を含む都合の良い集合（極大無矛盾集合）$\Gamma^*$ に $\Gamma$ を拡大したのちに，その $\Gamma^*$ を充足するモデルをつくればよい。具体的には次の2つの補助定理を証明する。

【補助定理 50-1：リンデンバウムの補助定理】$\Gamma$ が **FOL** の論理式の無矛盾な集合であるとき，$\Gamma$ を部分集合にする極大無矛盾な集合 $\Gamma^*$ が少なくとも1つ存在する。

【補助定理 50-2】極大無矛盾集合 $\Gamma^*$ が与えられると，それに含まれるすべての論理式を充足するモデル（とアサインメント）をつくることができる。つまり極大無矛盾集合は充足可能である。

こうしたモデルをつくる材料をどこから調達しようか？　つまり，モデルの論議領域にはどのような個体を用意しておけばよいのだろう。そのヒントはタブローの信頼性を証明した 7.3.5

にある。いつでもあって，十分たくさんありそうな個体とは何か。それは論理式をつくっている記号そのものだ。

### 補助定理 50-1 の証明プラン（Γ の膨らませ方）

Γ から Γ* への拡大は次のように 3 つのステップを踏んで行われる。

(1) Γ を **FOL** の論理式の無矛盾な集合とする。しかし，Γ に含まれている式に出てくる語彙の数が要求されているようなモデルをつくるのに十分なだけたくさんあるとは限らない。そこで Γ の論理式たちをつくっている語彙に，**可算無限個の個体定項を付け加える**。こんな風に言語を膨らませても，まだ Γ は無矛盾なままである。つまり，もとの語彙に含まれる個体定項だけをつかって Γ から A と ¬A の両方を導き出すことができないのだったら，演繹の過程で使ってよい個体定項をこんな具合に増やしてもやっぱり矛盾を導き出すことはできない（本当はこのことはきちっと証明しないといけない）。

(2) こうして言語が拡大されたが，次にさらに，この言語に含まれる各論理式 A と各個体変項 $\xi$ に対し，次の形の論理式を Γ に付け加える。¬∀$\xi$A→¬A[$\alpha$/$\xi$]（ただし $\alpha$ は，この拡大された言語につけ加えた個体定項のうちのどれかであるとする）。このような論理式をつけ加えるねらいは，ようするに，Γ に「すべてのものが A というわけではない」という内容の論理式が入っていたら，Γ を拡大した集合の中には何らかの反例「$\alpha$ が A じゃない」が入っているようにしましょうね，ということだ。この段階で新しく付け加える式の集合を Δ とする。Γ∪Δ も相変わらず無矛盾であることが証明できる。

(3) こうしてできた Γ∪Δ を **APL** の完全性を証明したときと同じような手続き（つまり論理式を枚挙した列から 1 つずつ論理式をとってきて，それをつけ加えても矛盾しないなら，つけ加えるというやり方）で拡大していく。そのうえで拡大しきった集合（これを Γ* とする）について次の事実が成り立つことを証明する。

---

(a) Γ⊆Γ*
(b) Γ* は無矛盾である。
(c) Γ* は極大である。つまり，任意の論理式 A について，A∈Γ* または ¬A∈Γ* が成り立つ。
(d) Γ* には，任意の論理式 A と個体変項 $\xi$ に対し，¬∀$\xi$A→¬A[$\alpha$/$\xi$] の形の式が必ず少なくとも 1 つずつは含まれている。
(e) 任意の論理式 A について，Γ*⊢A ⇒ A∈Γ*

---

### 補助定理 50-2 の証明プラン・その 1（モデルの作り方）

Γ* から，次のようにモデルとアサインメントを構成する。まず，モデルを決めるには論議領域を決めないといけない。論理式をつくっている記号そのものを記号に割り当ててしまえ，というのがそもそものねらいだったのだから，

(1) モデル M の論議領域は，拡大した言語におけるすべての項の集合とする。

論議領域をこのように定めるのは，どの項にもその項じしんを割り当てるようなアサインメントを定義して使っていこうとねらっているからだ。つまり，任意の項 $\tau$ に対して $\bar{\sigma}(\tau)=\tau$ となるようなアサインメントである。

(2) アサインメントというのはすべての個体変項 $\xi$ についてモデル M の論議領域 D 内の何らかの個体を割り当てる関数 $\sigma$ のことだった。まず，これをさっきのねらいにしたがって次のように与えよう。

$$\sigma(\xi)=\xi$$

次にこのアサインメント $\sigma$ を拡張して $\bar{\sigma}$ を定義し，個体変項だけでなく，個体定項や複合的な項への割り当てもさせるのだった。それは 320 ページにあるような仕方で帰納的に定義される。その定義にしたがって $\sigma$ を $\bar{\sigma}$ に拡大したときに，どの項にもその項じしんが割り当てられるようにするには，$V(\alpha)$ と $V(\varphi^n)$ の定義を工夫しておかなくてはならない。

(3) それは次のようにすればよい。

(a) 個体定項については，$V(\alpha)=\alpha$ とすればよい。これにより $\bar{\sigma}(\alpha)=V(\alpha)=\alpha$ となってくれる。

(b) 関数記号については，$\bar{\sigma}(\varphi^n\tau_1\cdots\tau_n)=V(\varphi^n)(\bar{\sigma}(\tau_1),\cdots,\bar{\sigma}(\tau_n))=V(\varphi^n)(\tau_1,\cdots,\tau_n)=\varphi^n\tau_1\cdots\tau_n$ としたいのだから，

$V(\varphi^n)$ を，$V(\varphi^n)(\tau_1,\tau_2,\cdots,\tau_n)=\phi^n\tau_1\tau_2\cdots\tau_n$ を満たす関数だと定めておけばよい。

(4) 述語記号への意味づけは次のように行う。

$V(\Phi^n)$ は次のような条件を満たす集合とする。$\langle\tau_1,\cdots,\tau_n\rangle\in V(\Phi^n) \Leftrightarrow \Phi^n\tau_1\cdots\tau_n\in\Gamma^*$

このように定義するのは，いまつくっているモデルとアサインメントは，$\Gamma^*$ に含まれている式をすべて充足するものにしたい，というねらいがあるからだ。

(5) 最後に同一性記号への意味づけが残っている。しかし，これまで通りのやり方でやるとちょっとまずいことになる。**IPL** のセマンティクスを見ると分かるように，これまでは同一性記号への意味づけを，「＝」を含む原子式に対して次のような真理条件を与えることで行っていた。

任意の項 $\tau_1$ と $\tau_2$ について，$V_{M,\sigma}(\tau_1=\tau_2)=1 \Leftrightarrow \sigma(\tau_1)=\sigma(\tau_2)$

でも，いま考えているアサインメントでは項にはその項じしんを割り当てることになっていたから，この真理条件をそのままつかうと，

$V_{M,\sigma}(\tau_1=\tau_2)=1 \Leftrightarrow \sigma(\tau_1)=\sigma(\tau_2) \Leftrightarrow$ 項 $\tau_1$ と $\tau_2$ とが同じ項である

となって，$\tau_1=\tau_2$ の形の式が充足されるのは，a＝a とか $f$x＝$f$x のように，「＝」の両辺に全く同じ記号が並んだときに限られることになってしまう。だから，1＋1＝2 みたいな式は充足されないことになってしまう。これでは，我々が充足可能にしたい式の多くが充足されない。ここでの困ったことは，

(1) それぞれの項にその項じしんを割り当てるようなモデルを考える。
(2) 「＝」は同一性関係として解釈する。つまりその両辺に置かれた項が1つの同じものを

指すときに満たされる関係として解釈する。
(3) $\Gamma^*$ には「＝」の両辺に異なった項が来るような式「a＝b」や「x＝$f$x」なども入っているだろう。このような式も充足されるようにしておきたい。

という 3 つの要求は両立しない，ということだ。そこでこの段階では，とりあえず(2)を捨ててしまうという戦略を採用する。つまり，便宜的に「＝」は正真正銘の同一性関係ではなく，それよりゆるい何らかの同値関係を表す 2 項述語だということにしてしまう。つまり，V(＝)を次のような条件を満たす集合としておく。

$$\langle \tau_1, \tau_2 \rangle \in V(=) \iff \tau_1 = \tau_2 \in \Gamma^*$$

つまり，$\tau_1 = \tau_2$ という式が $\Gamma^*$ にはいっているとき，そしてそのときだけに，$\tau_1$ と $\tau_2$ の間に成り立つ関係が「＝」の意味するものだと定めておく。これによって，(3)は満たされるのだが，その代わりに，この V(＝) という関係は同一性関係ではなくなってしまう。つまり，異なる個体の間にも成り立ちうる関係になってしまった。しかし，これは少なくとも同値関係ではある。例えば，「$\tau_1 = \tau_2 \in \Gamma^*$ かつ $\tau_2 = \tau_3 \in \Gamma^*$ ならば，$\tau_1 = \tau_3 \in \Gamma^*$」というようなことはすぐに証明できる。そうすると，このモデルにおいて「＝」に割り当てられる関係 V(＝) は，「$\tau_1$ と $\tau_2$ の間に成り立ち，$\tau_2$ と $\tau_3$ の間に成り立つなら，$\tau_1$ と $\tau_3$ の間にも成り立つような関係」であること，つまり推移性を満たす関係であることが言える。同様に V(＝) が反射性と対称性を満たす関係であることも簡単に言える。

まとめよう。$\Gamma^*$ から構成するモデルとアサインメントは次のようなものになる。

《モデル M》
(1) 論議領域 D＝拡大した言語におけるすべての項の集合
(2) 述語記号 $\Phi^n$ への意味づけ
V($\Phi^n$) は，$\langle \tau_1, \tau_2, \cdots, \tau_n \rangle \in V(\Phi^n) \iff \Phi^n \tau_1 \tau_2 \cdots \tau_n \in \Gamma^*$ を満たす集合とする。
(3) 2 項述語記号「＝」への意味づけ
V(＝) は，$\langle \tau_1, \tau_2 \rangle \in V(=) \iff \tau_1 = \tau_2 \in \Gamma^*$ を満たす関係とする。
(4) 個体定項 $\alpha$ への意味づけ
V($\alpha$) は，$\alpha$ じしんとする。
(5) 関数記号 $\varphi^n$ への意味づけ
V($\varphi^n$) は，V($\varphi^n$)($\tau_1, \tau_2, \cdots, \tau_n$)＝$\varphi^n \tau_1 \tau_2 \cdots \tau_n$ を満たす関数とする。
このモデルに基づくアサインメント $\sigma$ は，各個体変項にその個体変項自身を割り当てる関数であるとする。すなわち，$\sigma(\xi) = \xi$

**補助定理 50-2 の証明プラン・その 2 （「＝」を同一性記号に戻す）**
(1) 以上のようにしてつくったモデル M とアサインメント $\sigma$ に関して，M は $\sigma$ によって $\Gamma^*$ に含まれる式だけをすべて充足するということ，つまり次のことが成り立つ。

$$\boxed{V_{M,\sigma}(A)=1 \quad \Leftrightarrow \quad A\in\Gamma^*}$$

このことの証明の中で，324 ページに挙げた $\Gamma^*$ のもつ性質(a)〜(e)が活用される。

(2)　しかし，以上のようにしてつくったモデルは，「＝」を正真正銘の同一性関係として解釈していないものにとどまっている。これではまずい。そこで最後に M を手直しして「＝」がきちんと同一性関係として定義されているようなモデル（これを**正規なモデル** normal model と言う）にしなければならない。そのおおよそのアイディアはつぎのようなものだ。

(a)　モデル M では，異なる 2 つの個体の間にも関係 V(=) が成り立ってしまった。このため「＝」が正真正銘の同一性記号として解釈されていない。しかし，この関係はすでに述べたように同値関係ではある。同値関係の特質として，関係 V(=) はモデル M の論議領域をいくつかの排他的な同値類に分割する（付録 A の 2.5，355 ページを参照）。

(b)　そこで，新しいモデルとして，各項にその項じしんを割り当てるのではなく，**各項にそれが属している同値類を割り当てる**モデルを考えたらどうか。古いモデル M で，項 $\tau_1$ と $\tau_2$ の間に関係 V(=) が成り立っている（つまり $\langle\tau_1,\tau_2\rangle\in V(=)$）ときには，2 つの項は同じ同値類に属する。いま，$\tau$ が属する同値類を $[\tau]$ と書くことにすると，この発想に基づく新しいモデルでは，項 $\tau_1$ と $\tau_2$ には同じ 1 つの対象 $[\tau_1]$ が割り当てられることになる。

(c)　この新しいモデルの論議領域は，古いモデルの論議領域 $|M|$ の個体を関係 V(=) で分類してつくった同値類のあつまり，つまり $|M|$ の V(=) による**商集合**になる。

(3)　このようにして，述語記号その他への割り当ても適宜変更して新しいモデル M′ とそれに基づくアサインメント $\sigma'$ をつくってもやはり，

$$\boxed{V_{M',\sigma}(A)=1 \quad \Leftrightarrow \quad A\in\Gamma^*}$$

が成り立つことが証明できる。これで $\Gamma^*$ を充足し，しかも「＝」をきちんと同一性として解釈する正規なモデルが構成できた。めでたしめでたし。

もちろん，以上は証明のアウトラインを述べただけだ。細かなところはしかるべき参考書にあたってほしい。そのとき，このアウトラインを頭に入れておくと，完全性証明はぐっと見通しよくわかりやすくなるだろう。筆者の知る限り，述語論理の完全性証明にいちばんすっきりした叙述を与えているのは Enderton [1972] だけれど，英語はいやだ，という人は清水義夫 [1984] がよいと思う。

### 完全性定理は「驚くべき」定理だ

何度も強調したことだけれど，完全性定理は，theorem というシンタクス面から捉えた論理的真理の概念と，妥当式というセマンティクス面から捉えた論理的真理の概念とが，そのひろが

りにおいて過不足なく重なるということを意味している。これって，**考えてみるとすごく不思議なこと**じゃないだろうか。なぜなら，妥当性とか充足可能性といった概念は，モデルを使って定義されるが，論議領域には無限にたくさんの個体が含まれていてよいし，そのモデルじたいも無限にたくさんあるという具合に，無限にたくさんのものをいっぺんにお見通しという視点で定義されている。これに対し，theorem とか proof といったシンタクス由来の概念は，有限個の式から出発してステップ・バイ・ステップに式を変形していくという，かなり有限的な立場から定義される概念だ。こんな風に，鳥のように高いところからいっぺんに見渡すことができるセマンティクスの視点から捉えた論理的真理の概念と，尺取虫のように地べたを一歩一歩はいまわるようなシンタクスの視点から捉えた論理的真理の概念が，同じものをうまく捉えていたのだというのは，やっぱり驚くべきことだ。

### 12.2.2 コンパクト性定理とレーヴェンハイム・スコーレムの定理

#### コンパクト性定理

完全性定理により，述語論理についても命題論理の場合と同様のコンパクト性定理が成り立つことが簡単に導ける。

> 【定理51：コンパクト性定理】**FOL** の論理式の集合 $\Gamma$ のあらゆる有限部分集合が充足可能 $\Rightarrow$ $\Gamma$ は充足可能。

このコンパクト性定理から，次の定理も簡単に出てくる。

> 【定理52】論理式の集合 $\Delta$ は，いくらでも大きな有限集合を論議領域とするモデルによっても充足可能だとしよう。このとき，$\Delta$ は無限集合を論議領域とするモデル（面倒なので無限モデルと呼ぶ）によって充足可能である。

【証明】2以上の任意の有限の n について，少なくとも n 個のものがあるというのは **FOL** で表現できる。例えば，

　　少なくとも2個のものがある　　　$\exists x_1 \exists x_2 (x_1 \neq x_2)$
　　少なくとも3個のものがある　　　$\exists x_1 \exists x_2 \exists x_3 (x_1 \neq x_2 \wedge x_2 \neq x_3 \wedge x_3 \neq x_1)$

など。そこで，**FOL** によって「少なくとも n 個のものがある」を記号化した式を $A_n$ と呼ぶことにしよう。このとき，次のような式の集合 $\Gamma$ を考える。$\Gamma = \Delta \cup \{A_2, A_3, \cdots, A_n, \cdots\}$。定理の前提によって，$\Delta$ を充足するモデルにはいくらでも大きな有限集合を論議領域とするものもある，ということだから，$\Gamma$ のどんな有限部分集合も充足可能である。ということはコンパクト性定理によって $\Gamma$ はあるモデルによって充足可能である。そのモデルは，$A_2, A_3, \cdots, A_n, \cdots$ のすべてを真にするわけだから，有限モデルではありえない。したがって，$\Gamma$ を充足するモデルは無限モデルである。ということは $\Delta$ を充足する無限モデルがある，ということになる。∎

**レーヴェンハイム・スコーレムの定理**

完全性定理の証明で構成したモデル M について振り返ってみよう。M の論議領域は，そもそもの Γ に含まれていた項とそれに付け加えた可算無限個の個体定項からつくれるだけつくった項の全体からなっている。付録 A の 4.4 で確認したように，**FOL** に含まれる項の数は可算無限個だから，M の論議領域は可算無限の濃度をもっている。そして，M をある意味で縮めて最終的につくったモデル M′ の論議領域の濃度は明らかに M の濃度と同じかそれよりも小さい。このことから，次の定理が導かれる。

> 【定理 53：レーヴェンハイム・スコーレムの定理】論理式の集合 Δ は充足可能だとする。このとき，Δ を充足するモデルで高々可算個の個体からなる論議領域をもつようなもの（これを **可算モデル** countable model と言う）が存在する。

【証明】Δ が充足可能なら，Δ は構文論的に無矛盾である（健全性による）。そうすると Δ ⊆ Γ* なる極大無矛盾集合が存在する。完全性定理の証明から明らかなように，Γ* は可算モデルによって充足可能である。したがって，Δ も可算モデルによって充足可能である。■

## 12.3　第 1 階の理論

**公理的理論とは**

**FOL** で許される語彙と **FOL** で定義できる論理式とを使って，ある分野の基本的知識を公理系の形でまとめることができる。これを **第 1 階の理論**（first order theory）と言う。理論（theory）と論理（logic）をごっちゃにしないように。実例が手っ取り早いので，理論の例を次に挙げておこう。**ロビンソン算術**（Robinson arithmetic）と呼ばれる理論だ。この理論を **Q** で表す。

**Q の文法**

(1) 語彙

(1) 原子項
　　個体定項　　0
　　個体変項　　x, y, z, …
(2) 述語記号はつかわない
(3) 関数記号
　　1 変数関数記号　S
　　2 変数関数記号　+, ・
(4) 論理定項
　　結合子　→, ∨, ∧, ¬

量化子　∀, ∃
同一性記号　＝
(5) 補助記号
(, )

(2) 項，論理式の定義

これらの語彙から，**FOL** の項の定義，論理式の定義に沿ってつくられる記号列が，**Q** の項，論理式である。「**Q** の論理式」と言ったとき注意してほしいのは，これは **Q** で provable な式とか，**Q** の公理になっている式という意味ではなく，**Q** の語彙でつくることのできる式，という意味だということだ。

### Q の公理

**Q** の公理は次の 2 つのグループからなる。

(1) **論理公理**（logical axiom）

これはどんな第 1 階の理論も共通にもっている公理だ。具体的には **AFOL** の 6 つの公理を **Q** の論理公理とすればよい。ただし，**AFOL** の図式文字（A, $\xi$, $\tau$）に代入して考えてよい記号は，**Q** の語彙とそれに基づいてつくられる **Q** の項と論理式に限られる。

(2) **固有公理**（proper axiom）

これはそれぞれの理論に固有な公理であって，これによりその理論に固有な記号（関数記号や個体定項，述語記号）に「意味」が与えられる。当然のことながら，この部分は理論ごとに異なる。ロビンソン算術 **Q** では次の 7 つの公理を置く。

Q 1　$\forall \xi \forall \zeta (\xi \neq \zeta \to S\xi \neq S\zeta)$
Q 2　$\forall \xi (0 \neq S\xi)$
Q 3　$\forall \xi (\xi \neq 0 \to \exists \zeta (\xi = S\zeta))$
Q 4　$\forall \xi (\xi + 0 = \xi)$
Q 5　$\forall \xi \forall \zeta (\xi + S\zeta = S(\xi + \zeta))$
Q 6　$\forall \xi (\xi \cdot 0 = 0)$
Q 7　$\forall \xi \forall \zeta (\xi \cdot S\zeta = ((\xi \cdot \zeta) + \xi))$

### Q のモデル

数学で「算術」と言ったとき，それは「読み書き算盤」のことではなく，自然数と加法，乗法という演算についての理論を意味している。**Q** はその意味での算術を公理的理論の形に整備したものだ。だから，**Q** の固有公理は次のモデルで真になる。というより，そもそもそうなることを意図してつくられている。

> 《モデル M》
> 論議領域＝自然数の集合
> V(S)：任意の自然数 n にその次の自然数 n+1 を対応させる関数（これを**後続者関数 successor function** と言う）
> V(+)：自然数 n と m の組にその和を対応させる関数
> V(・)：自然数 n と m の組にその積を対応させる関数
> V(0)：自然数 0

このモデル M で解釈すると例えば Q1 は，「異なる自然数の後続者同士もまた異なる」，Q2 は，「0 はいかなる自然数の後続者でもない」，Q3 は，「0 以外の自然数には，それぞれ直前の自然数がある（3 には 2，1 には 0 という風に）」ということを述べたものだと言える。Q4 以降は自分で確かめてほしい。

> 【定義】理論 **Q** にとってのモデル M のように，理論 K のすべての公理を真にするモデルを，単に**理論 K のモデル**と言う。また**理論 K はモデル M をもつ**，などと言う。

### theorem，無矛盾性などの定義

**APL**，**AFOL** などに定義されてきたいくつかの概念は同じように公理的理論にたいしても定義できる。

> 【定義】以下の条件を満たす，**Q** の論理式の有限個の列 $B_1, B_2, \cdots, B_n$（この最後の $B_n$ が C であるとする）を，C の **Q** における **proof**（証明）という。
> ［条件］$B_i$（ただし $1 \leq i \leq n$）は，次のいずれかである。
>   (1) **Q** の公理である。
>   (2) 先行する $B_j, B_k$ から変形規則（MP）によって引き出された式である。
> 
> C の proof が存在するとき，C は **Q** の **theorem** である，または C は **Q** において **provable**（証明可能）であるといい，$\vdash_Q C$ と書くことにする。

**Q** の公理は **AFOL** の公理と固有公理をあわせたものだから，C が **Q** の theorem であるということは，これまでの言い方からすれば，**Q** の固有公理の集合から，C への **AFOL** における演繹があるということに他ならない。

### Q の theorem の例

本当にこれだけで算術と言えるのかなあ？ 例えば，「1+1=2」は自然数についての最もかんたんな知識だと思うけど，これは **Q** の公理の中にはないみたい。これも **Q** から theorem として

導かれるんだろうか？ このことについて見てみよう。ただし，**Q** の言語は「1」とか「2」といった記号をもっていないことに注意しよう。**Q** の言語にない記号をもつ論理式はどんなにがんばっても **Q** から出てくるはずがない。じつは，我々が「1」と表している自然数は，**Q** の言語では，0 の後者ということで「S0」と表される。そうすると「2」は「SS0」ということになるだろう。だから導き出すべき式は「S0＋S0＝SS0」だ。

$\vdash_Q$ S0＋S0＝SS0 であることを示す。

(1) $\forall x \forall y(x+Sy=S(x+y))$ ················································Q5
(2) $\forall y(S0+Sy=S(S0+y))$ ·····················································(1)A4
(3) $S0+S0=S(S0+0)$ ···································································(2)A4
(4) $\forall x(x+0=x)$ ···········································································Q4
(5) $S0+0=S0$ ················································································(4)A4
(6) $S0+S0=SS0$ ·············································································(3)(5)

くどいようだが，ここに書いた論理式の列それじたいは，飛躍が多すぎて S0＋S0＝SS0 の proof そのものではない。だいたいこんな風にやっていって細部をきちんと埋めれば proof がつくれるよ，ということで，これは proof があることの証明にすぎない。でもまあ，大筋は理解してもらえるだろう。

この調子で，$0 \neq S0$，$0+SS0=SS0$，$0 \cdot SSS0=0$ などの論理式はすべて **Q** の theorem として導くことができる。

## 12.4 モデル同士の同型性

### 12.4.1 互いによく似たモデルとそうでないモデル

次の2つのモデルを見てみよう。

《モデル $M_1$》
D＝N（自然数全体の集合，0 も含むものとする）
V(P)＝$\{0, 3, 6, 9, \cdots\}$，つまり 3 の倍数の集合
V(f)＝後続者関数
V(g)＝x と y にそれらの和 x＋y を対応させる関数
V(a)＝0

《モデル $M_2$》
$D=\{1, 1/2, 1/4, 1/8, \cdots\}$，つまり $\{1/2^n | n \in N\}$
$V(P)=\{1, 1/8, 1/64, 1/512, \cdots\}$，つまり $\{1/2^{3n} | n \in N\}$
$V(f)=x$ に $x/2$ を対応させる関数
$V(g)=x$ と $y$ にそれらの積 $x \times y$ を対応させる関数
$V(a)=1$

ためしに以下の論理式がそれぞれ上の2つのモデルでとる真理値を比べてみてほしい。(1) Pa，(2) Pfa，(3) gaffa＝ffa，(4) a≠fffa，(5) $\exists x \forall y(fy \neq x)$。モデル $M_1$ と $M_2$ ではここに挙げたすべての論理式が同じ真理値をとるはずだ。モデル $M_1$ と $M_2$ はどこかが似ているに違いない。

## 12.4.2 同型なモデル

**似ているのは構造**

$M_1$ と $M_2$ が似ていると言っても，どこが似ているのだろう。もちろん，論議領域がどのようなものからなるか，ということではない。似ているのは，**モデルが何からできているかではなく，モデルの構造**なのだ。

どちらのモデルも，次の特徴を持っている。

(1) 論議領域は，個体定項 a が名指しているある1つの出発点（$M_1$ では 0，$M_2$ では 1）から始まって，それ以外の要素が，その次，そのまた次，という具合に無限に続く列の形で現れるような集合になっている。こういう構造を **$\omega$ 列**（**$\omega$-sequence**）と言う。そして，どちらのモデルでも関数 $f$ はその「〜の次」を与える関数になっている。

(2) 述語 P はどちらのモデルでも，$\omega$ 列の中で出発点を含めて2つおきに現れる要素のすべて，そしてそれだけに当てはまる。

(3) 関数 $g$ は，$\omega$ 列において，n 番目と m 番目の要素に対し，n+m−1 番目の要素を割り当てる関数になっている。

このように，$M_1$ と $M_2$ は，各要素が何であるか（2, 3であるか，1/4, 1/8 であるか）ということは異なるが，それらの要素が全体としてどのような構造をつくりあげているかという点では区別がない。これが，両モデルの類似性の正体じゃないだろうか。そこで，この構造上の類似性をきちんと捉えるために，次の定義をおくことにしよう。

【定義】
(1) $M=\langle D, V \rangle$ と $M'=\langle D', V' \rangle$ をそれぞれ **FOL** の論理式の集合 $\Gamma$ に対して与えられたモデルとしよう。いま，2つのモデルの論議領域 D と D' の間に写像 $h: D \longrightarrow D'$ があり，次の条件を満たしているとき，この写像 $h$ を，モデル M から M' の中への**準同型写像**

(homomorphism）と言う。

(a) 各 n 項述語記号 $\Phi^n$ と D の要素の任意の順序 n 組 $\langle a_1, \cdots, a_n \rangle$ とに対し，
$\langle a_1, \cdots, a_n \rangle \in V(\Phi^n) \Leftrightarrow \langle h(a_1), \cdots, h(a_n) \rangle \in V'(\Phi^n)$

(b) 各 n 項関数記号 $\varphi^n$ と D の要素の任意の順序 n 組 $\langle a_1, \cdots, a_n \rangle$ とに対し，
$h(V(\varphi^n)(a_1, \cdots, a_n)) = V'(\varphi^n)(h(a_1), \cdots, h(a_n))$

(c) 各個体定項 $\alpha$ に対し，
$h(V(\alpha)) = V'(\alpha)$

(2) 以上の条件に加え，写像 $h$ が 1 対 1 写像であるとき，$h$ を**同型写像**（isomorphism）と言う。

(3) また，モデル $M = \langle D, V \rangle$ からモデル $M' = \langle D', V' \rangle$ への上への同型写像があるとき，モデル M と M' は**同型**（isomorphic）であると言い，$M \equiv M'$ と書く。2 つのモデルが同型だというのは，乱暴に言えば両者には構造の上では違いがないということである。

**練習問題 95**

先ほどのモデル $M_1$ とモデル $M_2$ は同型なモデルであることを示せ。

以上のようにして，モデル $M_1$ と $M_2$ はそっくりだという直観的な概念をある仕方で明確に捉えることができた。こうしたモデル同士の構造上の類似性が，それぞれのモデルで共通した論理式が真になるということに現れていたのである。このことに関しては次の定理が成り立つことが分かっている。

**【定理 54：同型性定理（isomorphism theorem）】** モデル M と M' が同型であるとする。つまり，両者の間に上への同型写像 $h$ があるとする。また，$\sigma$ を個体変項 $\xi$ にモデル M の論議領域 D 内の個体を割り当てるアサインメントであるとする。このとき，次が成り立つ。

 任意の論理式 A について，M が $\sigma$ によって A を満たす $\Leftrightarrow$ M' が $h \circ \sigma$ によって A を満たす。

$h \circ \sigma$ は，アサインメント $\sigma$ と準同型写像 $h$ の合成写像を表す。つまり，個体変項 $\xi$ にまず，$\sigma$ で対応づけられる D 中の個体を対応させ，そいつを $h$ で D' 中の個体にさらに対応づけることによって，結局のところ，$h \circ \sigma$ は任意の個体変項に D' の個体を対応づける M' 用のアサインメントになっている。

この定理により，互いに同型なモデルは，まったく同じ範囲の論理式を充足する（真にする）ことがわかる。12.4.1 の末尾で確かめたことは偶然の一致ではなかったというわけだ。

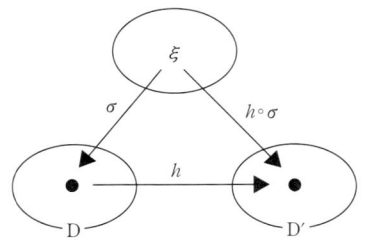

## 12.4.3 理論の範疇性とノン・スタンダードなモデル

**理論の範疇性の定義**

以上のことから分かったのは，同型なモデルは同じ論理式の集合を充足するということだ。ではこの逆は成り立つだろうか。つまり，ある論理式の集合を充足するモデルはいろいろあるだろうが，それらは互いにみな同型だろうか？

この答えは「そういうときもあるし，そうでないときもある。どんな論理式の集合を考えているかによる」というものだ。ここで次のような定義をしておこう。

【定義】理論 K が m-範疇的（m-categorical）である（m は任意の基数）⇔ 論議領域の濃度が m であるような K のどの 2 つの正規な（つまり「=」が同一性として解釈される）モデルもつねに互いに同型である。

例えば，次のような理論 K を考えてみよう。

【K の語彙】個体定項なし，述語記号なし，関数記号なし。
【K の公理】
(1) 論理公理
 **AFOL** の公理
(2) 固有公理
 K1  $\exists \xi \exists \zeta(\xi \neq \zeta \land \forall \eta(\xi = \eta \lor \zeta = \eta))$

こんな理論が何の役に立つのかということは言いっこなし。この理論 K は 2-範疇的である。というのも，K のどの正規なモデルも 2 つの個体からなる論議領域をもつからだ。

**ロビンソン算術は範疇的ではない**

ここでロビンソン算術 **Q** をもう一度振り返ってみよう。**Q** はそれをつくったねらいからして，自然数の集合を論議領域としてもち，S，+，・，0 のそれぞれの記号に後続者関数，加法関数，乗法関数，0 を割り当てるモデル（これを M としよう）で，その公理がすべて真になるのだった。

ところで，**Q** は，「SS0+S0=SSS0」のような個別の数値についての命題なら導き出すことができるのだが，一般的命題に関してはかなり弱いところがある。例えば，0+S0=S0+0，0+SS0=SS0+0，…といった個別例はすべて provable なのだが，それを一般化した $\forall x(x+y=y+x)$（つまり加法の交換法則）は **Q** の theorem ではない。**Q** で provable でない主な論理式としては次のようなものがある。

(a)  $\forall x(0+x=x)$   (b)  $\forall x(x+y=y+x)$   (c)  $\forall x(x \neq Sx)$
(d)  $\forall x \forall y \forall z(x+(y+z)=(x+y)+z)$   (e)  $\forall x(0 \cdot x=0)$   (f)  $\forall x \forall y(x \cdot y=y \cdot x)$

以上のことは何を意味するだろうか。考えてみよう。

(1) (a)〜(f)はモデル M で真になる式である。

(2) でもこれらは **Q** の theorem ではない。例えば，$\vdash_Q \forall x(x+y=y+x)$ である。ところで，**Q** は第 1 階の理論だから完全性定理が適用できる。つまり，**Q** の公理 $\not\models \forall x(x+y=y+x)$ のはずだ。このことは，**Q** の公理はすべて真になるのに，$\forall x(x+y=y+x)$ は偽になるようなモデルがあるということを意味している。そのようなモデルの一例は，ジェフリー [1995] にある。ここではそれをわかりやすくアレンジして示しておこう。

---

《モデル M*》

論議領域＝自然数全体の集合に 2 つの要素●と◆を加えたもの

V(S)：次のように定義される関数
　　任意の自然数 n にはその次の自然数 n+1 を対応させる
　　●には●，◆には◆を対応させる

V(+)：次の表(a)のように定義される関数

V(・)：次の表(b)のように定義される関数

V(0)：自然数 0

(a)

| + | | +の後に来るもの | | | | | | |
|---|---|---|---|---|---|---|---|---|
| | | 0 | 1 | 2 | 3 | … | ● | ◆ |
| +の前にくるもの | 0 | 0 | 1 | 2 | 3 | … | ◆ | ● |
| | 1 | 1 | 2 | 3 | 4 | … | ◆ | ● |
| | 2 | 2 | 3 | 4 | 5 | … | ◆ | ● |
| | 3 | 3 | 4 | 5 | 6 | … | ◆ | ● |
| | ⋮ | ⋮ | ⋮ | ⋮ | ⋮ | | ⋮ | ⋮ |
| | ● | ● | ● | ● | ● | … | ● | ◆ |
| | ◆ | ◆ | ◆ | ◆ | ◆ | … | ◆ | ● |

(b)

| ・ | | ・の後に来るもの | | | | | | |
|---|---|---|---|---|---|---|---|---|
| | | 0 | 1 | 2 | 3 | … | ● | ◆ |
| ・の前に来るもの | 0 | 0 | 0 | 0 | 0 | … | ● | ◆ |
| | 1 | 0 | 1 | 2 | 3 | … | ● | ◆ |
| | 2 | 0 | 2 | 4 | 6 | … | ● | ◆ |
| | 3 | 0 | 3 | 6 | 9 | … | ● | ◆ |
| | ⋮ | ⋮ | ⋮ | ⋮ | ⋮ | | ⋮ | ⋮ |
| | ● | 0 | ● | ◆ | ● | … | ● | ◆ |
| | ◆ | 0 | ◆ | ● | ◆ | … | ● | ◆ |

---

**練習問題 96**

(1) モデル M* で，Q1〜Q7 のすべてが真になることを確かめよ。

(2) モデル M* では(a)〜(f)のすべてが偽になることを確かめよ。

(3) モデル M の論議領域とモデル M* の論議領域の濃度は等しいことを示せ。

---

モデル M とモデル M* の濃度はともに $\aleph_0$ であり，双方の論議領域の要素間にはもれなく 1 対 1 の対応をつけることができる。けれども，それは**構造を保つような仕方での対応づけではない**。構造を保つように，まず出発点の 0 同士を対応させ，その次にはその後者同士を対応させ，……と対応づけていこうとしても，どうしても●と◆が余ってしまう。というわけで，モデル

MとM*は同濃度だが同型ではない。

したがって，ロビンソン算術は $\aleph_0$-範疇的ではないということがわかった。ロビンソン算術はもともと自然数とその上の加法・乗法という演算を捉えることを目指して造られたものだから，Mのようなモデルをもつことはまさにねらいどおりだ。こちらのモデルを**意図されたモデル** (intended model) と呼ぼう。しかし，いま分かったのは，ロビンソン算術には自然数全体の集合とは同型でなく，異なる構造をもつモデルもあるということだ。こういったモデルを**非標準的モデル** (non-standard model) と呼ぶことにしよう。ようするに，こうしたロビンソン算術ではどのような構造について話をしているのかが1つに決まらないのである。

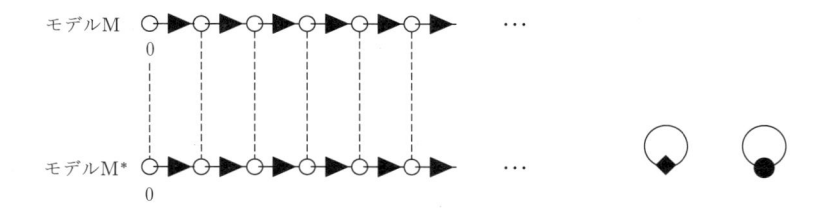

### ロビンソン算術だけが悪いのではない

これはロビンソン算術ができの悪い理論だったからだろうか。そうではない。非標準的モデルの存在は **Q** が第1階の理論であることの言ってみれば宿命のようなものだ。というのも次の定理があるからだ。

> 【定理55】自然数全体の集合に同型なモデルだけをもつような第1階の算術の理論はありえない。つまり，第1階の算術の理論には必ず非標準モデルがある。

【証明】Kを算術の言語（個体定項0，関数記号S，+，・をもつ言語）における任意の第1階の理論だとしよう。そして，Kのすべての固有公理は自然数全体の集合を論議領域とするモデル（典型的にはM）で真になっているとする。ここで，Kに新しい個体定項cを加え，さらに次の可算無限個の論理式（総称してC式と呼ぶ）を新たに公理として付け加え拡大した理論をつくり，それをK+とする。

> $C_0$ $c \neq 0$, $C_1$ $c \neq S0$, $C_2$ $c \neq SS0$, $C_3$ $c \neq SSS0$, $C_4$ $c \neq SSSS0$, …

さて，この新しい理論K+は，そのいかなる有限部分集合もモデルをもつ。まず，そのことを示そう。K+の有限部分集合をK+′とする。K+′には，Kの公理のうち有限個のいくつかと，付け加えたC式のうち有限個のいくつかが含まれている。ということは，K+′に含まれるC式の中には，番号が最大のものがあるはずだ。仮にそれをn番としよう。そこで次のようなモデルM+′をつくる。

《モデル M+′》
論議領域＝自然数全体の集合
V(S)：後続者関数
V(+)：加法関数
V(·)：乗法関数
V(0)：自然数 0
V(c)：自然数 n+1

このモデルのもとで，K+′ に含まれるすべての論理式は真になる．もともと K の公理だった式が真になるのは当たり前である．また，n は K+′ に含まれる C 式のうち最大の番号だから，K+′ に含まれる C 式はみな，c が n 以下の何らかの自然数と異なるということを表現するものとして解釈される．したがって，c に n+1 を割り当てるモデルのもとでは，K+′ に含まれる C 式もすべて真になる．というわけで，このようにつくったモデルは K+′ を充足する．

以上より，K+ のいかなる有限部分集合 K+′ もモデルをもつことが示された．K+ は第 1 階の論理式の集合に他ならないから，コンパクト性定理（328 ページ）が使えて，K+ もモデルをもつことが分かる．そのモデルを M+ としよう．

しかし，M+ は自然数の集合と同型ではない．M+ においては，C 式のすべてが真になるのだから，個体定項 c に割り当てられるものはいかなる自然数でもありえない．したがって，M+ にはいかなる自然数でもないものが少なくとも 1 つ含まれる．■

## 12.5　第 2 階の論理

### 12.5.1　FOL では表現できない命題がある？

**閉鎖的な批評家たち**

フル装備した言語として **FOL** を導入したのだけれど，実はその **FOL** をもってしてもどうにも表現できない命題がまだ存在する．その一番わかりやすい例は次のものだ

　　　　お互いしか褒めないような批評家たちがいる　…………………………………………(1)

これは**ギーチ・カプラン文**（Geach-Kaplan sentence）と呼ばれる．これを **FOL** の語彙だけを使って書くことはどうしてもできない．この命題をパラフレーズして考えてみよう．まず，批評家たちのなかに，ある派閥ができているわけだ．かりにその派閥を「日本マロン派」と名づけよう．この日本マロン派に属する批評家たちが誰かを褒めるとしたら必ず同じ派閥の人に限られるというわけだ．いやな集団だねえ．

このことを **FOL** で表現することはできる．つまり，「x は日本マロン派に属する」というのを Mx，「x は y を褒める」というのを Axy と書くことにし，論議領域は批評家全体の集合ということにすると，

　　　　$\exists x Mx \land \forall x \forall y ((Mx \land Axy) \rightarrow (x \neq y \land My))$　…………………………………………(2)

となる。一応，自分は褒めないことにしておいた。∃xMx の部分は，マロン派に属する人がいるということを意味する。これを言っておかないと，マロン派に属する人がいないときに ∧ の後ろは無条件に真になってしまうから。もちろん，これは (1) の翻訳にはなっていない。なぜなら，互いに褒めあう批評家グループをこちらで勝手にマロン派と決めつけた上で記号化しているからだ。でも，最初の命題とこの論理式は無関係ではない。(1) は，マロン派だかどうだかしらないが，とにかく (2) が成り立つようなそういう派閥 M のようなものがある，と言っているわけだから。だったら，(2) で M と言っているところを，M だかどうだかわからんけれどもとにかく (2) で M が果たしているような役割を果たす何らかの述語がありますよ，ということで量化してしまって，

$$\exists X(\exists xXx \wedge \forall x \forall y((Xx \wedge Axy) \rightarrow (x \neq y \wedge Xy))) \cdots\cdots(3)$$

としてしまえばどうだろう。これは我々がこれまで扱ってきた論理言語（**MPL, PPL, IPL, FOL**）ではどう逆立ちしてもつくることができない論理式だ。というのも，(3) は通常の量化子の他に，∃X のように述語記号の位置を量化している記号が出てきているからである。このように，述語を量化する変項（X，Y など）と量化子を許すような論理言語を **第 2 階の言語**（second-order language）と言う。これに対し，本書でこれまで扱ってきた論理言語はいずれも個体への量化しか表現できない言語であり，**第 1 階の言語**（first-order language）と呼ばれる。**FOL** の名前はそれに由来していたというわけだ。

### 無限にたくさんのものがある

第 2 階の言語は第 1 階の言語より豊かな表現力をもっている。すでに 8.2 で見たように，任意の有限な n について，「少なくとも n 個のものがある」は **FOL** でも表現できる。しかし「無限にたくさんのものがある」は第 2 階の言語を使わなければ表現できない。

無限にたくさんのものがあるということをどのように表現したらよいだろうか。次のように考えてみる。神様がこの世にあるものを一列に並べてそれを順に触っていくとしよう。このときこの列に終わりがなければこの世には無限にたくさんのものがあると言ってよい。そこで，Rxy という述語で，「神は x を触ったのちに y を触る」を意味するものとしよう。まず，R に関しては，次が成り立たなくてはならないだろう。

$$\forall x \forall y \forall z((Rxy \wedge Ryz) \rightarrow Rxz) \cdots\cdots(1)$$

これは神が順繰りに触っていくということが成り立つためには欠かせない条件だ。しかし，これだけでは無限にものがあると言うことはできない，3 つのものに順番に触ってそれで終わり，という場合だってこの論理式は真になってしまう。ものが無限にあると言うためには，神がどれだけ触っていっても，いつでも次がある，と言わなくてはならない。つまり，何を触ってもその後に触るものがまだある，ということである。これは次のように書くことができるだろう。

$$\forall x \exists y Rxy \cdots\cdots(2)$$

しかし，まだダメである。次のような想定をしてみよう。実は宇宙はドーナツ型をしていて，神が一列にものを並べたと思っている列は，ぐるっと宇宙を一周してもとのところに戻ってきて繋がっていたのだ。それを知らない神は，「まだ触るものがあるわい。まだあるわい。」と次々も

のを触っていくのだが，実はこの円をぐるぐるまわりながら何度も同じものを触っているにすぎない。このような場合でも，(1) と (2) は成り立ってしまう。このようにぐるっとまわってきてもとにもどるということを斥けるには次にどのような条件を課したらよいだろうか。

ぐるっとまわる有限宇宙では，x を触ったのちに（一周してきて）また x を触るということがある。つまり Rxx ということが生じるわけだ。これを禁じればよい。すなわち，

$$\forall x \neg Rxx \quad \cdots\cdots (3)$$

を条件に付け加えればよい。そうすると，この 3 つを連言にした

$$\forall x \forall y \forall z ((Rxy \land Ryz) \to Rxz) \land \forall x \exists y Rxy \land \forall x \neg Rxx \quad \cdots\cdots (4)$$

はどうやら無限にたくさんのものがあるときにだけ真になると言ってよさそうだ。だが (4) は，R という特定の関係（神様タッチ）について語っているのに，もともとの命題は単に「無限にたくさんのものがある」という命題だった。そこで，「例えば R みたいな，何らかの最終元のない順序づけがある」と言って，特定の関係への言及をなくしてやればよい。つまり，(4) の R を存在量化してやればよい。

こうして (5) がえられた。これが求める翻訳だ。

$$\exists X [\forall x \forall y \forall z ((Xxy \land Xyz) \to Xxz) \land \forall x \exists y Xxy \land \forall x \neg Xxx] \quad \cdots\cdots (5)$$

**練習問題 97**

(1) いまの翻訳では (1)(2)(3) の 3 つの条件がそろわなければ無限にたくさんのものがあるということにならない。そこで，
　(a) (1)(2) を真にする有限モデルをつくれ。
　(b) (2)(3) を真にする有限モデルをつくれ。
　(c) (1)(3) を真にする有限モデルをつくれ。
(2) 次の命題は第 2 階の言語でないと記号化できない。記号化を試みよ。
　(a) ライアンは偉大な軍人のもつ性質をすべて備えている
　(b) メアリーは彼女を他のすべての人から区別するある性質をもっている
　(c) いかなる 2 つのものの間にも何らかの関係がある

## 12.5.2　第 2 階の論理のセマンティクス

述語記号が占めていた箇所を束縛する $\forall X$ とか $\exists X$ といった量化を許す方向で論理言語を拡張してできる第 2 階の言語を **SOL** と名づけよう。**SOL** で新しくつけ加わったのは，$\forall X$ とか $\exists F$ のような量化だから，こうした量化についての意味づけを与えておけばよいわけだ。これをどうやるか。$\forall x$ とか $\exists y$ のような従来の量化（**第 1 階の量化**）の意味づけをヒントにして考えてみよう。第 1 階の量化子への意味づけは次のように行われた。

(1) まずモデルを定める。論議領域 D を決め，述語記号その他への意味づけを行う。
(2) 次にアサインメント $\sigma$ を定義する。アサインメントとはあらゆる個体変項 $\xi$ について

論議領域 D 内の何らかの個体を割り当てる関数である。
(3) 次に，原子式 A に対し，モデル M がアサインメント σ により A を満たすということの定義を行う。
(4) 以上の定義を Basis にして，結合子や量化子を含む複合的論理式に対する充足関係を帰納的に定義する。ここで量化子への意味づけが行われたことになる。量化を含む式に充足関係を定義するときには「アサインメントの変種」を用いる。

これを第 2 階の量化を含む言語にまで拡張するためには次のようにすればよい。まず，(1)はそのままでよさそうだ。次に(2)だけど，第 1 階の変項(x, y, …)に個体を割り当てるアサインメント σ はそのまま使うとして，第 2 階の量化に意味づけをするためには，第 2 階の変項(X, Y, …)に対して使えるアサインメントが必要だ。このアサインメントを $\sigma^2$ と書くことにしよう。さて問題。$\sigma^2$ は第 2 階の変項のそれぞれにいったい何を割り当てればよいのだろうか？

第 1 階の変項は，D の要素，すなわち個体をどれとは決めずに指すものだった。第 2 階の変項は，性質，関係を指すものと考えられている。モデルによる解釈では，これらをすべて D を材料に作り出さなければならない。ここで，性質は D の部分集合，n 項関係は $D^n$ の部分集合と考えてきたことを思い出そう。だから，もとめるアサインメントは次のようなものになるはずだ。

【定義】**SOL** のあらゆる第 2 階の変項に対して，それが n 項述語変項の場合は，$D^n$ の何らかの部分集合を割り当てる関数 $\sigma^2$ を考える。この $\sigma^2$ をモデルにもとづく第 2 階の**アサインメント**ということにする。

あとは，うまい具合にこうしたアサインメントの変種を定義して，$\forall XA$ や $\exists XA$ の形の式に充足関係を定義していく。細かいところは省略していいだろう。第 1 階の量化子は，「すべての個体は」とか「しかじかの個体がある」という具合に個体を量化している。第 1 階の論理は個体があるとかないとか語る論理だと言える。これに対して，第 2 階の量化子は，「すべての集合は」とか「しかじかの集合がある」という具合に，個体の集合を量化する。つまり，第 2 階の論理は個体だけでなく，個体の集合もあるとかないとか語る論理なのだ。これまでに拡張してきた **MPL**，**PPL**，**IPL**，**FOL** はすべて第 1 階の論理の仲間だった。しかし **SOL** への拡張はこれまでの拡張とは意味が違う。これまでは個体だけについてある・なしを言っていたのだが，これからは個体の集合についてもある・なしを言いますよという拡張だ。

まさしくこれが第 2 階の論理はいやだなあと思う人のいる理由だ。「この世界にはいろいろなものがあるだろう。でも，とにかく存在しているものはみんな個体だ，だから，個々の人間は存在していると言ってよい，3 人の人間が存在すると言ってもよし。しかし，**3 人の人間からなる集合**といったものは存在しない。それは抽象的な一種のフィクションだ。3 人の人間が存在しているほかに，3 人の人間からなる集まりというものが別に存在すると考えるのはばかげている。だから，個体はあるが，個体の集まりとか集合といったものはない」。……こんな風に考える人を**唯名論者**（nominalist）と言う。こうした唯名論的傾向の持ち主にとっては，個体の存在につ

いてしか語らない第 1 階の論理は許せる。しかし第 2 階の論理は明らかに集合の存在について語っているので論理じゃない，ということになる。存在論的にヘビーなのだ。

### 12.5.3　第 2 階のペアノ算術

**SOL** に与えられた表現手段を使って公理系の形にまとめた理論を**第 2 階の理論**（second order theory）という。その代表選手は**第 2 階のペアノ算術**（second order Peano arithmetics：**PA2**）だ。**PA2** の固有公理はロビンソン算術 **Q** の固有公理に次の公理を加えたものである。

$\quad$ **MI**$^2$　$\forall X((X0 \land \forall x(Xx \rightarrow XSx)) \rightarrow \forall x Xx)$

**MI**$^2$ という名前がついているのは，この公理が第 2 階の**数学的帰納法の原理**（mathematical induction）と呼ばれるからだ。これは，「どんな性質 X についても，(i) もし 0 がその性質 X をもち（X0），(ii) 任意の自然数 x について，それが性質 X をもつと仮定すると，その後者も性質 X を持つ（$\forall x(Xx \rightarrow XSx)$），のであれば，(iii) すべての自然数が性質 X をもつ（$\forall x Xx$）」ということを述べている。これを公理として認めれば，自然数に数学的帰納法が使えることを認めたことになる。

第 2 階のペアノ算術があるなら，第 1 階のペアノ算術もあるのだろうか？　それはある。**第 1 階のペアノ算術**（**PA1**）の固有公理は **Q** の固有公理に次の**公理図式**を加えたものだ。

$\quad$ **MI**$^1$　$x$ を自由変項としてもつ **PA1** の任意の論理式 $Ax$ について　$(A0 \land \forall x(Ax \rightarrow ASx))$
$\quad\quad \rightarrow \forall x Ax$

これは，**PA1** でつくることのできる無限個の公理を一括して表す図式である。でもその個々の公理じたいは第 1 階の論理式だ。ここで，注意深い読者は次のような疑問をもつだろう。「ん？　**MI**$^1$ と **MI**$^2$ って同じことじゃないの？　任意の論理式について **MI**$^1$ の図式の代入例が成り立つってことは，ようするにすべての性質 X について $(X0 \land \forall x(Xx \rightarrow XSx)) \rightarrow \forall x Xx$ が成り立つってことでしょ？」

それが違うんだなあ。**MI**$^2$ は **MI**$^1$ よりもずっと強いことを述べている。**MI**$^1$ は任意の論理式について図式が成り立つと言っている。ということは，**PA1** の言語で表現できるすべての性質について，図式が成り立つと言っているにすぎない。これに対し，**MI**$^2$ は **PA1** の言語によって表現できようができまいが，とにかくありとあらゆる性質について数学的帰納法が成り立つと言っているのだ。

……ってことは，**PA1** の言語じゃ表現できないような性質があるってこと？　そうである。**MI**$^2$ の X が量化の対象としている性質には，**PA1** の論理式が対応していないようなものが，ゴマンとある。**MI**$^2$ の X が量化している「性質」とは，第 2 階の論理に与えたセマンティクスによれば，D の部分集合に他ならない。いまは自然数論を考えているから，D は自然数全体の集合 N と考えてよいだろう。N の部分集合は全部でどれだけあるかと言うと非可算無限個もある（付録 A の定理 64 を見よ）。だから **MI**$^2$ の「すべての性質について……」は非可算無限個の性質すべてをカバーしている。一方，**PA1** の開論理式に対応する性質は，どんなに多くても可算無限個しかない。だから **MI**$^1$ の図式は高々可算無限個の性質をカバーしているにすぎない。

このことの違いは次の事実に現れる。証明はここではしないけど。

> 【定理56】第2階のペアノ算術 **PA2** の任意の2つのモデルは互いに同型である。つまり **PA2** は範疇的である。

**PA1** は第1階の理論であるから先ほどの定理55により非標準的なモデルをもってしまう。これに対し，**PA2** のモデルはみんな自然数の集合と同じ構造をもっているというわけだ（自然数全体の集合は明らかに **PA2** のモデルであるから）。こうして **PA2** は自然数とはどのような構造なのかということをきちんと1つに決めることができていると言ってよい。このことこそ，**PA1** や **Q** のような第1階の算術の理論にはできなかったことなのである。

### 12.5.4 第2階の論理の特質

ブラボー！ 第2階！ ビバ！ 範疇性！ ……ちょっと待って。このように豊かな表現力をもつ第2階の論理だけれど，表現力が豊かになったことと引き替えに，第1階の論理では成り立っていた好ましい性質のいくつかを失ってしまう。その代表例は第2階の論理ではコンパクト性定理が成り立たないということだ。

> 【定理57】第2階の論理についてはコンパクト性が成り立たない。つまり，そのいかなる有限部分集合も充足可能なのに，それじたいは充足可能でない論理式の無限集合が存在する。

【証明】すでに見たように，任意のnについて，「少なくともn個のものがある」は **FOL** の式で記号化できる。そこで，**FOL** によって「少なくともn個のものがある」を記号化した式を $A_n$，また，第2階の言語で「無限にたくさんのものがある」を記号化した式を B とする。次に $\Gamma = \{\neg B, A_2, A_3, \cdots, A_n, \cdots\}$ なる論理式の無限集合 $\Gamma$ を考える。
  (1) $\Gamma$ のいかなる有限部分集合 $\Delta$ も充足可能である。
      その部分集合 $\Delta$ は有限である以上，そこに含まれる $A_n$ のなかで最も番号の大きなもの，というのがあるはずだ。それを例えば，$A_{1000}$ としよう。このとき，1000個の個体からなる論議領域をもつモデルを考えれば，それはまず $\Delta$ に含まれるすべての $A_n$ の形の式を真にする。また $\Delta$ に $\neg B$ が含まれるなら，それも真になる（なぜなら，このモデルには無限にたくさんのものが含まれていないから）。したがって，このモデルで $\Delta$ は充足可能である。また $\Gamma$ の有限部分集合 $\Delta$ として $\Delta = \{\neg B\}$ をとった場合は，任意の有限集合を論議領域とするモデルで $\Delta$ は充足される。
  (2) しかし，$\Gamma$ じしんは充足可能ではない。$\Gamma$ には $\neg B$ が含まれる。$\neg B$ は論議領域が有限なモデルでしか真にならないが，そのようなどんなモデルでも，そのモデルの論議領域に含まれる個体の数をnとすると，$A_{n+1}$ から先の論理式を偽にしてしまうからである。
  (3) 以上より $\Gamma$ は，そのどの有限部分集合も充足可能だが，それじしんは充足可能ではない。■

また，けっこう数学的知識を使わないといけないのでここでは証明できないが，レーヴェンハイム・スコーレムの定理も第2階の論理に対しては成り立たないことがわかっている。つまり，

【定理58】第2階の言語の式で，非可算無限濃度の論議領域をもつモデルではじめて真になるようなものがある。

さらには，次のことも分かっている。

【定理59】第2階の論理に対する標準的なセマンティクスにおいて妥当とされる論理式のすべてが theorem として出てくるような公理系はつくれない。

「標準的なセマンティクス」というのは，前節でちらっと見たように，第2階の変項Xのとりうる値として，Dのどんな部分集合も許しちゃうといった類のセマンティクスのことを意味する。しかし，この定理は痛いよなあ。なぜって，これは第2階の論理には完全性定理が成り立たないということだもの。第1階の論理については成り立っていた，完全性定理，コンパクト性定理，レーヴェンハイム・スコーレムの定理がことごとく第2階の論理については成り立たないのだった。

**練習問題 98**
第2階の論理では，構文論的に無矛盾な式の集合は充足可能だということ（ヘンキンの定理）も成り立たない。この事実を証明してみよう。

第2階の論理について日本語で読める適切な書物はあまり見あたらない。Enderton [1972] や Mendelson [1997] の該当箇所を参考にしてほしい。

# 第IV部のまとめ

- 第III部までで学んできた古典論理学は，ある理想化が施されていて，そのために学びやすい美しい体系になっていた。その理想化は，次の2つの点に見られる。(1)結合子はすべて真理関数的である。(2) 2値原理を採用する。

- 第11章では，まず2値原理の採用にまったをかけてみた。まず，2つの会話を通じて，2値原理を採用することに異議がありうることを示した。次に，2値原理あるいはそのダイレクトな表現である排中律を認めない論理学をつくるにはどのようにすればよいかということを考えた。

- 論理学から2値原理や排中律を取り除く仕方は1つではない。まず，論理式のとりうる真理値を真と偽の2つだけに限るのではなく，真・可能・偽という具合に第3の真理値を認めるというやり方がある。この路線に従ってつくられる論理が多値論理だ。その代表的なものとして，ウカシエヴィッツの3値論理を紹介した。第3の真理値を認めた結果，排中律だけでなく，矛盾律など古典論理では論理的真理とされていたいくつかの式も論理的真理の座を失うことになった。

- 次に，曖昧な述語のもつ論理を扱うためのファジー論理を多値論理の1種と位置づけ紹介した。曖昧な述語を無理矢理に2値原理のもとで扱おうとすると，連鎖推論のパラドクスが生じる。ファジー論理のセマンティクスをやや立ち入って展開し，ファジー論理によればそうしたパラドクスが生じないことを示すことができた。

- 以上のやり方は，セマンティクスの視点に立って論理学から2値原理や排中律を取り除こうとしたものと考えることができる。しかし，排中律を取り除くためのやり方はこれだけではない。そこで，公理系（自然演繹）から theorem として導出できなくなるようにすることによって，排中律を捨てるというシンタクス的なやり方を考えてみた。この結果得られたのが直観主義論理である。

- 直観主義論理においても，theorem でなくなるのは排中律だけではない。2重否定をはずすことができなくなる，背理法を使うことができなくなる，ド・モルガンの法則や対偶律が成り立たなくなるといった副次的な結果が生じるということが分かった。

- どのような論理体系を考える場合でも，セマンティクスとシンタクスの両面から攻めていくことが重要だ。本書では多値論理の扱いはセマンティクスの面からのものに留まったが，もちろん多値論理の公理系をつくることはできる。直観主義論理に関しては，セマンティクスも紹介し

た。それは，古典論理のセマンティクスで中心となっていた真理という概念の代わりに，「知っている」あるいは「証明をもっている」という概念をおいたときに自然に得られるセマンティクスだということがわかった。

- 多値論理と直観主義論理では，古典論理で論理的真理（つまりトートロジー，あるいは theorem）として認められていたいくつかの式が論理的真理でなくなってしまう。この意味で古典論理にとって代わろうとする論理（代替論理）だと言える。これに対し，古典論理の論理的真理はすべて保存しておいて，古典論理に新しい論理結合子を付け加えることによって，これまでに扱うことのできなかった論理的真理も扱おうという論理体系（これを拡張論理と呼ぼう）を考えることができる。

- 第 11 章の後半では，代表的な拡張論理の 1 つとして，様相論理を紹介した。様相論理は古典命題論理に□（必然性演算子）と◇（可能性演算子）という 2 つの結合子を付け加えて得られる論理だ。この論理では古典論理の theorem はすべて theorem であるし，古典論理のトートロジーはすべて妥当な式になる。しかし，それでも様相論理が非古典論理だといわれるのは，それが古典論理の理想化(1)を捨てているからだ。この 2 つの結合子はどちらも真理関数的ではない。

- 例えば，P が真であるとする。このとき ¬P は偽に決まるが，□P は真にも偽にもなりうる。それはどのようなモデルのどのような世界で真理値を考えているかによる。P が「野茂英雄が最初に所属した大リーグの球団はドジャーズだった」だとすると，その真理値は真だが，□P つまり「野茂英雄が最初に所属した大リーグの球団はドジャーズだったのは必然的だ」の真理値はおそらく偽である。しかし，P が「1＋1＝2」だとすると，□P も真だろう。

- 様相論理ははじめたくさんの公理系が開発されるというシンタクス主導型の発展を遂げた。□□◇……といった多重様相に関する我々の論理的直観がはっきりしていないため，様相論理の公理系は，K，T，S4，B，S5 などたくさんのものが乱立することになった。これらのたくさんの公理系に統一的にセマンティクスを与えたのが可能世界意味論だ。可能世界意味論は，現実世界だけではなく多くの可能世界を考え，論理式がそれぞれの可能世界でとる真理値を問題にする。可能世界同士の間に到達可能性という関係を考え，それが満たすべき様々な性質（推移性，対称性，反射性など）を課すことによって，それぞれの公理系に対応するセマンティクスを与えることができる。

- 第 12 章では，古典論理についてさらに学ぶべきことがらのいくつかを紹介した。第Ⅱ部までに，我々は，**L**，**MPL**，**PPL**，**IPL** という具合に表現力が次第に豊かになるように論理言語を拡張してきたが，第 12 章のはじめに，さらに関数記号を導入することにより，第 1 階の論理の範囲では最大限豊かな表現力をもつ言語 **FOL** を定義した。**FOL** に対応するセマンティクスもこれまでの拡張で簡単に与えることができる。また，**FOL** に対する公理系 **AFOL** も与えた。

- 公理系 **AFOL** は完全である。**AFOL** の完全性証明を細部まで述べることはスペースの関係で無理なので，証明のアウトラインだけ提示した。そこでは，論理式の構文論的に無矛盾な集合を証明上都合のよい極大無矛盾集合に拡大した上で，それを充足するモデルをつくる，という方針がとられていた。これは命題論理の公理系の完全性証明とほとんど同じやり方だ。また，極大無矛盾集合を材料にしてモデルを定義する際には，そのモデルの論議領域を論理式をつくっている

記号そのものに求めた。これもまた，第II部でヒンティッカ集合の充足可能性を証明した際に用いたやり方と同じだった。

- 公理系 **AFOL** の完全性証明の副産物として，コンパクト性定理とレーヴェンハイム・スコーレムの定理が導かれる。
- 言語 **FOL** を用いることによって，ある分野の基本的知識を公理系のかたちで与えることができる。それは，**AFOL** の公理（論理公理）に，さらにその分野に特有の公理（固有公理）を付け加えることによってなされる。こうした公理系を理論と呼ぶ。
- 理論の例として，ロビンソン算術 **Q** を紹介した。**Q** は自然数とその上の足し算，かけ算についての基本的知識を公理化したものである。**Q** はその作り方からして，自然数の世界をモデルにもつことは当然だが，自然数とは同型でない構造もモデルにもってしまう。こうしたモデルを非標準的モデルと言う。ある理論が同型のモデルしかもたない場合，その理論を範疇的と言うが，**Q** は範疇的ではない，ということだ。
- それどころか **FOL** で書くことのできる算術の理論はかならず，自然数全体の集合に同型でないようなモデルをもってしまうことが証明できる。これにはコンパクト性定理が使われる。
- 第 12 章の最後に，**FOL** をこれまでとは異なった方向に拡張することを試みた。ギーチ・カプラン文や「無限にたくさんのものがある」のような文は，**FOL** の論理式として表すことができない。こうした文も翻訳しようとすると，論理式で述語記号が占めている位置を量化しなければならない。こうした量化を許す論理を第 2 階の論理と言う。
- 述語への量化を許す第 2 階の言語を用いると，数学的帰納法の公理が表現可能になる。この公理を **Q** に付け加えると，第 2 階のペアノ算術という公理系になる。第 2 階のペアノ算術 **PA2** は範疇的である。つまり，**PA2** のモデルはすべて自然数全体の集合に同型なものばかりである。
- しかしながら，第 2 階の論理は表現力の高さと引き替えに，第 1 階の論理がもっていたコンパクト性，完全性，レーヴェンハイム・スコーレムの定理などの性質を失ってしまう。

# 付　録

A．A little bit of mathematics
B．練習問題解答
C．ブックガイド

# A. A little bit of mathematics

　無限にたくさんある論理式全体の集まりがもつシンタクス的，セマンティクス的性質をしらべていくためには，ちょっとした数学が便利な道具になる。ここでは，本書を理解するのに最低限必要な数学についてわかりやすく解説しておこう。ここに書いてあることは，その気になりさえすれば中学生でも理解できることばかりだから，特に「文系」の人！　自分は「文系」だからわかんなくてもいいやと思わないこと。

## 1　いろいろな種類の数について

### 1.1　自然数から有理数まで

　**自然数**（natural number）というのは，$0, 1, 2, 3, 4, \cdots$ という数のことだ。「0」も入れていいの？と思う人もいるだろう。じつは入れても入れなくてもよいのだが，本書では0も自然数の仲間に入れて考える。自然数をどれと決めずに表したいときは，n とか m という文字を使うことが多い。本書でもとくに断らないときは n で任意の自然数を表している。

　**整数**（integer）というのは，$\cdots, -3, -2, -1, 0, 1, 2, 3, \cdots$ という数のこと。

　**有理数**（rational number）というのは，整数と整数の比，つまり $\frac{a}{b}$（a, b は互いに素な整数。ただし b は 0 ではない）という形をした数のことである。$\frac{2}{5}$, $-\frac{13}{5}$, $-\frac{5}{1}$（つまり $-5$），などはみんな有理数だ。カッコの中の「互いに素」というのは，「1 以外に共約数がない」ということを意味する。この但し書きをつけておかないと，$\frac{2}{3}, \frac{4}{6}, \frac{6}{9}, \cdots, \frac{26}{39}, \cdots$ など，同じ有理数を表す無数の異なる表現を重複して考えることになってしまう。

### 1.2　実　数

　有理数でない数がある。例えば $\sqrt{2}$ がそうだ。これは決して整数と整数の比 $\frac{a}{b}$ の形では書けない。こういった数を**無理数**（irrational number）という。むろん，$\sqrt{2}$ が整数と整数の比では表せないことはきちんと証明しなければならない。おそらくその証明が，君たちが教室ではじめて背理法に接する機会になったはずだ。えっ，どんな証明だったっけ，と思った人は即，高校の教科書を見直すこと。

　有理数と無理数の違いはそれを小数で表したときにはっきりする。

$$\frac{2}{5} = 0.4 \qquad \frac{2}{7} = 0.28571428571428\cdots$$

このように有理数は，割り切れて**有限小数**になるか，割り切れずに無限小数になるとしても「285714」というような数の列がどこまでも繰り返して現れる**循環小数**になるかのいずれかだ。循環小数において繰り返して現れる「285714」みたいな数字の列を**循環節**と言う。これに対して，無理数は，

$$\sqrt{2}=1.41421356\cdots \qquad \pi=3.14159265358979\cdots$$

のように単に無限小数というだけでなく，循環節をもたない無限小数になる（とはいえ，途中まで小数展開しただけで循環小数でないとわかるわけではない。ものすごく長い循環節をもった循環小数かもしれないじゃないか。だからこれらが有理数でないことは，きちんと証明すべきことがらなのである。そして，じっさい円周率 $\pi$ が無理数であることが証明されるためにはものすごく時間がかかった）。

次に，有理数と無理数をあわせて**実数**（real number）と言う。

## 2 集合論についての基礎知識

### 2.1 集合とその表記法

**集合**（set）というのは，ものの集まりのことである。その「もの」というのは，数でも，人間でも，論理式でも何だってかまわない。また，その集まりに含まれるものたちのあいだに共通点があってもよいが，なくったってよい。集合で大事なのは，それぞれの「もの」が**その集合に属しているかいないか**だけははっきり決まってなきゃいけないということだ。だから，「ハゲている人の集まり」というのはここでいう集合には入らない。この集まりに属しているのかいないのかはっきりしないケースがたくさんあるからだ。これに対し，「3で割ると2余る自然数で30よりも小さいものの集まり」というのは集合である。とりあえずこの集合をAと名づけておこう。

集合を表す仕方は2通りある。
(1) 要素を書き並べるやり方，A = {2, 5, 8, 11, 14, 17, 20, 23, 26, 29}
(2) 要素が共通した性質を持っている場合，その性質によって集合を表すこともできる。
A = {n | n は 30 よりも小さく 3 で割ると 2 余る自然数である}

一般に，{x | …x…} は，…x…という条件を満たす x だけをすべて集めた集合を表す。a という「もの」が集合 A の要素であることを，a∈A と書く。a∈A でないことを a∉A と書く。

ポピュラーな集合には固有の記号が割り当てられていることも多い。例えば，すべての自然数の集合は N，すべての整数の集合は Z，すべての有理数の集合は Q，すべての実数の集合は R と表される。

## 2.2 集合のアイデンティティは何か

#### 空集合

いかなる要素も持たない集合を考えそれを**空集合**（empty set）と言う。空集合を $\phi$ で表す。要素を含まない集合なんてものは形容矛盾じゃないか，と思われるが，極端なケースとしてそういうものも集合と認めておくと，いろいろと都合がよいのだ。もちろん，$\forall x(x \in \phi)$ である。

さて，空集合を $\phi = \{x | x \neq x\}$ と定義してもよい。$x \neq x$ を満たすものなんて1つもないので，集合 $\{x | x \neq x\}$ には要素がないはずだから。あれ？　だったら，$\phi = \{x | Px \land \neg Px\}$ と定義してもよいはずだ。だとしたら，この2つの仕方で定義された空集合は，同じ空集合なのだろうか？　空集合って1つしかないのか，それともいくつでもあるのか，いったいどっちなんだろう。

#### 集合の外延性

このような疑問がわいてくるのも無理もない。なぜなら，まだ2つの集合 A と B が同じである，ということがどういうことかをはっきりさせていなかったからだ。そこで，集合論では次のように定める。

> 【定義】集合 A と B とがあったときに，それぞれが含む要素がすべて共通であるとき，つまり，$\forall x(x \in A \leftrightarrow x \in B)$ であるとき，集合 A と B は同一であると言い，A=B と書く。

2つの集合が同じ集合かどうかは，それらが同じ要素だけからなるかどうかによって決まるのであり，それがどのように定義されてきたかにはよらないということだ。このことを**集合は外延的だ**，と言う。例えば，A=$\{x | x$ は 6 の倍数である$\}$，B=$\{x | x$ は 3 で割り切れる偶数である$\}$，C=$\{x | x$ は 3 と 2 の公倍数である$\}$ としたとき，これらは集合の定義としては異なるが，すべて同じ要素，6, 12, 18, …からなるので同じ集合だ。

**練習問題 99**

$\phi = \{x | x \neq x\}$ と定義された空集合と $\phi = \{x | Px \land \neg Px\}$ と定義された空集合が同一であることを示せ。

## 2.3 集合に対する演算

#### 部分集合・共通集合・合併集合

> 【定義】集合 A と B があったときに，A の要素がすべて B の要素でもあるとき，A は B の**部分集合**（subset）であると言い，A⊆B と書く。つまり，A⊆B ⇔ $\forall x\ (x \in A \to x \in B)$

(1)　x∈B→x∈B はつねに成り立つ。だから，集合 B じしんも B の部分集合の一種である。

(2)　また，空集合 φ は任意の集合 A の部分集合である。なぜなら，x∈φ→x∈A は，前件が偽だからつねに成り立つ。したがって φ⊆A が成り立つからだ。

(3)　集合 A が集合 B の部分集合ではあるが，A＝B ではないとき，A は B の**真部分集合**であると言い，A⊂B で表す。

---

【定義】集合 A と B とがあったときに，そのどちらにも含まれている要素だけを集めてつくった集合を，A と B の**共通集合**（intersection）と言い，A∩B で表す。ようするに，A∩B＝{x｜x∈A∧x∈B}

集合 A と B とがあったときに，その少なくともどちらかに含まれている要素だけを集めてつくった集合を，A と B の**合併集合**（union）と言い，A∪B で表す。ようするに，A∪B＝{x｜x∈A∨x∈B}

---

さて，以上の定義が飲み込めたかどうか，次の練習問題をやってみよう。

---

**練習問題 100**

A＝{1, 2, 3, 4, 5}，B＝{4, 5, 6, 7} として次の問いに答えよ。
(1)　A∩B を要素を全部書き並べる仕方で表せ。
(2)　A∪B を要素を全部書き並べる仕方で表せ。
(3)　B の部分集合は全部でいくつあるか。またそのすべてを要素を書き並べる仕方で表せ。

---

### 無限にたくさんの集合の共通集合と合併集合

合併集合や共通集合は 3 つ以上の集合についても考えることができる。例えば，
$A_0＝\{0, 1, 2\}$，$A_1＝\{1, 2, 3\}$，$A_2＝\{2, 3, 4\}$，$A_3＝\{3, 4, 5\}$ のとき，

$A_0 \cup A_1 \cup A_2 \cup A_3 ＝ \{0, 1, 2, 3, 4, 5\}$

$A_1 \cap A_2 \cap A_3 ＝ \{3\}$

$A_0 \cap A_1 \cap A_2 \cap A_3 ＝ \phi$

それどころか，無限にたくさんの集合の合併集合や共通集合を考えたいときがあるだろう。例えば，いまの例を拡張して，$A_n＝\{n, n+1, n+2\}$ のように定義すると，$A_0, A_1, A_2, A_3, \cdots$ というぐあいに無限にたくさんの集合の系列ができる。これを全部合併した集合を考えたいとき，$A_0 \cup A_1 \cup A_2 \cup A_3 \cup \cdots$ と書いていくと，無限に長い表現になってしまう。そこで，次のような書き方を導入する。

---

【定義】$\bigcup_{n=0}^{\infty} A_n$　これは集合 $A_n$ たちを，0 番からすべて合併させた集合を意味する。

この種の書き方を使うと，先ほどの $A_1 \cap A_2 \cap A_3$ なんかも，$\bigcap_{n=1}^{3} A_n$ と書けるだろう。

## 2.4 順序対とデカルト積

### 順序対

中学の数学の時間に座標というものを習っただろう。座標は，点をいくつかの数の組で表すものだ。数の集まりだから，座標というのも一種の集合と考えてよい。しかし，ただの集合とはちょっと違う。集合の場合は，$\{1, 2\} = \{2, 1\}$ のように，要素をどのような順序で並べるかにはかかわらず，同じ要素だけからなれば同じ集合であるのに対し，座標では，$\langle 1, 2 \rangle$ という点と，$\langle 2, 1 \rangle$ という点は別の点になる。このことからもわかるように，座標では**要素の並ぶ順序**も重要になってくる。そこで，$\langle 1, 2 \rangle$ のように，要素の並ぶ順序を無視しないで考えたペアを**順序対** (ordered pair) と呼ぶことにする。

### 順序 n 組

これを一般化すると，$\langle x, y, z \rangle, \langle x, y, z, w \rangle, \cdots, \langle x_1, x_2, \cdots, x_n \rangle$ のように，順序込みで考えた3個，4個，n個の要素の組を考えることができる。こういうのを，**順序3組**，**順序4組**，**順序n組**と言う。もちろん，$\langle 1, 3, 2 \rangle, \langle 3, 2, 1 \rangle, \langle 1, 2, 3 \rangle$ などはすべて異なる。

### デカルト積

いま，次のような2つの集合を考える。$A = \{1, 2\}$，$B = \{a, b, c\}$。この2つの集合から，前の方にはAの要素，後ろにはBの要素がくるように順序対をつくれるだけつくると，全部で，$\langle 1, a \rangle, \langle 1, b \rangle, \langle 1, c \rangle, \langle 2, a \rangle, \langle 2, b \rangle, \langle 2, c \rangle$ の6つの順序対ができる。この順序対を全部集めて作った集合 $\{\langle 1, a \rangle, \langle 1, b \rangle, \langle 1, c \rangle, \langle 2, a \rangle, \langle 2, b \rangle, \langle 2, c \rangle\}$ を集合 A と B の**直積** (direct product) または集合 A と B の**デカルト積** (Cartesian product) と呼んで，$A \times B$ であらわす。

一般に，$A \times B$ と $B \times A$ は異なる。この場合も $B \times A = \{\langle a, 1 \rangle, \langle a, 2 \rangle, \langle b, 1 \rangle, \langle b, 2 \rangle, \langle c, 1 \rangle, \langle c, 2 \rangle\}$ だから $A \times B \neq B \times A$ である。でも，同じ集合同士のデカルト積は掛ける順序にはよらない。例えば $A \times A = \{\langle 1, 1 \rangle, \langle 1, 2 \rangle, \langle 2, 1 \rangle, \langle 2, 2 \rangle\}$ である。だからこれを，$A^2$ と書く。

同様にして，
$$A^3 = A \times A \times A$$
$$= \{\langle 1, 1, 1 \rangle, \langle 1, 1, 2 \rangle, \langle 1, 2, 1 \rangle, \langle 2, 1, 1 \rangle, \langle 2, 2, 1 \rangle, \langle 2, 1, 2 \rangle, \langle 1, 2, 2 \rangle, \langle 2, 2, 2 \rangle\}$$
$$A^4 = \{\langle 1, 1, 1, 1 \rangle, \langle 1, 1, 1, 2 \rangle, \cdots, \langle 1, 2, 2, 2 \rangle, \langle 2, 2, 2, 2 \rangle\}$$

を考えることができる。これによると，中学で習った平面座標は，2つの実数の順序対だから，こうした平面座標全体の集合（言い換えると平面のすべての点の集合）は $R^2$ で表せることになる。

> **練習問題 101**
> (1) A={0,1,2}, B={7,8,9} のデカルト積 A×B と B×A はそれぞれどのような集合か。
> (2) A の要素の数が n, B の要素の数が m のとき, デカルト積 A×B の要素の数はいくつか。

**ベキ集合**

> 【定義】集合 A があるとする。このとき, 集合 A の部分集合のすべてを集めてつくった集合(正確には集合の集合と言うべきかも)を A の**ベキ集合**(power set, 漢字で書くと「巾集合」)と言い, P(A) で表す。ただし, ベキ集合 P(A) には空集合も, 集合 A じしんも要素として含まれるものとする。

例を挙げてみよう, いま A を $\{1,2,3\}$ とする。そうすると A の部分集合は空集合も考えることにすると, $\phi, \{1\}, \{2\}, \{3\}, \{1,2\}, \{1,3\}, \{2,3\}, \{1,2,3\}$ の8つがある。だから, P(A) はこれらの8つの集合をすべて集めた集合, $\{\phi, \{1\}, \{2\}, \{3\}, \{1,2\}, \{1,3\}, \{2,3\}, \{1,2,3\}\}$ である。

> **練習問題 102**
> (1) A={1} のベキ集合を求めよ。
> (2) P($\phi$) はどのような集合か。
> (3) 要素の数が n 個の集合 A のベキ集合 P(A) はいくつの要素を含んでいるか。

## 2.5 同値関係と同値類

集合 S の上で定義される「R」で表される2項関係が同値関係であるとしよう(同値関係とは反射性・対称性・推移性を満たす関係のことである。くわしくは188ページを見よ)。例えば, S を男性俳優の集合, 「Rxy」を「x と y は生まれ月がいっしょである」という関係だとしてみよう。このとき, 関係 R をもつ人たち同士をまとめて集合 S をサブグループに分けることができる。S は, 次のような12個のサブグループに分かれる。

$P_1$={ジョン・ベルーシ, ニコラス・ケイジ, メル・ギブソン, …}
$P_2$={ジェームズ・ディーン, ピーター・フォンダ, マット・ディロン, …}
⋮
$P_{11}$={レオナルド・ディカプリオ, チャールズ・ブロンソン, アラン・ドロン, …}
$P_{12}$={ケネス・ブラナー, カーク・ダグラス, ジェフ・ブリッジス, …}

こうしたサブグループの特徴は次の点にある。
(1) すべてのサブグループの合併集合はもとの S になる。$S = \bigcup_n P_n$
(2) 異なるサブグループは共通部分をもたない。つまり n≠m ならば $P_n \cap P_m = \phi$
(3) どのサブグループも空集合ではない。

(4) $x \in P_n$ かつ $Rxy$ $\Rightarrow$ $y \in P_n$

(5) $x \in P_n$ かつ $y \in P_n$ $\Rightarrow$ $Rxy$

つまり，1つのサブグループの中の要素はすべて互いに関係Rで結ばれていて，サブグループ内の或るものと関係Rで結ばれているものは必ずその同じサブグループに属している。そして異なるサブグループをまたがっては決して関係Rをもつことはない。同値関係が与えられると，集合はこういう意味で互いに排他的なサブグループに分割されてしまう。

このように集合Sを同値関係Rで分割したとき得られるサブグループ $P_1, \cdots P_n, \cdots$ のそれぞれを**同値類**（equivalence class）と呼ぶ。そして，同値類 $P_1, \cdots P_n, \cdots$ を全部集めた集合（正確には集合の集合）$\{P_1, \cdots P_n, \cdots\}$ をSのRによる**商集合**（quatinent set）と言う。

## 3 関数

### 3.1 関数の定義

関数と聞いて君たちがまず思い浮かべるのは，例えば $y=x^2+4x+1$ のような2次関数というやつだろう。とすると，関数というのは式のことなのか？ そうではない。むしろ**式は関数の表現方法の1つにすぎない**，と考えておいた方がよい。

この2次関数は，xの値を1に決めると，yの値も6と決まる。xを0と決めると，yは1に決まる。こんな風に，入力（xの値）に対して出力（yの値）がいつもそれぞれ1つずつ決まっている。このことが関数の本質だ。だから関数は数に数を対応させるものだけとは限らないし，2次関数のような簡単な数式で表現できなくたってよい。次の条件を満たしている入力と出力の対応づけがあれば何だって関数なのである。

【定義】集合AとBがあり，Aの各要素にBの各要素を割り当てる対応づけ $f$ で，次の条件を満たすものがあるとき，$f$ を集合AからBへの**関数**（function）とか**写像**（mapping）と言う。
(1) $f$ はAに含まれるどの要素にもBの何らかの要素を割り当てる。
(2) $f$ はAのどの要素にも，それぞれただ1つずつのBの要素を割り当てる。

【定義】
(1) AからBへの関数 $f$ がAの要素aに割り当てるBの要素を $f(a)$ と書き，**関数 $f$ によるaの像**（image）と言う。
(2) また $f$ が集合AからBへの関数であることを，$f:A \longrightarrow B$ と書く。集合Aを $f$ の**定義域**（domain），Bを $f$ の**値域**（range）と言う。
(3) また，次の集合をAからBへの関数 $f$ による**Aの像**と言い，$f(A)$ と書く。

$f(A) = \{b \mid f(a) = b$ となる $a \in A$ がある$\}$

つまり B の要素のうち，A の何らかの要素の $f$ による像になっているものだけをすべて集めて作った集合が $f(A)$ である。もちろん $f(A) \subseteq B$ が成り立つ。

#### 関数の例

(1) それぞれの人間にその人の生みの母親を対応させる対応づけは関数だ。2人の母親から生まれた人はいないし，どの人にも絶対に生みの母がいるわけだから。この関数は人間の集合から人間の集合への関数であり，それを $f$ と書くなら，人間 x とそれに割り当てられる値 $f(x)$ との間には，$f(x)=$ x の産みの母親，という関係がある。例えば，$f$(岡本太郎)＝岡本かの子，$f$(チャールズ皇太子)＝エリザベスⅡ世。

(2) だが，それぞれの人間に，その子どもを対応させる対応づけは関数とは言えない。というのは，この対応づけは，関数の定義の条件(1)にも(2)にも違反しているからだ。まず，子どものいない人には，対応させるものがない。また，2人以上子どものいる人もいるから，この対応づけは A の各要素にそれぞれ1つずつのものを対応させるということにはなっていない。

(3) しかし，関数の定義は A の異なる要素に B の同じ要素が対応させられるということを禁じてはいない。例えば先ほどの2次関数は，1にも $-5$ にも6を対応させる。だけれども関数である。

#### n 変数の関数

例えば，足し算は $\langle 1, 1 \rangle$ というペアに対して2を対応させ，$\langle 7, 2 \rangle$ というペアには9を対応させる……といった関数と考えることができる。こういうのを2変数関数という。これは $N^2$ から N への関数だ。

---

**練習問題 103**

次の対応づけのうち関数とよんでよいものはどれか
(1) それぞれの英単語にそこに含まれる文字数を対応させる対応づけ
(2) それぞれの人間にその愛する人を対応させる対応づけ
(3) それぞれの実数に，もしそれが有理数なら自然数1を，それが無理数なら自然数0を対応させる対応づけ
(4) それぞれの日付にその日に生まれた有名人を対応させる対応づけ
(5) 3つの自然数の組にその最小公倍数を対応させる対応づけ

---

### 3.2 関数のいろいろ

【定義：単射・1対1写像】関数 $f : A \longrightarrow B$ が，次の性質を持つとき，$f$ を A から B への**単射**（injection）とか**1対1写像**（one-to-one mapping）と言う。

$f$ は A の異なる要素には B の異なる要素を割り当てる，つまり，x≠y ⇒ f(x)≠f(y)

$f$ が A から B への単射であることを $f : A \xrightarrow{1-1} B$ と書いたりする。

**全射・上への写像，中への写像**

【定義】
(1) 関数 $f : A \longrightarrow B$ が，次の性質を持つとき，$f$ を A から B への**全射**（surjection）とか B の**上への写像**（onto-mapping）と言う。

B のどの要素も何らかの A の要素の $f$ による像である。別の言い方をすれば，$f(A) = B$

$f$ が A から B への全射であることを，$f : A \xrightarrow{onto} B$ と書いたりする。

(2) 関数 $f : A \longrightarrow B$ が，次の性質を持つとき，$f$ を B への**中への写像**（into-mapping）と言う。

$f(A) \subset B$。つまり，B の要素のなかには，いかなる A の要素の $f$ による像にもなっていないものが少なくとも 1 つある。

このことを，$f : A \xrightarrow{into} B$ と書く。

【定義：全単射・双射】$f : A \longrightarrow B$ が単射であり，かつ全射であるとき，$f$ を A から B への**全単射**とか**双射**（bijection）と言い，次のように書く。$f : A \xrightarrow[onto]{1-1} B$

うひゃー。定義がたくさん出てきていやだなあ。定義になれるためにはそれを当てはめてみるのが一番だ。そこで次の練習問題をやっておこう。

**練習問題 104**

次の関数は上での分類のうちどのような関数か。
(1) N の要素 n に対してその 2 乗を対応させる関数 $f : N \longrightarrow N$
(2) 2 つの自然数の組に対して，両者の和を対応させる関数 $f : N^2 \longrightarrow N$
(3) R の要素 x に対してその 2 乗を対応させる関数 $f : R \longrightarrow R$
(4) N の要素 n に対して，それが偶数なら 1，奇数なら 0 を割り当てる関数 $f : N \longrightarrow N$
(5) N の要素 n に対して，それが偶数なら 1，奇数なら 0 を割り当てる関数 $f : N \longrightarrow \{1, 0\}$
(6) Z の要素 x に対して，x+1 を対応させる関数 $f : Z \longrightarrow Z$

# 4 集合の大きさをはかる

## 4.1 集合の濃度

　アメリカ合衆国の州の集合と日本の都道府県の集合ではどちらの方がたくさんの要素を含んでいるだろうか？　これに答えるのは簡単だ。地図を見て，まずアメリカの州の数を数える。次に都道府県の数を数える。そうすると，アメリカには50の州があり，日本には47の都道府県があることがわかる。だからアメリカ合衆国の州の集合の方がたくさんの要素を含んでいる。でも，こうしたことができるためには，少なくとも50までは数を数えることができなくてはならない。だったら，10までしか数を数えられない子どもには，こうした集合の要素の多さの比較はできないのだろうか？

　そうとはかぎらない。次のように比較することだってできる。まず，一列にアメリカの州の名前を書いていく。次にその下に，都道府県の名前を書いていく。上にある州の名前と下にある都道府県の名前を1つずつ線で結ぶ。こうしていって余った方がたくさんの要素を含んでいる。

Alabama　Alaska　…　Virginia　Washington　West Virginia　Wisconsin　Wyoming
‖　　　　‖　　　　　‖　　　　　‖
北海道　　青森　　…　鹿児島　　沖縄

　やっぱりアメリカの州の方が多いや。逆に，2つの集合の要素を1つずつ対応させていってどちらにも余る要素がなく対応づけができれば，2つの集合には同じだけの個数の要素が含まれていると考えてよい。

### 同等性

　こうした対応づけに基づく個数の比較は，簡単に無限集合同士の間にも拡張して考えることができる。

> 【定義】2つの集合 A，B があるとき，A から B への上への1対1対応（つまり全単射）が存在するならば A と B は**同等**，あるいは**同濃度**であるといい，それを A～B で表す。

　これは「同じ個数」という概念を抽象化して無限集合にも適用できるように捉え直したものと考えることができる。例えば，次の図のように，偶数全体の集合 A と奇数全体の集合 B の間に次のような対応づけを考えることができる。

0, 2, 4, 6, 8, 10, …
⋮　⋮　⋮　⋮　⋮　⋮
1, 3, 5, 7, 9, 11, …

　この対応づけが全単射であることは明らかだろう。まず1対1であるし，B のどの要素にもそれに対応する A の要素がある（1を引けばよい）し，その逆も成り立っている。したがって，偶数全体の集合 A と奇数全体の集合 B とは同等である。このように，無限集合同士の間でも，要

素の個数の比較ができるわけだ．

### 無限集合

無限集合についてはちょっと面白いことが起こる．例えば，次のような対応づけを考えれば，偶数全体の集合 A と自然数全体の集合 N も同等（つまり A〜N）になってしまう．

$$
\begin{array}{cccccc}
0, & 2, & 4, & 6, & 8, & 10, \cdots \\
\updownarrow & \updownarrow & \updownarrow & \updownarrow & \updownarrow & \updownarrow \\
0, & 1, & 2, & 3, & 4, & 5, \cdots
\end{array}
$$

でも，A は N の真部分集合，つまり A⊂N だ．こうしたことは有限集合では決して起こらない．逆に無限集合を「自分じしんの真部分集合と同等な集合」と定義できる．

### 濃度

いま定義された同等性「〜」は，大雑把に言って，「同じ個数の要素をもつ」という，2 つの集合の間に成り立つ関係である．ここから「集合の要素の個数」という概念を取り出してくることを試みよう．1 つのやり方として，つぎのようなものがある．

> 【定義】まず，2 つの集合 A，B があるとき，A から B への全単射が存在するならば A と B は同等であるといい，$|A|=|B|$ で表す．また，A から B の部分集合への全単射があるとき，$|A| \leq |B|$ と書く．さらに，$|A| \leq |B|$ でしかも $|A| \neq |B|$ のとき，$|A| < |B|$ と書く．

という具合に定義しておいて，$|A|$ を集合 A の**濃度**（power）とする……という具合に定義してやる．こうして，「同じ個数の要素をもつ」という関係から「集合の要素の個数」という概念を抽象してやることができた．……というやり方はインチキなのだ，実は．なぜなら，ここできちんと定義されているのは，$|A|=|B|$ とか，$|A| \leq |B|$ といった関係であって，$|A|=|B|$ は「A〜B」の別の書き方にすぎない．だから，$|A|$ を単独で取りだしても本当は意味はないはずなのだ．でも，この話に深入りはしない．

## 4.2 可算集合と非可算集合

### 可算集合と非可算集合の定義

> 【定義】すべての自然数の集合 N と同等な集合を**可算集合**（countable set）という．可算集合と，有限集合を総称して**高々可算集合**という．高々可算集合でない集合を**非可算集合**（uncountable set）という．

A が可算集合だとしよう．つまり，A が N と同等な集合だとしよう．すると，下の図のように A のすべての要素とすべての自然数との間に 1 対 1 対応がつけられるはずだ．

```
○, ▲, △, ●, ■, %, …
⋮  ⋮  ⋮  ⋮  ⋮  ⋮
0  1  2  3  4  5  …
```

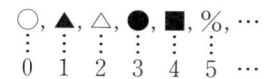

このことは，可算集合の要素は，0 からはじめて順番に自然数の番号を漏れなく振っていくことができるということを意味する。可算集合の濃度を**可算濃度**と言う。

【定理 60】正の有理数全体の集合は可算集合である。

【証明】有理数全体の集合の方が N よりもずっと要素の数が多いように思えるけれどそうではない。このことを証明するには，有理数の全体に 0 から始まって漏れなく自然数の番号がふれることを示せばよい。そこで有理数の全体を次のように並べることからはじめよう。

下の左の図のように，縦横に 1 から順に自然数を並べた表をつくる。(右にも下にも無限に広がっている表になるが)。そして，n 行 m 列の箇所に，n/m なる有理数を書き込んでおく。どの正の有理数もこの表のどこかに出てくるはずである。

|   | 1 | 2 | 3 | 4 | 5 | … |
|---|---|---|---|---|---|---|
| 1 | 1/1 | 1/2 | 1/3 | 1/4 | 1/5 | … |
| 2 | 2/1 | 2/2 | 2/3 | 2/4 | 2/5 | … |
| 3 | 3/1 | 3/2 | 3/3 | 3/4 | 3/5 | … |
| 4 | 4/1 | 4/2 | 4/3 | 4/4 | 4/5 | … |
| 5 | 5/1 | 5/2 | 5/3 | 5/4 | 5/5 | … |
| ⋮ | ⋮ | ⋮ | ⋮ | ⋮ | ⋮ |   |

|   | 1 | 2 | 3 | 4 | 5 | … |
|---|---|---|---|---|---|---|
| 1 | 1/1 | 1/2 | 1/3 | 1/4 | 1/5 | … |
| 2 | 2/1 | 2/2 | 2/3 | 2/4 | 2/5 | … |
| 3 | 3/1 | 3/2 | 3/3 | 3/4 | 3/5 | … |
| 4 | 4/1 | 4/2 | 4/3 | 4/4 | 4/5 | … |
| 5 | 5/1 | 5/2 | 5/3 | 5/4 | 5/5 | … |
| ⋮ | ⋮ | ⋮ | ⋮ | ⋮ | ⋮ |   |

次に，これらの有理数に 0 からはじめて順にもれなく番号をつけることができることを示せばよい。そのためには，右の図で，太い線が示すような順序 (1/1, 1/2, 2/1, 3/1, 2/2, 1/3, 1/4, 2/3, …) ですべての有理数を数え上げていけばよい。このようにすれば，すべての有理数をすべての自然数と 1 対 1 に対応づけることができることは明らかだろう。

ただし，この表には重複があるので注意しなければならない。例えば，1/2 も 2/4 も 4/8 もそれぞれこの表の中に現れるが，これらはみな同じ有理数である。というわけでへたをすると同じ有理数に何度も番号をつけることになってしまう。そこで，太線に沿って現れる既約分数だけに番号をつけることにすればよい。■

【練習問題 105】
いまは正の有理数すべての集合が可算集合であることを示したが，負の有理数も含む有理数全体の集合 Q も可算集合である。このことを示せ。ただし，定理 60 の結果は使ってよい。

【定理 61】$N^2$ は可算集合である。

【証明】定理 60 の証明から明らかだろう。$N^2$ のすべての要素は上の図と同じようにして並べるこ

### 【定理62】可算集合を可算個合併させた集合は可算集合である。

【証明】可算集合が可算個あるということは，それぞれの集合に自然数の番号がつけられるということだ。そこで，それらの可算集合たちが，$A_0$, $A_1$, $A_2$, …という具合に並べられているとしよう。このそれぞれの集合に属する要素もまた可算個だから，自然数の番号をふることができる。そこで，右の図のように可算集合たちを並べたとしよう。定理にある合併集合の要素はすべて右図の枠の中に現れてくるはずである。

$A_0 = \{a_0^0, a_0^1, a_0^2, \cdots\}$
$A_1 = \{a_1^0, a_1^1, a_1^2, \cdots\}$
$A_2 = \{a_2^0, a_2^1, a_2^2, \cdots\}$
$\vdots$

そこで，定理60の証明と同じように$a_0^0$, $a_0^1$, $a_1^0$, $a_0^2$, $a_1^1$, $a_2^0$…という具合に斜めに蛇行しながら番号をつけて行けばよい。ただし，重複は省きながら番号づけするものとする。■

#### 非可算集合はあるのか

$|N|=|N^2|$であることがわかった。同じような証明を繰り返せば，$|N|=|N^2|=|N^3|=\cdots=|N^n|=\cdots$であることも示すことができる。次元が高くなることは濃度が高くなることではない。こうなると，全ての無限集合の濃度は同じなのではないか，という気がしてくる。だとしたら，非可算集合を定義したが，その定義に当てはまる集合などないのではないか。しかし，そうではない。次の定理があるからだ。

### 【定理63】$0<x\leq1$であるようなすべての実数の集合Iは非可算集合である。

【証明】Iと自然数全体の集合の間に全単射は存在しないことを言えばよい。Iの要素に自然数の番号をつけきることはできず，Iの要素の方がずっとたくさんあるのだ。証明は背理法で行う。つまり，Iと自然数全体の集合の間に全単射が存在すると仮定して矛盾を導けばよい。

$r_0 = 0.1\ 5\ 8\ 7\ \cdots$
$r_1 = 0.2\ 5\ 9\ 9\ \cdots$
$r_2 = 0.7\ 8\ 9\ 2\ \cdots$
$r_3 = 0.1\ 5\ 6\ 7\ \cdots$
$r_4 = 0.9\ 5\ 7\ 3\ \cdots$
$\vdots$

まず，Iの要素のうち有限小数をすべて無限小数になおしておく。例えば0.5は0.499999…に，0.32は0.319999…に直す。その上で，Iのすべての要素が自然数全体と1対1対応させられ，右図のように，縦に$r_0$, $r_1$, $r_2$, …という具合に並べられたと仮定する。もし，Iが可算集合であるならば，ここにすべてのIの要素が現れているはずだ。

そこで，次のような実数を定義する。

$r=0.a_0a_1a_2\cdots a_n$（$a_n$は$r_n$の小数点以下第$n+1$桁目の数に1を加えたものとする。ただし，その数が9のときは$a_n$は0とする）

上図のように並んでいる場合は，$r$は0.2608…という実数になる。要するに，図の斜めの線に沿って，ぶつかった数字より1大きな数字を並べてつくった実数である。さて，この$r$は，この表に現れるどの実数$r_n$とも異なる。なぜなら，$r$はその定義の仕方によって，実数$r_n$とは必ず小数点以下第$n+1$桁目が異なっているからである。したがって，$r$はIの要素でありながら，この表には

現れない実数である。このことは，Iと自然数全体の集合の間に全単射が存在するとした仮定が誤りだったということを示している。■

この証明法は**対角線論法**（diagonal argument）と呼ばれている。また，$|I|=|R|$ であることも簡単に証明できる。これにより，$|N|<|I|=|R|$ であることがわかった。つまり実数全体は自然数全体よりもずっとたくさんあるということだ。Rの濃度 $|R|$ を**連続体濃度**と言う。

### いくらでも大きな濃度がある

以上によって，無限集合に少なくとも2つのサイズがあることがわかった。これは或る意味ではびっくりするような発見だった。というのも，「無限とはそれ以上大きなものがないことだ」と思っている人には，無限にも大小のサイズがあるというのはほとんど理解しがたいことに思えるからだ。しかし，実のところ，無限には2つのサイズどころか無限にたくさんのサイズがあることが言える。

> 【定理64】Aを任意の集合とすると，Aのベキ集合の濃度 $|P(A)|$ はAの濃度よりも大きい。つまり，$|P(A)|>|A|$

【証明】
(1) $x\in A$ とする。x に $\{x\}$ を対応させる1対1対応を考えると，これはAから $P(A)$ の部分集合への1対1対応を与える。したがって，$|P(A)|\geq|A|$ である。
(2) 次に，$P(A)\sim A$ でないことを言えばよい。そこで，$P(A)\sim A$ が成り立つと仮定する。すると，Aから $P(A)$ への上への1対1対応 $\Phi: A \xrightarrow[\text{onto}]{1-1} P(A)$ があるはずだ。そこで，この $\Phi$ を使って，次のような集合Bをつくる。$B=\{x\mid x\in A \wedge x\notin \Phi(x)\}$。

集合BはAの部分集合であるから，$B\in P(A)$。したがって，$\Phi(b)=B$ なる $b\in A$ が存在する。

このbはBの要素なのだろうかそうではないのだろうか。
　(i) そこで，$b\in B$ としてみよう。このとき，bはBの定義式をみたすゆえ，$b\notin \Phi(b)$ である。ところが，$\Phi(b)=B$ なのだったから，このことは $b\notin B$ ということである。矛盾。
　(ii) そこで $b\notin B$ としてみよう。このとき，$B=\Phi(b)$ ゆえ $b\notin \Phi(b)$ である。したがってbはBの定義式である $x\notin \Phi(x)$ を満たすゆえ，$b\in B$ である。これも矛盾。

したがって，そもそもの仮定が間違っていた。つまり，$P(A)\sim A$ が成り立つとしたのが間違っていたことがわかった。
(3) 以上(1)と(2)より，$|P(A)|>|A|$ である。■

この定理が示しているのは，ベキ集合をつくるという操作を使えばいくらでも濃度の大きな集合をつくることができるということだ。

例えば，$|N|<|P(N)|<|P(P(N))|<|P(P(P(N)))|<\cdots$ という具合にいくらでも大きな濃度を考えることができる。自然数全体の集合は可算集合だが，Nのすべての部分集合を集めた集合

は非可算なのである。

## 4.3 基数の系列

**アレフ**

濃度というのは，集合の要素の個数という概念を無限集合についても使えるように拡張したものだ。

空集合 $\phi$ の濃度は $|\phi|$ と表される。空集合の要素の個数は 0 だから，$|\phi|=0$ と書くことにしよう。次に，$A=\{a\}$ の濃度 $|A|$ は同様に 1 と書くことにしよう。……そうすると，それぞれの自然数は，しかるべき大きさの有限集合の濃度に対応するものだということがわかる。

だとしたら，無限集合の濃度からもある種の数を引き出すことができるだろう。これはものの個数としての自然数を無限集合へ拡張したものだ。このように，濃度をある種の数のようにして捉えると**基数**（Cardinal number）という言い方をされるようになる。$0, 1, 2, \cdots$ など，有限集合の濃度を表すような基数を**有限基数**，有限基数でない基数を**無限基数**または**超限基数**とよぶ。

超限基数は大きさの順に並べることができる。それを順に，

$$\aleph_0, \aleph_1, \aleph_2, \cdots,$$

と書くことにする。この文字はヘブライ語のアルファベットで「A」にあたる文字だ。「アレフ」と読む。$\aleph_0$ が最小の無限基数だということになる。実は，$|N|=\aleph_0$ であることがわかっている。つまり，自然数の集合は無限集合のなかでいちばんサイズの小さいものだということだ。

**連続体仮説**

さて，連続体濃度 $2^{\aleph_0}$（なぜこのように表せるのかについて説明すると長くなるから省略。実は実数の集合 R と区間 I，さらに N のベキ集合 P(N) の濃度はみんな一緒で，基数 $2^{\aleph_0}$ を用いて表される）は自然数全体の集合の濃度 $\aleph_0$ よりは大きい。では，どのくらい大きいのだろう。カントールは，$2^{\aleph_0}=\aleph_1$ と予測した。これを**連続体仮説**（continuum hypothesis）という。つまり，**連続体濃度は自然数全体の濃度の次に大きな無限基数だという仮説**である。N と R の中間の大きさの無限集合はないのだ，と考えたわけだ。

この仮説は正しかったのだろうか。いまでは次のようなことが分かっている。つまり，集合についての基本的な事実を公理系の形でまとめあげた標準的な理論（公理的集合論といわれる）においては，連続体仮説は provable でない。それどころか，その否定も provable でない。つまり連続体仮説は集合論の公理系から独立なのである。

## 4.4 すべての論理式は枚挙可能である

コンパクト性定理の証明や，リンデンバウムの補助定理の証明の中では，すべての論理式を $A_0, A_1, A_2, \cdots$ という具合に並べておいて，最初のものから順番に 1 つずつ $\Gamma$ に付け加えるかどうかをチェックする…というような手続きが含まれていた。こうした操作ができるためには，無

限にたくさんあるすべての論理式に番号を振って，0 番から順番に並べることができるのでなくてはならない。つまり，すべての論理式の集合が可算集合であることを示しておかなくてはならない。このための方法はいろいろあるが，最もシンプルにして華麗なのは**ゲーデル数**を用いるやり方だ。

まず，いくつか確認しておこう。

(1) **L，MPL，IPL，FOL** のいずれにせよ，本書で導入した論理言語の語彙（括弧，結合子，原子式，述語記号，量化子，関数記号など）の総数は高々可算無限個である。

(2) それらの語彙を，論理式の定義に述べられた規則に従って並べて論理式をつくるわけだ。ここで，我々が行った論理式の定義では，いくらでも長い論理式を生み出すことが可能だが，そうして生み出される 1 つ 1 つの論理式の長さは有限である。つまり，本書の論理言語では，無限に長い論理式（つまり無限にたくさんの記号を含む論理式）というものはありえない。無限に長い論理式を認める論理学もありうる（infinitary logic と呼ばれる）が，本書ではそれは扱っていない。

この確認のもとで，すべての論理式からなる集合が高々可算集合だということを証明しよう。ただし，その大筋だけを示すことにする。まず，論理式をつくる語彙のそれぞれに次のように奇数を割り当てる。その割り当てを関数 $g$ で表そう。

$g(()=3,\ g())=5,\ g(\neg)=7,\ g(\wedge)=9,\ g(\vee)=11,\ g(\rightarrow)=13,\ g(\leftrightarrow)=15,\ g(P)=17,$
$g(Q)=19,\ g(R)=21,\ \cdots$

(1)により，本書で導入した論理言語の語彙は高々可算無限個だから，割り当てる数がなくなってしまう記号が出てくるということはない。その上で，これらの記号を並べてつくった記号の有限列 $a_1 a_2 \cdots a_n$ のそれぞれに次のような自然数を割り当てる。

$$g(a_1 a_2 \cdots a_n) = 2^{g(a_1)} \cdot 3^{g(a_2)} \cdots \mathrm{Pr}_n^{g(a_n)}\ \text{ただしここで，} \mathrm{Pr}_n \text{は n 番目の素数を表すものとする。}$$

そうすると例えば次のように，各記号列にはそれぞれ異なる自然数が対応することになる。

$g(\neg P) = 2^{g(\neg)} \cdot 3^{g(P)} = 2^7 \cdot 3^{17}$

$g(P \rightarrow Q) = 2^{g(P)} \cdot 3^{g(\rightarrow)} \cdot 5^{g(Q)} = 2^{17} \cdot 3^{13} \cdot 5^{19}$

この自然数をそれぞれの論理式の**ゲーデル数**と呼び，関数 $g$ を**ゲーデル数化**（Gödel numbering）と言う。異なる記号列には異なる自然数が対応することを理解するには，どのような自然数もただ一通りに素因数分解されるということに注目すればよい。例えば 108000 という自然数は，$2^5 \cdot 3^3 \cdot 5^3$ という仕方でしか素因数分解できない。したがって，この自然数は，「))(」という記号列のゲーデル数であって，他の記号列のゲーデル数にはなれない。

このようにして，それぞれの有限記号列にはそれぞれ異なるゲーデル数が対応していることがわかった。そこで，これらの記号列のうち，論理式になっているものだけをとりだし，それらの論理式を対応するゲーデル数の小さなものから順番に並べ，$0, 1, 2, 3, \cdots$ という具合に番号をつけ直すことができる。こうして，すべての論理式に自然数の番号をつけて一列に並べること（**枚挙** enumeration と言う）ができる。

# B. 練習問題解答

1 蛸は空を飛ぶ，空を飛ぶものはみな茹でると赤くなる，したがって，蛸は茹でると赤くなる。

2 (1) ¬P　(2) P∧Q　(3) P∧Q　(4) P→Q　(5) ¬P→¬Q　(6) (P∧Q)→R

3 (3)　　((¬P)∧(Q→R))　　　　(4)　　((¬(P∧Q))→R)

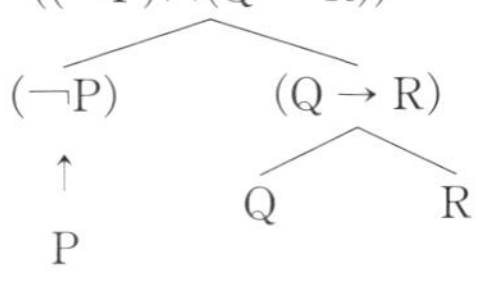

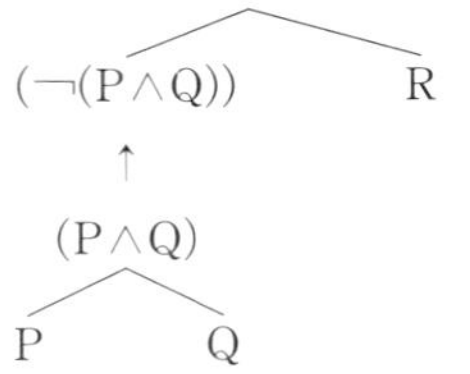

```
        ((¬P)∧(Q→R))                    ((¬(P∧Q))→R)
         /        \                       /        \
      (¬P)      (Q→R)                 (¬(P∧Q))      R
       ↑        /   \                    ↑
       P       Q     R                 (P∧Q)
                                       /   \
                                      P     Q
```

「Pではないのだが，QならばRではある」と読めるのは(3)である。

4 (1) (a) ((¬Q)∨P)　(b) (¬(¬(Q∨P)))　(c) ((¬(Q∨P))∧R)
　　(d) ((¬((¬Q)∨P))∧R)　(e) ((¬(Q∨P))∧(¬R))　(f) ((¬(Q∨(¬P)))∧(¬(¬R)))

  (2) (a) ¬P∧(Q→(P∧R))　(b) (¬P∧Q)→(P∧R)　(c) ¬((P∧Q)→(P∧R))
　　(d) (¬P∧(Q→P))∧R

【考え方】(1)がすぐにできない人は，それぞれの論理式の形成の木を書いて，それを括弧を省略せずに辿り直せばよい。(2)も同様。

¬(Q∨¬P)∧¬¬R　これを括弧を省かずに辿り直すと　((¬(Q∨(¬P)))∧(¬(¬R)))　となる。

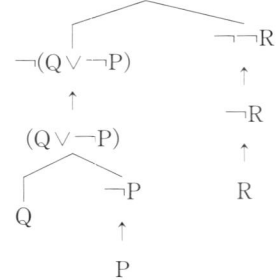

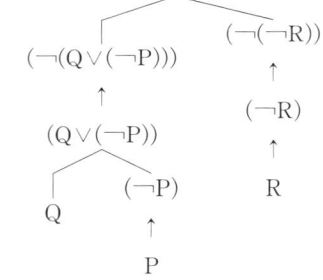

```
       ¬(Q∨¬P)∧¬¬R                      ((¬(Q∨(¬P)))∧(¬(¬R)))
        /      \                           /              \
   ¬(Q∨¬P)    ¬¬R                   (¬(Q∨(¬P)))         (¬(¬R))
      ↑        ↑                         ↑                 ↑
   (Q∨¬P)     ¬R                     (Q∨(¬P))            (¬R)
     / \       ↑                       /   \               ↑
    Q  ¬P      R                      Q    (¬P)            R
        ↑                                    ↑
        P                                    P
```

5 (1) (a) (T∧C)→(B∧S)　(b) ¬T→B　(c) (T∧C)∧(¬B∧¬S)　(d) ¬C→(T→S)
　　(e) (C∧¬T)→¬(B∧S)

  (2) (a) E→(J→¬V), V, したがって ¬E∨(¬S∧¬M)
　　(b) E→(S∧M), ((S∧M)∧J)→¬V, V, したがって ¬E
　　(c) P, P→((S∧M)∧E), したがって E
　　(d) P→J, J→¬V, V, したがって E→¬P

6

| A | B | A∨B |
|---|---|-----|
| 1 | 1 | 0 |
| 1 | 0 | 1 |
| 0 | 1 | 1 |
| 0 | 0 | 0 |

**7** (1)

| P | Q | R | P→Q | P∧(P→Q) | (P∧(P→Q))→R | ¬((P∧(P→Q))→R) |
|---|---|---|-----|---------|-------------|-----------------|
| 1 | 1 | 1 | 1 | 1 | 1 | 0 |
| 1 | 1 | 0 | 1 | 1 | 0 | 1 |
| 1 | 0 | 1 | 0 | 0 | 1 | 0 |
| 1 | 0 | 0 | 0 | 0 | 1 | 0 |
| 0 | 1 | 1 | 1 | 0 | 1 | 0 |
| 0 | 1 | 0 | 1 | 0 | 1 | 0 |
| 0 | 0 | 1 | 1 | 0 | 1 | 0 |
| 0 | 0 | 0 | 1 | 0 | 1 | 0 |

(2)

(a)

| P | ¬P | P∨¬P |
|---|----|------|
| 1 | 0 | 1 |
| 0 | 1 | 1 |

(b)

| P | Q | ¬P | P→Q | ¬P→(P→Q) |
|---|---|----|-----|----------|
| 1 | 1 | 0 | 1 | 1 |
| 1 | 0 | 0 | 0 | 1 |
| 0 | 1 | 1 | 1 | 1 |
| 0 | 0 | 1 | 1 | 1 |

(c)

| P | Q | R | P→R | Q→R | (P→R)∧(Q→R) | P∨Q | (P∨Q)→R | 与式 |
|---|---|---|-----|-----|-------------|-----|---------|------|
| 1 | 1 | 1 | 1 | 1 | 1 | 1 | 1 | 1 |
| 1 | 1 | 0 | 0 | 0 | 0 | 1 | 0 | 1 |
| 1 | 0 | 1 | 1 | 1 | 1 | 1 | 1 | 1 |
| 1 | 0 | 0 | 0 | 1 | 0 | 1 | 0 | 1 |
| 0 | 1 | 1 | 1 | 1 | 1 | 1 | 1 | 1 |
| 0 | 1 | 0 | 1 | 0 | 0 | 1 | 0 | 1 |
| 0 | 0 | 1 | 1 | 1 | 1 | 0 | 1 | 1 |
| 0 | 0 | 0 | 1 | 1 | 1 | 0 | 1 | 1 |

(d)

| P | Q | P∨Q | (P∨Q)→P |
|---|---|-----|---------|
| 1 | 1 | 0 | 1 |
| 1 | 0 | 1 | 1 |
| 0 | 1 | 1 | 0 |
| 0 | 0 | 0 | 1 |

(e)

| P | Q | P∨Q | P→¬Q | (P∨Q)→(P→¬Q) |
|---|---|-----|------|---------------|
| 1 | 1 | 0 | 0 | 1 |
| 1 | 0 | 1 | 1 | 1 |
| 0 | 1 | 1 | 1 | 1 |
| 0 | 0 | 0 | 1 | 1 |

(f)

| P | Q | P→¬Q | P∨Q | (P→¬Q)→(P∨Q) |
|---|---|------|-----|---------------|
| 1 | 1 | 0 | 0 | 1 |
| 1 | 0 | 1 | 1 | 1 |
| 0 | 1 | 1 | 1 | 1 |
| 0 | 0 | 1 | 0 | 0 |

**8** (1)

| P | ¬P | P∧¬P | ¬(P∧¬P) |
|---|----|------|---------|
| 1 | 0 | 0 | 1 |
| 0 | 1 | 0 | 1 |

(2)

| P | Q | P→Q | ¬Q | ¬P | ¬Q→¬P | (P→Q)→(¬Q→¬P) |
|---|---|-----|----|----|-------|----------------|
| 1 | 1 | 1 | 0 | 0 | 1 | 1 |
| 1 | 0 | 0 | 1 | 0 | 0 | 1 |
| 0 | 1 | 1 | 0 | 1 | 1 | 1 |
| 0 | 0 | 1 | 1 | 1 | 1 | 1 |

(3)

| P | Q | P→Q | (P→Q)→P | ((P→Q)→P)→P |
|---|---|-----|---------|-------------|
| 1 | 1 | 1   | 1       | 1           |
| 1 | 0 | 0   | 1       | 1           |
| 0 | 1 | 1   | 0       | 1           |
| 0 | 0 | 1   | 0       | 1           |

(4)

| P | Q | R | P→Q | Q→R | P→R | (Q→R)→(P→R) | 与式 |
|---|---|---|-----|-----|-----|-------------|------|
| 1 | 1 | 1 | 1 | 1 | 1 | 1 | 1 |
| 1 | 1 | 0 | 1 | 0 | 0 | 1 | 1 |
| 1 | 0 | 1 | 0 | 1 | 1 | 1 | 1 |
| 1 | 0 | 0 | 0 | 1 | 0 | 0 | 1 |
| 0 | 1 | 1 | 1 | 1 | 1 | 1 | 1 |
| 0 | 1 | 0 | 1 | 0 | 1 | 1 | 1 |
| 0 | 0 | 1 | 1 | 1 | 1 | 1 | 1 |
| 0 | 0 | 0 | 1 | 1 | 1 | 1 | 1 |

(5)

| P | Q | R | P∨Q | P→R | (P∨Q)∧(P→R) | Q→P | (Q→P)→R | 与式 |
|---|---|---|-----|-----|-------------|-----|---------|------|
| 1 | 1 | 1 | 1 | 1 | 1 | 1 | 1 | 1 |
| 1 | 1 | 0 | 1 | 0 | 0 | 1 | 0 | 1 |
| 1 | 0 | 1 | 1 | 1 | 1 | 1 | 1 | 1 |
| 1 | 0 | 0 | 1 | 0 | 0 | 1 | 0 | 1 |
| 0 | 1 | 1 | 1 | 1 | 1 | 0 | 1 | 1 |
| 0 | 1 | 0 | 1 | 1 | 1 | 0 | 1 | 1 |
| 0 | 0 | 1 | 0 | 1 | 0 | 1 | 1 | 1 |
| 0 | 0 | 0 | 0 | 1 | 0 | 1 | 0 | 1 |

9 (1) (a) 成立する．【証明】A→BとAがともにトートロジーであるのにBはトートロジーではないとする．すると，AとBを構成する原子式への真理値の割り当て方のうち，Bを0とするようなものがあることになる．そこでその真理値の割り当て方を真理値割り当て$\alpha$と呼ぼう．ところで，Aはトートロジーであると仮定しているのだから，どんな真理値割り当てでも1である．したがって$\alpha$の場合もAは1であることになる．そうすると，真理値割り当て$\alpha$のもとでは，Aは1，Bは0だから，A→Bは0となる．したがって，A→Bが0となる真理値割り当てが存在することになり，A→Bがトートロジーであるという仮定に反する．したがって，A→BとAがともにトートロジーであるのにBはトートロジーではないと仮定したのが誤りだった．■

(b) 成り立たない．例えば，Aが原子式P，Bが矛盾式Q∧¬Qとしてみよう．このとき，A→BとAがともに充足可能なのにBが充足可能でない．■

(c) 成立する．【証明】A→Bがトートロジー，Aが充足可能なのにBが充足可能でないと仮定しよう．Bは充足可能でないから，いかなる真理値割り当てのもとでもBは0である．このときA→Bがトートロジーになるためには，Bがつねに0なのだから，Aもつねに0でなくてはならない．なぜなら，Aが1であるような真理値割り当てがひとつでもあるとすると，その真理値割り当てのもとでA→Bは0になってしまうからである．以上より，Aはつねに0であることがわかった．これはAが充足可能だという仮定に反する．■

(2) 【証明】論理式が，すべての原子式に1を割り当てるような真理値割り当てのもとで1になるという性質をもつとき「トップワンである」と言うことにしよう．

[Basis] 原子式はトップワンである（これはトップワンの定義により明らか）．

[Induction step] A, B がそれぞれトップワンであると仮定する。（**帰納法の仮定**）このとき，

(1) A∧B もトップワンである。なぜなら A が 1，B が 1 のとき A∧B も 1 になるからである。

(2) A→B も同様にトップワンである。

以上より，結合子として ∧ と → のみを含む論理式はすべてトップワンである。したがって，このような論理式は，すべての原子式に 1 を割り当てるような真理値割り当てのもとで 1 になるから充足可能である。■

10 (1)

| P | Q | P→Q | Q→P |
|---|---|-----|-----|
| 1 | 1 | 1 | 1 |
| 1 | 0 | 0 | 1 |
| 0 | 1 | 1 | 0 |
| 0 | 1 | 1 | 1 |

左の真理表より明らか。

(2)

| P | Q | P→Q | ¬Q | ¬P | ¬Q→¬P |
|---|---|-----|----|----|-------|
| 1 | 1 | 1 | 0 | 0 | 1 |
| 1 | 0 | 0 | 1 | 0 | 0 |
| 0 | 1 | 1 | 0 | 1 | 1 |
| 0 | 0 | 1 | 1 | 1 | 1 |

P→Q と ¬Q→¬P は論理的同値である。

(3)

| P | Q | P↔Q | P∨Q | ¬(P∨Q) |
|---|---|-----|-----|--------|
| 1 | 1 | 1 | 0 | 1 |
| 1 | 0 | 0 | 1 | 0 |
| 0 | 1 | 0 | 1 | 0 |
| 0 | 0 | 1 | 0 | 1 |

(4) 【証明】A と B が論理的同値である ⇔ A，B を構成する原子式の真理値のいかなる組み合わせに対しても，A，B は同じ真理値をもつ ⇔ A，B を構成する原子式の真理値のいかなる組み合わせに対しても，A↔B は真である ⇔ A↔B はトートロジーである。

11 (1)

| A | B | C | A→B | (A→B)→C | B→C | A→(B→C) |
|---|---|---|-----|---------|-----|---------|
| 1 | 1 | 1 | 1 | 1 | 1 | 1 |
| 1 | 1 | 0 | 1 | 0 | 0 | 0 |
| 1 | 0 | 1 | 0 | 1 | 1 | 1 |
| 1 | 0 | 0 | 0 | 1 | 1 | 1 |
| 0 | 1 | 1 | 1 | 1 | 1 | 1 |
| 0 | 1 | 0 | 1 | 0 | 0 | 1 |
| 0 | 0 | 1 | 1 | 1 | 1 | 1 |
| 0 | 0 | 0 | 1 | 0 | 1 | 1 |

(2)

| A | B | C | A⊻B | B⊻C | (A⊻B)⊻C | A⊻(B⊻C) |
|---|---|---|-----|-----|---------|---------|
| 1 | 1 | 1 | 0 | 0 | 1 | 1 |
| 1 | 1 | 0 | 0 | 1 | 0 | 0 |
| 1 | 0 | 1 | 1 | 1 | 0 | 0 |
| 1 | 0 | 0 | 1 | 0 | 1 | 1 |
| 0 | 1 | 1 | 1 | 0 | 0 | 0 |
| 0 | 1 | 0 | 1 | 1 | 1 | 1 |
| 0 | 0 | 1 | 0 | 1 | 1 | 1 |
| 0 | 0 | 0 | 0 | 0 | 0 | 0 |

A∨(B∨C) と (A∨B)∨C は論理的に同値である。だから A∨B∨C と書いてもまぎれはないのだが……。

(3) 「または」を景品の「または」として理解した場合の「AまたはBまたはC」は，A，B，Cのどれか1つだけが1になり残りは0の場合（4，6，7行目）だけで1になる。これに対し，A∨B∨C は第1行目でも1になっている。したがって両者は論理的同値ではない。つまり，A∨B は景品の「または」として理解した場合の「AまたはB」と同じことなのだが，これを拡張した A∨B∨C は景品の「または」として理解した場合の「AまたはBまたはC」とは異なる。

| A | B | C | A∨B∨C | AまたはBまたはC |
|---|---|---|---|---|
| 1 | 1 | 1 | 1 | 0 |
| 1 | 1 | 0 | 0 | 0 |
| 1 | 0 | 1 | 0 | 0 |
| 1 | 0 | 0 | 1 | 1 |
| 0 | 1 | 1 | 0 | 0 |
| 0 | 1 | 0 | 1 | 1 |
| 0 | 0 | 1 | 1 | 1 |
| 0 | 0 | 0 | 0 | 0 |

(4) では，A∨B∨C の真理表はどのような意味で A∨B の真理表を拡張したものになっているのだろう。さらに，A∨B∨C∨D の真理表を書いてみるとわかるのは，A∨B∨C∨D は A，B，C，D のうち奇数個の式に1が割り当てられている真理値割り当てのもとで1になっているということである。そう思って A∨B∨C の真理表を見直してみると，やはり同様に A，B，C のうち奇数個の式に1が割り当てられている行で1になっている。もともとの A∨B も A，B のどちらか一方だけが1になるときに1になるのだが，これは要するに A，B のうち奇数個（つまり1個）の式に1が割り当てられるような真理値割り当てのもとで1になるということに他ならない。

12 (1) (a) PQR が順に 011, 001, 000 となる行でこの3つの式は同時に1になる。したがって充足可能。

(b) PQR が順に 010, 000 となる行でこの3つの式は同時に1になる。したがって充足可能。

(2) (a) 矛盾している。この集合には P と ¬P とがともに含まれる。この2つを同時に真にする真理値割り当ては存在しないから，この集合全体を同時に真にする真理値割り当てはなおさら存在しない。

(b) 矛盾していない。P と Q から ∧ だけを用いてつくることのできるどの論理式も，P，Q にともに1を割り当てるような真理値割り当てのもとでは真である。したがってこの集合に含まれるすべての論理式を同時に真にする真理値割り当てが存在する。

(3)【証明】Γ が矛盾しているのに Γ∪Δ が矛盾していないと仮定しよう。Γ∪Δ が矛盾していないということは，Γ∪Δ に属するすべての式を一斉に1にするような真理値の割り当て方 V があるということである。しかしこのとき，当然のことながら V は Γ に属するすべての式を一斉に1にする。なぜなら Γ に属する式はすべて Γ∪Δ にも属しているからである。ということは，Γ は充足可能であり，Γ が矛盾しているという仮定に反する。したがって，Γ が矛盾しているのに Γ∪Δ が矛盾していないというようなことはありえない。■

13 (1) 「我々の少なくとも1人は悪党だ」は ¬A∨¬B と記号化できる。これを a が言うことのできるのはどのような場合だろうか。

| A | B | ¬A∨¬B | A↔(¬A∨¬B) |
|---|---|---|---|
| 1 | 1 | 0 | 0 |
| 1 | 0 | 1 | 1 |
| 0 | 1 | 1 | 0 |
| 0 | 0 | 1 | 0 |

というわけで，a が騎士，b が悪党である。

(2)

| A | B | C | みんな悪党 | 1人だけ騎士 | aがみんな悪党と言う | bが1人だけ騎士と言う |
|---|---|---|---|---|---|---|
| 1 | 1 | 1 | 0 | 0 | 0 | 0 |
| 1 | 1 | 0 | 0 | 0 | 0 | 0 |
| 1 | 0 | 1 | 0 | 0 | 0 | 1 |
| 1 | 0 | 0 | 0 | 1 | 0 | 0 |
| 0 | 1 | 1 | 0 | 0 | 1 | 0 |
| 0 | 1 | 0 | 0 | 1 | 1 | 1 |
| 0 | 0 | 1 | 0 | 1 | 1 | 0 |
| 0 | 0 | 0 | 1 | 0 | 0 | 1 |

a は悪党，b は騎士，c は悪党である．

(3)

| A | B | C | ¬B | A↔C | A↔¬B | B↔(A↔C) |
|---|---|---|---|---|---|---|
| 1 | 1 | 1 | 0 | 1 | 0 | 1 |
| 1 | 1 | 0 | 0 | 0 | 0 | 0 |
| 1 | 0 | 1 | 1 | 1 | 1 | 0 |
| 1 | 0 | 0 | 1 | 0 | 1 | 1 |
| 0 | 1 | 1 | 0 | 0 | 1 | 0 |
| 0 | 1 | 0 | 0 | 1 | 1 | 1 |
| 0 | 0 | 1 | 1 | 0 | 0 | 1 |
| 0 | 0 | 0 | 1 | 1 | 0 | 0 |

アミのかかった箇所で示されているどちらのケースについても，c は悪党である．

**14** (1) (a) 妥当　(b) 妥当ではない　(c) 妥当（下の真理表を見よ）

(1)(c)

| | | | 前　提 | | 結　論 |
|---|---|---|---|---|---|
| P | Q | R | P→Q | P→R | Q∧R | P→(Q∧R) |
| 1 | 1 | 1 | 1 | 1 | 1 | 1 |
| 1 | 1 | 0 | 1 | 0 | 0 | 0 |
| 1 | 0 | 1 | 0 | 1 | 0 | 0 |
| 1 | 0 | 0 | 0 | 0 | 0 | 0 |
| 0 | 1 | 1 | 1 | 1 | 1 | 1 |
| 0 | 1 | 0 | 1 | 1 | 0 | 1 |
| 0 | 0 | 1 | 1 | 1 | 0 | 1 |
| 0 | 0 | 0 | 1 | 1 | 0 | 1 |

(2) (a) この論証は記号化すると，「P→Q，¬P．したがって ¬Q」となる．真理表を書くと，Pが0，Qが1のときが反例になる．したがって妥当ではない．「君」があの馬鹿男に惚れていないがそれ以外の理由でばかであることは考えられる．　(b) この論証は「P→Q，Q．したがって，P」となる．真理表を書くと，Pが0，Qが1のときには，P→Qが1，Qが1，Pが0となり，この論証には反例があることがわかる．つまり妥当ではない．　(c) 「兄貴が飲んだ」をP，「パパが飲んだ」をQ，「エダマメが残っている」をRとすると，「P∨Q，P→¬R，Q→R，¬R．したがって，P」となる．真理表を書くとこの論証は妥当である（次の真理表を見よ）．

(2)(c)

| | | | 前提 | | | | 結論 |
|---|---|---|---|---|---|---|---|
| P | Q | R | P∨Q | P→¬R | Q→R | ¬R | P |
| 1 | 1 | 1 | 1 | 0 | 1 | 0 | 1 |
| 1 | 1 | 0 | 1 | 1 | 0 | 1 | 1 |
| 1 | 0 | 1 | 1 | 0 | 1 | 0 | 1 |
| 1 | 0 | 0 | 1 | 1 | 1 | 1 | 1 |
| 0 | 1 | 1 | 1 | 1 | 1 | 0 | 0 |
| 0 | 1 | 0 | 1 | 1 | 0 | 1 | 0 |
| 0 | 0 | 1 | 0 | 1 | 1 | 0 | 0 |
| 0 | 0 | 0 | 0 | 1 | 1 | 1 | 0 |

(3) これは簡単なので答えは省略。としたいところだが，(b)くらいはやっておこう。

(3)(b)

| | | 前提 | | 結論 |
|---|---|---|---|---|
| A | B | A∨B | ¬A | B |
| 1 | 1 | 1 | 0 | 1 |
| 1 | 0 | 1 | 0 | 0 |
| 0 | 1 | 1 | 1 | 1 |
| 0 | 0 | 0 | 1 | 0 |

反例はないことがわかる。だから妥当。具体例は，「八神か前田のうち少なくとも1人は産業スパイだ。そして，八神はスパイではない。したがって，前田がスパイだ」。

15 【定理11の証明】前提 $A_1, \cdots, A_n$ から結論 C を導く論証は妥当 ⇔ その論証には反例がない ⇔ $A_1, \cdots, A_n$ を真にし，C を偽にする真理値割り当てが存在しない ⇔ $A_1, \cdots, A_n, \neg C$ をいっせいに真にする真理値割り当てが存在しない ⇔ 論理式の集まり $\{A_1, \cdots, A_n, \neg C\}$ は矛盾。■

【定理12の証明】論理式 A がトートロジー ⇔ A はいかなる真理値割り当てのもとでもつねに真 ⇔ ¬A はいかなる真理値割り当てのもとでもつねに偽 ⇔ ¬A を真にする真理値割り当ては存在しない ⇔ $\{\neg A\}$ は矛盾。■

【定理13の証明】前提 $A_1, \cdots, A_n$ から結論 ⊥ を導く論証は妥当 ⇔ 論理式の集まり $\{A_1, \cdots, A_n, \neg \bot\}$ は矛盾（定理11により）⇔ 論理式の集まり $\{A_1, \cdots, A_n\}$ は矛盾（なぜなら，¬⊥ はつねに真）。■

16 (1) 【証明】背理法を用いる。証明すべきことがらが成り立たないと仮定する。すると，(i) $\Gamma \models A$，(ii) $A \cup \Delta$ が矛盾している，であるのに，(iii) $\Gamma \cup \Delta$ は矛盾していない，ということがある。そこで(iii)より $\Gamma \cup \Delta$ に含まれる論理式を一斉に真にする真理値割り当てが存在する。これを V としよう。V は A に含まれる原子式うちのいくつかには真理値を割り振らないかもしれないから，それを補って $V_+$ とする。さて，$V_+$ のもとで $\Gamma$ に含まれる式はすべて真。そして(i)により，$V_+$ のもとでは A も真でなくてはならない。そうすると，$V_+$ は A と $\Gamma \cup \Delta$ に含まれる論理式を一斉に真にすることになるが，それは $A \cup \Delta$ を一斉に真にする真理値割り当てが存在するということだから，(ii)に反する。■

(2) A から B が帰結するとき，A, B を構成する原子式への真理値割り当てには，A を真，B を偽にするものは存在しない。さてここで A がトートロジーであるとする。このとき，A, B を構成する原子式への真理値割り当てはすべて A を真とする。したがって，B を偽にする真理値割り当ては存在せず，B はトートロジーである。■

(3) A を P，B を Q としてみよう。「$\models A$ ならば $\models B$」はなりたつ。なぜなら「ならば」の前が偽だからである。しかし，$P \models Q$ ではない。

**17** (1) cutting「もし，Γ⊨A，A,Δ⊨B ならば Γ,Δ⊨B」は，「もし A,Δ⊨B ならば（Γ⊨A ならば Γ,Δ⊨B）」と同じことである．ここで Γ も Δ も空集合とし，この図式で A を A↔B，B を C[A]↔C[B] に置き換えれば，証明すべきことが直ちにえられる．

(2)【定理 16 (a) の証明】Γ⊨A とする．このとき，Γ，A に含まれる原子式への真理値割り当てで Γ を充足するものはすべて A も真にする．B に Γ，A に含まれる原子式以外の原子式が出てくる場合は，それらの真理値割り当てへと拡大する．そのようにしてつくったいかなる真理値割り当ても，Γ を充足するものはすべて A を真にするから，A∨B も真にする．■

【定理 16 (b) の証明】証明は背理法で行う．この定理が成り立たないと仮定する．すると，(i) Γ⊨A∨B，(ii) A,Δ⊨C，(iii) B,Δ⊨C であるのに (iv) Γ,Δ⊭C，ということになる．すると，(iv) により，Γ, Δ, C に含まれる原子式への真理値割り当てで，Γ と Δ を充足し，なおかつ C を 0 とするようなものがある．これを V と呼ぶことにしよう．さて，A，B に Γ，Δ，C に含まれる原子式以外の原子式が含まれているなら，それらにも真理値割り当てを行うように V を拡大して $V_+$ にする．$V_+$ も Γ と Δ を充足し，C を 0 とする．

ここで，Γ⊨A∨B なので，Γ を充足し A∨B に 0 を割り当てる真理値割り当ては存在しない．したがって $V_+$ も Γ を充足する以上，A∨B には 1 を割り当てるはずである．したがって，$V_+$ は A に 1 を割り当てるか，B に 1 を割り当てることになる．そこで，

・$V_+$ が A に 1 を割り当てる場合：$V_+$ は Δ を充足するから，$V_+$ は A, Δ を充足する．(ii) より，A, Δ を充足する真理値割り当てで C を 0 にするものはありえない．しかし，$V_+$ は C を 0 とするような真理値割り当てだったはずである．これは矛盾．

・$V_+$ が B に 1 を割り当てる場合も同様に矛盾を導ける．

以上のことから，この定理が成り立たないと仮定したのが誤りだったことが言える．■

定理 16 (c) も同様に背理法を使えば簡単に証明できる．

**18**【証明】証明は帰納法を用いる．まず，P, Q から ¬, ↔ だけを使ってつくられる論理式 A を考え，次のように「偶式である」という性質を定義する．「論理式 A が偶式である ⇔ A の真理表において，A が 1 を割り当てられる行の数が偶数である」．

次に，原子式 P, Q から出発して ¬ と ↔ だけを使ってつくられる論理式はすべて偶式であることを証明する．このことが示されれば，P, Q から ¬, ↔ だけを使ってつくられた論理式は P∧Q や P→Q と論理的同値になれない．したがって原子式 P, Q から ¬, ↔ だけを使ってつくられた論理式は，P∧Q や P→Q が表現している真理関数を表現できない．つまり {¬, ↔} は十全でない，ということが証明できる．

[Basis] 原子式 P, Q は偶式である．真理表においてそれぞれ 2 つの 1 をもつからである（いま，右のように P と Q という 2 つの原子式を第 1 列，第 2 列に書いた 4 行の真理表で考えていることに注意．つまり，P の下には 1100，Q の下には 1010 が並んでいる）．

| P | Q | ... |
|---|---|---|
| 1 | 1 | |
| 1 | 0 | |
| 0 | 1 | |
| 0 | 0 | |

[Induction step]

(1) 原子式 P, Q から ¬, ↔ だけを使ってつくられた論理式 A, B が偶式であると仮定する．

(2) このとき，¬A の真理表は，A の 1 と 0 を入れ替えたものだから，やはり偶数の 1 を含む．したがって ¬A も偶式である．

(3) A↔B の真理表がどうなるかについては次の 3 つの場合に分けて考える．

    (i) A, B のいずれかの真理表が 4 つの 1 をもつ場合．ここでは A の真理表が 4 つの 1 をも

とする。

　　　　このとき，A はトートロジーである。したがって，A↔B ⊨⊣ T↔B ⊨⊣ B となり，A↔B の真理表は B の真理表と一致する。仮定により B は偶式だから，A↔B も偶式である。

(ii) A, B のいずれかの真理表が 0 個の 1 をもつ場合。ここでは A の真理表が 0 個の 1 をもつとする。このとき，A は矛盾式である。したがって，A↔B ⊨⊣ ⊥↔B ⊨⊣ ¬B となり，A↔B の真理表は ¬B の真理表と一致する。仮定により B は偶式だから，¬B も偶式であり，A↔B も偶式である。

(iii) A, B のいずれの真理表も 2 個の 1 をもつ場合。この場合はさらに 3 つの場合に分かれる。

　Case 1 のように A と B の 1 となる行が一致する場合，A↔B はつねに 1 となるから 4 つの 1 を持ち偶式である。

|  | Case 1 | | Case 2 | | Case 3 | |
|---|---|---|---|---|---|---|
|  | A | B | A | B | A | B |
|  | 1 | 1 | 1 | 1 | 1 | 0 |
|  | 1 | 1 | 1 | 0 | 1 | 0 |
|  | 0 | 0 | 0 | 1 | 0 | 1 |
|  | 0 | 0 | 0 | 0 | 0 | 1 |

　Case 2 のように A と B の 1 となる行が 1 つだけ一致する場合，A↔B は 2 つの行で 1 となり 2 つの行で 0 となるから偶式である。

　Case 3 のように A と B の 1 となる行が全く一致しない場合，A↔B はつねに 0 となるから 0 個の 1 を持ち偶式である。

　したがってこの場合も A↔B は偶式である。

(4) 以上より，原子式 P, Q から ¬, ↔ だけを使ってつくられた論理式はすべて偶式である。 ■

19 (1) P∨Q ⊨⊣ ¬(¬P∧¬Q) ⊨⊣ ¬P|¬Q ⊨⊣ (P|P)|(Q|Q)
P→Q ⊨⊣ ¬(P∧¬Q) ⊨⊣ P|¬Q ⊨⊣ P|(Q|Q)

(2) ¬P ⊨⊣ P↓P, P∨Q ⊨⊣ (P↓Q)↓(P↓Q) より明らか。

(3) 【証明】∧, ∨, ↔ を用いて，A|B と論理的同値な式がつくれることを示せばよい。そのためには次のように考えていく。まずは，A|B ⊨⊣ ¬(A∧B) ⊨⊣ (A∧B)↔⊥。このあとは，何とかして矛盾式をつくることを考える。そこでひらめくのは，A∨B と A↔B が互いに相手の否定になっているということだ。そこで，(A∨B)∧(A↔B) をつくればこれが目指す矛盾式である。したがって，A|B ⊨⊣ (A∧B)↔((A∨B)∧(A↔B)) である。このように ∧, ∨, ↔ だけを用いて，A|B が定義できる。「|」は十全だから，{∧, ∨, ↔} も十全である。■

20 (1) (a) (P∧¬Q∧¬R)∨(¬P∧Q∧¬R)∨(¬P∧¬Q∧R)∨(¬P∧¬Q∧¬R)，もうすこし簡単な式としては，¬(P∨Q)∨¬(Q∨R)∨¬(R∨P) がある。　(b) そのような論理式はない。なぜなら，∧ と ∨ だけを結合子として含む論理式は，P, Q, R がすべて 1 のとき 1 になるが，△PQR は P, Q, R がすべて 1 のとき 0 になるからである。

(2) (a) P, Q と → だけからつくられる論理式を考え，次のように「メイジャーワン」という性質を定義する。「論理式 A がメイジャーワンである ⇔ A の真理表の 4 つの行のうち半分以上の行が 1 である」。

　証明したいことは，P, Q と → だけからつくられる論理式はすべてメイジャーワンだということである。このことが示されれば，P∧Q を → だけで表すことができないことがわかる。なぜなら，P∧Q の真理表には 1 が 1 つしか出てこないからである。

[Basis] 原子式はメイジャーワンである。

[Induction step]
(1) P，Q と→だけからつくられる論理式 A，B がメイジャーワンであると仮定する。

| A | B | A→B |
|---|---|---|
| 1 | 0 | 0 |
| 1 | 0 | 0 |
| 1 | 0 | 0 |
| ? | ? | ? |

(2) このとき，A→B もメイジャーワンであることを言えばよい。そこで，A→B の真理表において 1 が割り当てられている行が 1 つ以下しかない，つまり 3 つ以上の 0 が現れていると仮定してみる。

A→B が 0 になるのは，A が 1，B が 0 のときしかありえないから，B は少なくとも 3 つの行にわたって 0 でなければならない。これは B がメイジャーワンだという仮定に反する。したがって，A→B もメイジャーワンである。

以上から，P，Q と→だけからつくられる論理式はすべてメイジャーワンである。■

(b) A∧B ⊨⊣ A↔(A→B) より明らか。

(c) ↔ が→だけによって定義できないことの証明。

【証明】背理法を用いる。↔ が→だけによって定義できると仮定する。(b)により→と↔によって∧が定義できるのだから，↔ が→だけによって定義できるとすると，∧は→だけによって定義できることになってしまう。これは(a)の結果に反する。したがって仮定が誤りだった。■

(3) 【証明】●ABC が (A▽B)◆C と論理的同値であるとする。すると次のような真理表が書けるはずである。ただし，α，β，γ，δ はすべて 1 または 0 とする。

このとき，結合子◆は次の条件を満たさねばならない。

(i) A が α，B が 1 のとき，A◆B は 0（第 1 行より）
(ii) A が α，B が 0 のとき，A◆B は 0（第 2 行より）
(iii) A が γ，B が 1 のとき，A◆B は 0（第 5 行より）
(iv) A が γ，B が 0 のとき，A◆B は 1（第 6 行より）
(v) A が δ，B が 1 のとき，A◆B は 1（第 7 行より）

・(i)と(v)より，α ≠ δ でなければならない。
・(ii)と(iv)より，α ≠ γ でなければならない。
・(iii)と(v)より，γ ≠ δ でなければならない。

| A | B | C | ●ABC | A▽B | (A▽B)◆C |
|---|---|---|---|---|---|
| 1 | 1 | 1 | 0 | α | 0 |
| 1 | 1 | 0 | 0 | α | 0 |
| 1 | 0 | 1 | 0 | β | 0 |
| 1 | 0 | 0 | 1 | β | 1 |
| 0 | 1 | 1 | 0 | γ | 0 |
| 0 | 1 | 0 | 1 | γ | 1 |
| 0 | 0 | 1 | 1 | δ | 1 |
| 0 | 0 | 0 | 0 | δ | 0 |

以上より，α，γ，δ はすべて互いに異なることになる。しかし，これらはすべて 1 か 0 のどちらかなので，必ずどれか 2 つは同じにならざるをえない。したがって，●ABC が (A▽B)◆C と論理的同値であるという仮定が誤りだった。■

21 (1) まず，A●B の方は簡単である。これが 1 になるのは，A が 0，B が 1 のときだけだから，(i)でよい。次に ¬(A●B) だが，ちょっと考えると，(ii)のように 3 つに分岐した規則を書かなくてはならないように思える。これでもよい（つまり，この規則を使っても間違ったタブローは生じないという意味で）。ただ枝分かれが多すぎて面倒である。この 3 つのケースは(iii)のように「A が 1，または ¬B が 1」という具合にまとめられるから，(iv)のような 2 つに分岐する規則で大丈夫である。

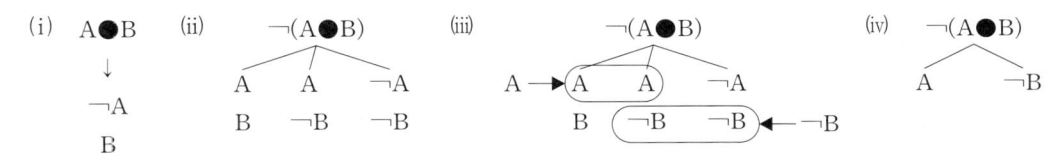

(i) A●B
↓
¬A
B

(ii) ¬(A●B)
A  A  ¬A
B  ¬B  ¬B

(iii) ¬(A●B)
A→A  A  ¬A
B  ¬B  ¬B←¬B

(iv) ¬(A●B)
A  ¬B

376 付録

(2) まず，排他的選言は双条件法を否定したものと論理的同値だということを思い出せば，(i)と(ii)であることは簡単に分かる．また，シェーファーの棒 A|B は ¬(A∧B) なのだから，∧ についての展開規則を肯定・否定いれかえたものにすればよいだけである．つまり，(iii)と(iv)でよい．

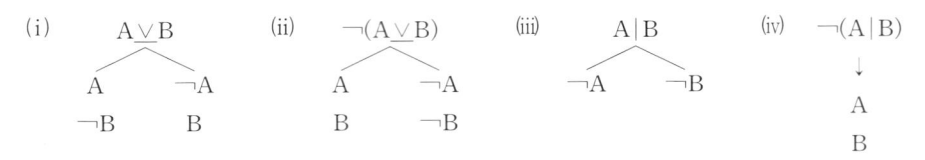

```
(i)      A∨B           (ii)   ¬(A∨B)         (iii)    A|B         (iv)  ¬(A|B)
        /   \                 /   \                  /   \                ↓
       A    ¬A               A    ¬A               ¬A    ¬B               A
      ¬B     B                B   ¬B                                      B
```

22 (1) (a) 矛盾していない  (b) 矛盾  (c) 矛盾
   (2) この人の信念の集合は {P, P→Q, Q→¬R, R} と記号化できる．これは矛盾している．

```
(1)(a)    P→Q !          (1)(b)    P              (1)(c)    P∨Q !
         P→¬Q !                   P→Q !                    Q→R !
         /    \                   P→¬Q !                   P→S !
       ¬P     Q                   /    \                   ¬(R∨S) !
       / \   / \                 ¬P    Q                   ¬R
     ¬P ¬Q ¬P ¬Q                 ×    / \                  ¬S
              ×                      ¬P  Q                 / \
                                     ×   ×               ¬Q   R
                                                         /\    ×
                                                       ¬P  S
                                                       /\   ×
(2)      P                                            P  Q
        P→Q !                                         ×  ×
        Q→¬R !
        R
       / \
      ¬P  Q
      ×  / \
        ¬Q ¬R
        ×  ×
```

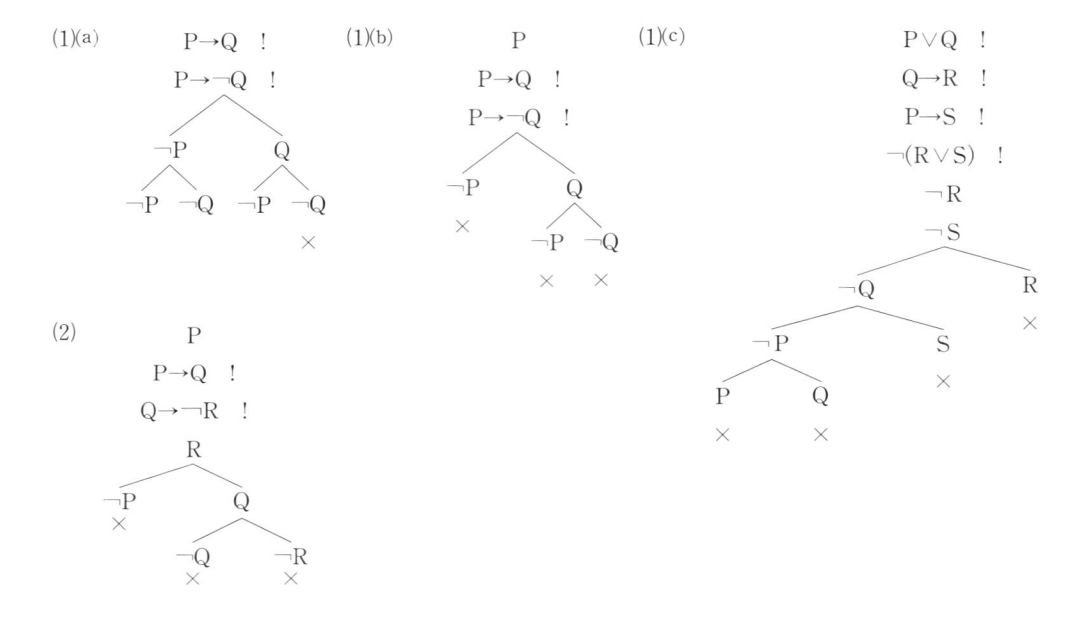

23 (1) (a)妥当  (b)非妥当  (c)妥当  (d)妥当   (2) (a)(b)ともに妥当   (3) (a)(b)ともに妥当

```
(1)(a)    P           (1)(b)    Q            (1)(c)   ¬P           (1)(d)   P→Q !
         P→Q !                  P→Q !                 ¬(P→Q) !              ¬(¬Q→¬P) !
         ¬Q                     ¬P                    P                     ¬Q
         / \                    / \                   ¬Q                    ¬¬P !
       ¬P   Q                 ¬P   Q                  ×                     P
       ×    ×                                                               / \
                                                                          ¬P   Q
                                                                          ×    ×
```

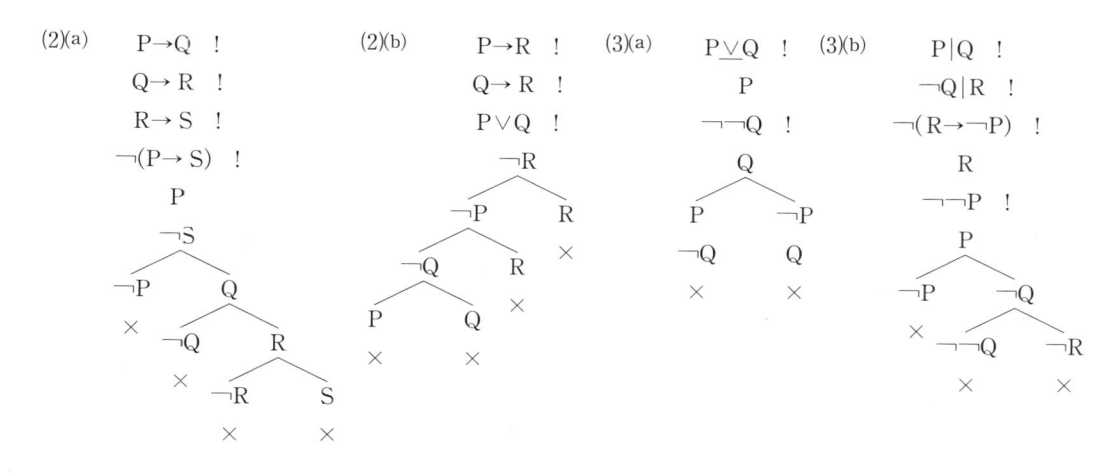

(2)(a)
P→Q !
Q→R !
R→S !
¬(P→S) !
P
¬S
┌─┴─┐
¬P   Q
×   ┌─┴─┐
    ¬Q   R
    ×   ┌─┴─┐
        ¬R   S
        ×    ×

(2)(b)
P→R !
Q→R !
P∨Q !
¬R
┌─┴─┐
¬P   R
┌─┴─┐ ×
¬Q   R
┌─┴─┐ ×
P   Q
×   ×

(3)(a)
P∨Q !
P
¬¬Q !
Q
┌─┴─┐
P   ¬P
┌─┴─┐
¬Q   Q
×    ×

(3)(b)
P|Q !
¬Q|R !
¬(R→¬P) !
R
¬¬P !
P
┌─┴─┐
¬P   ¬Q
×   ┌─┴─┐
    ¬¬Q  ¬R
    ×    ×

(4) (a)「続投」をP,「行革」をQ,「景気」をR,「腐敗防止」をSとすると,チェックすべき論証は次のようになる(何が結論で何が前提であるかに注意。結論は「我が政権はもう一期続投しない」である)。「P→((Q∧R)∨(R∧S)∨(S∧Q)),¬S,¬(Q∧R),したがって,¬P」。タブローでチェックすると妥当であることが分かる。このタブローを書くときに,

A∨B∨C !
┌──┼──┐
A  B  C

のような枝分かれをさせた箇所があった。本当のことを言うとこれはインチキで,2つの∨に[∨]をそれぞれ当てはめて

A∨B∨C !
┌──┴──┐
A     B∨C !
     ┌─┴─┐
     B   C

とやるのが正式なタブローの書き方だろう。しかし,正式なやり方でも,結局はA,B,Cの3つの経路に枝分かれするのだから,(4)(a)のタブローのようにいきなり3つに枝分かれさせても判定結果に狂いはない。そこで,これからは一種の手抜き法として,

$A_1 \vee A_2 \vee A_3 \vee \cdots \vee A_n$ !
┌──┬──┬─┬──┐
$A_1$ $A_2$ $A_3 \cdots A_n$

のような書き方を許すことにしよう。 (b)妥当。これも結論がどれであるかを見極めることが重要。結論は「我が党が選挙で勝つにはごみの減量プランを立てなくてはならない」である。

378　付録

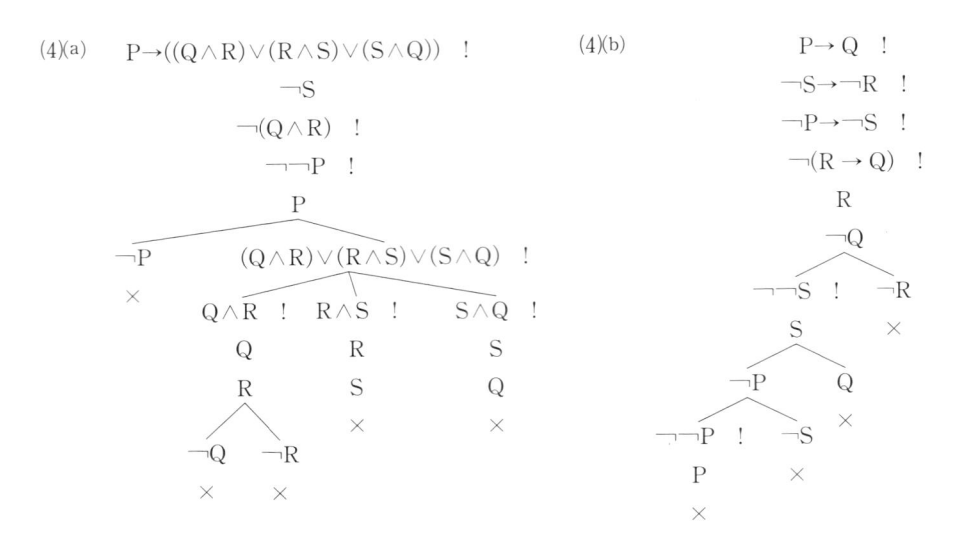

(4)(a)
```
P→((Q∧R)∨(R∧S)∨(S∧Q))  !
              ¬S
           ¬(Q∧R)  !
             ¬¬P   !
              P
       ┌──────┴──────┐
      ¬P       (Q∧R)∨(R∧S)∨(S∧Q)  !
       ×      ┌───────┼───────┐
           Q∧R !    R∧S !    S∧Q !
             Q        R        S
             R        S        Q
        ┌────┴────┐   ×        ×
       ¬Q        ¬R
        ×         ×
```

(4)(b)
```
         P→Q     !
       ¬S→¬R     !
       ¬P→¬S     !
       ¬(R→Q)    !
          R
         ¬Q
      ┌───┴───┐
     ¬S !    ¬R
      S        ×
   ┌──┴──┐
  ¬P     Q
  ┌─┴─┐  ×
 ¬¬P ! ¬S
  P    ×
  ×
```

(5)(a)
```
¬(A→(B→A))  !
     A
  ¬(B→A)   !
     B
    ¬A
     ×
```

(5)(b)
```
¬((A→¬A)→¬A)  !
    A→¬A      !
    ¬¬A       !
     A
  ┌──┴──┐
 ¬A    ¬A
  ×     ×
```

(5)(c)
```
¬((A∧¬A)→B)  !
   A∧¬A      !
    ¬B
     A
    ¬A
     ×
```

(5)(d)
```
¬(C→(B→B))  !
     C
  ¬(B→B)   !
     B
    ¬B
     ×
```

以下の解答では，規則適用済のチェックマーカー「!」を省いてある。それは読者にタブローを自分でたどり直してもらいたいからだ。自分でマークをつけながらタブローのつくり方を確認してほしい。

(5)(e)
```
¬(¬A→(A→B))
     ¬A
   ¬(A→B)
     A
    ¬B
     ×
```

(5)(f)
```
       ¬((A∨(A∧B))↔A)
    ┌──────┴──────┐
 A∨(A∧B)       ¬(A∨(A∧B))
    ¬A               A
 ┌──┴──┐            ¬A
 A   A∧B         ¬(A∧B)
 ×    A              ×
      B
      ×
```

(6)(a)　¬(((P→Q)∧P)→Q)
　　　　(P→Q)∧P
　　　　　¬Q
　　　　　P→Q
　　　　　　P
　　　　　／＼
　　　　¬P　　Q
　　　　×　　×

よってトートロジー。

(6)(b)　¬((¬P∧(P∨Q))→Q)
　　　　¬P∧(P∨Q)
　　　　　¬Q
　　　　　¬P
　　　　　P∨Q
　　　　／＼
　　　　P　　Q
　　　　×　　×

よってトートロジー。

(6)(c)　¬((P∧(P∨Q))→¬Q)
　　　　P∧(P∨Q)
　　　　　¬¬Q
　　　　　Q
　　　　　P
　　　　　P∨Q
　　　　／＼
　　　　P　　Q

よってトートロジーではない。

(6)(d)　¬((P∧(P∨Q))→¬Q)
　　　　P∧(P∨Q)
　　　　　¬¬Q
　　　　　Q
　　　　　P
　　　　　P∨Q
　　　　／＼
　　　　P　　¬P
　　　　¬Q　　Q
　　　　×　　×

よってトートロジー。

(6)(e)　¬(((((P→Q)→(¬R→¬S))→R)→U)→((U→P)→(S→P)))
　　　　(((P→Q)→(¬R→¬S))→R)→U
　　　　¬((U→P)→(S→P))
　　　　U→P
　　　　¬(S→P)
　　　　S
　　　　¬P
　　　／＼
　　　¬U　　P
　　　　　　×
¬(((P→Q)→(¬R→¬S))→R)　U
(P→Q)→(¬R→¬S)　　　　×
　　　　¬R
　　／　　＼
　¬(P→Q)　　¬R→¬S
　　P　　　　¬¬R　　¬S
　　¬Q　　　　R　　×
　　×　　　　×

よってトートロジー。

(7) 定理10より，AとBが論理的に同値 ⇔ 論証 $\dfrac{A}{B}$ と論証 $\dfrac{B}{A}$ がともに妥当。この後者は，判定基準により，$\dfrac{A}{\neg B}$ からはじまるタブローと $\dfrac{B}{\neg A}$ からはじまるタブローがともに閉鎖タブローになるということに他ならない。

(8)
```
    P→(Q→R)                    (P∧Q)→R
    ¬((P∧Q)→R)                 ¬(P→(Q→R))
    P∧Q                         P
    ¬R                          ¬(Q→R)
    P                           Q
    Q                           ¬R
   ╱ ╲                         ╱  ╲
  ¬P  Q→R                   ¬(P∧Q)  R
   ×  ╱╲                     ╱  ╲   ×
     ¬Q R                   ¬P  ¬Q
     ×  ×                    ×   ×
```

よって，この2つの式は論理的に同値である。

(9)
```
    P→(Q→R)                    Q→(P→R)
    ¬(Q→(P→R))                 ¬(P→(Q→R))
    Q                           P
    ¬(P→R)                      ¬(Q→R)
    P                           Q
    ¬R                          ¬R
   ╱ ╲                         ╱ ╲
  ¬P  Q→R                    ¬Q  P→R
   ×  ╱╲                      ×  ╱╲
     ¬Q R                       ¬P R
     ×  ×                       × ×
```

たしかに，この2つの式は論理的に同値である。

(10) 右のタブローは閉鎖タブローにならない。したがって，この2つの式は論理的に同値ではない。

```
    P→(Q→R)
    ¬(P→(R→Q))
    P
    ¬(R→Q)
    R
    ¬Q
   ╱ ╲
  ¬P  Q→R
   ×  ╱╲
     ¬Q  R
```

**24** (1) $\forall x Sx$　(2) $\forall x(Jx \land Sx)$　(3) $\forall x(Ax \to Jx)$　(4) $\forall x(Jx \to Sx)$　(5) $\forall x((Ax \land Gx) \to Sx)$　(6) $\forall x(Jx \to Gx)$　(7) $\forall x((Ax \land Gx) \to Jx)$

英文(6)(7)には all とか every といった語が入っていないのにどうして ∀ を使って翻訳するのかと思うかもしれないが，これらの英文は特定の人について語っているのではないことに注意しよう。それぞれ「○○な人（芸術家）はみんな〜だ」ということを述べている。同じことは，例えば「you」を使っても言える。If you never eat any kind of animals, you are called "vegetarian". という文は，聞き手についてだけ語っているわけではない。

25　(1)　$\forall x \neg Sx$　　(2)　$\neg \forall x Sx$　　(3)　$\forall x(Ax \to \neg Sx)$　　(4)　$\neg \forall x(Ax \to Sx)$

26　(1)　$\exists x Sx$　　(2)　$\exists x(Jx \land Sx)$　　(3)　$\exists x(Ax \land Jx)$　　(4)　$\exists x(Ax \land Jx)$　　(5)　$\exists x(Ax \land Jx)$　　(6)　$\exists x \neg Sx$

(3)〜(5)の答えはみな同じになる。だけど，もとの英文にはちょっと違いがある。(3)にはジーンズを穿かない芸術家もいる（むしろそっちの方が多数派），という含みがあるが，このような含みは(4)と(5)にはない。というわけで，含みも考えに入れればこの3つは微妙に違うのだが，ここでは区別しない。そもそも，Some には「全部ではない」という含み（implicature）がある。次の会話を見よう。Student : Did all of us pass the examination ? Teacher : Well, some students did. 教師の答えは学生をビビらせる。彼の発言は**全員が合格したわけではない**ということを示唆するからだ。日本語で「或る人たちは〜」と言ったときも，そのような人たちは少数派だという含みがある。しかし本書では，$\exists x Px$ はとにかく P なものが 1 つでもありさえすれば真になると考えることにする。よって，すべてのものが P であっても $\exists x Px$ は真になる。同様に「すべてが P であるわけではない」も「P な人も多いが，みんなが P であるわけではない，少数ながら P でない人もいる」という具合に P な人が多数存在するということを含みとしてもっている。しかし，これを記号化した $\neg \forall x Px$ は，P な人が 1 人も存在せず，全員がノン P な人ばかりでも真になるものと考える。

27　(1)　$\neg \exists x(Mx \land Fx)$　　(2)　$\exists x(Fx \land \neg Mx)$　　(3) これは「私には好物の肉料理はない」と同じことではないか。つまり $\neg \exists x(Mx \land Fx)$ である。あるいは次のように考えた人もいるだろう。肉料理には私の好物はない，ということは肉料理はすべて私の嫌いなものだということだ。つまり，$\forall x(Mx \to 私は x が好きじゃない) \approx \forall x(Mx \to \neg Fx)$。というわけで答えが 2 つあるように思えるが，$\forall x(Mx \to \neg Fx)$ と $\neg \exists x(Mx \land Fx)$ はあとでみるように論理的同値であるからどちらを答えても正解。　　(4) これも 2 つの考え方ができる。「肉料理はすべて私の好物である」ということはない，と考えれば，$\neg \forall x(Mx \to Fx)$ であるし，「嫌いな肉料理もある」と考えれば，$\exists x(Mx \land \neg Fx)$ である。両者はやはり論理的同値であるから，どちらを答えてもよい。　　(5) $\approx$ 私の好物はすべて肉料理だ $\approx \forall x(Fx \to Mx)$　　(6) $\approx$ 私の好物はすべて肉料理でない料理だ $\approx \forall x(Fx \to x$ は肉料理でない$) \approx \forall x(Fx \to \neg Mx)$　　(7) $\approx$ すべての肉料理は私の好物である $\approx \forall x(Mx \to Fx)$　　(8) $\approx$ 私の好物でありしかも肉料理でないようなものは存在しない $\approx \neg \exists x(Fx \land \neg Mx)$，ところで，肉料理以外に好きなものはない，ということは，私の好きなのは肉料理だけだ，ということだから，これは(5)と同じではないだろうか。そのとおり，実は $\neg \exists x(Fx \land \neg Mx)$ は $\forall x(Fx \to Mx)$ と論理的同値である。　　(9) $\approx \forall x(x$ は肉料理ではない$\to$私は x が好きだ$) \approx \forall x(\neg Mx \to Fx)$　　(10) $\approx$ 肉料理で好物のものも肉料理でない好物も存在する $\approx \exists x(Mx \land Fx) \land \exists x(\neg Mx \land Fx)$

28　(1)(a) 平和主義者でない日本人がいる。　　(b) 平和主義者はみな日本人である $\approx$ 日本人だけが平和主義者である。　　(c) 個人主義者はみな日本人でない人である $\approx$ 日本人には個人主義者はいない。　　(d) $\neg(Px \lor Ix)$ のところだけ読むと，「(x は平和主義者または個人主義者である) ということはない」になる。これはようするに，「x は平和主義者でも個人主義者でもない」ということだ。実際 $\neg(Px \lor Ix)$ は $\neg Px \land \neg Ix$ と論理的に同値である。ということで，この論理式全体は，$\approx$ 日本

人であり平和主義者でも個人主義者でもない人がいる ≈ 平和主義者でも個人主義者でもない日本人がいる。　(e) 日本人はみんな平和主義者または個人主義者である。　(f) ¬(日本人で平和主義者の人がいる) ≈ 平和主義者の日本人はいない ≈ 日本人には平和主義者はいない。　(g) ¬(すべての日本人は平和主義者である) ≈ すべての日本人が平和主義者であるわけではない ≈ 平和主義者でない日本人もいる。というわけで，これは∃x(Jx∧¬Px)と論理的に同値。　(h) ¬(すべての日本人は平和主義者でない人である) ≈ すべての日本人が平和主義者でないわけではない ≈ 平和主義者の日本人もいる。というわけで，これは∃x(Jx∧Px)と論理的に同値。　(i) 平和主義者でも個人主義者でもあるような日本人はいない ≈ 個人主義的平和主義者の日本人はいない。　(j) (xは日本人であり，なおかつxは平和主義者でも個人主義者でもない)というようなxはいない ≈ 平和主義者でも個人主義者でもないような日本人はいない。

(2) (a) ∃xLx　(b) ∃x(Lx∧Ax)　(c) ¬∃x(Ux∧Ax)，または∀x(Ux→¬Ax)でもよい　(d) ∀x(Lx→Bx)　(e) ∀x(Bx→(Lx∧Ax))　(f) ∃x(Ux∧¬Ax)　(g) ∃x(Lx∧¬Bx)　(h) ¬∀x(Ux→Ax)　(i) ∀x(Lx→Ax)

(3) A型 = ∀x(Jx→Gx), E型 = ∀x(Jx→¬Gx), I型 = ∃x(Jx∧Gx), O型 = ∃x(Jx∧¬Gx)と翻訳できる。

A型を否定したものはO型へと同値変形できることを示してみよう。

$\quad$ ¬∀x(Jx → Gx)

$\quad$ ⊨⊣ ∃x¬(Jx → Gx) ……………………118ページのド・モルガンの法則(4)により

$\quad$ ⊨⊣ ∃x(Jx∧¬Gx) ……………………¬(○→△)と○∧¬△は論理的同値だから

確かにO型の命題になった。つまり，「あらゆる日本映画は傑作だ」の否定は「日本映画には傑作でないものもある」である。それは次の会話を見れば明らかだろう。

$\quad$ 洋次：日本映画はみんな傑作だと思うんだよね。

$\quad$ 重彦：そんなことはないでしょう。日本映画には傑作とは言えないものもありますよ。

E型を否定したものはI型へと同値変形できること

$\quad$ ¬∀x(Jx →¬Gx)

$\quad$ ⊨⊣ ∃x¬(Jx →¬Gx) ……………………ド・モルガンの法則(4)により

$\quad$ ⊨⊣ ∃x(Jx∧¬¬Gx) ……………………¬(○→△)と○∧¬△は論理的同値だから

$\quad$ ⊨⊣ ∃x(Jx∧Gx) ……………………¬¬○と○は論理的同値だから

確かにI型の命題になった。つまり，「あらゆる日本映画は非傑作だ」の否定は「日本映画には傑作もある」だ。なるほどね。

29　(5) ∃xの後ろに何もない。　(6) ∀の後ろにaはダメ。　(7) カッコが足らん。

30　(1) (a) 閉じた式　(b) ∀xはPaの部分だけを作用域にしている。だから後ろのPxのxは自由な現れである。したがってこの式は開いている。これに対し∀x(Pa→Px)は，∀xが(Pa→Px)という部分論理式にくっついてできた論理式なので (Pa→Px)のxを束縛しており，閉じた式である　(c) 閉じた式　(d) 閉じた式　(e) 後半のPzのzにはそれを束縛する量化子がない。したがって変項の自由な現れを含んでおり開いた式である　(f) 閉じた式。Faのaを束縛する量化子がないではないかと思ってはいけない。aは変項ではなく個体定項である　(g) 開いた式。∀xの作用域は(Fa→Gx)である。したがって，2番目に出てくるGxのxはそれを束縛する量化子がない。したがってこの論理式は変項の自由な現れを含んでおり開いた式である。

(2) (a) 自由な現れは3。束縛された現れは1，2，4。わかりにくい人は形成の木をかいてみると

よい。↑の箇所で量化子がつけ加わっている。↑の上で例えば ∀y という量化子がつけ加わったとする。その量化子が束縛する個体変項の現れは↑の下にある式のなかで自由に現れている y だけである。こうして新しく束縛されることになった変項には「～」印を上につけてある。こうして最後まで残っている変項の現れが自由に現れている変項である。　(b) 自由な現れは 5。束縛された現れは 1, 2, 3, 4。

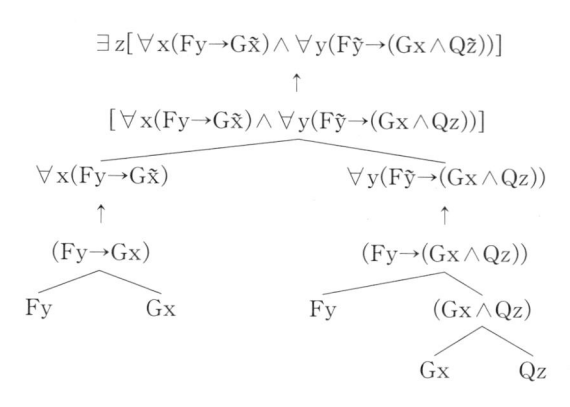

$$\exists z[\forall x(Fy \to G\tilde{x}) \land \forall y(F\tilde{y} \to (Gx \land Q\tilde{z}))]$$
↑
$$[\forall x(Fy \to G\tilde{x}) \land \forall y(F\tilde{y} \to (Gx \land Qz))]$$

$\forall x(Fy \to G\tilde{x})$　　　$\forall y(F\tilde{y} \to (Gx \land Qz))$
↑
$(Fy \to Gx)$　　　$(Fy \to (Gx \land Qz))$

Fy　Gx　　　Fy　$(Gx \land Qz)$

　　　　　　　　　　　　Gx　Qz

**31** チェック済みのマーク「！」は省いてあるから，自分でおぎないながらタブローを辿ってほしい。(1) (a)(b)ともに矛盾している。　(2) 妥当なのは，(a)(c)(d)であり，(b)は妥当ではない。(b)のタブローでは第1行に EI を適用して第3行を書くときに，すでに a が第2行目に現れているから，新しい定項 b を使わなくてはならない。このため経路を閉じることができない。

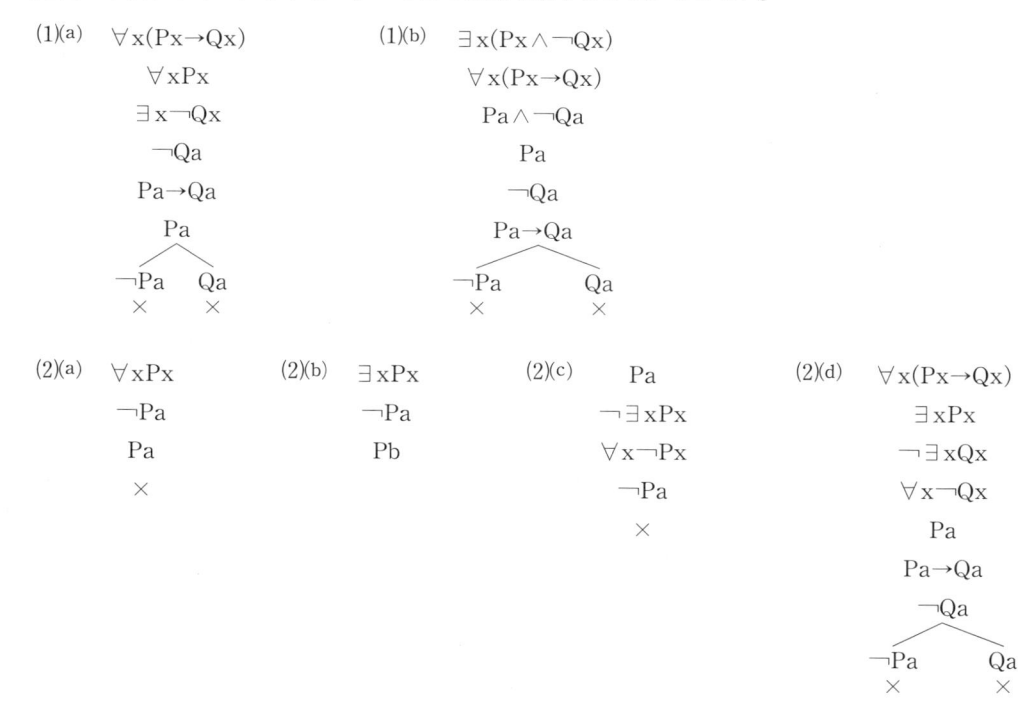

(1)(a)　∀x(Px→Qx)
　　　　∀xPx
　　　　∃x¬Qx
　　　　¬Qa
　　　　Pa→Qa
　　　　Pa
　　　¬Pa　Qa
　　　 ×　 ×

(1)(b)　∃x(Px∧¬Qx)
　　　　∀x(Px→Qx)
　　　　Pa∧¬Qa
　　　　Pa
　　　　¬Qa
　　　　Pa→Qa
　　　¬Pa　Qa
　　　 ×　 ×

(2)(a)　∀xPx
　　　　¬Pa
　　　　Pa
　　　　×

(2)(b)　∃xPx
　　　　¬Pa
　　　　Pb

(2)(c)　Pa
　　　　¬∃xPx
　　　　∀x¬Px
　　　　¬Pa
　　　　×

(2)(d)　∀x(Px→Qx)
　　　　∃xPx
　　　　¬∃xQx
　　　　∀x¬Qx
　　　　Pa
　　　　Pa→Qa
　　　　¬Qa
　　　¬Pa　Qa
　　　 ×　 ×

**32** (1) 記号化すると，この信念の集合は {∀x(Cx→Sx), ¬Sj∧Cj} になる。タブローで確かめればこれは矛盾していることがわかる。

(2) 同様に記号化すると，{∀x(Sx→Cx), ¬Sj∧Cj}。これは矛盾していない。

(3) ∀xPx からは ∀yPy が論理的に帰結する。この逆も全く同様に確かめられる。したがってこの2つの論理式は論理的同値である。

(4) (a) 妥当　(b) 妥当　(c) 妥当

(1)　　　∀x(Cx→Sx)
　　　　　¬Sj∧Cj
　　　　　¬Sj
　　　　　Cj
　　　　　Cj→Sj
　　　　／＼
　　　¬Cj　Sj
　　　×　　×

(2)　　　∀x(Sx→Cx)
　　　　　¬Sj∧Cj
　　　　　¬Sj
　　　　　Cj
　　　　　Sj→Cj
　　　　／＼
　　　¬Sj　Cj

(3)　　　∀xPx
　　　　　¬∀yPy
　　　　　∃y¬Py
　　　　　¬Pa
　　　　　Pa
　　　　　×

(4)(a)　　∀x(Ox→Kx)
　　　　　∀x(Jx→Ox)
　　　　　¬∀x(Jx→Kx)
　　　　　∃x¬(Jx→Kx)
　　　　　¬(Ja→Ka)
　　　　　Ja
　　　　　¬Ka
　　　　　Oa→Ka
　　　　　Ja→Oa
　　　　／＼
　　　¬Oa　Ka
　　　　　　×
　　／＼
　¬Ja　Oa
　×　　×

(4)(b)　　∀x(Fx→¬Wx)
　　　　　∀x(Hx→Wx)
　　　　　¬∀x(Hx→¬Fx)
　　　　　∃x¬(Hx→¬Fx)
　　　　　¬(Ha→¬Fa)
　　　　　Ha
　　　　　¬¬Fa
　　　　　Fa
　　　　　Fa→¬Wa
　　　　　Ha→Wa
　　　　／＼
　　　¬Fa　¬Wa
　　　×　　／＼
　　　　　¬Ha　Wa
　　　　　×　　×

(4)(c)　　∀x(Ex→Mx)
　　　　　∀x(Mx→Hx)
　　　　　¬∀x(Ex→Hx)
　　　　　∃x¬(Ex→Hx)
　　　　　¬(Ea→Ha)
　　　　　Ea
　　　　　¬Ha
　　　　　Ea→Ma
　　　　　Ma→Ha
　　　　／＼
　　　¬Ea　Ma
　　　×　　／＼
　　　　　¬Ma　Ha
　　　　　×　　×

(5)　Ax：xはこの家にいる動物である　Bx：xは猫である　Cx：xは月を眺めることが好きな動物である　Dx：xはペットに向いている　Ex：xは私が嫌っている動物である　Fx：私はxを避ける　Gx：xは夜散歩する動物である　Hx：xは肉食動物である　Ix：xはねずみを殺す　Jx：xは私を好きになる　Kx：xはカンガルーである……という具合にして論証を記号化し，タブローで確かめる。ここにはスペースの関係でタブローをすべて掲載するわけにいかないので方針だけを書いておく。大きな紙を用意して自分でタブローを書いてみよう。

・まず，出発点は $\forall x(Ax \to Bx)$, $\forall x(Cx \to Dx)$, $\forall x(Ex \to Fx)$, $\forall x(\neg Gx \to \neg Hx)$, $\forall x(Bx \to Ix)$, $\forall x(\neg Ax \to \neg Jx)$, $\forall x(Kx \to \neg Dx)$, $\forall x(\neg Hx \to \neg Ix)$, $\forall x(\neg Jx \to Ex)$, $\forall x(Gx \to Cx)$, $\neg\forall x(Kx \to Fx)$ の11個の式を縦に並べたものになる。

・最初に11行目の $\neg\forall x(Kx \to Fx)$ を $\exists x \neg(Kx \to Fx)$ とし，これに[EI]を当てはめて，$\neg(Ka \to Fa)$ とする。さらにこれに [¬→] を当てはめて，Ka と ¬Fa を書き足す。

・ここで生じた個体定項 a を上から10個の $\forall$ で始まる式に代入してさらに書き足す。すると，(i) Aa→Ba, (ii) Ca→Da, (iii) Ea→Fa, (iv) ¬Ga→¬Ha, (v) Ba→Ia, (vi) ¬Aa→¬Ja, (vii) Ka→¬Da, (viii) ¬Ha→¬Ia, (ix) ¬Ja→Ea, (x) Ga→Ca を書き足すことになる。ここまではいっさい枝分かれはない。

・あとはここで番号をつけた10個の式に展開規則 [→] を適用していけばタブローが完成する。しかし，この規則は枝分かれする規則だから，順序を考えずに闇雲に適用していくと $2^{10}=1024$ 本の経

路ができる可能性がある。そこで，次の順序で展開規則 [→] を当てはめていく。(vii)(iii)(ii)(ix)(x)(vi)(iv)(i)(viii)(v)。こうすると，枝分かれして生じる経路のうちつねに片方は閉じてくれるから，実質的に枝分かれをすることなく，タブローを書くことができる。そしてそのタブローはすべての経路が閉じている。したがってこの論証は妥当である。

(6) (a)以下のタブロー(i)(ii) が示すとおり，2つの論理式は論理的同値である。(b)論証を「$\forall x(Sx \to Sm)$，$\neg Sm$，したがって $\neg \exists x Sx$」と記号化してチェックしてみる。タブロー(iii)が示すとおりこの論証は妥当。

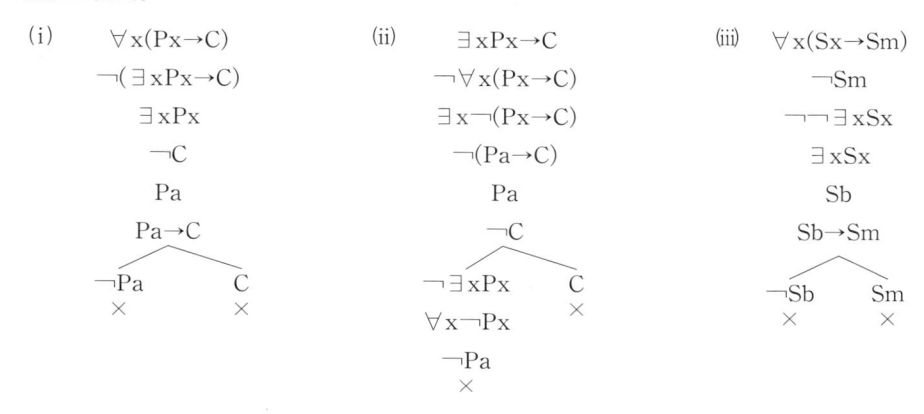

(i) $\forall x(Px \to C)$
$\neg(\exists x Px \to C)$
$\exists x Px$
$\neg C$
$Pa$
$Pa \to C$
┌─────┴─────┐
$\neg Pa$    $C$
 ×           ×

(ii) $\exists x Px \to C$
$\neg \forall x(Px \to C)$
$\exists x \neg(Px \to C)$
$\neg(Pa \to C)$
$Pa$
$\neg C$
┌─────┴─────┐
$\neg \exists x Px$   $C$
$\forall x \neg Px$    ×
$\neg Pa$
 ×

(iii) $\forall x(Sx \to Sm)$
$\neg Sm$
$\neg\neg \exists x Sx$
$\exists x Sx$
$Sb$
$Sb \to Sm$
┌─────┴─────┐
$\neg Sb$    $Sm$
 ×           ×

**33** (1) (a) 論議領域：自然数，$Px$：$x$ は4で割り切れる，$Qx$：$x$ は2で割り切れる。(b) 論議領域：自然数，$Px$：$x$ は偶数である，$Qx$：$x$ は奇数である。(c) 論議領域：日本人，$Px$：$x$ は眼鏡をかけている，$Qx$：$x$ は髭をはやしている。もちろんこれは答えの一例だ。他にも答えはある。

(2) 述語記号の意味づけは，$Px$：$x$ は小数展開すると有限小数になる，$Qx$：$x$ は小数展開すると循環小数になる，としておく。ここで論議領域を有理数とすると，$\forall x(Px \lor Qx)$ は真。実数とすると偽になる。わからない人は付録 A を見よ。

**34** (1) 真 (2) 偽 (3) 真 (4) 真 (5) 真 (6) 偽（£は P でも Q でもないから）(7) 真

**35** (1) $Pa$ は M のもとで真。$Pa \land \neg Pb$ だけ方針 T に沿って示しておく。

$V_M(Pa \land \neg Pb) = 1 \Leftrightarrow V_M(Pa) = 1$ かつ $V_M(\neg Pb) = 1$ ……………【T2】

ところで，$V_M(Pa) = 1 \Leftrightarrow V_M(a) \in V_M(P)$ ……………………………………【T1】

$V_M(a) \in V_M(P) \Leftrightarrow 1 \in \{1, 2\}$

この右辺は成り立つから，$V_M(Pa) = 1$

一方，$V_M(\neg Pb) = 1 \Leftrightarrow V_M(Pb) = 0$ ……………………………………【T2】

$V_M(Pb) = 1 \Leftrightarrow V_M(b) \in V_M(P) \Leftrightarrow 3 \in \{1, 2\}$

この右辺は成り立たないから，$V_M(Pb) = 1$ でない。つまり $V_M(Pb) = 0$。したがって $V_M(\neg Pb) = 1$。

以上により，$V_M(Pa) = 1$ かつ $V_M(\neg Pb) = 1$ が成り立つから，【T2】により $V_M(Pa \land \neg Pb) = 1$。つまり $Pa \land \neg Pb$ はこのモデルで真である。

(2) (a) 偽 (b) 真 (c) 偽 (d) 真

(a)だけ定義通りに求めてみよう。まず，

$V_M(\forall x(Px \lor Qx)) = 1 \Leftrightarrow$ M のすべての a 変種 M/a について，$V_{M/a}(Pa \lor Qa) = 1$ ………(1)

ここで M の4つの a 変種のうちには a に 4 をわりあてるものがあるだろう。それを M/a とする。

すると，
$$V_{M/a}(Pa \vee Qa)=1 \Leftrightarrow V_{M/a}(Pa)=1 \text{ または } V_{M/a}(Qa)=1$$
$$\Leftrightarrow V_{M/a}(a) \in V_{M/a}(P) \text{ または } V_{M/a}(a) \in V_{M/a}(Q) \Leftrightarrow 4 \in \{1,2\} \text{ または } 4 \in \{1,2\}$$

この右辺は成り立たない。したがって，a 変種のうち a に 4 を割り当てるものについては $V_{M/a}(Pa \vee Qa)=1$ ではない。したがって(1)の右辺は成立せず，$V_M(\forall x(Px \vee Qx))=1$ ではない。つまり $\forall x(Px \vee Qx)$ はモデル M では偽である。■

**36** 次の表に示す 8 通りのアサインメントがある。

|   | $\sigma_1$ | $\sigma_2$ | $\sigma_3$ | $\sigma_4$ | $\sigma_5$ | $\sigma_6$ | $\sigma_7$ | $\sigma_8$ |
|---|---|---|---|---|---|---|---|---|
| x | 1 | 1 | 1 | 2 | 1 | 2 | 2 | 2 |
| y | 1 | 1 | 2 | 1 | 2 | 1 | 2 | 2 |
| z | 1 | 2 | 1 | 1 | 2 | 2 | 1 | 2 |

**37** (1) 満たす　　(2) 満たさない　　(3) 満たさない　　(4) 満たす

(4)だけ解説しておく。
$$V_{M,\sigma}((Pz \vee Qx) \to \neg Py)=1 \Leftrightarrow V_{M,\sigma}(Pz \vee Qx)=1 \text{ でないかまたは } V_{M,\sigma}(\neg Py)=1 \Leftrightarrow V_{M,\sigma}(Pz \vee Qx)=1 \text{ でないかまたは } V_{M,\sigma}(Py)=1 \text{ でない。}$$

ここで，$V_{M,\sigma}(Py)=1 \Leftrightarrow \sigma(y) \in V_M(P) \Leftrightarrow 2 \in \{1\}$ であるから，$V_{M,\sigma}(Py)=1$ でないことがわかる。したがって $V_{M,\sigma}((Pz \vee Qx) \to \neg Py)=1$ ■

**38** (1)(a) 満たす　　(b) 満たさない　　(c) 満たさない

(a)の説明：
$$V_{M,\sigma}(\exists xPx)=1 \Leftrightarrow \text{少なくとも 1 つの } \sigma/x \text{ について } V_{M,\sigma/x}(Px)=1 \cdots\cdots\cdots\text{(i)}$$

ここで $\sigma$ の変種 $\sigma/x$ として，$\sigma$ じしんをとると，$\sigma/x(x)=\sigma(x)=1$ ゆえ，$\sigma/x(x) \in V_M(P)$。したがって(i)の右辺は成り立つから，$V_{M,\sigma}(\exists xPx)=1$ である。

つまり，M は $\sigma$ によって $\exists xPx$ を満たす。■

(c)の説明：
$$V_{M,\sigma}(\forall x(Py \wedge Qx))=1 \Leftrightarrow \text{すべての } \sigma/x \text{ について } V_{M,\sigma/x}(Py \wedge Qx)=1$$
$$\Leftrightarrow \text{すべての } \sigma/x \text{ について，} \sigma/x(y) \in V_M(P) \text{ かつ } \sigma/x(x) \in V_M(Q) \cdots\cdots\cdots\text{(ii)}$$

ここで，どの x 変種でも y に割り当てる個体は変わらずに $\sigma/x(y)=2$ であり，一方 $V_M(P)=\{1\}$ だから，(ii)の $\sigma/x(y) \in V_M(P)$ の部分はつねに成り立たない。したがって(ii)の右辺は成り立たない。ということは，$V_{M,\sigma}(\forall x(Py \wedge Qx))=1$ ではない。

(2) $\forall x(Py \wedge Qx)$ は満たす。$\exists xPx$ も満たす。次に説明しよう。
$$V_{M,\sigma'}(\forall x(Py \wedge Qx))=1 \Leftrightarrow \text{すべての } \sigma'/x \text{ について } V_{M,\sigma'/x}(Py \wedge Qx)=1$$
$$\Leftrightarrow \text{すべての } \sigma'/x \text{ について，} \sigma'/x(y) \in V_M(P) \text{ かつ } \sigma'/x(x) \in V_M(Q) \cdots\cdots\text{(iii)}$$

さて，$\sigma'$ どの x 変種でも $\sigma'/x(y)=1$ だから，$\sigma'/x(y) \in V_M(P)$ はつねに成り立つ。また，$\sigma'/x(x)$ は x に 1 を割り当てるものと 2 を割り当てるものの 2 つがあるが，いずれにせよ $V_M(Q)=\{1,2\}$ なので，$\sigma'/x(x) \in V_M(Q)$ もつねに成り立つ。以上から，(iii)が成り立つ。したがって，$V_{M,\sigma'}(\forall x(Py \wedge Qx))=1$ である。■

アサインメント $\sigma'$ じしんは Px を満たさないが，それによって $\sigma'$ は $\exists xPx$ を満たさない，と考えてはイケナイ。

$$V_{M,\sigma'}(\exists xPx)=1$$
$$\Leftrightarrow \text{少なくとも 1 つの } \sigma'/x \text{ について } V_{M,\sigma'/x}(Px)=1 \cdots\cdots\cdots\cdots\text{(iv)}$$

さて、ここで $\sigma'/x(x)=1$ となる変種 $\sigma'/x$ を考えれば、$\sigma'/x(x)=1\in\{1\}=V_M(P)$ だから、(iv)の右辺は成り立つ。したがって $V_{M,\sigma}(\exists xPx)=1$、つまり M は $\sigma'$ によって $\exists xPx$ を満たす。■

**39** (1) (a) 満たす（充足する）　(b) 満たす（充足する）　(c) 満たさない（充足しない）

(a)の説明：

$V_{M,\sigma}(Qy\wedge Pa)=1$ $\Leftrightarrow$ $V_{M,\sigma}(Qy)=1$ かつ $V_{M,\sigma}(Pa)=1$ $\Leftrightarrow$ $\sigma(y)\in V_M(Q)$ かつ $\sigma(a)=V(a)\in V_M(P)$ $\Leftrightarrow$ $2\in\{2\}$ かつ $1\in\{1\}$ ………………………………………………(i)

明らかに $2\in\{2\}$ も $1\in\{1\}$ も成り立つから $V_{M,\sigma}(Qy\wedge Pa)=1$ である。

(c)の説明：

$V_{M,\sigma}(\forall xPx)=1$ $\Leftrightarrow$ $\sigma$ のあらゆる x 変種 $\sigma/x$ について、$V_{M,\sigma/x}(Px)=1$
$\Leftrightarrow$ $\sigma$ のあらゆる x 変種 $\sigma/x$ について、$\sigma/x(x)\in V_M(P)=\{1\}$ ………………………………(i)

ここで $\sigma/x(x)=2$ となる x 変種 $\sigma/x$ をとれば、(i)は成り立たない。したがって $V_{M,\sigma}(\forall xPx)=1$ ではない。

(2) (a) 満たさない　(b) 満たす　(c) 満たさない

(a)の説明：

$V_{M,\sigma}(Qy\wedge Pa)=1$ $\Leftrightarrow$ $V_{M,\sigma}(Qy)=1$ かつ $V_{M,\sigma}(Pa)=1$
$\Leftrightarrow$ $\sigma'(y)\in V_M(Q)$ かつ $\sigma'(a)=V(a)\in V_M(P)$ $\Leftrightarrow$ $1\in\{2\}$ かつ $1\in\{1\}$

こんどは明らかに $1\in\{2\}$ は成り立たないから、$V_{M,\sigma}(Qy\wedge Pa)=1$ ではない。

以上の(1)と(2)の結果から、開いた式(a)はアサインメントが異なると充足されたりされなかったりするが、閉じた式(b)や(c)が満たされるかどうかは、アサインメントが $\sigma$ であろうが $\sigma'$ であろうが、それに関わりなく決まるのではないかと予想がつく。実際、どんなアサインメント $\sigma'$ を考えても、$\sigma'(a)=V(a)$ であって、個体変項 a にはつねに同じ個体 1 が割り当てられる。だから、このモデルでは Pa はいかなるアサインメントによっても満たされる。また、どんなアサインメント $\sigma$ から出発しても、このモデルでは $\sigma$ の x 変種 $\sigma/x$ としては、x に 1 を割り当てるものと 2 を割り当てるものを考えることになる。このうち x に 2 を割り当てる x 変種 $\sigma/x$ については、つねに $\sigma/x(x)\in V_M(P)$ である。だから、このモデルでは $\forall xPx$ はいかなるアサインメントによっても満たされることがない。どうやら、閉じた式は、モデルが決まりさえすればアサインメントによらず満たされるか満たされないかが決まってしまうようだ。

**40** (1) $V_M(Pa)=1$ $\Leftrightarrow$ すべてのアサインメント $\sigma$ について、$V_{M,\sigma}(Pa)=1$ $\Leftrightarrow$ すべてのアサインメント $\sigma$ について、$\sigma(a)\in V_M(P)=\{●,◆\}$。ここで、どのようなアサインメントについても $\sigma(a)=V(a)=●$ なのだから、$\sigma(a)\in V_M(P)$ はつねに成り立つ。したがって Pa は真である。■

(2) $V_M(\exists xQx)=1$ $\Leftrightarrow$ すべてのアサインメント $\sigma$ について、$V_{M,\sigma}(\exists xQx)=1$
$\Leftrightarrow$ どんなアサインメント $\sigma$ にも、$V_{M,\sigma/x}(Qx)=1$ となる x 変種がある ………………………(i)

ここで、いかなるアサインメント $\sigma$ が与えられたときでも、$\sigma/x(x)=◆$ となるような変種をとれば、$\sigma/x(x)\in V_M(Q)$ とできるから、(i)は成り立つ。したがってこの式はこのモデルで真である。■

**41** (1) 任意のモデル M と任意のアサインメント $\sigma$ とを考える。このとき、$V_{M,\sigma}(Fx\wedge Gx)=1$ $\Leftrightarrow$ $V_{M,\sigma}(Fx)=1$ かつ $V_{M,\sigma}(Gx)=1$ $\Rightarrow$ $V_{M,\sigma}(Fx)=1$ ゆえ、$Fx\wedge Gx$ を満たす任意のモデルとアサインメントは、Fx も満たす。したがって、前者は後者を論理的に帰結する。■

(2) 任意のモデル M とそれに基づく任意のアサインメント $\sigma$ とを考える。このとき、

$V_{M,\sigma}(Px\to Px)=1$ ………………………………………………………………………………(i)

$\Leftrightarrow$ $V_{M,\sigma}(Px)=1$ でないか $V_{M,\sigma}(Px)=1$ であるか ………………………………………(ii)

いかなるモデルとアサインメントについても，それは Px を満たすか満たさないかのいずれかであるから，(2) はつねに成り立つ．したがって任意のモデルとアサインメントについて (1) が成り立つから，Px→Px は妥当式である．■

(3) $A_1, \cdots, A_n \models C$ ⇔ 任意の M と σ について，M が σ によって $A_1, \cdots, A_n$ を満たすなら，M は σ によって C も満たす ⇔ 任意の M と σ について，M が σ によって $A_1 \land \cdots \land A_n$ を満たすなら，M は σ によって C も満たす ⇔ 任意の M と σ について，M が σ によって $(A_1 \land \cdots \land A_n) \to C$ を満たす ⇔ $(A_1 \land \cdots \land A_n) \to C$ は妥当式である．■

**42** (1)(2) はともに次のような反証モデルをもつ．D={1,2}, V(P)={1}, V(Q)={1,2}　(3) の反証モデル D={1,2,3}, V(P)={1}, V(Q)={1,2}, V(R)={3}

**43** 記号化は 32 と同じ方針で行った．補った前提は 5 行目．

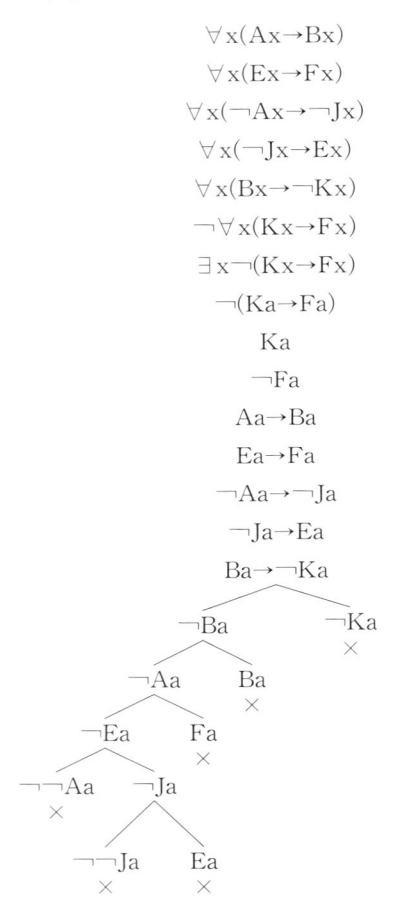

$$\forall x(Ax \to Bx)$$
$$\forall x(Ex \to Fx)$$
$$\forall x(\neg Ax \to \neg Jx)$$
$$\forall x(\neg Jx \to Ex)$$
$$\forall x(Bx \to \neg Kx)$$
$$\neg \forall x(Kx \to Fx)$$
$$\exists x \neg(Kx \to Fx)$$
$$\neg(Ka \to Fa)$$
$$Ka$$
$$\neg Fa$$
$$Aa \to Ba$$
$$Ea \to Fa$$
$$\neg Aa \to \neg Ja$$
$$\neg Ja \to Ea$$
$$Ba \to \neg Ka$$

```
         ┌─────────┴─────────┐
        ¬Ba                  ¬Ka
                              ×
    ┌────┴────┐
   ¬Aa        Ba
              ×
  ┌──┴──┐
 ¬Ea    Fa
         ×
┌──┴──┐
¬¬Aa  ¬Ja
  ×
     ┌──┴──┐
   ¬¬Ja    Ea
     ×      ×
```

となり，確かに妥当である．

**45** B と C が伝統的論理学の意味で矛盾対当である ⇔ B と ¬C が論理的同値である ⇒ B が真となるモデルでは ¬C も必ず真になる ⇔ B が真となるモデルでは C は必ず偽となる ⇔ B, C をともに真とするモデルはない ⇔ B, C は我々の意味で矛盾している．

　逆が成り立たないことを示すために反例を挙げておこう．

∀xPx と ∀x¬Px は我々の意味では矛盾しているが，∀xPx は ¬∀x¬Px とは論理的同値ではない。∀xPx と論理的に同値な論理式は例えば ¬∃x¬Px である。だから，∀xPx と ∀x¬Px は伝統的論理学の意味で矛盾対当ではない。

46 (1)

```
        ∀x(Px→Qx)                        ∀x(Px→Qx)
        ∀x(Px→¬Qx)                       ∀x(Px→¬Qx)
         Pa→Qa                              ∃xPx
         Pa→¬Qa                              Pa
        ╱     ╲                           Pa→Qa
       ¬Pa    Qa                          Pa→¬Qa
      ╱  ╲   ╱  ╲                        ╱     ╲
    ¬Pa ¬Qa ¬Pa ¬Qa                    ¬Pa     Qa
              ×                         ×     ╱  ╲
                                             ¬Pa ¬Qa
                                              ×   ×
```

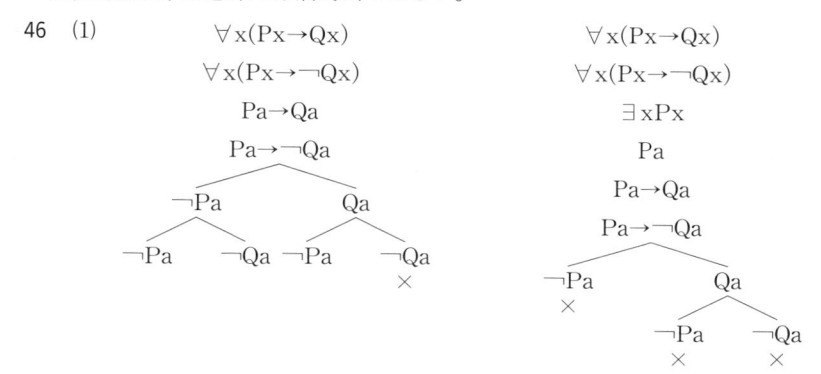

よって前者は矛盾しないが後者は矛盾。

(2) (a) 両者を偽にするモデル。$D=\{1\}$, $V(P)=\phi$, $V(Q)=\{1\}$　(b) $\exists xPx$ が真であるためには，$V(P)\neq\phi$ でなくてはならない。このため，$V(P)$ には少なくとも1つの個体が属することになる。その個体を i としよう。

さて，$i\in V(Q)$ か $i\notin V(Q)$ のいずれかである。前者の場合，$\exists x(Px\land Qx)$ は真，後者の場合は $\exists x(Px\land\neg Qx)$ が真になる。いずれにせよ，これら2つの論理式のどちらかはつねに真となってしまう。したがってこれらがともに偽になることはできない。■

47　第3格

48 (1) Celarent は第1格の EAE 式である。つまり，

　　大 E　すべての M は P でない　　　$\forall x(Mx\to\neg Px)$
　　小 A　すべての S は M である　　　$\forall x(Sx\to Mx)$
　　結 E　すべての S は P でない　　　$\forall x(Sx\to\neg Px)$

という形式の論証である。タブローよりこれは妥当だということが分かる。

一方，Camestres は第2格の AEE 式である。つまり，

　　大 A　すべての P は M である　　　$\forall x(Px\to Mx)$
　　小 E　すべての S は M でない　　　$\forall x(Sx\to\neg Mx)$
　　結 E　すべての S は P でない　　　$\forall x(Sx\to\neg Px)$

これもタブローで調べると妥当である。

(2) (a) S は Scientist, M は cheerful, P は chemist である。これは，

　　大 A　すべての P は M である
　　小 O　或る S は M でない
　　結 O　或る S は P でない

という形の論証である。そしてこれは第2格だから，第2格 AOO 式である。これは妥当である (Baroco)。

(b) S は「神を否定する者」，M は「信仰を持つ者」，P は「幸福」である。これは，

大A　すべてのMはPである
小E　すべてのSはMでない
結E　すべてのSはPでない

という形の論証である。そしてこれは第1格だから，第1格 AEE 式である。これは妥当ではない。

49　(1)　Lab∧¬Lba　(2)　∃x(Gx∧Lax)　(3)　∃x(Gx∧Lxb)　(4)　∀x(Gx→Lxa)
　(5)　∃x(Gx∧Lxb)　(6)　∃x(Lxa∧¬Lxb)　(7)　∀x(Lbx→Gx)　(8)　∀x(Gx→Lbx)

50　(3)が異なる。

51　(5)　すべての人の親であるような人がいる　(6)　どんな人にも親がいる　(7)　すべての人がその人の親であるような人がいる　(8)　どんな人にも子どもがいる
　この解釈では(6)のみが正しい。

52　(1)　どの友達をとってみても，それぞれの友達からそれぞれ大切なことを学んだ（つまり友達によって教えてくれたことが異なってもよい）という意味と，すべての友達が教えてくれた同じ教訓があるという意味との両方にとれる。前者は「応じて存在」であり $\forall x(Fxa \to \exists y(Iy \land Laxy))$，後者は「端的な存在」であり $\exists x(Ix \land \forall y(Fya \to Layx))$ と記号化できる。ただし，Fxy は「x は y の友達である」，Ix は「x は大切である」，Lxyz は「x は y から z を学んだ」，a は「ぼく」を表す。

　(2)　前者は「いかなる実数よりも大きな実数がある」つまり最大の実数の存在を述べており偽。後者は「どんな実数にもそれより大きな実数がそれぞれある」ということを述べており真。

　(3)　(a) 誰にも愛する人がいない（愛の砂漠）　(b) 誰にも愛してくれる人がいない　(c) 誰しもあらゆる人を愛しているわけではない　(d) どんな人も，みんなに愛されるわけではない　(e) 愛する人がいない人もいる（＝誰にも愛情をもたない人がいる＝人間ぎらいの存在）　(f) 愛してくれる人がいない人もいる（きらわれものの存在，あるいは集団的いじめの構造）　(g) お互いに愛し合っている人たちがいる　(h) お互いに愛し合っているひとなどいない（愛はいつでもすれちがい）　(i) どんな人たちも，互いに愛し合うことがない（(h)と同じ）　(j) 誰にでも互いに愛し合う人がいる　(k) すべての人を愛しているのにすべての人から嫌われるような人がいる（きらわれものの博愛主義者の存在？）　(l) すべての人から愛されているのにすべての人を嫌っている人がいる（人間ぎらいのアイドルの存在？）　(m) 人を愛すればかならずその人からも愛される　(n) 人を愛するとかならずその人からは嫌われる　(o) どんな人にも，愛すればその思いが通じる相手が必ずいる　(p) すべての人を愛しているのにすべての人から嫌われる人などいない

　(4)　(a) すべての人を知っている人がいる　(b) アルフレッドを知っている人をみんな知っている人がいる　(c) 自分じしんを愛している人をすべて知っている人がいる　(d) アルフレッドが知っているのは自分じしんを愛している人だけだ　(e) アルフレッドは自分じしんを愛している人すべてを知っている　(f) ≈$\forall x$(x はアルフレッドが知っている人をみな知っている→x はアルフレッドを知っている) ≈アルフレッドが知っている人をすべて知っている人はみなアルフレッドを知っている　(g) ≈$\neg \exists x$(x はアルフレッドに愛されている ∧ x はアルフレッドが知っている人をみんな知っている) ≈アルフレッドが知っている人をみんな知っていて，なおかつアルフレッドに愛されているような人はいない

　(5)　(a) $\exists xHxa$　(b) $\forall x \exists y Hyx$　(c) $\forall x Fbx$　(d) $\exists x \forall y Fxy$　(e) ≈バットマンを憎むすべての人はバットマンに恐れられる ≈$\forall x(Hxa \to Fax)$　(f) ≈$\exists x$(x は x を憎む人をすべて恐れる) ≈$\exists x$(x を憎むあらゆる人は x に恐れられる) ≈$\exists x \forall y(Hyx \to Fxy)$　(g) $\forall x \forall y(Hyx \to Fxy)$　(h) ≈ロビンが恐れているすべての人はロビンを憎んでいる ≈$\forall x(Fbx \to Hxb)$

(i)　$Ra \wedge \forall x(Bx \to Hax)$　　(j)　$\exists y(Ry \wedge \forall x(Bx \to Hyx))$　ヒント，(i)のバットマンのaのところを存在量化すればよい。　(k)　$\approx \forall x(Rx \to x$ はあらゆる悪人を憎む$) = \forall x(Rx \to$ あらゆる悪人はxに憎まれる$) = \forall x(Rx \to \forall y(By \to Hxy))$　　(l)　$\forall x(Bx \to Hbx)$　　(m)　$\forall x(Bx \to \exists y Hyx)$　　(n)　$\approx \forall x(x$ はすべての人を憎む$\to x$ はすべての人から憎まれる$) \approx \forall x(\forall y Hxy \to \forall y Hyx)$　注意：$\forall x \forall y(Hxy \to Hyx)$ はこの翻訳としては間違い。これは，「どんなひとも，もし人を憎めば必ずその人から憎まれる」の意味である。

**53**　(1)　$\exists x P_1^3 abx \wedge \forall x \neg \exists w(P_1^2 aa \vee \neg P_1^2 wx)$

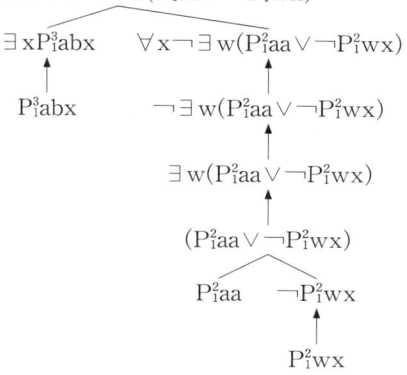

```
       ∃xP₁³abx         ∀x¬∃w(P₁²aa∨¬P₁²wx)
          ↑                      ↑
       P₁³abx             ¬∃w(P₁²aa∨¬P₁²wx)
                                 ↑
                          ∃w(P₁²aa∨¬P₁²wx)
                                 ↑
                          (P₁²aa∨¬P₁²wx)
                           ↗          ↖
                       P₁²aa         ¬P₁²wx
                                        ↑
                                     P₁²wx
```

(2)　(a) 閉　(b) 開　(c) 閉　(d) 閉　(e) 開　(f) 閉　(g) 開

(3)　(i) 自由　(ii) 自由　(iii) 束縛　(iv) 自由　(v) 束縛

**54**　(1)　右の表に示したとおり。

(2)　(i) 世界2, 3　(ii) 世界1, 2, 3　(iii) 世界1, 4 (世界4ではcはだれも愛していないので，式(iii)は実質なく真になる)

|     | 世界1 | 世界2 | 世界3 | 世界4 |
|-----|-------|-------|-------|-------|
| (a) | 1     | 1     | 0     | 0     |
| (b) | 0     | 0     | 1     | 0     |
| (c) | 1     | 1     | 0     | 1     |
| (d) | 0     | 1     | 0     | 0     |
| (e) | 0     | 0     | 0     | 1     |
| (f) | 0     | 0     | 0     | 0     |
| (g) | 0     | 1     | 0     | 1     |

**55**　(1) 真　(2) 偽　(3) 真

(3)が真であることのみ示しておこう。
$$V_M(\exists x \exists y(Px \wedge Py \wedge Lxy)) = 1$$
$\Leftrightarrow$　なんらかの $M/a$ について
$$V_{M/a}(\exists y(Pa \wedge Py \wedge Lay)) = 1$$

さて，$M$の$a$に関する変種は$a$に$\diamondsuit, \blacklozenge, \star, \circledcirc$ のいずれかを割り当てる4種類のものがある。ここで，$a$に$\diamondsuit$を割り当てる変種を考え，それを$M/a$としよう。その$M/a$において，$V_{M/a}(\exists y(Pa \wedge Py \wedge Lay)) = 1$　$\Leftrightarrow$　$M/a$の何らかの$b$変種$M/a/b$について $V_{M/a/b}(Pa \wedge Pb \wedge Lab) = 1$　$\Leftrightarrow$　何らかの $M/a/b$ について，$\diamondsuit \in \{\diamondsuit, \blacklozenge\}$ かつ $V_{M/a/b}(b) \in \{\diamondsuit, \blacklozenge\}$ かつ $\langle \diamondsuit, V_{M/a/b}(b)\rangle \in \{\langle \diamondsuit, \blacklozenge\rangle, \langle \blacklozenge, \circledcirc\rangle, \langle \star, \circledcirc\rangle, \langle \circledcirc, \diamondsuit\rangle\}$ ················(i)

ここで，$M/a/b$として，$b$に$\blacklozenge$を割り当てる変種を選べば(i)が成り立ち，したがって，$V_{M/a}(\exists y(Pa \wedge Py \wedge Lay)) = 1$が成り立つ。このことにより，$V_M(\exists x \exists y(Px \wedge Py \wedge Lxy)) = 1$となる。

**56**　例えば，$D = \{\blacksquare, \bullet\}$, $V(L) = \{\langle \blacksquare, \bullet\rangle, \langle \bullet, \blacksquare\rangle\}$, $V(a) = \bullet$とすればよい。答えは1つではない。

**57** (1) 充足可能でない。　(2) 2つの式を入れ替えたタブローもまったく同様。　(3) 2つの式を入れ替えたタブローも同じように閉じる。

$\exists x(Px \wedge \forall yQxy)$
$\neg\exists x\exists yQxy$
$Pa \wedge \forall yQay$
$Pa$
$\forall yQay$
$\forall x\neg\exists yQxy$
$\neg\exists yQay$
$\forall y\neg Qay$
$\neg Qaa$
$Qaa$
×

$\forall x(Ax \to \exists yNyx)$
$\neg\forall z(Az \to \exists wNwz)$
$\exists z\neg(Az \to \exists wNwz)$
$\neg(Aa \to \exists wNwa)$
$Aa$
$\neg\exists wNwa$
$\forall w\neg Nwa$
$Aa \to \exists yNya$

　　$\neg Aa$　　$\exists yNya$
　　　×　　　$Nba$
　　　　　　$\neg Nba$
　　　　　　　×

$\forall x\forall y((Px \wedge Qy) \to Rxy)$
$\neg\forall x(Px \to \forall y(Qy \to Rxy))$
$\exists x\neg(Px \to \forall y(Qy \to Rxy))$
$\neg(Pa \to \forall y(Qy \to Ray))$
$Pa$
$\neg\forall y(Qy \to Ray)$
$\exists y\neg(Qy \to Ray)$
$\neg(Qb \to Rab)$
$Qb$
$\neg Rab$
$\forall y((Pa \wedge Qy) \to Ray)$
$(Pa \wedge Qb) \to Rab$

　　$\neg(Pa \wedge Qb)$　　　$Rab$
　　　　　　　　　　　　　×
　$\neg Pa$　$\neg Qb$
　　×　　　×

(4) 妥当式である。

$\neg(\forall x\forall y\exists zPxyz \to \forall x\exists y\exists zPxyz)$
$\forall x\forall y\exists zPxyz$
$\neg\forall x\exists y\exists zPxyz$
$\exists x\neg\exists y\exists zPxyz$
$\neg\exists y\exists zPayz$
$\forall y\neg\exists zPayz$
$\forall y\exists zPayz$
$\exists zPaaz$
$Paab$
$\neg\exists zPaaz$
$\forall z\neg Paaz$
$\neg Paab$
×

(5) 次の通り，真になれない。

$\exists x\forall y(Lxy \wedge \neg Lyx)$
$\forall y(Lay \wedge \neg Lya)$
$Laa \wedge \neg Laa$
$Laa$
$\neg Laa$
×

ここで存在が主張されているaさんじしんも「すべての人」の一員だ。とするとaさんは自分を愛し，なおかつ愛さないことになってしまう。

(6) 妥当ではない。

$\exists x\exists yPxy$
$\neg\exists xPxx$
$\forall x\neg Pxx$
$\exists yPay$
$Pab$
$\neg Paa$
$\neg Pbb$

(7) 翻訳の手引き：

ブルースなら何でも好きだというヘビメタファンもいる
　≈　$\exists x$（$Hx \wedge x$ はブルースなら何でも好き）
　≈　$\exists x$（$Hx \wedge$ ブルースはすべて x に好まれる）
　≈　$\exists x(Hx \wedge \forall y(By \to Lxy))$

ヘビメタファンはみんな演歌というものを一切好まない
　≈　$\forall x$（$Hx \to x$ は一切の演歌を好まない）
　≈　$\forall x$（$Hx \to$ 演歌はすべて x に好まれない）

≈ $\forall x(Hx \to \forall y(Ey \to \neg Lxy))$

これをタブローのチェックにかけると妥当であることがわかる。

(8)「$\forall x \forall y(\exists zLyz \to Lxy)$, Laa, したがって Lba」と記号化される。これも妥当。

(9)「$\forall x \forall y(\exists zLyz \to Lxy)$, Laa, したがって Lab」と記号化される。これも妥当。ただしタブローを簡潔に書くのはやや難しい。右にあげたものがおそらく最も枝分かれの少ないタブローだろう。もちろん，機械的に [UI] を適用してありとあらゆる代入をしても，タブローは閉じる。しかしそれはちょっと人間にはできにくいくらいの巨大なサイズになってしまう。

このタブローはかなり工夫してある。ポイントは第8行で第1行に [UI] を適用して $\forall y(\exists zLyz \to Lby)$ を得たところである。つまり第1行の x に b を代入したわけだが，このときのねらいは次の点にあった。つまり，第7行で $\forall z \neg Lbz$ が生じている。この z に何を代入しようが，ともかく「$\neg Lb*$」という形の式が出てくるはずだ。この式とぶつかって経路を閉ざしてくれるような式は，「$Lb*$」の形をしていないとならないが，それは第1行の→の後ろからしか出てこないはずだ。そこで第1行の→の後ろが Lby となるような代入をして第8行を手に入れたのである。

残った問題は，第7行の z のところ，第8行の y のところに何を代入するべきかということだ。第8行に UI を当てはめると，$\exists zL*z \to Lb*$ という形の式が出てくるはずだ。これは枝分かれして，左の枝に $\neg \exists zL*z$ を生じる。これは $\forall z \neg L*z$ となって，[UI] を適用され，最終的には $\neg L\#*$ という形の式になるはずだ。この式を含む経路が閉じるためには，$L\#*$ という形の式が経路に含まれなくてはならない。その候補になるのは第2行目の Laa しかない。だから#のところも＊のところも「a」を代入するようにしなければならないだろう。このように考えてタブローを完成させることができた。

(9)の結果は少々意外に思われたかもしれない。実は，$\forall x \forall y(\exists zLyz \to Lxy)$ は非常に強いことを述べている前提であって，これは $\exists x \exists yLxy$ とあわせると，$\forall x \forall yLxy$ が帰結するのである。(8)も(9)もその特殊ケースに他ならない。

(7)
$\exists x(Hx \land \forall y(By \to Lxy))$
$\forall x(Hx \to \forall y(Ey \to \neg Lxy))$
$\neg \forall x(Ex \to \neg Bx)$
$\exists x \neg(Ex \to \neg Bx)$
$\neg(Ea \to \neg Ba)$
$Ea$
$\neg \neg Ba$
$Hb \land \forall y(By \to Lby)$
$Hb$
$\forall y(By \to Lby)$
$Ba \to Lba$

$\neg Ba$     $Lba$
×      $Hb \to \forall y(Ey \to \neg Lby)$

     $\neg Hb$     $\forall y(Ey \to \neg Lby)$
     ×      $Ea \to \neg Lba$

         $\neg Ea$     $\neg Lba$
         ×       ×

(9)
$\forall x \forall y(\exists zLyz \to Lxy)$
$Laa$
$\neg Lab$
$\forall y(\exists zLyz \to Lay)$
$\exists zLbz \to Lab$

$\neg \exists zLbz$     $Lab$
$\forall z \neg Lbz$      ×
$\forall y(\exists zLyz \to Lby)$
$\exists zLaz \to Lba$

$\neg \exists zLaz$     $Lba$
$\forall z \neg Laz$     $\neg Lba$
$\neg Laa$       ×
×

(10) 「$\forall x(\exists y(Ky \land Sxy) \to Kx)$, $\forall x Sax$, したがって $\exists x Kx \to Ka$」という論証である。これは妥当。

$$\forall x(\exists y(Ky \land Sxy) \to Kx)$$
$$\forall x Sax$$
$$\neg(\exists x Kx \to Ka)$$
$$\exists x Kx$$
$$\neg Ka$$
$$Kb$$
$$Sab$$
$$\exists y(Ky \land Say) \to Ka$$

┌─────────────────────────┬─────┐
$\neg \exists y(Ky \land Say)$ 　　　　　　　$Ka$
$\forall y \neg(Ky \land Say)$ 　　　　　　　×
$\neg(Kb \land Sab)$
┌─────┬─────┐
$\neg Kb$ 　　$\neg Sab$
× 　　　　×

(11)
$$\forall x(Px \to \forall y(\neg Lyy \to Lxy))$$
$$\forall x(Px \to \forall y(Lxy \to \neg Lyy))$$
$$\neg \neg \exists x Px$$
$$\exists x Px$$
$$Pa$$
$$Pa \to \forall y(\neg Lyy \to Lay)$$
$$Pa \to \forall y(Lay \to \neg Lyy)$$

┌─────┬─────────────────┐
$\neg Pa$ 　　$\forall y(\neg Lyy \to Lay)$
× 　　　　　$\forall y(Lay \to \neg Lyy)$
　　┌────┬──────┐
　$\neg Pa$ 　$\neg Laa \to Laa$
　× 　　　$Laa \to \neg Laa$
　　　┌─────┬─────┐
　　$\neg\neg Laa$ 　　$Laa$
　　$Laa$ 　┌──┬──┐
┌──┬──┐ $\neg Laa$ $\neg Laa$
$\neg Laa$ $Laa$ × 　×
× 　×

58 (1) (2) 次のタブローを見よ。　(3) $D = \{●, ◆\}$, $V(R) = \{\langle ●, ◆ \rangle\}$ であるようなモデルでは, $\forall x \neg Rxx$ は真であるから関係 R は irreflexive である。しかし, このモデルでは, $\exists x Rxx$ は偽だから $\exists x Rxx \land \exists x \neg Rxx$ は偽である。したがって, 関係 R は nonreflexive ではない。

(1)　　　∀x¬Rxx
　　　　¬¬∀xRxx
　　　　∀xRxx
　　　　Raa
　　　　¬Raa
　　　　　×

(2)　　　∃xRxx ∧ ∃x¬Rxx
　　　　¬¬∀xRxx
　　　　∃xRxx
　　　　∃x¬Rxx
　　　　Raa
　　　　¬Rbb
　　　　Rbb
　　　　　×

**59** 以下のタブローを見よ。ただし，これらのタブローはかなり省略した書き方をしてある。例えば，(1)の第3行は，[¬∀] を適用し，∃x¬… の形にしてから [EI] を適用して x に a を代入し，もういちど [¬∀] を適用して ∃y¬… の形にしてから [EI] を適用して y に b を代入して，ようやく第4行になるわけだが，その途中の過程を省略してある。また，第8行は，第1行に3回 [UI] を適用して得られるものだが，その途中を省いてある。このくらいの省略は，これからも使う。

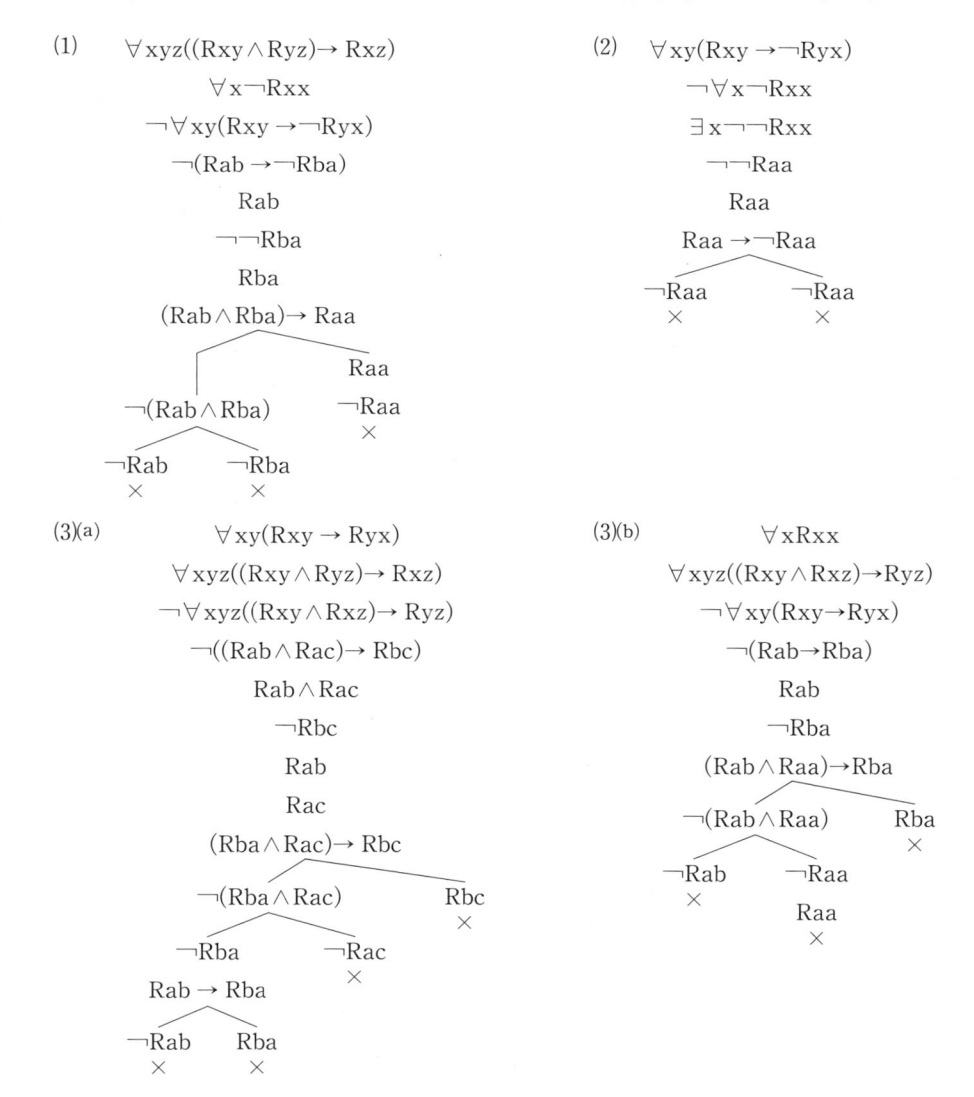

(1)　　∀xyz((Rxy∧Ryz)→Rxz)
　　　　∀x¬Rxx
　　　　¬∀xy(Rxy→¬Ryx)
　　　　¬(Rab→¬Rba)
　　　　Rab
　　　　¬¬Rba
　　　　Rba
　　　　(Rab∧Rba)→Raa
　　　　　　　　　／＼
　　　¬(Rab∧Rba)　　Raa
　　　／＼　　　　　　¬Raa
　　¬Rab　¬Rba　　　　×
　　　×　　×

(2)　　∀xy(Rxy→¬Ryx)
　　　　¬∀x¬Rxx
　　　　∃x¬¬Rxx
　　　　¬¬Raa
　　　　Raa
　　　　Raa→¬Raa
　　　　／＼
　　　¬Raa　¬Raa
　　　×　　×

(3)(a)　∀xy(Rxy→Ryx)
　　　　∀xyz((Rxy∧Ryz)→Rxz)
　　　　¬∀xyz((Rxy∧Rxz)→Ryz)
　　　　¬((Rab∧Rac)→Rbc)
　　　　Rab∧Rac
　　　　¬Rbc
　　　　Rab
　　　　Rac
　　　　(Rba∧Rac)→Rbc
　　　　／＼
　　　¬(Rba∧Rac)　Rbc
　　　／＼　　　　×
　　¬Rba　¬Rac
　　　　　×
　　Rab→Rba
　　／＼
　¬Rab　Rba
　×　　×

(3)(b)　∀xRxx
　　　　∀xyz((Rxy∧Rxz)→Ryz)
　　　　¬∀xy(Rxy→Ryx)
　　　　¬(Rab→Rba)
　　　　Rab
　　　　¬Rba
　　　　(Rab∧Raa)→Rba
　　　　／＼
　　　¬(Rab∧Raa)　Rba
　　　／＼　　　　×
　　¬Rab　¬Raa
　　×　　Raa
　　　　　×

(3)(c)

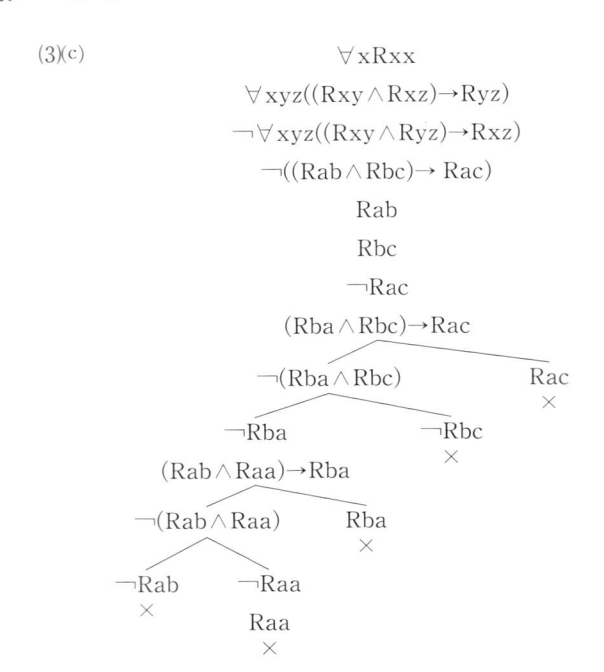

$$\forall xRxx$$
$$\forall xyz((Rxy \land Rxz) \to Ryz)$$
$$\neg \forall xyz((Rxy \land Ryz) \to Rxz)$$
$$\neg((Rab \land Rbc) \to Rac)$$
$$Rab$$
$$Rbc$$
$$\neg Rac$$
$$(Rba \land Rbc) \to Rac$$

```
        ¬(Rba∧Rbc)              Rac
        /      \                 ×
     ¬Rba      ¬Rbc
              ×
  (Rab∧Raa)→Rba
   /        \
¬(Rab∧Raa)  Rba
  /    \     ×
¬Rab  ¬Raa
  ×    Raa
        ×
```

**60** 「アラン」を a,「ペネロープ」を p,「バージル」を b (ホントは Virgil だけど v は変項とまぎらわしいから),「スコット」を s と表す。(1) $Lap \land \neg \exists x(x \neq p \land Lax)$。後ろの選言肢は「ペネロープ以外の人でアランが愛している人はいない」ということだ。この部分を $\forall x(Lax \to x=p)$ と記号化しても正解。これは「アランが愛しているのはペネロープと同一の人だけだ」になる。実はこの 2 つの式は論理的同値なのだ。 (2) $Lap \land \neg \exists x(x \neq a \land Lxp)$。同様に $Lap \land \forall x(Lxp \to x=a)$ でもよい。 (3) $Lbb \land \neg \exists x(x \neq b \land Lbx)$ (4) $\exists x(Lsx \land x \neq b)$。ただしこれだと,スコットがバージルを愛しているかどうかは述べられていない。もとの日本語は「も」の使い方によって,スコットがバージルを愛していることも言外に述べられているように思われる。その含みも表に出して記号化するなら,$Lsb \land \exists x(Lsx \land x \neq b)$ になる。 (5) $\exists x \forall y(y \neq x \to (Lxy \land \neg Lyx))$ 練習問題 52 (3)(k),57 (5) を参照。 (6) $\exists x(Lxx \land \neg \exists y(Lxy \land y \neq x))$ もしくは $\exists x(Lxx \land \forall y(Lxy \to y=x))$ (7) $\forall x((Lxx \land \neg \exists y(Lxy \land y \neq x)) \to \forall y(y \neq x \to \neg Lyx))$

**61** (1) (d) を除いてみな妥当式 (2) 妥当 (3) 妥当 (4) 妥当

タブローを以下に示す。練習問題 59 と同じやり方で多少省略してあるので注意。

(1)(a)　¬∀x(x=x)
　　　　∃x¬(x=x)
　　　　¬(a=a)
　　　　　×

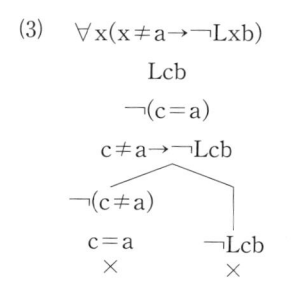

(1)(b)　¬∀xy(x=y→y=x)
　　　　¬(a=b→b=a)
　　　　a=b
　　　　b≠a
　　　　b≠b
　　　　×

第3行を第4行に代入して第5行を得ている。a=bとb≠aが現れたからといって，ただちに×をつけてタブローを閉じるわけにはいかない。これらは同じ式とその否定形ではないからだ（a=bとa≠b，b=aとb≠aが同時に生じたら閉じてもよいが）。

(1)(c)　¬∀xyz((x=y∧y=z)→x=z)
　　　　¬((a=b∧b=c)→a=c)
　　　　a=b
　　　　b=c
　　　　a≠c
　　　　b≠c
　　　　×

第5行に第3行を代入。b=cとb≠cが生じたので[×]により閉じる。

(1)(d)　¬((Pa↔Pb)→a=b)
　　　　Pa↔Pb
　　　　a≠b
　　　┌────┴────┐
　　　Pa　　　　¬Pa
　　　Pb　　　　¬Pb

(1)(e)　¬∀xy(x=y→(Px↔Py))
　　　　¬(a=b→(Pa↔Pb))
　　　　a=b
　　　　¬(Pa↔Pb)
　　　┌────┴────┐
　　　Pa　　　　¬Pa
　　　¬Pb　　　　Pb
　　　Pb　　　　Pa
　　　×　　　　　×

(2)　∀xy((Px∧Qxy)→x=y)
　　　Pa
　　　∃xQax
　　　¬Qaa
　　　Qab
　　　(Pa∧Qab)→a=b
　　┌──────┴──────┐
　　¬(Pa∧Qab)　　　a=b
　　┌───┴───┐　　　Qaa
　　¬Pa　¬Qab　　　×
　　×　　×

(3)　∀x(x≠a→¬Lxb)
　　　Lcb
　　　¬(c=a)
　　　c≠a→¬Lcb
　　┌────┴────┐
　　¬(c≠a)　　¬Lcb
　　c=a　　　　×
　　×

(4)　Lnf∧¬∃x(x≠n∧Lxf)
　　　m≠n
　　　¬¬Lmf
　　　Lmf
　　　Lnf
　　　¬∃x(x≠n∧Lxf)
　　　∀x¬(x≠n∧Lxf)
　　　¬(m≠n∧Lmf)
　　┌────┴────┐
　　¬(m≠n)　　¬Lmf
　　　×　　　　×

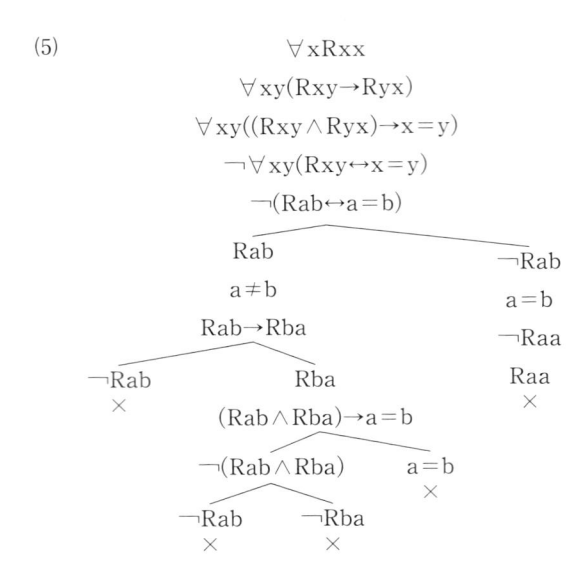

(5)
$$\forall x Rxx$$
$$\forall xy(Rxy \to Ryx)$$
$$\forall xy((Rxy \land Ryx) \to x=y)$$
$$\neg \forall xy(Rxy \leftrightarrow x=y)$$
$$\neg(Rab \leftrightarrow a=b)$$

```
              Rab                    ¬Rab
              a≠b                    a=b
           Rab→Rba                   ¬Raa
          /       \                   Raa
       ¬Rab      Rba                   ×
        ×    (Rab∧Rba)→a=b
            /            \
       ¬(Rab∧Rba)       a=b
        /     \           ×
     ¬Rab   ¬Rba
       ×      ×
```

**62** (1) 以下の2つのタブローより明らか (2) $\neg \exists x \exists y(Px \land Py \land y \neq x) \dashv\vdash \forall x \forall y \neg (Px \land Py \land y \neq x) \dashv\vdash \forall x \forall y \neg ((Px \land Py) \land y \neq x) \dashv\vdash \forall x \forall y((Px \land Py) \to y = x)$

```
   ∃x(Px∧¬∃y(Py∧y≠x))∨¬∃xPx              ¬∃xy(Px∧Py∧y≠x)
   ¬¬∃xy(Px∧Py∧y≠x)                      ¬(∃x(Px∧¬∃y(Py∧y≠x))∨¬∃xPx)
   ∃xy(Px∧Py∧y≠x)                        ¬∃x(Px∧¬∃y(Py∧y≠x))
   Pa                                    ¬¬∃xPx
   Pb                                    ∃xPx
   b≠a                                   Pa
  /              \                       ¬(Pa∧¬∃y(Py∧y≠a))
∃x(Px∧¬∃y(Py∧y≠x))  ¬∃xPx               /            \
Pc                  ∀x¬Px              ¬Pa        ∃y(Py∧y≠a)
¬∃y(Py∧y≠c)         ¬Pa                 ×         Pb∧b≠a
¬(Pa∧a≠c)            ×                            Pb
 /      \                                         b≠a
¬Pa    a=c                                        ¬(Pa∧Pb∧b≠a)
 ×    ¬(Pb∧b≠c)                                  /    |    \
      /      \                                 ¬Pa  ¬Pb  ¬(b≠a)
    ¬Pb     b=c                                 ×    ×     ×
     ×      b=a
             ×
```

63 (1) (a) $\forall x \forall y \forall z((Px \land Py \land Pz) \to (x=y \lor y=z \lor z=x))$ あるいは $\neg \exists x \exists y \exists z(Px \land Py \land Pz \land x \neq y \land y \neq z \land z \neq x)$   (b) $\exists x \exists y \exists z(Px \land Py \land Pz \land x \neq y \land y \neq z \land z \neq x)$   (c) $\exists x \exists y \exists z(Px \land Py \land Pz \land x \neq y \land y \neq z \land z \neq x \land \forall w(Pw \to (w=x \lor w=y \lor w=z)))$

(2) $\forall x \forall y \exists z(Pz \land x \neq z \land y \neq z)$ は，論議領域内のどの2つの個体を x, y に割り当てても，必ず x でも y でもない P なものがあと少なくとも1つはある，という意味だ。これは P なものが3つ以上あるようなモデルでないと真にならない。例えば P なものが2つしかないモデルを考える。その2つのそれぞれを x と y に割り当ててしまうと，もう x, y 以外の P なものは存在しない。したがってこのモデルでこの論理式は偽になってしまう。

(3) 以下の2つのタブロー(i)(ii)より，論理的同値である。

(4) (a) 妥当　(b) 妥当　(c) 妥当　(d) 妥当　(e) 妥当　(f) 妥当　(g) 妥当

(i)
$$\exists xy(Px \land Py \land y \neq x) \land \forall xyz((Px \land Py \land Pz) \to (x=y \lor y=z \lor z=x))$$
$$\neg \exists xy(Px \land Py \land y \neq x \land \forall z(Pz \to (z=x \lor z=y)))$$
$$\exists xy(Px \land Py \land y \neq x)$$
$$\forall xyz((Px \land Py \land Pz) \to (x=y \lor =z \lor z=x))$$
$$Pa$$
$$Pb$$
$$b \neq a$$
$$\neg(Pa \land Pb \land b \neq a \land \forall z(Pz \to (z=a \lor z=b)))$$

$\neg Pa$　　$\neg Pb$　　$b=a$　　$\neg \forall z(Pz \to (z=a \lor z=b))$
×　　　　×　　　×　　　$\neg(Pc \to (c=a \lor c=b))$
　　　　　　　　　　　　$Pc$
　　　　　　　　　　　　$c \neq a$
　　　　　　　　　　　　$c \neq b$
　　　　　　　　$(Pa \land Pb \land Pc) \to (a=b \lor b=c \lor c=a)$

$\neg(Pa \land Pb \land Pc)$　　　　　　$a=b \lor b=c \lor c=a$

$\neg Pa$　$\neg Pb$　$\neg Pc$　　$a=b$　$b=c$　$c=a$
×　　×　　×　　$a \neq a$　$b \neq b$　×
　　　　　　　　×　　×

(ii)

$$\exists xy(Px \land Py \land y \neq x \land \forall z(Pz \to (z=x \lor z=y)))$$
$$\neg(\exists xy(Px \land Py \land y \neq x) \land \forall xyz((Px \land Py \land Pz) \to (x=y \lor y=z \lor z=x)))$$
$$Pa$$
$$Pb$$
$$b \neq a$$
$$\forall z(Pz \to (z=a \lor z=b))$$

```
          ┌──────────────────────────────┴──────────────────────────────┐
   ¬∃xy(Px∧Py∧y≠x)                          ¬∀xyz((Px∧Py∧Pz)→(x=y∨y=z∨z=x))
   ¬(Pa∧Pb∧b≠a)                             ¬((Pc∧Pd∧Pe)→(c=d∨d=e∨e=c))
  ┌────┬────┐                                Pc
 ¬Pa  ¬Pb  b=a                               Pd
  ×    ×    ×                                Pe
                                             c≠d
                                             d≠e
                                             e≠c
                                             Pc→(c=a∨c=b)
                                             Pd→(d=a∨d=b)
                                             Pe→(e=a∨e=b)
```

From $Pc \to (c=a \lor c=b)$:  branches ¬Pc (×) | $c=a \lor c=b$
From $Pd \to (d=a \lor d=b)$:  branches ¬Pd (×) | $d=a \lor d=b$
From $Pe \to (e=a \lor e=b)$:  branches ¬Pe (×) | $e=a \lor e=b$

```
                c=a∨c=b
         ┌─────────┴─────────┐
        c=a                  c=b
     ┌───┴───┐           ┌────┴────┐
    d=a     d=b         d=a       d=b
    c=d   ┌──┴──┐     ┌──┴──┐     c=d
     ×   e=a   e=b   e=a   e=b     ×
         e=c   d=e   e=d   c=e
          ×     ×    d≠d   e≠e
                      ×     ×
```

(4)(a)
$$\exists x(Px \land Qx \land \forall y((Py \land Qy) \to x=y))$$
$$\exists x(Px \land \neg Qx \land \forall y((Py \land \neg Qy) \to x=y))$$
$$\neg \exists xy(Px \land Py \land x \neq y \land \forall z(Pz \to (z=x \lor z=y)))$$
$$Pa$$
$$Qa$$
$$\forall y((Py \land Qy) \to a=y)$$
$$Pb$$
$$\neg Qb$$
$$\forall y((Py \land \neg Qy) \to b=y)$$
$$\neg(Pa \land Pb \land a \neq b \land \forall z(Pz \to (z=a \lor z=b)))$$

```
    ┌──────┬──────┬──────┬──────────────────┐
   ¬Pa    ¬Pb    a=b                 ¬∀z(Pz→(z=a∨z=b))
    ×      ×     ¬Qa                 ¬(Pc→(c=a∨c=b))
                  ×                   Pc
                                      c≠a
                                      c≠b
                              (Pc∧Qc)→a=c
                              (Pc∧¬Qc)→b=c
                       ┌──────────┴──────────┐
                    ¬(Pc∧Qc)                a=c
             ┌─────────┴─────────┐          c≠c
          ¬(Pc∧¬Qc)            b=c           ×
         ┌────┴────┐           c≠c
        ¬Pc       ¬¬Qc          ×
         ×    ┌────┴────┐
             ¬Pc       ¬¬Qc
              ×          ×
```

　この論証は例えば，「バスルームのある空室がちょうど１つある。バスルームのない空室もちょうど１つある。だから，空室はちょうど２つある」のような論証を記号化したものだ。

(4)(b)　Pを「この町に住んでいる」，Qを「法律家である」，Rを「弁護士である」とする。

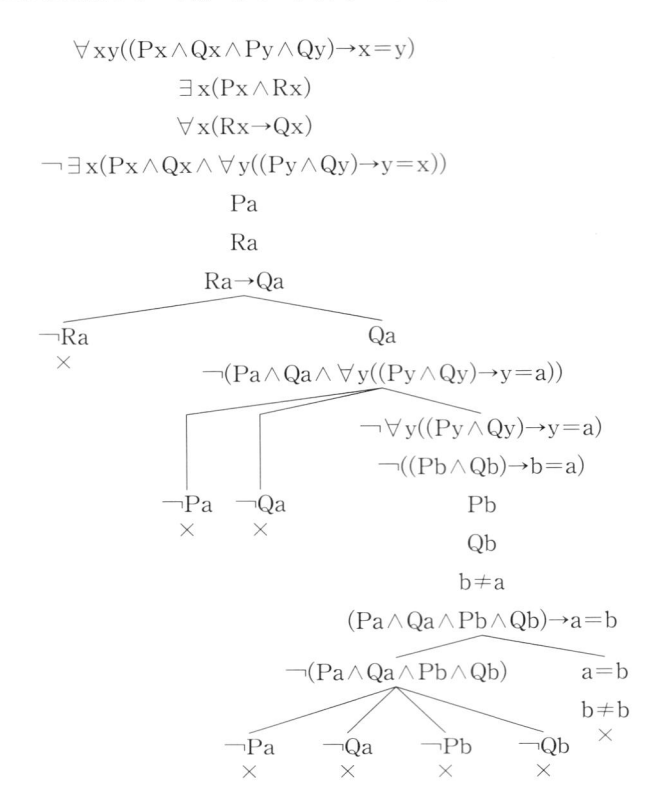

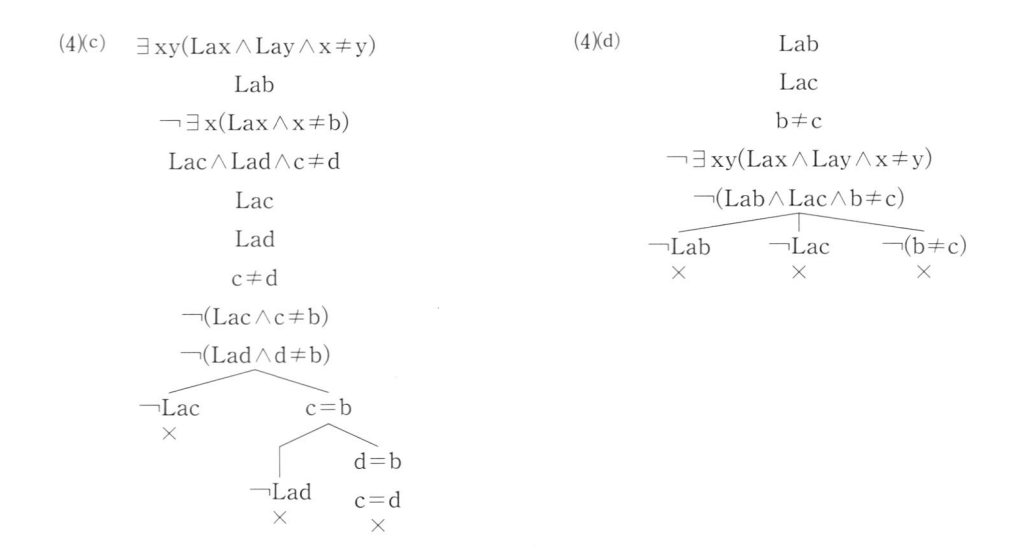

$\forall xy((Px \land Qx \land Py \land Qy) \to x=y)$
$\exists x(Px \land Rx)$
$\forall x(Rx \to Qx)$
$\neg \exists x(Px \land Qx \land \forall y((Py \land Qy) \to y=x))$
Pa
Ra
Ra→Qa

```
         ┌──────────┴──────────┐
        ¬Ra                    Qa
         ×         ¬(Pa∧Qa∧∀y((Py∧Qy)→y=a))
              ┌────────┬────────┐
                              ¬∀y((Py∧Qy)→y=a)
                              ¬((Pb∧Qb)→b=a)
             ¬Pa    ¬Qa         Pb
              ×      ×          Qb
                                b≠a
                         (Pa∧Qa∧Pb∧Qb)→a=b
                    ┌──────────────┴──────┐
              ¬(Pa∧Qa∧Pb∧Qb)             a=b
          ┌────┬────┬────┐                b≠b
         ¬Pa  ¬Qa  ¬Pb  ¬Qb                ×
          ×    ×    ×    ×
```

(4)(c)　$\exists xy(Lax \land Lay \land x \neq y)$
Lab
$\neg \exists x(Lax \land x \neq b)$
$Lac \land Lad \land c \neq d$
Lac
Lad
$c \neq d$
$\neg(Lac \land c \neq b)$
$\neg(Lad \land d \neq b)$

```
     ┌────────┴────────┐
   ¬Lac              c=b
    ×          ┌──────┴──────┐
             ¬Lad            d=b
              ×              c=d
                              ×
```

(4)(d)　Lab
Lac
$b \neq c$
$\neg \exists xy(Lax \land Lay \land x \neq y)$
$\neg(Lab \land Lac \land b \neq c)$

```
   ┌──────┬──────┐
  ¬Lab   ¬Lac  ¬(b≠c)
   ×      ×      ×
```

(4)(e)　$\forall xy((Lax \land Lay) \to x=y)$
　　　　　Laa
　　　　$\neg\neg\exists x(Lax \land x \neq a)$
　　　　　$\exists x(Lax \land x \neq a)$
　　　　　Lab
　　　　　$b \neq a$
　　　　$(Laa \land Lab) \to a=b$
　　　┌──────────┴──────────┐
　$\neg(Laa \land Lab)$　　　　　$a=b$
　┌────┴────┐　　　　　　$a \neq a$
$\neg Laa$　$\neg Lab$　　　　　　×
　×　　　×

(4)(f)　$\exists xGx$
　　　$\neg\exists xy(Gx \land Gy \land x \neq y)$
　　　$\neg\exists x(Gx \land \forall y(Gy \to y=x))$
　　　Ga
　　　$\neg(Ga \land \forall y(Gy \to y=a))$
　┌──────────┴──────────┐
$\neg Ga$　　　　$\neg\forall y(Gy \to y=a)$
　×　　　　　　$\neg(Gb \to b=a)$
　　　　　　　　Gb
　　　　　　　　$b \neq a$
　　　　　　$\neg(Ga \land Gb \land a \neq b)$
　　　　┌────┬────┐
　　　$\neg Ga$　$\neg Gb$　$a=b$
　　　　×　　×　　$b \neq b$
　　　　　　　　　×

(4)(g)　$\exists xy(Sx \land Sy \land x \neq y)$
　　　　$\forall x(Sx \to (Cx \lor Ox))$
　　　　$\forall xy((Sx \land Cx \land Sy \land Cy) \to x=y)$
　　　　$\neg\exists x(Sx \land Ox)$
　　　　$Sa \land Sb \land a \neq b$
　　　　Sa
　　　　Sb
　　　　$a \neq b$
　　　　$Sa \to (Ca \lor Oa)$
　　　　$Sb \to (Cb \lor Ob)$
　┌──────────┴──────────┐
$\neg Sa$　　　　　　　$Ca \lor Oa$
　×　　　┌──────────┴──────────┐
　　　$\neg Sb$　　　　　$Cb \lor Ob$
　　　　×　　　　$(Sa \land Ca \land Sb \land Cb) \to a=b$
　　　　　　┌──────────┴──────────┐
　　$\neg(Sa \land Ca \land Sb \land Cb)$　　　$a=b$
　　　　$\neg(Sa \land Oa)$　　　　　　×
　　　　$\neg(Sb \land Ob)$
　　┌────┴────┐
　$\neg Sa$　　$\neg Oa$
　　×　　┌────┴────┐
　　　$\neg Sb$　　$\neg Ob$
　　　　×　┌────┴────┐
　　　　$\neg Ca$　　　$Ca$
　　　　Oa　　　　　$\neg Oa$
　　　　×　　┌────┴────┐
　　　　　$\neg Cb$　　　$Cb$
　　　　　Ob　　　　　$\neg Ob$
　　　　　×　┌───┬───┬───┐
　　　　　　$\neg Sa$ $\neg Ca$ $\neg Sb$ $\neg Cb$
　　　　　　×　　×　　×　　×

**64** 上から順に Prem, Prem, Reit, →intro, →intro

**65**

(1)(a)
```
| P→Q   Prem
| Q→R   Prem
| P     Prem
|─────────────
| Q     →elim
| R     →elim
```

(1)(b)
```
| P→Q   Prem
| Q→R   Prem
| | P     Prem
| |─────────────
| | P→Q   Reit
| | Q     →elim
| | Q→R   Reit
| | R     →elim
| P→R   →intro
```

(1)(c)
```
| P→(Q→S)   Prem
| | Q       Prem
| |─────────────
| | | P           Prem
| | |─────────────
| | | P→(Q→S)     Reit
| | | Q→S         →elim
| | | Q           Reit
| | | S           →elim
| | P→S     →intro
| Q→(P→S)   →intro
```

(1)(d)
```
| P→Q   Prem
| | Q→R   Prem
| |─────────────
| | | P     Prem
| | |─────────────
| | | P→Q   Reit
| | | Q     →elim
| | | Q→R   Reit
| | | R     →elim
| | P→R   →intro
| (Q→R)→(P→R)   →intro
```

(1)(e)
```
| P→(P→Q)   Prem
| | P        Prem
| |─────────────
| | P→(P→Q)  Reit
| | P→Q      →elim
| | Q        →elim
| P→Q       →intro
```

(1)(f)
```
| P→Q        Prem
| R→(Q→S)    Prem
| | P           Prem
| |─────────────
| | | R           Prem
| | |─────────────
| | | R→(Q→S)     Reit
| | | Q→S         →elim
| | | P→Q         Reit
| | | P           Reit
| | | Q           →elim
| | | S           →elim
| | R→S     →intro
| P→(R→S)   →intro
```

(2)
```
| P→Q   Prem
| | Q→R   Prem
| |─────────────
| | | P     Prem
| | |─────────────
| | | P→Q   Reit
| | | Q     →elim
| | | Q→R   Reit
| | | R     →elim
| | P→R   →intro
| (Q→R)→(P→R)   →intro
| (P→Q)→((Q→R)→(P→R))   →intro
```

## 66

(1)(a)
```
| P→Q    Prem
| P→R    Prem
| P      Prem
|────────────
| Q      →elim
| R      →elim
| Q∧R    ∧intro
```

(1)(b)
```
| P→(Q→R)    Prem
| ┌─────────────
| │ P∧Q   Prem
| │ P     ∧elim
| │ Q     ∧elim
| │ P→(Q→R)  Reit
| │ Q→R   →elim
| │ R     →elim
| └─────────────
| (P∧Q)→R   →intro
```

(1)(c)
```
| (P→Q)∧(Q→R)   Prem
| ┌─────────────
| │ P     Prem
| │ (P→Q)∧(Q→R)  Reit
| │ P→Q   ∧elim
| │ Q→R   ∧elim
| │ Q     →elim
| │ R     →elim
| └─────────────
| P→R    →intro
```

(1)(d)
```
| P∧(Q∧R)   Prem
| P         ∧elim
| Q∧R       ∧elim
| Q         ∧elim
| R         ∧elim
| Q∧P       ∧intro
| R∧(Q∧P)   ∧intro
```

(2)
```
| (P→Q)∧(Q→R)   Prem
| ┌─────────────
| │ ┌─────────────
| │ │ P     Prem
| │ │ (P→Q)∧(Q→R)  Reit
| │ │ P→Q   ∧elim
| │ │ Q→R   ∧elim
| │ │ Q     →elim
| │ │ R     →elim
| │ └─────────────
| │ P→R    →intro
| └─────────────
| ((P→Q)∧(Q→R))→(P→R)   intro
```

## 67

(1)
```
| P↔Q    Prem
| ┌─────────────
| │ P     Prem
| │ P↔Q   Reit
| │ Q     ↔elim
| └─────────────
| P→Q    →intro
| ┌─────────────
| │ Q     Prem
| │ P↔Q   Reit
| │ P     ↔elim
| └─────────────
| Q→P    →intro
| (P→Q)∧(Q→P)   ∧intro
```

(2)
```
| (P→Q)∧(Q→P)   Prem
| P→Q    ∧elim
| Q→P    ∧elim
| P↔Q    ↔intro
```

(3)
```
| P→Q    Prem
| Q→R    Prem
| R→P    Prem
| ┌─────────────
| │ Q     Prem
| │ Q→R   Reit
| │ R     →elim
| │ R→P   Reit
| │ P     →elim
| └─────────────
| Q→P    →intro
| P↔Q    ↔intro
```

## 68

(1)(a)
```
│ ¬(P→Q)   Prem
│ │ P↔Q   Prem
│ │ │ P   Prem
│ │ │ P↔Q   Reit
│ │ │ Q   ↔elim
│ │ P→Q   →intro
│ │ ¬(P→Q)   Reit
│ ¬(P↔Q)   ¬intro
```

(1)(b)
```
│ ¬P   Prem
│ │ P∧Q   Prem
│ │ P   ∧elim
│ │ Q   ∧elim
│ │ ¬P   Reit
│ ¬(P∧Q)   ¬intro
```

(1)(c)
```
│ ¬(P∧Q)   Prem
│ │ P   Prem
│ │ │ Q   Prem
│ │ │ P   Reit
│ │ │ P∧Q   ∧intro
│ │ │ ¬(P∧Q)   Reit
│ │ ¬Q   ¬intro
│ P→¬Q   →intro
```

(1)(d)
```
│ P→Q   Prem
│ │ ¬Q   Prem
│ │ │ P   Prem
│ │ │ P→Q   Reit
│ │ │ Q   →elim
│ │ │ ¬Q   Reit
│ │ ¬P   ¬intro
│ ¬Q→¬P   →intro
```

(1)(e)
```
│ P   Prem
│ ¬Q   Prem
│ │ P→Q   Prem
│ │ P   Reit
│ │ Q   →elim
│ │ ¬Q   Reit
│ ¬(P→Q)   ¬intro
```

(2)(a)
```
│ │ P   Prem
│ │ │ ¬P   Prem
│ │ │ P   Reit
│ │ ¬¬P   ¬intro
│ P→¬¬P   →intro
```

(2)(b)
```
│ │ P∧¬P   Prem
│ │ P   ∧elim
│ │ ¬P   ∧elim
│ ¬(P∧¬P)   ¬intro
```

## 69

(1)
```
│ (P∨Q)→R   Prem
│ │ P   Prem
│ │ P∨Q   ∨intro
│ │ (P∨Q)→R   Reit
│ │ R   →elim
│ P→R   →intro
│ │ Q   Prem
│ │ P∨Q   ∨intro
│ │ (P∨Q)→R   Reit
│ │ R   →elim
│ Q→R   →intro
│ (P→R)∧(Q→R)   ∧intro
```

(2)
```
│ ¬(P∨Q)   Prem
│ │ P   Prem
│ │ P∨Q   ∨intro
│ │ ¬(P∨Q)   Reit
│ ¬P   ¬intro
│ │ Q   Prem
│ │ P∨Q   ∨intro
│ │ ¬(P∨Q)   Reit
│ ¬Q   ¬intro
│ ¬P∧¬Q   ∧intro
```

(3)
```
│ ¬P∨¬Q   Prem
│ │ ¬P   Prem
│ │ │ P∧Q   Prem
│ │ │ P   ∧elim
│ │ │ Q   ∧elim
│ │ │ ¬P   Reit
│ │ ¬(P∧Q)   ¬intro
│ ¬P→¬(P∧Q)   →intro
│ │ ¬Q   Prem
│ │ │ P∧Q   Prem
│ │ │ P   ∧elim
│ │ │ Q   ∧elim
│ │ │ ¬Q   Reit
│ │ ¬(P∧Q)   ¬intro
│ ¬Q→¬(P∧Q)   →intro
│ ¬(P∧Q)   ∨elim
```

70

(1)
```
┌ ¬P    Prem
│ ┌ P    Prem
│ │ ┌ ¬Q   Prem
│ │ │ P    Reit
│ │ │ ¬P   Reit
│ │ ¬¬Q   ¬intro
│ │ Q     ¬elim
│ P→Q   →intro
```

(2)
```
┌ ¬(P→Q)  Prem
│ ┌ ¬P    Prem
│ │ ┌ P    Prem
│ │ │ ┌ ¬Q   Prem
│ │ │ │ ¬P   Reit
│ │ │ │ P    Reit
│ │ │ ¬¬Q  ¬intro
│ │ │ Q    ¬elim
│ │ P→Q   →intro
│ │ ¬(P→Q) Reit
│ ¬¬P    ¬intro
│ P      ¬elim
│ ┌ Q    Prem
│ │ ┌ P    Prem
│ │ │ Q    Reit
│ │ P→Q   →intro
│ │ ¬(P→Q) Reit
│ ¬Q    ¬intro
│ P∧¬Q  ∧intro
```

(3)
```
┌ ¬(P∧¬Q)  Prem
│ ┌ P      Prem
│ │ ┌ ¬Q     Prem
│ │ │ P      Reit
│ │ │ P∧¬Q  ∧intro
│ │ │ ¬(P∧¬Q) Reit
│ │ ¬¬Q    ¬intro
│ │ Q      ¬elim
│ P→Q    →intro
```

(4)
```
┌ ¬P→Q   Prem
│ ┌ ¬Q     Prem
│ │ ┌ ¬P     Prem
│ │ │ ¬P→Q   Reit
│ │ │ Q      →elim
│ │ │ ¬Q     Reit
│ │ ¬¬P    ¬intro
│ │ P      ¬elim
│ ¬Q → P  →intro
```

(5)
```
┌ ¬(P∧Q)   Prem
│ ┌ ¬(¬P∨¬Q)  Prem
│ │ ┌ ¬P      Prem
│ │ │ ¬P∨¬Q   ∨intro
│ │ │ ¬(¬P∨¬Q) Reit
│ │ ¬¬P    ¬intro
│ │ P      ¬elim
│ │ ┌ ¬Q     Prem
│ │ │ ¬P∨¬Q   ∨intro
│ │ │ ¬(¬P∨¬Q) Reit
│ │ ¬¬Q    ¬intro
│ │ Q      ¬elim
│ │ P∧Q    ∧intro
│ │ ¬(P∧Q)  Reit
│ ¬¬(¬P∨¬Q)  ¬intro
│ ¬P∨¬Q    ¬elim
```

(6)
```
┌ ¬P∨Q    Prem
│ ┌ ¬P     Prem
│ │ ┌ P      Prem
│ │ │ ┌ ¬Q     Prem
│ │ │ │ P      Reit
│ │ │ │ ¬P     Reit
│ │ │ ¬¬Q    ¬intro
│ │ │ Q      ¬elim
│ │ P→Q    →intro
│ ¬P→(P→Q)  →intro
│ ┌ Q      Prem
│ │ ┌ P      Prem
│ │ │ Q      Reit
│ │ P→Q    →intro
│ Q→(P→Q)  →intro
│ P→Q     ∨elim
```

(7)
```
┌ P∨Q    Prem
│ ┌ ¬P     Prem
│ │ ┌ P      Prem
│ │ │ ┌ ¬Q     Prem
│ │ │ │ P      Reit
│ │ │ │ ¬P     Reit
│ │ │ ¬¬Q    ¬intro
│ │ │ Q      ¬elim
│ │ P→Q    →intro
│ ┌ Q      Prem
│ │ Q      Rep
│ Q→Q    →intro
│ Q      ∨elim
```

**71**

(1)
```
| ¬P∨¬Q    Prem
|  | P∧Q    Prem
|  | ¬P∨¬Q   Reit
|  |  | ¬P    Prem
|  |  | P∧Q   Reit
|  |  | P     ∧elim
|  |  | ⊥     ¬elim*
|  | ¬P→⊥   →intro
|  |  | ¬Q    Prem
|  |  | P∧Q   Reit
|  |  | Q     ∧elim
|  |  | ⊥     ¬elim*
|  | ¬Q→⊥   →intro
|  | ⊥       ∨elim
| ¬(P∧Q)   ¬intro*
```

(2)
```
| P→Q    Prem
|  | ¬Q    Prem
|  |  | P     Prem
|  |  | P→Q   Reit
|  |  | Q     →elim
|  |  | ¬Q    Reit
|  |  | ⊥     ¬elim*
|  | ¬P    ¬intro*
| ¬Q→¬P   →intro
```

(3)
```
| P∨Q    Prem
| ¬P     Prem
|  | P      Prem
|  |  | ¬Q     Prem
|  |  | P      Reit
|  |  | ¬P     Reit
|  |  | ⊥      ¬elim*
|  | ¬¬Q    ¬intro*
|  | Q      DN
| P→Q    →intro
|  | Q      Prem
|  | Q      Rep
| Q→Q    →intro
| Q      ∨elim
```

**72**

(1)
```
| ∀x(Px→Qx)   Prem
| Pa           Prem
| Pa→Qa        ∀elim
| Qa           →elim
| ∃xQx         ∃intro
```

(2)
```
| ∀x∀y(Lxy→∀zPz)   Prem
| Laa               Prem
| ∀y(Lay→∀zPz)     ∀elim
| Laa→∀zPz         ∀elim
| ∀zPz             →elim
| Pa               ∀elim
| ∃xPx             ∃intro
```

**73**

(1)(a)
```
| ∀xPx    Prem
| Pa      ∀elim
| ∀yPy    ∀intro
```

(1)(b)
```
| ∀xLxx     Prem
| ∀yPy      Prem
| Laa       ∀elim
| Pa        ∀elim
| Laa∧Pa    ∧intro
| ∀x(Lxx∧Px)   ∀intro
```

(2)
```
| ∀x∀y(∃zHyz→Hxy)   Prem
| Hab                Prem
| ∃zHaz              ∃intro
| ∀y(∃zHyz→Hcy)     ∀elim
| ∃zHaz→Hca         ∀elim
| Hca                →elim
| ∃zHcz              ∃intro
| ∀y(∃zHyz→Hdy)     ∀elim
| ∃zHcz→Hdc         ∀elim
| Hdc                →elim
| ∀yHdy              ∀intro
| ∀x∀yHxy            ∀intro
```

74

(1)
```
| Ka∧Sao   Prem
| ∃x(Kx∧Sxa)   Prem
| ∀x∀y∀z((Sxy∧Syz)→Sxz)   Prem
|  | Kb∧Sba   Prem
|  | Kb    ∧elim
|  | Sba   ∧elim
|  | Ka∧Sao   Reit
|  | Ka    ∧elim
|  | Sao   ∧elim
|  | Sba∧Sao   ∧intro
|  | ∀x∀y∀z((Sxy∧Syz)→Sxz)   Reit
|  | ∀y∀z((Sby∧Syz)→Sbz)   ∀elim
|  | ∀z((Sba∧Saz)→Sbz)   ∀elim
|  | (Sba∧Sao)→Sbo   ∀elim
|  | Sbo   →elim
|  | Sba∧Sbo   ∧intro
|  | Kb∧Sba∧Sbo   ∧intro
|  | ∃x(Kx∧Sxa∧Sxo)   ∃intro
| ∃x(Kx∧Sxa∧Sxo)   ∃elim
```

(2)(a)
```
| ∀x(Px→∃yQy)   Prem
| ∃xPx   Prem
|  | Pa   Prem
|  | Pa→∃yQy   ∀elim
|  | ∃yQy   →elim
| ∃yQy   ∃elim
| ∃xPx→∃xQy   →intro
```

(2)(b)
```
| ∃y∀xLxy   Prem
|  | ∀xLxa   Prem
|  | Lba   ∀elim
|  | ∃yLby   ∃intro
|  | ∀x∃yLxy   ∀intro
| ∀x∃yLxy   ∃elim
```

(2)(c)
```
| ∀x(Px→Qx)   Prem
|  | ¬Qa   Prem
|  |  | Pa   Prem
|  |  | ∀x(Px→Qx)   Reit
|  |  | Pa→Qa   ∀elim
|  |  | Qa   →elim
|  |  | ¬Qa   Reit
|  | ¬Pa   ¬intro
| ¬Qa→¬Pa   →intro
| ∀x(¬Qx→¬Px)   ∀intro
```

(3)(a)
```
| ∃xPx∨∃xQx   Prem
| | ∃xPx   Prem
| | | Pa   Prem
| | | Pa∨Qa   ∨intro
| | | ∃x(Px∨Qx)   ∃intro
| | ∃x(Px∨Qx)   ∃elim
| | ∃xPx→∃x(Px∨Qx)   →intro
| | ∃xQx   Prem
| | | Qa   Prem
| | | Pa∨Qa   ∨intro
| | | ∃x(Px∨Qx)   ∃intro
| | ∃x(Px∨Qx)   ∃elim
| | ∃xQx→∃x(Px∨Qx)   →intro
| | ∃x(Px∨Qx)   ∨elim
| (∃xPx∨∃xQx)→∃x(Px∨Qx)   →intro
```

(3)(b)
```
| ∃x(Px∨Qx)   Prem
| | Pa∨Qa   Prem
| | | Pa   Prem
| | | ∃xPx   ∃intro
| | | ∃xPx∨∃xQx   ∨intro
| | Pa→(∃xPx∨∃xQx)   →intro
| | | Qa   Prem
| | | ∃xQx   ∃intro
| | | ∃xPx∨∃xQx   ∨intro
| | Qa→(∃xPx∨∃xQx)   →intro
| | ∃xPx∨∃xQx   ∨elim
| ∃xPx∨∃xQx   ∃elim
| ∃x(Px∨Qx)→(∃xPx∨∃xQx)   →intro
```

## 75

(1)(a)
```
| a=b   Prem
| ¬Lab   Prem
| | ∀xLxx   Prem
| | Laa   ∀elim
| | a=b   Reit
| | ¬Lab   Reit
| | ¬Laa   =elim
| ¬∀xLxx   ¬intro
```

(1)(b)
```
| Pa   Prem
| a=a   =intro
| Pa∧a=a   ∧intro
| ∃x(Px∧x=a)   ∃intro
```

(2)(a)
```
| | a=b   Prem
| | a=a   =intro
| | b=a   =elim
| a=b→b=a   →intro
| ∀y(a=y→y=a)   ∀intro
| ∀x∀y(x=y→y=x)   ∀intro
```

(2)(b)
```
| Pa∧¬Pb   Prem
| | a=b   Prem
| | Pa∧¬Pb   Reit
| | Pa   ∧elim
| | ¬Pb   ∧elim
| | ¬Pa   =elim
| a≠b   ¬intro
| (Pa∧¬Pb)→a≠b   →intro
| ∀y((Pa∧¬Py)→a≠y)   ∀intro
| ∀x∀y((Px∧¬Py)→x≠y)   ∀intro
```

(3)(a)
$$
\begin{array}{|l}
\exists x(Px \land Qx \land \forall y(Py \to y=x)) \quad \text{Prem} \\
Pa \quad \text{Prem} \\
\quad\begin{array}{|l}
Pb \land Qb \land \forall y(Py \to y=b) \quad \text{Prem} \\
Pb \quad \land\text{elim} \\
Qb \land \forall y(Py \to y=b) \quad \land\text{elim} \\
Qb \quad \land\text{elim} \\
\forall y(Py \to y=b) \quad \land\text{elim} \\
Pa \to a=b \quad \forall\text{elim} \\
Pa \quad \text{Reit} \\
a=b \quad \to\text{elim} \\
Qa \quad =\text{elim}
\end{array} \\
Qa \quad \exists\text{elim}
\end{array}
$$

(3)(b)
$$
\begin{array}{|l}
\forall x \forall y(x \neq y \to (Cx \lor Cy)) \quad \text{Prem} \\
\quad\begin{array}{|l}
\neg Ca \land \neg Cb \quad \text{Prem} \\
\forall x \forall y(x \neq y \to (Cx \lor Cy)) \quad \text{Reit} \\
a \neq b \to (Ca \lor Cb) \quad \forall\text{elim} \times 2 \\
\quad\begin{array}{|l}
a \neq b \quad \text{Prem} \\
a \neq b \to (Ca \lor Cb) \quad \text{Reit} \\
Ca \lor Cb \quad \to\text{elim} \\
\quad\begin{array}{|l}
Ca \quad \text{Prem} \\
\neg Ca \land \neg Cb \quad \text{Reit} \\
\neg Ca \quad \land\text{elim} \\
\neg Cb \quad \land\text{elim} \\
\bot \quad \neg\text{elim}^*
\end{array} \\
Ca \to \bot \quad \to\text{intro} \\
\quad\begin{array}{|l}
Cb \quad \text{Prem} \\
\neg Ca \land \neg Cb \quad \text{Reit} \\
\neg Ca \quad \land\text{elim} \\
\neg Cb \quad \land\text{elim} \\
\bot \quad \neg\text{elim}^*
\end{array} \\
Cb \to \bot \quad \to\text{intro} \\
\bot \quad \lor\text{elim}^*
\end{array} \\
\neg(a \neq b) \quad \neg\text{intro}^* \\
a=b \quad \text{DN}
\end{array} \\
(\neg Ca \land \neg Cb) \to a=b \quad \to\text{intro} \\
\forall x \forall y((\neg Cx \land \neg Cy) \to x=y) \quad \forall\text{intro} \times 2
\end{array}
$$

**76** ヒント：**APL** の公理がみんなトートロジーであることと，トートロジーから MP によってつくられる式は必ずトートロジーであることを示せばよい．

**77** (1)
  1) P ……………………………………………………………………………仮定
  2) P→(Q→P) ………………………………………………………………A1
  3) Q→P ……………………………………………………………1) 2) MP

(2)
  1) P ……………………………………………………………………………仮定
  2) P→((P→Q)→P) …………………………………………………………A1
  3) (P→Q)→P ………………………………………………………1) 2) MP
  4) (P→Q)→(((P→Q)→(P→Q))→(P→Q)) …………………………………A1
  5) ((P→Q)→(((P→Q)→(P→Q))→(P→Q)))→
    (((P→Q)→((P→Q)→(P→Q)))→((P→Q)→(P→Q))) …………………A2
  6) ((P→Q)→((P→Q)→(P→Q)))→((P→Q)→(P→Q)) ………………4) 5) MP
  7) (P→Q)→((P→Q)→(P→Q)) ……………………………………………A1
  8) (P→Q)→(P→Q) …………………………………………………6) 7) MP
  9) ((P→Q)→(P→Q))→(((P→Q)→P)→((P→Q)→Q)) ……………………A2
  10) ((P→Q)→P)→((P→Q)→Q) ……………………………………8) 9) MP
  11) (P→Q)→Q ……………………………………………………3) 10) MP

**78** (1)【証明】Γ ⊢ A→C と仮定する．つまり，論理式の列 $B_1, B_2, \cdots, B_n$（ただし $B_n$ は A→C）があって，各 $B_i$ は，(i) 公理であるか，(ii) Γ の要素であるか，(iii) 列において先立つ 2 つの式から MP によって得られた式，かのいずれかであるとする．

 ここでこの列にさらに続けて，$B_1, B_2, \cdots, B_n(=A\to C), A, C$ のように，A と C をつけ加えた論理式の列を考えてみよう．この列に現れる各論理式は，(i) 公理であるか，(ii) Γ∪{A} の要素であるか，(iii) 列において先立つ 2 つの式から MP によって得られた式，かのいずれかである．したがってこの列は，Γ，A から C への deduction に他ならない．したがって，Γ, A ⊢ C である．■

(2)(a)
  1) P→(Q→R) ………………………………………………………………仮定
  2) Q …………………………………………………………………………仮定
  3) P …………………………………………………………………………仮定
  4) Q→R ……………………………………………………………1) 3) MP
  5) R …………………………………………………………………2) 4) MP

以上より，P→(Q→R), Q, P⊢R である．演繹定理により，P→(Q→R), Q, P⊢R ⇔ P→(Q→R), Q⊢P→R ⇔ P→(Q→R)⊢Q→(P→R) ⇔ ⊢(P→(Q→R))→(Q→(P→R))

(2)(b)
  1) P→(P→Q) ………………………………………………………………仮定
  2) P …………………………………………………………………………仮定
  3) P→Q ……………………………………………………………1) 2) MP
  4) Q …………………………………………………………………2) 3) MP

以上より，P→(P→Q), P⊢Q である．演繹定理を 2 回用いれば ⊢(P→(P→Q))→(P→Q)

(2)(c)
  1) ¬Q→¬P ……………………………………………………………… 仮定
  2) P ………………………………………………………………………… 仮定
  3) (¬Q→¬P)→((¬Q→P)→Q) …………………………………………… A3
  4) (¬Q→P)→Q …………………………………………………… 1) 3) MP
  5) P→(¬Q→P) ……………………………………………………………… A1
  6) ¬Q→P …………………………………………………………… 2) 5) MP
  5) Q ………………………………………………………………… 4) 6) MP
以上より，¬Q→¬P, P⊢Q である．演繹定理を 2 回用いれば ⊢(¬Q→¬P)→(P→Q)

**79** D12
  1) A→(B→C) ……………………………………………………………… 仮定
  2) A ………………………………………………………………………… 仮定
  3) B→C …………………………………………………………… 1) 2) MP
  4) B ………………………………………………………………………… 仮定
  5) C ………………………………………………………………… 3) 4) MP
これにより，A→(B→C), A, B⊢C であることがわかった．演繹定理により，A→(B→C), B⊢A→C, つまり A→(B→C), B から A→C への deduction は存在する．したがって，A→(B→C) と B から A→C を引き出してもよい．

D13
  1) A→¬¬B …………………………………………………………………… 仮定
  2) A ………………………………………………………………………… 仮定
  3) ¬¬B …………………………………………………………… 1) 2) MP
  4) B ………………………………………………………………………… 3) D11
これにより，A→¬¬B, A⊢B であることがわかった．演繹定理により，A→¬¬B⊢A→B, つまり A→¬¬B から A→B への deduction は存在する．したがって，A→¬¬B から A→B を引き出してもよい．

(2)(a)
  1) (¬¬¬P→¬P)→((¬¬¬P→P)→¬¬P) ……………………………… A3
  2) ¬¬¬P→¬P …………………………………………………… theorem 6
  3) (¬¬¬P→P)→¬¬P …………………………………………… 1) 2) MP
  4) P→(¬¬¬P→P) ………………………………………………………… A1
  5) P→¬¬P ………………………………………………………… 3) 4) D6
注意：この 1)～5) の変形それじたいは P→¬¬P の proof ではない．proof はあくまでも proof の定義にある 3 つの条件を満たす式の列のことだ．ここにある 1)～5) の式の列はその条件を満たしてはいない．では，これによって何が分かったのだろうか．1)～5) じたいは proof ではないが，P→¬¬P には proof がある，ということが分かったのである．

(c)
  1) ¬P ………………………………………………………………………… 仮定
  2) ¬P→(¬Q→¬P) ………………………………………………………… A1
  3) ¬Q→¬P ………………………………………………………… 1) 2) MP

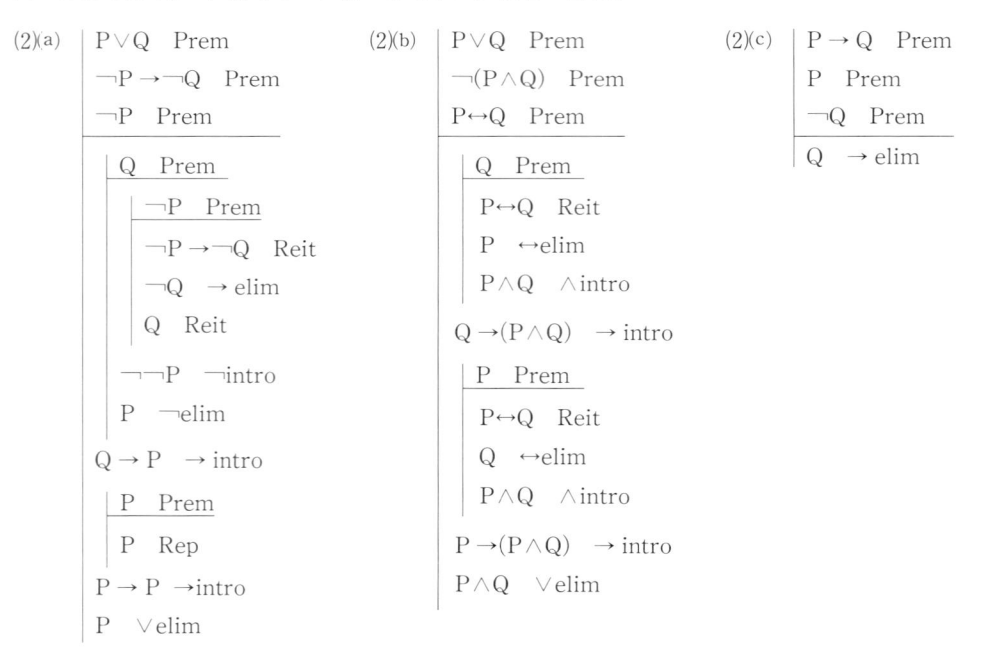

4）（¬Q→¬P）→（P→Q） ……………………………………………………theorem 5
　　　5）P→Q ……………………………………………………………………3）4）MP
　以上より，¬P⊢P→Q である．演繹定理により，⊢¬P→（P→Q）

80 (1) 【⇒の証明】Γ∪{¬A} が構文論的に矛盾しているとする．つまり Γ∪{¬A} からの，ある式 B とその否定 ¬B への deduction がそれぞれ存在するものとする．つまり，Γ，¬A⊢B かつ Γ，¬A⊢¬B とする．

　このとき，演繹定理により，Γ⊢¬A→B，Γ⊢¬A→¬B．また，
　　　1）¬A→B ……………………………………………………………………………仮定
　　　2）¬A→¬B …………………………………………………………………………仮定
　　　3）（¬A→¬B）→（（¬A→B）→A） …………………………………………………A3
　　　4）（¬A→B）→A ………………………………………………………………2）3）MP
　　　5）A ……………………………………………………………………………1）4）MP
であるから，¬A→B，¬A→¬B⊢A である．したがって，Γ⊢A ∎

　⇐の証明はあんまり簡単なので省略する．

(2) すべて ND 矛盾している．
(a) ¬P∈Γ だから Γ⊢_{ND}¬P は自明．だから，Γ⊢_{ND}P を示せばよい．
(b) Γ⊢_{ND}¬（P∧Q） と Γ⊢_{ND}P∧Q を示せばよい．前者は自明．
(c) は最も簡単．Γ⊢_{ND}Q と Γ⊢_{ND}¬Q を示す．後者は自明．

```
(2)(a) | P∨Q    Prem              (2)(b) | P∨Q       Prem            (2)(c) | P→Q    Prem
       | ¬P→¬Q  Prem                     | ¬(P∧Q)    Prem                   | P       Prem
       | ¬P     Prem                     | P↔Q       Prem                   | ¬Q      Prem
       | | Q    Prem                     | | Q       Prem                   | Q    →elim
       | | | ¬P    Prem                  | | P↔Q     Reit
       | | | ¬P→¬Q  Reit                 | | P     ↔elim
       | | | ¬Q    →elim                 | | P∧Q    ∧intro
       | | | Q     Reit
       | | ¬¬P   ¬intro                  | Q→(P∧Q)    →intro
       | | P     ¬elim
       | Q→P   →intro                    | | P       Prem
       | | P    Prem                     | | P↔Q     Reit
       | | P    Rep                      | | Q     ↔elim
       | P→P   →intro                    | | P∧Q    ∧intro
       | P    ∨elim
                                         | P→(P∧Q)   →intro
                                         | P∧Q    ∨elim
```

81 【⇒の証明】Γ⊨A とする．すると，Γ を充足する任意の真理値割り当てのもとで A も真になる．したがって，Γ を充足するすべての真理値割り当てのもとで ¬A は偽になる．このことは，Γ∪{¬A} を充足する真理値割り当てが存在しないということである．∎

　【⇐の証明】Γ∪{¬A} を充足する真理値割り当てが存在しない ⇒ Γ を充足し，A を偽にする

真理値割り当てが存在しない ⇒ Γ⊬A ∎

**82** 【証明】Δ を論理式の構文論的に無矛盾な集合とする。このとき，次の2つの条件が同値であることを言えばよい。

(1) 任意の論理式 A について，A∉Δ ⇒ Δ∪{A} は構文論的に矛盾

(2) 任意の論理式 A について，A∈Δ または ¬A∈Δ

(1) ⇒ (2)の証明

背理法を用いる。(1)が成り立つが(2)は成り立っていないとしよう。そうすると，B∉Δ かつ ¬B∉Δ なる論理式 B が存在する。このとき，(1)より，Δ∪{B} も Δ∪{¬B} も構文論的に矛盾している。
定理40より，Δ∪{¬B} が矛盾している ⇒ Δ⊢B であるから，この B については Δ⊢B である。
さて，一方，Δ∪{B} が構文論的に矛盾しているということは，Δ, B⊢C, Δ, B⊢¬C, なる論理式 C が存在するということである。しかしいま，Δ⊢B であるから，Δ だけを前提して，C も ¬C も provable であることになる。これは Δ が無矛盾であるという前提に反する。したがって(2)が成り立たないとしたのはまちがいだった。∎

(2) ⇒ (1)の証明

任意の A について A∈Δ または ¬A∈Δ であるとする。このとき，

(a) A∈Δ の場合，

(1)の前件は偽，したがって(1)は成立する。

(b) ¬A∈Δ の場合，

A∈Δ とすると，Δ は矛盾してしまうので，A∉Δ である。このとき，

Δ, A⊢A

Δ, A⊢¬A （なぜなら ¬A∈Δ だから）

となり，Δ∪{A} は構文論的に矛盾する。したがって(1)は成立する。∎

**83** B⊢A→B は D3 に他ならない。これは証明済みである。¬A⊢A→B の方は演繹定理により，

¬A⊢A→B ⇔ ¬A, A⊢B  この右辺はすでに 263 ページで証明済みである。

**84** (1)

| A∨B | | B | | |
|---|---|---|---|---|
| | | 0 | 0.5 | 1 |
| A | 0 | 0 | 0.5 | 1 |
| | 0.5 | 0.5 | 0.5 | 1 |
| | 1 | 1 | 1 | 1 |

| A∧B | | B | | |
|---|---|---|---|---|
| | | 0 | 0.5 | 1 |
| A | 0 | 0 | 0 | 0 |
| | 0.5 | 0 | 0.5 | 0.5 |
| | 1 | 0 | 0.5 | 1 |

| A↔B | | B | | |
|---|---|---|---|---|
| | | 0 | 0.5 | 1 |
| A | 0 | 1 | 0.5 | 0 |
| | 0.5 | 0.5 | 1 | 0.5 |
| | 1 | 0 | 0.5 | 1 |

(2) A も B も真理値が 0.5 の場合を考える。このとき A→B の真理値は 1 である。これに対し，¬A∨B の真理値は 0.5 になる。したがって，この2つの式はつねに同じ真理値をとるわけではない。

(3)

| A | ¬A | A∧¬A | ¬(A∧¬A) |
|---|---|---|---|
| 0 | 1 | 0 | 1 |
| 0.5 | 0.5 | 0.5 | 0.5 |
| 1 | 0 | 0 | 1 |

(4)

| A | ¬A | ¬¬A | ¬¬A→A |
|---|---|---|---|
| 0 | 1 | 0 | 1 |
| 0.5 | 0.5 | 0.5 | 1 |
| 1 | 0 | 1 | 1 |

(5) A の真理値が 0.5 のとき ¬A も 0.5。したがって ¬A↔A は 1 になる。つまり ¬A↔A は

矛盾式ではない。

**85** 2値原理を採用し，$\overline{V}(A)$，$\overline{V}(B)$ ともに 1 か 0 のいずれかであるとする。このとき，

| $\overline{V}(A)$ | $\overline{V}(\neg A)$ |
|---|---|
| x | 1−x |
| 1 | 0 |
| 0 | 1 |

| $\overline{V}(A)$ | $\overline{V}(B)$ | $\overline{V}(A\land B)$ | $\overline{V}(A\lor B)$ | $\overline{V}(A\to B)$ |
|---|---|---|---|---|
| x | y | min{x, y} | max{x, y} | x>y のときだけ 1−(x−y) |
| 1 | 1 | 1 | 1 | 1 |
| 1 | 0 | 0 | 1 | 0 |
| 0 | 1 | 0 | 1 | 1 |
| 0 | 0 | 0 | 0 | 1 |

となるから，(F¬)，(F∧)，(F∨)，(F→) にしたがって定まる真理値は真理表によって定められたものと一致する。

**86** 【証明】(1) この推論の場合，Γ = {A→B, A} である。この推論が定義 2 の意味で妥当であるかどうかを考えてみよう。もし，この推論が妥当でないならば，定義 2 により，$\overline{V}(\Gamma)=1$ かつ $\overline{V}(B)<1$ であるような真理値割り当て $\overline{V}$ が存在するはずである。さてこのとき $\overline{V}(\Gamma)=1$ であるためには，$\overline{V}(A\to B)=1$ かつ $\overline{V}(A)=1$ でなくてはならない。$\overline{V}(A\to B)=1$ となるためには，(F→) より $\overline{V}(A)>\overline{V}(B)$ であってはならない。したがって，$\overline{V}(A)\leq \overline{V}(B)$。ところが $\overline{V}(A)=1$ であるから，$\overline{V}(B)=1$。これは $\overline{V}(B)<1$ に反する。したがってこのような真理値割り当ては存在せず，A→B, A ⊨_F B。つまりこの推論は妥当である。■

(2) Γ = {A→B, A} とする。定義 3 にしたがうと，このとき $\overline{V}(B)<\overline{V}(\Gamma)$ であるような真理値割り当て $\overline{V}$ が存在してしまう。例えば，$\overline{V}(A)=0.5$，$\overline{V}(B)=0.4$ となるような真理値割り当てのもとでは，$\overline{V}(A\to B)=1-(0.5-0.4)=0.9$ ゆえ，$\overline{V}(\Gamma)=0.5$。したがって $\overline{V}(B)<\overline{V}(\Gamma)$。このような反例の存在は，A→B, A ⊭_F B。つまりこの推論は妥当ではないことを示している。■

**87**

(1)
```
| P∧¬P   Prem
| P      ∧elim
| ¬P     ∧elim
| ⊥      ¬elim*
¬(P∧¬P)  ¬intro*
```

(2) 9.3.2 (253 ページ) ですでにやってある。

(3)
```
| ¬(P∨Q)   Prem
|| P       Prem
|| P∨Q     ∨intro
|| ¬(P∨Q)  Reit
|| ⊥       ¬elim*
| ¬P       ¬intro*
|| Q       Prem
|| P∨Q     ∨intro
|| ¬(P∨Q)  Reit
|| ⊥       ¬elim*
| ¬Q       ¬intro*
| ¬P∧¬Q    ∧intro
```

(4)　| P∧Q　Prem
　　　| | ¬P∨¬Q　Prem
　　　| | | ¬P　Prem
　　　| | | P∧Q　Reit
　　　| | | P　　∧elim
　　　| | | ⊥　　¬elim*
　　　| | ¬P → ⊥　→intro
　　　| | | ¬Q　Prem
　　　| | | P∧Q　Reit
　　　| | | Q　　∧elim
　　　| | | ⊥　　¬elim*
　　　| | ¬Q → ⊥　→intro
　　　| | ⊥　∨elim
　　　| ¬(¬P∨¬Q)　→intro*

¬P∨¬Q から ¬(P∧Q) への演繹は練習問題 71(1) でやってある。この演繹は **NJ** でもできる。

　この逆，つまり ¬(P∧Q) から ¬P∨¬Q への演繹は練習問題 70(5) にある。これは間接証明をつかっており，DN で 2 重否定をとるステップを含む。このステップは **NJ** ではできない。

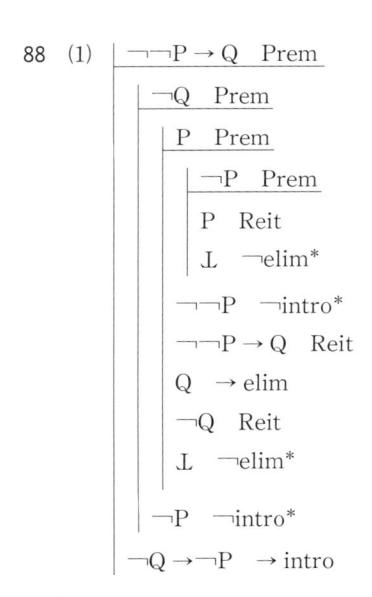

88 (1)　| ¬¬P → Q　Prem
　　　　| | ¬Q　Prem
　　　　| | | P　Prem
　　　　| | | | ¬P　Prem
　　　　| | | | P　Reit
　　　　| | | | ⊥　¬elim*
　　　　| | | ¬¬P　¬intro*
　　　　| | | ¬¬P → Q　Reit
　　　　| | | Q　→elim
　　　　| | | ¬Q　Reit
　　　　| | | ⊥　¬elim*
　　　　| | ¬P　¬intro*
　　　　| ¬Q → ¬P　→intro

(2)　P∧¬Q から ¬(P→Q) への演繹は次に示した通り。¬(P→Q) から P∧¬Q への演繹は 70(2) を見よ。たしかに 2 重否定をはずしていることがわかる。

418　付　録

(2)
```
| P∧¬Q   Prem
| | P→Q   Prem
| | P∧¬Q  Reit
| | P    ∧elim
| | ¬Q   ∧elim
| | Q    →elim
| | ⊥    ¬elim*
| ¬(P→Q)  ¬intro*
```

(3)(a)
```
| ¬P   Prem
| | P   Prem
| | ¬P  Reit
| | ⊥   ¬elim*
| | Q   AB
| P→Q  →intro
```

(3)(b)
```
| P∨Q   Prem
| ¬P    Prem
| | P   Prem
| | ¬P  Reit
| | ⊥   ¬elim*
| | Q   AB
| P→Q   →intro
| | Q   Prem
| | Q   Rep
| Q→Q   →intro
| Q     ∨elim
```

**89**　(6)

```
| ¬A
| ⊥
| A    RAA
```
⇒
```
|      | ¬A   Prem
|      |
|      | ⊥
| ¬¬A    ¬intro*
| A∨¬A   Axiom
|      | A   Prem
|      | A   Rep
| A→A    →intro
|      | ¬A   Prem
|      | ¬¬A  Reit
|      | ⊥    ¬elim*
|      | A    AB
| ¬A→A   →intro
| A      ∨elim
```

**90**　(1)　$\sigma_2$ 以降のどの段階 $\sigma$ でも，$\sigma \Vdash P$ ならば $\sigma \Vdash Q$ である。したがって $\sigma_2 \Vdash P \to Q$ である。

(2)　$\sigma_2$ 以降のどの段階 $\sigma$ でも，$\sigma \Vdash R$ ならば $\sigma \Vdash Q$ である。したがって $\sigma_2 \Vdash R \to Q$ である。これと(1)の結果により，$\sigma_2 \Vdash (R \to Q) \land (P \to Q)$

(3)　例えば $\sigma_3$ では「$\sigma_3 \Vdash P$ ならば $\sigma_3 \Vdash Q$」ではない（$\sigma_1$ もそう）。したがって，$\sigma_0 \Vdash P \to Q$ ではない。

(4)　$\sigma_0$ 以降の段階，例えば $\sigma_2$ で $\sigma_2 \Vdash P \to Q$ となっている。したがって，$\sigma_0 \Vdash \neg(P \to Q)$ ではない。

91 (1)【証明】右図のようなモデルを考えよ。現時点 $\sigma_0$ で P は証明されていない。したがって，$\sigma_0 \not\Vdash P$。また，$\sigma_0$ より後の段階 $\sigma_1$ では，P が証明されている。したがって，$\sigma_0 \not\Vdash \neg P$。以上より，$\sigma_0 \not\Vdash P \vee \neg P$ であり，このモデルは排中律の反証モデルである。∎

(2)【証明】$P \to \neg\neg P$ が直観主義的に妥当でないと仮定する。このときあるモデルのある段階 $\sigma$ において $\sigma \not\Vdash P \to \neg\neg P$ である。

このとき，$\sigma \leq \sigma'$ なる段階 $\sigma'$ で $\sigma' \Vdash P$ ……(i) であると同時に $\sigma' \not\Vdash \neg\neg P$ ……(ii) となるものがある。

ここで，(ii) より，$\sigma' \leq \sigma''$ なる段階で $\sigma'' \Vdash \neg P$ なるものがある。……(iii)

$\sigma'' \Vdash \neg P$ であるためには，$\sigma'' \leq \sigma'''$ なるすべての段階で $\sigma''' \not\Vdash P$ である。……(iv)

一方，$\sigma' \Vdash P$ であるから，「一度知ったら忘れない」という原理によって $\sigma' \leq \sigma$ なるすべての $\sigma$ でも $\sigma \Vdash P$ でなくてはならない。そして $\sigma' \leq \sigma'''$ であるから $\sigma''' \Vdash P$ ……(v)

(iv) と (v) は矛盾する。したがって $P \to \neg\neg P$ が直観主義的に妥当でないと仮定したのが誤りだった。∎

92 次の図を見よ。

|  | $w_1$ | $w_2$ | $w_3$ |
|---|---|---|---|
| P | 1 | 1 | 0 |
| $\neg P$ | 0 | 0 | 1 |
| $\Diamond P$ | 1 | 0 | 0 |
| $\Box P$ | 1 | 0 | 1 |
| $\Box \neg P$ | 0 | 1 | 1 |
| $\neg \Diamond P$ | 0 | 1 | 1 |
| $\neg P \wedge \Diamond P$ | 0 | 0 | 0 |
| $\Box P \to P$ | 1 | 1 | 0 |
| $\Box \neg P \to \neg \Diamond P$ | 1 | 1 | 1 |

93 (1) (a) 非妥当。例えば，P が $w_1$ で 1，$w_2$ で 1，$w_3$ で 0 となるような付値を考えると，$w_1$ では $\Diamond P \to \Diamond \Box P$ は 0 になる。  (b) 非妥当。例えば，P が $w_1$ で 1，$w_2$ で 1，$w_3$ で 0 となるような付値を考えると，$w_1$ では $\Box P \to \Box \Box P$ は 0 になる。  (c) 妥当。どの世界でもよいからこの式が 0 になるためには，その世界 w において $\Box P$ が 1，$\Diamond P$ が 0 にならないといけない。しかし w から到達可能な世界が 1 つでもあると，w で $\Box P$ が 1 である以上，w から到達可能な世界ではすべて P が 1 であるから，w から到達可能で P が 1 の世界があることになり，w で $\Diamond P$ は 1 になる。このフレームでは，どの世界も到達可能な世界をもっているから，このフレームでは $\Box P \to \Diamond P$ が 0 になる世界はありえない。

(2) いま，ある $a \in W$ に対して，$\bar{V}_M(a, \Box \Diamond P \to \Diamond \Box P) = 0$ であるとする。このとき，(i) $V_M(a, \Box \Diamond P) = 1$，(ii) $V_M(a, \Diamond \Box P) = 0$ でなければならない。(i) より，(iii) $aRx$ となるすべての x に対し，それぞれ何らかの y が存在して，$xRy$ かつ $V_M(y, P) = 1$。(ii) より，(iv) $aRx$ となるすべての x に対し，それぞれ何らかの z が存在して，$xRz$ かつ $V_M(z, P) = 0$ が成り立たなければならない。そこで，右のようなモデルを考える（$w_3$ でだけ P は 1 とする）。このモデルでは (iii) と (iv) が成り立ち，$V_M(a, \Box \Diamond P \to \Diamond \Box P) = 0$ である。

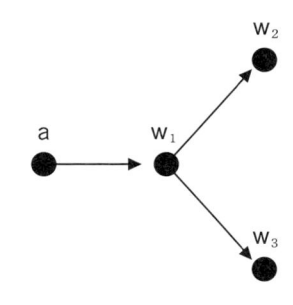

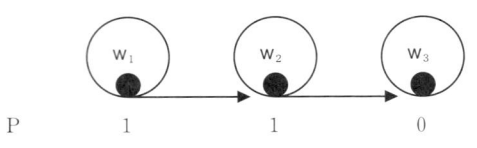

(3) どの世界でもよいからこの式が0になるためには，その世界wにおいて□Pが1, Pが0にならないといけない。しかしここで，wからwじしんが到達可能だと，wで□Pが1である以上，wから到達可能な世界ではすべてPが1であるから，wでPは1でなければならない。したがって，□P→Pが0になる世界があるためには，自分じしんに到達可能でない世界がなくてはならない。しかしながら，このフレームでは，どの世界も自分じしんに到達可能だから，□P→Pが0になる世界はありえない。したがって，このフレームでは□P→Pは妥当である。

(4) 次のような付値を考える。この付値では，世界$w_1$において□P→□□Pは偽になる。したがって，式□P→□□Pはこのフレームで妥当ではない。

(5) どん詰まり世界では，□Pは1, ◇Pは0になるから，□P→◇Pは0である。

94 Rが反射的でないフレームでは，自分に到達可能でない可能世界wがある。そこで，wではAが偽，wから到達可能なすべての世界（このなかにはw自身は含まれない）でAが真になるようにモデルをつくれば，そのようなモデルでは，$\bar{V}_M(w, □P)=1$ であるが $\bar{V}_M(w, P)=0$ なので，$\bar{V}_M(w, □P→P)=0$ になる。というわけで，□A→Aが妥当になるフレームはみな反射的である。∎

95【証明】モデル $M_1$ の論議領域 $D_1$ からモデル $M_2$ の論議領域 $D_2$ への次のような写像を考えよう。$h(x)=1/2^x$。そうすると次のことが言える。

(1) 述語記号Pと任意の $a \in D_1$ について，
$a \in_{M_1}(P)$ ⇔ aは3の倍数 ⇔ $h(a)$ は $1/2^{3n}$ の形の分数 ⇔ $h(a) \in_{M_2}(P)$

(2) 関数記号fと任意の $a \in D_1$ について，
$h(V_{M_1}(f)(a)) = h(a+1) = 1/2^{a+1} = 1/2(1/2^a) = 1/2(h(a)) = V_{M_2}(f)(h(a))$

(3) 関数記号gと任意の $a, b \in D_1$ の論議領域について，
$h(V_{M_1}(g)(a,b)) = h(a+b) = 1/2^{a+b} = 1/2^a \times 1/2^b = h(a) \times h(b) = V_{M_2}(g)(h(a), h(b))$

(4) $a \neq b \Rightarrow 1/2^a \neq 1/2^b$ である。したがって，写像hは1対1である。

(5) $D_2$ の任意の要素bに対し，必ず $h(a)=b$ となる $a \in D_1$ が存在する。なぜなら，bが $1/2^n$ のとき，$a=n$ とすればよいからである。したがって，写像hはモデル $M_1$ からモデル $M_2$ の上への写像である。

以上により，モデル $M_1$ とモデル $M_2$ は同型なモデルである。∎

96 (1) 例えばQ4について，●+0=●, ◆+0=◆ だから，Q4は●と◆も含めて成り立っている。Q5についても，●+S(◆)=●+◆=●=S(●)=S(●+◆), とか●+S(●)=●+●=●=S(◆)=S(●+●) といった具合にいろいろ代入して確かめることができる。あとは自分でやろう。

(2) (c)は偽である。なぜならモデル $M^*$ では S(●)=● だから。(d)は偽である。なぜなら，●+(●+◆)=●+●=◆, (●+●)+◆=◆+◆=● となり両者は同一ではない。(f)は偽である。なぜなら，2·●=●, ●·2=◆ ゆえ，2·●≠●·2 である。(a)(b)(e)についても同様。

(3) Mの論議領域Dと，$M^*$ の論議領域 $D^*$ の間には次のように全単射fが存在する。したがって両者は同濃度である。もちろん，同濃度であることは同型であることを保証しないから注意。

$$f(n) = \begin{cases} ● & (n=0 \text{ のとき}) \\ ◆ & (n=1 \text{ のとき}) \\ n-2 & (n \geq 2 \text{ のとき}) \end{cases}$$

97 (1) (a) $D=\{●, ◆\}$, $V(R)=\{\langle●,◆\rangle, \langle●,●\rangle, \langle◆,◆\rangle, \langle◆,●\rangle\}$

(b)　$D=\{●, ◆\}$, $V(R)=\{\langle●, ◆\rangle, \langle◆, ●\rangle\}$

(c)　$D=\{●, ◆, ▲\}$, $V(R)=\{\langle●, ◆\rangle, \langle◆, ▲\rangle, \langle●, ▲\rangle\}$

(2) (a)　$\forall X(\forall x(Gx \to Xx) \to Xr)$　(b)　$\exists X(Xm \land \forall x(x \neq m \to \neg Xx))$

(c)　$\forall x \forall y \exists X(x \neq y \to Xxy)$

**98**　ヒント：定理 55 の証明と似たようなテクニックを使う。

(1) **PA2** の公理の集合に，すべての C 式を付け加えた集合 Γ が構文論的に無矛盾であることをまず言う。

(2) 次に Γ にモデルがないことを言う。Γ のモデルがもしあるとすれば，それは **PA2** のモデルでもあるから，**PA2** の範疇性により自然数全体の集合と同型なはずだ……（あとは自分で考えてみたまえ。証明できれば本書は卒業だ）。

**99**　$\{x|x \neq x\}$ と定義された空集合を $\phi_1$，$\{x|Px \land \neg Px\}$ と定義された空集合を $\phi_2$ とする。

$x \in \phi_1$ ⇔ $x \neq x$　ゆえ，すべての x について $x \in \phi_1$

$x \in \phi_2$ ⇔ $Px \land \neg Px$　ゆえ，すべての x について $x \in \phi_2$

したがって，すべての x について，$x \in \phi_1$ ⇔ $x \in \phi_2$ である。なぜなら，どのような x についても⇔の両辺は偽だから。集合の外延性により，$\phi_1 = \phi_2$　∎

**100**　(1) $A \cap B = \{4, 5\}$　(2) $A \cup B = \{1, 2, 3, 4, 5, 6, 7\}$　(3) $\phi, \{4\}, \{5\}, \{6\}, \{7\}, \{4, 5\}, \{4, 6\}, \{4, 7\}, \{5, 6\}, \{5, 7\}, \{6, 7\}, \{4, 5, 6\}, \{4, 5, 7\}, \{4, 6, 7\}, \{5, 6, 7\}, \{4, 5, 6, 7\}$ の計 16 個

**101**　(1) $A \times B = \{\langle 0, 7\rangle, \langle 0, 8\rangle, \langle 0, 9\rangle, \langle 1, 7\rangle, \langle 1, 8\rangle, \langle 1, 9\rangle, \langle 2, 7\rangle, \langle 2, 8\rangle, \langle 2, 9\rangle\}$

$B \times A = \{\langle 7, 0\rangle, \langle 7, 1\rangle, \langle 7, 2\rangle, \langle 8, 0\rangle, \langle 8, 1\rangle, \langle 8, 2\rangle, \langle 9, 0\rangle, \langle 9, 1\rangle, \langle 9, 2\rangle\}$

(2) $n \times m$ 個

**102**　(1) $\{\phi, \{1\}\}$　(2) $\{\phi\}$。これは $\phi$ とは異なる集合だ。$\{\phi\}$ は 1 つの要素 $\phi$ をもつ集合であり，したがって空集合ではない　(3) $2^n$ 個

**103**　(1) 関数である　(2) 関数ではない。愛する人が 2 人以上いる人も誰も愛していない人もいるから　(3) 関数である　(4) 関数ではない　(5) 関数である

**104**　(1) N から N への中への 1 対 1 写像（単射）　(2) $N^2$ から N への上への写像（全射）。1 と 4 の組にも 2 と 3 の組にも 5 が割り当てられるから 1 対 1 ではない。しかし，どんな自然数 n にも足してその数になる 2 つの自然数のペアは存在するから全射である（いまは，N に 0 を含めて考えていることに注意）。　(3) R から R への中への写像　(4) N から N への中への写像　(5) N から $\{1, 0\}$ への上への写像　(6) Z から Z への全単射

**105**　定理 60 により，正の有理数全体の集合は可算集合であるから，$a_0, a_1, \cdots, a_n, \cdots$ という具合に自然数の番号をつけて並べることができる。この列に出てくる個々の有理数に一斉に負号をつけて，$-a_0, -a_1, \cdots, -a_n, \cdots$ という列を作ると，ここにはすべての負の有理数が並んでいる。あとは，0 からはじめてこれらの列を $a_0, -a_0, a_1, -a_1, \cdots$ という具合に交互に並べ直せば，すべての有理数に自然数の番号をつけ直すことができる。　∎

# C. ブックガイド

　以下に，本書を読んでさらに勉強したい人が読むべき本，私が本書を書くときに参考にした本，本書で触れることのできなかったトピックを含んでいる本，などのうち，比較的手に入れやすいものを，五十音順に並べて紹介しておく。

● 日本語で読める本
・赤間世紀［1992］『計算論理学入門』啓学出版
　　非古典論理に興味を持ったら，ぜひ覗いてもらいたい本。非古典論理ってこんなにバラエティ豊かなのか！と驚くことだろう。
・飯田隆［1987］『言語哲学大全Ⅰ：論理と言語』勁草書房
　　フレーゲに始まる現代論理学がそれまでの伝統的論理学と比べてどのような点ですぐれているのか，現代論理学の創始者たちがどのような問題意識で言語と論理の問題にとりくんだのかについての優れた解説書。ラッセルの記述理論についても詳しく触れられている。
・飯田隆［1995］『言語哲学大全Ⅲ：意味と様相（下）』勁草書房
　　様相論理と可能世界意味論が言語と世界についての考え方にどのような影響を与えたかということを知るために，これ以上よい本はちょっと見あたらない。
・内井惣七［1989 a］『真理・証明・計算：論理と機械』ミネルヴァ書房
　　機械的手続き，という観点から書かれたユニークな論理学のテキスト。アルゴリズム，チューリングマシン，決定不可能性などについてさらに進んだ話題を勉強したい人にはまず第一にお勧めする最良の入門書。ただし，自然演繹を開発した「ゲンツェン」を「ゲリベン」と洒落る，オヤジなギャグセンスに耐えることが必要。
・内井惣七［1987］『うそとパラドックス』講談社現代新書
・内井惣七［1988］『シャーロック・ホームズの推理学』講談社現代新書
・内井惣七［1989 b］『パズルとパラドックス』講談社現代新書
　　［1989 b］はルイス・キャロルの不思議の国のアリスを題材にして論理学とはどんなものかを解説した本。ゲーデルの不完全性定理への導入にもなっている。扱われている題材はどれも深く，おもしろい。ただし，ギャグ感覚は相変わらずかなりディープ。［1987］もゲーデルの不完全性定理にパズルで入門しちゃおうという本。［1988］は演繹的でない様々な推論について詳しく知るには格好の本。ホームズの推理は本書で扱う演繹的推論とはちょっと違う。親しみやすく思えて，じつはレベルは相当高いとみた。
・内田種臣［1978］『様相の論理』早稲田大学出版部
　　真理様相だけでなく，認識論理，義務論理などにも触れていて，様相論理の幅広さを知ることができる。
・大出晃［1991］『自然な推論のための論理学』勁草書房

直観主義論理について，野矢茂樹 [1994] を読んでまだものたりなかったら次に読もう。

- 小野寛晰 [1994]『情報科学における論理』日本評論社

  直観主義論理，様相論理について，もうすこし数学的，理論的に整理しておきたいという人はこの本を読もう。叙述はややそっけないが，コンパクトな本であるにもかかわらず，情報満載で役に立つ。

- 金子洋之 [1994]『記号論理入門』産業図書

  本書を読んで自然演繹法に興味を持ち，もっと証明技術を磨きたいと思った人には最適の一冊。はじめから矛盾記号を使ったやり方で展開されている。

- 神野慧一郎/内井惣七 [1976]『論理学――モデル理論と歴史的背景』ミネルヴァ書房

  可能世界意味論にもとづく様相論理をさらに先まで勉強したい人に格好のテキスト。様相述語論理や様相論理の応用の1つである条件法の論理も扱われている。また，現代論理学がどのようにスタートしたのかについての歴史的記述も収められていて盛りだくさん。

- 坂本百大/坂井秀寿 [1971]『現代論理学』東海大学出版会

  ちょっと古い感じの教科書だが，現代記号論理学の立場から伝統的論理学をかなりくわしく扱っている。伝統的論理学についてもっと知りたい人にお勧め。

- ジェフリー [1995]『形式論理学――その展望と限界』産業図書

  同一性を含む述語論理，関数記号を含む述語論理についてのタブローの方法の信頼性の証明，また本書では扱えなかった，命題論理の決定不可能性の証明についてはこの本が最短距離。

- 清水義夫 [1984]『記号論理学』東京大学出版会

  本書では省略したヘンキンの方法による述語論理の公理系に対する完全性証明の細部を知りたい人はこの本がよい。

- 白井賢一郎 [1985]『形式意味論入門』産業図書
- 白井賢一郎 [1991]『自然言語の意味論』産業図書

  論理学が日常言語の研究にどのような仕方で関わってくるか，もっと精密に日常言語を論理的に扱うにはどうすれば良いか，またその際にどのような問題点があるか，について知りたい向きにお勧め。

- 菅原道明 [1987]『論理学――タブローの方法』理想社

  タブローの方法は様相論理にも使える。それを知りたいならこの本の第3章を読もう。

- 丹治信春 [1999]『タブローの方法による論理学入門』朝倉書店

  本書の原稿を書き上げたときにこの本が出た。初心者向けの本でヒンティッカ集合を使ってタブローの信頼性を証明するのはエレガントでよいわいと思っていたら，丹治さんもその方針だったのでちょっとショックを受けた。教育的配慮に富んでいる。

- 野本和幸 [1988]『現代の論理的意味論』岩波書店

  様相論理と可能世界意味論が言語についての哲学的考察にどのような問題を投げかけ，どのようなインパクトを与えたかについて知りたい人は是非読もう。かなりマニアックな本格的書物。

- 野矢茂樹 [1994]『論理学』東京大学出版会

  本書を書きながら，最も気になっていた本。というのも，この本はかなり丁寧な解説が含まれ，トピックも豊富で，しかも遊びにも富んでいるのに，なぜか薄いのだ。どんどんふくれあがっていく

本書の原稿と比べながら，なぜ野矢さんはこんなに簡潔に書けるのかと不思議に思ったものだ．直観主義論理のセマンティクス，また，本書ではまったく触れることのできなかったゲーデルの不完全性定理についての概説を読みたい人にお勧め．

- 野矢茂樹 [1997]『論理トレーニング』産業図書

  論理学を勉強したら，論理的にものを考え，論理的に文章が書けるようになると思ったのになあ，とご不満の君に紹介する，日本ではじめてのまともな論理トレーニングの書．とにかく実例がいきいきしていて読んでいるだけでも楽しい．

- ノルト/ロハティン [1995-96]『マグロウヒル大学演習　現代論理学(1)(2)』オーム社

  本書では練習問題が足りないぞ！という人のための問題集．日本ではほとんど出版されていない，帰納論理学，非形式論理学，誤謬論についても学べる．

- バーワイズ/エチェメンディ [1992]『うそつき』産業図書

  本書で対象言語とメタ言語の区別について述べた時にちょいと触れた「うそつきのパラドクス」についての，最先端の議論が知りたい人は読むべし．

- ヒューズ/クレスウェル [1981]『様相論理入門』恒星社厚生閣

  様相論理の本格的な教科書．ただし，可能世界意味論出現以前のスタイルで書かれているので，ちょっと古いかもしれない．本気で様相論理を勉強するのなら，同じ著者たちの新しい教科書 Hughes/Cresswell [1996] がよいだろう．

- 廣瀬健 [1975]『計算論』朝倉書店

  「アルゴリズム」とは何か，それには何ができて何ができないのか，決定問題とその否定的解決とはどういうことかについてきちんと勉強したい人のための本．

- フレーゲ [1999-]『フレーゲ著作集（全6巻）』勁草書房

  現代論理学の生みの親，フレーゲの本格的著作集．現代論理学がどのような問題関心のなかから生まれたかを直接知るには必読．

- ホワイトヘッド/ラッセル [1988]『プリンキピア・マテマティカ序論』哲学書房

  フレーゲの『概念記法』と並んで現代論理学の誕生を告げた大作『プリンキピア・マテマティカ』の哲学的序論の部分を抄訳したもの．丁寧な解説がついている．

- 三浦俊彦 [1995]『虚構世界の存在論』勁草書房

  可能世界意味論って，フィクションの分析にも使えそうだなと思った人がいるでしょう．フィクションの分析に論理学を応用するとどのようなことが出てくるかを知りたい人のための必読書．

● 洋　書

- Barwise/Etchemendy [1993] *Tarski's World*, CSLI Publications

  これは論理学の自習用ソフトウエア．マッキントッシュ上で動くのと，ウインドウズ上で動くのと2種類発売されている．積木の世界について論理式で描写したり，論理式が真になるように世界を組み立てたりする作業を通じて述語論理のセマンティクスの基礎を勉強しようとという意欲的なソフト．

- Boolos/Jeffrey [1989] *Computability and Logic*, Cambridge University Press

  計算の理論についてのバランスのよい入門書．英語が苦にならない人にお勧め．チューリングマシ

ン，ゲーデルの不完全性定理などに関心がある人はぜひ読んでほしい。2002 年に，亡くなった Boolos に代わって J. P. Burgess が執筆に加わり，第 4 版が出る予定。

- Enderton, H. [1972] *A Mathematical Introduction to Logic*, Academic Press

 数学の得意な人が論理学を勉強するのによい本。記述がとても簡潔でエレガント。本書の執筆の際に頼りにした一冊。とくに述語論理の完全性証明がじつにすっきりと見通しよく記述されていて素敵。2001 年に装丁のすごくカッコイイ第 2 版が出た。

- Forbes, G. [1994] *Modern Logic*, Oxford University Press

 様相論理の自然演繹について練習したい人にお勧め。

- Hughes/Cresswell [1996] *A New Introduction to Modal Logic*, Routledge

 ヒューズ/クレスウェル [1981] の続編。様相論理の標準的な教科書。述語論理に様相演算子を導入した様相述語論理は哲学ゴコロをそそるとてもエキサイティングな分野だ。その様相述語論理がしっかり学べる。

- McCawley, J, D. [1993] *Everything that Linguists have always wanted to know about Logic* (**but were ashamed to ask*), The University of Chicago Press

 言語学にとって論理学の基本的知識は必須のものとなってきている。この本は題名が示すとおり，言語学者にとっての論理学の基礎知識を網羅的に解説した本。この本の題名は或る映画の題名のパロディだけれど，さて誰が監督した何という映画でしょう？

- Mendelson, E. [1997] *Introduction to Mathematical Logic*, Chapman & Hall

 いっちょ，本格的に論理学をきわめてみようかな，という人が読むべき定番とも言える書物。内容は高度だが，けっこう読者が躓きそうなところをケアしてくれている。本書の執筆の際にずいぶん頼りにした。

- Smullyan, R. [1978] *What is the Name of this Book ?* Prentice-Hall

 論理学の奇才スマリヤンのパズル本。凡百の論理パズル本と違って，順々にパズルを解いていくと，（かなり高度なところまで）論理学の勉強にもなってしまうというスゴイ本だ。題名から分かるように，著者はかなり優れたユーモアの持ち主。英語は簡単だからぜひ読もう。

# 索　引

## A. 事　項

### あ　行

曖昧性のパラドクス　287
曖昧な述語　287
アサインメント　145
アサインメントの変種　146
「当てはまる」　145
アルゴリズム　92, 199
生きている仮定　217
移出律　44
（導出が）依存している　217
一意的存在　206
1次下位導出　217
1対1写像　357
一致の原理　148
意図されたモデル　337
移入律　44
意味論　36, 261
意味論的帰結　261
意味論的タブロー　93
意味論的に閉じた言語　88
意味論的パラドクス　89
意味論的矛盾　262
入れ替え律　45, 51, 102
上への写像　358
ウォーターゲートのパラドクス　90
うそつきのパラドクス　89
n項関係　166
n項述語　166
n変数命題関数　166
演繹　215, 222, 254
演繹定理　256
演繹の枠組みをまずつくれ　220

「多くて」　207
置き換え規則　249
置き換えの定理　52, 71

### か　行

外延的　180, 352
回帰的定義　25
解釈　134
下位導出　217
開放経路　98
開論理式　125, 137
会話の含意　157
（三段論法の）格　161
（三段論法の）格式　162
拡大律　44
拡張としての非古典論理　305
確定記述句　113, 208
隠れた前提　155
重なり合った量化　168
可算集合　360
可算濃度　361
可算モデル　329
カッコ省略のための取り決め　33, 124
合併集合　353
可能　284
可能性演算子　305
可能世界意味論　310
可能な知識状態　299
還元法則　306
関数　356
関数的完全性の定理　76
間接証明　231

完全　252
完全性証明　248, 265
完全性定理　266
冠頭形　199
関連性にかかわる違和感　81
記号論理学　16
記述理論　210
基数　364
ギーチ・カプラン文　338
帰納的定義　25
帰納法の仮定　29
逆　50
（仮定を）キャンセルする　215, 219
吸収律　44, 51
共外延的表現　180
共通集合　353
極大無矛盾　268, 323
極大無矛盾集合の充足可能性補助定理　269
空虚な現れ　125, 185
空集合　352
偶然的真理　47, 282
「偶然Pである」　305
繰り返し規則　218
クリスプな述語　288
クリプキ・セマンティクス　299
経験的真理　46
形式的真理　6, 46
形成の木　26, 123
経路　95
結合律　44, 51
決定可能性　103, 189
決定手続き　92

決定不可能性　198
決定問題　198
決定問題の否定的解決　200
決定論　282
結論　3
ゲーデル数　365
原子式　20, 122
現実世界　311
原子論者　282
健全（性）　252, 266
限量子　116
項　122-23
恒偽式　43
交換律　44, 51
後件　34
恒真式　43
構成主義　284, 292
構成的両刀論法　44, 64, 230
構成手続き　214
合成律　45
構造　333
構造にかかわる原理　71
後続者関数　331
肯定式　44, 63
構文論　35, 261
構文論的帰結　261
構文論的矛盾　262
構文論的無矛盾性　264
公理　248
公理系　248
公理図式　250
個体　113
個体指示表現　113
個体定項　114, 122
個体変項　116, 122
個体変項の現れ　125
古典論理学　280
誤謬推論　11
固有公理　330
固有名　113
コンパクト性定理　83, 275

## さ　行

最後の手段は間接証明　231
作用域　125
三段論法　160
3値トートロジー　285
3値論理学　284
シェーファー関数　79
シェーファーの棒　79
「しか」　119
（三段論法の）式　162
式の長さについての帰納法　28
自己言及　89
指示詞　113
事実誤認　11
事実式　43
事実の真理　46
始切片　30
自然演繹法　214
自然言語　16
自然数　350
実質なく真な一般化　154
実数　351
質料含意　20
写像　356
集合　351
十全　76
充足可能　59, 152, 262
充足可能式　43
充足関係　145
充足する　58-59
自由に現れている　124-25
自由変項　124
縮小律　44
主結合子　34
述語記号　114, 122
述語論理　112
述語論理のセマンティクス　133
主部分論理式　34
循環小数　351
循環節　351
順序n組　354

順序対　176, 354
準同型写像　333
小概念　161
条件法　20
商集合　356
小前提　161
小反対対当　160
情報の価値　48
情報量　48
証明解釈　298
除去はいつでもOK　221
ジレンマ　64
（AはVのもとで）真　58
真偽　10
人工言語　16
シンタクス　35, 103, 261
真部分集合　353
真理関数　72
真理関数的　22
真理関数的に妥当な式　43
真理条件　41
真理値　38
真理値ギャップ　114
真理値分析　41
真理値割り当て　55
真理の木　93
真理表　38
推移律　44, 63, 82, 251
推論　3
推論規則　217, 248
数学的帰納法　27, 342
数学的プラトニズム　284
図式　45
図式文字　26, 38, 45, 123
ストア派　282
正規なモデル　327
成功した論証　10-11
整合的　4, 59, 262
整数　350
「せいぜい」　206
正リテラル　34
世界　135

接続詞　14
セマンティクス　36, 103, 261
セマンティクスの形式化　136
漸化式　27
前件　34
選言　20, 39
選言肢　34
選言的三段論法　44, 63
全射　358
全称肯定判断　121
全称否定判断　121
全称量化子　116
全単射　358
前提　3
前提規則　217
前提棒　216
像　356
双射　358
双条件法　42
束縛されて現れている　124-25
束縛変項　124
存在記号　117
存在措定　155
存在量化子　117
存在例化　128-29

## た 行

第1階の言語　339
第1階の量化　340
第1階の理論　329
対応理論　315
大概念　161
対角線論法　363
対偶　50
対偶律　44, 51
対象言語　88
大小対当　159
大前提　161
代替案としての非古典論理　305
対当関係　158
第2階の言語　339
第2階のペアノ算術　342

第2階の理論　342
代入規則　249
互いに素　350
高々可算集合　360
「だけ」　119
多重様相　305
多重量化　167
多値論理　38, 284
妥当式　151
（論証の）妥当性　10, 62
タブロー　93
タブロー構成の攻略法　100, 131
タブローの信頼性　102, 189
段階　299
単射　357
単純命題　19
ターンスタイル　254
単調性　69
値域　356
チャーチのテーゼ　200
中概念　161
チューリングマシン　200
超限基数　364
「ちょうど」　206
直積　354
直観主義数学　292
直観主義的に妥当　303
直観主義論理　292
直観主義論理における意味論的帰結　303
直観主義論理の完全性　304
直観主義論理の決定手続き　304
強い置き換えの定理　52, 71
強い完全性定理　266, 322
定義域　356
停止問題　199
デカルト積　354
展開規則　96, 126-29
展開規則の制約条件　128
添加律　44
伝統的論理学　121, 158-63
同一者不可識別の原理　204

同一性記号　203
同一性を含む述語論理　202
同一律　44
同型写像　333
同型性定理　334
同型なモデル　334
統語論　35
導出　216
導出線　216
到達可能性　311
同値関係　51, 188, 355
同値類　356
同等　359
同濃度　359
特称肯定判断　121
特称否定判断　121
閉じた式　125, 137
（タブローが）閉じて終わる　99
トートロジー　43, 46
トートロジーの判定　101
ド・モルガンの法則　44, 51, 117
トリビアルに成立する　83
どん詰まり　313

## な 行

内包的文脈　181
中への写像　358
「ならば」　39-40
2項関係　166
2項結合子　33
2項述語　166
2次下位導出　217
2重ターンスタイル　67
2重否定律　44, 51
2値原理　38, 280
2変数関数　357
認識史分析　304
濃度　360

## は 行

場合分けによる証明　64
排他的選言　39

排中律　44, 232
背理法　70, 296
派生規則　259
パースの法則　45
裸の個体定項　124
反証モデル　152, 303
反対対当　159
範疇的　335
反例　62
非可算集合　360
非古典論理学　280
（論証の）非妥当性　10
非単調論理　70
必然化規則　306
必然性演算子　305
必然的真理　47
否定　20
否定式　44, 63
非排他的選言　39
評価手続き　214
表現定理　76
開いた式　125, 137
（タブローが）開いて終わる　99
ヒンティッカ集合　105, 194
ファジーな述語　287
ファジー論理　286
付加律　44
不完全記号　210
複合命題　19
含み　381
付値関数　55, 136
復活規則　218
復活はいつでもOK　221
部分集合　352
部分順序集合　299
部分論理式　34
普遍量化子　116
普遍例化　129
負リテラル　34
ブール関数　75
フレーゲの公理系　249
フレーム　311

フレームにおいて妥当な式　314
文　125
分析タブロー　93
分析的真理　46
分配律　44, 51
文法形式　16-17
分離規則　249
閉鎖経路　98
閉鎖タブロー　99
閉論理式　125, 137-38
ベキ集合　355
巾等律　44, 51
ヘンキンの定理　268, 323
変形規則　248
（アサインメントの）変種　146
（付値関数Vの）変種　143
（モデルMの）変種　143
方針S　141
方針Sにおける真理の定義　148
方針T　141

## ま　行

枚挙　365
（モデルMはアサインメント$\sigma$によって論理式Aを）満たす　145
無限基数　364
無限集合　359
矛盾　4, 58, 151
（シンタクス的に）矛盾している　262
（セマンティクス的に）矛盾している　262
矛盾記号　234
矛盾規則　293
矛盾式　43
矛盾対当　158
矛盾の導出　227
矛盾の見つけ方　228
矛盾律　44
無矛盾　4, 263
無理数　350
命題関数　114, 166

命題論理　112
メタ言語　88
メタ定理　222
メタ論理的変項　26
メレディスの公理系　260
モデル　136-37, 152
モデルMの変種　143
モデル集合　105
モデルにおいて妥当な式　313-14
モデルのもとでの真理　138

## や・ら・わ行

唯名論者　341
有限基数　364
有限充足可能　84
有限小数　351
郵便はがきのパラドクス　90
有理数　350
様相オペレータ　305
様相論理　305
様相論理の完全性　318
ライプニッツの原理　204
理性の真理　46
リテラル　34
理論　329
理論のモデル　331
リンデンバウムの補助定理　269, 323
レモン・コード　309
連言　20
連言肢　34
連鎖推論のパラドクス　287
連続体仮説　364
連続体濃度　363
ロビンソン算術　329
論議領域　134
論証　3
論証の形式　13-15
論証の妥当性の判定　101
論証の内容　13-15
論理形式　16-17
論理結合子　20

論理公理　330
論理式　20
論理式の定義　25, 122
論理定項　14, 122
論理的帰結　3, 67, 151, 260
論理的真理　47, 261
論理的同値　17, 49-50, 151
論理的同値性の判定　102
論理的に出てくる　3, 16, 67

A型　121, 158-63
all P's are Q's　121
antisymmetric　205
asymmetric　188
at most one　206
Barbara　162-63
Baroco　389
but　21
C式　337
Camestres　163
Celarent　163
Cesare　163
contradiction !　227
cutting　70

deducible　254
deduction　254
deductionの有限性　271
domain of discourse　134
E型　121, 158-63
Euclidean　189
every P is Q　119, 120-21
everything is P　119
ex falso quadlibet　65
I型　121, 158-63
if and only if　42
iff　42
intransitive　188
irreflexive　188
just one　206
just two　207
modus ponens　63, 249
modus tollens　63
MP　249
name-maker　319
nand　78
no P's are Q's　121
nonreflexive　188
nonsymmetric　188

nontransitive　188
nor　79
O型　121, 158-63
one at least　206
only　119
only if　42
proof　222, 250
reflexive　188
RS　249
serial　315
some P is Q　119, 120-21
some P's are not Q's　121
some P's are Q's　121
something is P　119
symmetric　188
theorem　222, 250
there exists　118
thinning　69
transitive　188
two at least　207
unique readability theorem
　30-33

## B．人　名

アリストテレス　121, 160, 282
ウェイソン　8
ウカシェヴィッツ　284
クリプキ　90, 299, 310
クリュシッポス　282
ゲーデル　323

ゲンツェン　214
ジョンソン=レアード　8
スマリヤン　93
タルスキ　89, 141
ハイティンク　292, 298
ヒンティッカ　93

フィッチ　214
ブラウワー　292
フレーゲ　249, 280
ヘンキン　267, 323
ラッセル　210, 280
レモン　309

## C．記　号

| $\wedge$ | 20, 38 |
| $\vee$ | 20, 38-39 |
| $\rightarrow$ | 20, 38-40 |
| $\neg$ | 20, 38 |
| $\underline{\vee}$ | 39 |
| $\leftrightarrow$ | 42 |

| $\mid$ | 78 |
| $\downarrow$ | 79 |
| $=$ | 202 |
| $\forall$ | 115-16 |
| $\exists$ | 117 |
| $\forall xyz, \exists xyz$ | 187 |

| $\Diamond$ | 305 |
| $\Box$ | 305 |
| $[\times]$ | 96-97 |
| $[\wedge]$ | 95, 97 |
| $[\vee]$ | 96-97 |

| | | |
|---|---|---|
| [→] 97 | ↔intro, ↔導入規則 226 | $A_1, \cdots, A_n \vDash C$ 68 |
| [¬] 97 | ∀elim, ∀除去規則 236 | $\Gamma, P \vDash C$ 68 |
| [↔] 97 | ∀intro, ∀導入規則 237, 240 | $\Gamma, \Delta \vDash C$ 68 |
| [¬∧] 96–97 | ∃elim, ∃除去規則 241 | $\nvDash$ 68 |
| [¬∨] 97 | ∃intro, ∃導入規則 236 | $\vDash C$ 69 |
| [¬→] 97 | | $\Gamma \vDash$ 69 |
| [¬↔] 97 | ∧を目指すには 224 | ■ 27 |
| [∃] 127 | ∨からスタートしたなら 230 | $=_{df}$ 249 |
| [∀] 127 | ∨を目指すには 229 | $\vdash$ 254 |
| [¬∃] 127 | →を目指すには 221 | $\Gamma \vdash C$ 254 |
| [¬∀] 127 | ¬を目指すには 227 | $\vdash C$ 255 |
| [UI] 129 | | $\vdash_{APL}$ 267 |
| [EI] 129 | ∀intro への但し書き 239 | $\Gamma \vdash$ 262 |
| [=] 205 | ∀を目指すには 240 | $\vdash$ 300 |
| [¬=] 204 | ∃elim への但し書き 241–42 | $\in$ 351 |
| | ∃からスタートしたなら 243 | $\notin$ 351 |
| (∧) 106 | ¬∀, ¬∃ からスタートしたなら 246 | $\cup$ 353 |
| (∨) 106 | | $\cap$ 353 |
| (→) 106 | =elim, =除去規則 246 | $\subset$ 353 |
| (¬) 105 | =intro, =導入規則 246 | $\subseteq$ 352 |
| (↔) 106 | | $\bigcup_{n=0}^{\infty} A_n$ 353 |
| (¬∧) 106 | 【T 1】 139 | $A \times B$ 354 |
| (¬∨) 106 | 【T 1'】 177 | $A^2, A^n, D^2, D^n$ 354 |
| (¬→) 106 | 【T 2】 139 | $P(A)$ 355 |
| (¬¬) 106 | 【T 2.9】 140 | |
| (¬↔) 106 | 【T 2.99】 142 | $f$ 356 |
| (∀) 195 | 【T 2.999】 143 | $f(a)$ 356 |
| (∃) 195 | 【T 3】 144 | $f : A \to B$ 356 |
| (¬∀) 195 | 【S 0.9】 146 | $f(A)$ 356 |
| (¬∃) 195 | 【S 1】 148 | $f : A \xrightarrow{1-1} B$ 358 |
| | 【S 1'】 177 | $f : A \xrightarrow{onto} B$ 358 |
| ∧elim, ∧除去規則 223 | 【S 2】 146 | $f : A \xrightarrow{into} B$ 358 |
| ∧intro, ∧導入規則 223 | 【S 3】 147 | $f : A \xrightarrow[onto]{1-1} B$ 358 |
| ∨elim, ∨除去規則 230 | | |
| ∨intro, ∨導入規則 229 | T 45 | $A \sim B$ 359 |
| →elim, →除去規則 219 | ⊥ 45 | $|A| = |B|$ 360 |
| →intro, →導入規則 219 | ⇔ 50 | $|A| \leq |B|$ 360 |
| ¬elim, ¬除去規則 227 | ⊨⊨ 50, 52 | $|A|$ 360 |
| ¬elim* 235 | ≈ 167 | $|\phi|$ 364 |
| ¬intro, ¬導入規則 227 | ! 98, 130 | |
| ¬intro* 235 | ⊨ 67, 151 | |
| ↔elim, ↔除去規則 226 | | |

| | | | | | |
|---|---|---|---|---|---|
| $\aleph_0$ | 364 | $V(a_1)$ | 136 | **ND** | 260 |
| $2^{\aleph_0}$ | 364 | $V_M(P)$ | 137 | **NJ** | 293 |
| | | $V_M(A)=1$ | 138 | **PA1** | 342 |
| A, B, $\cdots$ | 25 | $V(A)=1$ | 138 | **PA2** | 342 |
| $A^1$ | 31 | $V(A)=0$ | 138 | **PPL** | 173–74 |
| AB | 293 | $V_{M,\sigma}(A)=1$ | 145 | **Q** | 329 |
| a, b, c, $\cdots$ | 122 | $V_{M_1}(A)=V_{M_2}(A)$ | 180 | **SOL** | 340 |
| $A(\alpha)$ | 180 | $V_{M,\sigma_1}(A)=V_{M,\sigma_2}(A)$ | 148 | **T** | 306 |
| $A(\alpha/\beta)$ | 246 | $V_{M,\sigma}(\Gamma)=1$ | 151 | **4** | 307 |
| $A[\alpha/\xi]$, $B[\alpha/\xi]$ | 127, 142 | $V/\alpha$ | 143 | **5** | 307 |
| B | 307 | $V(\Phi^n)$ | 177 | | |
| $B(\alpha)[\gamma/\xi]$ | 182 | $V_M(\Phi^n\alpha_1\alpha_2\cdots\alpha_n)=1$ | 177 | $\alpha, \beta, \cdots$ | 123 |
| C[A] | 52 | $V_{M,\sigma}(\Phi^n\tau_1\tau_2\cdots\tau_n)=1$ | 177 | $\Gamma, \Delta, \Theta, \cdots$ | 58 |
| D | 136 | $\overline{V}(\Gamma)$ | 290 | $\Gamma^*$ | 270 |
| DN | 235 | $V_M(w, A)$ | 311 | $\varphi^n$ | 320 |
| F | 55 | $\overline{V}_M(w, A)$ | 311 | $\Phi$ | 139 |
| $\overline{F}$ | 56 | x, y, z, $\cdots$ | 122 | $\Phi^n$ | 173 |
| K | 306 | Z | 351 | $\phi$ | 352 |
| $M/\alpha$ | 143 | | | $\sigma$ | 145 |
| N | 351 | | | $\sigma/\xi$ | 146 |
| P, Q, R, $\cdots$ | 25, 122 | $F=\langle W, R\rangle$ | 311 | $\overline{\sigma}$ | 321 |
| $P_1, P_2, P_3, \cdots$ | 25 | $M=\langle D, V\rangle$ | 137 | $\sigma^2$ | 341 |
| $P^n_i$ | 173 | $M=\langle m, V, \Vdash\rangle$ | 300 | $\sigma_i \leq \sigma_j$ | 299 |
| Prem | 217 | $M=\langle W, R, V\rangle$ | 311 | $\tau$ | 123 |
| Q | 351 | $m=\langle \sigma_0, S, \leq\rangle$ | 300 | $\xi, \zeta, \cdots$ | 122–23 |
| R | 351 | $\{x \mid \cdots x \cdots\}$ | 351 | $\omega$ 列 | 333 |
| RAA | 296 | | | | |
| Reit | 218 | **AFOL** | 322 | | |
| Rep | 218 | **APL** | 250 | $\min\{x, y\}$ | 290 |
| S 4 | 307 | **B** | 307 | $\max\{x, y\}$ | 290 |
| S 5 | 307 | **FOL** | 320 | | |
| T | 306 | **FPL** | 289 | theorem 1 | 251 |
| V | 55 | **IPL** | 202 | theorem 2 | 252 |
| $\overline{V}$ | 56 | **K** | 306 | theorem 3, 4, 5 | 257 |
| $V(P_i)=1$ | 55 | **L** | 22 | theorem 6 | 258 |
| $\overline{V}(A)=1$ | 56 | **MI**[1] | 342 | theorem 7, 8, 9 | 259 |
| $V(P_i)$ | 136 | **MI**[2] | 342 | | |
| | | **MPL** | 122 | D 1〜D 13 | 259 |

《著者紹介》

戸田山 和久
（とだやま　かずひさ）

1958年生
1989年　東京大学大学院人文科学研究科修了
現　在　名古屋大学情報科学研究科教授
著　書　『知識という環境』（共著，名古屋大学出版会，1996）
　　　　『知識の哲学』（産業図書，2002）
　　　　『誇り高い技術者になろう』（共編，名古屋大学出版会，2004）
　　　　『科学哲学の冒険』（日本放送出版協会，2005）
　　　　『「科学的思考」のレッスン』（NHK出版，2011）
　　　　『科学技術をよく考える』（共編，名古屋大学出版会，2013）
　　　　『哲学入門』（筑摩書房，2014）他

---

論理学をつくる

2000年10月10日　初版第1刷発行
2014年 6月20日　初版第9刷発行

定価はカバーに表示しています

著　者　戸田山和久
発行者　石井　三記

発行所　一般財団法人　名古屋大学出版会
〒464-0814　名古屋市千種区不老町1 名古屋大学構内
電話(052)781-5027／FAX(052)781-0697

ⓒ Kazuhisa TODAYAMA, 2000　　　　　　Printed in Japan
印刷・製本　㈱クイックス　　　　　　ISBN978-4-8158-0390-2
乱丁・落丁はお取替えいたします．

Ⓡ〈日本複製権センター委託出版物〉
本書の全部または一部を無断で複写複製（コピー）することは，著作権法上での例外を除き，禁じられています．本書からの複写を希望される場合は，日本複製権センター（03-3401-2382）の許諾を受けてください．